MANUAL DE PROCESSO DO TRABALHO

1ª edição — Atlas, 2014

2ª edição — Atlas, 2015

3ª edição — Atlas, 2016

4ª edição — LTr, 2019

Carlos Henrique Bezerra Leite

Doutor e Mestre em Direito (PUC/SP). Professor de Direito Processual do Trabalho e Direitos Humanos Sociais Metaindividuais da Graduação. Mestrado e Doutorado da FDV. Advogado e Consultor jurídico. Desembargador aposentado do TRT da 17ª Região. Titular da Cadeira n. 44 da Academia Brasileira de Direito do Trabalho. Ex-Procurador Regional do Trabalho. Foi Professor Associado do Departamento de Direito da UFES (1994 a 2013) e Procurador do Município de Vitória/ES. Conferencista, autor de livros e artigos científicos. *E-mail*: chbezerraleite@yahoo.com.br.

MANUAL DE PROCESSO DO TRABALHO

4ª Edição

LTr®

EDITORA LTDA.

Rua Jaguaribe, 571
CEP 01224-003
São Paulo, SP — Brasil
Fone (11) 2167-1101
www.ltr.com.br
Fevereiro, 2019

Produção Gráfica e Editoração Eletrônica: PIETRA DIAGRAMAÇÃO
Projeto de capa: FABIO GIGLIO
Impressão: MARKS PRESS

Versão impressa— LTr 6163.2 — ISBN 978-85-361-9931-3
Versão digital— LTr 9526.7 — ISBN 978-85-361-9962-7

Dados Internacionais de Catalogação na Publicação (CIP)

(Câmara Brasileira do Livro, SP, Brasil)

Leite, Carlos Henrique Bezerra

Manual de processo do trabalho/Carlos Henrique Bezerra Leite. – 4. ed. – São Paulo: LTr, 2019.

Bibliografia.

ISBN 978-85-361-9931-3

1. Direito processual do trabalho – Brasil 2. Execução (Direito do trabalho) – Brasil 3. Justiça do trabalho – Brasil I. Título.

18-22360 CDU-347.9:347.952:331(81)

Índice para catálogo sistemático:

1. Brasil: Direito processual do trabalho e processo de execução trabalhista: Direito

347.9:347.952:331(81)

Cibele Maria Dias – Bibliotecária – CRB-8/9427

Dedico este livro à mulher amada Jurema
e às nossas amadas filhas, Laís e Letícia.

Essas três mulheres enchem a minha vida de alegria,
amor e esperança de um mundo mais fraterno.

Agradeço a Deus pelo sopro de inspiração.
À Laís Durval Leite e à Letícia Durval Leite,
pelo auxílio inestimável na elaboração desta edição.
Aos alunos e alunas virtuais e presenciais de todo o Brasil, em especial
aos da Faculdade de Direito de Vitória (FDV).
Aos professores e professoras de Direito
Processual do Trabalho de todo o Brasil.

OUTROS LIVROS DO AUTOR

1. Direitos humanos. 3. ed. São Paulo: Atlas, 2014.

2. Curso de direito do trabalho. 10. ed. São Paulo: Saraiva, 2018.

3. Curso de direito processual do trabalho. 16. ed. São Paulo: Saraiva, 2018.

4. Direito processual coletivo do trabalho na perspectiva dos direitos humanos. São Paulo: LTr, 2015.

5. Ministério Público do Trabalho: doutrina, jurisprudência e prática. 8. ed. São Paulo: Saraiva, 2017.

6. A greve como direito fundamental. 2. ed. Curitiba: Juruá, 2014.

7. Ação civil pública na perspectiva dos direitos humanos. 2. ed. São Paulo: LTr, 2008.

8. Direitos metaindividuais (organizador). São Paulo: LTr, 2005.

9. Liquidação na ação civil pública. São Paulo: LTr, 2004.

10. Direito e processo do trabalho na perspectiva dos direitos humanos. Rio de Janeiro: Renovar, 2003 (esgotado).

11. Direito e processo na teoria geral do direito. São Paulo: LTr, 2000 (esgotado).

12. Mandado de segurança no processo do trabalho. São Paulo: LTr, 1999 (esgotado).

13. Direito do trabalho e processo trabalhista: temas controvertidos. Belo Horizonte: RTM, 1997 (esgotado).

14. Constituição e direitos sociais dos trabalhadores. São Paulo: LTr, 1997 (esgotado).

15. CLT organizada. 5. ed. São Paulo: Saraiva, 2018.

SUMÁRIO

SUMÁRIO

I

INTRODUÇÃO AO DIREITO PROCESSUAL DO TRABALHO

1. Fontes do direito processual do trabalho

Não é unânime a doutrina a respeito do conceito de fontes do direito. Há quem sustente que as fontes seriam a pedra fundamental de todos os estudos jurídicos, ou seja, a própria origem do direito, o lugar donde ele se origina. Alguns advogam que fontes do direito constituem o fundamento para que se possa considerar válida a norma jurídica. Outros veem as fontes sob o aspecto da exteriorização do direito.

Na verdade, a expressão "fonte do direito" é metafórica, pois guarda semelhança com a água que brota da fonte. Afinal, *ubi societas, ibi jus*, isto é, onde houver sociedade haverá o direito. Por isso se diz que as fontes do direito surgem da convivência social e da necessidade natural humana de regramento jurídico para convivência em sociedade. Talvez seja por essa razão que a doutrina prefere classificar as fontes em vez de conceituá-las.

Dentre as diversas classificações existentes, destacamos a que divide as fontes do direito em fontes primárias (lei) e fontes secundárias (costume, jurisprudência e doutrina). Há doutrinadores que adotam semelhante critério, mas empregam terminologia diferente, isto é, dividem as fontes em mediatas e imediatas. Finalmente, há os que sustentam que as fontes podem ser materiais (fato social) e formais (lei, costume, jurisprudência, analogia, equidade, princípios gerais de direito).

Preferimos classificar as fontes do Direito Processual do Trabalho em fontes materiais e fontes formais, sendo essas últimas divididas em fontes formais diretas, indiretas e de explicitação.

1.1. Fontes materiais

Entre os escopos do processo está o de promover a realização do direito material ao qual se encontra umbilicalmente vinculado. Assim, as fontes materiais do direito processual do trabalho brotam do próprio direito material do trabalho. Este, por sua vez, encontra a sua fonte substancial nos fatos sociais, políticos, econômicos, culturais, éticos e morais de determinada sociedade em dado momento histórico.

Com a ampliação da competência da Justiça do Trabalho (EC n. 45/2004) para processar e julgar ações oriundas das relações de trabalho diversas da relação de emprego, além de outras demandas pertinentes ao direito civil (ações indenizatórias e acidentárias), ao direito previdenciário (cobrança, de ofício, das contribuições previdenciárias), ao direito tributário (retenção do imposto de renda) e ao direito sindical (representação sindical), houve extraordinária extensão das fontes materiais do direito processual do trabalho.

O direito processual do trabalho, portanto, possui natureza instrumental, pois o processo não constitui um fim em si mesmo. Ao revés, ele deve estar a serviço da realização dos valores sociais contemporâneos, que traduzem um sentimento universal em prol da verdadeira justiça e, nos sítios do direito processual do trabalho, da justiça social. Daí o surgimento de uma nova hermenêutica guiada pela ideia da constitucionalização do direito processual voltada para a efetivação dos direitos fundamentais sociais no campo das relações de trabalho.

1.2. Fontes formais

As fontes formais do direito processual do trabalho são aquelas que estão positivadas no ordenamento jurídico. Dividem-se em fontes formais diretas, fontes formais indiretas e fontes formais de explicitação.

1.2.1. Fontes formais diretas

As fontes formais diretas do direito processual do trabalho encontram residência na lei em sentido genérico (atos normativos e administrativos editados pelo Poder Público). No topo das fontes do direito processual do trabalho estão as normas (princípios e regras) constitucionais, pois a Constituição é a *Lex Fundamentalis* dos ordenamentos jurídicos estatais.

A Constituição brasileira de 1988 contém não apenas normas (princípios e regras) gerais do direito processual (aplicáveis, no que couber, ao direito processual do trabalho) como também normas (princípios e regras) específicas desse setor especializado da ciência processual, tais como as que dispõem sobre a competência da Justiça do Trabalho (CF, art. 114, incisos e parágrafos, com redação dada pela EC n. 45/2004). Daí a incidência do fenômeno da constitucionalização do direito processual do trabalho, fenômeno que também ocorreu com o processo civil, como reconhece expressamente o art. 1º do Novo CPC.

Abaixo da Constituição Federal encontram-se as espécies normativas arroladas no processo legislativo pátrio (CF, art. 59), que são as leis complementares, as leis ordinárias, as leis delegadas, as medidas provisórias, os decretos legislativos e as resoluções do Congresso Nacional, incluindo os decretos-leis (anteriores à

Carta de 1988), que disponham sobre normas (princípios e regras) de direito processual, desde que recepcionados pela CF/88.

No patamar infraconstitucional podemos destacar as principais fontes formais diretas do direito processual do trabalho:

- Consolidação das Leis do Trabalho (Decreto-Lei n. 5.452, de 1º de maio de 1943), que dedica o Título X ao "Processo Judiciário do Trabalho";
- Lei n. 5.584/1970, que estabelece algumas importantes normas procedimentais e complementares aplicáveis ao processo do trabalho;
- Código de Processo Civil, aplicado subsidiariamente (CLT, art. 769) em caso de lacuna da legislação processual trabalhista, desde que haja compatibilidade daquele com os valores, princípios e regras do direito processual do trabalho. É importante notar que o Novo CPC (Lei n. 13.105/2015), que entrou em vigor em 18.3.2016, ou seja, um ano depois de sua publicação, prevê, em seu art. 15, que: "Na ausência de normas que regulem processos eleitorais, trabalhistas ou administrativos, as disposições deste Código lhes serão aplicadas supletiva e subsidiariamente";
- Lei n. 6.830/1980 (Lei de Execução Fiscal), aplicada subsidiariamente (CLT, art. 889) na execução trabalhista;
- Lei n. 7.701/1988, que dispõe sobre organização e especialização dos tribunais em processos coletivos e individuais.

Em se tratando de defesa dos interesses difusos, coletivos ou individuais homogêneos dos trabalhadores também integram o elenco das fontes formais do direito processual do trabalho:

- Lei Complementar n. 75/1993, que prevê expressamente a ação civil pública no âmbito da Justiça do Trabalho;
- Lei n. 7.347/1985 (Lei da Ação Civil Pública);
- Parte processual da Lei n. 8.078/1990 (Código de Defesa do Consumidor);
- Lei n. 8.069/1990 (Estatuto da Criança e do Adolescente);
- Lei n. 7.853/1989 (Lei de Proteção à Pessoa Portadora de Deficiência).

Temos, ainda, os decretos-leis utilizados durante os regimes ditatoriais instalados em nosso país, dentre os quais se destacam o Decreto-Lei n. 779/1969 (prerrogativas processuais da Fazenda Pública na Justiça do Trabalho) e o Decreto-Lei n. 75/1966 (correção monetária dos créditos trabalhistas). Aliás, a própria CLT é um Decreto-Lei, como já apontado acima. Esses decretos-leis têm força de lei ordinária e têm validade desde que compatíveis com a CF/88.

Existem regras sobre processo previstas nos Regimentos Internos dos Tribunais que são autorizadas pelo art. 96, I, a, da Constituição Federal. Essas regras dispõem competência e funcionamento dos respectivos órgãos jurisdicionais e administrativos.

O TST vem editando Instruções Normativas (IN), como a IN n. 39/2016, dispondo sobre a aplicabilidade de normas do CPC no processo do trabalho. Entretanto, a Associação Nacional dos Magistrados da Justiça do Trabalho ajuizou no STF Ação Direta de Inconstitucionalidade (ADI n. 5516), de relatoria da Min. Cármen Lúcia, questionando a constitucionalidade formal e material da referida IN n. 39/2016 do TST. Entre os fundamentos, com os quais concordamos, destacam-se a violação do princípio da independência dos magistrados, contida nos artigos 95, incisos I, II e III, e 5º, incisos XXXVII e LIII, da CF, além da invasão da competência do legislador ordinário federal (CF, art. 22, I) para legislar sobre direito processual e do princípio da reserva legal (CF, art. 5º, II). Na verdade, essa IN n. 39 do TST deve ser, segundo o Procurador-Geral da República, em parecer na referida ADI n. 5516, "interpretada conforme a Constituição, sem redução de texto, com efeito *ex nunc*, para que se lhe reconheça função exclusivamente orientadora, afastando-lhe eficácia normativa e suprimindo efeito vinculante da atividade jurisdicional".

Os costumes processuais podem ser fontes normativas quando judicializados, ou seja, quando o próprio ordenamento prevê autorização para o juiz aplicá-los (art. 8º da CLT e art. 141 do CPC/2015). Exemplificamos o conhecido "protesto nos autos", que é um costume processual na prática forense laboral que tem por finalidade impugnar, de imediato, decisão interlocutória para evitar a preclusão (CLT, art. 795, *caput*). Outro costume (*contra legem*) é a exigência de apresentação de defesa (contestação) escrita, não obstante a previsão legal para a apresentação de defesa oral (CLT, art. 847).

Os tratados internacionais são, a rigor, normas de origem estatal, porquanto firmadas por, pelo menos, dois Estados soberanos, como é o caso do Tratado de Itaipu, que prevê a competência da Justiça do Trabalho brasileira para processar e julgar as demandas que envolvem os trabalhadores brasileiros, e o Tratado de Assunção (Mercosul), cujo Anexo III prevê a instituição de um sistema de solução de conflitos trabalhistas, em especial, a arbitragem.

1.2.2. Fontes formais indiretas

Fontes formais indiretas são a doutrina e a jurisprudência. Ambas cumprem importante papel na interpretação e aplicação do direito processual do trabalho.

A **doutrina** fornece o substrato teórico para a boa hermenêutica jurídica, sendo imprescindível para a eficiência e efetividade do exercício profissional e para o desenvolvimento desse ramo especializado. Há autores que rejeitam a doutrina como fonte do direito, pois o seu papel é apenas o de auxiliar o intérprete no processo de interpretação das demais fontes do direito.

A **jurisprudência**, pelo menos na seara trabalhista, está prevista expressamente como fonte formal subsidiária do direito do trabalho (CLT, art. 8º), mas há entendimentos defensáveis de que também é fonte do direito processual do trabalho. Aliás, a atuação dos operadores do direito processual do trabalho exige conhecimento atualizado dos verbetes jurisprudenciais (Súmulas, Orientações Jurisprudenciais e Precedentes) do TST, que têm por escopo uniformizar a jurisprudência sobre a interpretação e aplicação de normas tanto de direito material quanto de direito processual do trabalho.

Quanto à "súmula vinculante", introduzida pelo art. 103-A da CF pela EC n. 45/2004, parece-nos que ela passa a ser equiparada à fonte formal direta, na medida em que o STF "poderá, de ofício ou por provocação, mediante decisão de dois terços dos seus membros, após reiteradas decisões sobre matéria constitucional, aprovar súmula que, a partir de sua publicação na imprensa oficial, terá efeito vinculante em relação aos demais órgãos do Poder Judiciário e à administração pública direta e indireta, nas esferas federal, estadual e municipal, bem como proceder à sua revisão ou cancelamento, na forma estabelecida em lei". O referido dispositivo foi regulamentado pela Lei n. 11.417, de 19.12.2006, que dispõe sobre a edição, a revisão e o cancelamento de enunciado de súmula vinculante do Supremo Tribunal Federal.

O art. 927, incisos III, IV e V, do CPC/2015 amplia sobremaneira o papel dos precedentes e dos enunciados das súmulas, bem como as orientações plenárias dos tribunais, como fontes formais do direito, conferindo ampla liberdade aos tribunais para, nos termos dos respectivos regimentos internos, uniformizarem a sua jurisprudência, mantendo-a íntegra, estável e coerente (CPC/2015, art. 926).

Os arts. 8º, § 2º, e 702, I, *f*, e § 4º, da CLT, com redações dadas pela Lei n. 13.467/2017, dificultam e restringem a edição e o papel da jurisprudência como fonte do direito material e processual do trabalho, aflorando a suspeita de inconstitucionalidade desses dispositivos por violação aos princípios constitucionais da separação dos poderes e da autonomia dos tribunais (CF, arts. 2º e 96, I).

1.2.3. Fontes formais de explicitação

As **fontes formais de explicitação** têm finalidade integrativa do direito processual, colmatando lacunas e oferecendo norte interpretativo para solução de conflitos, tais como a analogia, os princípios gerais de direito e a equidade.

O art. 8º da CLT, mais amplo que o art. 4º da LINDB (Lei de Introdução às Normas do Direito Brasileiro – DL 4.657/1942), prevê que os juízes, na falta de disposições legais ou contratuais, decidirão, conforme o caso, pela jurisprudência, por analogia, por equidade e outros princípios e normas gerais de direito, principalmente do direito do trabalho, e, ainda, de acordo com os usos e costumes, o direito comparado, mas sempre de maneira que nenhum interesse de classe ou particular prevaleça sobre o interesse público.

Sobre a jurisprudência, remetemos o leitor ao tópico anterior, pois sustentamos que se trata, em regra, de fonte formal indireta.

Quanto à analogia, pensamos que ela pode ser utilizada não apenas nos casos de lacuna normativa (vazio normativo da legislação processual trabalhista) como também nos casos de lacunas ontológicas ou axiológicas (existe norma processual trabalhista, mas ela se revela envelhecida, ultrapassada, ou manifestamente injusta, se e quando comparada com outra norma do processo civil, por exemplo), o que recomenda a adoção da heterointegração dos microssistemas do processo civil e do processo do trabalho, desde que isso implique a possibilidade de decisão de mérito justa e efetiva[(1)].

O art. 140 e seu parágrafo único do Novo CPC dispõem que o "juiz não se exime de decidir sob a alegação de lacuna ou obscuridade do ordenamento jurídico" e "só decidirá por equidade nos casos previstos em lei". O art. 6º do CPC/2015, além de estabelecer o dever de cooperação entre os sujeitos do processo, assegura-lhes o direito a uma "decisão de mérito **justa** e efetiva" (grifos nossos).

O julgamento por equidade, aliás, encontra previsão no art. 766 da CLT, segundo o qual "nos dissídios sobre estipulação de salários, serão estabelecidas condições que, assegurando **justos salários** aos trabalhadores, permitam também **justa retribuição** às empresas interessadas" (grifos nossos). Nem sempre o julgamento **por** equidade é um julgamento **com** equidade. Nos casos de fixação de danos morais, por exemplo, o julgamento por equidade em valor ínfimo ou extremamente excessivo não se revela um julgamento com equidade, isto é, justo, equitativo. O julgamento com equidade, portanto, é aquele que se revela justo para o caso apreciado pelo julgador.

2. Princípios do direito processual do trabalho

O Título I da CF confere aos princípios o caráter de autênticas normas constitucionais. Vale dizer, já não há mais como sustentar a velha discussão do positivismo jurídico tradicional sobre a posição dos princípios entre as fontes do direito, porquanto os princípios fundamentais inscritos na Constituição Federal passaram a fontes normativas primárias do nosso sistema jurídico (neopositivismo ou neoconstitucionalismo).

Na verdade, o fenômeno da constitucionalização do direito fez surgir na academia uma nova compreensão do papel dos princípios constitucionais fundamentais no ordenamento jurídico brasileiro, o que foi reforçado pelas

(1) Nos casos de lacunas ontológicas e axiológicas, defendemos o diálogo das fontes do processo civil com as do processo do trabalho. Ver: LEITE, Carlos Henrique Bezerra. *Curso de direito processual do trabalho*. 16. ed. São Paulo: Saraiva, 2018, *passim*.

importantes contribuições doutrinárias de Ronald Dworkin (1989) e Robert Alexy (2001), pois ambas inspiraram novos estudos sobre hermenêutica constitucional que vêm influenciando tanto a teoria quanto a prática do direito, em geral, e do direito processual do trabalho, em particular.

Segundo Dworkin, as **normas constitucionais** são o **gênero** que têm como **espécies** os princípios e as **regras**. Todavia, ao contrário das regras, princípio não revoga princípio; antes, se harmonizam, abrindo espaço para a aplicação da justiça no caso concreto, mediante aplicação de outro princípio: o da razoabilidade (ou proporcionalidade).

Já Alexy enfatiza o aspecto deontológico dos princípios. É dizer, para esse notável autor, tanto os princípios como as regras são normas porque ambos dizem o que deve ser, sendo que ambos podem ser formulados com a ajuda das expressões deônticas básicas como permitido, proibido e obrigatório. Portanto, a distinção entre regras e princípios é uma distinção entre dois tipos de normas.

Os princípios constitucionais fundamentais exercem *tríplice função* no ordenamento jurídico, a saber: informativa, interpretativa e normativa.

A **função informativa** é destinada ao legislador, inspirando a atividade legislativa em sintonia com os princípios e valores políticos, sociais, éticos e econômicos do ordenamento jurídico. Sob essa perspectiva, os princípios atuam com propósitos prospectivos, impondo sugestões para a adoção de formulações novas ou de regras jurídicas mais atualizadas, em sintonia com os anseios da sociedade e atendimento às justas reivindicações dos jurisdicionados.

A **função interpretativa** é destinada ao aplicador do direito, pois os princípios se prestam à compreensão dos significados e sentidos das normas que compõem o ordenamento jurídico. Entre os diversos métodos de interpretação oferecidos pela hermenêutica jurídica, os princípios podem desempenhar um importante papel na própria delimitação e escolha do método a ser adotado nos casos submetidos à decidibilidade.

A **função normativa**, também destinada ao aplicador do direito, decorre da constatação de que os princípios podem ser aplicados tanto de *forma direta*, isto é, na solução dos casos concretos mediante a derrogação de uma norma por um princípio, por exemplo o princípio da norma mais favorável aos trabalhadores (CF, art. 7º, *caput*), quanto de *forma indireta*, por meio da integração do sistema nas hipóteses de lacuna (art. 140 do CPC/2015), como se dá, por exemplo, com a aplicação do princípio da preclusão no campo processual.

Além dessas, há outras *importantes funções* dos princípios constitucionais fundamentais no ordenamento jurídico brasileiro:

- integram o direito positivo como normas fundamentais;
- ocupam o mais alto posto na escala normativa;

- são fontes formais primárias do direito (superação da LINDB – Lei de Introdução às Normas do Direito Brasileiro, art. 4º, que coloca os princípios gerais na posição de meras fontes subsidiárias nas hipóteses de lacunas do sistema);
- passam a ser normas de introdução ao ordenamento jurídico brasileiro;
- em caso de conflito entre princípio (justiça) e regra (lei), preferência para o primeiro;
- propiciam a atividade criativa (e vinculativa) do juiz, impedindo o dogma da neutralidade e os formalismos legalistas (supremacia dos valores superiores na interpretação do direito sobre o legalismo restrito);
- prestigiam a verdadeira segurança jurídica, pois a atividade legislativa e a judicante ficam vinculadas à observância dos princípios constitucionais fundamentais;
- vinculam todos os Poderes (Executivo, Legislativo e Judiciário): judicialização da política e politização da justiça (Judiciário);
- estabelecem a *função promocional do Ministério Público* (defesa do regime democrático e do ordenamento jurídico).

2.1. Princípios comuns ao direito processual civil e ao direito processual do trabalho

Além dos princípios constitucionais relativos ao processo em geral, como os princípios do devido processo legal, do contraditório e da ampla defesa, do juiz natural, do acesso à justiça, do duplo grau de jurisdição, da igualdade das partes, da motivação das decisões judiciais, da duração razoável do processo, existem outros princípios comuns ao processo civil e ao processo trabalhista sobre os quais nos debruçaremos nos tópicos seguintes.

É importante destacar que o art. 1º do Novo CPC revela o fenômeno da constitucionalização do processo civil, que também deve ser adotado, a nosso sentir, no processo do trabalho, pois aquele dispositivo deve ser aplicado, subsidiária e supletivamente, ao processo laboral (CPC/2015, art. 15).

Pode-se dizer, assim, que o processo do trabalho será ordenado, disciplinado e interpretado conforme os valores e as normas fundamentais estabelecidos na Constituição da República Federativa do Brasil, observando-se as disposições previstas na legislação processual trabalhista ou na legislação processual civil, desde que estas propiciem celeridade, efetividade e justiça nas soluções jurisdicionais dos conflitos submetidos à Justiça do Trabalho.

2.1.1. Princípio dispositivo ou da demanda

Na esfera civil, o poder de provocar a tutela jurisdicional foi entregue à própria parte interessada, isto é, àquela que se sentir atingida pelo comportamento alheio, poderá provocar o Estado-Juiz e apresentar a sua pretensão, se o desejar ou na forma que lhe aprouver, assim como dela desistir, respeitadas as exigências legais.

Trata-se, pois, da emanação do princípio da liberdade da pessoa que se sente lesada ou ameaçada em relação a um direito de que se diz titular. Diz-se, assim, que o princípio da demanda encontra inspiração no inciso XXXV do art. 5º da CF/1988.

O princípio dispositivo, também chamado princípio da demanda ou da inércia da jurisdição, é emanação do princípio da livre-iniciativa. Sua residência legal estava no art. 2º do CPC ("Nenhum juiz prestará a tutela jurisdicional senão quando a parte ou o interessado a requerer, nos casos e forma legais"). O CPC de 2015 não contém dispositivo correspondente, mas o seu art. 2º dispõe que o "processo civil começa por iniciativa da parte", consagrando, assim, o apotegma romano *nemo judex sine actore*, segundo o qual sem autor não há jurisdição.

No direito processual do trabalho há algumas exceções ao princípio dispositivo, uma vez que nesse setor especializado há previsão, por exemplo, da reclamação trabalhista instaurada "por ofício" oriundo da SRT – Superintendência Regional do Trabalho (CLT, art. 39), da execução promovida *ex officio* pelo juiz (CLT, art. 878) e da "instauração da instância" pelo juiz presidente do Tribunal, nos casos de greve (CLT, art. 856). Sobre esta última norma consolidada, parece-nos que ela não foi recepcionada pelo art. 114, §§ 2º e 3º, da CF, entendimento que se reforça pela sua novel redação introduzida pela EC n. 45/2004.

2.1.2. Princípio inquisitivo ou do impulso oficial

O art. 2º do CPC/2015 dispõe que o processo começa por iniciativa da parte, mas "se desenvolve por impulso oficial, salvo as exceções previstas em lei". Logo após o ajuizamento da ação, portanto, o juiz assume o dever de prestar a jurisdição de acordo com os poderes e deveres que o ordenamento jurídico lhe atribui.

O princípio inquisitivo (ou do impulso oficial) também é extraído do art. 485, II e III, do CPC/2015, que permite a resolução do processo, sem exame do mérito, por contumácia das partes, bem como dos arts. 141 e 492 do mesmo Código.

No que concerne ao direito processual do trabalho, o art. 765 da CLT estabelece que "os Juízos e Tribunais do Trabalho terão ampla liberdade na direção do processo e velarão pelo andamento rápido das causas, podendo determinar qualquer diligência necessária ao esclarecimento delas".

Além disso, o art. 878 da CLT permitia que a execução trabalhista pudesse ser promovida *ex officio* pelo próprio Juiz ou Presidente do Tribunal competente. No entanto, o art. 878 da CLT foi modificado pela Lei n. 13.467/2017, de modo que a "execução será promovida pelas partes, permitindo a execução de ofício pelo juiz ou pelo Presidente do Tribunal apenas nos casos em que as partes não estiverem representadas por advogado". Vale dizer, a execução de ofício, com o advento da "Reforma Trabalhista", só poderá ocorrer quando as partes não estiverem representadas por advogado.

2.1.3. *Princípio da instrumentalidade das formas*

O processo deve ser instrumento de Justiça, e não um fim em si mesmo. É por meio dele que o Estado presta a jurisdição, dirimindo conflitos, promovendo a pacificação e a segurança aos jurisdicionados.

Nesse sentido é que se diz que o processo deve estar a serviço do direito material, e não o contrário. O processo é meio, é instrumento, é método de realização do direito material.

Princípio da instrumentalidade das formas, também chamado de princípio da finalidade, é aquele segundo o qual, quando a lei prescrever ao ato determinada forma, sem cominar nulidade, o juiz considerará válido o ato se, realizado de outro modo, lhe alcançar a finalidade essencial (CPC/2015, art. 188). Os arts. 1º, 8º, 190 e 191 e 439 a 441, 1.053, todos do CPC/2015 e os arts. 794, 795 e 796 da CLT também são inspirados no princípio da instrumentalidade das formas.

O princípio da instrumentalidade das formas tem íntima vinculação ao princípio da primazia da decisão de mérito, sobre o qual falaremos no item 2.1.15, *infra*.

2.1.4. *Princípio da impugnação especificada*

Corolário do contraditório, o princípio da impugnação específica está previsto no art. 341 do CPC/2015, segundo o qual:

> Incumbe também ao réu manifestar-se precisamente sobre as alegações de fato constantes da petição inicial, presumindo-se verdadeiras as não impugnadas, salvo se:
>
> I – não for admissível, a seu respeito, a confissão;
>
> II – a petição inicial não estiver acompanhada de instrumento que a lei considerar da substância do ato;
>
> III – estiverem em contradição com a defesa, considerada em seu conjunto.
>
> Parágrafo único. O ônus da impugnação especificada dos fatos não se aplica ao defensor público, ao advogado dativo e ao curador especial.

A inobservância do princípio da impugnação especificada deságua na presunção de veracidade dos fatos não impugnados. Esse ônus atribuído ao réu somente não ocorrerá nas hipóteses previstas nos incisos I, II e III do art. 341 do CPC/2015.

Demonstrando que também há exceções ao princípio da isonomia, o parágrafo único do art. 341 do CPC/2015 dispõe que não se aplica o princípio da impugnação especificada ao defensor público, ao advogado dativo e ao curador especial. Pensamos que também não se aplica tal princípio ao Ministério Público quando atuar como parte ré (*v. g.*, art. 793 da CLT) ou como fiscal do ordenamento jurídico (CPC/2015, art. 171).

Há cizânia doutrinária quanto à incidência do princípio da impugnação específica nos domínios do processo do trabalho. O maior argumento invocado reside na permissão do *jus postulandi* (CLT, art. 791), que, em princípio, impediria a aplicação supletiva do CPC.

Cremos, porém, que a razão está com a corrente que admite a aplicação subsidiária da norma do direito processual civil nos sítios do processo laboral, porquanto em ambos a contestação por negação geral é o mesmo que não contestar. A Súmula n. 393, item I, do TST, por exemplo, é inspirada no princípio da impugnação específica do capítulo da decisão contra a qual a parte recorre.

2.1.5. *Princípio da estabilidade da lide*

Esse princípio informa que se o autor já propôs sua demanda e deduziu os seus pedidos, e se o réu já foi citado para sobre eles se pronunciar, não poderá mais o autor modificar sua pretensão sem anuência do réu e, depois de ultrapassado o momento da defesa, nem mesmo com o consentimento de ambas as partes isso será possível.

O princípio da estabilidade da lide ou da demanda está consagrado no plano subjetivo e no plano objetivo. O art. 108 do CPC/2015 consagra o critério subjetivo da estabilização da demanda. Já no plano objetivo, o princípio em tela está inscrito no art. 329, I, do CPC/2015, segundo o qual, "até a citação, aditar ou alterar o pedido ou a causa de pedir, independentemente de consentimento do réu".

Tendo em vista a peculiaridade de que, no processo laboral, a audiência é realizada antes mesmo da apresentação da defesa (CLT, arts. 846 e 847), seria ilógico não permitir a alteração (ou aditamento) do pedido ou da causa de pedir contidos na petição inicial, desde que isso não implique comprometimento aos princípios do devido processo legal e do contraditório, os quais, segundo pensamos, não serão olvidados se o juiz conceder prazo ao réu (reclamado) para se pronunciar sobre as alterações ou aditamentos pretendidos pelo autor.

2.1.6. *Princípio da eventualidade*

As partes devem alegar, na oportunidade própria prevista em lei, ou por ocasião do exercício de faculdade processual, todas as matérias de defesa ou de seu interesse. É o princípio da eventualidade, que está inserto no art. 336 do CPC/2015, *in verbis*: "Incumbe ao réu alegar, na contestação, toda a matéria de defesa, expondo as razões de fato e de direito com que impugna o pedido do autor e especificando as provas que pretende produzir".

Discute-se a aplicação do princípio da eventualidade no processo trabalhista. Se admitirmos a aplicação do princípio da impugnação especificada no direito processual do trabalho, pensamos ser de todo conveniente, tendo em vista a lacuna do texto obreiro (CLT, art. 769), também admitirmos a adoção do princípio da eventualidade, por não ser este incompatível com a principiologia da processualística laboral, desde que o juiz aja com razoabilidade e com a necessária prudência (CPC/2015, art. 8º).

Para tanto, o juiz deverá orientar ou advertir, expressamente, as partes no sentido de que deverão produzir todas as suas razões de defesa no momento oportuno, sob pena de serem consideradas verdadeiras as alegações do autor.

2.1.7. *Princípio da preclusão*

O princípio da preclusão decorre do princípio dispositivo e da própria logicidade do processo, que é o "andar para frente", sem retornos a etapas ou momentos processuais já ultrapassados.

Esse princípio está inscrito no art. 278 do CPC/2015, segundo o qual: "A nulidade dos atos deve ser alegada na primeira oportunidade em que couber à parte falar nos autos, sob pena de preclusão".

O parágrafo único do art. 278 do CPC/2015 excepciona a incidência da regra da preclusão "às nulidades que o juiz deva decretar de ofício, nem prevalece a preclusão, provando a parte legítimo impedimento".

O princípio em tela também está previsto no art. 507 do CPC/2015, segundo o qual "é defeso à parte discutir no curso do processo as questões já decididas a cujo respeito se operou a preclusão". Essa norma tem por destinatários todos os que figuram no processo, inclusive o juiz, na medida em que este não poderá examinar questão já superada, sendo-lhe permitido, no entanto, a qualquer momento, antes da prolação da sentença, conhecer de questão de ordem pública, tal como prevê o art. 485, § 3º, do CPC/2015.

No âmbito do direito processual do trabalho, o princípio encontra-se implícito no art. 795 da CLT, que diz: "As nulidades não serão declaradas senão mediante provocação das partes, as quais deverão argui-las à primeira vez em que tiverem de falar em audiência ou nos autos".

Considerando que o processo do trabalho adota a audiência una e tendo em vista a inexistência de recurso próprio para atacar imediatamente as decisões interlocutórias, o direito de a parte manifestar sua irresignação – o chamado protesto nos autos para impedir a preclusão – poderá ser exercido até as razões finais. Entretanto, se o juízo determinar o fracionamento da audiência, a parte deverá impugnar eventual nulidade na primeira vez que tiver de falar nos autos, sob pena de preclusão (CLT, art. 795).

Não há como negar a incidência do princípio da preclusão no direito processual do trabalho, pois a própria CLT, no seu art. 879, §§ 2º e 3º, o prevê expressamente, nos seguintes termos:

Art. 879. Sendo ilíquida a sentença exequenda, ordenar-se-á, previamente, a sua liquidação, que poderá ser feita por cálculo, por arbitramento ou por artigos.

[...]

§ 2º Elaborada a conta e tornada líquida, o Juiz poderá abrir às partes prazo sucessivo de 10 (dez) dias para impugnação fundamentada com a indicação dos itens e valores objeto da discordância, sob pena de preclusão.

§ 3º Elaborada a conta pela parte ou pelos órgãos auxiliares da Justiça do Trabalho, o juiz procederá à intimação da União para manifestação, no prazo de dez dias, sob pena de preclusão.

A preclusão pode ser: consumativa, temporal, lógica, ordinatória, máxima ou *pro judicato*.

2.1.7.1. *Preclusão consumativa*

É a que ocorre com a própria prática do ato processual, isto é, uma vez praticado o ato, não poderá a parte fazê-lo novamente (exemplo: interposição tempestiva do recurso ordinário impede que outro recurso ordinário seja interposto contra a mesma decisão).

2.1.7.2. *Preclusão temporal*

É a mais conhecida. Opera-se a preclusão temporal quando a parte não pratica um ato processual no prazo legalmente previsto, ou quando o pratica serodiamente (exemplo: perda do prazo para interposição de um recurso).

2.1.7.3. *Preclusão lógica*

É a perda da prática de um ato, por estar em contradição com atos anteriores, ofendendo a lógica do comportamento das partes. A preclusão lógica, portanto, ocorre quando a parte pratica um ato incompatível com o já praticado (exemplos: CLT, art. 806, que veda à "parte interessada suscitar conflitos de jurisdição quando já houver oposto na causa exceção de incompetência", ou seja, se a parte interessada excepcionou a incompetência, implica preclusão lógica para sua pretensão posterior de suscitar o conflito de competência; se, em vez de recorrer da sentença, a parte simplesmente cumpre o comando nela prescrito, esse ato implica preclusão lógica do direito de recorrer).

2.1.7.4. *Preclusão ordinatória*

É a perda da possibilidade de praticar o ato (ou exercer uma faculdade), se precedido do exercício irregular da mesma possibilidade. Em outros termos, a validade de um ato posterior depende da prática de um ato anterior (exemplos: não podem ser recebidos os embargos do devedor antes de garantido o juízo pela penhora, não será conhecido o recurso se não houve o pagamento das custas).

2.1.7.5. *Preclusão máxima*

Também conhecida por coisa julgada, consiste na perda do prazo para a interposição de recurso contra sentença que transitou em julgado com ou sem resolução de mérito. Por esse princípio, é defeso à parte pleitear, e ao juiz decidir, no mesmo processo em que houve a preclusão máxima (coisa julgada).

A coisa julgada constitui uma garantia fundamental do cidadão e encontra fundamento na necessidade de segurança das relações jurídicas processuais, impedindo que no mesmo processo sejam rediscutidas questões já decididas por sentença não mais sujeita a recurso.

O direito processual do trabalho agasalha, expressamente, o princípio da preclusão máxima, como se infere do art. 836 da CLT.

2.1.7.6. *Preclusão* pro judicato

O art. 836 da CLT veda ao juiz conhecer de questões já decididas, salvo nas hipóteses dos embargos de declaração e de ação rescisória. Eis um exemplo de preclusão *pro judicato*, que retira do magistrado o poder de revogar ou modificar decisão prolatada e publicada, impondo-lhe a observância do devido processo legal, dando estabilidade ao ordenamento jurídico.

Outro exemplo é extraído do juízo de admissibilidade do Recurso de Revista, que é feito pelo órgão *a quo* e pelo *ad quem*. O pronunciamento do primeiro não gera preclusão *pro judicato* para o segundo, que tem o poder-dever de proceder a novo exame dos requisitos de admissibilidade do recurso independentemente de provocação da parte contrária.

2.1.8. Princípio da economia processual

Trata-se de princípio aplicável em todos os ramos do direito processual, e consiste em obter da prestação jurisdicional o máximo de resultado com o mínimo de atos processuais, evitando-se dispêndios desnecessários de tempo e dinheiro para os jurisdicionados.

O princípio da economia processual autoriza o juiz a aproveitar ao máximo os atos processuais já praticados, tal como preveem, por exemplo, os §§ 1º e 2º do art. 938 do CPC/2015, aplicáveis supletiva e subsidiariamente ao processo do trabalho (CLT, art. 769; CPC/2015, art. 15).

2.1.9. Princípio da perpetuatio jurisdictionis

Tecnicamente, o correto seria princípio da perpetuação da competência, e não princípio da perpetuação da jurisdição. Esse princípio está previsto no art. 43 do Novo CPC, segundo o qual a competência é fixada no momento do registro ou da distribuição da petição inicial, sendo irrelevantes as modificações do estado de fato ou de direito ocorridas posteriormente, salvo quando suprimirem órgão judiciário ou alterarem a competência absoluta. Esse princípio recebe tratamento normativo diverso no microssistema do processo coletivo, como se infere do art. 98, § 2º, I, do CDC.

2.1.10. Princípio do ônus da prova

O princípio do ônus da prova estava previsto no art. 333 do CPC/73. O art. 373 do CPC/2015 o manteve, *in verbis*: "O ônus da prova incumbe: I – ao autor, quanto ao fato constitutivo de seu direito; II – ao réu, quanto à existência de fato impeditivo, modificativo ou extintivo do direito do autor."

O art. 818 da CLT, de maneira bem simples, dispunha que a "prova das alegações incumbe à parte que as fizer."

Com o advento da Reforma Trabalhista (Lei n. 13.467/2017), o art. 818 da CLT, sofrendo influência direta do CPC de 2015, passou a ter a seguinte redação:

> Art. 818. O ônus da prova incumbe:
>
> I – ao reclamante, quanto ao fato constitutivo de seu direito;
>
> II – ao reclamado, quanto à existência de fato impeditivo, modificativo ou extintivo do direito do reclamante.
>
> § 1º. Nos casos previstos em lei ou diante de peculiaridades da causa relacionadas à impossibilidade ou à excessiva dificuldade de cumprir o encargo nos termos deste artigo ou à maior facilidade de obtenção da prova do fato contrário, poderá o juízo atribuir o ônus da prova de modo diverso, desde que o faça por decisão fundamentada, caso em que deverá dar à parte a oportunidade de se desincumbir do ônus que lhe foi atribuído.
>
> § 2º. A decisão referida no § 1º deste artigo deverá ser proferida antes da abertura da instrução e, a requerimento da parte, implicará o adiamento da audiência e possibilitará provar os fatos por qualquer meio em direito admitido.
>
> § 3º. A decisão referida no § 1º deste artigo não pode gerar situação em que a desincumbência do encargo pela parte seja impossível ou excessivamente difícil.

Há, pois, autorização expressa para o juiz do trabalho, nos casos autorizados por lei ou diante das peculiaridades do caso concreto que revelem dificuldades para o trabalhador se desincumbir do *onus probandi*, distribuir de modo diverso do previsto no inciso I do art. 818 da CLT o ônus da prova. Daí a possibilidade da inversão do ônus da prova.

O próprio CDC (art. 6º, VIII) prescreve, entre os direitos básicos do consumidor, a "facilitação da defesa de seus direitos, inclusive com a inversão do ônus da prova, a seu favor, no processo civil, quando, a critério do juiz, for verossímil a alegação ou quando for ele hipossuficiente, segundo as regras ordinárias da experiência".

Vê-se, assim, que o § 1º do art. 818 da CLT, segue o disposto no § 1º do art. 373 do CPC/2015, acompanhando uma nova função social do processo, que também permite ao juiz promover a distribuição dinâmica do ônus da prova, desde que o faça por decisão fundamentada, caso em que deverá dar à parte a oportunidade de se desincumbir do ônus que lhe foi atribuído.

Essa decisão, no entanto, de acordo com o § 3º do art. 818 da CLT, "não pode gerar situação em que a desincumbência do encargo pela parte seja impossível ou excessivamente difícil".

Na verdade, a jurisprudência trabalhista já autorizava a inversão do ônus da prova, como se depreende da Súmula n. 212 do TST, segundo a qual "o ônus de provar o término do contrato de trabalho, quando negados a prestação de serviço e o despedimento, é do empregador, pois o princípio da continuidade da relação de emprego constitui presunção favorável ao empregado".

No procedimento sumaríssimo também já havia, a nosso ver, permissão para o juiz do trabalho aplicar o princípio da inversão do ônus da prova. Com efeito, diz o art. 852-D que o "juiz dirigirá o processo com liberdade para determinar as provas a serem produzidas, considerado o ônus probatório de cada litigante, podendo limitar ou excluir as que considerar excessivas, impertinentes ou protelatórias, bem como para apreciá-las e dar especial valor às regras de experiência comum ou técnica".

2.1.11. *Princípio da oralidade*

A rigor, o princípio da oralidade se exterioriza interagindo com outros quatro princípios: I – princípio da imediatidade; II – princípio da identidade física do juiz; III – princípio da concentração; e IV – princípio da irrecorribilidade imediata das decisões interlocutórias.

Nos chamados Juizados Especiais, o princípio da oralidade passou a ter um papel de destaque no direito processual civil, que, finalmente, reconheceu que a eficácia do processo e a efetividade da prestação jurisdicional encontram forte aliado na discussão oral da causa e na presença do magistrado.

No direito processual do trabalho, o princípio da oralidade é encontrado em diversos dispositivos da CLT, como a previsão expressa da chamada reclamação verbal (art. 840, § 2º) e a defesa oral em audiência (art. 847). Outra manifestação do princípio na seara laboral se revela em audiência, oportunidade em que as partes se dirigem direta e oralmente ao magistrado, propiciando diversos debates orais (requerimentos, contraditas, razões finais, protestos etc.), sendo certo que, também oralmente, o magistrado, via de regra, resolve as questões surgidas em audiência, mediante registro em ata.

Pode-se dizer, ainda, que nas chamadas "ações trabalhistas de alçada", disciplinadas pela Lei n. 5.584/70 (art. 2º, § 3º), há o nítido predomínio da palavra falada sobre a escrita.

2.1.11.1. Princípio da imediatidade ou da imediação

Segundo esse princípio, o juiz da causa está obrigado ao contato direto com as partes, as testemunhas, o perito e o terceiro para que possa obter os elementos necessários ao esclarecimento da verdade e, em consequência, decidir e justificar motivadamente o seu convencimento.

No direito processual do trabalho, o princípio da imediatidade reside no art. 820 da CLT, segundo o qual as partes e testemunhas serão inquiridas pelo juiz ou presidente, podendo ser reinquiridas, por seu intermédio, a requerimento das partes, seus representantes ou advogados. Trata-se, pois, de princípio aplicável, com maior ênfase, no direito processual do trabalho, em razão da larga incidência da prova oral nesse setor especializado do direito processual, razão pela qual não se aplica ao processo do trabalho o disposto no art. 459 do CPC/2015 (no mesmo sentido, o art. 11 da IN/TST n. 39/2016), segundo o qual as perguntas serão formuladas diretamente pelas partes à testemunha, sendo que, nos termos do § 1º do mesmo artigo, o juiz poderá inquirir a testemunha tanto antes quanto depois da inquirição feita pelas partes.

2.1.11.2. *Princípio da identidade física do juiz*

O princípio da identidade física do juiz estava previsto no art. 132 do CPC/1973 (sem correspondente no CPC/2015), segundo o qual o juiz, titular ou substituto, que concluir a audiência proferirá a sentença, salvo se estiver convocado, licenciado, afastado por qualquer motivo, promovido ou aposentado, casos em que passará os autos ao seu sucessor, sendo que este, se entender necessário, poderá mandar repetir as provas já produzidas.

A Súmula n. 136 do TST, não obstante a extinção dos juízes classistas nas Varas do Trabalho (EC n. 24/1999), vedava a aplicação do princípio da identidade física do juiz. Recentemente, porém, o TST (Resolução n. 185/2012) cancelou a Súmula n. 136, com o que o princípio da identidade física passa a ser aplicável nas Varas do Trabalho. Todavia, como o Novo CPC não mais o prevê expressamente, surgirão discussões acerca da sobrevivência do princípio da identidade física nas Varas do Trabalho.

Nos tribunais, o princípio da identidade física é aplicável ao Relator e, se houver, ao Revisor do processo.

2.1.11.3. *Princípio da concentração*

O princípio da concentração decorre da aplicação conjunta de vários princípios procedimentais destinados a regulamentar e orientar a apuração de provas e a decisão judicial em uma única audiência. Daí o termo "concentração".

No direito processual civil, está previsto nos arts. 331 e 450 do CPC/73 (arts. 357 e 358 do CPC/2015), enquanto, no direito processual do trabalho, o princípio da concentração está explícito no art. 849 da CLT, que diz: "A audiência de julgamento será contínua; mas se não for possível, por motivo de força maior, concluí-la no mesmo dia, o juiz ou presidente marcará a sua continuação para a primeira desimpedida, independentemente de nova notificação."

Igualmente, o art. 852-C da CLT determina: "As demandas sujeitas a rito sumaríssimo serão instruídas e julgadas em audiência única, sob a direção de juiz presidente ou substituto, que poderá ser convocado para atuar simultaneamente com o titular."

2.1.11.4. *Princípio da irrecorribilidade imediata das decisões interlocutórias*

O que justifica o princípio em tela, no processo civil, é a expressão "em separado", que deve ser utilizada no sentido de impedir que as impugnações das decisões interlocutórias possam paralisar o curso do processo.

Naquele setor do direito processual, o princípio da irrecorribilidade imediata das decisões interlocutórias encontra fundamento na conjugação dos arts. 1.015 e 995 do CPC/2015.

No processo do trabalho, o princípio em estudo está consagrado no art. 893, § 1º, da CLT, segundo o qual "os incidentes do processo serão resolvidos pelo próprio Juízo ou Tribunal, admitindo-se a apreciação do merecimento das decisões interlocutórias somente em recurso da decisão definitiva".

Na seara laboral, portanto, o princípio da irrecorribilidade imediata das decisões interlocutórias tem aplicabilidade mais enfática do que no processo civil, na medida em que a apreciação das impugnações contra as decisões interlocutórias somente será admitida em recursos interpostos contra sentença (ou acórdão) terminativa ou definitiva, sendo certo que os arts. 995 e 1.015 do CPC/2015, ao que nos parece, não são aplicáveis no processo do trabalho, já que na espécie não existem lacunas normativas, ontológicas ou axiológicas nesse setor especializado do direito processual brasileiro.

2.1.12. *Princípio da lealdade processual*

Trata-se de princípio que está intimamente ligado ao princípio da dignidade da pessoa humana e a um dos objetivos fundamentais da República, consubstanciado no art. 3º, I, da CF, qual seja, o de "construir uma sociedade livre, justa e solidária".

Também chamado de princípio da probidade, o princípio da lealdade processual está consignado expressamente nos arts. 79, 80 e 81 do CPC/2015.

O princípio da lealdade processual, portanto, tem por escopo impor aos litigantes uma conduta moral, ética, colaborativa e de respeito mútuo, com o escopo de ensejar o curso natural do processo e levá-lo à consecução de seus objetivos: a prestação jurisdicional, a paz social e a justa composição da lide.

Havia lacuna normativa na CLT e não víamos qualquer incompatibilidade na aplicação subsidiária e supletiva das regras do CPC/2015 referentes ao princípio da lealdade processual nos sítios do processo do trabalho, sendo certo que a jurisprudência especializada já vinha admitindo a sua aplicação na seara laboral.

Com o advento da Lei n. 13.467/2017, a CLT passou a contar com os arts. 793-A a 793-D, que dispõem sobre "Responsabilidade por Dano Processual", nos seguintes termos:

> Art. 793-A. Responde por perdas e danos aquele que litigar de má-fé como reclamante, reclamado ou interveniente.

Art. 793-B. Considera-se litigante de má-fé aquele que:

I – deduzir pretensão ou defesa contra texto expresso de lei ou fato incontroverso;

II – alterar a verdade dos fatos;

III – usar do processo para conseguir objetivo ilegal;

IV – opuser resistência injustificada ao andamento do processo;

V – proceder de modo temerário em qualquer incidente ou ato do processo;

VI – provocar incidente manifestamente infundado;

VII – interpuser recurso com intuito manifestamente protelatório.

Art. 793-C. De ofício ou a requerimento, o juízo condenará o litigante de má-fé a pagar multa, que deverá ser superior a 1% (um por cento) e inferior a 10% (dez por cento) do valor corrigido da causa, a indenizar a parte contrária pelos prejuízos que esta sofreu e a arcar com os honorários advocatícios e com todas as despesas que efetuou.

§ 1º Quando forem dois ou mais os litigantes de má-fé, o juízo condenará cada um na proporção de seu respectivo interesse na causa ou solidariamente aqueles que se coligaram para lesar a parte contrária.

§ 2º Quando o valor da causa for irrisório ou inestimável, a multa poderá ser fixada em até duas vezes o limite máximo dos benefícios do Regime Geral de Previdência Social.

§ 3º O valor da indenização será fixado pelo juízo ou, caso não seja possível mensurá-lo, liquidado por arbitramento ou pelo procedimento comum, nos próprios autos.

Art. 793-D. Aplica-se a multa prevista no art. 793-C desta Consolidação à testemunha que intencionalmente alterar a verdade dos fatos ou omitir fatos essenciais ao julgamento da causa.

Parágrafo único. A execução da multa prevista neste artigo dar-se-á nos mesmos autos.

2.1.13. Princípio da cooperação ou colaboração

O art. 6º do CPC/2015 reconhece expressamente o princípio da cooperação ao prescrever que: "Todos os sujeitos do processo devem cooperar entre si para que se obtenha, em tempo razoável, decisão de mérito justa e efetiva".

O princípio da cooperação vincula-se ao princípio da lealdade processual previsto no art. 5º do CPC/2015 e já analisado no item precedente, sendo ambos aplicáveis supletiva e subsidiariamente ao processo do trabalho por força dos arts. 769 da CLT e 15 do CPC/2015.

2.1.14. Princípio da vedação da decisão surpresa

O princípio da vedação da decisão surpresa está previsto no art. 10 do CPC/2015, segundo o qual:

> O juiz não pode decidir, em grau algum de jurisdição, com base em fundamento a respeito do qual não se tenha dado às partes oportunidade de se manifestar, ainda que se trate de matéria sobre a qual deva decidir de ofício.

O princípio em tela decorre do direito fundamental de participação do cidadão na Administração Pública da Justiça e se vincula intimamente com o princípio do contraditório, na medida em que impõe ao órgão julgador, em todos os graus de jurisdição, o dever de ouvir as partes sobre as decisões adotadas, ainda que se trate de matéria conhecível de ofício. Trata-se de alteração relevante em relação ao CPC de 1973, que implicará mudanças na prática das decisões dos juízes e tribunais, com repercussões no processo do trabalho, em função da lacuna do texto consolidado.

A título de exemplo, à luz do princípio da vedação da decisão surpresa, o juiz não poderá, sem intimar previamente as partes para que se manifestem nos autos: indeferir a petição inicial por inépcia, pronunciar de ofício a prescrição ou a decadência etc.

Ficam, porém, excepcionadas da aplicação do princípio da vedação da decisão surpresa as hipóteses expressamente previstas no art. 9º do CPC/2015.

2.1.15. *Princípio da primazia da decisão de mérito*

O princípio da primazia da decisão de mérito é extraído dos arts. 6º, 10, 317, 321 e 488 do CPC/2015, sendo, a nosso ver, aplicável ao processo do trabalho (CLT, art. 769; CPC/2015, art. 15).

De acordo com o princípio em tela, somente em situações excepcionais e quando não for possível a correção de vícios ou irregularidades, o juiz, depois de conceder oportunidade às partes, poderá extinguir o processo sem resolução de mérito. O princípio em tela está vinculado ao princípio da instrumentalidade das formas, já analisado no item 2.1.3, *supra*.

2.1.16. *Princípio da observância da ordem cronológica de conclusão de processos*

O princípio da observância da ordem cronológica de conclusão de processos para proferir sentença ou acórdão está previsto expressamente no art. 12, *caput*, do CPC/2015 e constitui desdobramento de dois outros princípios: igualdade e publicidade. A Lei n. 13.256/2016 alterou a redação do referido dispositivo, tornando apenas preferencial, e não mais obrigatória, a observância da ordem cronológica de conclusão processual.

Para concretizar o princípio em exame, os órgãos jurisdicionais deverão elaborar lista de processos aptos a julgamento, que deverá estar permanentemente à disposição para consulta pública em cartório e na rede mundial de computadores.

Nos termos do § 6º do art. 12 do CPC/2015, ocupará o primeiro lugar na lista o processo que:

> I – tiver sua sentença ou acórdão anulado, salvo quando houver necessidade de realização de diligência ou de complementação da instrução;
>
> II – se enquadrar na hipótese do art. 1.040, II, do CPC/2015.

Não há obrigatoriedade de observância do princípio sob exame (CPC/2015, art. 12, § 2º) quando se tratar de:

I – sentenças proferidas em audiência, homologatórias de acordo ou de improcedência liminar do pedido;

II – julgamento de processos em bloco para aplicação de tese jurídica firmada em julgamento de casos repetitivos;

III – julgamento de recursos repetitivos ou de incidente de resolução de demandas repetitivas;

IV – decisões proferidas com base nos arts. 485 e 932 do CPC/2015;

V – julgamento de embargos de declaração;

VI – julgamento de agravo interno;

VII – preferências legais e as metas estabelecidas pelo Conselho Nacional de Justiça;

VIII – processos criminais, nos órgãos jurisdicionais que tenham competência penal;

IX – causa que exija urgência no julgamento, assim reconhecida por decisão fundamentada.

Parece-nos que o princípio da observância da ordem cronológica para proferir sentença ou acórdão, por estar em sintonia com os princípios da isonomia e da publicidade, deverá ser aplicado com ponderação e razoabilidade nos sítios do processo do trabalho, em função da natureza alimentícia dos créditos normalmente veiculados nas demandas trabalhistas oriundas da relação de emprego que, a nosso sentir, devem ter preferência em relação às demais demandas oriundas da relação de trabalho que passaram, por força da EC n. 45/2004, à competência da Justiça do Trabalho.

2.2. Princípios peculiares do direito processual do trabalho

Não é pacífico o entendimento doutrinário a respeito da existência de princípios peculiares ou próprios do direito processual do trabalho. Na verdade, o problema da existência de princípios peculiares desse segmento especializado está vinculado à questão da autonomia do direito processual do trabalho, sobre a qual nos debruçaremos mais adiante.

Há, pois, os monistas, que sustentam a inexistência de autonomia do direito processual do trabalho e, consequentemente, negam que ele possua princípios próprios ou peculiares. Mas há também os dualistas, que advogam a autonomia desse ramo especializado e, por tal razão, defendem que ele se assenta em principiologia própria.

Por fim, existem os dualistas moderados (ecléticos) que, como nós, sustentam a autonomia relativa do direito processual do trabalho, mediante o diálogo das fontes ou a heterointegração dos subsistemas do processo civil e trabalhista. Tal corrente doutrinária, contudo, não nega que o processo trabalhista possua princípios peculiares, mas admite que estes podem ser relativizados diante de outras normas (princípios e regras), notadamente as previstas no

Código de Processo Civil, que propiciem maior efetividade ao direito fundamental de acesso à justiça.

Analisemos, então, os princípios que, independentemente de serem peculiares ou não, são interpretados e aplicados com maior ênfase no processo laboral.

2.2.1. *Princípio da proteção processual*

Por meio do princípio da proteção processual busca-se compensar a desigualdade existente na realidade socioeconômica (entre empregado e empregador) por meio da instituição de uma desigualdade jurídica processual em sentido oposto.

Nessa perspectiva, o direito processual do trabalho também contribui para a realização de objetivos da República Federativa do Brasil (CF, art. 3º), como a *correção das desigualdades socioeconômicas* e a *promoção da justiça social*.

A desigualdade econômica, o desequilíbrio para a produção de provas, a ausência de um sistema de proteção contra a despedida imotivada, o desemprego estrutural e o desnível econômico, social e cultural entre empregado e empregador, certamente, são realidades trasladadas para o processo do trabalho, sendo, portanto, imprescindível a existência de um princípio de proteção processual ao trabalhador, que é o destinatário dos direitos humanos sociais e fundamentais na relação jurídica processual.

Na verdade, o princípio da proteção processual tem por escopo o estabelecimento de "igualdade de armas", ou seja, de condições jurídicas que propiciem o efetivo acesso justo à justiça, visando salvaguardar direitos fundamentais sociais, cujos titulares são juridicamente hipossuficientes e, por isso, dependem da intervenção do Estado-Juiz para o restabelecimento dos postulados da dignidade, da liberdade e da igualdade substancial dentro do processo.

Vê-se, desse modo, que o princípio da proteção processual deriva da própria razão de ser do processo do trabalho, o qual foi ontologicamente concebido para efetivar o Direito do Trabalho, sendo esse ramo da árvore jurídica criado exatamente para compensar ou reduzir a desigualdade real existente entre empregado e empregador, que são naturais litigantes do processo laboral. Por isso é razoável defender a extensão, no que couber, do princípio da proteção do Direito do Trabalho ao terreno do Direito Processual do Trabalho.

Alguns exemplos ilustram a incidência do princípio da proteção no processo do trabalho, como, por exemplo, a regra do art. 844, *caput*, da CLT, segundo a qual a ausência do reclamante, normalmente o trabalhador, à audiência trabalhista implica o arquivamento dos autos e a ausência do reclamado (via de regra, o empregador) importa sua revelia e confissão ficta.

A inversão do ônus da prova, sob o enfoque do princípio da proteção, pode beneficiar apenas o trabalhador, geralmente o reclamante, pois este também é hipossuficiente na relação jurídica processual.

Reconhecemos, porém, que a ampliação da competência da Justiça do Trabalho para processar e julgar demandas oriundas da relação de trabalho (*lato sensu*), inclusive o trabalho autônomo, e outras ações em que os sujeitos não são hipossuficientes, como as ações anulatórias de débito fiscal trabalhista, o princípio da proteção processual ao trabalhador vai sendo cada vez mais relativizado ou enfraquecido.

Com o advento da Lei n. 13.467/2017, houve substancial redução do princípio da proteção tanto no aspecto do direito material quando do direito processual ao trabalhador, mesmo quando este for beneficiário da justiça gratuita (CLT, arts. 790-B, *caput* e § 4º, e 791, *caput*, §§ 3º e 4º).

2.2.2. Princípio da finalidade (ou efetividade) social do processo

Como desdobramento do princípio da proteção, parcela da doutrina defende a existência do princípio da finalidade social do processo do trabalho (THEODORO JÚNIOR, 2001, p. 62). Ambos se diferenciam no seguinte aspecto: à luz do princípio da proteção, a própria lei confere a desigualdade no plano processual, enquanto no princípio da finalidade social o próprio juiz passa a ter uma atuação mais ativa, na medida em que auxilia o trabalhador, em busca de uma solução justa, até chegar o momento de proferir a sentença.

Parece-nos, contudo, que os dois princípios – proteção e finalidade social – se harmonizam e, pelo menos em nosso ordenamento jurídico, permitem que o juiz, na aplicação do ordenamento jurídico, possa corrigir uma injustiça da própria lei.

É o que prescreve o art. 5º da Lei de Introdução às Normas do Direito Brasileiro, segundo o qual, "na aplicação da lei, o juiz atenderá aos fins sociais a que ela se dirige e às exigências do bem comum".

No mesmo sentido, dispõe o art. 8º do CPC/2015 que o juiz, ao aplicar o ordenamento jurídico, "atenderá aos fins sociais e às exigências do bem comum, resguardando e promovendo a dignidade da pessoa humana e observando a proporcionalidade, a razoabilidade, a legalidade, a publicidade e a eficiência".

O art. 852-I, § 1º, da CLT é expresso ao determinar que o juiz "adotará em cada caso a decisão que reputar mais justa e equânime, atendendo aos fins sociais da lei e às exigências do bem comum". Embora essa disposição esteja prevista no Capítulo da CLT reservada ao procedimento sumaríssimo, parece-nos que ela poderá ser interpretada e aplicada sistemática e teleologicamente em todos os procedimentos do processo laboral.

2.2.3. *Princípio da busca da verdade real*

Esse princípio processual deriva do princípio do direito material do trabalho, conhecido como princípio da primazia da realidade.

Embora haja divergência sobre a singularidade desse princípio no sítio do direito processual do trabalho, parece-nos inegável que ele é aplicado com maior ênfase nesse setor da processualística do que no processo civil, como se infere do disposto no art. 765 da CLT, que confere aos Juízos e Tribunais do Trabalho ampla liberdade na direção do processo com o escopo de velar "pelo andamento rápido das causas, podendo determinar qualquer diligência necessária ao esclarecimento delas".

2.2.4. *Princípio da indisponibilidade*

Esse princípio constitui adaptação do princípio da indisponibilidade ou irrenunciabilidade do direito material do trabalho no campo do processo do trabalho.

Justifica-se a peculiaridade do princípio da indisponibilidade nos sítios do processo do trabalho, pela considerável gama de normas de ordem pública do direito material do trabalho, o que implica a existência de um interesse social que transcende a vontade dos sujeitos do processo na efetivação dos direitos sociais trabalhistas e influencia a própria gênese da prestação jurisdicional especializada.

Afinal, o processo do trabalho tem uma função precípua: a efetiva realização dos direitos sociais (em regra, indisponíveis) dos trabalhadores.

Sabe-se que as normas de direito processual de qualquer ramo são, em regra, de natureza absoluta e de ordem pública, mas nos sítios do processo do trabalho a indisponibilidade do direito processual assume importância mais enfática, tendo em vista a vulnerabilidade econômica e técnica do trabalhador, que é um dos sujeitos da relação jurídica processual.

Vislumbramos a aplicação prática desse princípio na hipótese de substituição processual, pois ao sindicato (substituto processual) é vedado renunciar direitos individuais (homogêneos) veiculados em ação civil pública.

Há de se destacar, contudo, que a ampliação de competência da Justiça do Trabalho para processar e julgar ações oriundas de outras relações de trabalho (EC n. 45/2004), incluindo o trabalho autônomo, bem como as lides entre os sindicatos e entre os empregadores e os órgãos de fiscalização do trabalho, acabará mitigando aplicação do princípio da indisponibilidade nos domínios do processo do trabalho.

O art. 2º, II, da IN/TST n. 39/2016 reafirma a existência do princípio da indisponibilidade no processo do trabalho, afastando, em regra, a possibilidade de negociação processual.

A Lei n. 13.467/2017, no entanto, instituiu a "jurisdição voluntária" (CLT, arts. 652, *f*, e 855-B a 855-E), que estimula sobremaneira a relativização do princípio da indisponibilidade, na medida em que autoriza o juiz a homologar acordos extrajudiciais.

2.2.5. *Princípio da conciliação*

O princípio da conciliação encontrava-se expresso nas Constituições brasileiras de 1946 (art. 123), de 1967 (art. 134), de 1969 (art. 142, com redação dada pela EC n. 01/1969) e na redação original do art. 114 da Carta de 1988. Todas essas normas previam a competência da Justiça do Trabalho para "conciliar" e julgar os dissídios individuais e coletivos.

Com o advento da EC n. 45/2004, que deu nova redação ao art. 114 da CF, houve supressão da expressão "conciliar e julgar", cabendo agora à Justiça do Trabalho "processar e julgar".

A omissão, contudo, não desnatura o princípio em estudo, pois ele continua existindo no plano infraconstitucional e não se mostra incompatível com o novo texto da Carta de outubro de 1988. Embora o princípio da conciliação não seja exclusividade do processo laboral, parece-nos que é aqui que ele se mostra mais evidente, tendo, inclusive, um *iter procedimentalis* peculiar.

Com efeito, dispõem o art. 764 e seus parágrafos da CLT, *in verbis*:

> Art. 764. Os dissídios individuais ou coletivos submetidos à apreciação da Justiça do Trabalho serão sempre sujeitos à conciliação.
>
> § 1º Para os efeitos deste artigo, os juízes e Tribunais do Trabalho empregarão sempre os seus bons ofícios e persuasão no sentido de uma solução conciliatória dos conflitos.
>
> § 2º Não havendo acordo, o juízo conciliatório converter-se-á obrigatoriamente em arbitral, proferindo decisão na forma prescrita neste Título.
>
> § 3º É lícito às partes celebrar acordo que ponha termo ao processo, ainda mesmo depois de encerrado o juízo conciliatório.

No mesmo sentido, o art. 831 da CLT estabelece uma condição intrínseca para a validade da sentença trabalhista, ao determinar que ela somente "será proferida depois de rejeitada pelas partes a proposta de conciliação".

Há, no procedimento comum ordinário trabalhista, dois momentos obrigatórios para a proposta judicial de conciliação.

O primeiro está previsto no art. 846 da CLT e ocorre por ocasião da abertura da audiência, nos seguintes termos: "Aberta a audiência, o Juiz ou Presidente proporá a conciliação."

A segunda tentativa de conciliação ocorre após o término da instrução e da apresentação das razões finais pelas partes, tal como prevê o art. 850 da CLT.

Outra peculiaridade do processo do trabalho repousa na equiparação prática do termo de conciliação à coisa julgada. É o que diz o parágrafo único do art. 831 da CLT: "No caso de conciliação, o termo que for lavrado valerá como decisão irrecorrível, salvo para a Previdência Social quanto às contribuições que lhe forem devidas".

A Súmula n. 259 do TST prevê que somente "por ação rescisória é impugnável o termo de conciliação previsto no parágrafo único do art. 831 da CLT".

A Lei n. 13.467/2017, ao instituir a "jurisdição voluntária" (CLT, arts. 652, *f*, e 855-B a 855-E), estimula a aplicação do princípio da conciliação, porquanto autoriza o juiz a homologar acordos extrajudiciais entabulados pelas partes.

2.2.6. Princípio da normatização coletiva

A Justiça do Trabalho brasileira é o único ramo do Poder Judiciário que exerce o chamado poder normativo, que consiste no poder de criar normas e condições gerais e abstratas (atividade típica do Poder Legislativo), proferindo sentença normativa (*rectius*, acórdão normativo) com eficácia *ultra partes*, cujos efeitos irradiarão para os contratos individuais dos trabalhadores integrantes da categoria profissional representada pelo sindicato que ajuizou o dissídio coletivo.

Essa função especial (competência) conferida aos tribunais trabalhistas é autorizada pelo art. 114, § 2º, da CF.

O princípio da normatização coletiva não é absoluto, pois encontra limites na própria Constituição, nas leis de ordem pública de proteção ao trabalhador (CF, art. 7º; CLT, arts. 8º e 444) e nas cláusulas (normas) anteriores previstas em convenções e acordos coletivos que disponham sobre condições mínimas de determinada categoria profissional (CF, art. 7º, XXVI, c/c o art. 114, § 2º).

2.2.7. Outros princípios aplicáveis ao processo trabalhista

Além dos princípios acima arrolados, a doutrina invoca outros princípios aplicáveis com maior ênfase no processo do trabalho, como os princípios da simplicidade, da celeridade, da despersonalização do empregador e da extrapetição.

2.2.7.1. Princípio da simplicidade

O *princípio da simplicidade das formas* decorre dos princípios da instrumentalidade e da oralidade, já estudados nas linhas pretéritas (item 2.1.11), sendo objetivo de todo sistema processual tornar mais simples o acesso à jurisdição, seja ela civil, penal ou trabalhista.

Os juizados especiais cíveis e criminais são exemplos da aplicação do princípio da simplicidade. As raízes deontológicas e fenomenológicas desses órgãos da justiça comum provêm da Justiça do Trabalho e do direito processual do trabalho.

2.2.7.2. Princípio da celeridade

O *princípio da celeridade*, comum a todos os ramos do direito processual, assume um destaque muito maior nos sítios do processo do trabalho, uma vez que, em regra, os créditos trabalhistas nele postulados têm natureza alimentícia.

2.2.7.3. *Princípio da despersonalização do empregador*

A *despersonalização do empregador*, ou desconsideração da personalidade jurídica do empregador, constitui, a rigor, princípio do direito material trabalhista (CLT, arts. 2º, 10 e 448). Além disso, o princípio é encontrado em outros ramos, como o direito comercial, o direito civil, o direito das relações de consumo, o direito tributário. No direito das relações de consumo, por exemplo, ele está consagrado explicitamente, nos termos do art. 28 do CDC, *in verbis*:

> O juiz poderá desconsiderar a personalidade jurídica da sociedade quando, em detrimento do consumidor, houver abuso de direito, excesso de poder, infração da lei, fato ou ato ilícito ou violação dos estatutos ou contrato social. A desconsideração também será efetivada quando houver falência, estado de insolvência, encerramento ou inatividade da pessoa jurídica provocados por má administração.

Cumpre esclarecer, por oportuno, que o princípio da desconsideração da personalidade jurídica do empregador tem sido bastante utilizado no processo do trabalho, mormente em sede de execução trabalhista.

O CPC/2015 (arts. 133 a 137) instituiu o incidente da desconsideração da personalidade jurídica, cabível em qualquer fase do processo, como uma espécie de intervenção de terceiro na lide.

O art. 6º da IN n. 39/2016 do TST manda aplicar ao Processo do Trabalho o incidente de desconsideração da personalidade jurídica regulado no Código de Processo Civil (arts. 133 a 137), assegurada a iniciativa também do juiz do trabalho na fase de execução (CLT, art. 878).

De acordo com o § 1º do art. 6º da referida Instrução Normativa, da decisão interlocutória que acolher ou rejeitar o incidente:

> I – na fase de cognição, não cabe recurso de imediato, na forma do art. 893, § 1º, da CLT;
>
> II – na fase de execução, cabe agravo de petição, independentemente de garantia do juízo;
>
> III – cabe agravo interno se proferida pelo Relator, em incidente instaurado originariamente no tribunal (CPC, art. 932, inciso VI).

Além disso, o § 2º do art. 6º da IN ora focalizada dispõe que a "instauração do incidente suspenderá o processo, sem prejuízo de concessão da tutela de urgência de natureza cautelar de que trata o art. 301 do CPC/2015".

O novel art. 855-A da CLT, incluído pela Lei n. 13.467/2017, não deixa mais dúvida quanto à aplicação do incidente da desconsideração da personalidade jurídica no processo do trabalho, nos seguintes termos:

> Art. 855-A. Aplica-se ao processo do trabalho o incidente de desconsideração da personalidade jurídica previsto nos arts. 133 a 137 da Lei n. 13.105, de 16 de março de 2015 – Código de Processo Civil.
>
> § 1º Da decisão interlocutória que acolher ou rejeitar o incidente:
>
> I – na fase de cognição, não cabe recurso de imediato, na forma do § 1º do art. 893 desta

Consolidação;

II – na fase de execução, cabe agravo de petição, independentemente de garantia do juízo;

III – cabe agravo interno se proferida pelo relator em incidente instaurado originariamente no tribunal.

§ 2º A instauração do incidente suspenderá o processo, sem prejuízo de concessão da tutela de urgência de natureza cautelar de que trata o art. 301 da Lei n. 13.105, de 16 de março de 2015 (Código de Processo Civil).

2.2.7.4. *Princípio da extrapetição*

O *princípio da extrapetição* também é admitido no processo civil, mormente nos casos em que o juiz acrescenta à condenação juros legais e correção monetária (arts. 322, § 1º, e 323 do CPC/2015), ainda que não pedidos pelo autor.

A CLT também permite implicitamente a aplicação do princípio da extrapetição, como se infere dos seus arts. 137, § 2º, 467 e 496. Interpretando esta última norma consolidada, o TST editou a Súmula n. 396, cujo item II consagra a aplicação do princípio no âmbito do processo do trabalho, afastando a "nulidade por julgamento *extra petita* da decisão que deferir salário quando o pedido for de reintegração, dados os termos do art. 496 da CLT".

3. Autonomia do direito processual do trabalho

Dentre os diversos critérios que buscam confirmar a autonomia de um ramo da Ciência, destaca-se o que leva em conta a extensão da matéria, a existência de princípios e institutos peculiares e a observância de método próprio.

Não é pacífico o entendimento de que o direito processual do trabalho é autônomo em relação ao direito processual civil. Três correntes doutrinárias distintas se apresentam: os monistas, os dualistas e os ecléticos.

Os *monistas* sustentam que o direito processual do trabalho é simples desdobramento do processo civil, não possuindo matéria, método e princípios próprios. Entre os autores brasileiros, destacam-se Valentin Carrion e Christóvão Piragibe Tostes Malta.

Os *dualistas* propugnam pela existência de autonomia do direito processual do trabalho em relação ao direito processual civil. Entre os dualistas, destacam-se Wagner D. Giglio, Coqueijo Costa, Amauri Mascaro Nascimento, Mozart Victor Russomano e José Augusto Rodrigues Pinto.

Finalmente, os *ecléticos*, que são na essência dualistas moderados, defendem a relativização da autonomia do direito processual do trabalho quando for possível o **diálogo das fontes** ou a **heterointegração** dos microssistemas (ou subsistemas) dos processos civil e trabalhista, tendo como base fundamental as normas (princípios e regras) constitucionais.

Afigura-se-nos que o direito processual do trabalho dispõe de autonomia em relação ao direito processual civil. Não uma autonomia absoluta, mas uma autonomia relativa. Cerramos fileira, pois, com os dualistas moderados.

Com efeito, o direito processual do trabalho dispõe de vasta matéria legislativa, possuindo título próprio na Consolidação das Leis do Trabalho, que, inclusive, confere ao direito processual civil o papel de mero coadjuvante (CLT, art. 769; CPC/2015, art. 15).

Por outro lado, já estudamos em linhas transatas que existem princípios peculiares ao direito processual do trabalho, como os princípios da proteção, da finalidade social, da indisponibilidade, da busca da verdade real, da normatização coletiva e da conciliação.

Reconhecemos, porém, que o direito processual do trabalho não desfruta de métodos tipicamente próprios, pois a hermenêutica, que compreende a interpretação, a integração e a aplicação das normas jurídicas processuais, é a mesma da teoria geral do direito processual civil. Todavia, não se pode olvidar que a própria finalidade social do direito processual do trabalho exige do intérprete uma postura comprometida com os direitos humanos e fundamentais sociais, o direito material do trabalho e a realidade econômica e social dos sujeitos da lide, o que lhe impõe a adoção preponderante da técnica da interpretação teleológica, buscando, sempre, a verdade real e, com isso, promovendo a correção das desigualdades sociais e a justiça social no campo das relações decorrentes dos conflitos entre as forças do capital e do trabalho.

De outro lado, reconhecemos que o direito processual do trabalho possui institutos próprios, como o poder normativo, e uma justiça especializada integrada por juízes especializados.

Além disso, o direito processual do trabalho dispõe, atualmente, de:

- **autonomia didática**, pois a disciplina vem sendo ofertada separadamente do direito do trabalho nas grades curriculares das principais Faculdades de Direito;
- **autonomia jurisdicional**, não apenas no Brasil (CF, art. 114), com previsão constitucional para processamento de causas trabalhistas, mas, também, em outros países, como Alemanha, Argentina, Uruguai, México e Espanha;
- **autonomia doutrinária**, pois são inúmeras as obras, nacionais e estrangeiras, versando com exclusividade sobre direito processual do trabalho.

É importante reafirmar que a autonomia do direito processual do trabalho, contudo, não implica seu isolamento. Por integrar o sistema processual, o direito processual do trabalho deve observar a unidade metodológica comum a todos os demais ramos do direito processual. Mas isso não pode implicar o distanciamento do direito processual do trabalho em relação ao direito material, ao qual está umbilicalmente vinculado.

Cumpre advertir que unidade metodológica não significa homogeneidade de soluções. Dito doutro modo, a unidade de método não visa unificar soluções, mas, tão somente, o raciocínio para se chegar a soluções justas e eficazes.

É, porém, incerta a caminhada do processo do trabalho no tocante à sua autonomia, pois esta se encontra seriamente abalada com a mitigação dos princípios peculiares como decorrência da ampliação da competência da Justiça do Trabalho para outras demandas estranhas ao direito material do trabalho, como aquelas em que o trabalhador nem sequer é sujeito da lide. Basta lembrarmos as ações em que o empregador litiga diretamente com o Estado acerca das penalidades administrativas impostas pelos órgãos de fiscalização das relações de trabalho (CF, art. 114, VII).

Além disso, com o advento da Lei da Reforma Trabalhista (Lei n. 13.467/2017) o princípio de proteção processual aos trabalhadores foi seriamente abalado, especialmente no tocante ao acesso à Justiça do Trabalho, como veremos ao longo desta obra.

Nesse contexto, exsurge a seguinte indagação: como será aplicado o princípio da proteção processual? Em favor do empregador ou do Estado?

3.1. O Novo CPC e a relativização da autonomia do processo do trabalho

3.1.1. Repercussões no processo do trabalho

No Estado Democrático de Direito, a função do Judiciário torna-se essencial para a efetivação dos direitos fundamentais e das políticas de inclusão social.

Diante dessa nova função jurisdicional e do reconhecimento da força normativa dos princípios da Carta Magna, o processo tornou-se alvo do fenômeno de constitucionalização, ou seja, as normas processuais passaram a ser interpretadas de acordo com as normas constitucionais, tendo por escopo a adequação, a tempestividade e efetividade do acesso, tanto individual quanto coletivo, ao Poder Judiciário.

Nessa toada, para ratificar a supremacia da Constituição sobre as demais fontes do ordenamento jurídico brasileiro, a Lei n. 13.105/2015 reconhece e determina, em seu art. 1º, a aplicação dos valores e princípios fundamentais estabelecidos na Constituição de 1988.

Ademais, o art. 8º do CPC/2015 consagra a necessidade de heterointegração (diálogo das fontes), ou seja, a inevitabilidade de os magistrados, ao aplicarem as normas, atenderem "aos fins sociais e às exigências do bem comum, resguardando e promovendo a dignidade da pessoa humana e observando a proporcionalidade, a razoabilidade, a legalidade, a publicidade e a eficiência".

O Novo CPC, além de albergar os princípios constitucionais, consagra também outros princípios específicos do processo que devem ser interpretados em sintonia com a Constituição, quais sejam: o princípio da demanda (art. 2º), bem como os princípios do acesso à justiça (art. 3º), da tempestividade da tutela jurisdicional (art. 4º), da cooperação (art. 6º), da igualdade processual (art. 7º), da probidade processual (arts. 5º, 79 e 81), da inalterabilidade da demanda (arts. 141 e 342), da instrumentalidade das formas (art. 283), da eventualidade (art. 336), da impugnação especificada (art. 341), da busca da verdade real (art. 375), do livre convencimento motivado do juiz (arts. 371 e 372) e o da preclusão (arts. 63, § 4º, 104, 209, § 2º, 278, 293 e 507).

Assim, diante da dimensão principiológica do novo diploma processual, torna-se indispensável a sua aplicação, em alguns casos, no processo do trabalho, tendo em vista o envelhecimento de alguns dispositivos constantes da parte processual da CLT se comparados a dispositivos que tratam da mesma matéria no Novo CPC.

Daí a importância do art. 15 do Novo CPC, segundo o qual na "ausência de normas que regulem processos eleitorais, trabalhistas ou administrativos, as disposições deste Código serão aplicadas supletiva e subsidiariamente".

Assim, de acordo com o preceptivo em causa, a aplicação subsidiária do Novo CPC ocorrerá nas hipóteses de lacuna total e a aplicação supletiva nas hipóteses de lacuna parcial da norma processual trabalhista.

Parece-nos, no entanto, que o art. 15 do Novo CPC deve ser interpretado sistematicamente (diálogo das fontes) com o art. 769 da CLT.

Dito doutro modo, o Novo CPC será fonte supletiva e/ou subsidiária nos casos de lacunas (normativa, ontológica ou axiológica), total ou parcial, da legislação processual trabalhista, condicionada, porém, à inexistência de incompatibilidade da norma a ser migrada do Novo CPC com os princípios do direito processual do trabalho.

Defendemos, assim, um diálogo virtuoso entre o Novo CPC e a legislação processual trabalhista sempre que essa heterointegração desses dois subsistemas propicie adequado, tempestivo e efetivo acesso à Justiça do Trabalho.

Com efeito, existem normas do Novo CPC que poderão ter aplicação supletiva e/ou subsidiária irrestrita. Outras, de aplicação duvidosa. É certo, contudo, que algumas normas do Novo CPC serão absolutamente inaplicáveis no processo trabalhista, tanto pela inexistência de lacuna, como pela incompatibilidade principiológica ou impertinência temática da matéria em análise.

O art. 3º da IN n. 39/2016 do TST dispõe que, sem prejuízo de outros, aplicam-se ao Processo do Trabalho, em face de omissão e compatibilidade, os preceitos do Código de Processo Civil que regulam os seguintes temas:

I – art. 76, §§ 1º e 2º (saneamento de incapacidade processual ou de irregularidade de representação);

II – art. 138 e parágrafos (*amicus curiae*);

III – art. 139, exceto a parte final do inciso V (poderes, deveres e responsabilidades do juiz);

IV – art. 292, V (valor pretendido na ação indenizatória, inclusive a fundada em dano moral);

V – art. 292, § 3º (correção de ofício do valor da causa);

VI – arts. 294 a 311 (tutela provisória);

VII – art. 373, §§ 1º e 2º (distribuição dinâmica do ônus da prova);

VIII – art. 485, § 7º (juízo de retratação no recurso ordinário);

IX – art. 489 (fundamentação da sentença);

X – art. 496 e parágrafos (remessa necessária);

XI – arts. 497 a 501 (tutela específica);

XII – arts. 536 a 538 (cumprimento de sentença que reconheça a exigibilidade de obrigação de fazer, de não fazer ou de entregar coisa);

XIII – arts. 789 a 796 (responsabilidade patrimonial);

XIV – art. 805 e parágrafo único (obrigação de o executado indicar outros meios mais eficazes e menos onerosos para promover a execução);

XV – art. 833, incisos e parágrafos (bens impenhoráveis);

XVI – art. 835, incisos e §§ 1º e 2º (ordem preferencial de penhora);

XVII – art. 836, §§ 1º e 2º (procedimento quando não encontrados bens penhoráveis);

XVIII – art. 841, §§ 1º e 2º (intimação da penhora);

XIX – art. 854 e parágrafos (BacenJUD);

XX – art. 895 (pagamento parcelado do lanço);

XXI – art. 916 e parágrafos (parcelamento do crédito exequendo);

XXII – art. 918 e parágrafo único (rejeição liminar dos embargos à execução);

XXIII – arts. 926 a 928 (jurisprudência dos tribunais);

XXIV – art. 940 (vista regimental);

XXV – art. 947 e parágrafos (incidente de assunção de competência);

XXVI – arts. 966 a 975 (ação rescisória);

XXVII – arts. 988 a 993 (reclamação);

XXVIII – arts. 1.013 a 1.014 (efeito devolutivo do recurso ordinário – força maior);

XXIX – art. 1.021 (salvo quanto ao prazo do agravo interno).

Por outro lado, o art. 2º da referida IN n. 39/2016 do TST dispõe que, sem prejuízo de outros, não se aplicam ao Processo do Trabalho, em razão de inexistência de omissão ou por incompatibilidade, os seguintes preceitos do Código de Processo Civil:

I – art. 63 (modificação da competência territorial e eleição de foro);

II – art. 190 e parágrafo único (negociação processual);

III – art. 219 (contagem de prazos em dias úteis);

IV – art. 334 (audiência de conciliação ou de mediação);

V – art. 335 (prazo para contestação);

VI – art. 362, III (adiamento da audiência em razão de atraso injustificado superior a 30 minutos);

VII – art. 373, §§ 3º e 4º (distribuição diversa do ônus da prova por convenção das partes);

VIII – arts. 921, §§ 4º e 5º, e 924, V (prescrição intercorrente);

IX – art. 942 e parágrafos (prosseguimento de julgamento não unânime de apelação);

X – art. 944 (notas taquigráficas para substituir acórdão);

XI – art. 1.010, § 3º (desnecessidade de o juízo *a quo* exercer controle de admissibilidade na apelação);

XII – arts. 1.043 e 1.044 (embargos de divergência);

XIII – art. 1.070 (prazo para interposição de agravo).

Nos termos do art. 4º da IN n. 39/2016 do TST:

> Art. 4º Aplicam-se ao Processo do Trabalho as normas do Novo CPC que regulam o princípio do contraditório, em especial os artigos 9º e 10, no que vedam a decisão surpresa.
>
> § 1º Entende-se por "decisão surpresa" a que, no julgamento final do mérito da causa, em qualquer grau de jurisdição, aplicar fundamento jurídico ou embasar-se em fato não submetido à audiência prévia de uma ou de ambas as partes.
>
> § 2º Não se considera "decisão surpresa" a que, à luz do ordenamento jurídico nacional e dos princípios que informam o Direito Processual do Trabalho, as partes tinham obrigação de prever, concernente às condições da ação, aos pressupostos de admissibilidade de recurso e aos pressupostos processuais, salvo disposição legal expressa em contrário.

Além disso, o art. 5º da IN em exame manda aplicar "ao Processo do Trabalho as normas do art. 356, §§ 1º a 4º, do CPC que regem o julgamento antecipado parcial do mérito, cabendo recurso ordinário de imediato da sentença".

De acordo com o art. 6º da IN n. 39/2016 é aplicável ao Processo do Trabalho o incidente de desconsideração da personalidade jurídica regulado nos arts. 133 a 137 do CPC/2015, assegurada a iniciativa também do juiz do trabalho na fase de execução (CLT, art. 878).

O § 1º do referido art. 6º, no entanto, dispõe que a decisão interlocutória que acolher ou rejeitar o incidente:

> I – na fase de cognição, não cabe recurso de imediato, na forma do art. 893, § 1º, da CLT;
>
> II – na fase de execução, cabe agravo de petição, independentemente de garantia do juízo;
>
> III – cabe agravo interno se proferida pelo Relator, em incidente instaurado originariamente no tribunal (CPC, art. 932, inciso VI).

Lamentavelmente, o § 2º do art. 6º da IN n. 39, olvidando os princípios da celeridade e simplicidade que norteiam o processo do trabalho, prevê que a "instauração do incidente suspenderá o processo, sem prejuízo de concessão da tutela de urgência de natureza cautelar de que trata o art. 301 do CPC". Vale dizer, o trabalhador, para evitar que o sócio da empresa dilapide ou esconda seu patrimônio, deverá ajuizar tutela provisória de urgência cautelar, o que – convenhamos – causar-lhe-á ônus e transtornos, já que terá que provar, ainda que perfunctoriamente, as eventuais manobras do sócio para esconder o patrimônio garantidor da futura execução. Não se pode perder de vista que, se o autor estiver postulando pessoalmente (CLT, art. 791), dificilmente terá condições técnicas para aforar a tutela de urgência cautelar, tal como consta do citado § 2º do art. 6º da IN n. 39.

O art. 7º da IN n. 39 manda aplicar ao Processo do Trabalho as normas do art. 332 do CPC, com as necessárias adaptações à legislação processual trabalhista, cumprindo ao juiz do trabalho julgar liminarmente improcedente o pedido que contrariar:

> I – enunciado de súmula do Supremo Tribunal Federal ou do Tribunal Superior do Trabalho (CPC, art. 927, inciso V);
>
> II – acórdão proferido pelo Supremo Tribunal Federal ou pelo Tribunal Superior do Trabalho em julgamento de recursos repetitivos (CLT, art. 896-B; CPC, art. 1.046, § 4º);
>
> III – entendimento firmado em incidente de resolução de demandas repetitivas ou de assunção de competência;
>
> IV – enunciado de súmula de Tribunal Regional do Trabalho sobre direito local, convenção coletiva de trabalho, acordo coletivo de trabalho, sentença normativa ou regulamento empresarial de observância obrigatória em área territorial que não exceda à jurisdição do respectivo Tribunal (CLT, art. 896, "b", a *contrario sensu*).

O parágrafo único do referido art. 7º da IN n. 39 também autoriza o juiz a julgar liminarmente improcedente o pedido se verificar, desde logo, a ocorrência de decadência.

Prevê o art. 8º da IN n. 39 do TST que são aplicáveis ao Processo do Trabalho as normas dos arts. 976 a 986 do CPC/2015 que regem o incidente de resolução de demandas repetitivas (IRDR), caso em que, admitido o incidente, o relator suspenderá o julgamento dos processos pendentes, individuais ou coletivos, que tramitam na Região, no tocante ao tema objeto de IRDR, sem prejuízo da instrução integral das causas e do julgamento dos eventuais pedidos distintos e cumulativos igualmente deduzidos em tais processos, inclusive, se for o caso, do julgamento antecipado parcial do mérito.

Do julgamento do mérito do IRDR caberá, nos termos do § 2º do art. 8º da IN n. 39, recurso de revista para o Tribunal Superior do Trabalho, dotado de efeito meramente devolutivo, nos termos dos arts. 896 e 899 da CLT.

No tocante aos embargos de declaração, dispõe o art. 9º da IN n. 39 que eles são cabíveis para impugnar qualquer decisão judicial, devendo ser observado o disposto no art. 897-A da CLT e, supletivamente, os arts. 1.022 a 1.025, §§ 2º, 3º e 4º, do art. 1.026 do CPC/2015, excetuada a garantia de prazo em dobro para litisconsortes (§ 1º do art. 1.023 do CPC/2015).

O parágrafo único do mesmo art. 9º da IN n. 39 dispõe que: "A omissão para fins do prequestionamento ficto a que alude o art. 1.025 do CPC dá-se no caso de o Tribunal Regional do Trabalho, mesmo instado mediante embargos de declaração, recusar-se a emitir tese sobre questão jurídica pertinente, na forma da Súmula n. 297, item III, do Tribunal Superior do Trabalho".

O art. 10 da IN n. 39 manda aplicar ao Processo do Trabalho as normas do parágrafo único do art. 932 do CPC, §§ 1º a 4º, do art. 938, §§ 2º e 7º, do art. 1.007 do CPC/2015, sendo certo que seu parágrafo único dispõe que a "insuficiência no valor do preparo do recurso, no Processo do Trabalho, para os efeitos do § 2º do art. 1.007 do CPC, concerne unicamente às custas processuais, não ao depósito recursal".

O art. 11 da IN n. 39 não permite a aplicação do art. 459 do CPC/2015 no processo do trabalho no que concerne à inquirição direta das testemunhas pela parte, tendo em vista a existência de regra própria da CLT (art. 820).

O art. 12 da IN n. 39 autoriza a aplicação no processo do trabalho do disposto no parágrafo único do art. 1.034 do CPC/2015, ou seja, quando for admitido o recurso de revista por um fundamento, devolve-se ao Tribunal Superior do Trabalho o conhecimento dos demais fundamentos para a solução apenas do capítulo impugnado.

Prevê o art. 13 da IN n. 39, por aplicação supletiva do art. 784, I (art. 15 do CPC), que "o cheque e a nota promissória emitidos em reconhecimento de dívida inequivocamente de natureza trabalhista também são títulos extrajudiciais para efeito de execução perante a Justiça do Trabalho, na forma do art. 876 e segs. da CLT".

Segundo o disposto no art. 14 da IN n. 39, não se aplica ao Processo do Trabalho o art. 165 do CPC, salvo nos conflitos coletivos de natureza econômica (CF, art. 114, §§ 1º e 2º).

No que concerne à exigência legal de fundamentação exauriente das decisões judiciais (CPC/2015, art. 489, § 1º), o art. 15 da IN n. 39 dispõe que no processo do trabalho deverão ser observados os seguintes parâmetros:

> I – por força dos arts. 332 e 927 do CPC, adaptados ao Processo do Trabalho, para efeito dos incisos V e VI do § 1º do art. 489 considera-se "precedente" apenas:
>
> a) acórdão proferido pelo Supremo Tribunal Federal ou pelo Tribunal Superior do Trabalho em julgamento de recursos repetitivos (CLT, art. 896-B; CPC, art. 1.046, § 4º);
>
> b) entendimento firmado em incidente de resolução de demandas repetitivas ou de assunção de competência;
>
> c) decisão do Supremo Tribunal Federal em controle concentrado de constitucionalidade;

d) tese jurídica prevalecente em Tribunal Regional do Trabalho e não conflitante com súmula ou orientação jurisprudencial do Tribunal Superior do Trabalho (CLT, art. 896, § 6º);

e) decisão do plenário, do órgão especial ou de seção especializada competente para uniformizar a jurisprudência do tribunal a que o juiz estiver vinculado ou do Tribunal Superior do Trabalho;

II – para os fins do art. 489, § 1º, incisos V e VI, do CPC, considerar-se-ão unicamente os precedentes referidos no item anterior, súmulas do Supremo Tribunal Federal, orientação jurisprudencial e súmula do Tribunal Superior do Trabalho, súmula de Tribunal Regional do Trabalho não conflitante com súmula ou orientação jurisprudencial do TST, que contenham explícita referência aos fundamentos determinantes da decisão (*ratio decidendi*);

III – não ofende o art. 489, § 1º, inciso IV, do CPC a decisão que deixar de apreciar questões cujo exame haja ficado prejudicado em razão da análise anterior de questão subordinante;

IV – o art. 489, § 1º, IV, do CPC não obriga o juiz ou o Tribunal a enfrentar os fundamentos jurídicos invocados pela parte, quando já tenham sido examinados na formação dos precedentes obrigatórios ou nos fundamentos determinantes de enunciado de súmula;

V – decisão que aplica a tese jurídica firmada em precedente, nos termos do item I, não precisa enfrentar os fundamentos já analisados na decisão paradigma, sendo suficiente, para fins de atendimento das exigências constantes no art. 489, § 1º, do CPC, a correlação fática e jurídica entre o caso concreto e aquele apreciado no incidente de solução concentrada;

VI – é ônus da parte, para os fins do disposto no art. 489, § 1º, V e VI, do CPC, identificar os fundamentos determinantes ou demonstrar a existência de distinção no caso em julgamento ou a superação do entendimento, sempre que invocar precedente ou enunciado de súmula.

O art. 16 da IN n. 39 determina que, para "efeito de aplicação do § 5º do art. 272 do CPC, não é causa de nulidade processual a intimação realizada na pessoa de advogado regularmente habilitado nos autos, ainda que conste pedido expresso para que as comunicações dos atos processuais sejam feitas em nome de outro advogado, se o profissional indicado não se encontra previamente cadastrado no Sistema de Processo Judicial Eletrônico, impedindo a serventia judicial de atender ao requerimento de envio da intimação direcionada. A decretação de nulidade não pode ser acolhida em favor da parte que lhe deu causa (CPC, art. 276)".

Por fim, o art. 17 da IN n. 39 dispõe que, sem prejuízo da inclusão do devedor no Banco Nacional de Devedores Trabalhistas (CLT, art. 642-A), aplicam-se à execução trabalhista as normas dos arts. 495, 517 e 782, §§ 3º, 4º e 5º, do CPC, que tratam respectivamente da hipoteca judiciária, do protesto de decisão judicial e da inclusão do nome do executado em cadastros de inadimplentes.

Vale registrar, no entanto, que a constitucionalidade formal e material da citada IN n. 39 é objeto de questionamento no STF na ADI n. 5516 ajuizada pela Anamatra.

4. Posição enciclopédica do direito processual do trabalho

Há um consenso doutrinário no sentido de que a partir do momento em que o Estado avocou para si o monopólio da jurisdição, o direito processual em geral, abrangendo o direito processual civil, penal e trabalhista, passa a integrar o ramo do direito público.

Como segmento do direito público, portanto, pode-se dizer que o direito processual do trabalho encontra suas fontes normativas no próprio ordenamento jurídico estatal, porquanto somente o Estado tem o poder de editar normas de direito processual, com observância estrita do princípio da legalidade.

Em nosso direito positivo, a própria Constituição Federal de 1988 vaticina, no art. 22, I, que compete privativamente à União legislar sobre direito processual, aí incluído, por óbvio, o direito processual do trabalho.

5. Conceito de direito processual do trabalho

Numa sociedade democrática e pluralista, são diversos os pontos de vista dos teóricos, todos eles, é claro, correspondentes à concepção, à ideia, à visão de mundo que têm de determinado setor da ciência jurídica. Os conceitos também podem variar de acordo com as concepções ideológicas e políticas dos diversos ordenamentos jurídicos existentes no mundo.

Modestamente, e para nos adaptarmos à nova ordem constitucional de 1988 e reinaugurada pela EC n. 45/2004, passamos a conceituar o direito processual do trabalho brasileiro como o *ramo da ciência jurídica, constituído por um sistema de valores, princípios, regras e instituições próprias, que tem por objeto promover a concretização dos direitos sociais fundamentais individuais, coletivos e difusos dos trabalhadores e a pacificação justa dos conflitos decorrentes direta ou indiretamente das relações de emprego e de trabalho, bem como regular o funcionamento dos órgãos que compõem a Justiça do Trabalho.*

O direito processual do trabalho é um ramo da ciência jurídica. Cabe, agora, esclarecer que ele constitui uma das diversas formas de investigação da ciência do direito. Do ponto de vista metodológico, e por ser integrante do direito processual, pertence ao elenco das disciplinas de direito público. É, pois, com esse segmento do direito público, isto é, o direito processual, que o direito processual do trabalho interage sistematicamente. Isso ocorre em virtude do tronco comum e único que os une pela teoria geral do processo.

O direito processual do trabalho é, portanto, constituído por um microssistema (ou subsistema) de normas, princípios, regras e instituições próprias que o diferenciam do direito processual penal e civil, conferindo-lhe autonomia científica, como já vimos anteriormente.

Seu objeto é, também, especial, uma vez que repousa na efetivação dos direitos fundamentais sociais, individuais, coletivos e difusos dos trabalhadores e na promoção da pacificação dos conflitos decorrentes das relações de trabalho, com destaque para as oriundas da relação de emprego. Para tanto, o ordenamento jurídico brasileiro prevê uma Justiça especializada, composta por juízes também especializados em causas trabalhistas e preparados para julgar as ações oriundas da relação de trabalho (CF, art. 114).

Outro objeto do direito processual do trabalho consiste na formulação de uma base teórica destinada à regulação sistêmica dos diversos órgãos que compõem a Justiça do Trabalho, visando à efetiva operacionalização dos escopos jurídico, social, ético e político desse setor especializado do Judiciário brasileiro.

Certamente, com a ampliação da competência da Justiça do Trabalho (EC n. 45/2004), o objeto do direito processual do trabalho também foi ampliado para além das ações oriundas da relação de emprego, abarcando, também, as ações oriundas das demais espécies de relações de trabalho, as ações decorrentes das lides sindicais, as ações de execução das contribuições previdenciárias e ações relativas às penalidades impostas aos empregadores pelos órgãos de fiscalização do trabalho, o que exigirá dos juízes do trabalho uma nova capacitação técnica consentânea com a complexidade dos novos conflitos que passaram a ser processados e julgados na Justiça Especializada.

6. Hermenêutica do direito processual do trabalho

O vocábulo Hermenêutica é atribuído a *Hermés*, deus grego. *Hermés*, como mensageiro dos deuses, tinha a tarefa de explicitar e interpretar as mensagens enviadas pelos deuses aos mortais.

Pode-se dizer, assim, que a hermenêutica tem por objeto o estudo e a sistematização dos processos aplicáveis à determinação do sentido e alcance das expressões do direito (MAXIMILIANO, 1992, p. 1).

A hermenêutica abrange a interpretação, a integração e a aplicação do direito.

6.1. Interpretação

A determinação do sentido da lei é o objeto precípuo da interpretação jurídica. O ato de interpretar precede à aplicação da norma jurídica, pois sem a interpretação não é possível desvendar o conteúdo, o sentido e o alcance das normas jurídicas.

Em outros termos, interpretar é descobrir o sentido e o alcance das expressões contidas nas normas jurídicas. Para tanto, o intérprete socorre-se dos métodos ou técnicas oferecidos pela ciência do direito, inspirando-se nos princípios e valores que integram dado ordenamento jurídico.

Não há negar que a função interpretativa é desempenhada primordialmente pelo juiz do trabalho, uma vez que a interpretação dos advogados, do Ministério Público ou dos particulares possui valor enquanto não surgir o processo judicial, em função do princípio da inafastabilidade da apreciação do Poder Judiciário nos casos de ameaça ou lesão a direito (CF, art. 5º, XXXV).

Entre os vários métodos tradicionais de interpretação, podemos mencionar o gramatical, o lógico, o sistemático, o teleológico, o extensivo, o restritivo e o autêntico. Surge, modernamente, um novo método, calcado na doutrina alemã, o chamado método da interpretação conforme a Constituição.

Não existe um método único, isolado, para interpretar as normas jurídicas, inclusive as processuais, pois, todas as pessoas podem contribuir para desvendar o sentido e o alcance da norma. O juiz, porém, interpreta e aplica a norma jurídica com o poder que o Estado lhe confere para solucionar o conflito sob sua jurisdição.

Na verdade, o intérprete contemporâneo deve adotar o método (ou métodos) que reputar mais razoável para promover a solução mais justa diante do conflito que lhe é submetido.

É importante destacar que os arts. 1º e 8º do CPC/2015, aplicáveis ao processo do trabalho (CLT, art. 769; CPC/2015, art. 15) enaltecem que a legislação processual (civil e trabalhista) deve ser interpretada em conformidade aos valores e normas constitucionais, notadamente os princípios da dignidade da pessoa humana, da razoabilidade, da proporcionalidade, da legalidade, da publicidade e da eficiência.

Analisaremos adiante os principais métodos de interpretação que podem ser adotados no direito processual do trabalho:

a) Método gramatical ou literal

A palavra, falada ou escrita, é a matéria viva do direito, daí ser a interpretação questão capital, dela dependendo toda uma construção científica com base em dois postulados básicos: segurança jurídica e justiça.

Interpretar gramaticalmente significa descobrir o sentido literal das palavras contidas nas normas jurídicas.

É, pois, a primeira tarefa do intérprete num sistema jurídico calcado na *civil law* (direito escrito), porquanto é sabido que nos países de *common law* (direito consuetudinário) prevalecem os costumes e as tradições, principalmente na Inglaterra.

O método da interpretação gramatical, também conhecido como método literal, semântico ou filológico, funda-se nas regras da gramática e da linguística, possibilitando ao intérprete o exame de cada texto normativo, isolada ou sintaticamente, observando pontuação, etimologia dos vocábulos etc.

A interpretação gramatical ou literal tem sido frequentemente utilizada no direito processual em geral e no direito processual do trabalho em particular, nas hipóteses em que o Judiciário analisa o cabimento dos recursos de natureza extraordinária. Assim, uma das hipóteses de cabimento do recurso de revista, por exemplo, é a prevista na alínea *c*, do art. 896 da CLT, isto é, quando a decisão recorrida for proferida com "violação literal" de disposição de lei federal ou afronta direta e literal à Constituição Federal.

O método da interpretação gramatical pode, em sintonia com outros métodos, produzir alguns efeitos, entre os quais os que permitem ao intérprete ampliar (interpretação extensiva) ou reduzir (interpretação restritiva) o sentido e o alcance dos termos e expressões contidos nas normas.

b) Método lógico

O método lógico de interpretação tem por objeto desvendar o sentido e o alcance da norma, estudando-a por meio de raciocínios lógicos, analisando os períodos da lei e combinando-os entre si, com o escopo de atingir perfeita compatibilidade.

Este método exige do intérprete constante recurso às técnicas da lógica comum e da lógica jurídica. Por exemplo: todos os homens são mortais. Pedro é homem. Então, Pedro é mortal.

A interpretação lógica serve de base para a boa compreensão de determinados institutos processuais, como a preclusão, especialmente a preclusão lógica, já estudada alhures.

c) Método histórico

É o método pelo qual o intérprete, para chegar à inteligência do preceito, perquire as causas que ditaram a sua formação. Foi idealizado a partir das obras de Savigny e Puchta, daí serem estes os precursores da Escola Histórica do Direito.

Aqui se leva em conta o próprio processo legislativo que antecedeu a publicação e a vigência da norma, permitindo ao intérprete desvendar aspectos relativos à *ratio legis*, auxiliando-o na descoberta do sentido e do alcance da norma.

d) Método sistemático

Este método parte da premissa de que as normas não existem isoladamente. Antes, formam um conjunto, um sistema, que exige uma relação de coerência entre elas.

A coerência do sistema, pois, não permite que haja antinomias entre as normas que o compõem. Quando isso ocorre, é preciso solucionar o problema mediante a utilização dos critérios da especialidade, da hierarquia e da cronologia entre as normas em conflito. O problema maior é quando surge antinomia entre os próprios critérios, ou seja, a chamada antinomia de segundo grau. Pensamos que, em tais casos, o intérprete deve adotar critérios axiológicos extraídos da cultura, da ética, dos princípios fundamentais, do princípio da proporcionalidade, da razoabilidade etc.

O método sistemático exige amplo conhecimento das normas (regras e princípios) que integram o ordenamento jurídico, pois o exame sistemático de umas pode desvendar o sentido de outras. Além disso, verificando as normas conjuntamente é possível compreender o todo.

e) Método teleológico

Também chamado de método sociológico, o *método teleológico* é atribuído a Ihering. Nele, a atenção do intérprete volta-se para os fins sociais que a norma jurídica se propõe a realizar. Dito de outro modo, o método teleológico ou sociológico visa adaptar a finalidade da norma à realidade social, econômica, cultural e política em que vai incidir na prática.

O art. 5º da Lei de Introdução às Normas do Direito Brasileiro (Lei n. 12.376, de 30.12.2010) o admite expressamente, pois permite ao juiz que, quando da aplicação da lei, atente para os "fins sociais" a que ela se dirige e às "exigências do bem comum".

Como já apontado em outra parte desta obra, o método teleológico é o que mais se identifica com a gênese do direito processual do trabalho, a fim de que este possa, efetivamente, constituir-se em instrumento de realização da justiça social no campo das relações laborais.

f) Interpretação conforme a Constituição

A interpretação conforme a Constituição permite que o intérprete, depois de esgotar todas as interpretações convencionais possíveis e não encontrando uma interpretação constitucional, mas, também, não contendo a norma interpretada nenhuma violência à Constituição Federal, verifique se é possível, pelo caráter axiológico da norma constitucional, levar a efeito algum alargamento ou restrição da norma que a compatibilize com o texto da *Lex Legum*.

É preciso lembrar, no entanto, que tal amplitude ou restrição da interpretação da norma não deve ser revestida de afronta à sua literalidade ou à vontade do legislador.

Pode-se dizer que o princípio da interpretação conforme a Constituição permite uma renúncia ao formalismo jurídico e às interpretações convencionais em nome da justiça material e da segurança jurídica, elementos tão necessários à concretização do Estado Democrático de Direito.

Em nosso sistema jurídico, a interpretação conforme a Constituição não é monopólio do STF, uma vez que qualquer juiz ou tribunal pode utilizar tal método. Afinal, como leciona Luís Roberto Barroso (2007, p. 228-229), trata-se de uma técnica de controle (difuso ou concentrado) de constitucionalidade de lei ou ato normativo do Poder Público, podendo o STF exercê-lo diretamente ou a qualquer juiz de modo incidental (*incidenter tantum*) em qualquer processo judicial (via difusa).

Registra-se, nesse passo, que o art. 1º do Novo CPC dispõe expressamente que o "processo civil será ordenado, disciplinado e interpretado conforme os valores e as normas fundamentais estabelecidas na Constituição da República Federativa do Brasil, observando-se as disposições deste Código".

Trata-se de dispositivo que deve ser aplicado supletiva e subsidiariamente ao processo do trabalho por força da interpretação sistemática dos arts. 15 do Novo CPC e 769 da CLT, o que nos conduz seguramente à seguinte ilação:

> O processo do trabalho será ordenado, disciplinado e interpretado conforme os valores e as normas fundamentais estabelecidas na Constituição, observando-se as disposições desta Consolidação.

A interpretação conforme a Constituição permite: (a) a (re)leitura da norma infraconstitucional com vistas a melhor realizar os valores e os fins constitucionais nela proclamados; (b) a declaração de inconstitucionalidade parcial sem redução do texto, isto é, excluindo uma possível interpretação da norma e afirmando uma interpretação alternativa compatível com a Constituição.

Nos sítios do direito processual do trabalho, lembramos a decisão do STF (ADI n. 2160 MC/DF, red. p/ o acórdão Min. Marco Aurélio, j. 13.5.2009) a respeito da obrigatoriedade da tentativa de submissão do conflito perante a Comissão de Conciliação Prévia prevista literalmente no art. 625-D da CLT. O Pretório Excelso, por reputar caracterizada, em princípio, a ofensa ao princípio do livre acesso ao Judiciário (CF, art. 5º, XXXV), deferiu parcialmente medidas cautelares em duas ações diretas de inconstitucionalidade para dar **interpretação conforme a Constituição Federal** relativamente ao art. 625-D, introduzido pelo art. 1º da Lei n. 9.958/2000, afastando o sentido da obrigatoriedade da submissão prévia do conflito à referida Comissão.

O parágrafo único do art. 28 da Lei n. 9.868, de 10.11.1999, que dispõe sobre o procedimento da ação direta de inconstitucionalidade e da ação declaratória de constitucionalidade perante o Supremo Tribunal Federal, pode ser aplicado por analogia ao controle difuso de constitucionalidade (exercido por qualquer juiz ou tribunal).

A diferença entre o controle concentrado e o controle difuso está em que, naquele, a declaração de (in)constitucionalidade, abrangendo a interpretação conforme a Constituição, e a declaração parcial de inconstitucionalidade sem redução de texto, produzem efeitos *erga omnes* e vinculantes em relação aos órgãos do Poder Judiciário e à Administração Pública federal, estadual e municipal. Já no controle incidental, exercido por qualquer juiz ou tribunal

(CF, art. 97), a declaração de inconstitucionalidade ou de constitucionalidade ou, ainda, a interpretação conforme, inclusive com redução de texto, não produz efeitos vinculantes e só alcança as partes (*inter partes*) figurantes do respectivo processo judicial.

6.2. Integração

A integração diz respeito ao suprimento das lacunas dos sistemas jurídicos. Decorre da ideia da completude do ordenamento jurídico, segundo a qual ao juiz não é permitido pronunciar o *non liquet*.[(2)]

Pode-se, assim, dizer que a integração é o fenômeno que mantém a plenitude da ordem jurídica, ainda que inexistente norma jurídica específica a ser utilizada para determinado caso concreto a ser decidido.

A integração, pois, constitui uma autorização do ordenamento jurídico para que o intérprete, no caso de lacuna, possa se valer de certas técnicas para solucionar um caso concreto.

Essas técnicas, que também atuam como fontes subsidiárias do direito, são a analogia (que compreende a *analogia legis* e a *analogia juris*), a equidade (em sentido aristotélico, *epiqueia*, e no sentido pretoriano romano, *aequitas*) e os princípios gerais de direito.

Já foi dito que os princípios gerais do direito que foram positivados na Constituição Federal (princípios fundamentais previstos no art. 1º) deixaram de ser meras fontes subsidiárias e passaram à categoria de "normas de introdução ao ordenamento jurídico brasileiro".

Quanto aos outros princípios gerais que ainda não receberam a vestimenta de normas positivadas, os arts. 126 e 127 do CPC/73, ante a lacunosidade e ausência de incompatibilidade, podem ser aplicados no direito processual do trabalho, tal como autorizado pelo art. 769 da CLT.

Com efeito, dispõe o art. 126 do CPC/73 que o juiz não pode se eximir de "sentenciar ou despachar alegando lacuna ou obscuridade da lei", cabendo-lhe aplicar, no julgamento da lide, "as normas legais; não as havendo, recorrerá à analogia, aos costumes e aos princípios gerais de direito".

É importante destacar que o Novo CPC não contempla mais a analogia, os costumes e os princípios gerais de direito, uma vez que seu art. 140 dispõe, tão somente, que o "juiz não se exime de decidir sob a alegação de lacuna ou obscuridade do ordenamento jurídico".

---

(2) O juiz romano podia deixar de sentenciar pronunciando um *non liquet*; mas o juiz moderno tem obrigatoriamente de decidir o feito, não podendo alegar a existência de lacuna.

Já o art. 127 do CPC/73 prescrevia que o "juiz só decidirá por equidade nos casos previstos em lei". Esta disposição foi mantida no parágrafo único do art. 140 do Novo CPC.

Decidir por equidade é proferir uma decisão sem vinculação com uma norma (lacuna) desde que haja autorização legal, e o art. 766 da CLT é um típico caso de julgamento por equidade, porquanto, "nos dissídios sobre estipulação de salários, serão estabelecidas condições que, assegurando justo salário aos trabalhadores, permitam também justa retribuição às empresas interessadas". Nem sempre a decisão "por equidade" é uma decisão "com equidade". Esta traduz a aplicação da justiça no caso concreto; aquela é apenas uma autorização para o juiz decidir no caso de lacuna do ordenamento jurídico.

Na verdade, o balizamento para um julgamento com equidade pode ser extraído do art. 8º do CPC/2015, aplicável, *in casu*, supletiva ou subsidiariamente, no processo do trabalho (CPC/2015, art. 15).

A fixação do valor dos danos morais em ações de indenização, por exemplo, é uma decisão por equidade, pela ausência de parâmetros legais para a estipulação do valor correspondente, mas o julgamento da causa pode ser com equidade ou sem equidade. Se o valor for ínfimo ou extremamente excessivo, é preciso adequá-lo aos padrões de justiça (equidade) mediante observância de diversos fatores, como as condições socioeconômicas das partes, a gravidade do dano, as medidas adotadas para evitar o mal maior etc.

7. Eficácia da norma processual trabalhista

São dois os sentidos da eficácia da norma jurídica. O primeiro sentido, que é denominado de eficácia social da norma jurídica, é investigado, principalmente, pela sociologia do direito e tem por objetivo verificar se determinada norma está ou não sendo cumprida espontaneamente pelo destinatário e se existem mecanismos efetivos para o seu cumprimento.

Já o segundo sentido de eficácia é estudado basicamente pela teoria geral do direito. Seu objetivo é examinar a aptidão de determinada norma para produzir efeitos jurídicos. Por isso a doutrina utiliza a expressão *eficácia jurídica* ou *eficácia técnica*. E é nesse segundo sentido que é investigada a eficácia das normas constitucionais.

A doutrina tradicional classifica a eficácia das normas constitucionais em: normas constitucionais de eficácia plena e de aplicabilidade imediata; normas constitucionais de eficácia contida e de aplicabilidade imediata; e normas constitucionais de eficácia limitada e de inaplicabilidade imediata.

Todavia, a partir do início do século XXI, surge o chamado neoconstitucionalismo, que é uma nova doutrina comprometida com a efetividade das normas constitucionais e concretização dos direitos fundamentais, especialmente os de ordem social.

Assim, as normas definidoras de direitos e garantias fundamentais, por força do art. 5º, § 1º, da CF, têm aplicabilidade imediata. Segundo o magistério de José Afonso da Silva, dois são os sentidos dessa norma constitucional:

> em primeiro lugar, significa que elas são aplicáveis até onde possam, até onde as instituições ofereçam condições para seu atendimento. Em segundo lugar, significa que o Poder Judiciário, sendo invocado a propósito de uma situação concreta nelas garantida, não pode deixar de aplicá-las, conferindo ao interessado o direito reclamado, segundo as instituições existentes (2005, p. 409).

Existem outros sentidos de eficácia da norma jurídica, como veremos adiante.

7.1. Eficácia da norma processual trabalhista no tempo

Dois princípios fundamentais gravitam em torno da eficácia da norma processual trabalhista no tempo: o princípio da irretroatividade e o princípio do efeito imediato.

O princípio da irretroatividade da norma processual trabalhista informa que a lei não pode retroagir para prejudicar o direito adquirido, o ato jurídico perfeito e a coisa julgada (CF, art. 5º, XXXVI). Esse princípio, no entanto, recomenda atenção do intérprete, uma vez que as normas de direito processual pertencem ao direito público e, nesse passo, dispõe o art. 915 da CLT: "Não serão prejudicados os recursos interpostos com apoio em dispositivos alterados ou cujo prazo para interposição esteja em curso à data da vigência desta Consolidação."

Noutro falar, não há direito adquirido em relação ao prazo para a interposição do recurso, porque o direito de recorrer é exercido de acordo com a lei vigente na data da publicação da decisão a ser impugnada. O direito processual laboral, portanto, adota o sistema do "isolamento dos atos processuais", segundo o qual o processo do trabalho compreende uma série coordenada de atos processuais que se sucedem dentro do procedimento, desde a petição inicial até a sentença ou acórdão que produzirá a coisa julgada.

Os atos processuais realizados sob o império da lei anterior são válidos e produzem os efeitos que lhes imprimia a lei velha, conforme o sistema adotado pelo CPC/73, como se infere do seu art. 1.211, 2ª parte, disciplinando que com a entrada em vigor do Código "suas disposições aplicar-se-ão desde logo aos processos pendentes". O Novo CPC dispõe, em seu art. 14, que a "norma processual não retroagirá e será aplicável imediatamente aos processos em curso, respeitados os atos processuais praticados e as situações jurídicas consolidadas sob a vigência da norma revogada".

Com o advento da EC n. 45/2004, que instituiu a chamada Reforma do Poder Judiciário, surgiram polêmicas a respeito da aplicação das novas normas constitucionais sobre competência da Justiça do Trabalho para a ação oriunda da relação de trabalho que tramitava na Justiça Comum.

Como a EC n. 45/2004 nada dispôs sobre eficácia retroativa das novas normas constitucionais previstas no art. 114 da CF, parece-nos que a nova regra de competência da Justiça do Trabalho não pode prejudicar o ato jurídico perfeito, a coisa julgada e o direito adquirido (CF, art. 5º, XXXVI).

Com efeito, a nova lei (constitucional) não pode retroagir para prejudicar o ato processual já finalizado, nem impedir a aplicação do direito (processual) adquirido da parte de praticar um ato processual iniciado sob o manto da lei velha e ainda pendente de realização.

O STF, contudo, no tocante às ações de indenização por acidente do trabalho, assentou entendimento, por razões de política judiciária, no sentido de que, quando o processo contiver sentença de mérito proferida por juiz da justiça comum antes da EC n. 45/2004, lá ficará tramitando. Para tanto, o STF, sabedor da "revolução" que sua decisão provocaria no sistema processual, editou a Súmula Vinculante n. 22 (que, a nosso sentir, supera definitivamente o entendimento constante das Súmulas n. 501 do STF e n. 15 do STJ), nos seguintes termos:

> A Justiça do Trabalho é competente para processar e julgar as ações de indenização por danos morais e patrimoniais decorrentes de acidente de trabalho propostas por empregado contra empregador, inclusive aquelas que ainda não possuíam sentença de mérito em primeiro grau quando da promulgação da Emenda Constitucional n. 45/2004.

É de se registrar que o art. 912 da CLT alberga o princípio do efeito imediato, *in verbis*: "Os dispositivos de caráter imperativo terão aplicação imediata às relações iniciadas, mas não consumadas, antes da vigência desta Consolidação." Já no processo civil, sua residência está nos arts. 14 e 1.046 do CPC/2015.

Pode-se dizer, então, que as normas de direito processual do trabalho aplicam-se imediatamente às relações processuais iniciadas e não cobertas pela coisa julgada ou pelo ato jurídico (processual) perfeito, ou seja, a lei processual nova deve respeitar o ato processual praticado e as situações jurídicas consolidados sob a vigência da norma revogada.

Registra-se que, no tocante à eficácia do Novo CPC no tempo, o STJ editou os seguintes Enunciados Administrativos:

> **Enunciado Administrativo n. 2** – Aos recursos interpostos com fundamento no CPC/1973 (relativos a decisões publicadas até 17 de março de 2016) devem ser exigidos os requisitos de admissibilidade na forma nele prevista, com as interpretações dadas, até então, pela jurisprudência do Superior Tribunal de Justiça.
>
> **Enunciado Administrativo n. 3** – Aos recursos interpostos com fundamento no CPC/2015 (relativos a decisões publicadas a partir de 18 de março de 2016) serão exigidos os requisitos de admissibilidade recursal na forma do novo CPC.

Enunciado Administrativo n. 5 – Nos recursos tempestivos interpostos com fundamento no CPC/1973 (relativos a decisões publicadas até 17 de março de 2016), não caberá a abertura de prazo prevista no art. 932, parágrafo único, c/c o art. 1.029, § 3º, do novo CPC.

Enunciado Administrativo n. 6 – Nos recursos tempestivos interpostos com fundamento no CPC/2015 (relativos a decisões publicadas a partir de 18 de março de 2016), somente será concedido o prazo previsto no art. 932, parágrafo único, c/c o art. 1.029, § 3º, do novo CPC para que a parte sane vício estritamente formal.

Enunciado Administrativo n. 7 – Somente nos recursos interpostos contra decisão publicada a partir de 18 de março de 2016, será possível o arbitramento de honorários sucumbenciais recursais, na forma do art. 85, § 11, do novo CPC.

No tocante à vigência da Lei n. 13.467/2017, que alterou diversos dispositivos da CLT referentes ao processo do trabalho, dispõe seu art. 6º que ela entrará em vigor "após decorridos cento e vinte dias de sua publicação oficial".

A publicação no *Diário Oficial da União* se deu em 14 de julho de 2017, sexta-feira. Logo, considerando a *vacatio legis* de 120 dias, parece-nos que as normas processuais previstas na Lei n. 13.467 entrarão em vigor no dia 11 de novembro de 2017, lembrando que aqui não se aplica a regra de contagem de prazos em dias úteis (CPC/2015, art. 219, parágrafo único).

Quanto à eficácia do direito intertemporal das normas de direito processual introduzidas pela Lei n. 13.467/2017, parece-nos que o intérprete deverá levar em conta o ato jurídico (processual) e as situações jurídicas realizadas sob o império da lei revogada, por aplicação analógica do art. 14 do CPC/2015 autorizada pelo art. 769 da CLT e do art. 15 do CPC/2015.

À guisa de exemplo, se a ação trabalhista foi ajuizada antes de 11.11.2017, as regras sobre honorários advocatícios de sucumbência deverão observar o que dispunha a lei revogada. Nesse sentido:

> HONORÁRIOS ADVOCATÍCIOS SUCUMBENCIAIS PREVISTOS NA LEI N. 13.467/17. DIREITO INTERTEMPORAL. LEI MATERIAL E PROCESSUAL NO TEMPO. Os honorários advocatícios sucumbenciais consubstanciados na Lei n. 13.467/17 são aplicáveis somente a partir da propositura da ação, razão pela qual todas as ações ajuizadas antes do término da *vacatio legis* não se sujeitam às novidades advindas com o texto da Reforma Trabalhista, uma vez que a lei nova não pode retroagir para ofender a segurança jurídica e o princípio que veda surpreender de forma prejudicial os litigantes que iniciaram a relação processual sob a égide da lei velha (TRT 8ª Reg., RO 001023-96.2017.5.08.0111, Rel. Des. MARIA ZUILA LIMA DUTRA, 4ª T.).

Por fim, lembramos que o art. 2º da MP n. 808/2017 dispunha que: "O disposto na Lei n. 13.467, de 13 de julho de 2017, se aplica, na integralidade, aos contratos de trabalho vigentes". Essa medida provisória, porém, não foi convertida em lei (CF, art. 62, §§ 3º e 11), perdendo eficácia desde a sua edição. Não obstante, o art. 2º da MP n. 808 não se aplicaria ao processo do trabalho, pois ela é dirigida apenas aos contratos de trabalho, ou seja, às normas de direito material do trabalho.

7.2. Eficácia da norma processual trabalhista no espaço

A eficácia da lei processual trabalhista no espaço é regida pelo princípio da territorialidade, pois a lei processual trabalhista vigora em todo o território nacional, tendo por destinatários os trabalhadores brasileiros e os trabalhadores estrangeiros residentes no Brasil, consoante aplicação do art. 5º, *caput*, da CF e do art. 12 da Lei de Introdução às Normas do Direito Brasileiro (LINDB).

O processo do trabalho se nutre, ainda, da aplicação subsidiária do art. 1º do CPC/73, segundo o qual a "jurisdição civil, contenciosa e voluntária, é exercida, pelos juízes, em todo o território nacional, conforme as disposições que este Código estabelece", sendo de se destacar que o art. 1.211 do referido diploma legal dispõe que este "regerá o processo civil em todo o território brasileiro". O art. 16 do Novo CPC dispõe que a "jurisdição civil é exercida pelos juízes e pelos tribunais em todo o território nacional".

Por fim, é importante lembrar que para a execução da sentença estrangeira no Brasil, ou seja, para que esse título jurídico tenha eficácia no território nacional, é imprescindível a homologação do STJ ("juízo de delibação"), nos termos do art. 105, I, *i*, da CF (com a nova redação dada pela EC n. 45/2004).

II

ORGANIZAÇÃO DA JUSTIÇA DO TRABALHO

1. O Poder Judiciário brasileiro

O art. 92 da Constituição Federal, com redação dada pelas Emendas Constitucionais ns. 45/2004 e 92/2016, dispõe sobre a estrutura organizacional do Poder Judiciário brasileiro.

Assim, são órgãos do Poder Judiciário:

I – o Supremo Tribunal Federal;

I-A – o Conselho Nacional de Justiça;

II – o Superior Tribunal de Justiça;

II-A – o Tribunal Superior do Trabalho; (Incluído pela EC n. 92/2016)

III – os Tribunais Regionais Federais e Juízes Federais;

IV – os Tribunais e Juízes do Trabalho;

V – os Tribunais e Juízes Eleitorais;

VI – os Tribunais e Juízes Militares;

VII – os Tribunais e Juízes dos Estados e do Distrito Federal e Territórios.

O Supremo Tribunal Federal (STF), também chamado de Pretório Excelso, é órgão de cúpula do Poder Judiciário e, concomitantemente, guardião da Constituição (CF, art. 102, *caput*). Logo abaixo, estão os Tribunais Superiores e o Conselho Nacional de Justiça. Todos têm sede na Capital Federal, sendo certo que os dois primeiros têm jurisdição em todo o território nacional. O CNJ possui função administrativa, e não jurisdicional.

As causas trabalhistas decididas em única ou última instância podem ser, desde que observados rígidos pressupostos genéricos e específicos de admissibilidade do Recurso Extraordinário, submetidas ao STF nos casos de a decisão recorrida violar de forma direta e literal norma da Constituição Federal.

O Conselho Nacional de Justiça foi a grande novidade introduzida pela EC n. 45/2004. Trata-se de órgão criado como forma mitigada de controle externo (administrativo e financeiro) do próprio Poder Judiciário. O CNJ não edita atos jurisdicionais.

Segundo o STF (ADI n. 3367-1/DF, rel. Min. Cezar Peluso), o CNJ é órgão de natureza exclusivamente administrativa, cabendo-lhe o controle da atividade administrativa, financeira e disciplinar dos tribunais e juízes em geral, exceto o Supremo Tribunal Federal e seus ministros, porque este é o órgão máximo do Poder Judiciário nacional, ao qual o CNJ está hierarquicamente subordinado.

2. Breve história da Justiça do Trabalho

A estrutura organizacional da Justiça do Trabalho no Brasil foi inspirada no modelo "paritário" da Itália fascista, pois Mussolini tinha interesses políticos na manutenção de um ramo especializado do Judiciário na solução de conflitos trabalhistas. Daí a ideia da composição com representantes do Estado (juízes togados) e representantes da classe empresarial e da classe trabalhadora, chamados de juízes classistas.

Esse modelo foi superado no período "pós-guerra", mas o Brasil, lamentavelmente, o manteve desde a Constituição de 1934 (art. 122) até a Emenda Constitucional n. 24, de 9.12.1999, que extinguiu a chamada representação classista.

Aliás, a Justiça do Trabalho na Carta de 1934 (art. 122) estava vinculada, ou melhor, subordinada ao Poder Executivo, e não ao Judiciário. Sua maior autonomia só foi conquistada com a Constituição de 1937 (art. 139), mas ainda vinculada ao Executivo, já que tal Carta era omissa a respeito da sua posição na estrutura organizacional do Poder Judiciário. Não obstante, o STF (RE n. 6.310, *DJU* 30.9.1943) declarou a sua natureza jurisdicional ao admitir recurso extraordinário contra decisão do Conselho Nacional do Trabalho, que, naquela época, era o órgão de cúpula da Justiça do Trabalho.

Foi a Constituição de 1946, em seu art. 94, inciso V, que reconheceu que "O Poder Judiciário é exercido pelos seguintes órgãos: [...] V – Juízes e tribunais do trabalho."

Além disso, o art. 122 da Carta de 1946 previu a composição da Justiça do Trabalho com os seguintes órgãos: "I – Tribunal Superior do Trabalho; II – Tribunais Regionais do Trabalho; e III – Juntas ou Juízes de Conciliação e Julgamento."

Sobreveio a Constituição de 1967 e os órgãos da Justiça do Trabalho passaram a ser os seguintes (art. 133): "I – Tribunal Superior do Trabalho; II – Tribunais Regionais do Trabalho; III – Juntas de Conciliação e Julgamento." A Emenda Constitucional n. 1/69 não alterou essa estrutura organizacional da Justiça do Trabalho.

A Constituição Federal de 1988 manteve tal estrutura.

Somente onze anos mais tarde, com a promulgação da Emenda Constitucional n. 24, de 9.12.1999, foi definitivamente extinta a representação classista, o que implicou uma nova configuração estrutural da Justiça do Trabalho, que passou a ser integrada pelos seguintes órgãos:

I – Tribunal Superior do Trabalho;

II – Tribunais Regionais do Trabalho; e

III – Juízes do Trabalho.

A extinção da representação classista também implicou alteração na composição de todos os órgãos da Justiça do Trabalho. Daí a necessidade de adaptação das normas da CLT à Emenda Constitucional n. 24.

A Justiça do Trabalho está estruturada em três instâncias:

- os Juízes das Varas do Trabalho são órgãos judiciais de primeira instância;
- os Tribunais Regionais do Trabalho são órgãos judiciais de segunda instância;
- o Tribunal Superior do Trabalho é o órgão de cúpula e de terceira instância.

Não se deve confundir instância com grau de jurisdição. Os Juízes das Varas do Trabalho são órgãos de primeira instância e de primeiro grau de jurisdição. Os Tribunais Regionais do Trabalho e o TST são órgãos de segunda e terceira instâncias, respectivamente, mas podem ser órgãos de primeiro grau quando processam e julgam ações de suas competências originárias. Os Juízes e TRTs funcionam como órgãos de instância ordinária. O TST pode funcionar como órgão de **instância extraordinária**, quando aprecia recursos de natureza extraordinária (ex.: recurso de revista, embargos para a SBDI-1 e agravo de instrumento), ou como órgão de **instância ordinária**, quando julga mandados de segurança contra as suas próprias decisões ou julga recursos de natureza ordinária (ex.: recurso ordinário de "sentença normativa" (*rectius*, acórdão normativo) ou recurso ordinário de acórdão de ação rescisória).

3. A organização da Justiça do Trabalho

As Emendas Constitucionais ns. 45/2014 e 92/2016 realizaram algumas alterações na composição e funcionamento dos órgãos que compõem a Justiça do Trabalho, como veremos a seguir.

3.1. Composição e funcionamento do TST

Dispõe o art. 111-A da CF, *in verbis*:

Art. 111-A. O Tribunal Superior do Trabalho compor-se-á de vinte e sete Ministros, escolhidos dentre brasileiros com mais de trinta e cinco anos e menos de sessenta e cinco anos, de notável saber jurídico e reputação ilibada, nomeados pelo Presidente da República após aprovação pela maioria absoluta do Senado Federal, sendo: (Redação dada pela EC n. 92/2016)

I – um quinto dentre advogados com mais de dez anos de efetiva atividade profissional e membros do Ministério Público do Trabalho com mais de dez anos de efetivo exercício, observado o disposto no art. 94; (Incluído pela EC n. 45/2004)

II – os demais dentre juízes dos Tribunais Regionais do Trabalho, oriundos da magistratura da carreira, indicados pelo próprio Tribunal Superior. (Incluído pela EC n. 45/2004)

§ 1º A lei disporá sobre a competência do Tribunal Superior do Trabalho. (Incluído pela EC n. 45/2004)

§ 2º Funcionarão junto ao Tribunal Superior do Trabalho: (Incluído pela EC n. 45/2004)

I – a Escola Nacional de Formação e Aperfeiçoamento de Magistrados do Trabalho, cabendo-lhe, dentre outras funções, regulamentar os cursos oficiais para o ingresso e promoção na carreira; (Incluído pela EC n. 45/2004)

II – o Conselho Superior da Justiça do Trabalho, cabendo-lhe exercer, na forma da lei, a supervisão administrativa, orçamentária, financeira e patrimonial da Justiça do Trabalho de primeiro e segundo graus, como órgão central do sistema, cujas decisões terão efeito vinculante. (Incluído pela EC n. 45/2004)

§ 3º Compete ao Tribunal Superior do Trabalho processar e julgar, originariamente, a reclamação para a preservação de sua competência e garantia da autoridade de suas decisões. (Incluído pela EC n. 92/2016)

Nas vagas destinadas ao "quinto constitucional" dos advogados e do Ministério Público, dispõe o art. 94 da CF:

Art. 94. Um quinto dos lugares dos Tribunais Regionais Federais, dos Tribunais dos Estados, e do Distrito Federal e Territórios será composto de membros do Ministério Público, com mais de dez anos de carreira, e de advogados de notório saber jurídico e de reputação ilibada, com mais de dez anos de efetiva atividade profissional, indicados em lista sêxtupla pelos órgãos de representação das respectivas classes.

Recebidas as indicações dos postulantes ao "quinto constitucional", o tribunal forma lista tríplice e a envia ao Presidente da República que, nos vinte dias subsequentes, escolherá e nomeará um dos integrantes da lista.

Nos termos do § 1º do art. 111-A da CF, a lei disporá sobre a competência do Tribunal Superior do Trabalho. Enquanto o legislador não edita a lei em referência, a competência do TST encontra-se regulada pela Lei n. 7.701/88 e pelo seu Regimento Interno.

Assim, com base na autonomia conferida aos tribunais pela Constituição (art. 96, I, *a*), o TST editou o seu Regimento Interno – RI (Resolução Administrativa n. 1.937, de 20/11/2017), cujo art. 64 dispõe que o TST "funciona em sua composição plena ou dividido em Órgão Especial, Seções, Subseções Especializadas e Turmas".

Assim, são órgãos do TST, de acordo com o art. 65 do referido Regimento Interno:

> I – Tribunal Pleno; II – Órgão Especial; III – Seção Especializada em Dissídios Coletivos; IV – Seção Especializada em Dissídios Individuais, dividida em duas subseções; V – Turmas.

Prevê o parágrafo único do referido art. 59 que funcionam junto ao TST os seguintes órgãos:

> I – Escola Nacional de Formação e Aperfeiçoamento de Magistrados do Trabalho (ENAMAT); II – Conselho Superior da Justiça do Trabalho (CSJT); III – Centro de Formação e Aperfeiçoamento de Assessores e Servidores do Tribunal Superior do Trabalho (CEFAST); IV – Ouvidoria.

Na composição dos órgãos judicantes do TST, os Ministros poderão (observados alguns critérios específicos como a antiguidade) escolher a Seção Especializada e a Turma que desejarem integrar, podendo exercer o direito de permuta, salvo os Presidentes de Turma, que, para fazê-lo, deverão previamente renunciar à Presidência do Colegiado.

O **Tribunal Pleno (TP)** é constituído, nos termos do art. 68 do RI, por todos os Ministros da Corte. Para o seu **funcionamento** é exigida a presença de, no mínimo, **14 Ministros**, sendo necessária a **maioria absoluta** quando a deliberação tratar de:

> I – escolha dos nomes que integrarão a lista destinada ao preenchimento de vaga de Ministro do Tribunal; II – aprovação de Emenda Regimental; III – eleição dos Ministros para os cargos de direção do Tribunal; IV – edição, revisão ou cancelamento de súmula, de orientação jurisprudencial e de precedente normativo; e V – declaração de inconstitucionalidade de lei ou de ato normativo do poder público.

O § 2º do art. 68 do RI exige quórum qualificado de 2/3 (dois terços) dos votos dos Ministros que compõem o Tribunal Pleno para a deliberação preliminar referente à existência de relevante interesse público que fundamenta a proposta de edição, revisão ou cancelamento de súmula, orientação jurisprudencial e precedente normativo, observado o § 3º do art. 702 da CLT. Ocorre que a alínea "f" do art. 702 da CLT, com redação dada pela Lei n. 13.467/2017, estabeleceu inúmeros requisitos formais que dificultam a edição de súmulas. A nosso sentir esse novo dispositivo é inconstitucional, por violar o princípio da separação dos poderes e a autonomia dos tribunais (CF, art. 2º e 96, I, *a*).

O **Órgão Especial (OE)** é composto, segundo o disposto no art. 69 do RI, por 14 Ministros, sendo 7 por antiguidade e 7 por eleição, e 3 suplentes. Integram o Órgão Especial o Presidente e o Vice-Presidente do Tribunal, o Corregedor-Geral da Justiça do Trabalho, juntamente com os demais Ministros mais antigos e eleitos. Caso seja eleito para cargo de direção do Tribunal Ministro que não figure dentre os 7 (sete) mais antigos aptos a integrar o Órgão Especial, será ele considerado eleito para integrá-lo, promovendo-se a eleição prevista no *caput* do art. 69 do RI, por escrutínio secreto, apenas para os cargos remanescentes.

O quórum para funcionamento do Órgão Especial é de 8 Ministros, mas, para deliberar sobre disponibilidade ou aposentadoria de Magistrado, exige-se a presença e votação convergente da maioria absoluta. Para recompor o quórum em virtude da ausência de Ministro integrante da metade mais antiga, será convocado o Ministro que o suceder na ordem de antiguidade. No caso de não comparecimento de Ministro que compõe a metade eleita, a convocação recairá sobre qualquer dos suplentes.

A **Seção Especializada em Dissídios Coletivos (SDC)**, nos termos do art. 70 do RI, é integrada pelo Presidente e Vice-Presidente do Tribunal, o Corregedor-Geral da Justiça do Trabalho e mais seis Ministros. O *quorum* para o seu funcionamento é de cinco Ministros, sendo que, na falta de quórum, deve ser convocado Ministro para substituir o ausente, preferencialmente da sua mesma Turma.

A **Seção Especializada em Dissídios Individuais** é composta de 21 Ministros, dentre eles o Presidente e o Vice-Presidente do Tribunal, o Corregedor-Geral da Justiça do Trabalho e mais 18 Ministros, e **funciona em composição plena ou dividida em duas subseções** para julgamento dos processos de sua competência (RITST, art. 71).

O *quorum* exigido para o **funcionamento** da **Seção de Dissídios Individuais Plena** é de 11 Ministros, mas as deliberações só poderão ocorrer pelo voto da **maioria absoluta** dos seus integrantes.

A **Subseção I Especializada em Dissídios Individuais (SBDI-1)** é composta por 14 Ministros, dentre eles o Presidente e o Vice-Presidente do Tribunal, o Corregedor-Geral da Justiça do Trabalho e mais 11 Ministros, preferencialmente os Presidentes de Turma, sendo exigida a presença de, no mínimo, 8 Ministros para o seu **funcionamento**. Haverá, pelo menos, um e, no máximo, dois integrantes de cada Turma na composição da SBDI-1.

A **Subseção II da Seção Especializada em Dissídios Individuais (SBDI-2)** é composta de 10 Ministros, dentre eles o Presidente e o Vice-Presidente do Tribunal, o Corregedor-Geral da Justiça do Trabalho e mais 7 Ministros, sendo exigida a presença de, no mínimo, seis Ministros para o seu funcionamento, sendo que, na falta de *quorum*, deve ser convocado Ministro para substituir o ausente, preferencialmente da sua mesma Turma.

De acordo com o art. 73 do RITST as **Turmas** do TST (atualmente, são 8 Turmas) são compostas, cada uma, por três Ministros, sendo presididas de acordo com os critérios estabelecidos pelos arts. 91 e 92 do RITST. Para os julgamentos nas Turmas é necessária a presença mínima de três Magistrados (podem ser convocados Desembargadores). Para compor o *quorum*, o Presidente da Turma poderá convocar, mediante prévio entendimento, um Ministro de outra Turma (RITST, art. 93, VII).

Reafirmando uma das funções do TST, que é a de uniformizar a própria jurisprudência interna, o art. 72 do seu RI dispõe que as "decisões do Órgão Especial, das Seções e Subseções Especializadas que se inclinarem por contrariar súmula, orientação jurisprudencial e precedente normativo ou decisões reiteradas de 5 (cinco) ou mais Turmas do Tribunal sobre tema de natureza material ou processual serão suspensas, sem proclamação do resultado, e os autos encaminhados ao Tribunal Pleno, para deliberação sobre a questão controvertida, mantido o relator de sorteio no órgão fracionário".

3.2. Composição e funcionamento dos TRTs

De início, destacamos que a Resolução 104, de 25.5.2012, do Conselho Superior da Justiça do Trabalho (CSJT) uniformizou os vocábulos de tratamento dispensados aos magistrados de 1ª e 2ª instância da Justiça do Trabalho, sendo que o magistrado membro de TRT passou a ser denominado de "Desembargador do Trabalho".

O art. 112 da CF, com a redação dada pela EC n. 45/2004, suprimiu a obrigatoriedade da instalação de pelo menos um TRT em cada Estado e no Distrito Federal, como constava do texto original da Constituição de 1988.

A Justiça do Trabalho é dividida em regiões correspondentes às áreas de atuação jurisdicional de cada TRT. Atualmente, existem 24 TRTs. Somente o Estado de São Paulo possui dois TRTs, um com sede na Capital e o outro em Campinas.

Os desembargadores do trabalho, ou seja, os magistrados dos TRTs, são nomeados pelo Presidente da República. O número de desembargadores varia em função do volume de processos distribuídos em cada Tribunal.

De acordo com o novel art. 115 da CF, os Tribunais Regionais do Trabalho compõem-se de, no mínimo, sete juízes, recrutados, quando possível, na respectiva região, e nomeados pelo Presidente da República dentre brasileiros com mais de 30 e menos de 65 anos, sendo:

> I – um quinto dentre advogados com mais de dez anos de efetiva atividade profissional e membros do Ministério Público do Trabalho com mais de dez anos de efetivo exercício, observado o disposto no art. 94 da CF;
>
> II – os demais, mediante promoção de juízes do trabalho por antiguidade e merecimento, alternadamente.

Vaticina o art. 96, I, *a*, da CF que compete aos Tribunais Regionais elaborar seu próprio Regimento Interno. Compatibilizando as normas da CLT ao texto constitucional, é possível afirmar que:

a) os Tribunais Regionais, em sua composição plena, deliberarão com a presença, além do Presidente, de metade mais um do número de seus magistrados;

b) nos Tribunais Regionais, as decisões tomar-se-ão pelo voto da maioria simples (magistrados presentes à sessão), ressalvada a hipótese de declaração de inconstitucionalidade de lei ou ato do Poder Público (CF, art. 97), quando o quórum será a maioria absoluta dos membros do tribunal;

c) as Turmas somente poderão deliberar se presentes, pelo menos, três dos seus magistrados. Para a integração desse *quorum*, poderá o Presidente de uma Turma convocar Desembargador de outra, mediante entendimento prévio tal como previsto, por analogia, no Regimento Interno do TST (art. 93, VII);

d) o Presidente do Tribunal Regional, excetuada a hipótese de declaração de inconstitucionalidade de lei ou ato do Poder Público, somente terá voto de desempate;

e) nas sessões administrativas, o Presidente votará como os demais magistrados, cabendo-lhe, ainda, o voto de qualidade;

f) no julgamento de recursos contra decisão ou despacho do Presidente, do Vice-Presidente ou do Relator, ocorrendo empate, prevalecerá a decisão ou despacho recorrido;

g) a ordem das sessões dos Tribunais Regionais será estabelecida no respectivo Regimento Interno.

Ao TRT compete, originariamente, processar e julgar as ações de sua competência originária, tais como dissídios coletivos, mandados de segurança e ações rescisórias; em grau recursal, o TRT julga os recursos das decisões dos juízes das Varas do Trabalho.

É muito importante para a facilitação do acesso à justiça o disposto no novel § 1º do art. 115 da CF, segundo o qual os TRTs deverão instalar Justiça Itinerante, com a realização de audiências e demais funções de atividade jurisdicional, nos limites territoriais e respectiva jurisdição, servindo-se de equipamentos públicos e comunitários.

Igualmente importante e salutar é o § 2º do art. 115 da CF, que faculta aos Tribunais Regionais do Trabalho "funcionar descentralizadamente, constituindo Câmaras regionais, a fim de assegurar o pleno acesso do jurisdicionado à justiça em todas as fases do processo".

3.3. Composição e funcionamento das Varas do Trabalho

Como já ressaltado em linhas transatas, os Juízes do Trabalho das Varas do Trabalho são órgãos da primeira instância da Justiça do Trabalho. Sua jurisdição é local, abrangendo, geralmente, um ou alguns municípios. Somente a lei federal (CLT, art. 650) pode fixar a competência territorial das Varas do

Trabalho. Todavia, o CNJ[1] vem entendendo que os Tribunais têm autonomia para estabelecer a base territorial em que será instalada Vara do Trabalho, sem que isso implique violação ao art. 650 da CLT.

A composição das Varas do Trabalho (antigas JCJs) sofreu substancial alteração com a extinção da representação classista, na medida em que a atividade jurisdicional em primeira instância passou a ser exercida por um juiz singular, conforme o art. 116 da CF.

Cada Vara compõe-se de um Juiz Titular de Vara do Trabalho e um Juiz do Trabalho Substituto, ambos concursados e nomeados pelo Presidente do TRT. Tanto o juiz titular quanto o substituto exercem plenamente a jurisdição, sendo que o primeiro é fixo em uma Vara do Trabalho e o segundo pode ser designado para atuar em qualquer outra Vara do Trabalho por designação do Presidente do Tribunal.

Aos juízes das Varas do Trabalho compete, em linhas gerais, processar e julgar as ações oriundas das relações de trabalho (CF, art. 114, I a IX), bem como aquelas que, por exclusão, não sejam da competência originária dos tribunais trabalhistas.

Os arts. 650 a 659 da CLT dispõem sobra a jurisdição e a competência dos Juízes das Varas do Trabalho.

3.4. Os Juízos de Direito investidos de jurisdição trabalhista

A lei pode atribuir a função jurisdicional trabalhista aos Juízes de Direito (CLT, art. 668) nas comarcas onde não existir Vara do Trabalho, porquanto o art. 112 da CF dispõe que a "lei criará Varas da Justiça do Trabalho, podendo, nas comarcas não abrangidas por sua jurisdição, atribuí-la aos juízes de direito, com recurso para o respectivo Tribunal Regional do Trabalho".

Deve o juiz de direito, na hipótese prevista no art. 112 da CF, observar o procedimento previsto na CLT para processar e julgar a demanda a ele submetida, inclusive a sistemática recursal trabalhista. Logo, à guisa de exemplo, por força do art. 893, § 1º, da CLT, não cabe, de imediato, nenhum recurso para o TRT das decisões interlocutórias proferidas por juiz de direito investido na jurisdição trabalhista.

Cumpre lembrar que a competência dos Juízos de Direito investidos na jurisdição da Justiça do Trabalho é a mesma dos juízes das Varas do Trabalho

---

(1) No Procedimento de Controle Administrativo CNJ n. 0000642-46.2013.2.00.0000, rel. Conselheira Ana Maria Duarte Amarante Brito, movido por entidades da advocacia contra o ato normativo do TRT da 2ª Região (SP) que estabeleceu os locais para a instalação das unidades judiciais, o CNJ decidiu, à unanimidade, que a medida administrativa produzida pelo TRT2, além de não provocar prejuízo para o jurisdicionado, "atende aos princípios do acesso à Justiça e da dignidade da pessoa humana, pois humaniza o atendimento social e processual dos jurisdicionados".

(CLT, art. 669). Entretanto, nas localidades onde houver mais de um Juízo de Direito a competência é determinada por distribuição ou pela divisão judiciária local entre os Juízes das Varas Cíveis, de acordo com a lei de organização judiciária do Estado-Membro (CLT, art. 669, § 1º). Se o critério de competência previsto na lei de organização judiciária não coincidir com o constante do referido parágrafo, a competência para processar e julgar a causa trabalhista será do juiz do Cível mais antigo.

4. Serviços auxiliares da Justiça do Trabalho

Tendo em vista que o art. 96, alínea *b*, da CF dispõe que compete privativamente aos tribunais "organizar suas secretarias e serviços auxiliares e os dos juízos que lhes forem vinculados", torna-se importante o estudo da organização dessas unidades judiciárias.

Registra-se, de início, que os dispositivos da CLT (Título VIII, Capítulo VI) que trata "Dos Serviços Auxiliares da Justiça do Trabalho", especialmente os arts. 710 a 721, hão de ser interpretados conforme a Constituição, uma vez que a competência para dispor sobre tal matéria passou a ser privativa dos tribunais, e não da lei.

Pode-se dizer, assim, respeitada a autonomia dos tribunais, que os órgãos auxiliares da Justiça do Trabalho são basicamente: secretarias, distribuidores, oficiais de justiça avaliadores.

4.1. Serviços auxiliares na primeira instância

Em cada Vara do Trabalho há 1 (uma) secretaria onde são lotados os servidores públicos federais regidos pelo regime jurídico único (Lei n. 8.112/90) e nomeados pelo Presidente do Tribunal.

Dentre as atribuições das **Secretarias das Varas do Trabalho** (CLT, art. 711) destacam-se:

a) o recebimento, a autuação, o andamento, a guarda e a conservação dos processos e outros papéis que lhe forem encaminhados;

b) a manutenção do protocolo de entrada e saída dos processos e demais papéis;

c) o registro das decisões;

d) a informação, às partes interessadas e seus procuradores, do andamento dos respectivos processos, cuja consulta lhes facilitará;

e) a abertura de vista dos processos às partes, na própria secretaria;

f) a contagem das custas devidas pelas partes, nos respectivos processos;

g) o fornecimento de certidões sobre o que constar dos livros ou do arquivamento da secretaria;

h) a realização das penhoras e demais diligências processuais;

i) o desempenho dos demais trabalhos que lhe forem cometidos pelo Juiz Titular da Vara do Trabalho para melhor execução dos serviços que lhe estão afetos.

A Secretaria de Vara do Trabalho possui um diretor, indicado pelo Juiz Titular e nomeado pelo Presidente do TRT. Nos termos do art. 5º da Resolução CNJ n. 147, de 7.3.2012, o "diretor de secretaria tomará posse perante o juiz titular da vara do trabalho".

Ao **Diretor de Secretaria** (CLT, art. 712) compete especialmente: superintender (dirigir) os trabalhos da secretaria, velando pela boa ordem do serviço; cumprir e fazer cumprir as ordens emanadas do Juiz Titular (ou Substituto) e dos órgãos superiores; submeter a despacho e assinatura do Juiz Titular (ou Substituto) o expediente e os papéis que devam ser por ele despachados e assinados; abrir a correspondência oficial dirigida à Vara e ao Juiz (titular ou substituto), a cuja deliberação será submetida; tomar por termo as reclamações verbais (quando não houver outro setor específico encarregado dessa função) nos casos de dissídios individuais; promover o rápido andamento dos processos, especialmente na fase de execução, e a pronta realização dos atos e diligências deprecadas pelas autoridades superiores; secretariar as audiências da Vara, lavrando as respectivas atas; subscrever as certidões e os termos processuais; dar aos litigantes ciência das reclamações e demais atos processuais de que devam ter conhecimento, assinando as respectivas notificações; executar os demais trabalhos que lhe forem atribuídos pelo Juiz Titular da Vara do Trabalho.

Se na localidade existir mais de uma Vara do Trabalho, haverá um **distribuidor**, a quem **compete** (CLT, art. 714): a distribuição, pela ordem rigorosa de entrada, e sucessivamente a cada Vara, dos feitos que, para esse fim, lhe forem apresentados pelos interessados; o fornecimento, aos interessados, do recibo correspondente a cada feito distribuído; a manutenção de 2 (dois) fichários dos feitos distribuídos, sendo um organizado pelos nomes dos reclamantes e o outro dos reclamados, ambos por ordem alfabética; o fornecimento a qualquer pessoa que o solicite, verbalmente ou por certidão, de informações sobre os feitos distribuídos; a baixa na distribuição dos feitos, quando isso lhe for determinado pelo juiz, formando, com as fichas correspondentes, fichários à parte, cujos dados poderão ser consultados pelos interessados, mas não serão mencionados em certidões.

Os **distribuidores são designados** pelo Presidente do Tribunal dentre os servidores das Varas do Trabalho e do próprio Tribunal (art. 715 da CLT). Todavia, de acordo com o art. 96, I, *b*, da CF, o regimento interno do tribunal pode dispor de forma diversa da prevista no art. 715 da CLT.

Se na localidade não existir Vara do Trabalho, o art. 716 da CLT prevê que os cartórios dos Juízos de Direito, investidos na administração da Justiça do Trabalho, têm, para esse fim, as mesmas atribuições e obrigações conferidas às secretarias das Varas do Trabalho, sendo que, nos Juízos em que houver mais de um cartório, far-se-á entre eles a distribuição alternada e sucessiva das reclamações. Aos escrivães dos Juízos de Direito, *in casu*, competem especialmente as atribuições e obrigações dos Diretores de Secretaria das Varas do Trabalho; e aos demais funcionários dos cartórios, as que couberem nas respectivas funções, dentre as que competem às secretarias das Varas do Trabalho, enumeradas no art. 711 da CLT.

4.2. Serviços auxiliares na segunda instância

Em cada Tribunal Regional há, pelo menos, 1 (uma) secretaria, sob a direção do servidor público designado para exercer a função de secretário, com a gratificação de função fixada em lei (CLT, art. 718). Ao secretário compete, além das atribuições estabelecidas no art. 711 da CLT: a conclusão dos processos ao Presidente e sua remessa, depois de despachados, aos respectivos relatores; a organização e a manutenção de um fichário de jurisprudência do Tribunal, para consulta dos interessados; outras atribuições previstas no regimento interno do Tribunal.

O art. 720 da CLT dispõe que as atribuições dos secretários dos Tribunais Regionais são as mesmas dos Diretores de Vara do Trabalho, além de outras previstas no regimento interno da respectiva Corte.

4.3. Oficiais de justiça avaliadores

O art. 721 da CLT incumbe aos oficiais de justiça e oficiais de justiça avaliadores da Justiça do Trabalho a realização dos atos decorrentes da execução dos julgados das Varas e dos Tribunais Regionais do Trabalho, que lhes forem cometidos. Ocorre que atualmente só existe o **oficial de justiça avaliador**. Isso é tão verdadeiro que nos concursos públicos ofertados pelos Tribunais trabalhistas só existe o cargo de oficial de justiça avaliador que, além das atribuições relacionadas à prática de atos de constrição de bens do devedor, também avalia os bens objeto da constrição.

O oficial de justiça avaliador atua principalmente na fase (ou processo) de execução (CLT, art. 721 c/c art. 880), promovendo a citação, penhora, busca e apreensão e avaliação dos bens penhorados. Na fase de conhecimento, a atuação do oficial de justiça avaliador somente ocorre em situações excepcionais, como a intimação coercitiva de testemunha ou citação do reclamado situado em zonas rurais não servidas pelos Correios ou de difícil acesso.

Marcelo Moura alerta, com razão: "quanto ao rol de atividades do oficial de justiça aplicam-se, subsidiariamente, os arts. 143 e 144 do CPC/73 (CPC/2015, arts. 154 e 155), no que for compatível com o processo trabalhista" (2011, p. 894).

Ressalvada a hipótese de existir nos Tribunais do Trabalho órgão específico destinado à distribuição de mandados judiciais, há, em cada Vara do Trabalho, pelo menos um oficial de justiça avaliador. Se na localidade houver mais de uma Vara do Trabalho, e não existir disposição normativa dispondo o contrário, a atribuição para o cumprimento do ato deprecado ao oficial de justiça avaliador será transferida a outro oficial, sempre que, após o decurso de 9 (nove) dias, e sem justificativa, não tiver sido cumprido o ato, caso em que o referido serventuário estará sujeito às penalidades da lei.

É de nove dias o prazo para cumprimento de qualquer ato a cargo do oficial de justiça avaliador, à exceção do ato destinado à avaliação dos bens penhorados, caso em que o prazo será de dez dias contados da nomeação do avaliador (art. 888 da CLT). Como o oficial de justiça avaliador pratica os dois atos, em regra simultâneos (penhora e avaliação), o prazo de dez dias acaba sendo único para a prática desses dois atos, sem que isso implique sanção para o referido servidor.

É facultado aos Presidentes dos TRTs designar qualquer oficial de justiça avaliador para realizar atos de execução das decisões proferidas pelo mesmo tribunal. Entretanto, de acordo com a alínea *b* do art. 653 da CLT, os atos de execução determinados pelos tribunais são realizados pelos juízes do trabalho por meio de cartas de ordem. O § 4º do art. 721 permite, no entanto, ao Presidente do tribunal determinar que tais atos sejam cumpridos diretamente ao oficial de justiça avaliador.

Nos casos de falta ou impedimento do oficial de justiça avaliador, poderá o juiz titular da Vara do Trabalho atribuir tal função a qualquer servidor, denominado de oficial de justiça *ad hoc* (TST/SBDI-1 n. 64).

III

O MINISTÉRIO PÚBLICO DO TRABALHO

1. Conceito

Com a Constituição Federal de 1988 (art. 127) o Ministério Público desvinculou-se das amarras do Poder Executivo e se transformou em instituição permanente, autônoma, independente e essencial à função jurisdicional do Estado, incumbindo-lhe a defesa da ordem jurídica, do regime democrático e dos interesses sociais e individuais indisponíveis.

O Ministério Público,[(1)] ou simplesmente MP, não chega a ser um quarto poder, mas é um órgão do Estado, de natureza constitucional, a serviço da defesa da sociedade, da democracia, do ordenamento jurídico, dos direitos humanos e do interesse público.

O art. 130-A da CF teve por objetivo instituir uma espécie de controle misto (interno e externo) do Ministério Público. Foi, então, criado o *Conselho Nacional do Ministério Público*, composto de 14 membros, alguns, inclusive, representando o povo (membros do Poder Legislativo), nomeados pelo Presidente da República, depois de aprovada a escolha pela maioria absoluta do Senado Federal.

2. Organização

O Ministério Público brasileiro (art. 128 da CF) é composto por dois grandes ramos:

I – o Ministério Público da União, que abrange: (a) o Ministério Público Federal; (b) o Ministério Público do Trabalho; (c) o Ministério Público Militar; (d) o Ministério Público do Distrito Federal e Territórios;

II – os Ministérios Públicos dos Estados.

---

(1) Para estudo aprofundado sobre Ministério Público, recomendamos nosso: LEITE, 2015b, *passim*.

São princípios institucionais do MP (art. 127, § 1º): a unidade, a indivisibilidade e a independência funcional.

O Ministério Público do Trabalho (MPT) é o ramo especializado do Ministério Público da União (MPU) que atua, judicialmente, nas causas de competência da Justiça do Trabalho.

A estrutura organizacional do MPT está disciplinada na Lei Complementar n. 75/1993.

O MPT tem como chefe o Procurador-Geral do Trabalho, nomeado pelo Procurador-Geral da República, dentre os membros da Instituição com mais de 35 anos de idade e cinco anos na carreira, integrantes de lista tríplice escolhida mediante voto plurinominal, facultativo e secreto, pelo Colégio de Procuradores, para mandato de dois anos, permitida uma recondução. A exoneração do Procurador-Geral do Trabalho, antes do término do mandato, será proposta ao Procurador-Geral da República pelo Conselho Superior, mediante deliberação obtida com base em voto secreto de dois terços de seus integrantes.

O MPT é estruturado em carreira, com autonomia funcional, administrativa e financeira.

Nos termos do art. 85 da LC n. 75/1993, são órgãos do MPT:

I – o Procurador-Geral do Trabalho;

II – o Colégio de Procuradores do Trabalho;

III – o Conselho Superior do Ministério Público do Trabalho;

IV – a Câmara de Coordenação e Revisão do Ministério Público do Trabalho;

V – a Corregedoria do Ministério Público do Trabalho;

VI – os Subprocuradores-Gerais do Trabalho;

VII – os Procuradores Regionais do Trabalho;

VIII – os Procuradores do Trabalho.

Apenas os três últimos órgãos compõem a carreira do MPT, que se inicia no cargo de Procurador do Trabalho, por meio de concurso público de provas e títulos (§ 3º do art. 129 da CF) e termina no cargo de Subprocurador-Geral do Trabalho.

Os Subprocuradores-Gerais do Trabalho, que ocupam o último grau na carreira, oficiam judicialmente no Tribunal Superior do Trabalho e nos ofícios administrativos na Câmara de Coordenação e Revisão. Os Subprocuradores-Gerais do Trabalho são lotados na Procuradoria-Geral do Trabalho.

Os Procuradores Regionais do Trabalho, que ocupam o segundo grau na carreira, oficiam judicialmente nos Tribunais Regionais do Trabalho e são lotados nas Procuradorias Regionais do Trabalho nos Estados e no Distrito Federal.

Os Procuradores do Trabalho são os órgãos iniciais da carreira e funcionam junto às Varas do Trabalho ou, quando não houver Procuradores Regionais, aos Tribunais Regionais do Trabalho. São lotados, nos ofícios, nas Procuradorias Regionais do Trabalho nos Estados e no Distrito Federal.

Nos termos do art. 112 e parágrafo único da LC n. 75/1993, os Procuradores do Trabalho serão designados para funcionar junto aos Tribunais Regionais do Trabalho e, na forma das leis processuais, nos litígios trabalhistas que envolvam, especialmente, interesses de menores e incapazes, sendo certo que a designação de Procuradores do Trabalho para oficiar em órgãos jurisdicionais diferentes dos previstos para a categoria dependerá de autorização do Conselho Superior.

3. Competência e atribuições

O Ministério Público do Trabalho atua *judicial* e *extrajudicialmente*.

A atuação judicial do MPT ocorre junto à Justiça do Trabalho (LC n. 75/1993, art. 83), ora como parte, ora como *custos legis* (fiscal da lei).

Já a atuação extrajudicial ocorre no âmbito administrativo.

É importante anotar que os arts. 127 e 129 da CF consagram as duas formas de atuação ministerial de todos os ramos, munindo-os de instrumentos de atuação extrajudicial (ex.: o inquérito civil), e judicial (ex.: a ação civil pública).

Os arts. 83 e 84 da LC n. 75/1993 tratam da atuação específica do MPT. Entretanto, as normas gerais concernentes a todos os ramos do Ministério Público da União também se aplicam ao *Parquet* Laboral, no que couber.

4. Funções

As funções ministeriais podem ser exercidas no plano judicial e no plano extrajudicial.

O Novo CPC dedica o Título V (arts. 176 a 181) do Livro III da Parte Geral às funções do Ministério Público no "processo judicial não penal", seja como órgão agente ou fiscal da ordem jurídica.

Vale dizer, tanto na função de órgão agente (parte) ou órgão interveniente (fiscal da ordem jurídica), o art. 176 do CPC/2015, seguindo a diretriz traçada pelo art. 127 da CF, dispõe que o "Ministério Público atuará na defesa da ordem jurídica, do regime democrático e dos interesses e direitos sociais e individuais indisponíveis".

Art. 180. O Ministério Público gozará de prazo em dobro para manifestar-se nos autos, que terá início a partir de sua intimação pessoal, nos termos do art. 183, § 1º.

§ 1º Findo o prazo para manifestação do Ministério Público sem o oferecimento de parecer, o juiz requisitará os autos e dará andamento ao processo.

§ 2º Não se aplica o benefício da contagem em dobro quando a lei estabelecer, de forma expressa, prazo próprio para o Ministério Público.

Art. 181. O membro do Ministério Público será civil e regressivamente responsável quando agir com dolo ou fraude no exercício de suas funções.

4.1. Plano judicial

Os arts. 127 e 129 da CF, em geral, e art. 83 da Lei Complementar n. 75/1993, em especial, delimitam o exercício das funções do MPT no plano judicial, a saber:

Art. 83. Compete ao Ministério Público do Trabalho o exercício das seguintes atribuições junto aos órgãos da Justiça do Trabalho:

I – promover as ações que lhe sejam atribuídas pela Constituição Federal e pelas leis trabalhistas;

II – manifestar-se em qualquer fase do processo trabalhista, acolhendo solicitação do juiz ou por sua iniciativa, quando entender existente interesse público que justifique a intervenção;

III – promover a ação civil pública no âmbito da Justiça do Trabalho, para defesa de interesses coletivos, quando desrespeitados os direitos sociais constitucionalmente garantidos;

IV – propor as ações cabíveis para declaração de nulidade de cláusula de contrato, acordo coletivo ou convenção coletiva que viole as liberdades individuais ou coletivas ou os direitos individuais indisponíveis dos trabalhadores;

V – propor as ações necessárias à defesa dos direitos e interesses dos menores, incapazes e índios, decorrentes das relações de trabalho;

VI – recorrer das decisões da Justiça do Trabalho, quando entender necessário, tanto nos processos em que for parte, como naqueles em que oficiar como fiscal da lei, bem como pedir revisão dos Enunciados da Súmula de Jurisprudência do Tribunal Superior do Trabalho;

VII – funcionar nas sessões dos Tribunais Trabalhistas, manifestando-se verbalmente sobre a matéria em debate, sempre que entender necessário, sendo-lhe assegurado o direito de vista dos processos em julgamento, podendo solicitar as requisições e diligências que julgar convenientes;

VIII – instaurar instâncias em caso de greve, quando a defesa da ordem jurídica ou o interesse público assim o exigir;

IX – promover ou participar da instrução e conciliação em dissídios decorrentes da paralisação de serviços de qualquer natureza, oficiando obrigatoriamente nos processos, manifestando sua concordância ou discordância, em eventuais acordos firmados antes da homologação, resguardado o direito de recorrer em caso de violação à lei e à Constituição Federal;

X – promover mandado de injunção, quando a competência for da Justiça do Trabalho;

XI – atuar como árbitro, se assim for solicitado pelas partes, nos dissídios de competência da Justiça do Trabalho;

XII – requerer as diligências que julgar convenientes para o correto andamento dos processos e para a melhor solução das lides trabalhistas;

XIII – intervir obrigatoriamente em todos os feitos nos segundo e terceiro graus de jurisdição da Justiça do Trabalho, quando a parte for pessoa jurídica de Direito Público, Estado estrangeiro ou organismo internacional.

No exercício da função judicial, o MPT pode agir na condição de parte ou de *custos legis*.

4.1.1. O Ministério Público do Trabalho como parte

Com a promulgação da CF de 1988 e o advento da LC n. 75, de 1993, houve extraordinário avanço da atuação do MPT como órgão agente.

O art. 177 do CPC/2015 prevê que o Ministério Público exercerá o direito de ação em conformidade com suas atribuições constitucionais.

Geralmente, o MPT é a parte ativa da ação (*órgão agente*), como se infere do art. 83, incisos I, III, IV, V, VI, VIII e X da LC n. 75/1993, ou seja, ele promove a ação civil pública, a ação anulatória de cláusulas (de contrato individual, acordo coletivo ou convenção coletiva), o dissídio coletivo nos casos de greve em atividades essenciais ou que atentem contra o interesse público etc., inclusive interpondo recurso das decisões proferidas em tais ações.

Outra forma de atuação como órgão agente está prevista no art. 793 da CLT, isto é, como substituto processual, pois atua em nome próprio na defesa do interesse do menor, o que pode ocorrer tanto no polo ativo quanto no passivo da demanda.

4.1.2. O Ministério Público do Trabalho como custos legis

A atuação do MPT como *custos legis*, isto é, como órgão interveniente, foi considerada desde as suas origens como a mais importante. O art. 83 da LC n. 75/1993 prevê que o MPT atua como *custos legis* nas hipóteses dos incisos II, VI (quando não for parte), VII, IX, XII e XIII.

Nas Varas do Trabalho, a atuação do MPT como órgão interveniente ocorre basicamente quando há interesses de menores ou incapazes, ora emitindo parecer escrito, ora interpondo recurso da sentença.

Nos tribunais, o MPT atua como *custos legis* nos dissídios coletivos de greve, comparecendo às audiências de conciliação e emitindo parecer escrito nos referidos processos. Em outros processos (ações originárias e recursos) o parecer escrito circunstanciado é obrigatório apenas "quando a parte for pessoa jurídica de Direito Público, Estado estrangeiro ou organismo internacional" (inciso XIII do art. 83 da LC n. 75/1993). Se as referidas pessoas jurídicas de direito público não forem partes no processo, o parecer circunstanciado será facultativo.

O art. 178 do CPC/2015 dispõe que o Ministério Público será intimado para, no prazo de 30 (trinta) dias, intervir como fiscal da ordem jurídica nas hipóteses previstas em lei ou na Constituição Federal e nos processos que envolvam:

I – interesse público ou social;

II – interesse de incapaz;

III – litígios coletivos pela posse de terra rural ou urbana.

No entanto, o prazo para o MPT funcionar como fiscal da ordem jurídica em processo trabalhista é o previsto no art. 5º da Lei n. 5.584/1970, *in verbis*: "Para exarar parecer, terá o órgão do Ministério Público da União, junto à Justiça do Trabalho, o prazo de 8 (oito) dias, contados da data em que lhe for distribuído o processo". Trata-se de regra que fixa prazo especial no processo trabalhista que não foi derrogada pela regra geral do Novo CPC.

A participação da Fazenda Pública não configura, por si só, hipótese de intervenção do Ministério Público (CPC/2015, art. 178, parágrafo único). Essa regra deve ser interpretada em sintonia com o inciso XIII do art. 83 da LC n. 75/1993.

É importante notar que, nos termos do art. 179 do CPC/2015, nos casos de intervenção como fiscal da ordem jurídica, o Ministério Público:

I – terá vista dos autos depois das partes, sendo intimado de todos os atos do processo;

II – poderá produzir provas, requerer as medidas processuais pertinentes e recorrer.

4.2. Plano extrajudicial

O Ministério Público do Trabalho também exerce funções extrajudiciais de natureza administrativa, como as previstas nos Capítulos I, II, III e IV e no art. 84 da LC n. 75/1993. Assim, o MPT pode:

I – integrar os órgãos colegiados previstos no § 1º do art. 6º da LC n. 75, que lhes sejam pertinentes; II – instaurar inquérito civil e outros procedimentos administrativos, sempre que cabíveis, para assegurar a observância dos direitos sociais dos trabalhadores; III – requisitar à autoridade administrativa federal competente, dos órgãos de proteção ao trabalho, a instauração de procedimentos administrativos, podendo acompanhá-los e produzir provas; IV – ser cientificado pessoalmente das decisões proferidas pela Justiça do Trabalho, nas causas em que o órgão tenha intervindo ou emitido parecer escrito; V – exercer outras atribuições que lhe forem conferidas por lei, desde que compatíveis com sua finalidade.

Dentre os procedimentos administrativos que podem ser instaurados pelo MPT destaca-se o inquérito civil, instituto que é previsto no art. 129, III, da CF, na Lei n. 7.347/1985 e na Lei Complementar n. 75/1993.

A Resolução n. 23, de 17.9.2007, do Conselho Nacional do Ministério Público regulamenta os artigos 6º, inciso VII, e 7º, inciso I, da LC n. 75/1993 e os artigos 25, inciso IV, e 26, inciso I, da Lei n. 8.625/93 disciplina a instauração e a tramitação do inquérito civil.

O art. 1º da Resolução CNMP n. 23/2007 dispõe que o "inquérito civil, de natureza unilateral e facultativa, será instaurado para apurar fato que possa autorizar a tutela dos interesses ou direitos a cargo do Ministério Público nos termos da legislação aplicável, servindo como preparação para o exercício das atribuições inerentes às suas funções institucionais".

E o parágrafo único do referido artigo prevê que o "inquérito civil não é condição de procedibilidade para o ajuizamento das ações a cargo do Ministério Público, nem para a realização das demais medidas de sua atribuição própria".

De acordo com a citada Resolução, o inquérito civil poderá ser instaurado:

> I – de ofício; II – em face de requerimento ou representação formulada por qualquer pessoa ou comunicação de outro órgão do Ministério Público, ou qualquer autoridade, desde que forneça, por qualquer meio legalmente permitido, informações sobre o fato e seu provável autor, bem como a qualificação mínima que permita sua identificação e localização; III – por designação do Procurador-Geral de Justiça, do Conselho Superior do Ministério Público, Câmaras de Coordenação e Revisão e demais órgãos superiores da Instituição, nos casos cabíveis.

IV

A JURISDIÇÃO TRABALHISTA

1. Métodos de solução dos conflitos trabalhistas

É possível identificar três métodos de solução dos conflitos trabalhistas: a autodefesa, a autocomposição e a heterocomposição.

1.1. Autodefesa

Método mais primitivo de solução dos conflitos, a autodefesa (ou autotutela) pressupõe um ato de defesa pessoal, com ou sem formas processuais, em que uma das partes do litígio impõe à outra um sacrifício não consentido. Aqui não há intervenção de um terceiro para solucionar o litígio, e sim a imposição da decisão por uma das partes, normalmente física, econômica, política, cultural ou socialmente mais forte.

Na seara trabalhista, seriam exemplos de autodefesa a *greve* e o *locaute*, sendo esse último proibido em nosso sistema jurídico (Lei n. 7.783/1989, art. 17). A rigor, a greve por si só não soluciona o conflito trabalhista, mas pode ser um importante instrumento para se chegar à autocomposição ou à heterocomposição.

1.2. Autocomposição

Outra forma direta de solução do conflito é a autocomposição. Trata-se de uma técnica em que os litigantes fazem mútuas concessões, de maneira pacífica, e chegam a uma composição mediante ajuste de vontades.

Lembra Amauri Mascaro Nascimento (1996, p. 6) que na autocomposição "um dos litigantes ou ambos consentem no sacrifício do próprio interesse, daí ser a sua classificação em unilateral e bilateral. A renúncia é um exemplo da primeira e a transação da segunda. Pode dar-se à margem do processo, sendo, nesse caso, extraprocessual, ou no próprio processo, caso em que é intraprocessual, como a conciliação (CLT, art. 831, parágrafo único)".

Na esfera trabalhista, são exemplos de autocomposição a convenção coletiva de trabalho e o acordo coletivo de trabalho (CLT, arts. 611 *et seq.*), bem como a mediação e a conciliação, inclusive a firmada perante a Comissão de

Conciliação Prévia (CCP) (CLT, art. 625-E). Há, porém, divergência sobre esses dois últimos institutos (mediação e conciliação) que, para alguns seriam formas de heterocomposição, pois um terceiro, *in casu* o mediador ou a comissão de conciliação prévia, participa na sua solução.

É importante lembrar que a Lei n. 13.140/2015, que dispõe sobre a mediação como meio de solução de controvérsias entre particulares e sobre a autocomposição de conflitos no âmbito da administração pública, não se aplica, em princípio, aos conflitos individuais trabalhistas, uma vez que o art. 2º, II, da referida lei prevê que a mediação será orientada pelo princípio da isonomia entre as partes.

Para encerrar este tópico, cumpre ressalvar que o art. 14 da IN/TST n. 39/2016 dispõe, *in verbis*: "Não se aplica ao Processo do Trabalho o art. 165 do CPC/2015, salvo nos conflitos coletivos de natureza econômica (Constituição Federal, art. 114, §§ 1º e 2º)".

1.3. Heterocomposição

Quando um terceiro decide o conflito, estamos diante da heterocomposição.

O terceiro, na heterocomposição, "decide com força obrigatória sobre os litigantes, que, assim, são submetidos à decisão" (NASCIMENTO, 2012, p. 41).

A heterocomposição não é forma de solução direta, uma vez que a decisão é suprapartes, o que não ocorre na autocomposição, pois nesta a solução é implementada pelas próprias partes.

Os principais exemplos de heterocomposição são a arbitragem e a jurisdição. Não obstante, há quem acrescente nessa modalidade de solução de conflitos a mediação e a conciliação.

No Brasil há uma lei genérica que disciplina o procedimento da arbitragem (Lei n. 9.307/1996). Há quem sustente que tal diploma normativo é aplicável subsidiariamente ao direito material e processual do trabalho. O art. 3º, § 1º, do CPC/2015 dispõe que: "É permitida a arbitragem, na forma da lei".

O art. 114, §§ 1º e 2º, da CF prevê expressamente a arbitragem como meio de solução de conflitos coletivos trabalhistas. Entretanto, não se tem notícia de efetiva utilização desse instrumento pelos atores sociais representantes das categorias econômicas ou profissionais.

Tendo em vista que os direitos trabalhistas individuais, especialmente os que ostentam dignidade de direitos fundamentais (CF, art. 7º), são em regra indisponíveis, parece-nos de remota aplicação a Lei n. 9.307/1996, uma vez que o seu art. 1º dispõe que a arbitragem só pode resolver conflitos envolvendo *direitos patrimoniais disponíveis*.

Existem outras leis que cuidam especificamente da arbitragem no campo das relações de trabalho, como a Lei n. 12.815/2013 (art. 37), a Lei n. 7.783/1988 (art. 3º) e a Lei n. 10.101/2000 (art. 4º, II).

Sabe-se que no processo civil a sentença arbitral é título executivo judicial (CPC/2015, art. 515, VII). Todavia, no processo do trabalho é preciso considerar a natureza do conflito.

Se o conflito for de natureza individual incide a regra do art. 515, VII, do CPC/2015, por aplicação analógica autorizada pelos arts. 769 da CLT e 15 do CPC/2015, ou seja, a "sentença arbitral" é um título executivo judicial. Mas se o conflito ostentar natureza coletiva a sentença arbitral será equiparada à sentença normativa, pois criará cláusulas ou condições gerais e abstratas no âmbito das respectivas categorias profissional e econômica envolvidas. Logo, não caberá ação de execução de sentença arbitral geradora de direitos coletivos trabalhistas, e sim ação de cumprimento (art. 872 da CLT).

Há previsão legal para o Ministério Público do Trabalho atuar como árbitro (LC n. 75/1993, art. 83, XI) quando solicitado por mútuo consentimento das partes envolvidas no conflito coletivo de trabalho.

Se adotarmos a mediação como método heterocompositivo, convém registrar que a Lei n. 10.192/2001 (art. 11) contempla regras específicas sobre a mediação trabalhista, dispondo, inclusive, que a negociação coletiva pode ser promovida em mesa-redonda por intermédio da mediação, sendo esta um pré-requisito para a instauração do dissídio coletivo. A OJ n. 24 da SDC/TST, embora cancelada em 2004, considerou que a mediação obrigatória junto aos órgãos do Ministério do Trabalho violaria o art. 114, § 2º, da CF. Com a exigência do "comum acordo" previsto na nova redação do § 2º do art. 114 da CF para a propositura do dissídio coletivo de natureza econômica, torna-se inócua a obrigatoriedade da mediação no campo das relações coletivas de trabalho.

Existe, ainda, a conciliação, que pode ser um meio de solução de conflitos trabalhistas em que as próprias partes fazem concessões recíprocas dos seus respectivos direitos. A rigor, tanto o acordo quanto a transação e a renúncia podem ser efetivados por meio da conciliação.

Sabe-se que o processo do trabalho é informado pelo princípio da conciliação (CLT, art. 764), mas o Juiz do Trabalho pode, validamente, deixar de homologar acordos ou transações que tenham aparência de renúncia de direitos fundamentais sociais trabalhistas (TST, Súmula n. 418).

A conciliação pode ser judicial ou extrajudicial. A conciliação judicial no processo do trabalho pode ocorrer:

a) nos dissídios individuais (CLT, arts. 831, parágrafo único, 846 e 850);

b) nos dissídios coletivos (CLT, arts. 862 e 863).

A conciliação extrajudicial pode ser firmada perante Comissão de Conciliação Prévia (CLT, arts. 625-D e 625-E), sendo que o termo perante ela firmado é um título executivo extrajudicial e "terá eficácia liberatória geral, exceto quanto às parcelas expressamente ressalvadas" (CLT, art. 625-E, parágrafo único), mas o entendimento que vem prevalecendo é o de que a eficácia liberatória geral somente atinge as parcelas expressamente consignadas, independentemente de ressalva do trabalhador.

O art. 515, III, do CPC/2015 considera título executivo extrajudicial "o acordo extrajudicial, de qualquer natureza, homologado judicialmente". Essa modalidade de solução de conflito era de duvidosa aplicação no processo do trabalho nas ações oriundas da relação de emprego em função das prováveis fraudes engendradas por empregadores para se "livrarem" dos encargos trabalhistas e previdenciários. Não víamos incompatibilidade de aplicar o inciso III do art. 515 do CPC/2015 às ações oriundas das relações de trabalho que passaram a ser da competência da Justiça Especializada (CF, art. 114, I).

Ocorre que a Lei n. 13.467/2017 (Lei da Reforma Trabalhista) inseriu a alínea "f" no art. 652 da CLT, segundo a qual compete às Varas do Trabalho "decidir quanto à homologação de acordo extrajudicial em matéria de competência da Justiça do Trabalho", sendo o procedimento desse novo instituto processual regulado pelos artigos 855-B a 855-E, também acrescentados pela Lei n. 13.467/2017.

2. Jurisdição

2.1. Conceito de jurisdição

A jurisdição (*juris dicere*), segundo a doutrina tradicional, é o poder que o Estado avocou para si de dizer o direito em substituição à solução que seria dada pelos particulares. Na verdade, a jurisdição, além de **poder** decorrente da potestade do Estado em relação às partes em conflito, é também **função**, pois uma das funções do Estado é fazer valer a ordem jurídica colocada em dúvida diante de uma lide, e **atividade**, consistente numa série de atos e manifestações dos atores processuais ordenadas entre si e que deságuam na declaração e certeza do direito.

O poder, a função e a atividade inerentes à jurisdição são realizados por meio do processo. Por isso se diz que não há jurisdição fora do processo. A jurisdição é provocada por meio da ação. Sem ação e sem processo não há jurisdição. Logo, é correta a afirmação de que a inércia é uma das principais características da atividade jurisdicional.

No Brasil, a doutrina adota, com base nas regras de competência estabelecidas na Constituição Federal, divisão entre as diversas "justiças".

Assim, a **jurisdição comum** abrange a Justiça Federal (arts. 106 a 110) e as Justiças Estaduais ordinárias (arts. 125 e 126), enquanto a **jurisdição especial** é composta pela *Justiça do Trabalho* (CF, arts. 111 a 117), pela Justiça Eleitoral (arts. 118 a 121) e pela Justiça Militar (arts. 122 a 124).

2.2. Exceções ao exercício da jurisdição

A jurisdição é uma das funções típicas do Poder Judiciário. Todavia, há casos em que a jurisdição é exercida por outro Poder, como a **jurisdição exercida pelo Senado Federal** (CF, art. 52, I e II) para processar e julgar altas autoridades por crimes de responsabilidade.

Por outro lado, há situações em que o Poder Judiciário fica impedido de exercer a jurisdição, como nos casos de **imunidade de jurisdição** reconhecida, por força do princípio da soberania, aos Estados estrangeiros e a seus representantes diplomáticos.

O Judiciário também fica impedido de exercer a jurisdição quando as próprias partes firmam **compromisso arbitral** (CF, art. 114, §§ 1º e 2º; CPC/2015, arts. 485, VII, e 515, VII. O compromisso arbitral (ou convenção de arbitragem), portanto, é uma exceção ao exercício da jurisdição pelo Estado.

2.3. Princípios da jurisdição

A jurisdição é informada por alguns princípios.

Princípio da inércia, também conhecido como princípio da demanda ou princípio dispositivo, porque a jurisdição depende de provocação da parte interessada. Há exceções a esse princípio no processo do trabalho, principalmente na hipótese de execução *ex officio*.

Princípio da aderência ao território, pois a jurisdição é exercida dentro de determinado território em função do princípio da soberania dos Estados.

Princípio da indeclinabilidade da jurisdição, também chamado de princípio da inafastabilidade do acesso ao Poder Judiciário, segundo o qual a lei não pode excluir da apreciação do Poder Judiciário lesão ou ameaça a direito (CF, art. 5º, XXXV; CPC/2015, art. 3º).

Princípio da inevitabilidade, porque, provocada a jurisdição pela parte, ao juiz é vedado pronunciar o *non liquet*.

Princípio da indelegabilidade, porquanto os tribunais e os juízes estão impedidos de delegar os poderes que lhes são conferidos constitucionalmente a qualquer outra pessoa, ente ou Poder.

Princípio da investidura, uma vez que a jurisdição só é validamente exercida por quem esteja legalmente investido na autoridade de juiz. Por isso se diz que uma sentença proferida por quem não é juiz é uma sentença inexistente.

2.4. Características da jurisdição

A unidade, a secundariedade, a imparcialidade e a substitutividade são algumas das características da jurisdição.

A **unidade** da jurisdição decorre da circunstância de ela ser exercida pelo Judiciário e de forma exclusiva por magistrados singulares (CPC/2015, art. 16) ou por órgãos colegiados. Por isso se diz que a jurisdição é una e homogênea qualquer que seja a natureza jurídica do conflito que deva, por meio dela, ser resolvido. Mas, como já ressaltado alhures, a doutrina vem admitindo a divisão da jurisdição para fins meramente didáticos baseando-se nos critérios de competência dos diversos ramos e órgãos do Poder Judiciário estabelecidos na Constituição Federal. Fala-se, assim, em jurisdição civil, penal, trabalhista, eleitoral etc.

Outra característica da jurisdição é a **secundariedade**. Isso ocorre porque na maioria dos casos o Direito é realizado espontaneamente pelos cidadãos e cidadãs, razão pela qual a jurisdição só atua quando não há possibilidade de resolução do conflito pelos próprios interessados (autocomposição).

A **imparcialidade** é outra característica da jurisdição porque o Estado-Juiz deve decidir o conflito de forma imparcial. Daí a pertinência dos institutos da suspeição e impedimento do juiz para julgar determinadas causas (CLT, arts. 801 e 802).

Derradeira característica da jurisdição é a **substitutividade**, porque, quando provocada e exercida, substitui a vontade das partes na resolução do conflito ajuizado. Na verdade, o Estado, ao avocar a jurisdição, substituiu o antigo método de fazer justiça pelas próprias mãos adotado outrora pelos particulares.

3. Acesso à Justiça do Trabalho

À luz dos princípios da inafastabilidade do acesso à justiça e do devido processo legal, o sistema de acesso à Justiça do Trabalho passou, com a promulgação da Constituição Federal de 1988, da Lei Complementar n. 75/93, da Lei n. 7.347/85 e da Lei n. 8.078/90 (Título III), a ser constituída por **três subsistemas** de acesso à Justiça do Trabalho: o do acesso individual, o do acesso normativo e o do acesso metaindividual.

3.1. Acesso individual

O primeiro subsistema de acesso à Justiça do Trabalho, que pode ser apelidado de jurisdição trabalhista individual, é realizável por meio dos tradicionais "dissídios individuais", que são verdadeiras ações individuais ou plúrimas oriundas das relações de emprego e, por força do novel art. 114, I, da CF, das relações de trabalho.

Para o acesso individual à Justiça do Trabalho, portanto, o procedimento a ser adotado é o previsto no Título X, Capítulo III, da CLT, bem como os procedimentos sumário (Lei n. 5.584/1970, art. 2º) e sumaríssimo (CLT, arts. 852-A a

852-I), sendo permitida a aplicação subsidiária do CPC, conforme autorização específica do art. 769 da CLT e art. 15 do CPC/2015.

3.1.1. Acesso Individual à Justiça do Trabalho e a Reforma Trabalhista

Cumpre ressaltar que a Lei n. 13.467/2017, que alterou a redação de alguns dispositivos e acrescentou outros à CLT, estabeleceu limites à interpretação judicial pela magistratura do trabalho, violando, a nosso sentir, o amplo acesso do jurisdicionado à Justiça do Trabalho, na medida em que restringe a independência interpretativa dos tribunais e juízes do trabalho, como se infere dos novos §§ 2º e 3º do art. 8º da CLT.

Por outro lado, os §§ 3º e 4º do art. 790 e o art. 790-B, *caput* e § 4º, da CLT (redação dada pela Lei n. 13.467/2017) também dificultam o acesso à Justiça do Trabalho, pois não permitem a concessão do benefício da justiça gratuita aos trabalhadores que percebam salário superior a 40% (quarenta por cento) do limite máximo dos benefícios do Regime Geral de Previdência Social ou que não consigam comprovar a insuficiência de recursos para custear as despesas do processo, sendo certo que, mesmo se obtiver o benefício da gratuidade da justiça, o trabalhador poderá ser responsabilizado pelo pagamento de honorários periciais.

Igualmente, os §§ 1º a 5º do art. 611-A da CLT (com redação dada pela Lei n. 13.467/2017) também se revelam inconstitucionais por criarem obstáculos interpretativos aos magistrados trabalhistas ou embaraços e dificuldades para o trabalhador exercer o amplo direito fundamental de ação e de acesso à Justiça do Trabalho.

Na mesma linha, o art. 791-A da CLT (com redação dada pela Lei n. 13.467/2017), ao dispor que o trabalhador, ainda que destinatário do benefício da justiça gratuita, terá que pagar honorários advocatícios no caso de sucumbência recíproca, certamente cria obstáculos de natureza econômica para o acesso à Justiça.

Da mesma forma, parece-nos inconstitucional, por criar obstáculos ao exercício do direito fundamental de acesso à Justiça do Trabalho, o disposto no § 3º do art. 844 da CLT (com redação dada pela Lei n. 13.467/2017), pois inviabiliza a propositura de nova ação quando o trabalhador não comprovar que pagou as custas do processo arquivado pelo seu não comparecimento à chamada audiência inaugural, ainda que lhe tenha sido concedido o benefício da justiça gratuita.

Esses são, a nosso ver, os principais dispositivos que colidem com o art. 5º, XXXV, da CF.

Registre-se que o Procurador-Geral da República ajuizou a ADI n. 5.766 sustentando a inconstitucionalidade de alguns dispositivos da Lei n. 13.467/2017 que criam obstáculos ao direito fundamental de acesso à justiça para os trabalhadores beneficiários da justiça gratuita.

3.2. Acesso normativo

O segundo *subsistema de acesso à Justiça do Trabalho* é o que nós chamamos de *jurisdição trabalhista normativa*. Trata-se de uma forma peculiar de acesso ao Poder Judiciário brasileiro por meio da qual a Justiça do Trabalho, em sede de dissídio coletivo de natureza econômica, exerce o chamado *poder normativo*, que é exercido originalmente pelos Tribunais do Trabalho (CF, art. 114, § 2º). Vale dizer, no acesso normativo o Tribunal do Trabalho decide o conflito criando normas trabalhistas gerais e abstratas que serão aplicáveis às categorias representadas pelas partes do dissídio coletivo, chamadas de suscitantes e suscitadas.

Outra peculiaridade do acesso normativo à Justiça do Trabalho é que as partes devem estar "de comum acordo" para instaurar o dissídio coletivo de natureza econômica.

Na jurisdição trabalhista normativa deve ser observado o procedimento previsto no Título X, Capítulo IV, da CLT, sendo utilizado *subsidiariamente* o CPC, conforme autorizado pelo art. 769 da CLT.

O instrumento judicial utilizado para o acesso normativo à Justiça do Trabalho é o dissídio coletivo, que será examinado no Capítulo XIX.

3.3. Acesso metaindividual

O acesso metaindividual, que apelidamos de jurisdição trabalhista metaindividual, é o terceiro subsistema de acesso à Justiça Especializada. Destina-se, basicamente, à tutela preventiva ou reparatória dos direitos ou interesses metaindividuais, gênero que tem como espécies os direitos ou interesses difusos, os direitos ou interesses coletivos (*stricto sensu*) e os direitos ou interesses individuais homogêneos.

Para o acesso metaindividual à Justiça do Trabalho devem-se aplicar, *direta e simultaneamente*, as normas da CF (arts. 129, III e IX, 8º, III, e 114), da LOMPU (LC n. 75/1993, arts. 83, III, 84, *caput*, e 6º, VII, *a* e *b*), da LACP (Lei n. 7.347/1985) e do Título III do CDC (Lei n. 8.078/1990). A CLT e o CPC serão aplicados apenas subsidiariamente e, ainda assim, desde que não se mostrem incompatíveis com os princípios desse subsistema de acesso metaindividual (LACP, art. 19).

O acesso metaindividual não se confunde com o acesso normativo à Justiça do Trabalho porque naquele não há criação de normas gerais e abstratas, e sim aplicação de normas preexistentes, que foram lesadas ou ameaçadas de lesão. É dizer, na jurisdição metaindividual não há exercício do Poder Normativo da Justiça do Trabalho, e sim tutela preventiva ou reparatória para proteção dos direitos ou interesses metaindividuais dos trabalhadores.

A principal demanda para viabilizar o acesso metaindividual à Justiça do Trabalho é a ação civil pública, sobre a qual nos debruçaremos no Capítulo XXI, item 6.

4. Jurisdição voluntária e jurisdição contenciosa

De acordo com o art. 1º do CPC/73: "A jurisdição civil, contenciosa e voluntária, é exercida pelos juízes, em todo o território nacional, conforme as disposições que este Código estabelece." O art. 16 do Novo CPC não faz distinção entre as espécies de jurisdição, dispondo apenas que a "jurisdição civil é exercida pelos juízes e pelos tribunais em todo o território nacional".

De acordo com o Novo CPC, os procedimentos especiais passaram a integrar o processo de conhecimento (arts. 539 a 770). Destacam-se os seguintes procedimentos especiais de jurisdição contenciosa aplicáveis ao processo do trabalho, no que couber: a ação de consignação em pagamento (arts. 539 a 549), a ação de exigir contas (arts. 550 a 553), as ações possessórias (arts. 554 a 568), os embargos de terceiro (arts. 674 a 681), a habilitação (arts. 687 a 692), a ação monitória (arts. 700 a 702) e a restauração de autos (arts. 712 a 718).

O objeto da jurisdição contenciosa reside na composição de litígios por meio de um processo porque existe uma lide a ser solucionada pelo juiz com a presença de partes e aplicação dos efeitos da revelia e confissão ficta. A sentença ou acórdão, na jurisdição contenciosa, produz a coisa julgada formal e material.

A participação do Estado na jurisdição voluntária ocorre apenas para dar validade a negócios jurídicos por meio de um procedimento, pois não existe lide nem partes. Há apenas interessados. A decisão nessa espécie de jurisdição produz, tão somente, a coisa julgada formal.

O Novo CPC, na Parte Especial, Livro I, Título III, dedica o Capítulo XV aos "Procedimentos de jurisdição voluntária" (arts. 719 a 770).

No processo do trabalho não existia expressamente nenhuma norma sobre procedimento de jurisdição voluntária.

No entanto, duas hipóteses foram reconhecidas pelo Enunciado n. 63 da 1ª Jornada de Direito Material e Processual do Trabalho:

> COMPETÊNCIA DA JUSTIÇA DO TRABALHO. PROCEDIMENTO DE JURISDIÇÃO VOLUNTÁRIA. LIBERAÇÃO DO FGTS E PAGAMENTO DO SEGURO-DESEMPREGO. Compete à Justiça do Trabalho, em procedimento de jurisdição voluntária, apreciar pedido de expedição de alvará para liberação do FGTS e de ordem judicial para pagamento do seguro-desemprego, ainda que figurem como interessados os dependentes de ex-empregado falecido.

Segundo Mauro Schiavi (2010, p. 54), o art. 500 da CLT consagra uma hipótese de jurisdição voluntária no processo do trabalho ao prever que o "pedido de demissão do empregado estável só será válido quando feito com a assistência do respectivo Sindicato e, se não o houver, perante autoridade local competente do Ministério do Trabalho e Previdência Social ou da Justiça do Trabalho".

Com o advento da Lei n. 13.467/2017, que instituiu a chamada Reforma Trabalhista, foi inserido na CLT o "Processo" de Jurisdição Voluntária. Na verdade, trata-se de um procedimento de jurisdição voluntária, cuja competência funcional exclusiva é dos Juízes das Varas do Trabalho (CLT, art. 652, *f*) e regulado pelos arts. 855-B a 855-E da mesma Consolidação, *in verbis*:

> Art. 855-B. O processo de homologação de acordo extrajudicial terá início por petição conjunta, sendo obrigatória a representação das partes por advogado.
>
> § 1º As partes não poderão ser representadas por advogado comum.
>
> § 2º Faculta-se ao trabalhador ser assistido pelo advogado do sindicato de sua categoria.
>
> Art. 855-C. O disposto neste Capítulo não prejudica o prazo estabelecido no § 6º do art. 477 desta Consolidação e não afasta a aplicação da multa prevista no § 8º art. 477 desta Consolidação.
>
> Art. 855-D. No prazo de quinze dias a contar da distribuição da petição, o juiz analisará o acordo, designará audiência se entender necessário e proferirá sentença.
>
> Art. 855-E. A petição de homologação de acordo extrajudicial suspende o prazo prescricional da ação quanto aos direitos nela especificados.
>
> Parágrafo único. O prazo prescricional voltará a fluir no dia útil seguinte ao do trânsito em julgado da decisão que negar a homologação do acordo.

V

COMPETÊNCIA DA JUSTIÇA DO TRABALHO

1. A competência da Justiça do Trabalho após a EC n. 45/2004

O fundamento constitucional da competência da Justiça do Trabalho tanto em razão da matéria quanto em razão da pessoa está previsto no art. 114 da CF (com nova redação dada pela Emenda Constitucional n. 45/2004).

Em relação à competência da Justiça do Trabalho em razão da função e do território, o art. 113 da CF dispõe, *in verbis*: "A lei disporá sobre a constituição, investidura, jurisdição, competência, garantias e condições de exercício dos órgãos da Justiça do Trabalho." Trata-se de norma constitucional de eficácia limitada, o que permite a aplicação da legislação infraconstitucional existente enquanto a lei (federal, ressaltamos) referida no art. 113 da CF não for editada.

2. Competência em razão da matéria

A determinação da competência material da Justiça do Trabalho é fixada em função da causa de pedir e do pedido, de modo que, se o autor da demanda alega que a relação material entre ele e o réu é a regida pela CLT e formula pedido de natureza trabalhista, somente a Justiça do Trabalho detém jurisdição especializada para processar e julgar tal demanda.

Essa sempre foi a competência material tradicional da Justiça do Trabalho até o advento do novel art. 114, I, da CF (redação dada pela EC n. 45/2004), momento em que ela passou a processar e julgar tanto as ações oriundas da relação de emprego quanto as decorrentes da relação de trabalho.

Como se sabe, é de natureza absoluta a incompetência em razão da matéria, devendo o juiz declará-la de ofício, independentemente de arguição das partes ou do Ministério Público. O réu, porém, deve alegá-la antes de discutir o mérito (CPC/2015, art. 337, II), sob pena de arcar com as custas do retardamento como previa o art. 267, § 3º, segunda parte, do CPC/73, sendo que tal sanção não se encontra prevista no Novo CPC (art. 485, § 3º).

Pode-se dizer, em linha de princípio, que a competência em razão da matéria no processo do trabalho é exercida pelos órgãos de primeiro grau, ou seja, pelos juízes das Varas do Trabalho e, em grau recursal ordinário, pelos Tribunais Regionais do Trabalho.

Em grau de recurso de natureza extraordinária, a competência material é exercida pelo Tribunal Superior do Trabalho e, também, pelo Supremo Tribunal Federal.

A lei, porém, pode fixar a competência material originária em algumas ações para os Tribunais, como é o caso da ação rescisória e os dissídios coletivos.

A nosso sentir, o art. 114 da CF contempla três espécies básicas de competência material da Justiça do Trabalho: competência material original, competência material derivada e competência material executória.

2.1. Competência material original

2.1.1. Ações oriundas da relação de emprego

A competência material original nada mais é do que a competência da Justiça do Trabalho para conhecer e julgar as *lides* oriundas da relação de emprego. Essas *lides* são as que brotam das *relações* entre empregados e empregadores, ou seja, são as relações que surgem de um contrato individual de trabalho (CLT, arts. 442 e 443) celebrado de forma tácita ou expressa (verbal ou escrita), ou das *relações empregatícias coletivas*, isto é, aquelas que encontram fundamento nas normas gerais e abstratas previstas em convenções ou acordos coletivos (*autocomposição*) ou sentenças normativas (*heterocomposição*).

O conceito de relação de emprego, que é análogo ao de contrato de trabalho, encontra residência na interpretação sistemática dos arts. 2º, 3º e 442 da CLT. Portanto, nas lides oriundas das relações de emprego incluem-se todas as relações em que figurem como um de seus sujeitos empregado urbano ou rural, de um lado, e o empregador urbano ou rural, de outro. A única exceção era a ação acidentária que, embora decorrente da relação empregatícia, era processada e julgada pela Justiça comum, como veremos adiante.

Em síntese, presente a relação empregatícia, os conflitos dela emergentes serão dirimidos pela Justiça do Trabalho. A EC n. 45/2004 em nada alterou esse entendimento; pelo contrário, reforçou-o. Aliás, antes mesmo da EC n. 45/2004, a jurisprudência já vinha admitindo a competência material original da Justiça do Trabalho para todas as lides oriundas da relação de emprego, como veremos a seguir.

2.1.1.1. Danos morais e materiais individuais e coletivos

Inicialmente, deve-se registrar que a respeito da competência para processar e julgar ação de indenização por danos morais e patrimoniais decorrentes de acidente do trabalho o STF editou (*DOU* 11.12.2009) a Súmula Vinculante n. 22, *in verbis*:

> A Justiça do Trabalho é competente para processar e julgar as ações de indenização por danos morais e patrimoniais decorrentes de acidente de trabalho propostas por empregado contra empregador, inclusive aquelas que ainda não possuíam sentença de mérito em primeiro grau quando da promulgação da Emenda Constitucional n. 45/04.

O TST ampliou o entendimento no sentido de que a Justiça do Trabalho é competente para julgar ações de indenização por danos morais e materiais decorrentes da relação de trabalho, abarcando, inclusive, os danos oriundos de acidente ou doenças do trabalho. É o que deflui da Súmula n. 392 daquela Corte:

> DANO MORAL E MATERIAL. RELAÇÃO DE TRABALHO. COMPETÊNCIA DA JUSTIÇA DO TRABALHO. Nos termos do art. 114, inc. VI, da Constituição da República, a Justiça do Trabalho é competente para processar e julgar ações de indenização por dano moral e material, decorrentes da relação de trabalho, inclusive as oriundas de acidente de trabalho e doenças a ele equiparadas, ainda que propostas pelos dependentes ou sucessores do trabalhador falecido.

Concernentemente à ação coletiva com pedido de indenização por dano moral coletivo, parece-nos que a competência da Justiça do Trabalho decorre da interpretação sistemática da CF (art. 129, III), da LC n. 75/1993 (arts. 6º, VII, 83, III, 84), da Lei n. 7.347/1985 (art. 1º, *caput*, IV, e art. 21). Nesse sentido, aliás, é a atual jurisprudência do TST:

> RECURSO DE REVISTA. DANO MORAL COLETIVO. DESCUMPRIMENTO DE OBRIGAÇÕES TRABALHISTAS. NORMAS DE SEGURANÇA DO TRABALHO. Consoante registrou o Tribunal *a quo*, está comprovado que a ora recorrente incorreu em conduta prejudicial aos seus empregados, ao descumprir as normas referentes à segurança e à medicina do trabalho. Ora, aquele que por ato ilícito causar dano, ainda que exclusivamente moral, fica obrigado a repará-lo. Assim, demonstrado que a recorrente cometeu ato ilícito, causando prejuízos a um certo grupo de trabalhadores e à própria ordem jurídica, não merece reparos a decisão proferida pela instância ordinária que a condenou a indenizar os danos morais coletivos. Recurso de revista conhecido e não provido (TST-RR 15500-56.2010.5.17.0132, Rel. Min. Dora Maria da Costa, 8ª T., *DEJT* 14.6.2013).

> RECURSO DE REVISTA INTERPOSTO PELO MINISTÉRIO PÚBLICO DO TRABALHO DA 3ª REGIÃO. DANO MORAL COLETIVO. REPARAÇÃO. POSSIBILIDADE. AÇÃO CIVIL PÚBLICA. ASSINATURA DE RECIBOS SALARIAIS EM BRANCO. Resta delineado nos autos que a postura da empresa, em exigir de seus empregados a assinatura de recibos salariais em branco, atenta contra a ordem jurídica trabalhista. A ação civil pública buscou reverter o comportamento da empresa, na prática de lides simuladas, com o fim de prevenir lesão a direitos sociais indisponíveis dos trabalhadores. Incontroverso o uso da justiça do trabalho como órgão homologador de acordos, verifica-se lesão à ordem jurídica, a possibilitar a aplicação de multa em razão do dano já causado à coletividade. Tal cominação não impede que o dano moral coletivo, infligido em face da prática lesiva, seja reparado, com multa a ser revertida ao Fundo de Amparo ao Trabalhador. Recurso de revista conhecido e provido (TST-RR 1347-54.2011.5.03.0073, Rel. Min. Aloysio Corrêa da Veiga, 6ª T., *DEJT* 30.8.2013).

2.1.1.2. Acidente do trabalho e dano moral em ricochete

O STF (RE n. 438.639), logo após a EC n. 45/2004, decidiu que seria da Justiça Comum Estadual a competência para processar e julgar ações sobre acidentes do trabalho, ainda que o demandante postulasse danos morais decorrentes do infortúnio.

Posteriormente, o Pleno do STF reformulou radicalmente a sua posição, proferindo nova decisão unânime no dia 29.6.2005, ao apreciar o Conflito Negativo de Competência (CC n. 7.204) suscitado pelo Tribunal Superior do Trabalho em face do Tribunal de Alçada de Minas Gerais.

Assim, as ações de indenização propostas por empregado ou seus sucessores contra empregador, fundadas em acidente do trabalho, são, a partir da vigência da EC n. 45/2004, da competência da Justiça do Trabalho. No mesmo sentido prevê a Súmula n. 392 (parte final).

O art. 223-B da CLT, incluído pela Lei n. 13.467/2017, dispõe que: "Causa dano de natureza extrapatrimonial a ação ou omissão que ofenda a esfera moral ou existencial da pessoa física ou jurídica, **as quais são as titulares exclusivas do direito à reparação**". (grifos nossos)

Essa parte final do art. 223-B da CLT atrita parcialmente com a parte final da Súmula n. 392 do TST, que reconhece o chamado dano moral em ricochete.

A nosso ver, a restrição imposta pelo art. 223-B da CLT é inconstitucional, porque o dano moral é direito fundamental e comporta interpretação ampliativa para alcançar os dependentes ou sucessores do trabalhador falecido ou vítima de acidente ou doença do trabalho. Afinal, o próprio conceito de salário mínimo constante do inciso IV do art. 7º da CF prevê que ele se destina ao atendimento das necessidades vitais básicas do trabalhador e da sua família, de modo que a falta ou redução da remuneração do trabalhador decorrente de doenças ou acidente do trabalho implica o dever de o empregador indenizar a vítima ou seus familiares por danos morais, competindo à Justiça do Trabalho processar e julgar a demanda correspondente.

De outra parte, dispõe a Súmula n. 454 do TST que:

> Compete à Justiça do Trabalho a execução, de ofício, da contribuição referente ao Seguro de Acidente de Trabalho (SAT), que tem natureza de contribuição para a seguridade social (arts. 114, VIII, e 195, I, "a", da CF), pois se destina ao financiamento de benefícios relativos à incapacidade do empregado decorrente de infortúnio no trabalho (arts. 11 e 22 da Lei n. 8.212/1991).

Noutros termos, a competência da Justiça comum estadual é para processar e julgar as ações em que figure o trabalhador no polo ativo e o INSS no polo passivo, diante de responsabilidade objetiva da autarquia para assegurar o benefício previdenciário (auxílio-acidente) ao trabalhador acidentado ou incapacitado em decorrência de doença ocupacional, por conta dos recursos (oriundos do Seguro de Acidente do Trabalho (SAT), que administra. Nesse sentido:

> DIREITO PROCESSUAL CIVIL E PREVIDENCIÁRIO. COMPETÊNCIA PARA JULGAR PEDIDO DE PENSÃO POR MORTE DECORRENTE DE ÓBITO DE EMPREGADO ASSALTADO NO EXERCÍCIO DO TRABALHO. Compete à Justiça Estadual – e não à Justiça

Federal – processar e julgar ação que tenha por objeto a concessão de pensão por morte decorrente de óbito de empregado ocorrido em razão de assalto sofrido durante o exercício do trabalho. Doutrina e jurisprudência firmaram compreensão de que, em regra, o deslinde dos conflitos de competência de juízos em razão da matéria deve ser dirimido com a observância da relação jurídica controvertida, notadamente no que se refere à causa de pedir e ao pedido indicados pelo autor da demanda. Na hipótese, a circunstância afirmada não denota acidente do trabalho típico ou próprio, disciplinado no *caput* do art. 19 da Lei n. 8.213/1991 (Lei de Benefícios da Previdência Social), mas acidente do trabalho atípico ou impróprio, que, por presunção legal, recebe proteção na alínea "a" do inciso II do art. 21 da Lei de Benefícios. Nessa hipótese, o nexo causal é presumido pela lei diante do evento, o que é compatível com o ideal de proteção ao risco social que deve permear a relação entre o segurado e a Previdência Social. Desse modo, o assalto sofrido no local e horário de trabalho equipara-se ao acidente do trabalho, e o direito à pensão por morte decorrente do evento inesperado e violento deve ser apreciado pelo juízo da Justiça Estadual, nos termos do art. 109, I, parte final, da CF combinado com o art. 21, II, "a", da Lei n. 8.213/1991 (STJ-CC 132.034-SP, Rel. Min. Benedito Gonçalves, julgado em 28/5/2014).

Para todas as demais ações concernentes a acidentes do trabalho oriundas da relação de trabalho, inclusive as que tenham por objeto indenização por dano material ou moral ou que visem ao cumprimento das normas de segurança e saúde do trabalhador, incluídas as relativas ao meio ambiente do trabalho (STF, Súmula n. 736), a competência passou a ser da Justiça do Trabalho.

No que concerne ao marco temporal, o STF editou a Súmula Vinculante n. 22, reconhecendo ser a Justiça do Trabalho competente para as ações de indenização por danos morais e patrimoniais decorrentes de acidente de trabalho propostas por empregado contra empregador, inclusive aquelas que ainda não possuíam sentença de mérito em primeiro grau quando da promulgação da EC n. 45/2004.

É importante notar que, na hipótese em que a ação de indenização é proposta por familiares ou parentes do trabalhador (dano moral em ricochete ou reflexo, que é aquele que atinge pessoa diversa da que sofrera diretamente o dano), postulando danos morais, portanto direito próprio, com base na legislação constitucional e comum, de natureza exclusivamente civil, a competência seria da Justiça comum. Esse era o entendimento do STJ consagrado na Súmula n. 366. Tal verbete, no entanto, foi cancelado por ocasião do julgamento do CC n. 101.977/SP, na sessão de 16.09.2009. O motivo do cancelamento do verbete residiu na posição adotada pelo STF (RE n. 482797 – ED/SP, Rel. Min. Ricardo Lewandowski, j. 13.05.2008, 1ª T., *DJe-117*, divulg. 26.6.2008, publ. 27.6.2008).

Na mesma linha do STF, colhe-se o Enunciado n. 36 da 1ª Jornada de Direito Material e Processual do Trabalho, realizada em Brasília-DF, *in verbis*:

ACIDENTE DO TRABALHO. COMPETÊNCIA. AÇÃO AJUIZADA POR HERDEIRO, DEPENDENTE OU SUCESSOR. Compete à Justiça do Trabalho apreciar e julgar ação de indenização por acidente de trabalho, mesmo quando ajuizada pelo herdeiro, dependente ou sucessor, inclusive em relação aos danos em ricochete.

Melhor refletindo sobre o tema, passamos a adotar o entendimento de que a Justiça do Trabalho é competente para processar e julgar ação de indenização por danos morais em ricochete ajuizada por espólio ou herdeiros do empregado falecido em face do seu ex-empregador em decorrência de acidente do trabalho.

Nesse sentido, inclusive, dispõe a Súmula n. 392 do TST:

> Nos termos do art. 114, inc. VI, da Constituição da República, a Justiça do Trabalho é competente para processar e julgar ações de indenização por dano moral e material, decorrentes da relação de trabalho, inclusive as oriundas de acidente de trabalho e doenças a ele equiparadas, ainda que propostas pelos dependentes ou sucessores do trabalhador falecido.

No entanto, a parte final do art. 223-B da CLT, incluído pela Lei n. 13.467/2017, excluiu o direito à indenização por danos extrapatrimoniais aos dependentes ou sucessores do trabalhador vitimado por acidente ou doença do trabalho (também chamado de dano moral em ricochete). De toda a sorte, a competência será da Justiça do Trabalho para apreciar e julgar a demanda proposta pelos familiares ou sucessores do trabalhador falecido, ainda que para dizer se eles têm ou não o direito ao dano moral em ricochete.

2.1.1.3. Cadastramento de PIS/PASEP

O cadastramento do trabalhador no Programa de Integração Social (PIS), criado pela Lei Complementar n. 7, de 7.9.1970, ou Programa de Assistência ao Servidor Público (PASEP), criado pela Lei Complementar n. 8, de 3.12.1970, constitui obrigação do empregador (público ou privado), nos termos do art. 239 da CF. Tais programas têm natureza de contribuições sociais e consistem em um fundo formado por depósitos mensais calculados sobre o faturamento, folha de salários (entidade sem fins lucrativos) ou sobre as receitas (Lei n. 9.715/1998) e são destinados ao financiamento do programa do seguro-desemprego e ao pagamento de abono pecuniário previsto no § 3º do art. 239 da CF.

Assim, caso o empregador não proceda ao cadastramento do trabalhador ou servidor (celetista) no PIS/PASEP, poderão estes ajuizar ação perante a Justiça do Trabalho, que terá competência para impor ao empregador o cadastramento ou a indenização compensatória pela falta deste. Nesse sentido, a Súmula n. 300 do TST.

Não obstante a omissão da súmula a respeito do PASEP, cremos que, por analogia, compete à Justiça do Trabalho processar e julgar as ações ajuizadas por servidores celetistas (caso mantida a liminar do STF na ADI n. 3.395) relativas ao cadastramento no PASEP.

2.1.1.4. Meio ambiente do trabalho

A Justiça do Trabalho, como já antecipamos no item 2.1.1.2 *supra*, é competente para processar e julgar ações que tenham como causa de pedir matéria alusiva ao meio ambiente do trabalho. O novo conceito de meio ambiente do trabalho é extraído da aplicação dos arts. 200, VII, 7º, XXII e XXVIII, da CF.

Feita essa digressão, chega-se ao conceito de meio ambiente do trabalho, que passa a ser, segundo Sidnei Machado (2001, p. 66-67), o "conjunto das condições internas do local de trabalho e sua relação com a saúde dos trabalhadores".

Compete à Justiça do Trabalho processar e julgar ação civil pública relativa a meio ambiente do trabalho, uma vez que tais demandas possuem como causas de pedir disposições trabalhistas e pedidos voltados à preservação do meio ambiente do trabalho e, portanto, aos interesses dos empregados.

Recentemente, o STF editou a Súmula n. 736, segundo a qual compete à Justiça do Trabalho julgar as ações que tenham como causa de pedir o descumprimento de normas trabalhistas relativas à segurança, higiene e saúde dos trabalhadores.

No mesmo sentido caminha a Súmula n. 392 do TST, pois acidentes e doenças do trabalho são matérias pertinentes à sadia qualidade de vida e, portanto, ao meio ambiente do trabalho.

2.1.1.5. FGTS

O FGTS passou, a partir da CF/88 (art. 7º, III), a ser o regime único de todos os empregados e trabalhadores avulsos. A Justiça do Trabalho é competente para autorizar o levantamento do depósito do Fundo de Garantia do Tempo de Serviço na ocorrência de dissídio entre empregado e empregador (TST, Súmula n. 176). Aqui, a lide é oriunda da relação empregatícia e as partes da demanda são o empregado e o empregador. Por força do art. 7º, XXXIV, da CF, a Justiça do Trabalho também é competente para apreciar pedido de levantamento do FGTS na ocorrência de lide entre trabalhador avulso e o tomador de seu serviço (CLT, art. 643).

Tratando-se, porém, de ação oriunda de lide entre o trabalhador e a CEF, versando, por exemplo, sobre pagamento de correção monetária dos valores depositados na conta vinculada do FGTS, a competência não seria da Justiça do Trabalho, mas, sim, da Justiça Federal (CF, art. 109, I). Nesse sentido é a Súmula n. 82 do STJ.

Recentemente, contudo, o TST cancelou a Súmula n. 176 (Res. n. 130/2005, *DJ* 13.5.2005), deixando transparecer, por exemplo, que as ações versando sobre levantamento do FGTS em decorrência de conversão de regime jurídico de celetista para estatutário de servidor público passam a ser da competência da Justiça do Trabalho. Nesse mesmo sentido é o Enunciado n. 63 aprovado na 1ª Jornada de Direito Material e Processual do Trabalho, realizada em Brasília-DF, em 23.11.2007, *in verbis*:

> COMPETÊNCIA DA JUSTIÇA DO TRABALHO. PROCEDIMENTO DE JURISDIÇÃO VOLUNTÁRIA. LIBERAÇÃO DO FGTS E PAGAMENTO DO SEGURO-DESEMPREGO. Compete à Justiça do Trabalho, em procedimento de jurisdição voluntária, apreciar pedido de expedição de alvará para liberação do FGTS e de ordem judicial para pagamento do seguro-desemprego, ainda que figurem como interessados os dependentes de ex-empregado falecido.

2.1.1.6. *Quadro de carreira*

Quanto à ação ajuizada pelo empregado versando sobre questões alusivas a quadro de carreira instituído pelo empregador, o TST editou a Súmula n. 19, estabelecendo que a "Justiça do Trabalho é competente para apreciar reclamação de empregado que tenha por objeto direito fundado em quadro de carreira".

Essa súmula foi editada porque o art. 652 da CLT não previa expressamente a competência das Juntas de Conciliação e Julgamento (atualmente Varas do Trabalho), para processar e julgar a referida matéria.

2.1.1.7. *Contribuições previdenciárias e fiscais*

De acordo com o art. 114, VIII, da CF, com redação dada pela EC n. 45/2004, compete à Justiça do Trabalho processar e julgar: a execução, de ofício, das contribuições sociais previstas no art. 195, I, *a*, e II, da CF e seus acréscimos legais, decorrentes das sentenças que proferir.

Além disso, a Corregedoria-Geral da Justiça do Trabalho editou os Provimentos ns. 2/1993, 1/1996, 1/1997 e 3/2005, que dispõem sobre a retenção do Imposto de Renda na fonte e o recolhimento de contribuições devidas pelo trabalhador ao Instituto Nacional de Seguro Social.

Recentemente, o TST, já na vigência do novel parágrafo único do art. 876 da CLT, reeditou a Súmula n. 368, que trata de competência da Justiça do Trabalho para processar e julgar as execuções previdenciárias e fiscais, nos seguintes termos:

> DESCONTOS PREVIDENCIÁRIOS E FISCAIS. COMPETÊNCIA. RESPONSABILIDADE PELO PAGAMENTO. FORMA DE CÁLCULO. I – A Justiça do Trabalho é competente para determinar o recolhimento das contribuições fiscais. A competência da Justiça do Trabalho, quanto à execução das contribuições previdenciárias, limita-se às sentenças condenatórias em pecúnia que proferir e aos valores, objeto de acordo homologado, que integrem o salário de contribuição. II – É do empregador a responsabilidade pelo recolhimento das contribuições previdenciárias e fiscais, resultante de crédito do empregado oriundo de condenação judicial, devendo incidir, em relação aos descontos fiscais, o valor total da condenação, referentes às parcelas tributáveis, calculado ao final, nos termos da Lei n. 8.541/1992, art. 46 e Provimento da CGJT n. 03/2005. III – Em se tratando de descontos previdenciários, o critério de apuração encontra-se disciplinado no art. 276, § 4º, do Decreto n. 3.048/99 que regulamentou a Lei n. 8.212/91 e determina que a contribuição do empregado, no caso de ações trabalhistas, seja calculada mês a mês, aplicando-se as alíquotas previstas no art. 198, observando o limite máximo do salário de contribuição.

Ademais, parece-nos que a Justiça do Trabalho não é competente para processar e julgar ação proposta por empregado em face do seu empregador cujo objeto resida apenas na sua condenação em efetuar os depósitos alusivos a contribuições previdenciárias não recolhidas nas épocas próprias. Noutro falar, se um trabalhador, ainda que com o devido registro do contrato de trabalho em sua CTPS, necessitar requerer benefício de auxílio-doença junto ao INSS e verificar que o seu empregador não fez os recolhimentos previdenciários (nunca recolheu), a Justiça do Trabalho não teria competência para julgar a ação movida por esse trabalhador, pois o art. 114, VIII, da CF não autoriza a propositura de ação na Justiça Especializada que tenha como único pedido a condenação do empregador a recolher as contribuições previdenciárias.

2.1.1.7.1. Contribuições previdenciárias destinadas a terceiros

A Justiça do Trabalho não é competente para executar as contribuições previdenciárias destinadas a terceiros, como as contribuições devidas às entidades que integram o Sistema "S": SESI, SENAC, SENAI etc.

Apesar de o assunto gerar divergência, é pacífico o entendimento do TST no sentido de que o art. 114, VIII, da CF não reconhece a competência da Justiça do Trabalho para executar tais contribuições, as quais são disciplinadas por lei ordinária, que reserva ao órgão federal a competência para arrecadação e fiscalização, como mero intermediário.

2.1.1.7.2. Contribuições destinadas ao Seguro de Acidente do Trabalho (SAT)

A natureza do Seguro de Acidente do Trabalho – SAT é de contribuição previdenciária parafiscal, razão pela qual, na mesma linha da contribuição destinada a terceiro, pensamos que a competência para executar tal contribuição é da Justiça comum, e não da Justiça do Trabalho. Ocorre que o TST vem se posicionando em sentido contrário, como se extrai da OJ n. 414 da SBDI-1:

> COMPETÊNCIA DA JUSTIÇA DO TRABALHO. EXECUÇÃO DE OFÍCIO. CONTRIBUIÇÃO SOCIAL REFERENTE AO SEGURO DE ACIDENTE DE TRABALHO (SAT). ARTS. 114, VIII, E 195, I, "A", DA CONSTITUIÇÃO DA REPÚBLICA (DEJT divulgado em 14, 15 e 16.02.2012). Compete à Justiça do Trabalho a execução, de ofício, da contribuição referente ao Seguro de Acidente de Trabalho (SAT), que tem natureza de contribuição para a seguridade social (arts. 114, VIII, e 195, I, *a*, da CF), pois se destina ao financiamento de benefícios relativos à incapacidade do empregado decorrente de infortúnio no trabalho (arts. 11 e 22 da Lei n. 8.212/1991).

2.1.1.8. Seguro-desemprego

O programa de seguro-desemprego, nos termos da Lei n. 7.998, de 11.1.1990, tem por finalidades: I – prover assistência financeira temporária ao trabalhador desempregado em virtude de dispensa sem justa causa, inclusive a indireta, e ao trabalhador comprovadamente resgatado de regime de trabalho forçado ou da condição análoga à de escravo; II – auxiliar os trabalhadores na busca ou preservação do emprego, promovendo, para tanto, ações integradas de orientação, recolocação e qualificação profissional.

Assim, se o empregador, havendo dispensa sem justa causa ou rescisão indireta do contrato de trabalho, não fornecer as guias para recebimento do seguro-desemprego, o trabalhador poderá postular a condenação do empregador na obrigação de entregar coisa certa ou postular a indenização (obrigação de pagar) pelo não fornecimento das guias de seguro-desemprego.

Nos termos da Súmula n. 389 do TST, inscreve-se na competência material da Justiça do Trabalho a lide entre empregado e empregador tendo por objeto indenização pelo não fornecimento das guias do seguro-desemprego, sendo certo que o não fornecimento pelo empregador da guia necessária para o recebimento do seguro-desemprego dá origem ao direito à indenização. No mesmo sentido é o Enunciado n. 63, aprovado na 1ª Jornada de Direito Material e Processual do Trabalho, em Brasília, DF em 23.11.2007.

2.1.1.9. *Ações possessórias e interdito proibitório*

A Justiça do Trabalho é competente para processar e julgar ações possessórias que tenham origem na relação de emprego, como naquelas em que o empregador reivindicar a posse do imóvel oferecido ao empregado como salário-utilidade (CLT, art. 458, §§ 3º e 4º). O empregado também pode ajuizar na Justiça do Trabalho ação possessória em face do empregador na hipótese em que este vier a reter a posse de instrumentos ou equipamentos daquele.

Também é competente a Justiça Obreira para processar e julgar embargos de terceiro, que têm caráter de ação possessória, opostos por pessoa diversa do empregado ou do empregador, objetivando livrar os bens do terceiro da constrição judicial.

No que tange ao interdito proibitório (CPC/2015, art. 567), o STF (RE-579.648, rel. p/ o acórdão Min. Cármen Lúcia, 10.9.2008) reconheceu que é da competência da Justiça do Trabalho (CF, art. 114, II) o julgamento de interdito proibitório em que se busca garantir o livre acesso de trabalhadores e clientes às agências bancárias que correm o risco de serem interditadas em decorrência de movimento grevista.

Cumpre lembrar que o STF editou a Súmula Vinculante n. 23 (*DOU* 11.12.2009), que reconhece ser da Justiça do Trabalho a competência "para processar e julgar ação possessória ajuizada em decorrência do exercício do direito de greve pelos trabalhadores da iniciativa privada". Tal súmula vinculante, portanto, reconhece a competência da Justiça do Trabalho não apenas para as ações de interdito proibitório, como também para quaisquer outras ações possessórias ajuizadas em decorrência do exercício do direito de greve, o que levou o TST a reconhecer a competência material da Justiça do Trabalho e funcional das Varas do Trabalho para a ação de interdito proibitório (TST-Pet n. 5473-59.2011.5.00.0000).

2.1.1.10. *Matéria criminal*

Outro tema que não encontra uniformidade doutrinária e jurisprudencial é o que diz respeito à competência da Justiça do Trabalho em razão da matéria criminal. A cizânia aumentou com a EC n. 45/2004.

Registre-se que o Procurador-Geral da República ajuizou ação direta perante o STF, questionando a competência da Justiça do Trabalho em matéria criminal. Trata-se de ADI, com pedido de liminar, em face dos incisos I, IV e IX do art. 114 da Constituição Federal, com a redação que lhe foi dada pela Emenda Constitucional n. 45/2004, em que o requerente alega violação aos arts. 5º, *caput*, inciso LIII, e 60, §§ 2º e 4º, inciso IV, todos da CF. Argumenta o Chefe do MPU a existência de vício formal quanto à alteração do texto da emenda no que se refere ao inciso I do art. 114 da CF, entendendo pela "necessidade de retorno desse dispositivo à Casa iniciadora, o que não ocorreu, todavia, dando-se a promulgação do texto aprovado em segundo turno, de forma diversa daquele aprovado em primeiro turno". Por fim, sustenta existência de inconstitucionalidade material dos incisos IV e IX porque o texto promulgado "outorga competência criminal à Justiça do Trabalho" e "viola flagrantemente regras e princípios postos na Constituição relativos ao juiz natural e à repartição de competências jurisdicionais" (STF-ADI n. 3.684-DF, Rel. Min. Cezar Peluso).

O plenário do STF deferiu, por unanimidade, a liminar na ADI n. 3.684. Em seu voto, o relator da ação, Min. Cezar Peluso, afirmou que o inciso IV do art. 114 determina a competência da Justiça do Trabalho para julgar *Habeas Corpus, Habeas Data* e Mandados de Segurança, "quando o ato questionado envolver matéria sujeita à sua jurisdição". Ele lembra, porém, que o pedido de *habeas* pode ser usado "contra atos ou omissões praticados no curso de processos de qualquer natureza", e não apenas em ações penais. Se fosse a intenção da Constituição outorgar à Justiça Trabalhista competência criminal ampla e inespecífica, não seria preciso prever, textualmente, competência para apreciar *habeas*. Destacou, ainda, que a Constituição "circunscreve o objeto inequívoco da competência penal genérica", mediante o uso dos vocábulos "infrações penais" e "crimes". No entanto, a competência da Justiça do Trabalho para o processo e julgamento de ações oriundas da relação trabalhista se restringe apenas às ações destituídas de natureza penal. Ele diz que a aplicação do entendimento que se pretende alterar violaria frontalmente o princípio do juiz natural, uma vez que, segundo a norma constitucional, cabe à justiça comum – estadual ou federal, dentro de suas respectivas competências – julgar e processar matéria criminal. Quanto à alegada inconstitucionalidade formal, o Min. Peluso argumenta que a alteração no texto da EC n. 45, durante sua tramitação no Legislativo, "em nada alterou o âmbito semântico do texto definitivo", por isso não haveria a violação ao § 2º, art. 60 da Constituição. Por unanimidade, portanto, foi deferida a liminar na ADI, com efeitos *ex tunc*, para atribuir interpretação conforme a Constituição, aos incisos I, IV e IX de seu art. 114, declarando que, no âmbito da jurisdição da Justiça do Trabalho, não está incluída competência para processar e julgar ações penais.

2.1.1.11. *Complementação de aposentadoria, pensão e previdência privada*

Existe discussão doutrinária sobre a competência da Justiça do Trabalho para processar e julgar ação em que o trabalhador busca receber complementação de aposentadoria.

O STF, nos autos do RE n. 586453 RG/SE (Rel. Min. Ellen Gracie, j. 10.9.2009), reconheceu a existência de repercussão geral a respeito da competência sobre a temática da previdência privada e complementação de aposentadoria, envolvendo a FUNDAÇÃO PETROS e ex-empregados da PETROBRAS.

Recentemente, a jurisprudência do STF assentou que compete à Justiça Comum processar e julgar as ações de complementação de aposentadoria ajuizadas por antigos ferroviários e pensionistas de empresas incorporadas à FEPASA (STF, RE n. 631049 ED/DF, rel. Min. Roberto Barroso, j. 20.8.2013, 1ª T.).

O TST possui diversos verbetes jurisprudenciais sobre complementação de aposentadoria. No que tange à competência, há a Súmula n. 106, *in verbis*:

> APOSENTADORIA. FERROVIÁRIO. COMPETÊNCIA. É incompetente a Justiça do Trabalho para julgar ação ajuizada em face da Rede Ferroviária Federal, em que ex-empregado desta pleiteie complementação de aposentadoria, elaboração ou alteração de folhas de pagamento de aposentados, se por essas obrigações responde órgão da previdência social.

Já as Súmulas ns. 326 e 327 do TST reconhecem implicitamente a competência da Justiça do Trabalho, nos seguintes termos:

> Súmula n. 326. COMPLEMENTAÇÃO DOS PROVENTOS DE APOSENTADORIA. PARCELA NUNCA RECEBIDA. PRESCRIÇÃO TOTAL. Tratando-se de pedido de complementação de aposentadoria oriunda de norma regulamentar e jamais paga ao ex-empregado, a prescrição aplicável é a total, começando a fluir o biênio a partir da aposentadoria.

> Súmula n. 327. COMPLEMENTAÇÃO DOS PROVENTOS DE APOSENTADORIA. DIFERENÇA. PRESCRIÇÃO PARCIAL. Tratando-se de pedido de diferença de complementação de aposentadoria oriunda de norma regulamentar, a prescrição aplicável é a parcial, não atingindo o direito de ação, mas, tão somente, as parcelas anteriores ao quinquênio.

Parece-nos que a questão da competência da Justiça do Trabalho para processar e julgar ação que trate de complementação de aposentadoria deve ser analisada no caso concreto, cabendo ao magistrado verificar a causa de pedir, ou seja, se tal benefício foi instituído pelo ex-empregador como vantagem integrante do contrato de trabalho para gozo futuro.

Outro entendimento jurisprudencial importante encontra-se na OJ n. 26 da SBDI-1 do TST, segundo a qual a "Justiça do Trabalho é competente para apreciar pedido de complementação de pensão postulada por viúva de ex-empregado, por se tratar de pedido que deriva do contrato de trabalho".

2.1.2. Ações oriundas da relação de trabalho

Com a EC n. 45/2004, a competência material original da Justiça do Trabalho foi significativamente ampliada para processar e julgar não apenas as ações referentes à "relação de emprego" como também "as ações oriundas da relação de trabalho" (CF, art. 114, I).

Urge, pois, desvendar o sentido e o alcance da expressão "relação de trabalho". Para tanto, devemos nos socorrer dos conceitos ofertados pelos estudiosos do Direito Material do Trabalho. Surge logo uma indagação: há distinção entre contrato de trabalho, relação de trabalho e relação de emprego?

Embora despicienda a distinção entre contrato de trabalho e relação de emprego, tendo em vista que o art. 442 da CLT dispõe que o contrato individual de trabalho é o acordo tácito ou expresso correspondente à relação de emprego, é fundamental estabelecer-se a diferença entre relação de trabalho e relação de emprego.

Para nós, a leitura atenta do art. 7º, I, XXIX, XXXIV e parágrafo único, da CF, autoriza dizer que o nosso ordenamento jurídico optou por fazer distinção entre *relação de emprego* e *relação de trabalho*, pelo menos para fins de *aplicabilidade* do *direito material do trabalho*.

Todavia, para fins de *incidência do direito processual do trabalho*, o art. 114, I, da CF, com nova redação dada pela EC n. 45/2004, alargou a competência da Justiça do Trabalho para processar as *ações oriundas* tanto da *relação de emprego* quanto da *relação de trabalho*.

A *relação de trabalho*, então, é gênero que tem na *relação de emprego* uma de suas espécies. De tal modo que, por interpretação lógica do novo texto constitucional, pode-se inferir que se a Justiça do Trabalho é competente para processar e julgar as ações oriundas da relação de trabalho, então ela também é competente para processar e julgar as ações oriundas da relação de emprego.

Relação de trabalho é aquela que diz respeito, repise-se, a toda e qualquer atividade humana em que haja prestação de trabalho, como a relação de trabalho: autônomo, eventual, de empreitada, avulso, cooperado, doméstico, de representação comercial, temporário, sob a forma de estágio etc. Há, pois, a relação de trabalho pela presença de três elementos: o *prestador* do serviço, o *trabalho* (subordinado ou não) e o *tomador* do serviço.

Já a *relação de emprego* ocupa-se de um tipo específico dessa atividade humana: o *trabalho subordinado*, prestado por um tipo especial de trabalhador: o *empregado*. Aqui, o que importa é a relação jurídica existente entre o empregado e o empregador (mesmo quando este seja pessoa de direito público interno ou externo), para efeito de aplicação do Direito do Trabalho. Três, portanto, são os elementos da relação de emprego: o empregado, o emprego e o empregador.

No ordenamento jurídico brasileiro, o objeto primordial de investigação científica do Direito do Trabalho é a relação de emprego, razão pela qual é a ela que se dirige, *a priori*, o direito processual do trabalho, isto é, o processo do trabalho volta-se, em linha de princípio, para a solução dos conflitos oriundos da relação de emprego.

Podemos dizer que *toda relação de emprego é uma relação de trabalho*, mas nem toda relação de trabalho é uma relação de emprego. A *relação de emprego*, portanto, é aquela que surge de um contrato de trabalho, que é um negócio jurídico estabelecido entre empregado e empregador. Suas características básicas são: a subordinação jurídica do trabalhador ao poder de comando do empregador, a não eventualidade na prestação do serviço, a remuneração pelos serviços prestados e a pessoalidade do trabalhador – sempre pessoa física – na prestação do serviço (CLT, arts. 2º e 3º).

Já a *relação de trabalho* é a que diz respeito a qualquer trabalho prestado, com ou sem vínculo empregatício, por pessoa física a um tomador do seu serviço. São espécies de relação de trabalho as decorrentes do trabalho: autônomo, subordinado, eventual, estatutário, cooperativo, avulso etc.

Uma advertência final: a ampliação da competência da Justiça do Trabalho para as demandas oriundas da *relação de trabalho* – não *de emprego* – deve estar *centrada no fator "trabalho"* e pela sua *afinidade com a relação de emprego*, pois a *mens legis* possui, a nosso ver, forte conotação de *inclusão social* daqueles trabalhadores – não empregados – que, de fato, estão em situações econômicas e sociais que exijam um rápido e efetivo acesso à justiça.

Parece-nos, contudo, que nem todas as ações oriundas da relação de trabalho passarão, automaticamente, para a competência da Justiça do Trabalho. Isso porque o inciso IX do art. 114 da CF continua prevendo a competência material derivada, sobre a qual falaremos mais adiante.

Ademais, por força da decisão com efeitos *erga omnes* do STF proferida nos autos da ADI n. 3.395, está vedada toda e qualquer interpretação dada ao inciso I do art. 114 da CF, na redação dada pela EC n. 45/2004, que inclua, na competência da Justiça do Trabalho a "... apreciação [...] de causas que [...] sejam instauradas entre o Poder Público e seus servidores, a ele vinculados por típica relação de ordem estatutária ou de caráter jurídico-administrativo".

Impõe ressaltar que a ampliação da competência da Justiça do Trabalho para processar e julgar ações oriundas de relação de trabalho não significa que os direitos sociais trabalhistas previstos na CF (arts. 7º, 8º, 9º, 10 e 11) e na CLT tenham sido estendidos aos demais trabalhadores não empregados. Vale dizer, a tutela conferida pela EC n. 45/2004 aos trabalhadores não empregados foi de caráter apenas processual e, a nosso ver, no que couber, procedimental.

A razão é simples: somente a lei (CF, arts. 5º, II, e 22, I) pode estender os direitos trabalhistas a trabalhadores não empregados, limitando-se a Justiça do Trabalho, à míngua de disciplinamento legal e específico, a processar e julgar questões inerentes às respectivas relações de trabalho, valendo-se, para tanto, das normas não trabalhistas já existentes. Assim, a competência da Justiça do Trabalho, *in casu*, fica limitada ao exame das matérias relativas ao preço do serviço ajustado, às indenizações por danos morais ou patrimoniais e outras questões de direito material previstas na legislação não trabalhista aplicável ao caso concreto submetido à sua apreciação etc.

De lege ferenda, roga-se para que a "reforma trabalhista" em tramitação no Congresso Nacional acabe por estender os direitos sociais reconhecidos aos empregados e aos trabalhadores avulsos que constituem o chamado "piso vital mínimo" ou o "mínimo existencial" aos demais trabalhadores não empregados, como os trabalhadores subordinados atípicos (eventual, temporário, doméstico etc.), bem como os trabalhadores parassubordinados e trabalhadores autônomos.

Afinal, sem a efetivação dos direitos sociais que compõem o "mínimo existencial", não se pode falar em trabalho digno e, muito menos, em dignidade da pessoa humana.

2.1.2.1. Relação de trabalho avulso

Por força da interpretação histórica do art. 114, I, da CF, com redação dada pela EC n. 45/2004, compete à Justiça do Trabalho processar e julgar as ações oriundas da relação de trabalho avulso (competência originária).

Além disso, a competência da Justiça do Trabalho para conciliar e julgar as lides derivantes da relação de trabalho avulso também está prevista em lei (art. 643 da CLT, com redação dada pela Lei n. 7.494/1986), *in verbis*:

> Os dissídios oriundos das relações entre empregados e empregadores, *bem como de trabalhadores avulsos e seus tomadores de serviços, em atividades reguladas na legislação social, serão dirimidos pela Justiça do Trabalho,* de acordo com o presente Título e na forma estabelecida pelo processo judiciário do trabalho. (grifos nossos)

No mesmo passo, foi editada a Medida Provisória n. 2.164-41, de 24.8.2001, que acrescentou ao art. 643 da CLT o § 3º, assim redigido:

> A Justiça do Trabalho é competente, ainda, para processar e julgar as ações entre trabalhadores portuários e os operadores portuários ou o Órgão Gestor de Mão de Obra – OGMO decorrentes da relação de trabalho.

Convém advertir que, antes da EC n. 45/2004, muito embora a Constituição Federal, no seu art. 7º, XXXIV, tenha conferido tratamento isonômico entre o trabalhador avulso e o empregado contratado por tempo indeterminado, os conflitos entre o trabalhador avulso e seu sindicato estavam excluídos da competência da Justiça do Trabalho.

Em outros termos, a lide entre o trabalhador avulso e seu sindicato caía na vala comum, ou seja, era da competência da justiça comum dos Estados. Nesse sentido, a jurisprudência do STF (CJ n. 6.029, Rel. Min. Moreira Alves, *in RTJ* 84/78, e CJ n. 6.090, Rel. Min. Xavier de Albuquerque, *in RTJ* 43/615).

Por força do inciso III do art. 114 da CF, com redação dada pela EC n. 45/2004, cremos que a Justiça do Trabalho também passou a ser competente para processar e julgar as ações propostas pelo trabalhador avulso em face do sindicato da correspondente categoria profissional, bem como entre os tomadores de serviço avulso e os sindicatos da correspondente categoria econômica. De notar-se que tais ações não são oriundas de relação de trabalho, muitos menos de relação de emprego;

mas o "constituinte derivado" assim o quis. Não se trata, aqui, de competência *ratione materiae*, mas de competência *ratione personae*.

2.1.2.2. *Relação de trabalho eventual*

O trabalho eventual não é tutelado pelo direito material do trabalho. É o que se infere da interpretação *a contrario sensu* do art. 3º da CLT, que exige o trabalho não eventual como uma das características da relação de emprego.

Assim, as lides decorrentes da relação de trabalho eventual seriam, por exclusão, dirimidas pela Justiça Comum, uma vez que não existe, como exigia o texto original do art. 114 da CF, lei prevendo expressamente a competência da Justiça do Trabalho para dirimi-las.

Se, todavia, o autor alegasse que era empregado e formulasse pedido de reconhecimento da relação empregatícia, a competência seria da Justiça do Trabalho para declarar a existência ou não daquela relação de emprego.

Agora, por força do novel inciso I do art. 114 da CF, se o autor alega que era trabalhador eventual e pede indenização pelos serviços prestados ao respectivo tomador, a competência para julgar tal demanda será da Justiça do Trabalho, pois se trata de ação oriunda da relação de trabalho.

2.1.2.3. *Relação de trabalho autônomo e relação de consumo*

A empreitada, a locação de mão de obra (atualmente, segundo o Código Civil, prestação de serviços) e o mandato são espécies de *relações de trabalhos autônomos*, reguladas pelo Código Civil, razão pela qual não se lhes aplicam as normas materiais da CLT. As ações oriundas de tais relações de trabalho eram da competência da Justiça Comum.

Com a EC n. 45/2004 tais ações passaram a ser da competência da Justiça do Trabalho, por força do inciso I do art. 114 da CF.

É preciso advertir, porém, que, a nosso ver, não são da competência da Justiça do Trabalho as ações oriundas da relação de consumo. Vale dizer, quando o trabalhador autônomo se apresentar como fornecedor de serviços e, como tal, pretender receber honorários do seu cliente, a competência para a demanda será da Justiça Comum e não da Justiça do Trabalho, pois a matéria diz respeito à relação de consumo e não à de trabalho. Do mesmo modo, se o tomador do serviço se apresentar como consumidor e pretender devolução do valor pago pelo serviço prestado, a competência também será da Justiça Comum.

Isso porque relação de trabalho e relação de consumo são inconfundíveis.

Se, por exemplo, um médico labora como trabalhador autônomo em uma clínica médica especializada, recebendo honorários desta, e presta serviços ao paciente, teremos três relações distintas:

a) entre o *médico* – pessoa física – e a *clínica* – empresa tomadora de serviços – há uma *relação de trabalho*, cuja competência para dirimir os conflitos dela oriundos é da Justiça do Trabalho;

b) entre o *médico* – pessoa física fornecedora de serviços – e o *paciente* – consumidor de serviços – há uma *relação de consumo*, pois o paciente, aqui, é a pessoa física que utiliza o serviço como destinatário final. A competência para apreciar e julgar as demandas oriundas dessa relação de consumo é da Justiça Comum;

c) entre o *paciente* – pessoa física tomadora de serviços – e a *clínica* – pessoa jurídica fornecedora de serviços –, há uma relação de consumo, cabendo à Justiça Comum dirimir o conflito.

Urge, pois, para a fixação da competência da Justiça do Trabalho, distinguir consumidor de tomador de serviços. Para tanto, devemos aplicar a definição do art. 2º do CDC, segundo o qual, *consumidor* "é a pessoa física ou jurídica que adquire ou utiliza produto ou serviço como destinatário final".

Já o *tomador*, para os fins da relação de trabalho, é a pessoa física ou jurídica que utiliza os serviços prestados por um trabalhador autônomo não como destinatário final, mas, sim, como intermediário.

Afinal, a gênese do direito do trabalho e do direito processual do trabalho é a proteção do trabalhador, isto é, do prestador do serviço, e não do tomador do serviço, enquanto a gênese do direito das relações de consumo repousa, sempre, na proteção do consumidor e nunca do prestador ou fornecedor de serviços. Há, porém, julgados do TST que não reconhecem a competência da Justiça do Trabalho na hipótese de prestação de serviços de profissional liberal, como no caso dos contratos de prestação de serviços de natureza eminentemente civil, como os que envolvem advogados e corretores de imóveis, pois não se incluem no conceito de relação de trabalho.

2.1.2.4. Contrato de honorários advocatícios

No que concerne ao contrato particular de honorários advocatícios em que o advogado atua como profissional autônomo, é possível surgir relação de trabalho ou relação de consumo. Depende da qualidade do destinatário do serviço. Se utilizá-lo como destinatário final (consumidor), haverá relação de consumo, sendo incompetente a Justiça do Trabalho.

Do contrário, isto é, se não for o tomador do serviço destinatário final, haverá relação de trabalho, sendo a Justiça do Trabalho competente. Geralmente, o cliente pessoa física é destinatário final; logo, trata-se de relação de consumo.

Cliente empresa (pessoa jurídica) geralmente utiliza o trabalho do advogado como meio para realizar bem os seus negócios em face de terceiros; logo, relação de trabalho. Além disso, neste último caso, o tomador utiliza o serviço com habitualidade vinculada aos seus negócios, ficando o advogado, muitas vezes, em situação de dependência econômica, o que não ocorre quando o tomador é pessoa física.

Há, no entanto, acirrada divergência doutrinária e jurisprudencial, sendo importante registrar o Enunciado n. 23 aprovado na 1ª Jornada de Direito Material e Processual do Trabalho, realizada em Brasília-DF, em 23.11.2007, *in verbis*:

> COMPETÊNCIA DA JUSTIÇA DO TRABALHO. AÇÃO DE COBRANÇA DE HONORÁRIOS ADVOCATÍCIOS. AUSÊNCIA DE RELAÇÃO DE CONSUMO. A Justiça do Trabalho é competente para julgar ações de cobrança de honorários advocatícios, desde que ajuizada por advogado na condição de pessoa natural, eis que o labor do advogado não é prestado em relação de consumo, em virtude de lei e de particularidades próprias, e ainda que o fosse, porque a relação consumerista não afasta, por si só, o conceito de trabalho abarcado pelo art. 114 da CF.

Pedimos vênia para dissentir do referido verbete, que tem natureza de fonte doutrinária, pois pensamos falecer à Justiça do Trabalho competência para processar e julgar ações oriundas da relação de consumo.

Convém lembrar, contudo, que o próprio STJ editou recentemente a Súmula n. 363, *in verbis*: "Compete à Justiça estadual processar e julgar a ação de cobrança ajuizada por profissional liberal contra cliente."

Acrescente-se que, em função da "cláusula de abertura" do art. 114, IX, da CF, a lei também poderá alargar a competência da Justiça do Trabalho para processar e julgar lides oriundas de outras controvérsias decorrentes das relações de trabalho.

O TST vem adotando o entendimento de que falece competência à Justiça do Trabalho para processar e julgar ações referentes à cobrança de honorários advocatícios previstos em contrato de prestação de serviços de advocacia, mesmo nos casos em que o causídico tenha atuado como defensor dativo, isto é, prestado serviços advocatícios aos necessitados em determinados processos por ato de nomeação do Juiz (TST-RR n. 89900-80.2007.5.23.0002).

2.1.2.5. Contratos de empreitada

O contrato de empreitada é instituto de direito civil e, segundo o disposto no art. 610 do CC/2002, o "empreiteiro de uma obra pode contribuir para ela só com seu trabalho ou com ele e os materiais". No caso de pequena empreitada, a competência da Justiça do Trabalho já estava prevista antes da EC n. 45/2004, como se infere do art. 652, alínea *a*, inciso III, da CLT.

O critério de competência aqui adotado pelo legislador consolidado é, a um só tempo, em razão da matéria (contrato de empreitada) e em razão da pessoa (empreiteiro operário ou empreiteiro artífice). O contrato de empreitada apto a atrair a regra do art. 652, III, da CLT é aquele em que o contratado/empreiteiro for pessoa física. Essa modalidade contratual não se reporta ao vulto econômico da empreitada, pois o referido inciso III não vincula a empreitada ao valor do serviço, tampouco à sua duração, e sim ao fato de o empreiteiro ser operário ou artífice (2010, p. 179).

A nosso sentir, a *mens legis* aponta no sentido de se conferir tal competência à Justiça do Trabalho, por ser esta, em tese, mais sensível aos reclamos sociais, e pela incidência do princípio da celeridade na tramitação do processo trabalhista, além da presumida hipossuficiência do pequeno empreiteiro.

Para encerrar este tópico, cabe assinalar que compete à Justiça do Trabalho julgar as ações trabalhistas em que figuram o "empreiteiro principal, quando do inadimplemento das obrigações do subempreiteiro" (CLT, art. 455). Parece-nos, no entanto, que as obrigações não assumidas pelo subempreiteiro são aquelas referentes à relação de emprego, isto é, são as obrigações trabalhistas não adimplidas cujos credores são os empregados do próprio subempreiteiro.

A questão da responsabilidade subsidiária do empreiteiro diz respeito às verbas de natureza trabalhista, ou seja, referentes à relação de emprego. Logo, estamos aqui diante da competência material original, e não da competência material derivada da Justiça do Trabalho. Todavia, diante da norma inserta no inciso I do art. 114 da CF, com nova redação dada pela EC n. 45/2004, tanto as controvérsias referentes à relação de emprego quanto as que dizem respeito à relação de trabalho passaram a ser da competência da Justiça Especializada.

2.1.2.6. Contrato entre médico e plano de saúde

Recentemente, a 6ª Turma do TST (RR-1485-76.2010.5.09.0012, rel. Min. Aloysio Corrêa da Veiga) decidiu, anulando decisões de primeiro e segundo graus, que a Justiça do Trabalho é competente para apreciar ação de médicos credenciados contra operadoras de planos de saúde, contendo pedido de recomposição monetária dos honorários e demais procedimentos médicos de profissionais vinculados a empresas gestoras de planos de saúde.

Tal decisão foi tomada em ação civil pública ajuizada pelo Sindicato dos Médicos no Estado do Paraná (Simepar) na qual sustenta que o setor privado de saúde suplementar no Brasil compreende, de forma geral, três sistemas: o das denominadas empresas de medicina de grupo, o das empresas de autogestão e o das empresas de seguros de saúde. O objetivo da referida ação coletiva é discutir a ausência de reajuste dos honorários dos médicos que prestam serviços principalmente às empresas de planos de saúde ligados à chamada autogestão. Segundo o autor coletivo, as estimativas atuais são de que o setor da saúde suplementar, incluindo os planos de saúde e seguros, assiste mais de 41 milhões de brasileiros, o que corresponde a 25,6% da população do país.

Segundo a decisão turmária, o trabalho desses médicos credenciados é o cerne do contrato, o que atrai a análise das controvérsias nele originadas para a Justiça do Trabalho, porquanto presente a relação de trabalho tratada no inciso I do art. 114 da Constituição Federal. Para o relator, após a EC n. 45/2004, não são os sujeitos da relação jurídica os determinantes da competência material da Justiça do Trabalho e, sim, a própria relação jurídica inserida no contexto constitucional, uma vez que tal dispositivo constitucional, ao fazer referência à generalidade das relações de trabalho, reflete a ampliação da atuação da Justiça do Trabalho, que não mais está limitada às controvérsias existentes entre empregadores e trabalhadores, mas envolve toda e qualquer lide decorrente da relação de trabalho.

No referido acórdão destacou-se que em contratos de qualquer natureza (civil, administrativa ou trabalhista) cujo objeto seja a prestação de trabalho, trabalho subordinado, prestador de serviço, empreiteiro, depositário ou mandatário, a competência será da Justiça do Trabalho, na medida em que a competência material tem fundamento na causa de pedir e no pedido, independentemente do direito material controvertido. Contudo, como já destacamos, há outros julgados considerando ser da Justiça Comum a competência para apreciar determinados casos envolvendo a prestação de serviços por profissionais liberais. Falaremos melhor sobre isso no próximo tópico.

Enfim, segundo o entendimento adotado pela 6ª Turma do TST, as operadoras de planos de saúde são, de fato, tomadoras de serviços, considerando que a prestação de sua atividade-fim ocorre por contratação de profissionais liberais ou clínicas credenciadas para executar serviços de assistência médica, hospitalar ou odontológica para clientes que aderem ao plano.

2.1.2.7. *Contrato de estágio*

A Justiça do Trabalho não possui competência para processar e julgar ação proposta por estagiário em face de ente público e CIEE. O fundamento é a aplicação analógica do entendimento do STF na ADI n. 3395. Nesse sentido:

> EMBARGOS. AÇÃO CIVIL PÚBLICA. MINISTÉRIO PÚBLICO DO TRABALHO. CONTRATO DE ESTÁGIO. RELAÇÃO ENTRE CIEE X ENTES PÚBLICOS. CONTRATAÇÃO POR SELEÇÃO PÚBLICA. OBRIGAÇÃO DE FAZER. INCOMPETÊNCIA DA JUSTIÇA DO TRABALHO. RECURSO DE REVISTA NÃO CONHECIDO. Nos termos da jurisprudência do e. STF, no julgamento da Reclamação 9988/CE, a Justiça do Trabalho não detém competência para o julgamento de causas que versam sobre o contrato de estágio com entes da administração pública, por aplicação analógica do entendimento contido na ADI n. 3395. A e. Corte maior ressalta que "cabe à Justiça Comum dizer sobre a existência, a validade e a eficácia dos vínculos jurídicos, de origem viciada ou não, de caráter operativo, entre os entes públicos e aqueles que lhes prestaram serviços" (Rcl 9988/CE – Relator Min. Dias Toffoli – Dje 28.4.2010). Embargos conhecidos e desprovidos (TST-E-RR 5500-47.2010.5.13.0022, Rel. Min. Aloysio Corrêa da Veiga, SBDI-1, DEJT 08.04.2016).

A *contrario sensu* da interpretação jurisprudencial *supra*, será da Justiça do Trabalho a competência para processar e julgar ação proposta por estagiário em face de pessoa jurídica de direito privado, inclusive empresas públicas e sociedades de economia mista, cuja causa de pedir resida na alegação de desvirtuamento do estágio e pedido de reconhecimento de vínculo empregatício e outras verbas inerentes à relação de emprego (Lei n. 11.788/2008, art. 3º, § 2º).

2.2. Competência material derivada

Além da competência material original (CF, art. 114, I) já estudada nas epígrafes anteriores, a Constituição também estendeu à Justiça do Trabalho a *competência material derivada*, cujo fundamento estava previsto na redação original do Texto Magno (art. 114, *caput*, parte final) e, agora, repousa no inciso IX do art. 114 da CF, com nova redação dada pela EC n. 45/2004, segundo o qual também compete à Justiça do Trabalho processar e julgar "outras controvérsias decorrentes da relação de trabalho, na forma da lei".

Pensamos, *data venia*, que laborou mal o "constituinte derivado", na medida em que empregou, em suspeitável contradição, o termo "relação de trabalho" nos incisos I e IX do art. 114 da CF, com redações dadas pela EC n. 45/2004.

Ora, se adotarmos a interpretação histórica, não hesitaremos em afirmar que o inciso I já prevê que a Justiça do Trabalho passou a ser competente, originalmente, não apenas para processar e julgar as ações oriundas da relação de emprego – sua função clássica – como também as ações oriundas de qualquer outra relação de trabalho. Dessa forma, o inciso IX seria uma "norma sem sentido" e absolutamente inócua, pois se cingiria a dizer o óbvio.

Todavia, se adotarmos a interpretação sistemática e restritiva de ambos os incisos, forçoso é admitir que o legislador reformador disse mais do que desejava, na medida em que a expressão "relação de trabalho", contida no inciso I, seria simplesmente empregada em lugar do termo "relação de emprego" que, por sinal, não existia na redação original do art. 114, *caput*, da CF, embora sempre tenha constado do inciso I do art. 7º da mesma Carta.

Aliás, o próprio inciso XXIX do art. 7º utiliza o termo "relação de trabalho" como sinônimo de "relação de emprego" ou "contrato de trabalho", o que enaltece a tese de que todo o esforço dos defensores – principalmente as instituições de classe, como a Anamatra – do alargamento da competência da Justiça do Trabalho teria caído por terra. Como se trata de interpretação do texto constitucional, a última palavra será do STF.

De nossa parte, reafirmamos que, do modo como está redigido o inciso IX do art. 114 da CF, dois são os requisitos para a competência material derivada da Justiça do Trabalho: (a) existência de uma lide decorrente da relação de trabalho; (b) inexistência de lei afastando expressamente que a competência para apreciar essa lide é da Justiça do Trabalho.

No primeiro caso, encaixam-se todas as considerações que tecemos a respeito da competência material originária. Vale dizer, havendo relação de trabalho, a competência para processar e julgar a demanda correspondente é, em linha de princípio, da Justiça do Trabalho.

Já no segundo, parece-nos que a única interpretação razoável é a de que, se houver lei dispondo expressamente que a competência é da Justiça Comum, então somente outra lei, posterior, poderá atribuí-la à Justiça do Trabalho.

Expliquemo-nos.

Há algumas relações de trabalho previstas em leis especiais que dispõem, expressamente, que a competência para ações delas oriundas é da Justiça Comum. Em tais casos, e por força do inciso IX do art. 114 da CF, a Justiça do Trabalho só passará a ser competente se, e somente se, sobrevier lei dispondo, expressamente, em tal sentido. É o que se dá, por exemplo, com a relação de trabalho de representação comercial prevista na Lei n. 4.886, de 9.12.1965 (art. 39, com redação dada pela Lei n. 8.420, de 8.5.1992).

De tal arte, enquanto não for editada lei nova transferidora de tal competência para a Justiça do Trabalho, parece-nos que as referidas demandas continuarão sendo processadas e julgadas pela Justiça Comum.

Se, entretanto, não existir lei dispondo expressamente que é da Justiça Comum a competência para processar e julgar as demandas oriundas de determinada relação de trabalho, atraída estará a regra do inciso I do art. 114 da CF (com a redação dada pela EC n. 45/2004). É o que ocorre, por exemplo, com a relação de trabalho eventual e com a relação de trabalho autônomo prestado por profissional liberal, cujo tomador do serviço não seja consumidor (CDC, art. 2º).

Resumindo: se houver lei anterior à CF/88 dispondo que a controvérsia oriunda de determinada relação de trabalho é da competência da Justiça Comum, com esta permanecerá até que sobrevenha lei nova transferindo tal competência para o âmbito da Justiça do Trabalho.

Vê-se, assim, que a Constituição Federal (art. 114, IX) não impede que o processo do trabalho possa servir de instrumento de pacificação de outros conflitos decorrentes de relações de trabalho *lato sensu* diversas da relação de emprego. Para isso, a Carta Magna exige apenas que haja lei, no sentido próprio e específico do termo, isto é, lei editada pelo Congresso Nacional, porquanto somente este tem competência legislativa para editar leis sobre direito processual, incluído o processual do trabalho (CF, art. 22, I).

Convém lembrar, nesse passo, que os Decretos-leis e mesmo os Decretos autônomos anteriores à Constituição de 1988 tinham força de lei. Logo, tais atos normativos poderiam, antes da CF/88, dispor sobre competência.

Cumpre registrar, por oportuno, o magistério de Arion Sayão Romita (2005, p. 29-30), para quem não há contradição entre os incisos I e IX do art. 114 da CF, pois este último permite a ampliação, por lei ordinária, da competência enunciada pelo primeiro, ou seja, o inciso IX "tem o condão de permitir a adaptação da regra geral prevista pelo inciso I a novos fatos sociais. A cláusula geral produz este efeito: enseja a aplicação da *regra-mater* a hipóteses novas, que surgirão no futuro, não previstas quando de sua edição".

Temos a impressão de que o nosso entendimento talvez não agrade àqueles que advogam a interpretação literal e a aplicação isolada do inciso I, ignorando o inciso IX, ambos do art. 114 da Lei Magna. Mas é preciso insistir na necessidade de aplicação dos princípios da concordância prática e da unidade da Constituição.

Nesse sentido, o STF deu o primeiro passo ao excluir (ADI n. 3.395) o conceito de relação de trabalho das "relações estatutárias" ou "administrativas", isto é, aquelas que vinculam a Administração Pública aos servidores investidos em cargos públicos.

O próprio TST firmou entendimento no sentido de que a Justiça do Trabalho não detém competência para processar e julgar ação proposta por advogado postulando honorários advocatícios previstos em contrato de prestação de serviços (*vide* item 2.1.1.2.3.1 *supra*). No mesmo sentido, a Súmula n. 363 do STJ.

O próprio legislador reformador que, na prática, atuou como "constituinte derivado", endossou parcialmente nosso entendimento ao editar o Projeto de Lei n. 6.542/2005, que "regulamenta o inciso IX do art. 114 da CF, para dispor sobre competência da Justiça do Trabalho referentes à relação de trabalho". Com efeito, o referido projeto de lei – já aprovado no final de 2005 pela Comissão Mista Especial encarregada da regulamentação da EC n. 45 – acrescenta ao art. 652 da CLT a alínea *f*, que terá o seguinte teor:

> [...] compete ainda ao juiz do trabalho processar e julgar os litígios decorrentes de relações de trabalho que, não configurando vínculo empregatício, envolvam, dentre outras, as ações:
>
> I – de cobrança de crédito resultante de comissões do representante comercial ou de contrato de agenciamento e distribuição, quando o representante, agente ou distribuidor for pessoa física;
>
> II – de cobrança de cota-parte de parceria agrícola, pesqueira, pecuária, extrativa vegetal e mineral, em que o parceiro outorgado desenvolva seu trabalho direta e pessoalmente, admitida a ajuda da família;
>
> III – decorrentes de execução e de extinção de contratos agrários, entre o proprietário rural e o parceiro outorgado, quando este desenvolva seu trabalho direta e pessoalmente, ainda que com ajuda dos membros da família;
>
> IV – de cobrança de honorários decorrentes de exercício de mandato oneroso, exceto os que se qualifiquem como relação de consumo, nos termos da Lei n. 8.078, de 1990;
>
> V – de cobrança de créditos de corretagem, inclusive de seguro, em face da corretora, em se tratando de corretor autônomo;
>
> VI – de cobrança de honorários de leiloeiros, em face da casa de leilões;
>
> VII – entre trabalhadores portuários e operadores portuários ou o Órgão Gestor de Mão de Obra (OGMO);

VIII – entre empreiteiro e subempreiteiro, ou qualquer destes e o dono da obra, nos contratos de pequena empreitada, sempre que os primeiros concorrerem pessoalmente com seu trabalho para a execução dos serviços, ainda que mediante o concurso de terceiros;

IX – entre cooperativas de trabalho e seus associados;

X – de conflitos envolvendo as demais espécies de trabalhadores autônomos, tais como encanador, eletricista, digitador, jardineiro, dentre outros;

XI – decorrentes de assédio moral.

Pode-se dizer que o Projeto de Lei n. 6.542/2005 encerra interpretação autêntica do Poder Legislativo a respeito da expressão "relação de trabalho" contida nos incisos I e IX do art. 114 da CF. Vale dizer, de acordo com o PL n. 6.542, a expressão "relação de trabalho" prevista no inciso I é sinônima de "relação de emprego".

Daí a necessidade de se regulamentar o inciso IX para ampliar a competência da Justiça do Trabalho para outras ações decorrentes da relação de trabalho, como, por exemplo, as enumeradas na proposta de inclusão da alínea *f* ao art. 652 da CLT pelo referido PL 6.542.

2.3. Competência material executória

A competência material executória da Justiça do Trabalho para os "litígios que tenham origem no cumprimento de suas próprias sentenças" estava prevista na parte final do art. 114 da CF. Tal regra não consta mais da nova redação do art. 114 do Texto Magno dada pela EC n. 45/2004.

De nossa parte, sempre achamos pleonástica a expressão que constava da parte final do texto original do art. 114 da CF, pois o órgão jurisdicional que é competente para processar e julgar determinada demanda também o será, em princípio, para executar a sua própria sentença. Trata-se de interpretação lógica.

Extrai-se, pois, implicitamente do art. 114 da CF que a Justiça do Trabalho decide e executa as suas próprias decisões, tanto as de natureza individual, quanto as de natureza coletiva, o que, como se sabe, não acontecia quando ela, em suas origens históricas, fazia parte do Poder Executivo.

O caso mais comum de litígio que tem origem no cumprimento de sentença trabalhista é o que se dá com a ação de cumprimento de sentença normativa, tal como previsto no art. 872 e seu parágrafo único da CLT.

O STJ vinha entendendo que a competência para apreciar ação de cumprimento de cláusula constante de convenção ou acordo coletivo era da Justiça Comum Estadual (Súmula n. 57). Todavia, com o advento da Lei n. 8.984/95 (art. 1º), a Justiça do Trabalho também passou a ser competente para processar e julgar tais ações, pouco importando que a(s) cláusula(s) esteja(m) prevista(s) em sentença normativa (CLT, art. 872, parágrafo único), acordo coletivo ou convenção coletiva.

A única exceção ficava por conta da ação de cumprimento de cláusula de convenção ou acordo coletivo proposta por *entidade sindical patronal* em face de empresas que integram a categoria econômica, pois aí, é óbvio, não existirá nem relação de emprego, nem relação de trabalho, o que exclui a competência da Justiça do Trabalho, sendo inconstitucional, segundo nos parece, lei que viesse alargar o alcance do art. 114 da *Lex Legum,* no particular.

Com a EC n. 45/2004, no entanto, a matéria restou superada, pois o inciso III do art. 114 da CF passou a prever a competência da Justiça do Trabalho para processar e julgar as ações não apenas entre sindicatos e entre sindicatos e trabalhadores, mas também *entre sindicatos e empregadores.*

Também é da Justiça do Trabalho a competência para processar e julgar ações entre sindicatos de servidores públicos e pessoa jurídica de direito público versando sobre contribuição sindical (STJ-AgRg no REsp 1.519.144 – SP, Rel. Min. Assusete Magalhães).

2.3.1. Competência para executar contribuições previdenciárias

Com a promulgação da EC n. 20, de 15.12.1998, houve uma substancial alteração acerca da competência da Justiça do Trabalho, pois a Carta Magna estendeu-lhe, também, a competência para "executar, de ofício, as contribuições sociais previstas no art. 195, I, *a*, e II, e seus acréscimos legais, decorrentes das sentenças que proferir" (CF, art. 114, § 3º).

A EC n. 45/2004 não alterou o conteúdo da norma que fixa a competência material executória da Justiça do Trabalho para as contribuições previdenciárias. Apenas mudou a sua residência no mesmo art. 114, que antes era o § 3º; agora, o inciso VIII.

A Súmula n. 368 do TST prevê que:

> DESCONTOS PREVIDENCIÁRIOS. IMPOSTO DE RENDA. COMPETÊNCIA. RESPONSABILIDADE PELO RECOLHIMENTO. FORMA DE CÁLCULO. FATO GERADOR (aglutinada a parte final da Orientação Jurisprudencial n. 363 da SBDI-I à redação do item II e incluídos os itens IV, V e VI em sessão do Tribunal Pleno realizada em 26.06.2017 – Res. 219/2017, republicada em razão de erro material – DEJT divulgado em 12, 13 e 14.07.2017).
>
> I – A Justiça do Trabalho é competente para determinar o recolhimento das contribuições fiscais. A competência da Justiça do Trabalho, quanto à execução das contribuições previdenciárias, limita-se às sentenças condenatórias em pecúnia que proferir e aos valores, objeto de acordo homologado, que integrem o salário de contribuição (ex-OJ n. 141 da SBDI-1 – inserida em 27.11.1998).
>
> II – É do empregador a responsabilidade pelo recolhimento das contribuições previdenciárias e fiscais, resultantes de crédito do empregado oriundo de condenação judicial. A culpa do empregador pelo inadimplemento das verbas remuneratórias, contudo, não exime a responsabilidade do empregado pelos pagamentos do imposto de renda devido e da contribuição previdenciária que recaia sobre sua quota-parte (ex-OJ n. 363 da SBDI-1, parte final).
>
> III – Os descontos previdenciários relativos à contribuição do empregado, no caso de ações trabalhistas, devem ser calculados mês a mês, de conformidade com o art. 276, § 4º, do

Decreto n. 3.048/1999 que regulamentou a Lei n. 8.212/1991, aplicando-se as alíquotas previstas no art. 198, observado o limite máximo do salário de contribuição (ex-OJs ns. 32 e 228 da SBDI-1 – inseridas, respectivamente, em 14.03.1994 e 20.06.2001).

IV – Considera-se fato gerador das contribuições previdenciárias decorrentes de créditos trabalhistas reconhecidos ou homologados em juízo, para os serviços prestados até 4.3.2009, inclusive, o efetivo pagamento das verbas, configurando-se a mora a partir do dia dois do mês seguinte ao da liquidação (art. 276, *caput*, do Decreto n. 3.048/1999). Eficácia não retroativa da alteração legislativa promovida pela Medida Provisória n. 449/2008, posteriormente convertida na Lei n. 11.941/2009, que deu nova redação ao art. 43 da Lei n. 8.212/91.

V – Para o labor realizado a partir de 5.3.2009, considera-se fato gerador das contribuições previdenciárias decorrentes de créditos trabalhistas reconhecidos ou homologados em juízo a data da efetiva prestação dos serviços. Sobre as contribuições previdenciárias não recolhidas a partir da prestação dos serviços incidem juros de mora e, uma vez apurados os créditos previdenciários, aplica-se multa a partir do exaurimento do prazo de citação para pagamento, se descumprida a obrigação, observado o limite legal de 20% (art. 61, § 2º, da Lei n. 9.430/96).

VI – O imposto de renda decorrente de crédito do empregado recebido acumuladamente deve ser calculado sobre o montante dos rendimentos pagos, mediante a utilização de tabela progressiva resultante da multiplicação da quantidade de meses a que se refiram os rendimentos pelos valores constantes da tabela progressiva mensal correspondente ao mês do recebimento ou crédito, nos termos do art. 12-A da Lei n. 7.713, de 22/12/1988, com a redação conferida pela Lei n. 13.149/2015, observado o procedimento previsto nas Instruções Normativas da Receita Federal do Brasil.

O STF editou a Súmula Vinculante n. 53, dispondo que: "A competência da Justiça do Trabalho prevista no artigo 114, inciso VIII, da Constituição Federal alcança a execução de ofício das contribuições previdenciárias relativas ao objeto da condenação constante das sentenças que proferir e acordos por ela homologados".

No que concerne ao tema, há algumas observações dignas de comentários que serão feitos no Capítulo XVII, item 13.

3. Competência em razão da pessoa

A competência estabelecida no art. 114 da CF abarca, a um só tempo, a *competência em razão da matéria* (litígios referentes à relação de emprego ou decorrentes da relação de trabalho) e a *competência em razão da pessoa*.

Cabe, agora, indicar os critérios escolhidos pelo legislador, pois a competência em razão das pessoas é fixada em virtude da qualidade da parte que figura na relação jurídica processual. Problematizando: quem são as pessoas ou entes que podem demandar na Justiça do Trabalho?

Para enfrentar tal questão, optamos por conceituar os *trabalhadores tutelados pelo direito material do trabalho*, ou seja, aqueles que são alcançados pela expressão "trabalhadores", contida no art. 7º, *caput*, da CF. Em seguida, veremos as demais espécies de trabalhadores que também estão autorizadas a demandar na Justiça Especializada.

Além disso, por força do art. 114 da CF, com redação dada pela EC n. 45/2004, será competente a Justiça do Trabalho para processar e julgar as ações em que figurarem como parte:

a) os *sindicatos* (inciso III);

b) os *entes de direito público externo* (inciso I)[(1)];

c) os *órgãos da Administração Pública Direta, Autárquica ou Fundacional da União, dos Estados, do Distrito Federal e dos Municípios na qualidade de empregadores* (inciso I);

d) a *União*, quando ajuizar ações relativas às penalidades administrativas impostas aos *empregadores* pelos órgãos de fiscalização das relações de trabalho (inciso VII);

e) o INSS, quando promove a execução das contribuições previdenciárias (inciso VIII);

f) o MPT, na hipótese do § 3º do art. 114 da CF.

Ademais, nada impede que a própria Constituição (*v. g.*, arts. 8º, III, e 129, III) ou outras normas infraconstitucionais prevejam a competência da Justiça do Trabalho para processar e julgar demandas oriundas da relação de trabalho em que figurem como partes outras pessoas ou entidades diversas das previstas no art. 114 da CF.

3.1. Pessoas físicas que podem demandar na Justiça do Trabalho

Trabalhador, em sentido amplo, é toda pessoa física que utiliza sua energia pessoal em proveito próprio ou alheio, visando um resultado determinado, econômico ou não. Convém dizer, desde logo, que nem todo trabalhador é empregado, mas todo empregado é trabalhador. Existem duas teorias que procuram delimitar o campo de aplicação do direito material do trabalho: a restritiva e a ampliativa.

A teoria restritiva, defendida por Manuel Alonso Olea, Francisco de Ferrari e outros, restringe o âmbito dessa disciplina aos empregados sujeitos da relação de emprego ou aos trabalhadores por conta alheia. Essa corrente exclui apenas o trabalhador autônomo.

A teoria ampliativa estende o campo de aplicação do Direito do Trabalho a outros tipos de trabalhadores, inclusive ao autônomo, e não apenas ao

---

(1) O STF, no entanto, ao julgar em conjunto os REs 578543 e 597368, firmou o entendimento de que organismos internacionais não podem ser demandados em juízo, salvo renúncia expressa à imunidade de jurisdição.

empregado. São defensores desta teoria, dentre outros, Cabanellas, Perez Lenero e Galland.

A tendência que vem sendo observada é a de que os trabalhadores autônomos, em linhas gerais, não estão tutelados pelo Direito do Trabalho. A exceção fica por conta da existência de legislação específica no ordenamento jurídico de cada Estado.

Durante longo tempo, acreditava-se que o trabalho profissional seria dividido em quatro espécies: autônomo, subordinado, eventual e avulso. Tal divisão mereceu crítica dos estudiosos, uma vez que os trabalhadores eventual e avulso constituem, ao lado dos empregados, subespécies da espécie de trabalhador subordinado.

Assim, inspirando-se na doutrina italiana, o pensamento dominante passou a admitir que o trabalho profissional pode ser dividido em dois grandes hemisférios: o do trabalhador autônomo e o do trabalhador subordinado.

O trabalho subordinado subdivide-se, por sua vez, em trabalho subordinado típico e atípico. Pode-se dizer, então, que existe o *trabalhador subordinado típico* e o *trabalhador subordinado atípico*.

Trabalhadores subordinados típicos são o *empregado urbano* e o *empregado rural*. Assim, por força da isonomia estabelecida no art. 7º, *caput*, da CF, as lides entre os empregados, urbano e rural, e os respectivos empregadores são da competência da Justiça do Trabalho, nos termos do art. 114, inciso I, da CF (na sua redação original). Sob o enfoque da competência material, o objeto do vínculo jurídico entre empregado e o empregador é a relação de emprego.

São trabalhadores subordinados atípicos o *eventual*, o *avulso*, o *temporário*, o *doméstico* e o *servidor público investido em cargo público*, de provimento efetivo ou em comissão, bem como o servidor contratado a título temporário (CF, art. 37, IX).

Convém advertir que, à luz do nosso ordenamento jurídico vigente, os trabalhadores autônomos não gozam de proteção do Direito do Trabalho, mas as relações de trabalho que mantêm com os respectivos tomadores do serviço por eles prestado podem ser processadas e julgadas pela Justiça do Trabalho, desde que observadas as considerações que já expendemos nos tópicos precedentes.

O trabalhador eventual e o servidor público investido em cargo público (estatutário), de provimento efetivo ou em comissão, embora subordinados, também estão excluídos da proteção do direito material do trabalho; contudo, a Justiça do Trabalho passou a ser, por força da EC n. 45/2004, que inseriu o inciso I no art. 114 da CF, competente para processar e julgar as ações oriundas das relações de trabalho entre os primeiros e os respectivos tomadores de seus serviços, como já foi dito em outra parte deste livro. Todavia, por força da ADI n. 3.395, o STF não admite a competência da Justiça do Trabalho para processar e julgar ações propostas por servidores estatutários ou submetidos a regime administrativo/institucional.

O servidor público investido em emprego público, também chamado de "celetista", é regido pela Consolidação das Leis do Trabalho, observadas algumas ressalvas previstas na Constituição Federal de 1988. A relação jurídica que o vincula à Administração Pública é de natureza empregatícia, razão pela qual a competência da Justiça do Trabalho para processar e julgar os conflitos que surgem dessa relação encontra-se albergada no próprio inciso I do art. 114 da CF.

O doméstico e o trabalhador temporário são trabalhadores subordinados *sob tutela especial*, isto é, não são destinatários de grande parte dos direitos trabalhistas outorgados ao empregado comum. Todavia, ambos já podiam demandar na Justiça do Trabalho.

Isso ocorria porque, no caso do trabalhador doméstico, a Lei n. 5.859, de 11.12.1972, em seu art. 7º, remeteu ao Decreto n. 71.885, de 9.3.1973, a tarefa de regulamentá-la. Assim, esse chamado "decreto autônomo" prescreve no seu art. 2º, parágrafo único, *in verbis*:

> As divergências entre empregado e empregador doméstico relativas a férias e anotações na Carteira de Trabalho e Previdência Social, ressalvada a competência da Justiça do Trabalho, serão dirimidas pela Delegacia Regional do Trabalho.

Embora não prime pela boa técnica, a norma acima transcrita acabou, na prática, permitindo que os conflitos entre trabalhador doméstico e o tomador do seu serviço passassem a ser da competência da Justiça do Trabalho.

Quanto ao trabalhador temporário, a competência da Justiça do Trabalho, para dirimir os conflitos decorrentes da relação de trabalho entre ele e as empresas de serviço temporário, está expressamente prevista no art. 19 da Lei n. 6.019, de 3.1.1974.

Agora, com arrimo no inciso I do art. 114 da CF, com redação dada pela EC n. 45/2004, a competência da Justiça do Trabalho para processar e julgar as ações propostas pelo trabalhador doméstico e pelo trabalhador temporário restou ainda mais evidente.

O trabalhador avulso também pode demandar na Justiça do Trabalho nos litígios decorrentes da relação de trabalho em que ele e os tomadores de seus serviços figurarem como parte da relação jurídica processual, a teor do art. 643, *caput*, da CLT, que, a nosso sentir, fora recepcionado pela antiga redação do art. 114 da CF. Com muito mais razão, após a EC n. 45/2004, o trabalhador avulso pode propor ações na Justiça do Trabalho não apenas em face do tomador do seu serviço, do operador portuário e do Órgão Gestor de Mão de Obra (OGMO) (CLT, art. 643, *caput* e § 3º), mas, também, em face do sindicato de sua correspondente categoria profissional (CF, art. 114, III).

Em resumo, a interpretação sistemática e teleológica dos incisos I e IX do art. 114 da CF autoriza-nos a dizer que as lides entre os trabalhadores subordinados típicos (empregados urbano e rural) e os tomadores de seus serviços (empregadores) são dirimidas pela Justiça do Trabalho. Já as lides entre os trabalhadores subordinados atípicos (doméstico, avulso, temporário, eventual) e tomadores de seus serviços somente serão da competência da Justiça do Trabalho:

a) se houver permissão infraconstitucional em tal sentido;

b) se não existir norma infraconstitucional específica prevendo a competência da Justiça Comum;

c) ou, nessa última hipótese, se sobrevier lei deslocando a competência para a Justiça do Trabalho.

Assim, os trabalhadores autônomos, o empreiteiro pessoa física, o representante comercial autônomo, os corretores e os profissionais liberais em face dos tomadores de seus serviços (salvo se se tratar de ação oriunda da relação de consumo) e os cooperados em face das cooperativas de trabalho, poderão, a nosso ver, demandar na Justiça do Trabalho, pois não existe lei anterior à EC n. 45/2004 dispondo o contrário, ou seja, prescrevendo que a competência é da Justiça Comum.

4. Competência em razão da função

A competência funcional (ou em razão da função) é fixada por certas atribuições especiais conferidas aos órgãos judiciais em determinados processos.

A competência funcional dos tribunais é regida pela Constituição, pelas leis processuais e pelos regimentos internos, enquanto a dos juízes de primeiro grau é disciplinada na própria legislação processual trabalhista (especialmente, a CLT) e, supletiva e subsidiariamente, pelo CPC.

A competência funcional pode ser vertical (hierárquica ou por graus), fixada com base no sistema hierarquizado de distribuição de competências entre os diversos órgãos judiciais, ou horizontal, atribuída aos órgãos judiciais do mesmo grau de jurisdição.

As competências recursais são competências funcionais verticais, portanto, o critério adotado é o hierárquico.

São competências funcionais horizontais as fixadas para execução da sentença (CLT, art. 877) e concessão de medidas liminares (CLT, art. 659, IX e X). A distribuição por dependência (CPC/2015, art. 286, II), é um caso de competência funcional horizontal fixada por prevenção do juízo que apreciou demanda anteriormente ajuizada e extinta sem resolução do mérito.

A competência prevista para o juízo do local do dano nas ações civis públicas (Lei n. 7.347/1985, art. 2º) é, a um só tempo, funcional (horizontal) e territorial. Logo, absoluta.

Tomando-se por base os órgãos que compõem a Justiça do Trabalho, podemos dizer que há competência funcional das Varas do Trabalho, dos Tribunais Regionais do Trabalho e do Tribunal Superior do Trabalho.

4.1. Competência funcional dos Juízes das Varas do Trabalho

Com a extinção da representação classista pela EC n. 24/1999, a competência funcional das Varas do Trabalho passou a ser exercida monocraticamente pelo juiz titular, sendo que a antiga denominação era Juiz Presidente da Junta de Conciliação e Julgamento ou, simplesmente, juiz togado. Atualmente, além do juiz titular, há o juiz substituto, que tem a atribuição de substituir ou auxiliar o titular.

A competência funcional dos Juízes das Varas do Trabalho está prevista no art. 652 da CLT, *in verbis*:

> Art. 652. Compete às Varas do Trabalho:
>
> a) conciliar e julgar:
>
> I – os dissídios em que se pretenda o reconhecimento da estabilidade de empregado;
>
> II – os dissídios concernentes a remuneração, férias e indenizações por motivo de rescisão do contrato individual de trabalho;
>
> III – os dissídios resultantes de contratos de empreitada em que o empreiteiro seja operário ou artífice;
>
> IV – os demais dissídios concernentes ao contrato individual de trabalho;
>
> V – as ações entre trabalhadores portuários e os operadores portuários ou o Órgão Gestor de Mão de Obra – OGMO decorrentes da relação de trabalho;
>
> b) processar e julgar os inquéritos para apuração de falta grave;
>
> c) julgar os embargos opostos às suas próprias decisões;
>
> d) impor multas e demais penalidades relativas aos atos de sua competência;
>
> e) esta alínea foi suprimida pelo Decreto-lei n. 6.353, de 20.3.1944;
>
> f) decidir quanto à homologação de acordo extrajudicial em matéria de competência da Justiça do Trabalho. (Alínea incluída pela Lei n. 13.467/2017).

Por força do art. 653 da CLT, compete, ainda, aos Juízes das Varas do Trabalho:

- requisitar às autoridades competentes a realização das diligências necessárias ao esclarecimento dos feitos sob sua apreciação, representando contra aquelas que não atenderem a tais requisições;
- realizar as diligências e praticar os atos processuais ordenados pelos Tribunais Regionais do Trabalho ou pelo Tribunal Superior do Trabalho;

- julgar as exceções de incompetência que lhes forem opostas;
- expedir precatórias e cumprir as que lhes forem deprecadas;
- exercer, em geral, no interesse da Justiça do Trabalho, quaisquer outras atribuições que decorram da sua jurisdição.

É importante ressaltar que, em decorrência da EC n. 24/1999, a competência privativa do "Juiz Presidente" de Vara do Trabalho deixou de ter importância prática, pois, atualmente, compete funcionalmente ao juiz titular (ou ao juiz substituto em exercício na Vara do Trabalho):

- presidir as audiências das Varas;
- executar as suas próprias decisões e aquelas cuja execução lhes for deprecada;
- dar posse ao chefe de Secretaria e aos demais funcionários da Secretaria;
- despachar os recursos interpostos pelas partes, fundamentando a decisão recorrida antes da remessa ao Tribunal Regional;
- assinar as folhas de pagamento dos membros e funcionários da Vara;
- apresentar ao Presidente do Tribunal Regional, até 15 de fevereiro de cada ano, o relatório dos trabalhos do ano anterior;
- conceder medida liminar, até decisão final do processo, em reclamações trabalhistas que visem a tornar sem efeito transferência disciplinada pelos parágrafos do art. 469 da CLT;
- conceder medida liminar, até decisão final do processo, em reclamações trabalhistas que visem reintegrar no emprego dirigente sindical afastado, suspenso ou dispensado pelo empregador.

Finalmente, compete, funcionalmente, ao Juiz de Vara do Trabalho do local onde ocorreu lesão ou ameaça a interesses ou direitos metaindividuais (difusos, coletivos ou individuais homogêneos) processar e julgar ação civil pública promovida pelo Ministério Público do Trabalho (MPT) ou associação sindical, por força do art. 83, III, da Lei Complementar n. 75/1993, combinado com o art. 2º da Lei n. 7.347/1985 e o art. 93 da Lei n. 8.078/1990.

Com o advento da EC n. 45/2004, que deu nova redação ao art. 114 da CF, os Juízes das Varas do Trabalho passaram a ser competentes para "processar e julgar" (houve supressão do verbo "conciliar", que constava da redação original do preceptivo em causa).

A nosso ver, o procedimento trabalhista continua inalterado, pelo menos até que sobrevenha a tão prometida "Reforma do Processo do Trabalho". De modo que, por enquanto, compete às Varas do Trabalho "conciliar, processar e julgar". Até porque o princípio da conciliação sempre foi peculiar ao processo do trabalho.

Funcionalmente, pois, a leitura do art. 114 da CF permite-nos dizer que compete aos Juízes das Varas do Trabalho conciliar, processar e julgar as ações:

- oriundas da relação de emprego e da relação de trabalho (inciso I), o que abrange a regra do art. 652, *a* e *b*, da CLT;
- que envolvam o exercício do direito de greve (inciso II), ressalvada a competência funcional originária dos TRTs ou do TST nos dissídios coletivos de greve (§ 3º);
- entre sindicatos e trabalhadores ou entre sindicatos e empregadores (inciso III), ressalvados os dissídios coletivos de competência funcional originária dos TRTs ou do TST (§ 2º);
- de mandado de segurança, *habeas corpus* ou *habeas data* (inciso IV), quando o ato impugnado for de autoridade administrativa, como na hipótese do inciso VII;
- oriundas de outras controvérsias decorrentes da relação de trabalho (inciso IX);
- relativas ao cumprimento de suas próprias decisões;
- outras ações cuja competência funcional (e material) for atribuída por lei ao juiz de Vara do Trabalho (ex.: nova alínea "f" do art. 652 da CLT).

4.2. Competência funcional dos Tribunais Regionais do Trabalho

A competência funcional dos Tribunais Regionais do Trabalho, quando divididos em Grupos de Turmas, deverá observar o disposto no art. 6º da Lei n. 7.701/1988 e o respectivo Regimento Interno, ou seja, um Grupo de Turma, necessariamente, terá competência para apreciar e julgar os dissídios coletivos.

Nem todos os TRTs possuem Grupos de Turmas. Alguns funcionam apenas com o Pleno; outros, com Pleno e Turmas.

Nos termos do art. 678 da CLT, aos Tribunais Regionais, quando divididos em Turmas, compete:

> I – ao Tribunal Pleno, especialmente:
>
> a) processar, conciliar e julgar originariamente os dissídios coletivos;
>
> b) processar e julgar originariamente:
>
> 1. as revisões de sentenças normativas;
>
> 2. a extensão das decisões proferidas em dissídios coletivos;
>
> 3. os mandados de segurança, ressalvados os atos administrativos praticados pelos órgãos de fiscalização (CF, art. 114, IV e VII), cuja competência funcional é das Varas do Trabalho;
>
> c) processar e julgar em última instância:
>
> 1. os recursos das multas impostas pelas Turmas;

2. as ações rescisórias das decisões das Varas do Trabalho, dos Juízes de Direito investidos na jurisdição trabalhista, das Turmas e de seus próprios acórdãos;

3. os conflitos de jurisdição entre as suas Turmas, os Juízes de Direito investidos na jurisdição trabalhista, as Varas do Trabalho, ou entre aqueles e estas;

d) julgar em única ou última instância:

1. os processos e os recursos de natureza administrativa atinentes aos seus serviços auxiliares e respectivos servidores;

2. as reclamações contra atos administrativos de seu Presidente ou de qualquer de seus membros, assim como dos Juízes de primeira instância e de seus funcionários;

II – às Turmas:

a) julgar os recursos ordinários previstos no art. 895, *a*, da CLT;

b) julgar os agravos de petição e de instrumento;

c) impor multas e demais penalidades relativas a atos de sua competência jurisdicional, e julgar os recursos interpostos das decisões das Varas do Trabalho e dos Juízes de Direito que as impuserem.

Parágrafo único. Das decisões das Turmas não caberá recurso para o Tribunal Pleno, exceto no caso do inciso l da alínea *c* do item 1 deste artigo.

Quando não divididos em Turmas, diz o art. 679 da CLT que aos Tribunais Regionais compete o julgamento das matérias a que se refere o art. 678, exceto a de que trata o inciso l da alínea *c* do item 1, bem como os conflitos de competência entre Turmas.

Compete, ainda, aos Tribunais Regionais ou às suas Turmas, nos termos do art. 680 da CLT:

- determinar aos Juízes das Varas do Trabalho ou aos Juízes de Direito a realização dos atos processuais e diligências necessárias ao julgamento dos feitos sob sua apreciação;
- fiscalizar o cumprimento de suas próprias decisões;
- declarar a nulidade dos atos praticados com infração de suas decisões;
- julgar as suspeições arguidas contra seus membros;
- julgar as exceções de incompetência que lhes forem opostas;
- requisitar às autoridades competentes as diligências necessárias ao esclarecimento dos feitos sob apreciação, representando contra aquelas que não atenderem a tais requisições;
- exercer, em geral, no interesse da Justiça do Trabalho, as demais atribuições que decorram de sua jurisdição.

A competência funcional dos Presidentes dos TRTs está prevista no art. 682 da CLT, com as alterações introduzidas pela EC n. 24/1999. Dentre as principais atribuições dos Presidentes, além da prevista no art. 2º, § 2º, *in fine*, da Lei

n. 5.584/1970, bem como nos respectivos regimentos internos dos tribunais, destacam-se:

- dar posse aos Juízes (titulares e substitutos) das Varas do Trabalho e aos funcionários do próprio Tribunal e conceder-lhes férias e licenças;
- presidir às sessões do Tribunal;
- presidir às audiências de conciliação nos dissídios coletivos;
- executar suas próprias decisões e as proferidas pelo Tribunal;
- convocar suplentes dos Juízes do Tribunal, nos impedimentos destes;
- representar ao Presidente do Tribunal Superior do Trabalho contra os Juízes das Varas do Trabalho;
- despachar os recursos interpostos pelas partes;
- requisitar às autoridades competentes, nos casos de dissídio coletivo, a força necessária, sempre que houver ameaça de perturbação da ordem;
- exercer correição, pelo menos uma vez por ano, sobre as Varas do Trabalho, ou parcialmente sempre que se fizer necessário, e solicitá-la, quando julgar conveniente, ao Presidente do Tribunal de Justiça, relativamente aos Juízes de Direito investidos na administração da Justiça do Trabalho;
- distribuir os feitos, designando os Juízes que os devem relatar;
- designar, dentre os funcionários do Tribunal e das Varas existentes em uma mesma localidade, o que deve exercer a função de distribuidor;
- assinar as folhas de pagamento dos Juízes e servidores do Tribunal.

4.3. Competência funcional do Tribunal Superior do Trabalho

O TST tem por principal função uniformizar a jurisprudência trabalhista, sendo que a sua competência está disciplinada na Lei n. 7.701, de 21.12.1988, e na Resolução Administrativa 1937, de 20.11.2017, que instituiu o Regimento Interno do Tribunal Superior do Trabalho (RITST).

Compete, pois, ao TST, nos termos do art. 74 do seu Regimento Interno, processar, conciliar e julgar, na forma da lei, em grau originário ou recursal ordinário ou extraordinário, as demandas individuais e os dissídios coletivos que excedam a jurisdição dos Tribunais Regionais, os conflitos de direito sindical, assim como outras controvérsias decorrentes de relação de trabalho, e os litígios relativos ao cumprimento de suas próprias decisões, de laudos arbitrais e de convenções e acordos coletivos.

Para racionalizar sua atuação e tornar mais eficiente a prestação jurisdicional, o TST, no âmbito da sua autonomia, encontra-se dividido em: Tribunal Pleno, Órgão Especial, Seção Especializada de Dissídios Coletivos e Seção

Especializada de Dissídios Individuais, esta subdividida em duas Subseções de Dissídios Individuais, e oito Turmas.

São as seguintes as competências funcionais de cada órgão do TST previstas em seu regimento interno:

A) **Tribunal Pleno – TP** (RITST, art. 75)

Ao TP compete:

I – eleger, por escrutínio secreto, o Presidente e o Vice-Presidente do Tribunal Superior do Trabalho, o Corregedor-Geral da Justiça do Trabalho, os 7 (sete) Ministros para integrar o Órgão Especial, o Diretor, o Vice-Diretor e os membros do Conselho Consultivo da Escola Nacional de Formação e Aperfeiçoamento de Magistrados do Trabalho (ENAMAT), o diretor e os membros do Centro de Formação e Aperfeiçoamento de Assessores e Servidores do Tribunal Superior do Trabalho (CEFAST); os Ministros membros do Conselho Superior da Justiça do Trabalho (CSJT) e respectivos suplentes, os membros do Conselho Nacional de Justiça (CNJ) e o Ministro Ouvidor e seu substituto; II – dar posse aos membros eleitos para os cargos de direção do Tribunal Superior do Trabalho, aos Ministros nomeados para o Tribunal, aos membros da direção e do Conselho Consultivo da Escola Nacional de Formação e Aperfeiçoamento de Magistrados do Trabalho (ENAMAT) e do Centro de Formação e Aperfeiçoamento de Assessores e Servidores do Tribunal Superior do Trabalho (CEFAST); III – escolher os integrantes das listas para provimento das vagas de Ministro do Tribunal; IV – deliberar sobre prorrogação do prazo para a posse no cargo de Ministro do Tribunal Superior do Trabalho e o início do exercício; V – determinar a disponibilidade ou a aposentadoria de Ministro do Tribunal; VI – opinar sobre propostas de alterações da legislação trabalhista, inclusive processual, quando entender que deve manifestar-se oficialmente; VII – estabelecer ou alterar súmulas e outros enunciados de jurisprudência uniforme, pelo voto de pelo menos 2/3 (dois terços) de seus membros, caso a mesma matéria já tenha sido decidida de forma idêntica por unanimidade em, no mínimo, 2/3 (dois terços) das turmas, em pelo menos 10 (dez) sessões diferentes em cada uma delas, podendo, ainda, por maioria de 2/3 (dois terços) de seus membros, restringir os efeitos daquela declaração ou decidir que ela só tenha eficácia a partir de sua publicação no Diário Oficial; VIII – julgar os incidentes de assunção de competência e os incidentes de recursos repetitivos, afetados ao órgão; IX – decidir sobre a declaração de inconstitucionalidade de lei ou ato normativo do Poder Público, quando aprovada a arguição pelas Seções Especializadas ou Turmas; X – aprovar e emendar o Regimento Interno do Tribunal Superior do Trabalho; XI – processar e julgar as reclamações destinadas à preservação de sua competência e à garantia da autoridade de suas decisões e à observância obrigatória de tese jurídica firmada em decisão com eficácia de precedente judicial de cumprimento obrigatório, por ele proferida.

B) **Órgão Especial – OE** (RITST, art. 76)

Ao OE compete:

I – em matéria judiciária:

a) processar e julgar as reclamações destinadas à preservação de sua competência, à garantia da autoridade de suas decisões e à observância obrigatória de tese jurídica firmada em decisão com eficácia de precedente judicial de cumprimento obrigatório, por ele proferida; b) julgar mandado de segurança impetrado contra atos do Presidente ou de qualquer Ministro do Tribunal, ressalvada a competência das Seções Especializadas; c) julgar os recursos interpostos contra decisões dos Tribunais Regionais do Trabalho em mandado de segurança de interesse de magistrados e servidores da Justiça do Trabalho; d) julgar os recursos interpostos contra decisão em matéria de concurso para a Magistratura do Trabalho; e) julgar os recursos ordinários em agravos internos interpostos contra decisões proferidas em reclamações correicionais ou em pedidos de providências que envolvam impugnação de cálculos de precatórios; f) julgar os recursos ordinários interpostos contra decisões proferidas em mandado de segurança impetrado contra ato do Presidente de Tribunal Regional em precatório; g) julgar os recursos ordinários interpostos contra decisões proferidas em reclamações quando a competência para julgamento do recurso do processo principal for a ele atribuída; h) julgar os agravos internos interpostos contra decisões proferidas pelo Corregedor-Geral da Justiça do Trabalho; i) julgar os agravos internos interpostos contra decisões que denegam seguimento a recurso extraordinário por ausência de repercussão geral da questão constitucional debatida; j) deliberar sobre as demais matérias jurisdicionais não incluídas na competência dos outros órgãos do Tribunal.

II – em matéria administrativa:

a) proceder à abertura e ao encerramento do semestre judiciário; b) eleger os membros do Conselho da Ordem do Mérito Judiciário do Trabalho e os das Comissões previstas neste Regimento, com observância, neste último caso, do disposto nos §§ 1º e 3º de seu art. 53; c) aprovar e emendar o Regulamento Geral da Secretaria do Tribunal Superior do Trabalho, o Regimento da Corregedoria-Geral da Justiça do Trabalho, o Regulamento da Ordem do Mérito Judiciário do Trabalho, os Estatutos da Escola Nacional de Formação e Aperfeiçoamento de Magistrados do Trabalho (ENAMAT) e do Centro de Formação e

Aperfeiçoamento de Assessores e Servidores do Tribunal Superior do Trabalho (CEFAST), e o Regimento Interno do Conselho Superior da Justiça do Trabalho (CSJT); d) propor ao Poder Legislativo, após a deliberação do Conselho Superior da Justiça do Trabalho (CSJT), a criação, extinção ou modificação de Tribunais Regionais do Trabalho e Varas do Trabalho, assim como a alteração de jurisdição e de sede destes; e) propor ao Poder Legislativo a criação, a extinção e a transformação de cargos e funções públicas e a fixação dos respectivos vencimentos ou gratificações; f) escolher, mediante escrutínio secreto e pelo voto da maioria absoluta dos seus membros, Desembargador de Tribunal Regional do Trabalho para substituir temporariamente Ministro do Tribunal Superior do Trabalho; g) aprovar a lista dos admitidos na Ordem do Mérito Judiciário do Trabalho; h) aprovar a lotação das funções comissionadas do Quadro de Pessoal do Tribunal; i) conceder licença, férias e outros afastamentos aos membros do Tribunal; j) fixar e rever as diárias e as ajudas de custo do Presidente, dos Ministros e servidores do Tribunal; l) designar as comissões temporárias para exame e elaboração de estudo sobre matéria relevante, respeitada a competência das comissões permanentes; m) aprovar as instruções de concurso para provimento dos cargos de Juiz do Trabalho Substituto; n) aprovar as instruções dos concursos para provimento dos cargos do Quadro de Pessoal do Tribunal e homologar seu resultado final; o) julgar os recursos de decisões ou atos do Presidente do Tribunal em matéria administrativa; p) julgar os recursos interpostos contra decisões dos Tribunais Regionais do Trabalho em processo administrativo disciplinar envolvendo Magistrado, estritamente para controle da legalidade; q) examinar as matérias encaminhadas pelo Conselho Superior da Justiça do Trabalho (CSJT); r) aprovar a proposta orçamentária da Justiça do Trabalho; s) julgar os recursos ordinários interpostos contra agravos internos em que tenha sido apreciada decisão de Presidente de Tribunal Regional em precatório; t) deliberar sobre as questões relevantes e atos normativos a que alude o art. 41, XXXIII e parágrafo único, deste Regimento.

C) **Seção Especializada em Dissídios Coletivos – SDC** (RITST, art. 77)

À SDC compete:

I – originariamente:

a) julgar os dissídios coletivos de natureza econômica e jurídica, de sua competência, ou rever suas próprias sentenças normativas, nos casos previstos em lei; b) homologar as conciliações firmadas nos dissídios coletivos; c) julgar as ações anulatórias de acordos e convenções coletivas; d) julgar as ações rescisórias propostas contra suas sentenças normativas; e) julgar os agravos internos contra decisões não definitivas, proferidas pelo Presidente do Tribunal, ou por qualquer dos Ministros integrantes da Seção Especializada em Dissídios Coletivos; f) julgar os conflitos de competência entre Tribunais Regionais do Trabalho em processos de dissídio coletivo; g) processar e julgar as tutelas provisórias antecedentes ou incidentes nos processos de dissídio coletivo; h) processar e julgar as ações em matéria de greve, quando o conflito exceder a jurisdição de Tribunal Regional do Trabalho; i) processar e julgar as reclamações destinadas à preservação de sua competência e à garantia da autoridade de suas decisões.

II – em última instância, julgar:

a) os recursos ordinários interpostos contra as decisões proferidas pelos Tribunais Regionais do Trabalho em dissídios coletivos de natureza econômica ou jurídica; b) os recursos ordinários interpostos contra decisões proferidas pelos Tribunais Regionais do Trabalho em ações rescisórias, reclamações e mandados de segurança pertinentes a dissídios coletivos e em ações anulatórias de acordos e convenções coletivas; c) os embargos infringentes interpostos contra decisão não unânime proferida em processo de dissídio coletivo de sua competência originária, salvo se a decisão embargada estiver em consonância com precedente normativo do Tribunal Superior do Trabalho ou com súmula de sua jurisprudência predominante; d) os agravos de instrumento interpostos contra decisão denegatória de recurso ordinário nos processos de sua competência.

D) **Seção Especializada em Dissídios Individuais – SDI** (RITST, art. 78)

A Seção Especializada em Dissídios Individuais atua em composição plena ou dividida em duas Subseções.

I – em **Composição Plena**, compete à SDI:

a) julgar, em caráter de urgência e com preferência na pauta, os processos nos quais tenha sido estabelecida, na votação, divergência entre as Subseções I e II da Seção Especializada em Dissídios Individuais, quanto à aplicação de dispositivo de lei federal ou da Constituição da República; b) processar e julgar as reclamações destinadas à preservação de sua competência, à garantia da autoridade de suas decisões e à observância obrigatória de tese jurídica firmada em decisão com eficácia de precedente judicial de cumprimento obrigatório, por ela proferida.

II – à **Subseção de Dissídios Individuais I** (SDBI-1) compete:

a) julgar os embargos interpostos contra decisões divergentes das Turmas, ou destas que divirjam de decisão da Seção de Dissídios Individuais, de súmula ou de orientação jurisprudencial; b) processar e julgar as reclamações destinadas à preservação de sua competência, à garantia da autoridade de suas decisões e à observância obrigatória de tese jurídica firmada em decisão com eficácia de precedente judicial de cumprimento obrigatório, por ela proferida; c) julgar os agravos internos interpostos contra decisão monocrática exarada em processos de sua competência ou decorrentes do juízo de admissibilidade da Presidência de Turmas do Tribunal; d) processar e julgar os incidentes de recursos repetitivos que lhe forem afetados.

III – à **Subseção de Dissídios Individuais II** (SDBI-1) compete:

a) originariamente:

I – julgar as ações rescisórias propostas contra suas decisões, as da Subseção I e as das Turmas do Tribunal; II – julgar os mandados de segurança contra os atos praticados pelo Presidente do Tribunal, ou por qualquer dos Ministros integrantes da Seção Especializada em Dissídios Individuais, nos processos de sua competência; III – julgar os pedidos de concessão de tutelas provisórias e demais medidas de urgência; IV – julgar os *habeas corpus*; V – processar e julgar os Incidentes de Resolução de Demandas Repetitivas suscitados nos processos de sua competência originária; VI – processar e julgar as reclamações destinadas à preservação de sua competência, à garantia da autoridade de suas decisões e à observância obrigatória de tese jurídica firmada em decisão com eficácia de precedente judicial de cumprimento obrigatório, por ela proferida.

b) em única instância:

I – julgar os agravos internos interpostos contra decisão monocrática exarada em processos de sua competência; II – julgar os conflitos de competência entre Tribunais Regionais e os que envolvam Desembargadores dos Tribunais de Justiça, quando investidos da jurisdição trabalhista, e Juízes do Trabalho em processos de dissídios individuais.

c) em última instância:

I – julgar os recursos ordinários interpostos contra decisões dos Tribunais Regionais em processos de dissídio individual de sua competência originária; II – julgar os agravos de instrumento interpostos contra decisão denegatória de recurso ordinário em processos de sua competência.

E) **Turmas**

A cada **Turma** compete julgar (RITST, art. 79):

I – as reclamações destinadas à preservação da sua competência e à garantia da autoridade de suas decisões;

II – os recursos de revista interpostos contra decisão dos Tribunais Regionais do Trabalho, nos casos previstos em lei;

III – os agravos de instrumento das decisões de Presidente de Tribunal Regional que denegarem seguimento a recurso de revista;

IV – os agravos internos interpostos contra decisão monocrática exarada em processos de sua competência;

V – os recursos ordinários em tutelas provisórias e as reclamações, quando a competência para julgamento do recurso do processo principal for atribuída à Turma, bem como a tutela provisória requerida em procedimento antecedente de que trata o art. 114 do Regimento Interno do TST.

5. Competência em razão do lugar

A competência em razão do lugar (*ratione loci*), também chamada de competência territorial, é determinada com base na circunscrição geográfica sobre a qual atua o órgão jurisdicional. Geralmente, a competência *ratione loci* é atribuída aos Juízes das Varas do Trabalho, que são os órgãos de primeira instância da Justiça do Trabalho. A competência territorial das Varas do Trabalho é determinada por lei federal.

Cumpre ressaltar, no entanto, que os Tribunais Regionais do Trabalho têm competência para processar e julgar as causas trabalhistas, originariamente (ex.: dissídio coletivo) ou em grau de recurso (ex.: recurso ordinário), dentro do espaço geográfico, normalmente correspondente a um Estado da Federação. Vale dizer, o TRT tem competência territorial limitada a determinada região, que, geralmente, coincide com a área de um Estado (*vide* art. 674 da CLT).

Na mesma linha, o TST possui competência territorial para processar e julgar, originariamente, os dissídios coletivos que extrapolem a área geográfica de uma região e em grau recursal as decisões dos TRTs nos dissídios individuais ou coletivos. Numa palavra, o TST possui competência *ratione loci* sobre todo o território brasileiro.

O regramento da competência em razão do lugar tem previsão expressa na CLT (art. 651), não cabendo, pois, em princípio, a aplicação subsidiária do CPC. Trata-se, portanto, de competência relativa e somente pode ser arguida por meio de exceção (CLT, art. 800). Logo, não pode ser declarada de ofício (STJ, Súmula n. 33; TST/SBDI-2 OJ n. 149).

A competência territorial dos Juízes das Varas do Trabalho pode ser classificada: (a) quanto ao local da prestação do serviço; (b) quando se tratar de empregado agente ou viajante comercial; (c) de empregado brasileiro que trabalhe no estrangeiro; ou (d) de empresa que promova atividade fora do lugar da celebração do contrato.

Uma observação importante: a competência da Justiça do Trabalho para processar e julgar ação civil pública está sedimentada na OJ n. 130 da SBDI-2/TST. Vê-se, portanto, que esse verbete adotou a interpretação sistemática dos arts. 2º da Lei n. 7.347/1985 e 93 da Lei n. 8.078/1990, os quais, aplicados ao processo do trabalho, fixam a competência funcional e territorial do Juiz da Vara do Trabalho de acordo com a extensão do dano noticiado na causa de pedir e no pedido veiculados na ação civil pública. Nesse caso, trata-se de competência que é, ao mesmo tempo, funcional e territorial, portanto absoluta.

5.1. Local da prestação do serviço

Nos termos do art. 651, *caput*, da CLT (com as adaptações impostas pela EC n. 24/1999), a competência das Varas do Trabalho "é determinada pela localidade onde o empregado, reclamante ou reclamado, prestar serviços ao empregador, ainda que tenha sido contratado noutro local ou no estrangeiro". Trata-se da adoção da teoria da *lex loci executionis* que foi, durante muito tempo, contemplada na Súmula n. 207 do TST. Essa súmula, no entanto, foi cancelada pela Resolução TST n. 181/2012, *DEJT* divulgado em 19, 20 e 23.4.2012.

A regra prevista no art. 651, *caput*, da CLT visa a facilitar a instrução processual, pois as provas, especialmente a testemunhal, são, em regra, encontradas no local da prestação do serviço. Vale dizer, a norma foi pensada para facilitar o acesso do trabalhador à Justiça do Trabalho, mormente pelo fato de que naquele tempo (meados do século XX) era bastante precário o sistema de transportes para deslocamento territorial de trabalhadores no âmbito intermunicipal e interestadual.

Assim, de acordo com a interpretação literal do preceptivo em causa, a ação trabalhista deve ser ajuizada no local em que o empregado prestou serviços ao empregador, ainda que tenha sido contratado em outra localidade ou em outro país. Exemplo: se o empregado **A** é contratado pela empresa **B** em Vitória (ES), mas vai prestar serviços no Rio de Janeiro (RJ), terá competência territorial para processar e julgar eventual ação trabalhista uma das Varas do Trabalho do local da prestação do serviço, *in casu*, Rio de Janeiro (RJ).

Todavia, a interpretação literal do art. 651, *caput*, da CLT pode não ser a mais justa no exame do caso concreto, cabendo ao intérprete buscar o real sentido e finalidade precípua na citada regra, levando sempre em conta os seus fins sociais e a promoção da justiça.

Com efeito, dispõe o art. 5º da Lei de Introdução às Normas do Direito Brasileiro (Lei n. 12.376/2010): "Na aplicação da lei, o juiz atenderá aos fins sociais a que ela se dirige e às exigências do bem comum." É dizer, o juiz poderá valer-se das interpretações sistemática e teleológica que o orientarão no sentido de fixar a sua competência territorial considerando a questão da (in)suficiência econômica do trabalhador e a facilitação do seu acesso à Justiça Laboral.

Nesse passo, a fixação da competência territorial prevista no art. 651 da CLT há de ser interpretada de modo a conferir a máxima efetividade aos princípios constitucionais que informam o nosso ordenamento jurídico, tais como os princípios fundamentais do valor social do trabalho e da dignidade da pessoa humana (CF, art. 1º, III e IV), bem como os princípios processuais constitucionais da inafastabilidade do acesso ao Poder Judiciário nos casos de lesão ou ameaça a direito (CF, art. 5º, XXXV), do contraditório e da ampla defesa (art. 5º, LV) e da razoável duração do processo (CF, art. 5º, LXXVIII).

A interpretação e aplicação das disposições do art. 651, *caput*, da CLT, portanto, devem ter por escopo facilitar ao litigante economicamente fraco o ingresso em juízo em condições que lhe propiciem buscar judicialmente seus direitos, desde que isso não implique prejuízo ao direito de ampla defesa do demandado, o que exige o exame do caso concreto submetido à cognição judicial.

Nesses termos, se o trabalhador que tenha sido contratado e prestado serviço em outra localidade diversa ajuizar ação trabalhista no foro do seu domicílio, afirmando na petição inicial que não tem condições econômicas de se deslocar até o local da celebração do contrato ou da prestação do serviço (art. 651, *caput*, da CLT), o juiz, caso o reclamado apresente exceção de incompetência, deverá, considerando a verossimilhança da afirmação do reclamante, interpretar tal regra conforme a Constituição (art. 1º, III e IV; art. 5º, LV e LXXVIII) e rejeitar a exceção.

Colhe-se, nesse passo, o escólio de Marcelo Moura, para quem, no caso concreto, o juiz do trabalho "deverá temperar a aplicação da regra do art. 651, *caput*, da CLT, permitindo a propositura da ação no foro do domicílio do empregado, sempre que a regra do local da prestação de serviço impedir, ou tornar muito oneroso, o acesso à justiça" (2011, p. 836).

Caso o empregado tenha prestado serviços em diversos estabelecimentos da empresa e em locais diferentes do seu domicílio, a competência territorial da Vara do Trabalho deve ser fixada em razão do derradeiro lugar da prestação (execução) do serviço, e não de cada local dos estabelecimentos da empresa no qual tenha prestado serviços. Nesse caso, pelas mesmas razões defendidas alhures, também pensamos que a competência territorial poderá ser a do foro do domicílio do empregado.

O preceptivo em causa (CLT, art. 651, *caput*), ao contrário do que dispõe o seu § 2º, nada alude à pessoa do empregado, razão pela qual é de se concluir que estão alcançados pela regra geral da competência territorial tanto os empregados brasileiros quanto os estrangeiros, desde que o serviço tenha sido ou esteja sendo prestado no Brasil.

No que tange ao empregado contratado no estrangeiro para prestar serviços no Brasil, a competência territorial também poderá ser, segundo pensamos, da Vara do Trabalho do local da prestação do serviço ou, se ele alegar e comprovar dificuldade de acesso à justiça do seu domicílio.

Situação interessante poderá ocorrer na hipótese do empregado estrangeiro que prestou serviços concomitantemente no Brasil e no exterior. Enfrentando a questão, o TST entendeu que não há razão para negar-se a jurisdição brasileira (TST-RR 385900-69.2003.5.09.0009).

5.2. Empregado agente ou viajante comercial

A regra geral da competência territorial fixada em função do local da prestação do serviço comporta algumas exceções. Uma delas ocorre quando for parte na ação trabalhista o empregado agente ou viajante comercial. É o que dispõe o § 1º do art. 651 da CLT, com redação dada pela Lei n. 9.851, de 27.10.1999 (*DOU* 28.10.1999), *in verbis*:

> Quando for parte no dissídio agente ou viajante comercial, a competência será da Junta [*rectius*, Vara] da localidade em que a empresa tenha agência ou filial e a esta o empregado esteja subordinado e, na falta, será competente a Junta [*rectius*, Vara] da localização em que o empregado tenha domicílio ou a localidade mais próxima.

Como já ressalvamos, o § 1º do art. 651 da CLT também comporta interpretação sistemática, teleológica ou conforme a Constituição, no sentido de assegurar a máxima efetividade do direito fundamental de acesso ao Poder Judiciário.

Apesar de a questão não ser pacífica na jurisprudência, entendemos que o empregado agente ou viajante comercial terá a opção de propor a ação trabalhista:

- no foro da Vara da localidade em que a empresa tenha agência ou filial "e a esta o empregado esteja subordinado", isto é, no domicílio do réu (reclamado) para quem encontra-se, de fato, prestando serviços (o que supõe a facilitação da viagem até o local); ou
- no foro da Vara do seu domicílio ou da localidade mais próxima, desde que declare na petição inicial que não possui condições econômicas de deslocamento até a agência ou filial da empresa reclamada.

5.3. Empregado brasileiro que trabalha no estrangeiro

Outra exceção à regra geral da competência territorial está prevista no § 2º do art. 651 da CLT, *in verbis*:

> A competência das Juntas de Conciliação e Julgamento [*rectius*, Varas do Trabalho], estabelecida neste artigo, estende-se aos dissídios ocorridos em agência ou filial no estrangeiro, desde que o empregado seja brasileiro e não haja convenção internacional dispondo em contrário.

O TST disciplinava a questão por meio da Súmula n. 207 aplicável ao processo do trabalho:

CONFLITOS DE LEIS TRABALHISTAS NO ESPAÇO – PRINCÍPIO DA *LEX LOCI EXECUTIONIS*. A relação jurídica trabalhista é regida pelas leis vigentes no país da prestação de serviços e não por aquelas do local da contratação.

Tal súmula, porém, foi cancelada pela Resolução TST n. 181/2012 (*DEJT* divulgado em 19, 20 e 23.4.2012).

Não obstante, é preciso destacar que o ordenamento jurídico brasileiro estabelece dois critérios para solução de conflitos de leis trabalhistas no espaço: um de direito material e outro de direito processual.

Quanto ao critério de direito processual, atribui à Justiça do Trabalho a competência territorial para processar e julgar ação trabalhista proposta por brasileiro que tenha trabalhado em agência ou filial no estrangeiro.

No que concerne ao critério de direito material, estabelece que a relação de emprego será regida segundo a lei do país em que o serviço tenha sido ou esteja sendo prestado.

Pouco importa se a empresa é brasileira ou estrangeira, pois o critério específico adotado pelo art. 651, § 2º, da CLT diz respeito ao empregado brasileiro, nato ou naturalizado, que prestar serviços no estrangeiro e desde que não exista tratado internacional fixando outro critério de competência.

Salienta Marcelo Moura (2011, p. 836) que o texto normativo em questão estabelece regra de competência concorrente, porquanto permite que a ação seja proposta no estrangeiro caso exista tal previsão em Convenção Internacional ratificada pelo Brasil.

Quanto à Vara do Trabalho competente para julgar a ação, alguns entendem que será a da sede ou filial da empresa no Brasil ou do local da contratação antes de o empregado ir para o exterior.

Se a empresa não tiver sede ou filial no Brasil, não há como sujeitá-la juridicamente à decisão da Justiça do Trabalho.

Cremos, contudo, que, não obstante os obstáculos operacionais para a propositura da demanda em face de empresa que não tenha sede ou filial no Brasil, mostra-se possível a notificação do empregador por carta rogatória, sendo competente a Vara do Trabalho, por aplicação analógica do art. 21, I e II, do CPC/2015. Se ele aceitará, ou não, submeter-se à jurisdição da Justiça Laboral brasileira, será um problema alheio à questão da competência.

5.4. Empresa que promove atividade fora do lugar da celebração do contrato

Quando o empregador realiza atividades fora do lugar da celebração do contrato de trabalho, dispõe literalmente o § 3º do art. 651 da CLT:

> Em se tratando de empregador que promova realização de atividades fora do lugar do contrato de trabalho, é assegurado ao empregado apresentar reclamação no foro da celebração do contrato ou no da prestação dos respectivos serviços.

Há quem interprete restritivamente a expressão "empregador que promova realização de atividades fora do lugar do contrato de trabalho" como sendo a hipótese do empregador que desenvolve suas atividades em lugares incertos, transitórios ou eventuais, tal como ocorre, por exemplo, com empresa construtora de pontes, com sede em uma localidade e que promove construções em outras localidades, porquanto seria natural que contratasse empregados por determinado período, longo ou não, para cada nova construção.

Parece-nos, no entanto, que a interpretação teleológica do § 3º do art. 651 da CLT autoriza uma opção legal para o empregado de empresa que realiza atividades em locais diversos da contratação do obreiro, pouco importando se a título permanente ou esporádico, ajuizar a ação no foro do lugar da contratação ou no da prestação de serviço.

Ademais, deve-se analisar a questão sob a perspectiva do alargamento do acesso à Justiça e, sobretudo, enaltecendo o princípio da economia processual, máxime quando não há prejuízo para a defesa.

A título de argumentação, e como norte hermenêutico, invoca-se o Enunciado n. 7 da 1ª Jornada de Direito Material e Processual do Trabalho, realizada em Brasília-DF (23.11.2007), a saber:

> ACESSO À JUSTIÇA. CLT, ART. 651, § 3º. INTERPRETAÇÃO CONFORME A CONSTITUIÇÃO. ART. 5º, INC. XXXV, DA CONSTITUIÇÃO DA REPÚBLICA. Em se tratando de empregador que arregimente empregado domiciliado em outro município ou outro Estado da federação, poderá o trabalhador optar por ingressar com a reclamatória na Vara do Trabalho de seu domicílio, na do local da contratação ou na do local da prestação dos serviços.

Recentemente, a SBDI-II do TST editou a OJ n. 149, *in verbis*:

> CONFLITO DE COMPETÊNCIA. INCOMPETÊNCIA TERRITORIAL. HIPÓTESE DO ART. 651, § 3º, DA CLT. IMPOSSIBILIDADE DE DECLARAÇÃO DE OFÍCIO DE INCOMPETÊNCIA RELATIVA (*DJe* divulgado em 03, 04 e 05.12.2008). Não cabe declaração de ofício de incompetência territorial no caso do uso, pelo trabalhador, da faculdade prevista no art. 651, § 3º, da CLT. Nessa hipótese, resolve-se o conflito pelo reconhecimento da competência do juízo do local onde a ação foi proposta.

5.5. Foro de eleição

O direito processual civil permite que as partes instituam o foro de eleição (CPC/2015, art. 63), que é aquele em que os contratantes escolhem livremente o foro do local em que serão dirimidas eventuais controvérsias decorrentes do negócio jurídico entabulado.

A jurisprudência e a doutrina trabalhistas apontam que a omissão do texto obreiro não é condição suficiente para a aplicação subsidiária do processo civil no tocante ao foro de eleição, tendo em vista a incompatibilidade desse instituto com os dissídios individuais ou dissídios coletivos de trabalho.

Todavia, parece-nos que é exatamente à luz do princípio constitucional do amplo acesso à justiça (CF, art. 5º, XXXV) que devemos interpretar o texto consolidado. Para tanto, informamos que alteramos o nosso entendimento a respeito da incompatibilidade do foro de eleição com os dissídios individuais e coletivos de trabalho.

Na verdade, passamos a reconhecer que todas as regras previstas no *caput* e nos parágrafos do art. 651 da CLT têm por objetivo central a facilitação do acesso à justiça para o cidadão trabalhador, presumivelmente vulnerável e hipossuficiente. Logo, é preciso examinar no caso concreto se o foro de eleição firmado no contrato de emprego (via de regra, um contrato de adesão) é mais benéfico ao empregado para, de fato, assegurar-lhe o pleno acesso à Justiça do Trabalho. Se o foro eleito no contrato de emprego for o do domicílio do empregado, parece-nos que, não obstante a literalidade do *caput* do art. 651 da CLT, a competência para processar e julgar a ação trabalhista será a fixada na fonte autocompositiva, por aplicação do princípio da norma (processual) mais favorável ao trabalhador, salvo se ele próprio preferir ajuizar a demanda no foro do local da prestação do serviço, pois, nesse caso, estará abrindo mão de uma vantagem de natureza processual.

Além disso, se o foro de eleição mais favorável ao empregado decorrer de mútuo consentimento das partes, não poderá o empregador, posteriormente, alegar incompetência *ex ratione loci*. Se o fizer, o juiz, além de rejeitar a exceção, poderá aplicar-lhe multa por litigância de má-fé (CPC/2015, art. 80, IV e VI).

Impende ressaltar, porém, que, em razão do novel art. 114, I, da CF, com redação da EC n. 45/2004, a Justiça do Trabalho passou a ser competente, também, para processar e julgar outras ações oriundas da relação de trabalho autônomo, eventual, cooperado etc., em função do que, em tais casos, parece-nos que não há incompatibilidade ou impedimento para que os sujeitos de tais relações de trabalho possam, com base no princípio da liberdade contratual, estipular cláusula dispondo sobre foro de eleição.

De acordo com o art. 63 do CPC/2015, as partes podem modificar a competência em razão do valor e do território, elegendo foro onde será proposta ação oriunda de direitos e obrigações, sendo certo que os §§ 3º e 4º do referido artigo dispõem, respectivamente, que:

- antes da citação, a cláusula de eleição de foro, se abusiva, pode ser reputada ineficaz de ofício pelo juiz, que determinará a remessa dos autos ao juízo do foro de domicílio do réu;
- citado, incumbe ao réu alegar a abusividade da cláusula de eleição de foro na contestação, sob pena de preclusão.

Essas regras previstas nos §§ 3º e 4º do art. 63 do CPC/2015 podem ser aplicadas literalmente no processo do trabalho nas ações oriundas da relação de trabalho que passaram à competência da Justiça Laboral por força da EC n. 45/2004.

Todavia, em ação oriunda da relação de emprego (ou relação de trabalho avulso), caso o juiz venha a declarar a nulidade de cláusula de eleição de foro prevista em contrato empregatício, deverá, em observância ao princípio da proteção processual, declinar da competência para o juízo do foro do domicílio do empregado, autor da ação trabalhista, e não do empregador/réu.

6. Competência internacional

O inciso I do art. 114 da CF, com redação dada pela EC n. 45/2004, estabelece que compete à Justiça do Trabalho processar e julgar ações oriundas da relação de trabalho, "abrangidos os entes de direito público externo".

Trata-se de inovação do constitucionalismo brasileiro, o que exige uma reflexão histórica mais aprofundada do intérprete. A reflexão passa, necessariamente, pela seguinte indagação: será que, em matéria trabalhista, não há imunidade de jurisdição?

Para satisfazer a indagação, é preciso examinar dois momentos distintos. Isso porque, antes da CF/1988, competia à Justiça Comum Federal processar e julgar as causas entre trabalhadores e entes de direito público externo; depois, a competência deslocou-se para a Justiça do Trabalho.

À luz da CF/1988, o STF deixou assentado:

> Não há imunidade judiciária para o Estado estrangeiro, em causa de natureza trabalhista. Em princípio, esta deve ser processada e julgada pela Justiça do Trabalho, se ajuizada depois do advento da Constituição Federal de 1988 (art. 114). Na hipótese, porém, permanece a competência da Justiça Federal, em face do disposto no § 10 do art. 27 do ADCT da CF/1988, c/c art. 125, II, da EC n. 1/69. Recurso ordinário conhecido e provido pelo Supremo Tribunal Federal para se afastar a imunidade judiciária reconhecida pelo Juízo Federal de primeiro grau, que deve prosseguir no julgamento da causa, como de direito (STF, Ac. 9.696-3/SP, Sydney Sanches).

Houve um tempo em que se cogitava da imunidade de jurisdição, que só alcançava os atos de império praticados por sujeitos de Direito Internacional Público, como os Estados estrangeiros, abarcando as missões diplomáticas e as repartições consulares, e os organismos internacionais, como a ONU, a OIT etc. Quando esses entes praticavam atos de gestão, passavam a equiparar-se aos particulares, razão pela qual deixavam de agir com soberania, sujeitando-se às regras comuns atribuídas às demais pessoas jurídicas de direito privado.

Como o inciso I do art. 114 da CF diz respeito à regra de competência, e não de jurisdição, tem-se entendido que somente no processo de conhecimento é que não há lugar para a imunidade de jurisdição em se tratando de matéria trabalhista em que o ente de direito público externo figure como sujeito passivo da obrigação correspondente.

A imunidade de jurisdição do Estado estrangeiro, segundo o entendimento que tem prevalecido, alcança apenas o processo (ou fase) de execução. Trata-se, portanto, de "imunidade de execução", salvo se o referido ente internacional, mediante Tratado Internacional ou *sponte sua*, renunciar expressamente à "imunidade de execução".

Os arts. 81 e 82 da Consolidação dos Provimentos da Corregedoria-Geral da Justiça do Trabalho, no entanto, dispõem, *in verbis*:

> Art. 81. Salvo renúncia, é absoluta a imunidade de execução do Estado estrangeiro e dos Organismos Internacionais.
>
> Art. 82. Havendo sentença condenatória em face de Estado estrangeiro ou Organismos Internacionais, expedir-se-á, após o trânsito em julgado da decisão, carta rogatória para cobrança do crédito.

Como não houve alteração substancial pela EC n. 45/2004, parece-nos que continuará prevalecendo a imunidade de execução, ou seja, imunidade de jurisdição relativa dos Estados estrangeiros.

Quanto aos organismos internacionais, como ONU, OIT, UNESCO, a imunidade de jurisdição é absoluta, salvo se o organismo internacional expressamente a ela renunciar. Nesse sentido é a recente OJ n. 416 da SBDI-1/TST.

7. Modificações da competência

A competência absoluta, ressalvada a hipótese do art. 43 do CPC/2015, é imutável, o mesmo não ocorrendo em relação à competência relativa, pois esta pode sofrer modificações em planos diferentes, de acordo com o interesse do sistema processual e as normas legais que a autorizarem, como a competência modificável em função do valor da causa ou do território (CPC/2015, art. 54).

A CLT é omissa (lacuna normativa) a respeito da modificação de competência. Daí a possibilidade de aplicação subsidiária do CPC, desde que, evidentemente, isso não implique embaraços ou dificuldades para a singeleza ou celeridade procedimental do processo trabalhista.

No que concerne à possibilidade de modificação de competência em função do *valor da causa*, parece-nos que discussão no processo do trabalho residirá não no problema da modificação de competência, mas nas questões atinentes à recorribilidade das sentenças proferidas nas chamadas "ações de alçada" (Lei n. 5.584/1970) e à alteração do procedimento nos dissídios individuais cujo valor não exceda a 40 salários mínimos (CLT, arts. 852-A e ss.).

A competência da Justiça do Trabalho pode ser modificada por: prorrogação, conexão, continência ou prevenção.

7.1. Prorrogação

Dispõe o art. 65 do CPC/2015 que a competência relativa pode ser prorrogada se o réu não alegar incompetência de "foro" (competência territorial) ou do *juízo* (competência em razão do valor da causa), no caso e prazos legais.

Para o direito processual do trabalho interessa a competência em razão do território, pois esta pode ser excepcionada pelo réu, não sendo permitido o seu pronunciamento de ofício pelo juiz (salvo na hipótese do art. 63, § 3º, do CPC/2015, como vimos no item 5.5 *supra*), tal como sugere a literalidade do § 1º do art. 795 da CLT.

É que a expressão "foro", inserta no § 1º do art. 795 da CLT, diz respeito à "jurisdição trabalhista", ou seja, ao "foro trabalhista", uma vez que, em virtude de ser a Justiça do Trabalho especial, não pode julgar, em linha de princípio, causas cíveis ou penais, que são da "jurisdição comum". De tal arte, a expressão "foro" a que alude a norma em exame deve ser interpretada como "matéria", ou seja, incompetência em razão da matéria.

Daí o legislador ter determinado ao juiz que declare *ex officio* a incompetência absoluta quando o "foro trabalhista" não for competente para a demanda. Trata-se de incompetência absoluta que diz respeito, evidentemente, à matéria, e não ao território, pois esta é prorrogável; aquela, não.

A prorrogação da competência territorial pode ocorrer por:

- *aceitação do autor*, quando propõe a ação perante Vara que ele já sabe (ou deveria saber) de antemão ser incompetente *ratione loci*;
- *aceitação do réu*, quando deixa de opor, no prazo legal, a exceção declinatória do *foro* ou não alegar a incompetência como preliminar da contestação;
- *aceitação do juiz* que, na hipótese de nulidade de foro de eleição previsto em contrato de adesão, não declinar de competência para o foro do domicílio da parte (CPC/2015, art. 64, § 3º).

7.2. Conexão

Diz o art. 54 do CPC/2015 que a competência relativa, ou seja, em razão do valor e do território pode ser modificada pela conexão.

A definição legal de conexão está prevista no art. 55 do CPC/2015, segundo o qual: "Reputam-se conexas 2 (duas) ou mais ações quando lhes for comum o pedido ou a causa de pedir".

Essa regra, por força do § 2º do art. 55 do CPC/2015, se aplica: à execução de título extrajudicial e à ação de conhecimento relativa ao mesmo ato jurídico e às execuções fundadas no mesmo título executivo.

A modificação de competência pela conexão é medida das mais salutares e homenageia o princípio da economia processual, evitando-se despesas desnecessárias, perda de tempo, decisões contraditórias em duas lides decorrentes da mesma controvérsia, o que compromete, em última análise, a credibilidade do próprio Poder Judiciário perante a sociedade.

Tendo em vista a lacuna normativa do Texto Obreiro e considerando a ausência de incompatibilidade da aplicação do instituto da conexão no processo do trabalho, cremos ser possível, e até mesmo recomendável, que o juiz do trabalho esteja atento para determinar, de ofício ou a requerimento da parte (autor ou réu), bem como do MPT, a reunião de ações conexas que estejam tramitando em juízos diversos.

Na verdade, o § 1º do art. 55 do CPC/2015 dispõe que os processos de ações conexas serão reunidos para decisão conjunta, salvo se um deles já houver sido sentenciado.

Além disso, prevê o § 3º do referido artigo que deverão ser reunidos para julgamento conjunto os processos que possam gerar risco de prolação de decisões conflitantes ou contraditórias caso decididos separadamente, mesmo sem conexão entre eles.

A conexão, segundo Nelson Nery Junior (1999, p. 579), é "matéria de ordem pública", devendo ser conhecida de ofício pelo juiz, a teor do art. 337, VIII, e § 5º do art. 337 do CPC/2015. Todavia, a reunião de ações conexas deve ser presidida pela logicidade do direito processual, que é orientada pelo princípio da preclusão.

Ademais, a reunião de ações conexas só é possível quando não houver embaraços à prestação jurisdicional, o que recomenda a aplicação do princípio da razoabilidade pelo julgador.

Assim, se numa ação já existe sentença, não há razão para a reunião com outra ação, posto que conexa, pois isso desaguaria em sérios transtornos, até mesmo para a segurança das decisões, porquanto em tais casos haveria prejulgamento em relação à segunda ação que ainda aguarda a prolação da sentença.

É exatamente por isso que o § 1º do art. 55 do CPC/2015 exclui a possibilidade de reunião de processos de ações conexas quando um deles já houver sido sentenciado.

7.3. Continência

De acordo com o art. 56 do CPC/2015, ocorre a continência entre duas ou mais ações quando "houver identidade quanto às partes e à causa de pedir, mas o pedido de uma, por ser mais amplo, abrange o das demais".

A continência é uma espécie de "parente" próximo da conexão. Daí por que as mesmas razões lógicas e ontológicas que recomendam a reunião de ações conexas servem de aporte na temática da continência entre ações que correm em juízos diferentes.

Diz o art. 57 do CPC/2015 que quando houver continência e a ação continente tiver sido proposta anteriormente, no processo relativo à ação contida será proferida sentença sem resolução de mérito, caso contrário, as ações serão necessariamente reunidas.

A CLT é omissa a respeito da continência e as regras do CPC/2015 são compatíveis com o processo do trabalho.

7.4. Prevenção

A rigor, a prevenção não é causa de modificação de competência, mas efeito da existência da conexão, uma vez que, nos termos do art. 58 do CPC/2015, a reunião das ações propostas em separado far-se-á no juízo prevento, em que serão decididas simultaneamente, sendo certo que nos termos do art. 59 do mesmo Códex o registro ou a distribuição da petição inicial torna prevento o juízo.

José Augusto Rodrigues Pinto (2005, p. 144) advoga, a nosso ver, com razão, que, na hipótese de duas ou mais ações conexas, o juízo prevento deve ser aquele em que a petição inicial da ação trabalhista foi protocolada em primeiro lugar. Esse critério, a par de sua fácil aferição, harmoniza-se com a simplicidade do processo do trabalho.

É importante assinalar que o art. 286 do CPC/2015 dispõe, *in verbis*:

> Art. 286. Serão distribuídas por dependência as causas de qualquer natureza:
>
> I – quando se relacionarem, por conexão ou continência, com outra já ajuizada;
>
> II – quando, tendo sido extinto o processo sem resolução de mérito, for reiterado o pedido, ainda que em litisconsórcio com outros autores ou que sejam parcialmente alterados os réus da demanda;
>
> III – quando houver ajuizamento de ações nos termos do art. 55, § 3º, ao juízo prevento.
>
> Parágrafo único. Havendo intervenção de terceiro, reconvenção ou outra hipótese de ampliação objetiva do processo, o juiz, de ofício, mandará proceder à respectiva anotação pelo distribuidor.

Parece-nos factível a aplicação analógica das regras em questão para o processo do trabalho, desde que sejam observadas algumas adaptações.

Quanto ao item I do art. 286 do CPC/2015, remetemos o leitor aos itens 7.2 e 7.3 *supra*.

O inciso II do art. 286 do CPC/2015, em função das lacunas normativa e ontológica, é perfeitamente aplicável ao processo do trabalho, pois visa, a rigor, evitar a violação, pelo autor, do princípio do juiz natural, mediante expedientes que procuram driblar a distribuição natural dos processos para juízos de sua preferência. É o que se dá, por exemplo, quando o reclamante ajuíza ação com pedido de provimento antecipatório (liminar ou cautelar) e, sabedor do posicionamento do juiz a respeito da matéria (de antemão, já sabe que o juiz não concedeu a liminar em outros processos semelhantes) depois de distribuído o processo, e antes de realizada a citação, opta por desistir da demanda. Logo em seguida, o reclamante ajuíza a mesma ação, ainda que haja alteração subjetiva da demanda no polo ativo ou passivo (litisconsórcio), com possibilidades de o processo ser distribuído, por sorteio, a juiz de sua preferência. Trata-se, pois, de uma chicana, uma velhacaria, que deve ser repudiada pela ética norteadora do processo.

No que concerne ao inciso III do art. 286 do CPC/2015, também defendemos a sua aplicação no processo do trabalho, por existência de lacunas normativa e ontológica. Trata-se de hipótese, extraída da praxe forense, que, em observância ao princípio da segurança jurídica, recomenda julgamento conjunto dos processos que possam gerar risco de prolação de decisões conflitantes ou contraditórias caso decididos separadamente, mesmo sem conexão entre eles.

Outra hipótese de prevenção está prevista no parágrafo único do art. 2º da Lei n. 7.347/1985, segundo o qual a propositura de ação civil pública "prevenirá a jurisdição do juízo para todas as ações posteriormente intentadas que possuam a mesma causa de pedir ou o mesmo objeto".

A OJ n. 130, item IV, da SBDI-2 estabelece critérios para prevenção de competência em ação civil pública, nos seguintes termos:

> AÇÃO CIVIL PÚBLICA. COMPETÊNCIA. LOCAL DO DANO. LEI N. 7.347/1985, ART. 2º CÓDIGO DE DEFESA DO CONSUMIDOR, ART. 93 (nova redação dada pela Res. 186/2012, DEJT divulgado em 25, 26 e 27.09.2012). I – A competência para a Ação Civil Pública fixa-se pela extensão do dano. II – Em caso de dano de abrangência regional, que atinja cidades sujeitas à jurisdição de mais de uma Vara do Trabalho, a competência será de qualquer das varas das localidades atingidas, ainda que vinculadas a Tribunais Regionais do Trabalho distintos. III – Em caso de dano de abrangência suprarregional ou nacional, há competência concorrente para a Ação Civil Pública das varas do trabalho das sedes dos Tribunais Regionais do Trabalho. IV – Estará prevento o juízo a que a primeira ação houver sido distribuída.

8. Conflitos de competência

Conflito de competência, cognominado pela CLT de *conflito de jurisdição*, é um incidente processual que ocorre quando dois órgãos judiciais se proclamam competentes (conflito positivo) ou incompetentes (conflito negativo) para processar e julgar determinado processo.

Com efeito, diz o art. 803 da CLT que os conflitos de jurisdição podem ocorrer entre:

a) Varas do Trabalho e Juízes de Direito investidos na jurisdição da Justiça do Trabalho;

b) Tribunais Regionais do Trabalho;

c) Juízos e Tribunais do Trabalho e órgãos da Justiça Ordinária.

De acordo com a Súmula n. 420 do TST, não se configura conflito de competência entre Tribunal Regional do Trabalho e Vara do Trabalho a ele vinculada. Na verdade, essa súmula reconhece que não existe, juridicamente, conflito de competência funcional entre órgãos judiciais de hierarquias diferentes.

Com efeito, o "conflito de competência só pode ocorrer entre juízos com a mesma hierarquia, podendo ocorrer conflito entre juízos de hierarquia diferente apenas quando entre eles não houver vinculação" (MARINONI; MITIDIERO, 2008, p. 169).

São legitimados para suscitar conflito de competência, nos termos do art. 805 da CLT, os próprios juízos e tribunais do trabalho, o Ministério Público do Trabalho (seja como *órgão agente* ou *órgão interveniente*) ou as partes interessadas, pessoalmente ou por meio de seus representantes.

No que concerne à parte interessada, o art. 806 da CLT dispõe que, se ela já houver oposto na causa exceção de incompetência, estará proibida de suscitar o conflito. Trata-se, a nosso ver, de preclusão lógica, na medida em que conflitos de jurisdição e competência têm, *in casu*, a mesma finalidade.

Em síntese, a parte que ofereceu exceção de incompetência (CLT, art. 806), ou, ao contestar, arguiu preliminar de incompetência absoluta do juízo, não pode suscitar conflito de competência. A exceção de incompetência tem de ser julgada antes da sentença. O conflito, porém, não impede que a parte que não o suscitou ofereça exceção declinatória de foro, que é relativa (CPC/2015, art. 952).

A parte que suscitar o conflito deverá produzir a prova (em regra, documental), de sua existência (CLT, art. 807).

Os conflitos de competência serão resolvidos (CLT, art. 808):

- pelos Tribunais Regionais, os suscitados entre Varas do Trabalho e entre Juízos de Direito investidos na jurisdição trabalhista, ou entre umas e outras, nas respectivas regiões;
- pelo Tribunal Superior do Trabalho, os suscitados entre Tribunais Regionais, ou entre Varas do Trabalho e Juízos de Direito sujeitos à jurisdição de Tribunais Regionais diferentes.

Como é palmar, a CLT oferece a solução dos conflitos que ocorrem entre os órgãos que integram a jurisdição trabalhista, incluindo os Juízos de Direito nela investidos.

O art. 114, inciso V, da CF, com redação dada pela EC n. 45/2004, prescreve ser da competência da Justiça do Trabalho processar e julgar os conflitos de competência entre os órgãos com jurisdição trabalhista, ressalvado o disposto no art. 102, I, *o*, da CF.

É de ressaltar, portanto, que a Constituição Federal de 1988 (art. 102, alínea *o*) estabeleceu a competência do STF para julgar os conflitos de competência entre:

- o Superior Tribunal de Justiça e quaisquer tribunais;
- Tribunais Superiores;
- Tribunais Superiores e qualquer outro tribunal.

A Carta Republicana de 1988 determina que ao STJ compete julgar os conflitos de competência entre:

- quaisquer Tribunais, ressalvado o disposto no seu art. 102, I, *o*, da CF;
- Tribunal e juízes a ele não vinculados;
- juízes vinculados a Tribunais diversos.

O processamento do conflito de competência na esfera trabalhista é regulado pelos arts. 809 e 810 da CLT. Recomenda-se a consulta aos Regimentos Internos dos Tribunais, pois neles pode haver normas específicas sobre o procedimento a ser observado nos conflitos de competência.

Sobre exceção de incompetência, remetemos o leitor ao Capítulo XII, item 1.1.

VI

PARTES E PROCURADORES

1. Sujeitos do processo e sujeitos da lide

Nem todo sujeito do processo é sujeito da lide, mas todo sujeito da lide é sujeito do processo. A expressão "sujeitos do processo" possui significado mais abrangente do que "sujeitos da lide ou da demanda". Sujeitos da lide são os titulares da relação de direito material que figuram como partes no conflito de interesses deduzido em juízo. Nesse sentido, todos os que participam do contraditório são sujeitos da lide. Nem sempre coincidem os sujeitos da lide com os sujeitos do processo. No caso de substituição processual, por exemplo, o substituto é sujeito do processo (e da ação) e o substituído processualmente é o sujeito de direito material (ou da lide).

Os principais sujeitos do processo são:

> as **partes** (autor e réu) – como o próprio nome está a dizer, parte é sempre parcial, pois tem interesse jurídico em sair vencedora na lide; logo, as partes são sujeitos do processo e sujeitos da lide. Os terceiros intervenientes que participam do contraditório também são sujeitos do processo e da lide.
>
> o **juiz** – como representante do Estado, é sujeito do processo cujo papel é compor o conflito com imparcialidade e justiça, fazendo atuar o ordenamento jurídico. O juiz é, pois, sujeito (desinteressado) do processo no que concerne à pretensão deduzida pelas partes; logo, ele não é sujeito da lide.

Há, no entanto, outras pessoas que também atuam no processo praticando atos processuais, mas não têm interesse (jurídico) na lide. São também sujeitos do processo, portanto, os auxiliares da Justiça, que podem ser *permanentes* (p. ex.: distribuidor, secretário de audiência, oficial de justiça), *eventuais* (p. ex.: peritos, tradutores, intérpretes e outros) e *terceiros colaboradores* (p. ex.: testemunhas, licitantes e outros).

Há, ainda, outros sujeitos que atuam no processo, incluído o do trabalho, representando as partes, como os advogados (CLT, art. 791, §§ 1º e 2º), a Defensoria Pública e o Ministério Público do Trabalho.

O Ministério Público do Trabalho pode atuar em nome próprio como órgão agente (substituto processual ou legitimado autônomo para a condução do processo) na defesa da ordem jurídica, do regime democrático e dos interesses metaindividuais, difusos, coletivos, sociais e individuais homogêneos ou indisponíveis (CF, art. 127; LC n. 75/1993, art. 83; Lei n. 7.347/1985) ou como órgão interveniente (*custos legis*), emitindo pareceres nos autos quando entender presente o interesse público (social) que justifique a sua intervenção (LC n. 75/1993, art. 83, II, VII, XII e XIII; Lei n. 5.584/1970, art. 5º).

2. Partes

Não há confundir os sujeitos do processo com os sujeitos da lide. Os sujeitos do processo são todos aqueles que participam da relação processual. Os sujeitos da lide são os que figuram no polo ativo ou polo passivo da demanda, como autor, réu e terceiros intervenientes. Sujeitos da lide, portanto, são aqueles que participam do contraditório. Logo, todo sujeito da lide é também sujeito do processo, mas nem todo sujeito do processo é sujeito da lide.

Os sujeitos imparciais do processo são os magistrados, os peritos, o Ministério Público (segundo alguns, apenas quando oficia como *fiscal do ordenamento*)[1] e os demais auxiliares de justiça.

As partes e os terceiros intervenientes, ao revés, são sujeitos parciais do processo (e da lide) interessados em um resultado que lhes seja favorável.

As partes são, de um lado, a pessoa (ou ente) que postula a prestação jurisdicional do Estado, e, de outro, a pessoa (ou ente) em face de quem tal providência é pedida. Noutro falar, parte é "quem pede e contra quem se pede tutela jurisdicional" (MARINONI; MITIDIERO, 2008, p. 102).

No processo trabalhista, dada a sua origem histórica como órgão administrativo vinculado ao Poder Executivo, a parte ativa chama-se *reclamante* (autor) e a parte passiva, *reclamado* (réu).

---

(1) Sobre o tema, conferir: LEITE (2015b). Nessa obra, sustentamos que, com a promulgação da Constituição Federal de 1988, o Ministério Público, quer atuando como órgão agente (parte), quer funcionando como órgão interveniente (*custos legis*), é sempre sujeito imparcial do processo. Trata-se de órgão institucional estatal que atua desinteressadamente em defesa do interesse público (CF, art. 127), diferentemente do advogado, que, não obstante sua função seja de relevância social e, portanto, pública, atua sempre em defesa do seu cliente (particular ou público).

É importante notar, porém, que, na execução trabalhista, a CLT emprega as expressões *exequente* e *executado*.

Nos dissídios coletivos, *suscitante* (geralmente, o sindicato da categoria profissional) e *suscitado* (sindicato patronal ou empresa).

No inquérito judicial para apuração de falta grave, o autor (empregador) é chamado de requerente e o réu (empregado), requerido.

Nos recursos trabalhistas, praticamente, não há distinção em relação ao processo civil, pois as partes são *recorrente* e *recorrido*, *agravante* e *agravado*, *embargante* e *embargado* etc.

Não se deve confundir o conceito de parte com o de parte legítima, pois a identificação desta última depende do exame das condições da ação (legitimidade *ad causam*).

3. Litisconsórcio

Quando figuram na relação processual apenas autor (reclamante) e réu (reclamado), diz-se que são as partes singulares. Vale dizer, a singularidade de partes ocorre no polo ativo ou passivo da relação processual.

É possível, no entanto, que haja pluralidade de pessoas no polo ativo ou no polo passivo da relação processual, ou em ambos. Dá-se, em tais situações, o fenômeno do *litisconsórcio*, que é a cumulação de lides que se ligam no plano subjetivo.

É preciso lembrar que não se aplica, no processo do trabalho, o prazo em dobro para os litisconsortes com procuradores distintos, tal como previsto no art. 191 do CPC. É o que se infere da OJ n. 310 da SBDI-1 do TST:

> **LITISCONSORTES. PROCURADORES DISTINTOS. PRAZO EM DOBRO. ART. 229, *CAPUT* E §§ 1º E 2º, DO CPC DE 2015. ART. 191 DO CPC DE 1973. INAPLICÁVEL AO PROCESSO DO TRABALHO** (atualizada em decorrência do CPC de 2015, Res. 208/2016, *DEJT* divulgado em 22, 25 e 26.4.2016). Inaplicável ao processo do trabalho a norma contida no art. 229, *caput* e §§ 1º e 2º, do CPC de 2015 (art. 191 do CPC de 1973), em razão de incompatibilidade com a celeridade que lhe é inerente.

Não obstante, sabe-se que a EC n. 45/2004 trouxe para a Justiça do Trabalho a competência para outras ações oriundas das relações de trabalho, o que poderá mitigar a rigidez da referida Orientação Jurisprudencial.

No processo do trabalho, Mauro Schiavi (2010, p. 274) lembra a hipótese da ação anulatória de cláusula de convenção coletiva ajuizada pelo Ministério Público do Trabalho, na qual os sindicatos representativos das categorias econômica e profissional, subscritores do pacto coletivo, devem figurar como litisconsortes passivos necessários. Nesse caso, pensamos que se trata de litisconsórcio passivo/necessário/unitário, pois a sentença que julgar procedente a ação anulatória retirará do mundo jurídico a cláusula convencional de maneira uniforme para os réus.

Outra hipótese de litisconsórcio necessário ocorre no mandado de segurança contra ato judicial, pois o réu (ou autor) da ação originária figurará obrigatoriamente no polo passivo da ação mandamental ao lado da autoridade coatora. Nesse caso, trata-se de litisconsórcio necessário e simples, pois a decisão não será uniforme para os litisconsortes.

3.1. Litisconsórcio ativo ("reclamatória plúrima")

No processo do trabalho, dispõe o art. 842 da CLT que, na hipótese de "várias as reclamações e havendo identidade de matéria, poderão ser acumuladas num só processo, se se tratar de empregados da mesma empresa ou estabelecimento".

Ocorre aí, segundo nos parece, uma cumulação de lides que se ligam no plano subjetivo. Vale dizer, no processo do trabalho é lícito aos empregados formar um litisconsórcio ativo facultativo (CPC/2015, art. 113), fenômeno que ocorre com bastante frequência e é intitulado de "dissídio individual plúrimo" ou "reclamatória plúrima" (CLT, art. 843).

A reclamatória individual plúrima é uma faculdade conferida às partes que figuram no polo ativo da demanda, desde que haja identidade de matérias (causa de pedir e pedido) e a ação seja ajuizada em face do mesmo empregador ou, por interpretação extensiva do art. 842 da CLT, do mesmo grupo econômico (CLT, art. 2º, § 2º).

Com a ampliação da competência da Justiça do Trabalho para outras demandas distintas das oriundas da relação de emprego (CF, art. 114, I), cremos que, em tais casos, não haverá lugar para o dissídio individual plúrimo previsto no art. 842 da CLT. Em outros termos, quando os trabalhadores demandantes não forem empregados, é incabível o dissídio individual plúrimo, pois a literalidade da norma consolidada faz referência apenas a "empregados da mesma empresa ou estabelecimento". Logo, o instituto do litisconsórcio ativo entre "trabalhadores não empregados" deverá ser regulado pelos arts. 113 *usque* 118 do CPC/2015, adotando-se, porém, no que couber, o procedimento do processo trabalhista (TST, IN n. 27/2005).

Há alguns inconvenientes apontados pela doutrina no tocante à aplicação do instituto do litisconsórcio no processo do trabalho, como, por exemplo, o número de testemunhas, que é limitado a três por processo, e não por autor ou por fatos distintos.

3.2. Litisconsórcio ativo facultativo multitudinário

O § 1º do art. 113 do CPC/2015 permite ao juiz limitar o litisconsórcio facultativo quanto ao número de litigantes na fase de conhecimento, na liquidação de sentença ou na execução, quando este comprometer a rápida solução do litígio ou dificultar a defesa ou o cumprimento da sentença.

A limitação poderá ser feita pelo juiz, de ofício, ou a requerimento da parte, dispondo o § 2º do art. 113 do CPC/2015 que o requerimento de limitação interrompe o prazo para manifestação ou resposta, que recomeçará da intimação da decisão que o solucionar.

Caso o réu, no prazo da sua resposta, requeira a limitação dos litisconsortes, haverá interrupção do prazo processual para oferecimento da defesa. Logo, será restituído por inteiro ao demandado o prazo de que dispõe para responder à demanda, valendo lembrar que, no processo do trabalho, a resposta do réu, cujo prazo é de 20 (vinte) minutos, é oferecida na própria audiência e logo após a (primeira) proposta de conciliação.

A limitação de litisconsortes somente se aplica em sede de litisconsórcio facultativo, pois, tratando-se de litisconsórcio necessário ou unitário, o juiz não poderá, em nenhuma hipótese, limitar o número de consortes.

Não obstante a cizânia doutrinária e jurisprudencial a respeito, julgamos incompatível com o processo do trabalho a limitação do número de autores, isto é, não há a permissão para que o juiz limite a quantidade de autores no polo ativo da demanda sob alegação de tratar-se de litisconsórcio multitudinário ou *monstrum*. É que, a nosso sentir, não há lacuna (normativa, ontológica ou axiológica) do processo laboral, pois entendemos que o art. 842 da CLT se encontra em sintonia com os princípios da celeridade e da duração razoável do processo.

3.3. Litisconsórcio passivo

A CLT, a rigor, era silente sobre o instituto do litisconsórcio passivo, o que permitiu (CLT, art. 769) a aplicação subsidiária das regras do CPC/2015, como nos casos de responsabilidade solidária do grupo econômico (CLT, art. 2º, § 2º) ou subsidiária, como na terceirização (TST, Súmula n. 331, IV) e na empreitada (CLT, art. 455).

O § 5º do art. 611-A da CLT, com redação dada pela Lei n. 13.467/2017, passou a prever expressamente que: "Os sindicatos subscritores de convenção coletiva ou de acordo coletivo de trabalho deverão participar, como litisconsortes necessários, em ação individual ou coletiva, que tenha como objeto a anulação de cláusulas desses instrumentos".

O § 2º do art. 800 da CLT, com redação dada pela referida lei, também prevê a intimação do litisconsorte, se houver, para se manifestar sobre a "exceção de incompetência territorial".

Há casos em que o autor ajuíza reclamação trabalhista apenas em face do seu empregador formal, mas alguns juízes determinam, de ofício, a inclusão do tomador dos seus serviços (ou do dono da obra) no polo passivo da demanda, o mesmo ocorrendo quando o autor ajuíza ação apenas em face do tomador dos seus serviços, silenciando-se quanto ao seu empregador formal. Em ambos os casos, parece-nos que não é permitido ao juiz determinar, de ofício, a citação dos corréus, por inequívoca violação aos princípios da demanda e da inércia da jurisdição.

De acordo com a Súmula n. 406 do TST, que reputamos correta, não há litisconsórcio passivo necessário (nem unitário) entre o substituto e os substituídos processualmente na ação rescisória para desconstituir sentença proferida em ação coletiva proposta pelo sindicato (ou pelo MPT) que atuou como substituto processual em defesa de direitos ou interesses individuais homogêneos dos trabalhadores.

Salvo disposição legal em contrário, os litisconsortes serão considerados, em suas relações com a parte adversa, como litigantes distintos, sendo certo que os atos e omissões de um não prejudicarão nem beneficiarão o outro (CPC/2015, art. 118).

Assim, havendo condenação das empresas litisconsortes, o recurso interposto por uma delas pode, ou não, aproveitar à outra. Haverá o aproveitamento se forem comuns (litisconsórcio unitário) os interesses defendidos pelos litisconsortes passivos na demanda (ou no recurso); caso contrário (litisconsórcio passivo simples), os litisconsortes serão considerados litigantes distintos.

Com efeito, dispõe o art. 1.005 do CPC/2015:

> Art. 1.005. O recurso interposto por um dos litisconsortes a todos aproveita, salvo se distintos ou opostos os seus interesses.
>
> Parágrafo único. Havendo solidariedade passiva, o recurso interposto por um devedor aproveitará aos outros quando as defesas opostas ao credor lhes forem comuns.

Nesse sentido é a Súmula n. 128, item III, do TST:

> Havendo condenação solidária de duas ou mais empresas, o depósito recursal efetuado por uma delas aproveita as demais, quando a empresa que efetuou o depósito não pleiteia sua exclusão da lide.

4. Capacidade de ser parte e capacidade processual

Toda pessoa humana é capaz de adquirir direitos e contrair obrigações. Trata-se da capacidade de direitos, ou seja, a capacidade de assumir direitos e obrigações na ordem jurídica (CC, arts. 2º e 3º). A capacidade de direitos inicia-se com o nascimento com vida, muito embora a lei já garanta ao nascituro, desde a concepção, alguns direitos fundamentais.

Logo, **todo ser humano tem capacidade de ser parte**, independentemente de sua idade ou condição psíquica ou mental, seja para propor ação, seja para defender-se. É, pois, um **direito universal conferido a toda pessoa humana**.

Às pessoas jurídicas os ordenamentos jurídicos também reconhecem a capacidade de ser parte, uma vez que podem ser titulares de direitos e obrigações. Para as pessoas jurídicas, por serem entes abstratos, a lei dispõe que necessitam ser representadas, judicial ou extrajudicialmente, por determinada pessoa natural (ou física).

Há, porém, outros entes abstratos não reconhecidos juridicamente como pessoas jurídicas que têm capacidade de ser parte, como a massa falida, o espólio etc.

Já **capacidade processual**, ou capacidade de estar em juízo, é outorgada pelo direito positivo às pessoas que possuem a *capacidade civil* (CPC/2015, art. 70). Entende-se por capacidade civil a faculdade que tem a pessoa de praticar todos os atos da vida civil e de administrar os seus bens.

Em regra, a pessoa com capacidade de ser parte também terá capacidade processual.

Todavia, há casos em que, embora tenha capacidade de ser parte, o titular do direito material não tem capacidade processual, isto é, capacidade de estar em juízo. É o que ocorre, por exemplo, com os absolutamente incapazes (CC, art. 3º; CPC/2015, art. 71).

Em suma, a capacidade de estar em juízo é um conceito vinculado à noção de maioridade e menoridade no direito civil. A parte maior de idade possui capacidade processual plena. A parte com idade inferior a 16 anos (absolutamente incapaz) será representada em juízo. Se tiver entre 16 e 18 anos, será assistida (relativamente incapaz).

No direito processual do trabalho, a partir dos 18 anos o empregado já pode demandar pessoalmente e ser demandado na Justiça do Trabalho (CLT, art. 791), sendo-lhe lícito, também, constituir advogado. Tal ilação é extraída do art. 402 da CLT, segundo o qual considera-se menor, para os efeitos do Direito do Trabalho, o trabalhador de 14 até 18 anos de idade. Logo, o trabalhador com idade igual ou superior a 18 anos é considerado maior e adquire a capacidade processual.

Vê-se, então, que se tiver menos de 18 anos o trabalhador terá capacidade de ser parte no processo trabalhista, sendo, para tanto, representado (com menos de 16 anos) ou assistido (com idade entre 16 e 18 anos), mas não terá capacidade processual, pois esta é conferida ao seu representante ou assistente.

O art. 792 da CLT dispõe, textualmente, que "os maiores de 18 e os menores de 21 anos e as mulheres casadas poderão pleitear perante a Justiça do Trabalho sem a assistência de seus pais, tutores ou maridos".

Destarte, mesmo antes do novo Código Civil de 2002, aos 18 anos o empregado já adquiria a maioridade trabalhista, passando a ter plena capacidade processual, que é a capacidade de estar em juízo, podendo, inclusive, postular pessoalmente (CLT, art. 791) ou ser representado por advogado.

Importa lembrar que o art. 7º, XXXIII, da CF/1988, com a nova redação dada ao inciso pela Emenda Constitucional n. 20/1998, *DOU* 16.12.1998, estabelece a "proibição de trabalho noturno, perigoso ou insalubre a menores de 18 e de qualquer trabalho a menores de 16 anos, salvo na condição de aprendiz, a partir de 14 anos".

Transplantando a norma constitucional para os domínios do direito material e processual do trabalho, parece-nos factível concluir que, antes dos 16 anos, o trabalhador adolescente será *representado* pelos pais ou tutores. Se tiver mais de 16 e menos de 18 anos, será *assistido*.

Há, porém, um problema de conflito de normas, pois o art. 5º, parágrafo único, inciso V, do CC de 2002 dispõe que cessa, para os menores, a incapacidade "pelo estabelecimento civil ou comercial, ou pela existência de relação de emprego, desde que, em função deles, o menor com 16 (dezesseis) anos completos tenha economia própria". Já a CLT, em seu art. 793, com nova redação dada pela Lei n. 10.288, de 20.9.2001, não faz distinção entre os menores 14 e 18 anos, pois, simplesmente, vaticina que:

> A reclamação trabalhista do menor de 18 anos será feita por seus representantes legais e, na falta destes, pela Procuradoria da Justiça do Trabalho [*sic*], pelo sindicato, pelo Ministério Público estadual ou curador nomeado em juízo.

Assim, cotejando o art. 793 da CLT e o art. 5º, parágrafo único, inciso V, do CCB, parece-nos factível a seguinte construção hermenêutica com relação à capacidade do empregado menor de 18 (dezoito) anos:

- *entre 16 completos e 18 anos incompletos* – adquire *capacidade plena (por emancipação) para exercer* todos aos atos da vida civil, desde que tenha carteira de trabalho devidamente anotada e percebendo os direitos sociais trabalhistas correspondentes. Logo, além de poder celebrar e rescindir contrato de trabalho, adquirirá capacidade processual para demandar pessoalmente (*jus postulandi*) na Justiça do Trabalho ou contratar advogado para representá-lo;
- *abaixo de 16 anos* – é incapaz para a prática de atos da vida civil. Logo, será representado por quem detenha o poder familiar (CCB, art. 1.634) ou, na sua falta, de forma sucessiva, pelo MPT, pelo sindicato da correspondente categoria profissional, pelo MP estadual ou curador nomeado pelo juiz.

Parece-nos, porém, que, mesmo adquirindo a capacidade processual em decorrência de sua emancipação civil, contra o menor de 18 (dezoito) anos não corre prescrição, tendo em vista a norma especial mais favorável prevista no art. 440 da CLT.

Além disso, não deixa o menor de 18 anos de ser destinatário das normas de proteção à sua higidez física, moral e mental. Vale dizer, as normas de ordem pública que visam à proteção da pessoa em desenvolvimento enquadram-se naquilo que se convencionou chamar de doutrina da proteção integral, que dá sustentáculo ao sistema internacional e interno de defesa e proteção das crianças e adolescentes.

De tal modo que, mesmo tendo capacidade processual, o menor de 18 anos não poderá trabalhar no horário noturno ou em atividades insalubres, perigosas, penosas ou que comprometam a sua sadia qualidade de vida, sendo certo que, ao menor de 16 anos, é vedado qualquer trabalho, salvo na condição de aprendiz, a partir dos 14 anos de idade.

A intenção do legislador, embora pecando pela atecnia redacional, foi a de alargar o acesso dos trabalhadores infanto-juvenis à Justiça do Trabalho. Isso se deve, evidentemente, às recentes estatísticas dando conta de que milhões de crianças e adolescentes, dos 6 aos 18 anos incompletos, trabalham de forma subordinada e, não raro, em ambientes prejudiciais à sua saúde física e mental, comprometendo a sua dignidade enquanto pessoa humana merecedora de proteção especial do Estado, da família e de toda a sociedade.

Com relação ao empregador pessoa física, é correto dizer que ele adquire a capacidade de estar em juízo nos termos do Código Civil, isto é, aos 18 anos ou, antes disso, se for emancipado (CCB, art. 5º, parágrafo único).

Assim, as pessoas emancipadas têm capacidade civil plena. Logo, também possuem capacidade processual, que é aquela exigida para estar em juízo.

Em conclusão: toda pessoa que possui capacidade civil plena (CC 2002, art. 5º e seu parágrafo único) também possui, além da capacidade de ser parte, a capacidade processual, isto é, capacidade para estar em juízo na condição de autor, réu ou terceiro.

5. *Jus postulandi*

Capacidade processual não se confunde com capacidade postulatória, que é a capacidade para postular em juízo, também chamada de *jus postulandi*.

Na verdade, capacidade postulatória é uma autorização legal para alguém praticar atos processuais. No processo civil, salvo exceções previstas em lei, o *jus postulandi* é conferido monopolisticamente aos advogados. Trata-se, aqui, de um pressuposto processual referente às partes, pois estas devem estar representadas em juízo por advogados.

Nos domínios do processo do trabalho, o art. 791 da CLT dispõe que: "Os empregados e os empregadores poderão reclamar pessoalmente perante a Justiça do Trabalho e acompanhar as suas reclamações até o final".

Pode-se dizer, portanto, que o *jus postulandi*, no processo do trabalho, *é a faculdade conferida por lei às partes*, isto é, aos sujeitos da relação de emprego, *para postularem diretamente em juízo, sem necessidade de serem representadas por advogado*.

A Constituição Federal de 1988 (art. 133) considera o advogado "essencial à administração da Justiça", o que levou parte da doutrina a defender a não recepção do art. 791 da CLT.

Na mesma linha, a Lei n. 8.906, de 4.7.1994 (art. 1º, I) prevê que são atividades privativas da advocacia "a postulação a qualquer órgão do Poder Judiciário e aos juizados especiais".

Mas o STF (ADI n. 1.127-8) decidiu que a capacidade postulatória do advogado não é obrigatória nos Juizados de Pequenas Causas (atualmente, Juizados Especiais), na Justiça do Trabalho e na chamada Justiça de Paz. Em razão disso, os tribunais trabalhistas vêm, majoritariamente, decidindo que o art. 791 da CLT continua em vigor.

A Súmula n. 425 do TST, no entanto, deu interpretação restritiva ao art. 791 da CLT, restringindo o *jus postulandi* das partes, sendo certo que a EC n. 45/2004, ao ampliar a competência da Justiça do Trabalho, para processar e julgar outras ações oriundas da *relação de trabalho*, diversas da *relação de emprego*, passou a exigir uma nova interpretação daquela norma consolidada, o que é corroborado pelos arts. 1º e 5º da IN/TST n. 27/2005, que deixam implícita a ilação de que nessas novas demandas, que passaram para a competência da Justiça do Trabalho, é indispensável o patrocínio das partes por advogados.

6. Representação e assistência

A representação processual ocorre quando alguém figura num dos polos da relação jurídica processual em nome e na defesa de interesse de outrem. Pode ser *legal*, como a representação das pessoas jurídicas de direito público (CPC/2015, art. 75, I, II e III), ou *convencional*, como a dos representantes das pessoas jurídicas de direito privado em geral (CPC/2015, art. 75, VIII).

Já a assistência possui, em termos processuais, multifários significados, como a assistência interventiva, a litisconsorcial, a assistência judiciária, a assistência judicial dos menores etc.

Com relação ao empregado entre 14 e 18 anos, art. 7º, XXXIII, da CF/1988 (redação dada EC n. 20/1998), estabelece a "proibição de trabalho noturno, perigoso ou insalubre a menores de 18 e de qualquer trabalho a menores de 16 anos, salvo na condição de aprendiz, a partir de 14 anos".

Assim, como já vimos no item 4 *supra*, parece-nos que, antes dos 16 anos, o trabalhador adolescente será *representado* pelos pais ou tutores. Se tiver mais de 16 e menos de 18 anos, será *assistido*.

A CLT, no entanto, confunde os institutos da representação e da assistência.

O art. 843, § 2º, da CLT, por exemplo, permite a *representação* de um empregado por outro que pertença à mesma profissão ou pelo sindicato. Não se trata, aqui, em rigor, de representação, pois o empregado que comparece em lugar do outro à audiência não o representa processualmente, pois não poderá confessar, transigir, desistir da ação, interpor recurso etc. A sua missão excepcional tem o condão apenas de evitar o arquivamento dos autos, ou seja, a extinção do processo sem resolução de mérito. Nada mais.

Outro exemplo de erronia técnica da CLT está no seu art. 791, § 2º, ao facultar às partes do dissídio coletivo a "assistência" por advogado. Ora, advogado não presta assistência à parte; apenas a representa por meio de um contrato (expresso ou tácito) de prestação de serviços advocatícios.

Já vimos que nas ações individuais trabalhistas os empregados e os empregadores poderão fazer-se representar por intermédio do respectivo sindicato representativo da categoria – profissional ou econômica – a que pertencem, nos termos do art. 791, § 1º, combinado com o art. 513, *a*, da CLT. O art. 18 da Lei n. 5.584/70 revogou parcialmente o § 1º do art. 791 da CLT, ao dispor que a "assistência judiciária, nos termos da presente Lei, será prestada ao trabalhador ainda que não seja associado do respectivo sindicato". Logo, a representação do trabalhador pelo sindicato de sua categoria profissional independe da sua condição de sócio da associação sindical correspondente.

Outra impropriedade redacional da CLT está prevista no seu art. 843, *caput*, segundo o qual, na audiência de julgamento, em se tratando de reclamatória plúrima ou ação de cumprimento, os empregados poderão fazer-se "representar" pelo sindicato de sua categoria.

No primeiro caso (reclamatória plúrima) está-se diante do litisconsórcio ativo facultativo, e, no segundo (ação de cumprimento), de substituição processual.

Ora, na reclamação plúrima, o sindicato não representa os litisconsortes; quem o faz, geralmente, é o advogado. O sindicato poderá prestar assistência judiciária (Lei n. 5.584/1970, art. 14), que não se confunde com representação processual. Há, contudo, um costume, decorrente da praxe forense, de aceitação pelos juízes da chamada "comissão de representantes" dos litisconsortes ou dos substituídos, principalmente quando há um número grande de trabalhadores, que comparecem juntamente com o sindicato à audiência. O juiz, nesse caso, busca preservar a ordem na audiência, evitando tumultos comumente verificáveis nessas espécies de demandas judiciais. De toda a sorte, "a representação sindical" ora focalizada é meramente fática, e não processual, pois o sindicato, nesse caso, não poderá transigir, desistir da ação, confessar, recorrer etc.

De outro giro, na ação de cumprimento o sindicato atua como substituto processual, ou seja, atua em nome próprio, defendendo direitos alheios (individuais homogêneos) dos trabalhadores substituídos processualmente, independentemente de autorização destes.

Quanto à representação do espólio, dispõe o art. 75, VII, do CPC/2015 que ela cabe ao inventariante. Como a referida regra do processo civil pressupõe a abertura de inventário dos bens deixados pelo *de cujus*, e considerando que nem sempre é aberto inventário do empregado, ou porque não deixou bens, ou porque os seus familiares negligenciam em promoverem a abertura do inventário, o certo é que, na prática do processo laboral, no qual prevalece o princípio da instrumentalidade das formas, tem-se admitido que o empregado falecido seja representado por seus herdeiros ou dependentes ou, ainda, pelo seu espólio.

Lembra, com razão, Renato Saraiva (2008, p. 241) que na maioria das vezes, em face da insuficiência econômica do obreiro e consequente inexistência de bens, não há inventário do empregado falecido. Nessa hipótese, haverá habilitação incidente no processo diretamente pelos dependentes habilitados perante a Previdência Social (Lei n. 6.858/80, art. 1º). Caso não haja dependentes inscritos perante a Previdência Social, os sucessores é que serão habilitados.

De toda a sorte, existindo bens do empregado falecido ou se este deixou filhos menores, o correto é a abertura de inventário, devendo o juiz do trabalho determinar a suspensão do processo laboral até a nomeação de inventariante. Somente depois da nomeação do inventariante e sua habilitação incidente nos autos, o processo pode retornar à sua tramitação normal.

À luz do art. 843 da CLT, na audiência de julgamento deverão estar presentes o reclamante e o reclamado, independentemente do comparecimento de seus representantes, salvo nos casos de Reclamatórias Plúrimas ou Ações de Cumprimento, quando os empregados poderão fazer-se representar pelo sindicato de sua categoria.

Vê-se, pois, que o processo do trabalho exige a presença pessoal das partes na audiência.

Todavia, o § 1º do art. 843 da mesma Consolidação faculta "ao empregador fazer-se substituir pelo gerente, ou qualquer outro preposto que tenha conhecimento do fato, e cujas declarações obrigarão o preponente".

Fazer-se substituir não guarda qualquer pertinência com a *substituição processual*, que é uma espécie de legitimação *ad causam* extraordinária.

O preposto é um representante *sui generis* do empregador, cuja missão específica seria substituí-lo na audiência e nela prestar declarações vinculativas para fins de confissão do reclamado quanto aos fatos deduzidos na relação processual, podendo, nos termos da carta de preposição, firmar acordos, compromissos, dar quitação etc.

Discutia-se se o preposto deveria ser empregado do reclamado ou poderia ser qualquer outra pessoa, como contadores, economistas, administradores, que não mantivessem vínculo empregatício com o empregador.

A Súmula n. 377 do TST dispõe que: "Exceto quanto à reclamação de empregado doméstico, ou contra micro ou pequeno empresário, o preposto deve ser necessariamente empregado do reclamado. Inteligência do art. 843, § 1º, da CLT e do art. 54 da Lei Complementar n. 123, de 14 de dezembro de 2006".

Essa súmula deverá sofrer alteração em função do § 3º do art. 843 da CLT (incluído pela Lei n. 13.467/2017), segundo o qual o preposto "não precisa ser empregado da parte reclamada".

Além disso, com o advento da EC n. 45/2004, que ampliou a competência da Justiça do Trabalho para outras demandas em que figurarão como partes pessoas diversas dos sujeitos da relação de emprego, certamente haverá questionamentos acerca da representação por preposto do tomador de serviço que não seja empregador. Indaga-se: será que o tomador de serviço, nas relações de trabalho diversas da de emprego, poderá ser representado por preposto, beneficiando-se da regra prevista no § 1º do art. 843 da CLT?

De nossa parte, parece-nos que a norma em questão é aplicável apenas ao empregador, em função do que, à míngua de previsão legal, a representação de qualquer outro tomador de serviço na audiência trabalhista deverá ser feita com base nas regras dos arts. 75 e 76 do CPC/2015.

Ao lado das pessoas naturais ou físicas, há as pessoas jurídicas, de direito público ou de direito privado, cuja representação está disciplinada em vários incisos do art. 75 do CPC/2015, segundo o qual serão representados em Juízo, ativa e passivamente:

> I – a União, pela Advocacia-Geral da União, diretamente ou mediante órgão vinculado;
>
> II – o Estado e o Distrito Federal, por seus procuradores;
>
> III – o Município, por seu prefeito ou procurador;
>
> IV – a autarquia e a fundação de direito público, por quem a lei do ente federado designar;
>
> V – a massa falida, pelo administrador judicial;
>
> VI – a herança jacente ou vacante, por seu curador;
>
> VII – o espólio, pelo inventariante;
>
> VIII – a pessoa jurídica, por quem os respectivos atos constitutivos designarem ou, não havendo essa designação, por seus diretores;
>
> IX – a sociedade e a associação irregulares e outros entes organizados sem personalidade jurídica, pela pessoa a quem couber a administração de seus bens;
>
> X – a pessoa jurídica estrangeira, pelo gerente, representante ou administrador de sua filial, agência ou sucursal aberta ou instalada no Brasil;
>
> XI – o condomínio, pelo administrador ou síndico.
>
> § 1º Quando o inventariante for dativo, os sucessores do falecido serão intimados no processo no qual o espólio seja parte.

§ 2º A sociedade ou associação sem personalidade jurídica não poderá opor a irregularidade de sua constituição quando demandada.

§ 3º O gerente de filial ou agência presume-se autorizado pela pessoa jurídica estrangeira a receber citação para qualquer processo.

§ 4º Os Estados e o Distrito Federal poderão ajustar compromisso recíproco para prática de ato processual por seus procuradores em favor de outro ente federado, mediante convênio firmado pelas respectivas procuradorias.

Quanto aos incisos I, II, III e IV *supra*, o TST editou a Súmula n. 436, *in verbis*:

I – A União, Estados, Municípios e Distrito Federal, suas autarquias e fundações públicas, quando representadas em juízo, ativa e passivamente, por seus procuradores, estão dispensadas da juntada de instrumento de mandato e de comprovação do ato de nomeação.

II – Para os efeitos do item anterior, é essencial que o signatário ao menos declare-se exercente do cargo de procurador, não bastando a indicação do número de inscrição na Ordem dos Advogados do Brasil.

É importante destacar que em relação às autarquias dos Estados e dos Municípios a SBDI-1/TST editou a OJ n. 318, *in verbis*:

Os Estados e os Municípios não têm legitimidade para recorrer em nome das autarquias detentoras de personalidade jurídica própria, devendo ser representadas pelos procuradores que fazem parte de seus quadros ou por advogados constituídos.

No que tange à jurídica estrangeira, o gerente da filial ou agência presume-se autorizado a receber a citação inicial para qualquer processo.

Concernentemente às pessoas jurídicas de direito privado, a praxe forense laboral não tem sido rigorosa quanto à necessidade de juntada dos atos constitutivos das pessoas jurídicas quando figurarem como pessoa empregadores, como se infere da OJ n. 255 da SDI-1/TST:

O art. 75, inciso VIII, do CPC de 2015 (art. 12, VI, do CPC de 1973) não determina a exibição dos estatutos da empresa em juízo como condição de validade do instrumento de mandato outorgado ao seu procurador, salvo se houver impugnação da parte contrária.

Cumpre advertir, porém, que a Súmula n. 456 do TST passou, em decorrência do CPC de 2015 e do Incidente de Uniformização de Jurisprudência (IUJ) n. 85600-06.2007.5.15.0000 (Red. Min. Ives Gandra Martins Filho, a ter a seguinte redação:

REPRESENTAÇÃO. PESSOA JURÍDICA. PROCURAÇÃO. INVALIDADE. IDENTIFICAÇÃO DO OUTORGANTE E DE SEU REPRESENTANTE. I – É inválido o instrumento de mandato firmado em nome de pessoa jurídica que não contenha, pelo menos, o nome do outorgante e do signatário da procuração, pois estes dados constituem elementos que os individualizam. II – Verificada a irregularidade de representação da parte na instância originária, o juiz designará prazo de 5 (cinco) dias para que seja sanado o vício. Descumprida a determinação, extinguirá o processo, sem resolução de mérito, se a providência couber ao reclamante, ou considerará revel o reclamado, se a providência lhe couber (art. 76, § 1º, do CPC de 2015). III – Caso a irregularidade de representação da parte seja constatada em fase recursal, o relator designará prazo de 5 (cinco) dias para que seja sanado o vício. Descumprida a determinação, o relator não conhecerá do recurso, se a providência couber ao recorrente, ou determinará o desentranhamento das contrarrazões, se a providência couber ao recorrido (art. 76, § 2º, do CPC de 2015).

Ressalta-se que, ao lado das pessoas físicas e das pessoas jurídicas, existem outros entes formais, verdadeiras universalidades de pessoas ou de bens, que não possuem personalidade de pessoa física ou jurídica, mas podem estar representadas em juízo. Tais entes estão previstos expressamente nos incisos V, VI e VII do art. 75 do CPC/2015.

A Lei n. 2.757, de 23.4.1956, determina que nos *condomínios residenciais e comerciais* a representação em juízo dos empregadores deve recair na pessoa do síndico eleito pelos condôminos. Tem sido admitida, porém, a representação dos condomínios pelo seu administrador, por aplicação analógica do art. 12, IX, do CPC/73 (CPC/2015, art. 75, IX).

Tratando-se de *empregador doméstico*, que pode ser pessoa física ou a família (Lei Complementar n. 150, art. 1º), a representação daquela pode ser feita tanto pelo marido, pela esposa, ou, ainda, por qualquer outra pessoa da família com capacidade de ser parte, como os filhos maiores. Aqui, segundo nos parece, há necessidade de uma boa dose de equidade, a fim de evitar injustiças e dificuldades à ampla defesa da família em juízo. Por força da Súmula n. 377 do TST e do § 3º do art. 843 da CLT (incluído pela Lei n. 13.467/2017), pensamos que qualquer pessoa pode atuar como preposto do empregador doméstico, e não apenas membros da família reclamada.

Outra situação que exige um tratamento diferenciado é a do micro ou pequeno empresário, pois a exigência de preposto empregado pode inviabilizar os direitos fundamentais de acesso à justiça e de ampla defesa do reclamado, o que, aliás, é reconhecido pela Súmula n. 377 do TST e reforçado pelo referido § 3º do art. 843 da CLT.

Quanto ao *grupo econômico* (CLT, art. 2º, § 2º), há julgados que admitem que as empresas dele integrantes, por responderem solidariamente pelos encargos decorrentes da relação de emprego, possam ser representadas por um único diretor, que, por sua vez, poderá nomear um só preposto, sendo que este, de acordo com o novel § 3º do art. 843 da CLT, não precisa mais ser empregado de qualquer empresa do grupo econômico.

7. Representação por advogado

O § 1º do art. 791 da CLT faculta a representação do empregado e do empregador por advogado. Vale dizer, a representação por advogado é facultativa no processo do trabalho, pois o *caput* do art. 791 da CLT permite que empregado e empregador possam demandar pessoalmente perante a Justiça do Trabalho, como já vimos no item 2 *supra.*

Entretanto, a Súmula n. 425 do TST não mais permite o *jus postulandi* das próprias partes (empregado e empregador) nos recursos dirigidos ao TST e nas ações originárias daquela Corte. Nesses casos, a representação da parte por advogado passa a ser obrigatória.

Como a EC n. 45/2004 ampliou a competência da Justiça do Trabalho para processar e julgar outras ações oriundas da relação de trabalho, diversas da relação de emprego, parece-nos necessária uma nova interpretação do art. 791 da CLT conforme o art. 133 da CF, no sentido de considerar obrigatória a presença do advogado em tais demandas.

Caso a parte opte – fora das hipóteses obrigatórias previstas na Súmula n. 425 do TST e das novas ações oriundas da relação de trabalho – por ser representada por advogado, este deverá portar o instrumento de mandato, que é a procuração, sendo admitida a procuração *apud acta*, conforme autorizado pelo § 3º do art. 791 da CLT, segundo o qual:

> A constituição de procurador com poderes para o foro em geral poderá ser efetivada, mediante simples registro em ata de audiência, a requerimento verbal do advogado interessado, com anuência da parte representada.

Sem esse instrumento, não poderá o advogado propor a ação ou ingressar nos autos, salvo para evitar preclusão, decadência ou prescrição, ou para praticar ato considerado urgente, caso em que o advogado deverá, independentemente de caução, exibir a procuração no prazo de 15 (quinze) dias, prorrogável por igual período por despacho do juiz. O ato não ratificado será considerado ineficaz relativamente àquele em cujo nome foi praticado, respondendo o advogado pelas despesas e por perdas e danos (CPC/2015, art. 104, §§ 1º e 2º).

De acordo com a Súmula n. 456 do TST:

> I – É inválido o instrumento de mandato firmado em nome de pessoa jurídica que não contenha, pelo menos, o nome do outorgante e do signatário da procuração, pois estes dados constituem elementos que os individualizam.
>
> II – Verificada a irregularidade de representação da parte na instância originária, o juiz designará prazo de 5 (cinco) dias para que seja sanado o vício. Descumprida a determinação, extinguirá o processo, sem resolução de mérito, se a providência couber ao reclamante, ou considerará revel o reclamado, se a providência lhe couber (art. 76, § 1º, do CPC de 2015).
>
> III – Caso a irregularidade de representação da parte seja constatada em fase recursal, o relator designará prazo de 5 (cinco) dias para que seja sanado o vício. Descumprida a determinação, o relator não conhecerá do recurso, se a providência couber ao recorrente, ou determinará o desentranhamento das contrarrazões, se a providência couber ao recorrido (art. 76, § 2º, do CPC de 2015).

O mandato pode ser *ad judicia*, que habilita o advogado para o foro em geral, e *ad judicia et extra*, que, além disso, dá poderes ao advogado para representar as partes também em quaisquer repartições oficiais.

No que diz respeito à atuação do advogado em localidade diversa da Seccional de sua inscrição, o TST/SBDI-1 editou a OJ n. 7, segundo a qual a falta de comunicação do advogado à OAB para o exercício profissional em seção diversa daquela na qual tem inscrição não importa nulidade dos atos praticados, constituindo apenas infração disciplinar, que cabe àquela instituição analisar.

Quanto ao reconhecimento de firma, a Lei n. 8.952/94 tornou-a dispensável tanto para a outorga do instrumento do mandato quanto para o substabelecimento.

No que concerne à necessidade de procuração nos autos de agravo de instrumento, a OJ n. 110 da SBDI-1 exigia a existência de instrumento de mandato apenas nos autos de agravo de instrumento, ainda que em apenso, não legitimaria a atuação de advogado nos processos de que se originou o agravo. Esse verbete, no entanto, foi cancelado em decorrência do CPC de 2015 (TST, Resolução n. 212/2016).

Outra questão importante sobre a representação processual do advogado em agravo de instrumento está prevista na OJ n. 374 da SBDI-1/TST, que considera regular a representação processual do subscritor do agravo de instrumento ou do recurso de revista que detém mandato com poderes de representação limitados ao âmbito do Tribunal Regional do Trabalho, pois, embora a apreciação desse recurso seja realizada pelo Tribunal Superior do Trabalho, a sua interposição é ato praticado perante o Tribunal Regional do Trabalho, circunstância que legitima a atuação do advogado no feito.

Quanto à atuação dos estagiários de Direito na Justiça do Trabalho, é importante lembrar a OJ n. 319 da SDI-1/TST considera válidos os atos praticados por estagiário se, entre o substabelecimento e a interposição do recurso, sobreveio a habilitação do então estagiário para atuar como advogado.

7.1. Mandato tácito ou *apud acta*

É importante assinalar que no processo do trabalho são admitidos o *mandato tácito* e o *apud acta*. Embora a jurisprudência majoritária não faça distinção entre mandato tácito e mandato *apud acta*, parece-nos factível dizer que o *mandato tácito* decorre de um conjunto de atos praticados pelo advogado em nome da parte ou da sua simples presença em audiência, embora nos autos não conste o instrumento de mandato.

No mandato tácito, o mandatário, isto é, o advogado, estará autorizado apenas a praticar os atos inerentes aos poderes da cláusula *ad judicia*. Logo, não poderá praticar atos jurídicos que dependam da outorga de poderes especiais (com cláusula específica), como receber citação, confessar, desistir, transigir, reconhecer a procedência do pedido, renunciar, receber, dar quitação, firmar compromisso, e assinar declaração de hipossuficiência econômica. É o que se infere do art. 105 do CPC/2015. O TST (SBDI-1, OJ n. 200) considera inválido o substabelecimento de advogado investido de mandato tácito.

Já o mandato *apud acta* exsurge pelo fato de o nome do patrono da parte constar da ata de audiência. No mandato *apud acta,* também devem ser observadas as restrições do art. 105 do CPC/2015, em função do que os poderes do advogado são apenas os da cláusula *ad judicia,* salvo se houver previsão expressa de outorga de poderes especiais na própria ata de audiência.

É importante ressaltar que recentemente foi editada a Lei n. 12.437, de 6 de julho de 2011, que acresceu o § 3º ao art. 791 da CLT, nos seguintes termos:

> A constituição de procurador com poderes para o foro em geral poderá ser efetivada, mediante simples registro em ata de audiência, a requerimento verbal do advogado interessado, com anuência da parte representada.

O preceptivo em causa consagra, a nosso sentir, o reconhecimento da procuração *apud acta,* com poderes *ad judicia,* no sistema processual trabalhista, prestigiando, ao mesmo tempo, os princípios da oralidade, simplicidade e facilitação do acesso à justiça.

Sobre mandato, substabelecimento e procuração, recomendamos, ainda, a leitura das Súmulas ns. 122, 164, 383, 395 e 456 do TST, bem como das OJs ns. 52, 75, 110, 200, 255, 286, 331, 349, 371, 374 da SBDI-1 do TST.

8. Assistência judiciária gratuita, benefício da justiça gratuita e princípio da gratuidade

Nos termos do art. 14 da Lei n. 5.584, de 26.6.1970, na Justiça do Trabalho, a Assistência Judiciária a que se refere a Lei n. 1.060, de 5.2.1950, será prestada pelo Sindicato da categoria profissional a que pertencer o trabalhador.

O § 1º do art. 14 da Lei n. 5.584 estabelece que a assistência judiciária é devida a todo trabalhador que perceber salário igual ou inferior ao dobro do salário mínimo legal, ficando, porém, assegurado idêntico direito ao trabalhador de maior salário, uma vez provado que sua situação econômica não lhe permita demandar, sem prejuízo do sustento próprio ou de sua família.

A Lei n. 10.288, de 20.9.2001, revogou, tácita e parcialmente, o § 1º do art. 14 da Lei n. 5.584/1970, ao acrescentar o § 10 ao art. 789 da CLT, nos seguintes termos:

> O sindicato da categoria profissional prestará *assistência judiciária gratuita* ao trabalhador desempregado ou que perceber *salário inferior a cinco salários mínimos* ou que declare, sob responsabilidade, não possuir, em razão dos encargos próprios e familiares, condições econômicas de prover à demanda. (grifos nossos)

Demonstrando desconhecimento do ordenamento jurídico, o legislador editou a Lei n. 10.537, de 28.8.2002, que, dando nova redação ao art. 789 da CLT, simplesmente suprimiu o § 10. Além disso, a Lei n. 10.537 acrescentou ao art. 790 o § 3º, que faculta aos juízes conceder o *benefício da justiça gratuita* "àqueles que perceberem salário igual ou inferior ao dobro do mínimo legal, ou declararem, sob as penas da lei, que não estão em condições de pagar as custas do processo sem prejuízo do sustento próprio ou de sua família".

Diante dessa confusão legislativa, indaga-se: será que a assistência judiciária na Justiça do Trabalho constitui "monopólio" das entidades sindicais dos trabalhadores?

Primeiramente, parece-nos importante distinguir *assistência judiciária gratuita* de *benefício da justiça gratuita*, porquanto, a nosso ver, a assistência judiciária, nos domínios do processo do trabalho, continua sendo monopólio das entidades sindicais, pois a Lei n. 10.288/2001 apenas derrogou (revogação parcial) o art. 14 da Lei n. 5.584/70, mesmo porque o seu art. 18 prescreve que a "assistência judiciária, nos termos da presente lei, será prestada ao trabalhador ainda que não seja associado do respectivo sindicato". Na assistência judiciária, portanto, temos o *assistente* (sindicato) e o *assistido* (trabalhador), cabendo ao primeiro oferecer serviços jurídicos em juízo ao segundo.

A assistência judiciária gratuita abrange o benefício da justiça gratuita e talvez por isso a existência de confusão a respeito desses dois institutos.

Com efeito, o benefício da justiça gratuita, que é regulado pelo art. 790, § 3º, da CLT, pode ser concedido, a requerimento da parte ou de ofício, por qualquer juiz de qualquer instância a qualquer trabalhador, independentemente de ser ele patrocinado por advogado ou sindicato, que litigue na Justiça do Trabalho, desde que perceba salário igual ou inferior ao dobro do mínimo legal ou que declare que não está em condições de pagar as custas do processo sem prejuízo do sustento próprio ou de sua família.

O benefício da justiça gratuita implica apenas a isenção do pagamento de despesas processuais, abrangendo as custas, emolumentos, honorários advocatícios e periciais. Outra diferença é que na assistência judiciária, em caso de procedência total ou parcial da demanda, caberão honorários advocatícios de sucumbência reversíveis ao sindicato assistente (Lei n. 5.584/1970, art. 16), o que não ocorre na hipótese de benefício da justiça gratuita.

A prova da situação de precariedade econômica pode ser feita mediante simples declaração, na própria petição inicial ou em documento a ela anexado, consoante previsão do § 1º do art. 4º da Lei n. 1.060/1950 (redação dada pela Lei n. 7.510/1986). Nesse sentido, a SDI-1 do TST editou (*DJU* de 11.8.2003) a OJ n. 304.

De acordo com o art. 3º da Lei n. 1.060/1950, a assistência judiciária compreende as seguintes isenções: taxas judiciárias e dos selos; emolumentos e custas devidos aos Juízes, órgãos do Ministério Público e serventuários da justiça;

despesas com as publicações indispensáveis no jornal encarregado da divulgação dos atos oficiais; indenizações devidas às testemunhas que, quando empregados, receberão do empregador salário integral, como se em serviço estivessem, ressalvado o direito regressivo contra o Poder Público federal, no Distrito Federal e nos Territórios; ou contra o Poder Público estadual, nos Estados; honorários de advogado e peritos.

Não há previsão infraconstitucional para a concessão da assistência judiciária ou benefício da justiça gratuita ao empregador, mormente quando pessoa jurídica. Nesse sentido, é praticamente unânime a jurisprudência.

Parece-nos viável, porém, com base no art. 5º, LXXIV, da CF, a concessão do benefício da gratuidade (justiça gratuita) quando se tratar de empregador pessoa física que declarar, sob as penas da lei, não possuir recursos para o pagamento das custas sem prejuízo do sustento próprio ou de sua família, como nos casos de empregador doméstico, trabalhadores autônomos quando figurarem como empregadores ou pequenos empreiteiros na mesma condição.

Há entendimento no sentido de que a aplicação de pena por litigância de má-fé é incompatível com a concessão do benefício da justiça gratuita ou da assistência judiciária gratuita. Pedimos vênia para divergir de tal entendimento, uma vez que estamos diante de institutos diversos e não há previsão legal nas ações individuais para a perda do benefício da gratuidade ou da assistência judiciária gratuita para o litigante de má-fé.

Assistência judiciária gratuita e benefício da justiça gratuita, institutos de direito processual individual, não se confundem com o princípio da gratuidade, que é inerente ao direito processual coletivo. Enquanto nos primeiros há isenção de custas e demais despesas processuais concedidas a requerimento da parte ou de ofício pelo magistrado, desde que o interessado declare situação de hipossuficiência econômica para demandar, no princípio da gratuidade, que é norma de ordem pública, portanto independente de requerimento ou de qualquer declaração da parte, não há quaisquer despesas para o autor da ação coletiva, salvo quando este for uma associação que esteja litigando de má-fé.

Com efeito, o princípio da gratuidade é muito mais amplo que a assistência judiciária gratuita e o benefício da gratuidade, pois integra o microssistema de acesso coletivo ao Poder Judiciário brasileiro.

Assim, nas ações civis públicas (ou coletivas) para tutela de direitos difusos, coletivos ou individuais homogêneos, como se infere do art. 18 da Lei n. 7.347/1985, com redação dada pela Lei n. 8.078/1990, não haverá adiantamento de custas, emolumentos, honorários periciais e quaisquer outras despesas, nem condenação da associação autora, salvo comprovada má-fé, em honorários de advogado, custas e despesas processuais. Idêntica regra é prevista no art. 87 do CDC (Lei n. 8.078/1990).

Ora, se o princípio da gratuidade é aplicável em todas as ações coletivas propostas em qualquer setor do Poder Judiciário brasileiro, com muito mais ênfase ele deve ser aplicado no âmbito da Justiça do Trabalho dada a nítida função social desse ramo especializado, mesmo porque, como já vimos em outra parte deste livro, a jurisdição trabalhista metaindividual é efetivada por meio de normas do referido microssistema de acesso coletivo à justiça, restando à CLT o papel de fonte subsidiária (Lei n. 7.347/1985, art. 19; CDC, art. 90).

De forma diferente do processo individual, no qual o beneplácito da assistência judiciária gratuita e o benefício da gratuidade podem ser concedidos ao litigante de má-fé, o princípio da gratuidade, como todo princípio, encontra uma exceção, como prevê o parágrafo único do art. 87 do CDC, ao dispor que, em caso de litigância de má-fé, a associação autora e os diretores responsáveis pela propositura da ação serão solidariamente condenados em honorários advocatícios e ao décuplo das custas, sem prejuízo da responsabilidade por perdas e danos.

Numa palavra, a sanção expressa para o autor da ação coletiva considerado de má-fé é muito severa e seu objetivo é evitar as chamadas ações coletivas temerárias propostas por associações de direito privado, como é o caso dos sindicatos brasileiros, pois os seus diretores serão corresponsáveis pelo pagamento do décuplo do valor das custas processuais e pelos danos materiais e morais eventualmente sofridos pelo réu da demanda coletiva.

9. Deveres das partes e de todos que participam do processo

O conteúdo ético do processo encontra fundamento no princípio da probidade processual. A CLT é omissa a respeito da ética processual, razão pela qual se impõe, a nosso ver, a aplicação subsidiária do CPC, com as necessárias adaptações.

Podemos dizer que o art. 77 do CPC/2015 alberga o princípio da probidade processual na medida em que impõe aos sujeitos da lide e do processo os deveres de:

> I expor os fatos em juízo conforme a verdade;
>
> II – não formular pretensão ou de apresentar defesa quando cientes de que são destituídas de fundamento;
>
> III – não produzir provas e não praticar atos inúteis ou desnecessários à declaração ou à defesa do direito;
>
> IV – cumprir com exatidão as decisões jurisdicionais, de natureza provisória ou final, e não criar embaraços à sua efetivação;
>
> V – declinar, no primeiro momento que lhes couber falar nos autos, o endereço residencial ou profissional onde receberão intimações,

atualizando essa informação sempre que ocorrer qualquer modificação temporária ou definitiva;

VI – não praticar inovação ilegal no estado de fato de bem ou direito litigioso.

O dever de não causar embaraço à administração da justiça encontra inspiração no *contempt of court* do sistema estadunidense, o qual pode ser definido como "a prática de qualquer ato que tenda a ofender um juiz ou tribunal na administração da justiça, ou a diminuir sua autoridade ou dignidade, incluindo a desobediência a uma ordem" (GRINOVER *apud* NERY JUNIOR, 2002, p. 7).

É interessante notar que nem todas as hipóteses de inobservância dos incisos I a VI do art. 77 do CPC/2015 implicarão sanção processual. Isso porque os §§ 1º a 8º do referido artigo dispõem, *in verbis*:

> § 1º Nas hipóteses dos incisos IV e VI, o juiz advertirá qualquer das pessoas mencionadas no *caput* de que sua conduta poderá ser punida como ato atentatório à dignidade da justiça.
>
> § 2º A violação ao disposto nos incisos IV e VI constitui ato atentatório à dignidade da justiça, devendo o juiz, sem prejuízo das sanções criminais, civis e processuais cabíveis, aplicar ao responsável multa de até vinte por cento do valor da causa, de acordo com a gravidade da conduta.
>
> § 3º Não sendo paga no prazo a ser fixado pelo juiz, a multa prevista no § 2º será inscrita como dívida ativa da União ou do Estado após o trânsito em julgado da decisão que a fixou, e sua execução observará o procedimento da execução fiscal, revertendo-se aos fundos previstos no art. 97.
>
> § 4º A multa estabelecida no § 2º poderá ser fixada independentemente da incidência das previstas nos arts. 523, § 1º, e 536, § 1º.
>
> § 5º Quando o valor da causa for irrisório ou inestimável, a multa prevista no § 2º poderá ser fixada em até 10 (dez) vezes o valor do salário mínimo.
>
> § 6º Aos advogados públicos ou privados e aos membros da Defensoria Pública e do Ministério Público não se aplica o disposto nos §§ 2º a 5º, devendo eventual responsabilidade disciplinar ser apurada pelo respectivo órgão de classe ou corregedoria, ao qual o juiz oficiará.
>
> § 7º Reconhecida violação ao disposto no inciso VI, o juiz determinará o restabelecimento do estado anterior, podendo, ainda, proibir a parte de falar nos autos até a purgação do atentado, sem prejuízo da aplicação do § 2º.
>
> § 8º O representante judicial da parte não pode ser compelido a cumprir decisão em seu lugar.

Em outras palavras, não há expressa previsão legal para sanções processuais nas hipóteses de violação aos incisos I, II, III e V do art. 77 do CPC/2015.

Outro dever processual, destinado a todos os sujeitos do processo, está previsto no art. 78 do CPC/2015, segundo o qual:

É vedado às partes, a seus procuradores, aos juízes, aos membros do Ministério Público e da Defensoria Pública e a qualquer pessoa que partícipe do processo empregar expressões ofensivas nos escritos apresentados.

O juiz, de ofício ou a requerimento do ofendido, determinará que as expressões ofensivas sejam riscadas e, a requerimento do ofendido, determinará a expedição de certidão com inteiro teor das expressões ofensivas e a colocará à disposição da parte interessada (CPC/2015, art. 78, § 2º).

Quando expressões ou condutas ofensivas forem manifestadas oral ou presencialmente, o juiz advertirá o ofensor de que não as deve usar ou repetir, sob pena de lhe ser cassada a palavra (CPC/2015, art. 78, § 1º).

9.1. Litigância de má-fé

O descumprimento dos deveres éticos do processo implicará responsabilização por dano processual da parte que for considerada litigante de má-fé (CPC/2015, art. 79).

Nos termos do art. 80 do CPC/2015, reputa-se litigante de má-fé aquele que:

> I – deduzir pretensão ou defesa contra texto expresso de lei ou fato incontroverso;
>
> II – alterar a verdade dos fatos;
>
> III – usar do processo para conseguir objetivo ilegal;
>
> IV – opuser resistência injustificada ao andamento do processo;
>
> V – proceder de modo temerário em qualquer incidente ou ato do processo;
>
> VI – provocar incidente manifestamente infundado;
>
> VII – interpuser recurso com intuito manifestamente protelatório.

O órgão julgador, de ofício ou a requerimento, condenará o litigante de má-fé a pagar multa, que deverá ser superior a um por cento e inferior a dez por cento do valor corrigido da causa, a indenizar a parte contrária pelos prejuízos que esta sofreu e a arcar com os honorários advocatícios e com todas as despesas que efetuou (CPC/2015, art. 81).

Quando forem 2 (dois) ou mais os litigantes de má-fé, o juiz condenará cada um na proporção de seu respectivo interesse na causa ou solidariamente aqueles que se coligaram para lesar a parte contrária (CPC/2015, art. 81, § 1º).

Quando o valor da causa for irrisório ou inestimável, a multa poderá ser fixada em até 10 (dez) vezes o valor do salário mínimo, sendo certo que o valor da indenização será fixado pelo juiz ou, caso não seja possível mensurá-lo, liquidado por arbitramento ou pelo procedimento comum, nos próprios autos (CPC/2015, art. 81, §§ 2º e 3º).

É importante lembrar que nas ações coletivas submetidas ao microssistema do processo coletivo (CF/LACP/CDC) a litigância de má-fé da associação (ou sindicato) autora implica sua condenação – e solidariamente dos seus diretores que contrataram o advogado signatário da petição inicial da demanda coletiva – em multa equivalente ao décuplo do valor das custas, sem prejuízo da reparação por danos materiais e morais sofridos pelo réu (CDC, art. 87, parágrafo único).

VII

ATOS, TERMOS E PRAZOS PROCESSUAIS

1. Atos e termos processuais

1.1. Atos processuais

O conceito de ato processual deve ser formulado com âncora na teoria geral dos atos e fatos jurídicos em geral. *Fato jurídico* é o acontecimento em virtude do qual os direitos nascem, se modificam ou se extinguem. O *fato jurídico em sentido amplo* abrange os *fatos jurídicos em sentido estrito* (ordinários e extraordinários), os *atos jurídicos* (atos jurídicos em sentido estrito e os negócios jurídicos) e os *atos ilícitos*.

O *fato jurídico em sentido estrito* é o acontecimento involuntário, de ordem natural, que tem importância para o direito, tal como a morte, o nascimento, o desabamento de um prédio etc. Nem todos os eventos da natureza, contudo, têm importância para o direito, pois somente aqueles que produzem efeitos jurídicos interessam para a ciência jurídica.

Ato jurídico é todo acontecimento voluntário, isto é, dependente da vontade humana, que produz efeito jurídico.

Tem-se, assim, que os *fatos processuais* são acontecimentos involuntários, ou seja, independem da vontade humana, que ocorrem no processo, como a morte das partes ou de seus representantes (p. ex.: art. 313, I, do NCPC).

Já os *atos processuais* são os acontecimentos voluntários que ocorrem no processo e dependem de manifestações dos sujeitos do processo. Os atos (jurídicos) processuais, portanto, podem ser *unilaterais*, como a petição inicial, ou *bilaterais*, como a suspensão consensual do processo (NCPC, 313, II).

Ato processual ilícito é aquele praticado com dolo ou fraude processual. Pode-se dizer, ainda, que os atos atentatórios à dignidade da justiça são atos processuais ilícitos, como, por exemplo, os atos previstos no art. 774 do NCPC, que é aplicável ao processo laboral (CLT, art. 769; NCPC, art. 15).

Sistematizando os atos processuais, o Novo Código de Processo Civil disciplina:

a forma dos atos processuais em geral (arts. 188 a 192), abrangendo a prática eletrônica de atos processuais (arts. 193 a 199), os atos das partes (arts. 200 a 202), os pronunciamentos do juiz (arts. 203 a 205) e os atos do escrivão ou do chefe de secretaria (arts. 206 a 211);

o tempo (arts. 212 a 216) e o *lugar* dos atos processuais (art. 217);

os prazos dos atos processuais (218 a 235);

a comunicação dos atos processuais (arts. 236 a 275), abrangendo a citação (arts. 238 a 259), as cartas (arts. 260 a 268), as intimações (arts. 269 a 275);

as *nulidades* dos atos processuais (arts. 276 a 283); e

outros atos processuais, que são a *distribuição*, os *registros* e o *valor da causa* (arts. 284 a 293).

A CLT, de forma assistemática, trata dos atos, termos e prazos processuais nos arts. 770 a 782.

Assim, em linha de princípio, todos os atos processuais trabalhistas devem ser públicos. Aliás, o princípio da publicidade encontra fundamento de validade na própria Constituição Federal (art. 93, IX).

Somente em casos excepcionais admite-se que o processo, na Justiça do Trabalho, corra em segredo de justiça, assim mesmo quando o "interesse público ou social" o determinar. p. ex.: nas lides que possam implicar violação aos direitos da personalidade, especialmente os vinculados à intimidade e à vida privada dos litigantes, como, por exemplo, as demandas que tratam de assédio sexual, doenças que geram discriminação etc.

Os atos processuais trabalhistas devem ser realizados nos dias úteis, das 6 às 20 horas, nos termos do art. 770 da CLT. A jurisprudência, no entanto, tem mitigado a literalidade da norma em apreço, de acordo com a praxe forense ou previsão diversa nos regimentos internos dos Tribunais.

Vaticina o art. 771 da CLT que "os termos e atos processuais poderão ser escritos a tinta, datilografados ou a carimbo". Todavia, com os avanços tecnológicos dos últimos 20 anos, que trouxeram a informatização na quase totalidade dos serviços da atividade jurisdicional, essa norma tende a entrar em desuso. Os carimbos, não obstante, continuam sendo utilizados em larga escala. Há juízes que despacham utilizando caneta esferográfica.

De acordo com o art. 202 do NCPC, é defeso às partes lançar nos autos cotas marginais ou interlineares, devendo o juiz mandar riscá-las, impondo a quem as escrever multa correspondente à metade do salário mínimo vigente.

Essa norma não se mostra incompatível com o processo do trabalho, razão pela qual, diante da omissão da legislação trabalhista, cremos ser aplicável nesse setor especializado (CLT, art. 769; NCPC, art. 15).

1.2. Termos processuais

Termo, a rigor, é a redução escrita do "ato". Em outras palavras, termo é a reprodução gráfica do ato processual. A CLT dispõe, timidamente e de forma incompleta, sobre os termos processuais nos arts. 771 a 773, o que permite a aplicação subsidiária, no que couber, dos arts. 206 a 211 do NCPC, desde que observada a principiologia peculiar do direito processual do trabalho.

A intenção do legislador é a de que os registros sejam feitos de forma indelével, insuscetíveis de rasuras que não sejam evidentes. Logo, não são admitidos no processo os termos lançados a lápis.

Os termos relativos ao andamento dos processos constarão de simples notas, datadas e rubricadas pelo chefe de secretaria ou escrivão. Não se admitem nos atos e termos processuais espaços em branco, salvo os que forem inutilizados, assim como entrelinhas, emendas ou rasuras, exceto quando expressamente ressalvadas (NCPC, art. 211).

Os atos e os termos do processo serão assinados pelas pessoas que neles intervierem, todavia, quando estas não puderem ou não quiserem firmá-los, o escrivão ou o chefe de secretaria certificará a ocorrência (NCPC, art. 209).

Quando se tratar de processo total ou parcialmente documentado em autos eletrônicos, os atos processuais praticados na presença do juiz poderão ser produzidos e armazenados de modo integralmente digital em arquivo eletrônico inviolável, na forma da lei, mediante registro em termo, que será assinado digitalmente pelo juiz e pelo escrivão ou chefe de secretaria, bem como pelos advogados das partes (NCPC, art. 209, § 1º). Eventuais contradições na transcrição, de acordo com o § 2º do art. 209 do NCPC, deverão ser suscitadas oralmente no momento de realização do ato, sob pena de preclusão, devendo o juiz decidir de plano e ordenar o registro, no termo, da alegação e da decisão.

O art. 210 do NCPC permite o uso da taquigrafia, da estenotipia ou de outro método idôneo em qualquer juízo ou tribunal.

2. Comunicação dos atos processuais

2.1. Notificação

É preciso advertir, inicialmente, que, na linguagem do direito processual do trabalho, o termo "notificação" é utilizado de modo genérico, isto é, tanto para a citação quanto para a intimação.

De toda a sorte, no processo civil ou no processo do trabalho, as citações e as intimações serão nulas, quando feitas sem a observância das prescrições legais, por força do art. 280 do NCPC, aplicado subsidiariamente ao processo laboral (CLT, art. 769; NCPC, art. 15).

2.2. Citação

Citação é o ato pelo qual se chama a juízo o réu ou o interessado a fim de se defender (NCPC, art. 238). Como a citação é pressuposto processual (*vide* Capítulo VII, item 3), o art. 239 do NCPC dispõe que, para a validade do processo, é indispensável a citação do réu ou do executado, ressalvadas as hipóteses de indeferimento da petição inicial ou de improcedência liminar do pedido.

O comparecimento espontâneo do réu supre, entretanto, a falta ou a nulidade da citação, a ausência ou a irregularidade da citação, fluindo a partir dessa data o prazo para apresentação de contestação ou de embargos à execução (NCPC, art. 239, § 1º).

Rejeitada a alegação de nulidade da citação, disciplina o § 2º do art. 239 do NCPC que, tratando-se de processo de:

I – conhecimento, o réu será considerado revel;

II – execução, o feito terá seguimento.

No processo do trabalho, a notificação citatória é feita nos termos do art. 841 da CLT, cabendo ao servidor público que receber a petição inicial notificar o réu, remetendo-lhe a segunda via da petição, para comparecer à audiência de conciliação, instrução e julgamento, que será a primeira desimpedida, depois de cinco dias. Na verdade, a notificação inicial destinada ao réu é feita por meio de registro postal (CLT, art. 841, § 1º, primeira parte) e tem a função de citá-lo e, ao mesmo tempo, intimá-lo para comparecer à audiência e nela apresentar a sua resposta.

Se o réu criar embaraços ao recebimento da notificação citatória, ou não for encontrado, poderá tal ato processual ser feito por meio de edital, a ser publicado no órgão da imprensa oficial ou, ainda, mediante afixação da notificação no local próprio da sede da Vara ou do Juízo (CLT, art. 841, § 1º, segunda parte).

Há situações, porém, em que a prática recomenda a citação por mandado, por intermédio de Oficial de Justiça, como nas hipóteses em que o réu reside em propriedades rurais onde, notoriamente, não haja serviços regulares do correio.

No processo do trabalho, diferentemente do processo civil (NCPC, art. 242), à notificação citatória (ou citação inicial) não se aplica o princípio da pessoalidade da citação (CLT, art. 841, § 1º), ou seja, ela é válida quando dirigida ao endereço correto do réu e pode ser recebida por qualquer pessoa lá presente, independentemente de ser representante legal ou procurador legalmente autorizado do réu. É, pois, do destinatário o ônus de provar a irregularidade da citação (TST, Súmula n. 16).

Todavia, há casos em que a lei determina a citação pessoal do réu, isto é, via mandado e por meio de oficial de justiça. É o que ocorre, por exemplo, com a citação da União, que deve recair na pessoa do seu representante legal (LC n. 73, de 10.2.1993, arts. 35, 36 e 37), dos Estados ou dos Municípios.

É importante assinalar que, nos termos do art. 880 da CLT, requerida a execução, o juiz "mandará expedir mandado de citação ao executado, a fim de que cumpra a decisão ou o acordo". Eis a única hipótese prevista expressamente na legislação processual trabalhista em que a citação seria pessoal pelo fato de ser feita por meio de oficial de justiça (CLT, art. 880, § 2º).

A nosso sentir, porém, há uma lacuna ontológica no art. 880 da CLT, o que exige a sua interpretação evolutiva e conforme o princípio constitucional da duração razoável do processo, donde se extrai a reinterpretação do termo "citação", nele contido, como "intimação". Esse, contudo, não é o entendimento do TST (IRR 1786-24.2015.5.04.0000).

De acordo com o art. 240 do NCPC, a citação válida, ainda quando ordenada por juízo incompetente, induz litispendência, torna litigiosa a coisa e constitui em mora o devedor, ressalvado o disposto nos arts. 397 e 398 do Código Civil. Todavia, há entendimento jurisprudencial (TST-RR 31698/2002-902-02-00, 8ª T., Rel. Min. Dora Maria da Costa, j. 26.3.2008, *DJ* 18.4.2008) no sentido de que a citação no processo do trabalho, ainda que inválida, interrompe a prescrição. É pertinente esse entendimento, porquanto a simples propositura da reclamação trabalhista, ainda que arquivada pelo não comparecimento do reclamante, interrompe a prescrição para pedidos idênticos (TST, Súmula n. 268).

No processo judicial eletrônico (PJe), dispõem os arts. 17 e 18 da Resolução CSJT n. 185/2017 que:

- as citações, inclusive as destinadas à União, Estados, Distrito Federal, Municípios e suas respectivas autarquias e fundações de direito público serão feitas por meio eletrônico, sem prejuízo da publicação no Diário Eletrônico da Justiça do Trabalho (DEJT) nas hipóteses previstas em lei.
- o cadastro das partes deverá ser efetivado pela inserção do CPF ou CNPJ respectivo.
- as citações destinadas à União, Estados, Distrito Federal, Municípios e suas respectivas autarquias e fundações de direito público serão realizadas perante os órgãos responsáveis por sua representação processual.
- no expediente de notificação inicial ou de citação constará indicação da forma de acesso ao inteiro teor da petição inicial no endereço referente à consulta pública do PJe, cujo acesso também será disponibilizado nos sítios dos TRTs e do CSJT na rede mundial de computadores.

2.3. Intimação

Intimação é o ato pelo qual se dá ciência a alguém dos atos e termos do processo, para que faça ou deixe de fazer alguma coisa (NCPC, art. 269).

Dispõe o art. 270 do NCPC que "as intimações realizam-se, sempre que possível, por meio eletrônico, na forma da lei". No processo do trabalho, a matéria é disciplinada na Resolução CSJT n. 136/2014.

As intimações no processo do trabalho são feitas, em regra, pelo correio. No Distrito Federal e nas capitais dos Estados e dos Territórios, consideram-se feitas as intimações pela só publicação dos atos no órgão oficial. Semelhantemente nas demais localidades, se houver órgão de publicação dos atos oficiais; não havendo, as intimações serão feitas por carta registrada, com aviso de recebimento.

É indispensável, sob pena de nulidade, que da publicação constem os nomes das partes e/ou de seus advogados, suficientes para sua identificação.

A intimação do Ministério Público do Trabalho, em qualquer caso, isto é, seja atuando como parte, seja oficiando como *custos legis*, será feita pessoalmente (LC n. 75/1993, art. 84, IV; CPC, art. 236, § 2º), por meio de Oficial de Justiça. As intimações da União, suas autarquias e fundações públicas serão feitas nas pessoas do Advogado da União, do Procurador da Fazenda Nacional ou do Procurador Federal que oficie nos respectivos autos (LC n. 73/1993, art. 38).

Em suma, no processo do trabalho, a intimação pode ser feita: (a) *por postagem*, que é realizada pelo Correio, sendo a mais usual, mormente no primeiro grau de jurisdição trabalhista; (b) *pessoalmente*, por intermédio de Oficial de Justiça ou pelo Diretor de Secretaria; (c) *por publicação do edital* no Diário Oficial ou no órgão que publicar o expediente da Justiça do Trabalho; (d) *por afixação do edital* na sede da Vara do Trabalho, Juízo do Direito ou Tribunal do Trabalho; (e) *por meio eletrônico*, nos termos da Resolução CSJT n. 136/2014 (art. 23).

Quando as partes são representadas por advogados, as notificações são remetidas aos endereços declinados pelos causídicos nos autos do processo, geralmente na petição inicial.

No caso de a parte possuir mais de um advogado nos autos e um deles requerer seja a intimação feita exclusivamente em seu nome, será inválida a intimação feita em nome de outro causídico, salvo se não houver prejuízo para a parte. Nesse sentido, o TST editou a Súmula n. 427.

Tratando-se de notificação postal, no caso de não ser encontrado o destinatário ou recusa de seu recebimento, o Correio ficará obrigado, sob pena de responsabilidade do servidor da ECT, a devolvê-la no prazo de 48 horas, ao juízo ou ao Tribunal de origem.

Nem sempre, porém, o Correio encaminha a devolução da notificação postal, não apenas quando o destinatário não é encontrado ou cria embaraços ao seu recebimento, mas, também, quando o destinatário não assina o recebimento. Para superar as dificuldades operacionais, o TST editou a Súmula n. 16, instituindo o critério da presunção *juris tantum* do recebimento da notificação. Mas são admissíveis todos os meios lícitos para elidir a presunção relativa do recebimento ou entrega da notificação após o decurso do prazo assinalado no Verbete Sumular n. 16 do TST.

No processo eletrônico, dispõe o art. 17 da Resolução CSJT n. 185/2017 que:

- as intimações, inclusive as destinadas à União, Estados, Distrito Federal, Municípios e suas respectivas autarquias e fundações de direito público serão feitas por meio eletrônico, sem prejuízo da publicação no Diário Eletrônico da Justiça do Trabalho (DEJT) nas hipóteses previstas em lei.
- o cadastro das partes deverá ser efetivado pela inserção do CPF ou CNPJ respectivo.
- as intimações e notificações destinadas à União, Estados, Distrito Federal, Municípios e suas respectivas autarquias e fundações de direito público serão realizadas perante os órgãos responsáveis por sua representação processual.
- é vedada às sociedades de advogados a prática eletrônica de atos processuais, sendo considerada usuária externa apenas para recebimento de intimações, na forma dos arts. 106, I e 272, § 2º, do CPC.

3. Prazos processuais

Se o processo é um caminhar adiante que tem como seu ponto culminante a sentença (no processo de conhecimento) ou a satisfação do credor (no processo ou fase de execução), seria ilógico que os atos processuais não tivessem de observar determinadas regras quanto ao tempo, pois isso desaguaria na perpetuação da lide, colocando em risco a paz social e a própria segurança da atividade jurisdicional do Estado.

O prazo processual, portanto, corresponde ao lapso de tempo para prática ou abstinência do ato processual.

3.1. Classificação

Os prazos processuais comportam multifárias classificações. Para fins didáticos, adotamos a seguinte classificação:

I – Quanto à origem da sua fixação, os prazos podem ser:

a) *Legais* – são os fixados pela própria lei (p. ex.: prazo para interposição de recursos, que, no processo do trabalho, é, em regra, de oito dias).

b) *Judiciais* – são os fixados pelo juiz (ex.: prazo para o perito apresentar o laudo técnico, nos termos do art. 852-H, § 4º, da CLT).

c) *Convencionais* – são os que podem ser objeto de acordo entre as partes (p. ex.: suspensão do processo para tentativa de acordo, nos termos do art. 313, II, do NCPC. Todavia, a suspensão dos prazos, e do próprio processo, por convenção das partes não poderá exceder seis meses, findo o qual haverá conversão do prazo convencional em prazo judicial, na medida em que o juiz ordenará o prosseguimento do processo, como determina o § 5º do art. 313 do NCPC, aplicado subsidiariamente ao processo do trabalho.

II – Quanto à sua natureza, os prazos processuais podem ser:

a) *Dilatórios* – também chamados de *prazos prorrogáveis*, são os que decorrem de normas de natureza dispositiva, isto é, normas que permitem à parte dispor do prazo para a prática de determinado ato. Os prazos convencionais também são dilatórios. No processo do trabalho, tem sido comum o juiz deferir a dilatação do prazo de vista dos autos solicitado por uma parte para manifestar-se sobre determinado documento juntado pela outra parte. É importante assinalar que a prorrogação do prazo dilatório somente pode ser autorizada pelo juiz antes do seu término. Se for requerida a prorrogação depois do término do prazo, já haverá ocorrido a preclusão.

b) *Peremptórios* – também chamados de prazos *fatais* ou *improrrogáveis*, são os que decorrem de normas cogentes, imperativas ou de ordem pública. Nos termos do art. 775 da CLT, os "prazos estabelecidos neste Título serão contados em dias úteis, com exclusão do dia do começo e inclusão do dia do vencimento". No entanto, seguindo as diretrizes do art. 139, VI, do CPC, o § 1º do art. 775 da CLT (redação dada pela Lei n. 13.467/2017) dispõe que os prazos podem ser prorrogados, pelo tempo estritamente necessário, nas seguintes hipóteses: I - quando o juízo entender necessário; II - em virtude de força maior, devidamente comprovada. Além disso, o § 2º do art. 775 da CLT permite ao juízo "dilatar os prazos processuais e alterar a ordem de produção dos meios de prova, adequando-os às necessidades do conflito de modo a conferir maior efetividade à tutela do direito. Registre-se que a prorrogação ou dilatação do prazo peremptório somente poderá ser autorizada pelo juízo antes do término do prazo em função do instituto da preclusão;

III – Quanto ao sujeito a que se destina, os prazos podem ser: próprios ou impróprios.

a) *Prazos próprios* – são os destinados às partes. Os prazos próprios devem ser informados pelo fenômeno da preclusão. Normalmente, são previstos em lei ou fixados judicialmente. Se não houver previsão legal ou judicial específica, incide a regra do art. 218, § 3º, do NCPC, segundo a qual: "Inexistindo preceito legal ou prazo determinado pelo juiz, será de 5 (cinco) dias o prazo para a prática de ato processual a cargo da parte". Essa regra é aplicável ao processo do trabalho (CLT, art. 769; NCPC, art. 15).

b) *Prazos impróprios* – são os legalmente previstos e destinados aos juízes e aos servidores do Poder Judiciário. Dizem-se impróprios porque não são vulneráveis ao fenômeno da preclusão. Daí por que, mesmo praticados fora do prazo, são válidos. O art. 658, *d*, da CLT determina que os juízes do trabalho deverão despachar e praticar os atos processuais dentro dos prazos legais. O art. 189 do CPC diz que o juiz proferirá os despachos de expediente no prazo de dois dias e as decisões no prazo de dez dias. Os servidores têm prazo de 48 horas para remeter cópia da petição inicial ao réu (art. 841 da CLT) e para a juntada do termo de audiência aos autos (§ 2º do art. 851 da CLT). O descumprimento reiterado e sem justificativa de prazo processual destinado a juízes e servidores pode implicar sanções de ordem disciplinar, a cargo da Corregedoria da Justiça do Trabalho.

3.2. Contagem dos prazos

A contagem dos prazos no processo do trabalho é feita com base nos arts. 774 e 775 da CLT, aplicando-se, subsidiariamente, no que couber, as regras dos arts. 218 e seguintes do NCPC, desde que observada a compatibilidade com os princípios do processo especializado.

Nesse passo, dispõe o art. 774 da CLT, que, salvo disposições em contrário, os prazos devem ser contados, conforme o caso, a partir da data em que:

a) for feita pessoalmente, ou, recebida a notificação;

b) for publicado o edital no jornal oficial ou no que publicar o expediente da Justiça do Trabalho;

c) for afixado o edital, na sede da Vara, Juízo ou Tribunal.

Essa regra deixa patente que os prazos são contados a partir do conhecimento (do notificado) sobre os termos da comunicação.

Já o art. 775 da CLT, com redação dada pela Lei n. 13.467/2017, prescreve que: "Os prazos estabelecidos neste Título serão contados em dias úteis, com exclusão do dia do começo e inclusão do dia do vencimento".

Todavia, o § 1º do referido dispositivo dispõe que os prazos podem ser prorrogados, pelo tempo estritamente necessário, nas seguintes hipóteses: I - quando o juízo entender necessário, desde que fundamente sua decisão, evidentemente; II - em virtude de força maior, devidamente comprovada.

Além disso, dispõe o § 2º do art. 775 da CLT que ao "juízo incumbe dilatar os prazos processuais e alterar a ordem de produção dos meios de prova, adequando-os às necessidades do conflito de modo a conferir maior efetividade à tutela do direito."

Há que distinguir, por outro lado, *dois momentos* de fruição dos prazos processuais.

O primeiro momento é designado como *início do prazo*. O início do prazo (*dies a quo*) ocorre no momento em que o interessado toma ciência do ato processual a ser praticado. Incide aqui o apotegma *dies a quo non computatur in termino*, isto é, o dia do começo não se computa no prazo. Nesse sentido, dispõe o art. 775 da CLT que os prazos serão contados em dias úteis, "com exclusão do dia do começo e inclusão do dia do vencimento".

Já o segundo momento é designado como *início da contagem do prazo*. O início da contagem do prazo ocorre no dia útil seguinte ao do início do prazo. Dito de outro modo, a contagem do prazo processual inicia-se no dia útil seguinte ao da ciência do ato processual pelo interessado e vai até o seu término (*dies ad quem*), que é o dia do vencimento do prazo processual. Incide, aqui, o brocardo *dies ad quem computatur in termino*, isto é, o dia do vencimento inclui-se no prazo. Todavia, os prazos que se vencerem em dia não útil (sábado, domingo e feriado) serão automaticamente prorrogados para o primeiro dia útil seguinte.

Cumpre assinalar que, nos termos do § 1º do art. 224 do NCPC: "Os dias do começo e do vencimento do prazo serão protraídos para o primeiro dia útil seguinte, se coincidirem com dia em que o expediente forense for encerrado antes ou iniciado depois da hora normal ou houver indisponibilidade da comunicação eletrônica". Assim, será automaticamente adiado para o primeiro dia útil seguinte o começo (ou o vencimento) do prazo que coincidir, por exemplo, com um feriado.

Eis alguns exemplos:

> *notificação por publicação* – a data do início do prazo é a da própria publicação, sendo que o início da contagem do prazo opera-se no primeiro dia útil seguinte ao da publicação do ato. Se a publicação da notificação for no dia 6.11.2015 (sexta-feira), o início do prazo ocorre no próprio dia 6.11.2015 e o da sua contagem no dia 9.11.2015 (segunda-feira);
>
> *notificação postal* – a data do início do prazo ocorre com a ciência do ato, presumindo-se recebida a notificação em 48 horas da data de sua postagem (Súmula n. 16 do TST). Se a notificação postal é expedida no dia 6.11.2015 (sexta-feira), presume-se o seu recebimento 48 horas depois (na prática, contam-se 2 dias úteis), ou seja, no dia 10.11.2015 (terça-feira). A contagem do prazo inicia-se no dia 11.11.2015 (quarta-feira).

Se, todavia, a notificação foi postada no dia 4.11.2015 (quarta-feira), presume-se (TST, Súmula n. 16) recebida no dia 6.11.2015 (sexta-feira), que é o início do prazo (*dies a quo*). Logo, o início da contagem do prazo ocorreu no dia 9.11.2015 (segunda-feira). É o que se infere da Súmula n. 1 do TST.

Quanto à notificação postal recebida no sábado, o TST editou a Súmula n. 262, cujo item I dispõe que quando a parte for intimada ou notificada a parte no sábado, o início do prazo se dará no primeiro dia útil imediato e a contagem, no subsequente. Essa súmula deixa clara a distinção entre início do prazo e início da contagem do prazo.

No Processo Judicial Eletrônico – PJe, dispõe o art. 3º da Lei n. 11.419/2006, *in verbis*:

> Art. 3º Consideram-se realizados os atos processuais por meio eletrônico no dia e hora do seu envio ao sistema do Poder Judiciário, do que deverá ser fornecido protocolo eletrônico.
>
> Parágrafo único. Quando a petição eletrônica for enviada para atender prazo processual, serão consideradas tempestivas as transmitidas até as 24 (vinte e quatro) horas do seu último dia.

Além disso, prevê o art. 4º da referida lei que:

> Art. 4º Os tribunais poderão criar Diário da Justiça eletrônico, disponibilizado em sítio da rede mundial de computadores, para publicação de atos judiciais e administrativos próprios e dos órgãos a eles subordinados, bem como comunicações em geral.
>
> § 1º O sítio e o conteúdo das publicações de que trata este artigo deverão ser assinados digitalmente com base em certificado emitido por Autoridade Certificadora credenciada na forma da lei específica.
>
> § 2º A publicação eletrônica na forma deste artigo substitui qualquer outro meio e publicação oficial, para quaisquer efeitos legais, à exceção dos casos que, por lei, exigem intimação ou vista pessoal.
>
> § 3º Considera-se como data da publicação o primeiro dia útil seguinte ao da disponibilização da informação no Diário da Justiça eletrônico.
>
> § 4º Os prazos processuais terão início no primeiro dia útil que seguir ao considerado como data da publicação.

Assim, quando a notificação for publicada eletronicamente, o § 2º do art. 224 do CPC, que reproduz o § 3º do art. 4º da Lei n. 11.419/2006, considera como data de publicação o primeiro dia útil seguinte ao da disponibilização da informação no Diário da Justiça eletrônico, sendo certo que, de acordo com o § 3º do art. 224 do CPC, a contagem do prazo terá início no primeiro dia útil que seguir ao da publicação. Essas regras são aplicáveis ao processo do trabalho, tendo em vista a lacuna da legislação processual trabalhista e a ausência de incompatibilidade com os princípios do processo do trabalho.

O art. 775-A da CLT (incluído pela Lei n. 13.545/2017) determina a suspensão do curso do prazo processual nos dias compreendidos entre 20 de dezembro e 20 de janeiro, inclusive, sendo que o § 2º do mesmo artigo prevê que durante a suspensão do prazo não se realizarão audiências nem sessões de julgamento.

Entretanto, o § 1º do mesmo art. 775-A da CLT dispõe que: "Ressalvadas as férias individuais e os feriados instituídos por lei, os juízes, os membros do Ministério Público, da Defensoria Pública e da Advocacia Pública e os auxiliares da Justiça exercerão suas atribuições durante o período previsto no *caput* deste artigo".

Disciplina o art. 776 da CLT que o vencimento dos prazos será certificado nos processos pelos escrivães ou chefes de secretaria. Na verdade, porém, o prazo vence independentemente de qualquer proclamação ou reconhecimento, uma vez que é um fato processual decorrente do simples transcurso do tempo. Contudo, para os efeitos legais decorrentes dos prazos, deve o seu vencimento (ou a ultrapassagem do lapso temporal) ser registrado nos autos, por certidão passada pelos Diretores de Secretaria (na Justiça do Trabalho) ou escrivães (nos Juízos de Direito investidos da jurisdição trabalhista).

Outra regra importante sobre suspensão de prazo está prevista no art. 221 do NCPC, ou seja, quando houver obstáculo criado em detrimento da parte ou ocorrendo qualquer das hipóteses do art. 313 daquele diploma legal. Nessas hipóteses, o prazo será restituído por tempo igual ao que faltava para sua complementação.

Outrossim, o parágrafo único do art. 221 do NCPC determina a suspensão dos prazos processuais durante a execução de programa instituído pelo Poder Judiciário para promover a autocomposição, incumbindo aos tribunais especificar, com antecedência, a duração dos trabalhos.

O art. 229 do NCPC prevê que os litisconsortes que tiverem diferentes procuradores, de escritórios de advocacia distintos, terão prazos contados em dobro para todas as suas manifestações, em qualquer juízo ou tribunal, independentemente de requerimento. Embora lacunosa a CLT a respeito dessa regra, não há como aplicá-la ao processo do trabalho em função da sua incompatibilidade com o princípio da celeridade (CLT, art. 769). Nesse sentido, aliás, dispõe a OJ n. 310 da SBDI-1 do TST.

VIII

DESPESAS PROCESSUAIS

1. Conceito

Despesas processuais, segundo o magistério de José Augusto Rodrigues Pinto (2005, p. 291), "são todos os gastos que as partes realizem dentro ou fora do processo, para prover-lhe o andamento ou atender com mais segurança a seus interesses na demanda".

Para Marinoni, Arenhart e Mitidiero (2015, p. 170), as "despesas processuais são todos os gastos econômicos indispensáveis que os participantes do processo tiveram de despender em virtude da instauração, do desenvolvimento e do término da instância".

As despesas processuais, portanto, correspondem aos custos econômicos e financeiros do processo, suportados pelos que dele participam.

Pode-se dizer que as despesas são o gênero que tem como espécies as custas, os honorários do perito, do assistente técnico, do tradutor e do advogado, os emolumentos, as indenizações de viagens, as diárias de testemunhas, as multas impostas pelo juiz e todos os demais gastos realizados pelos participantes da relação processual.

Há despesas que são *voluntárias*, como os honorários dos assistentes técnicos, e outras que são *obrigatórias*, como as custas e os emolumentos.

1.1. Custas e emolumentos

As *custas*, à luz do art. 145, II, da CF e do art. 77 do CTN, têm natureza jurídica de taxa (melhor seria empregar o termo "taxa judiciária"), espécie do gênero tributo, pois são valores pagos pela parte ao Estado em decorrência da prestação de um serviço público específico: a prestação jurisdicional. Nessa perspectiva, os jurisdicionados são os usuários dos serviços (públicos) jurisdicionais prestados pelo Estado.

Tendo em vista que a Justiça do Trabalho integra o Poder Judiciário da União, as custas no processo do trabalho têm como destinatário a União.

Os *emolumentos* são ressarcimentos das despesas efetuadas pelos órgãos da Justiça do Trabalho pelo fornecimento de traslados, certidões, cartas etc. ao usuário (parte interessada). Os emolumentos também podem ser enquadrados na categoria de taxa, pois não deixam de ser um valor pago pelo usuário como contraprestação do serviço público jurisdicional federal a ele prestado por um órgão (Justiça do Trabalho) que integra o Poder Judiciário da União.

A Lei n. 10.537, de 27.8.2002 (*DOU* de 28.8.2002), modificou o texto da CLT, especificamente os seus arts. 789 e 790, acrescentando ainda os arts. 789-A, 789-B, 790-A e 790-B. As novas regras sobre custas e emolumentos na Justiça do Trabalho passaram a produzir efeitos a partir de 28 de outubro de 2002.

Com as alterações introduzidas no *caput* do art. 789 da CLT pela Lei n. 10.537, as custas relativas ao processo trabalhista de conhecimento, nos dissídios individuais e coletivos ou em quaisquer outras ações (ou procedimentos) de competência da Justiça do Trabalho incidiriam na base de 2% (dois por cento), observado o mínimo de R$ 10,64 (dez reais e sessenta e quatro centavos).

Ocorre que o *caput* do art. 789 da CLT foi alterado pela Lei n. 13.467/2017, passando a ter a seguinte redação (mantidos os incisos e parágrafos):

> Art. 789. Nos dissídios individuais e nos dissídios coletivos do trabalho, nas ações e procedimentos de competência da Justiça do Trabalho, bem como nas demandas propostas perante a Justiça Estadual, no exercício da jurisdição trabalhista, as custas relativas ao processo de conhecimento incidirão à base de 2% (dois por cento), observado o mínimo de R$ 10,64 (dez reais e sessenta e quatro centavos) e o máximo de quatro vezes o limite máximo dos benefícios do Regime Geral de Previdência Social, e serão calculadas:

- sobre o valor do acordo homologado ou da condenação;
- sobre o valor da causa – quando houver extinção do processo sem resolução do mérito ou o pedido for julgado totalmente improcedente;
- sobre o valor da causa – no caso de procedência do pedido formulado em ação declaratória e em ação constitutiva;
- sobre o valor que o juiz fixar – quando o valor da causa for indeterminado.

Os §§ 1º a 4º do art. 789 da CLT pacificaram algumas divergências doutrinárias e jurisprudenciais, ao dispor que:

- as custas serão pagas pelo vencido, após o trânsito em julgado da decisão;
- no caso de recurso, as custas serão pagas e comprovado seu recolhimento dentro do prazo recursal (ver Súmulas ns. 25, 36, 53, 86 e 170 do TST, bem como as OJs ns. 33, 104, 140, 158 e 186 da SBDI-1 e OJs ns. 88 e 91 da SBDI-2);
- sempre que houver acordo (termo de conciliação), o pagamento das custas caberá em partes iguais aos litigantes, salvo ajuste em contrário. Todavia, caso o acordo estipule que as custas serão de responsabilidade do empregado (ou trabalhador avulso), é facultado ao juiz isentá-lo da parte que lhe caiba (CLT, arts. 790, § 3º, e 790-A, *caput*);
- nos dissídios coletivos, as partes vencidas responderão solidariamente pelas custas calculadas sobre o valor arbitrado pelo Tribunal (órgão colegiado) ou fixado pelo seu Presidente.

Tendo em vista a EC n. 45/2004, que ampliou a competência da Justiça do Trabalho para outras demandas oriundas da relação de trabalho (CF, art. 114, e IN/TST n. 27/2005), podemos dizer que no processo do trabalho o princípio da sucumbência recíproca, em relação às custas, será aplicado de acordo com a espécie de demanda.

Assim, tratando-se de ação oriunda da relação de emprego (e da relação de trabalho avulso, por extensão), aplicam-se as regras da CLT. Vale dizer, havendo sucumbência recíproca em demanda oriunda da relação de emprego, apenas o empregador estará obrigado ao pagamento das custas. Noutro falar, se o autor (empregado) cumular pedidos e apenas um for acolhido, a sentença condenará o réu (empregador) ao pagamento das custas. No caso de acordo, se outra forma não for convencionada, o pagamento das custas será *pro rata*, isto é, rateado em partes iguais para as partes, podendo o juiz, no entanto, dispensar o empregado da parte que lhe couber.

Tratando-se de ações oriundas de relações de trabalho diversas da relação de emprego (ou da relação de trabalho avulso), aplicam-se as regras do NCPC (arts. 82, § 2º, e 85), no que couber. É o que dispõe o § 3º do art. 3º da IN/TST n. 27/2005, *in verbis*: "Salvo nas lides decorrentes da relação de emprego, é aplicável o princípio da sucumbência recíproca, relativamente às custas".

Nas ações oriundas da relação de emprego, não há aplicação do princípio da sucumbência recíproca em relação às custas processuais. Assim, se o autor (trabalhador) formular mais de um pedido e pelo menos um deles for acolhido, o ônus de pagar integralmente as custas é do réu (empregador). Trata-se, nesse caso, da consagração do princípio da proteção processual, o qual não foi alterado pela Lei n. 13.467/2017 (Reforma Trabalhista).

Importante lembrar que se o pedido for julgado improcedente *in totum*, o autor (trabalhador) só ficará livre do pagamento das custas se estiver litigando sob o pálio da assistência judiciária (Lei n. 5.584/1970, art. 14) ou se o juiz dispensá-lo (benefício da gratuidade) do respectivo pagamento (CLT, art. 789, § 3º).

O § 4º do art. 789 da CLT, em sua redação original, previa que no caso de inquérito judicial para apuração de falta grave caberia à empresa recolher as custas, cujo valor seria calculado sobre seis vezes o salário mensal do(s) empregado(s), antes da prolação da sentença. Essa regra, porém, não foi reproduzida na nova redação do art. 789 da CLT, razão pela qual houve, a nosso ver, a sua revogação tácita. Logo, as custas, na ação de inquérito judicial para apuração de falta grave, serão pagas após o trânsito em julgado da sentença ou, em caso de recurso, no prazo para a sua interposição.

Nos dissídios coletivos, as partes vencidas responderão solidariamente pelo pagamento das custas, calculadas sobre o valor arbitrado na decisão, ou pelo Presidente do Tribunal (§ 4º do art. 789 da CLT). As "partes vencidas", a nosso ver, concernem à possibilidade de litisconsórcio passivo sucumbente. Não nos parece que a norma em causa possa ser interpretada a ponto de se aceitar que na hipótese de sucumbência recíproca nos dissídios coletivos – e é isso que geralmente ocorre – o suscitante e o suscitado sejam solidariamente responsáveis pelo pagamento das custas. Fosse a *mens legis* no sentido de estabelecer solidariedade entre suscitante e suscitado, bastaria dizer "as partes responderão solidariamente", ou seja, não haveria razão para constar do dispositivo legal o qualificativo "partes vencidas".

De acordo com a nova redação dada ao art. 790 da CLT, em todos os órgãos da Justiça do Trabalho, bem como nos Juízos de Direito com jurisdição estendida, a forma de pagamento das custas e emolumentos obedecerá às instruções que serão expedidas pelo Tribunal Superior do Trabalho.

Seguindo a diretriz constitucional de alargamento do acesso ao Judiciário, o § 3º do art. 790 da CLT, com sua nova redação, faculta "aos juízes, órgãos julgadores e presidentes dos tribunais do trabalho de qualquer instância conceder, a requerimento ou de ofício, o benefício da justiça gratuita, inclusive quanto a traslados e instrumentos, àqueles que perceberem salário igual ou inferior ao dobro do mínimo legal ou declararem, sob as penas da lei, que não estão em condições de pagar as custas do processo sem prejuízo do sustento próprio ou de sua família".

Tratando-se de empregado que não tenha obtido o benefício da justiça gratuita, ou isenção de custas, o sindicato que houver intervindo no processo responderá solidariamente pelo pagamento das custas devidas. É o que prescreve o § 1º do art. 790 da CLT.

Além dos beneficiários da justiça gratuita, o art. 790-A da CLT prevê a isenção do pagamento de custas:

> à União, aos Estados, ao Distrito Federal, aos Municípios e às respectivas autarquias e fundações públicas federais, estaduais ou municipais que não explorem atividade econômica;
>
> ao Ministério Público do Trabalho.

As isenções, todavia, nos termos do parágrafo único do art. 790-A da CLT, não alcançam as entidades fiscalizadoras do exercício profissional, como OAB, Conselhos de Medicina, Engenharia, Enfermagem etc., nem eximem as pessoas jurídicas, a União, os Estados, o Distrito Federal, os Municípios e respectivas autarquias e fundações públicas federais, estaduais ou municipais de reembolsar as despesas judiciais realizadas pela parte vencedora.

No caso de não pagamento das custas, far-se-á a execução da respectiva importância, segundo o procedimento estabelecido nos arts. 876 e seguintes da CLT.

Na execução, superando entendimento jurisprudencial anterior, a Lei n. 10.537, de 27.8.2002, que inseriu o art. 789-A na CLT, determinou que as custas serão devidas, sempre a cargo do executado, e pagas ao final, donde se conclui que o pagamento das custas não constitui pressuposto de admissibilidade dos recursos no processo (ou fase) de execução.

Com efeito, diz o art. 789-A da CLT que no "processo de execução são devidas custas, sempre de responsabilidade do executado e pagas ao final".

A tabela de custas no processo (ou fase) de execução é a seguinte:

> I – autos de arrematação, de adjudicação e de remição: 5% (cinco por cento) sobre o respectivo valor, até o máximo de R$ 1.915,38 (um mil novecentos e quinze reais e trinta e oito centavos);
>
> II – atos dos oficiais de justiça, por diligência certificada:
>
> a) em zona urbana: R$ 11,06 (onze reais e seis centavos);
>
> b) em zona rural: R$ 22,13 (vinte e dois reais e treze centavos);
>
> III – agravo de instrumento: R$ 44,26 (quarenta e quatro reais e vinte e seis centavos);
>
> IV – agravo de petição: R$ 44,26 (quarenta e quatro reais e vinte e seis centavos);
>
> V – embargos à execução, embargos de terceiro e embargos à arrematação: R$ 44,26 (quarenta e quatro e reais e vinte e seis centavos);
>
> VI – recurso de revista: R$ 55,35 (cinquenta e cinco reais e trinta e cinco centavos);
>
> VII – impugnação à sentença de liquidação: R$ 55,35 (cinquenta e cinco reais e trinta e cinco centavos);
>
> VIII – despesa de armazenagem em depósito judicial por dia: 0,1% (um décimo por cento) do valor da avaliação;
>
> IX – cálculos de liquidação realizados pelo contador do juízo – sobre o valor liquidado: 0,5% (cinco décimos por cento) até o limite de R$ 638,46 (seiscentos e trinta e oito reais e quarenta e seis centavos).

Os emolumentos não constituem requisito essencial ou complementar da sentença trabalhista, pois a responsabilidade pelo seu pagamento não é do sucumbente, e sim do requerente, conforme dicção do art. 789-B da CLT (com redação dada pela Lei n. 10.537, de 27.8.2002). Esse dispositivo estabeleceu os valores dos emolumentos com base na seguinte tabela:

> I – *autenticação de traslado de peças mediante cópia reprográfica apresentada pelas partes* – por folha: R$ 0,55 (cinquenta e cinco centavos de real);
>
> II – *fotocópia de peças* – por folha: R$ 0,28 (vinte e oito centavos de real); (Incluído pela Lei n. 10.537, de 27.8.2002);

III – autenticação de peças – por folha: R$ 0,55 (cinquenta e cinco centavos de real);

IV – *cartas de sentença, de adjudicação, de remição e de arrematação* – por folha: R$ 0,55 (cinquenta e cinco centavos de real);

V – certidões – por folha: R$ 5,53 (cinco reais e cinquenta e três centavos). (grifos nossos)

Para terminar este tópico, é importante ressaltar que sobre os procedimentos para o recolhimento das custas e emolumentos devidos à União no âmbito da Justiça do Trabalho, o TST editou a Instrução Normativa n. 20, de 24.9.2002, alterada parcialmente pela RA 900/2002.

1.1.1. Pagamento de custas e emolumentos

O pagamento das custas e emolumentos no âmbito da Justiça do Trabalho, desde 1º de janeiro de 2011, é realizado exclusivamente mediante Guia de Recolhimento da União (GRU) judicial, por força do ATO CONJUNTO n. 21/2010 TST. CSJT.GP.SG, divulgado no *Diário Eletrônico da Justiça do Trabalho* de 9.12.2010.

A migração da arrecadação de custas e emolumentos de DARF para GRU tem por objetivo proporcionar ao TST e TRTs um melhor acompanhamento e controle das receitas, uma vez que, com o uso da GRU, será possível verificar individualmente cada recolhimento efetuado, por meio de consulta ao SIAFI, e obter informações sobre Unidade Gestora, contribuinte, valor pago e código de recolhimento.

Eis o teor do ATO CONJUNTO N. 21/TST.CSJT.GP.SG, que dispõe sobre o recolhimento de custas e emolumentos na Justiça do Trabalho, *in verbis*:

> Art. 1º A partir de 1º de janeiro de 2011, o pagamento das custas e dos emolumentos no âmbito da Justiça do Trabalho deverá ser realizado, exclusivamente, mediante Guia de Recolhimento da União – GRU Judicial, sendo ônus da parte interessada efetuar seu correto preenchimento.
>
> Art. 2º A emissão da GRU Judicial deverá ser realizada por meio do sítio da Secretaria do Tesouro Nacional na internet (www.stn.fazenda.gov.br), ou em Aplicativo Local instalado no Tribunal, devendo o recolhimento ser efetuado exclusivamente no Banco do Brasil ou na Caixa Econômica Federal.
>
> § 1º O preenchimento da GRU Judicial deverá obedecer às orientações contidas no **Anexo I**.
>
> § 2º O pagamento poderá ser feito em dinheiro em ambas as instituições financeiras ou em cheque somente no Banco do Brasil.
>
> Art. 3º Na emissão da GRU Judicial serão utilizados os seguintes códigos de recolhimento:
>
> **18740-2 – STN-CUSTAS JUDICIAIS (CAIXA/BB)**
>
> **18770-4 – STN-EMOLUMENTOS (CAIXA/BB)**
>
> Art. 4º Até 31 de dezembro de 2010, serão válidos tanto os recolhimentos efetuados por meio de Documento de Arrecadação de Receitas Federais – DARF, em conformidade com as regras previstas na Instrução Normativa n. 20 do Tribunal Superior do Trabalho, de 24

de setembro de 2002, quanto os realizados de acordo com as diretrizes estabelecidas por este Ato.

Art. 5º Este Ato entra em vigor na data de sua publicação.

ANEXO I

– O campo "Unidade Gestora" deverá ser preenchido com o código do tribunal favorecido pelo recolhimento, conforme **relação constante do Anexo II**.

– No campo "Gestão" deverá constar o código 00001.

– O campo "Código de Recolhimento" deverá ser preenchido com um dos seguintes códigos, conforme o caso:

18740-2 – STN-CUSTAS JUDICIAIS (CAIXA/BB)

18770-4 – STN-EMOLUMENTOS (CAIXA/BB)

– O campo "número do processo/referência" deverá ser preenchido, sem pontos ou hífens, excluindo-se os quatro últimos dígitos, que deverão ser informados no campo "Vara".

Os demais campos deverão ser preenchidos conforme as regras estabelecidas pela Secretaria do Tesouro Nacional.

ANEXO II

Tribunal Superior do Trabalho	080001
Tribunal Regional do Trabalho da 1ª Região	080009
Tribunal Regional do Trabalho da 2ª Região	080010
Tribunal Regional do Trabalho da 3ª Região	080008
Tribunal Regional do Trabalho da 4ª Região	080014
Tribunal Regional do Trabalho da 5ª Região	080007
Tribunal Regional do Trabalho da 6ª Região	080006
Tribunal Regional do Trabalho da 7ª Região	080004
Tribunal Regional do Trabalho da 8ª Região	080003
Tribunal Regional do Trabalho da 9ª Região	080012
Tribunal Regional do Trabalho da 10ª Região	080016
Tribunal Regional do Trabalho da 11ª Região	080002
Tribunal Regional do Trabalho da 12ª Região	080013
Tribunal Regional do Trabalho da 13ª Região	080005

Tribunal Regional do Trabalho da 14ª Região	080015
Tribunal Regional do Trabalho da 15ª Região	080011
Tribunal Regional do Trabalho da 16ª Região	080018
Tribunal Regional do Trabalho da 17ª Região	080019
Tribunal Regional do Trabalho da 18ª Região	080020
Tribunal Regional do Trabalho da 19ª Região	080022
Tribunal Regional do Trabalho da 20ª Região	080023
Tribunal Regional do Trabalho da 21ª Região	080021

Caso a parte recorrente e sucumbente deixe de efetuar o recolhimento das custas por meio da GRU Judicial, a consequência será: a cobrança judicial, no caso de trânsito em julgado da sentença; ou a deserção, no caso de interposição de recurso. Nesse sentido:

> RECURSO DE REVISTA. RECURSO ORDINÁRIO. DESERÇÃO. DESERÇÃO DO RECURSO ORDINÁRIO. CUSTAS. ATO CONJUNTO N. 21/TST.CSJT.GP.SG, DE 7 DE DEZEMBRO DE 2010. RECOLHIMENTO POR MEIO DE DOCUMENTO DE ARRECADAÇÃO IMPRÓPRIO. Conforme dispõe o *caput* do art. 790 da CLT, "nas Varas do Trabalho, nos Juízos de Direito, nos Tribunais e no Tribunal Superior do Trabalho, a forma de pagamento das custas e emolumentos obedecerá às instruções que serão expedidas pelo Tribunal Superior do Trabalho". Em atenção à diretriz legal, foi editado o Ato Conjunto n. 21/TST.CSJT.GP.SG, de 7 de dezembro de 2010, que, em seu art. 1º, é expresso ao dispor que, "a partir de 1º de janeiro de 2011, o pagamento das custas e dos emolumentos no âmbito da Justiça do Trabalho deverá ser realizado, exclusivamente, mediante Guia de Recolhimento da União – GRU Judicial, sendo ônus da parte interessada efetuar seu correto preenchimento". Deixando a parte de efetuar o recolhimento das custas pelo meio próprio, conduziu seu apelo à deserção. Recurso de revista não conhecido (TST-RR 241900-68.2009.5.12.0045, j. 14.12.2011, Rel. Min. Alberto Luiz Bresciani de Fontan Pereira, 3ª T., *DEJT* 19.12.2011).

1.1.2. Isenção ou dispensa do pagamento das despesas processuais

Na Justiça do Trabalho são isentos do pagamento de quaisquer despesas processuais:

a) os trabalhadores que litiguem sob o pálio da assistência judiciária gratuita (Lei n. 5.584/1970, arts. 14 a 19);

b) as pessoas jurídicas de direito público (CLT, art. 790-A, I);

c) o Ministério Público do Trabalho (CLT, art. 790-A, II).

É preciso advertir, contudo, que, nos termos do parágrafo único do art. 790-A da CLT:

> A isenção prevista neste artigo não alcança as entidades fiscalizadoras do exercício profissional, nem exime as pessoas jurídicas de direito público referidas no inciso I da obrigação de reembolsar as despesas judiciais realizadas pela parte vencedora.

Podem ser dispensados do pagamento de despesas processuais:

a) os trabalhadores que não litiguem sob o pálio da assistência judiciária gratuita mas tenham recebido judicialmente o benefício da gratuidade (CLT, art. 790, § 3º);

b) as pessoas físicas empregadoras ou a família empregadora que declararem, sob as penas da lei, que não têm condições de arcar com as despesas do processo em prejuízo do sustento próprio ou de suas famílias;

c) as pessoas jurídicas de direito privado que comprovarem insuficiência econômica, não bastando a simples declaração unilateral.

A Lei n. 13.467/2017, no entanto, alterou o art. 790 da CLT, cujos arts. 3º e 4º passaram a ter a seguinte redação:

> Art. 790 (...)
>
> § 3º É facultado aos juízes, órgãos julgadores e presidentes dos tribunais do trabalho de qualquer instância conceder, a requerimento ou de ofício, o benefício da justiça gratuita, inclusive quanto a traslados e instrumentos, àqueles que perceberem salário igual ou inferior a 40% (quarenta por cento) do limite máximo dos benefícios do Regime Geral de Previdência Social.
>
> § 4º O benefício da justiça gratuita será concedido à parte que **comprovar** insuficiência de recursos para o pagamento das custas do processo. (grifos nossos)

Como essa comprovação pode criar obstáculos de acesso do trabalhador à Justiça do Trabalho, pensamos que se o trabalhador receber salário igual ou inferior a 40% do limite máximo dos benefícios do Regime Geral da Previdência Social, é presumida a sua situação de miserabilidade jurídica a ensejar o benefício da gratuidade de forma automática. Se receber salário superior àquele limite máximo dos benefícios previdenciários, aí sim terá que comprovar, por qualquer meio não defeso por lei, inclusive por declaração de próprio punho, ou por advogado com poderes especiais para firmar tal declaração, que não está em condições financeiras de demandar sem o prejuízo do sustento próprio ou de sua família, cabendo ao juiz analisar cada caso concreto para conceder ou não o benefício da gratuidade da justiça.

A OJ n. 269, item I, da SBDI-1/TST, no entanto, independentemente do salário, exige simples afirmação do trabalhador ou do seu advogado na petição inicial ou no prazo alusivo à interposição de recurso. Indeferido o requerimento de justiça gratuita formulado na fase recursal, cumpre ao relator fixar prazo para que o recorrente efetue o preparo, por força do item II da OJ n. 269 da SBDI-1, que autoriza a aplicação do art. 99, § 7º, do CPC.

Como se vê, a chamada Reforma Trabalhista (Lei n. 13.467/2017), que alterou os §§ 3º e 4º do art. 790 da CLT, é muito mais rígida do que o próprio CPC para que a parte obtenha o benefício da justiça gratuita. É o que se depreende do art. 99 do CPC, *in verbis*:

> Art. 99. O pedido de gratuidade da justiça pode ser formulado na petição inicial, na contestação, na petição para ingresso de terceiro no processo ou em recurso.
>
> § 1º Se superveniente à primeira manifestação da parte na instância, o pedido poderá ser formulado por petição simples, nos autos do próprio processo, e não suspenderá seu curso.
>
> § 2º O juiz somente poderá indeferir o pedido se houver nos autos elementos que evidenciem a falta dos pressupostos legais para a concessão de gratuidade, devendo, antes de indeferir o pedido, determinar à parte a comprovação do preenchimento dos referidos pressupostos.
>
> § 3º Presume-se verdadeira a alegação de insuficiência deduzida exclusivamente por pessoa natural.
>
> § 4º A assistência do requerente por advogado particular não impede a concessão de gratuidade da justiça.
>
> § 5º Na hipótese do § 4º, o recurso que verse exclusivamente sobre valor de honorários de sucumbência fixados em favor do advogado de beneficiário estará sujeito a preparo, salvo se o próprio advogado demonstrar que tem direito à gratuidade.
>
> § 6º O direito à gratuidade da justiça é pessoal, não se estendendo a litisconsorte ou a sucessor do beneficiário, salvo requerimento e deferimento expressos.
>
> § 7º Requerida a concessão de gratuidade da justiça em recurso, o recorrente estará dispensado de comprovar o recolhimento do preparo, incumbindo ao relator, neste caso, apreciar o requerimento e, se indeferi-lo, fixar prazo para realização do recolhimento.

O item I da Súmula n. 463 do TST (anterior à Lei n. 13.467/2017), por sua vez, prevê que: "A partir de 26.06.2017, para a concessão da assistência judiciária gratuita à pessoa natural, basta a declaração de hipossuficiência econômica firmada pela parte ou por seu advogado, desde que munido de procuração com poderes específicos para esse fim (art. 105 do CPC de 2015)". Vale dizer, nos termos desse verbete, seja trabalhador (ainda que autônomo) ou empregador pessoa física (ou natural), é suficiente simples declaração de hipossuficiência econômica.

Quanto às pessoas físicas empregadoras, o TRT da 17ª Região editou a Súmula n. 17:

> ASSISTÊNCIA JUDICIÁRIA GRATUITA AO EMPREGADOR PESSOA FÍSICA. DESERÇÃO. Conceder-se-á o benefício da assistência judiciária gratuita ao empregador pessoa física que declarar, sob as penas da lei, não possuir recursos para o pagamento das custas e do depósito recursal, sem prejuízo do sustento próprio ou de sua família. Inteligência do art. 5º, LXXIV, da Constituição Federal e do art. 3º, I e VII, da Lei n. 1.060, de 5 de fevereiro de 1950.

No tocante às pessoas jurídicas de direito privado, inclusive os sindicatos, há necessidade de comprovação de insuficiência econômica. Nesse sentido:

> [...] JUSTIÇA GRATUITA – SINDICATO – SUBSTITUIÇÃO PROCESSUAL – PESSOA JURÍDICA – NECESSIDADE DE COMPROVAÇÃO DA FRAGILIDADE ECONÔMICA. A Constituição Federal, em seu artigo 5º, LXXIV, dispõe que o Estado deverá prestar assistência jurídica integral aos que comprovadamente não disponham de recursos financeiros

suficientes, revelando a intenção de estender os benefícios da justiça gratuita inclusive às pessoas jurídicas, como é o caso dos sindicatos. Entretanto, para tanto, diferentemente do que ocorre com as pessoas físicas, é inaplicável o teor da Orientação Jurisprudencial n. 304 da SBDI-1 – que admite a simples declaração de pobreza – sendo exigida a comprovação da fragilidade econômica. Recurso de revista não conhecido [...]. (TST-RR 100340-32.2005.5.05.0221, Rel. Min. Renato de Lacerda Paiva, 2ª T., *DEJT* 6.9.2013).

É preciso lembrar, contudo, que nas ações civis públicas ou ações coletivas que se sujeitam ao microssistema do processo coletivo há regramento próprio nos arts. 18 da Lei n. 7.347/1985 e 87 do CDC, os quais reconhecem o princípio da gratuidade das custas e despesas processuais naquelas ações, salvo em relação à associação (sindicato) autora que, comprovadamente, litigar de má-fé, caso em que será condenada, solidariamente com os seus diretores, ao pagamento do décuplo do valor das custas, sem prejuízo da responsabilidade por perdas e danos.

1.2. Honorários advocatícios

Até a promulgação da EC n. 45/2004, os honorários advocatícios na Justiça do Trabalho eram devidos apenas na hipótese do art. 14 da Lei n. 5.584/1970. Vale dizer, nos termos desse preceptivo, os honorários advocatícios no processo do trabalho não decorreriam da mera sucumbência, nem seriam destinados ao advogado, e sim ao sindicato que prestou assistência judiciária ao trabalhador. Nesse sentido era a antiga redação da Súmula n. 219 do TST.

A Súmula n. 329 (mantida pela Res. n. 121/2003, *DJ* 19, 20 e 21.11.2003) reafirma tal entendimento:

> HONORÁRIOS ADVOCATÍCIOS – ART. 133 DA CONSTITUIÇÃO DA REPÚBLICA DE 1988. Mesmo após a promulgação da Constituição da República de 1988, permanece válido o entendimento consubstanciado na Súmula n. 219 do Tribunal Superior do Trabalho.

Explicitando o cabimento dos honorários advocatícios, a SBDI-1 editou as OJs ns. 304 e 305:

> OJ-SDI1-304 HONORÁRIOS ADVOCATÍCIOS. ASSISTÊNCIA JUDICIÁRIA. DECLARAÇÃO DE POBREZA. COMPROVAÇÃO (DJ 11.08.2003). Atendidos os requisitos da Lei n. 5.584/70 (art. 14, § 2º), para a concessão da assistência judiciária, basta a simples afirmação do declarante ou de seu advogado, na petição inicial, para se considerar configurada a sua situação econômica (art. 4º, § 1º, da Lei n. 7.510/86, que deu nova redação à Lei n. 1.060/50).
>
> OJ-SDI1-305 HONORÁRIOS ADVOCATÍCIOS. REQUISITOS. JUSTIÇA DO TRABALHO (DJ 11.08.2003). Na Justiça do Trabalho, o deferimento de honorários advocatícios sujeita-se à constatação da ocorrência concomitante de dois requisitos: o benefício da justiça gratuita e a assistência por sindicato.

Muito embora os verbetes acima tratem apenas de honorários advocatícios, não há negar que eles deixam implícito que, no processo do trabalho, as partes, ressalvadas as hipóteses previstas na Súmula n. 425 do TST, continuam tendo a faculdade de utilizarem o *jus postulandi*.

É importante lembrar o que dispõe o § 3º do art. 3º da IN n. 27/2005 do Tribunal Pleno do TST, *in verbis*:

Salvo nas lides decorrentes da relação de emprego, é aplicável o princípio da sucumbência recíproca, relativamente às custas.

Além disso, o art. 5º da referida Instrução Normativa estabelece:

Exceto nas lides decorrentes da relação de emprego, os honorários advocatícios são devidos pela mera sucumbência.

Ora, se para fins de pagamento de custas e honorários advocatícios nas ações não oriundas da relação de emprego é aplicável o princípio da sucumbência recíproca inerente ao processo civil, então, com muito mais razão, a presença do advogado torna-se obrigatória em tais demandas, pois o "dever de pagar honorários pela mera sucumbência" pressupõe a presença do advogado na relação processual, já que os honorários incluídos na condenação, por arbitramento ou sucumbência, pertencem ao advogado (EOAB, art. 23).

Em edições passadas, já alertávamos para a necessidade de uma revisão urgente da Súmula n. 219 do TST, para adequá-la às hipóteses de cabimento de honorários pela mera sucumbência nas *ações não oriundas da relação de emprego*, independentemente das hipóteses contempladas nos arts. 14 *et seq.* da Lei n. 5.584/1970.

Para nosso contentamento, o TST, por meio da Resolução n. 174/2011, modificou a Súmula n. 219, sendo certo que esta súmula, por força da Resolução n. 204/2016, passou a ter a seguinte redação:

HONORÁRIOS ADVOCATÍCIOS. CABIMENTO (alterada a redação do item I e acrescidos os itens IV a VI em decorrência do CPC de 2015, Res., *DEJT* divulgado em 17, 18 e 21.03.2016)

I – Na Justiça do Trabalho, a condenação ao pagamento de honorários advocatícios não decorre pura e simplesmente da sucumbência, devendo a parte, concomitantemente: a) estar assistida por sindicato da categoria profissional; b) comprovar a percepção de salário inferior ao dobro do salário mínimo ou encontrar-se em situação econômica que não lhe permita demandar sem prejuízo do próprio sustento ou da respectiva família (art. 14, § 1º, da Lei n. 5.584/1970). (ex-OJ n. 305 da SBDI-I).

II – É cabível a condenação ao pagamento de honorários advocatícios em ação rescisória no processo trabalhista.

III – São devidos os honorários advocatícios nas causas em que o ente sindical figure como substituto processual e nas lides que não derivem da relação de emprego.

IV – Na ação rescisória e nas lides que não derivem de relação de emprego, a responsabilidade pelo pagamento dos honorários advocatícios da sucumbência submete-se à disciplina do Código de Processo Civil (arts. 85, 86, 87 e 90).

V – Em caso de assistência judiciária sindical ou de substituição processual sindical, excetuados os processos em que a Fazenda Pública for parte, os honorários advocatícios são devidos entre o mínimo de dez e o máximo de vinte por cento sobre o valor da condenação, do proveito econômico obtido ou, não sendo possível mensurá-lo, sobre o valor atualizado da causa (CPC de 2015, art. 85, § 2º).

VI – Nas causas em que a Fazenda Pública for parte, aplicar-se-ão os percentuais específicos de honorários advocatícios contemplados no Código de Processo Civil.

A nosso ver, o item I da Súmula n. 219 diz respeito apenas às ações oriundas da relação de emprego que já estavam nos domínios da competência da Justiça do Trabalho antes da EC n. 45/2004.

Além disso, em algumas ações oriundas da relação de trabalho, como as derivantes da relação de trabalho avulso e das relações de trabalho na pequena empreitada, que, tradicionalmente, já estavam no âmbito da competência da Justiça do Trabalho antes da EC n. 45/2004, o cabimento dos honorários advocatícios deverá continuar observando o disposto na Lei n. 5.584/1970. Não obstante, o item III, parte final, da Súmula n. 219 do TST não faz tal ressalva, o que, a nosso ver, implica, nesses casos, o dever de pagar honorários advocatícios pela mera sucumbência. Nesse sentido:

> AGRAVO DE INSTRUMENTO EM RECURSO DE REVISTA – HONORÁRIOS ADVOCATÍCIOS – LIDE QUE NÃO DERIVA DA RELAÇÃO DE EMPREGO – CABIMENTO. Constata-se que o litígio em debate trata de reconvenção proposta pela reclamada que foi extinta sem julgamento do mérito, sob o fundamento de que a matéria nela veiculada é típica e exclusivamente societária. Portanto, como a demanda em questão não se refere à relação de emprego, são devidos os honorários advocatícios, em conformidade com a dicção do item III da Súmula n. 219 do TST e a regra contida no art. 5º da Instrução Normativa n. 27/2005 do TST. Agravo de instrumento desprovido (TST-AIRR 651-88.2010.5.07.0025, Rel. Min. Luiz Philippe Vieira de Mello Filho, 7ª T. *DEJT* 18.10.2013).

Ademais, não é recomendável olvidar o escopo precípuo do processo do trabalho como instrumento de realização do direito material do trabalho, seja no pertinente ao trabalhador avulso, pela sua equiparação constitucional ao empregado (CF, art. 7º, XXXIV), seja em relação ao operário ou artífice das pequenas empreitadas, por razões humanitárias, históricas e de política judiciária, que justificam a sua inclusão social e o seu amplo direito de acesso à Justiça Especializada.

Convém lembrar que o Enunciado n. 67 aprovado na 1ª Jornada de Direito Material e Processual do Trabalho, realizada em Brasília-DF, nos dias 21 a 23.11.2007, propõe interpretação extensiva do instituto do *jus postulandi* às lides oriundas da relação de trabalho, nos seguintes termos:

> *JUS POSTULANDI*. ART. 791 DA CLT. RELAÇÃO DE TRABALHO. POSSIBILIDADE. A faculdade de as partes reclamarem, pessoalmente, seus direitos perante a Justiça do Trabalho e de acompanharem suas reclamações até o final, contida no art. 791 da CLT, deve ser aplicada às lides decorrentes da relação de trabalho.

Em decorrência da nova Súmula n. 425 do TST, que limita o *jus postulandi* das próprias partes (art. 791 da CLT) "às Varas do Trabalho e aos Tribunais Regionais do Trabalho, não alcançando a ação rescisória, a ação cautelar, o mandado de segurança e os recursos de competência do Tribunal Superior do Trabalho", parece-nos que deverão ser ampliadas as hipóteses de cabimento dos honorários advocatícios na Justiça do Trabalho, pois nos recursos (ordinários e extraordinários) de competência do TST e nas ações de competência originária daquela Corte, nos quais não se admite mais o *jus postulandi*, passa a ser obrigatória a presença do advogado. Logo, em tais casos, os honorários advocatícios são devidos em decorrência apenas da simples sucumbência. É o que se extrai do seguinte julgado:

> REEXAME NECECESSÁRIO. SÚMULA N. 303 DO TST. Não se sujeita ao reexame necessário a decisão contrária à Fazenda Pública quando o valor da causa não ultrapassa sessenta salários mínimos. Inteligência da Súmula n. 303 do TST. Reexame necessário de que não se conhece. RECURSO ORDINÁRIO. HONORÁRIOS ADVOCATÍCIOS. 1. O Tribunal Regional, ao julgar improcedente a ação rescisória, condenou o autor ao pagamento de honorários advocatícios de sucumbência, no importe de 15% sobre o valor da causa. 2. É devida a condenação do autor ao pagamento dos honorários advocatícios pela mera sucumbência, independentemente do preenchimento dos requisitos previstos na Lei n. 5.584/70. Inteligência das Súmulas ns. 219, II e 425 do TST. Recurso ordinário não provido (TST--ReeNec e RO: 162001720115130000 16200-17.2011.5.13.0000, Rel. Min. Alexandre de Souza Agra Belmonte, SBDI-2, *DEJT* 19.4.2013).

É importante salientar, contudo, que se o sucumbente nas hipóteses da Súmula n. 425 do TST estiver litigando sob o pálio da assistência judiciária sindical (ou do benefício da gratuidade, art. 790, § 3º), não estaria sujeito ao pagamento de honorários advocatícios.

Todas as considerações supracitadas sofreram sérios abalos em função da Lei n. 13.467/2017 (Lei da Reforma Trabalhista), que inseriu na CLT o art. 791-A, *in verbis*:

> Art. 791-A. Ao advogado, ainda que atue em causa própria, serão devidos honorários de sucumbência, fixados entre o mínimo de 5% (cinco por cento) e o máximo de 15% (quinze por cento) sobre o valor que resultar da liquidação da sentença, do proveito econômico obtido ou, não sendo possível mensurá-lo, sobre o valor atualizado da causa.
>
> § 1º Os honorários são devidos também nas ações contra a Fazenda Pública e nas ações em que a parte estiver assistida ou substituída pelo sindicato de sua categoria.
>
> § 2º Ao fixar os honorários, o juízo observará:
>
> I – o grau de zelo do profissional;
>
> II – o lugar de prestação do serviço;
>
> III – a natureza e a importância da causa;
>
> IV – o trabalho realizado pelo advogado e o tempo exigido para o seu serviço.
>
> § 3º Na hipótese de procedência parcial, o juízo arbitrará honorários de sucumbência recíproca, vedada a compensação entre os honorários.
>
> § 4º Vencido o beneficiário da justiça gratuita, desde que não tenha obtido em juízo, ainda que em outro processo, créditos capazes de suportar a despesa, as obrigações decorrentes de sua sucumbência ficarão sob condição suspensiva de exigibilidade e somente poderão ser executadas se, nos dois anos subsequentes ao trânsito em julgado da decisão que as certificou, o credor demonstrar que deixou de existir a situação de insuficiência de recursos que justificou a concessão de gratuidade, extinguindo-se, passado esse prazo, tais obrigações do beneficiário.
>
> § 5º São devidos honorários de sucumbência na reconvenção.

Assim, não foi extinta a faculdade do *jus postulandi* das próprias partes (CLT, art. 791 e Súmula n. 425 do TST), aplicando-se, no que couber, a Súmula n. 219 do TST. Entretanto, caso elas estejam litigando com o patrocínio de advogado, a este serão devidos honorários advocatícios nos termos do art. 791-A da CLT.

No tocante à eficácia temporal desse dispositivo consolidado, o art. 6º da IN/TST n. 41/2018 prevê que "a condenação em honorários advocatícios sucumbenciais, prevista no art. 791-A, e parágrafos, da CLT, será aplicável apenas às ações propostas após 11 de novembro de 2017 (Lei n. 13.467/2017). Nas ações propostas anteriormente, subsistem as diretrizes do art. 14 da Lei n. 5.584/1970 e das Súmulas ns. 219 e 329 do TST".

O STF, em acórdão turmário (STF-ARE 1014675 AgR, Rel. Min. ALEXANDRE DE MORAES, Primeira Turma, julgado em 23.03.2018, PROCESSO ELETRÔNICO DJe-070 DIVULG. 11.04.2018 PUBLIC. 12.04.2018), entendeu que o direito aos honorários advocatícios sucumbenciais previstos no novel art. 791-A da CLT surge no instante da prolação da sentença, e não do ajuizamento da ação, divergindo, assim, do TST (art. 6º da IN/TST n. 41/2018).

Como a lei utiliza o termo "serão fixados", deverá o juiz arbitrar na sentença (aplicação supletiva do art. 85 do CPC), de ofício, isto é, independentemente de pedido da parte, o valor dos honorários advocatícios sucumbenciais, levando em conta o grau de zelo do profissional, o lugar de prestação do serviço, a natureza e a importância da causa, o trabalho realizado pelo advogado e o tempo exigido para o seu serviço. Trata-se, portanto, de pedido implícito na petição inicial.

O § 3º do art. 791-A da CLT altera profundamente a processualística laboral, na medida em que institui a obrigatoriedade de pagamento de honorários advocatícios na hipótese de sucumbência recíproca, isto é, quando houver procedência parcial, sendo vedado ao juiz autorizar a compensação entre os honorários advocatícios, porque estes "constituem direito do advogado e têm natureza alimentar, com os mesmos privilégios dos créditos oriundos da legislação do trabalho" (CPC, art. 85, § 14, aplicado supletivamente ao processo do trabalho).

Como a CLT não estabelece critérios acerca da sucumbência recíproca, pensamos ser aplicável, supletivamente, o disposto no parágrafo único do art. 86 do CPC:

> Art. 86. Se cada litigante for, em parte, vencedor e vencido, serão proporcionalmente distribuídas entre eles as despesas.
>
> Parágrafo único. Se um litigante sucumbir em parte mínima do pedido, o outro responderá, por inteiro, pelas despesas e pelos honorários.

Como se sabe, nas ações trabalhistas geralmente são formulados inúmeros pedidos referentes às verbas rescisórias e contratuais, como adicional de horas extras, adicionais de insalubridade ou periculosidade, férias, repouso semanal remunerado etc. Além disso, é considerável o elevado número de ações nas quais se postulam danos materiais e morais. Tais pedidos veiculam direitos fundamentais sociais dos trabalhadores a exigir sentimento constitucional do intérprete e aplicador da nova regra consolidada (art. 791-A) em relação ao conceito de sucumbência recíproca em desfavor do trabalhador.

Diante de tais circunstâncias, lembram Mauricio Godinho Delgado e Gabriela Neves Delgado, que "a interpretação lógico-racional, sistemática e teleológica do novo preceito da CLT (art. 791-A) pode atenuar a concepção de sucumbência recíproca, tal como o formulado na Súmula n. 326 do STJ: *Na ação de indenização por dano moral, a condenação em montante inferior ao postulado na inicial não implica sucumbência recíproca*. A mesma linha interpretativa poderia conduzir semelhante compreensão para outros pleitos, minorando as repercussões da nova regra jurídica".[(1)]

Destarte, se o trabalhador/reclamante sucumbe em menos da metade dos pedidos, parece-nos que o empregador/réu deverá arcar integralmente com os ônus da sucumbência no tocante aos honorários advocatícios.

Noutro falar, no processo do trabalho o conceito de "parte mínima do pedido" (CPC, art. 86, parágrafo único) deve corresponder a "menos da metade dos pedidos". Afinal, o juiz, ao interpretar o pedido, "considerará o conjunto da postulação e observará o princípio da boa-fé" (CPC, art. 322, § 2º). Ademais, se a *mens legis* foi inibir as "aventuras judiciárias" e os "abusos demandistas" dos trabalhadores na Justiça do Trabalho, salta aos olhos que o conceito ora formulado para "parte mínima do pedido" na seara justrabalhista já seria condição suficiente para desestimular tais condutas. Daí a importância de o juiz, ao aplicar o novel art. 791-A da CLT, observar o princípio da função social do processo, contida no art. 8º do CPC[(2)] aplicável subsidiariamente ao processo laboral (CLT, art. 769; CPC, art. 15).

Igualmente, com arrimo no conceito de "parte mínima do pedido" adaptado ao processo do trabalho, pensamos que não haverá sucumbência recíproca na hipótese em que o autor formular, por exemplo, pedido de 10 horas extras semanais, e o juiz deferir parcialmente apenas 5 horas semanais, pois, neste caso, o bem da vida (horas extras) não foi integralmente indeferido ao autor.

Prevê o art. 90 e seus §§ 1º a 4º do CPC que se a sentença for proferida "com fundamento em desistência, em renúncia ou em reconhecimento do pedido, as despesas e os honorários serão pagos pela parte que desistiu, renunciou ou reconheceu". Sendo parcial a desistência, a renúncia ou o reconhecimento, a responsabilidade pelas despesas e pelos honorários será proporcional à parcela

(1) DELGADO, Mauricio Godinho; DELGADO, Gabriela Neves. *A reforma trabalhista no Brasil*: com os comentários à Lei n. 13.467/2017. São Paulo: LTr, 2017. p. 329.

(2) CPC, art. 8º: "Ao aplicar o ordenamento jurídico, o juiz atenderá aos fins sociais e às exigências do bem comum, resguardando e promovendo a dignidade da pessoa humana e observando a proporcionalidade, a razoabilidade, a legalidade, a publicidade e a eficiência".

reconhecida, à qual se renunciou ou da qual se desistiu. Havendo transação e nada tendo as partes disposto quanto às despesas, estas serão divididas igualmente. Se a transação ocorrer antes da sentença, as partes ficam dispensadas do pagamento das custas processuais remanescentes, se houver. Se o réu reconhecer a procedência do pedido e, simultaneamente, cumprir integralmente a prestação reconhecida, os honorários serão reduzidos pela metade, aplicando-se, aqui, o conceito de "parte mínima do pedido" (CPC, art. 86, parágrafo único), como sustentamos em linhas transatas. A CLT, mesmo com profundamente modificada pela Lei n. 13.467/2017, não trata especificamente dos honorários advocatícios nos casos enunciados pelo art. 90 do CPC, razão pela qual haverá cizânia sobre sua aplicação nos sítios do processo laboral.

A nosso sentir, à luz do princípio da proteção processual, se o trabalhador/reclamante desistir da ação ou renunciar integralmente direitos sobre que se funda a ação, deverá arcar com as despesas (custas), inclusive honorários advocatícios de sucumbência. Entretanto, se ele desistir ou renunciar apenas um ou alguns pedidos, as despesas (custas processuais) e se mais da metade dos pedidos forem julgados procedentes, será do empregador/reclamado todos os ônus da sucumbência.

Os honorários advocatícios são devidos também nas ações:

- contra a Fazenda Pública (aplicando-se, supletivamente, as regras dos §§ 3º a 7º do art. 85 do CPC);
- em que a parte estiver assistida pelo sindicato de sua categoria (arts. 14 *et seq* da Lei n. 5.584/1970); ou
- substituída processualmente pelo sindicato de sua categoria (*vide* subitem 1.2.2, *infra*).

Os honorários advocatícios são devidos, ainda, na reconvenção.

De acordo com o § 18 do art. 85 do CPC, aplicável subsidiariamente ao processo do trabalho, caso a decisão transitada em julgado seja omissa quanto ao direito aos honorários advocatícios ou ao seu valor, é cabível ação autônoma para sua definição e cobrança, cuja competência será da Justiça do Trabalho (CF, art. 114, I).

Para encerrar este tópico, lembramos que o § 4º do art. 791-A da CLT, incluído pela Lei n. 13.467/2017, dispõe que o se o beneficiário da justiça gratuita for vencido, "desde que não tenha obtido em juízo, ainda que em outro processo, créditos capazes de suportar a despesa, as obrigações decorrentes de sua sucumbência ficarão sob condição suspensiva de exigibilidade e somente poderão ser executadas se, nos dois anos subsequentes ao trânsito em julgado da decisão que as certificou, o credor demonstrar que deixou de existir a situação de insuficiência de recursos que justificou a concessão de gratuidade, extinguindo-se, passado esse prazo, tais obrigações do beneficiário".

Esse novel dispositivo é, a nosso sentir, manifestamente inconstitucional por violação ao direito fundamental de acesso à justiça para o cidadão/trabalhador/pobre, o que levou o Procurador-Geral da República, inclusive, a ajuizar a ADI n. 5766, sustentando que gratuidade judiciária ao trabalhador pobre equivale à garantia inerente ao mínimo existencial. Na referida ação, o PGR argumenta ainda que, ao pleitear na Justiça do Trabalho cumprimento de direitos trabalhistas inadimplidos, os trabalhadores carecedores de recursos buscam satisfazer prestações materiais indispensáveis à sua sobrevivência e à da família.

1.2.1. Honorários advocatícios nas ações acidentárias

O TST entende que os honorários advocatícios pela mera sucumbência nas ações acidentárias somente são devidos na hipótese em que a ação tenha sido ajuizada na Justiça comum e, posteriormente, encaminhada à Justiça do Trabalho. É o que prevê a OJ n. 421 da SBDI-1, *in verbis*:

> HONORÁRIOS ADVOCATÍCIOS. AÇÃO DE INDENIZAÇÃO POR DANOS MORAIS E MATERIAIS DECORRENTES DE ACIDENTE DE TRABALHO OU DE DOENÇA PROFISSIONAL. AJUIZAMENTO PERANTE A JUSTIÇA COMUM ANTES DA PROMULGAÇÃO DA EMENDA CONSTITUCIONAL N. 45/2004. POSTERIOR REMESSA DOS AUTOS À JUSTIÇA DO TRABALHO. ART. 20 DO CPC. INCIDÊNCIA (DEJT divulgado em 01, 04 e 05.02.2013). A condenação em honorários advocatícios nos autos de ação de indenização por danos morais e materiais decorrentes de acidente de trabalho ou de doença profissional, remetida à Justiça do Trabalho após ajuizamento na Justiça comum, antes da vigência da Emenda Constitucional n. 45/2004, decorre da mera sucumbência, nos termos do art. 85 do CPC de 2015 (art. 20 do CPC de 1973), não se sujeitando aos requisitos da Lei n. 5.584/1970.

Com o advento da Lei n. 13.467/2017, que acrescentou o art. 791-A à CLT, continua existindo a faculdade do *jus postulandi* das próprias partes (CLT, art. 791 e Súmula n. 425 do TST), mas, se elas optarem por contar com o patrocínio de advogados, a estes serão devidos honorários advocatícios nos termos do art. 791-A da CLT. Neste caso, deixam de ser aplicados, por incompatibilidade, os dispositivos e os verbetes jurisprudenciais do TST que restringem o cabimento de honorários advocatícios nos sítios do processo do trabalho.

De acordo com o § 9º do art. 85 do CPC, aplicável subsidiariamente ao processo laboral, na ação de indenização por ato ilícito contra pessoa, o percentual de honorários advocatícios sucumbenciais incidirá sobre a soma das prestações vencidas acrescida de 12 (doze) prestações vincendas.

1.2.1.1. Honorários advocatícios em outras ações indenizatórias

Com o advento do Código Civil de 2002, que prevê, nos arts. 389 e 404, a condenação do réu por perdas e danos em virtude de inadimplemento de obrigação legal ou contratual, abrangendo honorários advocatícios, algumas vozes da doutrina justrabalhista passaram a admitir, no processo do trabalho, a incidência das referidas normas sob o fundamento de que o trabalhador, quando vai a juízo, deve ser reparado integralmente pelos danos que o empregador lhe causou. Aliás, nesse sentido aponta o Enunciado n. 53 da 1ª Jornada de Direito Material e Processual do Trabalho.

Há, porém, entendimentos abalizados no sentido de que os honorários advocatícios na Justiça do Trabalho, como já ressaltamos alhures, só são cabíveis nas hipóteses dos arts. 14 e 16 da Lei n. 5.584/1970, isto é, os honorários do advogado pagos pelo vencido reverterão em favor do Sindicato que prestou a assistência judiciária ao trabalhador (TST, Súmulas ns. 219, I, e 329 e OJs ns. 304 e 305 da SBDI-1).

Parece-nos, contudo, que os honorários previstos nos arts. 389 e 404 do novel Código Civil não se confundem com os honorários de sucumbência; ao revés, têm natureza de indenização em favor da parte prejudicada pela inadimplência de obrigação legal ou contratual.

Assim, considerando que o inciso VI do art. 114 da CF reconhece a competência da Justiça do Trabalho para processar e julgar "as ações de indenização por dano moral ou patrimonial, decorrentes da relação de trabalho", cremos ser juridicamente viável – apenas nas ações indenizatórias – o pedido de condenação do réu em perdas e danos, abrangidos os honorários advocatícios, desde que estes tenham sido pagos (adiantados) pelo vencedor da demanda, sem prejuízo dos honorários advocatícios decorrentes da mera sucumbência (TST/IN n. 27/2005, art. 5º).

Frise-se que tanto o trabalhador (ou empregado) quanto o tomador de seus serviços (ou empregador) podem ser condenados em ações indenizatórias na Justiça do Trabalho, abarcando, em tais casos, os honorários advocatícios previstos nas citadas normas do Código Civil, sendo certo que tal condenação não se confunde com a ação de cobrança de verba honorária ajuizada por advogado em face de seu cliente, pois, nesse caso, aflora-se a incompetência da Justiça do Trabalho.

O TST, contudo, já enfrentou a questão em acórdão turmário, no sentido de que é "inaplicável o disposto no art. 389 do Código Civil, tendo em vista que, na Justiça do Trabalho, os pressupostos para o deferimento dos honorários advocatícios encontram-se previstos no art. 14 da Lei n. 5.584/70" (RR 2080/2005-135-15-00.0, j. 23.09.2009, Rel. Min. Alberto Luiz Bresciani de Fontan Pereira, 3ª T., *DEJT* 9.10.2009).

Em outro julgado, o TST também entendeu que os "honorários advocatícios na Justiça do Trabalho regem-se pelas disposições contidas na Lei n. 5.584/1970, nos termos de seu art. 14 e seguintes. A incidência da norma específica afasta a aplicação do art. 389 do Código Civil, em face do disposto no art. 769 da Consolidação das Leis do Trabalho" (RR 1306/2003-003-20-00.4, j. 19.08.2009, Rel. Min. João Batista Brito Pereira, 5ª T., *DEJT* 28.8.2009).

Como o novel art. 791-A da CLT trata apenas dos honorários de sucumbência, fica inalterado o entendimento por nós adotado no sentido de que nas ações indenizatórias poderiam ser incluídos os honorários advocatícios contratuais antecipados pela parte vencedora da demanda. Mas, como já advertimos, o TST dificilmente alterará a sua jurisprudência, no particular.

1.2.2. Honorários advocatícios na substituição processual

Nos domínios do direito processual individual do trabalho, os honorários advocatícios só são devidos, em linha de princípio, quando o sindicato figurar como assistente de demandante que não tenha condições de arcar com as despesas do processo, sem que comprometa o seu próprio sustento, na forma do item I da Súmula n. 219 do TST.

Ocorre que, em se tratando de ação em que o sindicato figura como substituto processual em defesa de interesses individuais homogêneos da categoria (ou parte dela) que representa, o sistema processual aplicável não é mais o do processo trabalhista individual, mas, sim, o consubstanciado nas normas da CF, da Lei da Ação Civil Pública (Lei n. 7.347/1985) e CDC (Lei n. 8.078/1990).

De tal arte, a interpretação sistemática das normas que compõem esse novel sistema de acesso metaindividual ao Judiciário prevê, no art. 87 e seu parágrafo do CDC (que está no capítulo das ações coletivas para tutela dos interesses individuais homogêneos), *in verbis*:

> Art. 87. Nas ações coletivas de que trata este código não haverá adiantamento de custas, emolumentos, honorários periciais e quaisquer outras despesas, nem condenação da associação autora, salvo comprovada má-fé, em honorários de advogados, custas e despesas processuais.
>
> Parágrafo único. Em caso de litigância de má-fé, a associação autora e os diretores responsáveis pela propositura da ação serão solidariamente condenados em honorários advocatícios e ao décuplo das custas, sem prejuízo da responsabilidade por perdas e danos.

Ora, se a própria associação – gênero que tem como uma das espécies a associação sindical – pode ser condenada em honorários advocatícios caso sucumbente (e de má-fé), é óbvio, e com muito mais razão, que ela deve ser beneficiária de tal verba na hipótese de vencedora da demanda coletiva.

Aliás, a coletivização das demandas em uma sociedade de massa, como a que vivemos hoje, impõe a adoção de novas técnicas de encorajamento para que os representantes ideológicos dos interesses metaindividuais em juízo promovam a sua defesa coletiva. Não é por outra razão que o inciso III do art. 129 da CF emprega o termo "promover" no que diz respeito ao ajuizamento de ação civil pública, espécie do gênero ação coletiva. Andou bem o TST, portanto, em cancelar a Súmula n. 310, que obstaculizava a pretensão do ora recorrente.

Por outro lado, não seria razoável admitir que o sindicato, quando atua como assistente (*rectius*, representante) dos trabalhadores em ações individuais plúrimas, seja destinatário de honorários advocatícios decorrentes de sucumbência e, quando age como substituto processual em defesa de interesses individuais homogêneos não seja titular de tal verba. Nesse sentido, peço vênia para colacionar julgado em que atuei como relator:

> ILEGITIMIDADE ATIVA. SINDICATO. DIREITOS INDIVIDUAIS HOMOGÊNEOS: O sindicato é parte legítima para defender os interesses individuais homogêneos dos trabalhadores que tenham trabalhado em jornada excessiva, sendo viável, portanto, o uso da ação coletiva. HONORÁRIOS ADVOCATÍCIOS. SINDICATO AUTOR. Não seria razoável admitir que o sindicato quando atua como assistente (*rectius*, representante) dos trabalhadores em ações individuais plúrimas seja destinatário de honorários advocatícios decorrentes de sucumbência e quando age como substituto processual em defesa de interesses individuais homogêneos – que é demanda muito mais importante do ponto de vista do acesso coletivo ao aparelho judiciário – não seja merecedor de tal verba (TRT 17ª R., RO 0097400-60.2011.5.17.0121, Rel. Desembargador Carlos Henrique Bezerra Leite, *DEJT* 10.10.2012).

O TST, no entanto, vem deferindo honorários advocatícios ao sindicato que atua como substituto processual apenas quando os substituídos processualmente percebem até o dobro do mínimo legal ou declarem situação de precariedade econômica. É o que se vê do seguinte julgado:

> EMBARGOS EM RECURSO DE REVISTA. SINDICATO. SUBSTITUIÇÃO PROCESSUAL. HONORÁRIOS ADVOCATÍCIOS. O c. TST, sobre a possibilidade de deferimento de honorários advocatícios na Justiça do Trabalho, firmou entendimento cristalizado no item VIII da Súmula n. 310/TST, em sentido negativo, ou seja, entendeu que 'Quando o sindicato for autor da ação na condição de substituto processual, não serão devidos honorários advocatícios'. Tal Verbete Sumular, todavia, foi cancelado pela Res. 119/2003, *DJU* 1.10.2003, tendo em vista o entendimento adotado pelo excelso STF, no sentido de conferir alcance mais amplo à substituição processual. Entretanto, esse cancelamento não significa dizer que o entendimento acerca dos honorários passou a ser pelo cabimento na hipótese que disciplina. Isso porque, a lei que regulamenta a concessão da verba, da qual decorreu a Súmula n. 219/TST, ainda está sendo aplicada nesta Justiça às lides decorrentes de relação de emprego. Ressalte-se, ainda, que os requisitos exigidos para deferimento dos honorários dizem respeito àquele que é parte no processo, independentemente de ser ou não detentor do direito material. Dessa forma, a condição do Sindicato como substituto processual, em que pleiteia em nome próprio direito material alheio, é que será o ponto de referência para a verificação do preenchimento dos requisitos legais. No caso dos autos não se tem notícia de que o Sindicato tenha declarado pobreza jurídica, inclusive quanto aos trabalhadores substituídos, o recurso de revista, portanto, merecia ser conhecido por contrariedade à Súmula n. 219/TST, razão pela qual a e. Turma incorreu em malferimento ao art. 896 da CLT. Recurso de embargos conhecido e provido (TST-E-RR 50200-97.2002.5.22.0003, Rel. Min. Horácio Raymundo de Senna Pires, j. 22.6.2010, SBDI-1, *DEJT* 6.8.2010).

O equívoco desse julgado, *data maxima venia*, está em continuar exigindo (explícita ou implicitamente) a famigerada lista de substituídos (por exigir declaração de pobreza econômica de cada trabalhador na fase cognitiva) e insistir em negar vigência e aplicabilidade do art. 87 do CDC nos sítios do processo do trabalho, pois, nas ações em que o sindicato atua como substituto processual, ele age em nome próprio na defesa dos interesses individuais homogêneos dos trabalhadores integrantes da categoria que representa. Vale dizer, as referidas decisões da mais alta Corte Obreira representam sérios obstáculos ao acesso coletivo dos trabalhadores à Justiça do Trabalho, malferindo, assim, o disposto no art. 5º, XXXV, da CF.

Para encerrar este tópico, é importante lembrar que o TST inseriu o item III na Súmula n. 219, segundo o qual: "São devidos os honorários advocatícios nas causas em que o ente sindical figure como substituto processual e nas lides que não derivem da relação de emprego."

Se esse novel item III da Súmula n. 219 do TST for interpretado em sintonia com o art. 87 do CDC e com os princípios que incentivam o acesso coletivo à justiça, os honorários advocatícios na substituição processual serão devidos ao sindicato autor da demanda coletiva pela mera sucumbência do réu. Do contrário, isto é, se for interpretado à luz da Lei n. 5.584/1970, serão devidos apenas se, além da sucumbência do empregador (ou tomador dos serviços), os substituídos forem juridicamente pobres, o que, na prática, implicará exigência de identificação dos trabalhadores na fase cognitiva do feito, desestimulando, destarte, a coletivização do processo trabalhista, que é um dos mais importantes institutos para diminuir o excessivo número de ações individuais que tramitam na Justiça Especializada.

É importante lembrar que o parágrafo único do art. 87 do CDC confirma o princípio contido no seu *caput*, isto é, o sindicato autor de ação coletiva (ou civil pública) na Justiça do Trabalho que, comprovadamente, litigar de má-fé, responderá solidariamente com os seus diretores (em regra, o Presidente), além do décuplo do valor das custas processuais, pelos ônus da sucumbência, o que abrange as demais despesas processuais, honorários advocatícios, honorários periciais e indenizações por danos materiais e morais sofridos pelo réu da demanda coletiva.

Cumpre destacar, ainda, que o TST, ancorando-se no Novo CPC, acrescentou o item V à Súmula n. 219, segundo o qual:

> (...) V – Em caso de assistência judiciária sindical ou de substituição processual sindical, excetuados os processos em que a Fazenda Pública for parte, os honorários advocatícios são devidos entre o mínimo de dez e o máximo de vinte por cento sobre o valor da condenação, do proveito econômico obtido ou, não sendo possível mensurá-lo, sobre o valor atualizado da causa (CPC de 2015, art. 85, § 2º).

Essa parte da Súmula n. 219 do TST deverá ser parcialmente modificada no tocante aos percentuais, pois o art. 791-A, *caput*, e § 1º, da CLT, com redação dada pela Lei n. 13.467/2107, prevê, expressamente, que os honorários advocatícios na substituição processual serão fixados entre o mínimo de 5% e o máximo de 15%.

É importante lembrar que o parágrafo único do art. 87 do CDC confirma o princípio contido no seu *caput*, isto é, o sindicato autor de ação coletiva (ou civil pública) na Justiça do Trabalho que comprovadamente litigar de má-fé responderá solidariamente com os seus diretores (em regra, o Presidente), além do décuplo do valor das custas processuais, pelos ônus da sucumbência, o que abrange as demais despesas processuais, honorários advocatícios, honorários periciais e indenizações por danos materiais e morais sofridos pelo réu da demanda coletiva.

1.2.3. Honorários advocatícios nas ações oriundas da relação de trabalho

Nas ações que foram transferidas para a competência da Justiça do Trabalho (CF, art. 114 com redação dada pela EC n. 45/2004), os honorários advocatícios são devidos pela mera sucumbência. É o que se depreende da aplicação sistemática do art. 5º da IN/TST n. 27/2005 e dos itens III e IV da Súmula n. 219 do TST, *in verbis*:

> (...) III – São devidos os honorários advocatícios nas causas em que o ente sindical figure como substituto processual e nas lides que não derivem da relação de emprego.
>
> IV – Na ação rescisória e nas lides que não derivem de relação de emprego, a responsabilidade pelo pagamento dos honorários advocatícios da sucumbência submete-se à disciplina do Código de Processo Civil (arts. 85, 86, 87 e 90).

Nesses casos, portanto, aplicam-se as regras do NCPC (arts. 85 a 97), sendo desnecessário o pedido de condenação do sucumbente em honorários advocatícios, uma vez que a norma cogente do art. 85 do NCPC determina que a sentença "condenará o vencido a pagar honorários ao advogado do vencedor". Mas, se cada litigante for, em parte, vencedor e vencido, serão proporcionalmente distribuídas entre eles as despesas (NCPC, art. 86). Entretanto, se um litigante sucumbir em parte mínima do pedido, o outro responderá, por inteiro, pelas despesas e pelos honorários (NCPC, art. 86, parágrafo único).

É importante lembrar, de toda a sorte, que a Súmula n. 453 do STJ vaticina que os "honorários sucumbenciais, quando omitidos em decisão transitada em julgado, não podem ser cobrados em execução ou em ação própria". Este entendimento, a nosso ver, é aplicável no processo do trabalho tanto às tradicionais ações oriundas da relação de emprego quanto às novas ações que foram transferidas para a competência desta Justiça Especializada por força da EC n. 45/2004.

Com o novel art. 791-A da CLT, com redação dada pela Lei n. 13.467/2017, serão sempre devidos honorários advocatícios quando a parte (trabalhador ou tomador do serviço, pessoa física ou jurídica, de direito público ou privado) estiver litigando sob o patrocínio de advogado, independentemente de assistência judiciária sindical ou qualquer outra condição. Basta haver sucumbência total ou parcial para que o advogado que atuou na causa tenha direito de receber honorários sucumbenciais.

1.3. Honorários do intérprete

A Lei n. 13.660/2018 alterou o § 2º do art. 819 da CLT, que passou a ter a seguinte redação:

> Art. 819 - O depoimento das partes e testemunhas que não souberem falar a língua nacional será feito por meio de intérprete nomeado pelo juiz ou presidente.

> § 1º Proceder-se-á da forma indicada neste artigo, quando se tratar de surdo-mudo, ou de mudo que não saiba escrever.
>
> § 2º As despesas decorrentes do disposto neste artigo correrão por conta da parte sucumbente, salvo se beneficiária de justiça gratuita.

O novel § 2º do art. 819 da CLT agravou a situação da parte sucumbente, pois esta terá que arcar com as despesas tanto do intérprete seu quanto o trazido pela parte adversária.

Registra-se, contudo, que a Lei n. 13.660/2018 é posterior à Lei n. 13.467/2017 (Lei da Reforma Trabalhista), porém deu um tratamento mais adequado ao beneficiário da justiça gratuita que for sucumbente em honorários do intérprete. Noutro falar, ele será responsável pelo pagamento de honorários periciais (CLT, art. 790-B), honorários advocatícios da parte adversa (CLT, art. 791, § 4º), custas e demais despesas processuais (CLT, art. 790-A), mas não será responsável pelo pagamento dos honorários do intérprete nomeado pelo juiz.

A Lei n. 13.660/2018 deixa clara, sem outras considerações, a contradição e a baixíssima qualidade técnica dos legisladores brasileiros.

1.4. Honorários periciais

Os honorários periciais são despesas que devem ser pagas pela parte sucumbente no pedido que demandou a realização do trabalho do perito. É o que dispõe o art. 790-B da CLT: "A responsabilidade pelo pagamento dos honorários periciais é da parte sucumbente na pretensão objeto da perícia, salvo se beneficiária de justiça gratuita."

A Lei n. 13.467/2017 alterou o art. 790-B da CLT, que passou a ter a seguinte redação:

> Art. 790-B. A responsabilidade pelo pagamento dos honorários periciais é da parte sucumbente na pretensão objeto da perícia, ainda que beneficiária da justiça gratuita.
>
> § 1º Ao fixar o valor dos honorários periciais, o juízo deverá respeitar o limite máximo estabelecido pelo Conselho Superior da Justiça do Trabalho.
>
> § 2º O juízo poderá deferir parcelamento dos honorários periciais.
>
> § 3º O juízo não poderá exigir adiantamento de valores para realização de perícias.
>
> § 4º Somente no caso em que o beneficiário da justiça gratuita não tenha obtido em juízo créditos capazes de suportar a despesa referida no *caput*, ainda que em outro processo, a União responderá pelo encargo. (NR)

Assim, por exemplo, se o reclamante formular na ação dez pedidos que não demandem perícia e um que exija a prova pericial, *v. g.*, adicional de insalubridade, havendo indeferimento deste último pedido, será o reclamante condenado a pagar os honorários periciais, ainda que beneficiário da justiça gratuita (CLT, art. 790, § 3º). Neste caso, se ele obteve o benefício da justiça gratuita, mas os demais créditos decorrentes da ação (ou em outras ações judiciais) forem superiores ao valor devido a título de honorários periciais, o trabalhador sucumbente no pedido objeto da perícia será responsável pelo pagamento dessa despesa processual.

Em outras palavras, a União somente arcará com o pagamento dos honorários periciais se o sucumbente no pedido que ensejou a prova pericial for beneficiário da justiça gratuita e não obtiver em juízo créditos capazes de suportar essa verba pericial.

Sustentamos a inconstitucionalidade do art. 790-B, *caput*, no tocante à expressão "ainda que beneficiária da justiça gratuita" e a inconstitucionalidade total do § 4ª do referido artigo. Essas novas regras violam o direito fundamental de acesso à justiça para o trabalhador pobre, isto é, beneficiário da justiça gratuita que busca na Justiça do Trabalho a percepção de verbas de caráter alimentício que compreendem o conceito de mínimo existencial indispensável à efetivação do princípio da dignidade da pessoa humana. Nesse sentido, aliás, tramita no STF a ADI n. 5766, ajuizada pelo Procurador-Geral da República.

Caso o STF não acolha os pedidos formulados na referida ADI n. 5766, haverá necessidade de alteração parcial do entendimento adotado pela Súmula n. 457 do TST:

> HONORÁRIOS PERICIAIS. BENEFICIÁRIO DA JUSTIÇA GRATUITA. RESPONSABILIDADE DA UNIÃO PELO PAGAMENTO. RESOLUÇÃO N. 66/2010 DO CSJT. OBSERVÂNCIA. A União é responsável pelo pagamento dos honorários de perito quando a parte sucumbente no objeto da perícia for beneficiária da assistência judiciária gratuita, observado o procedimento disposto nos arts. 1º, 2º e 5º da Resolução n. 66/2010 do Conselho Superior da Justiça do Trabalho – CSJT.

Para ser destinatário de tal verba honorária, o perito deverá se habilitar perante o órgão judiciário correspondente para receber o valor fixado em seu orçamento.

Tratando-se de empregado que não tenha obtido o benefício da justiça gratuita, ou isenção de custas, o sindicato que houver intervindo no processo responderá solidariamente pelo pagamento das custas devidas (CLT, art. 790, § 1º).

Em algumas Varas do Trabalho há juízes que exigem depósito prévio dos honorários periciais. O TST, no entanto, entende que tal prática é ilegal consoante dispõe a OJ n. 98 da SBDI-2. Tal verbete, no entanto, só é aplicável nas ações oriundas da relação de emprego ou relação de trabalho avulso, ou seja, nos termos do parágrafo único do art. 6º da IN n. 27/2005 do TST, é possível haver depósito prévio de honorários periciais nas novas ações que foram transferidas para a competência da Justiça do Trabalho por força da EC n. 45/2004.

Entretanto, com o novel § 3º do art. 790-B da CLT, o "juízo não poderá exigir adiantamento de valores para realização de perícias", razão pela qual em nenhuma hipótese será mais permitida a exigência de adiantamento de honorários periciais.

Quanto aos honorários do assistente técnico, o TST editou a Súmula 341 reconhecendo a voluntariedade das despesas com assistente técnico, nos seguintes termos:

> HONORÁRIOS DO ASSISTENTE TÉCNICO. A indicação do perito assistente é faculdade da parte, a qual deve responder pelos respectivos honorários, ainda que vencedora no objeto da perícia.

Tal verbete, a nosso sentir, não se aplica às ações que foram transferidas para a competência da Justiça do Trabalho, pois o art. 84 do CPC dispõe que as "despesas abrangem as custas dos atos do processo, a indenização de viagem, a diária de testemunha e a remuneração do assistente técnico".

2. Despesas processuais no microssistema do processo coletivo

Nas ações coletivas *lato sensu* (ação civil pública, ação civil coletiva etc.), inclusive nas ações em que o sindicato ou o MPT atuarem como substitutos processuais em defesa de interesses individuais homogêneos, há regramento específico no microssistema do processo coletivo sobre despesas processuais, sendo, pois, inaplicáveis as regras da CLT ou da Lei n. 5.584/1970 alusivas a pagamento, isenção ou dispensa de custas e outras despesas processuais.

É o que se infere do art. 18 da LACP:

> Art. 18. Nas ações de que trata esta lei, não haverá adiantamento de custas, emolumentos, honorários periciais e quaisquer outras despesas, nem condenação da associação autora, salvo comprovada má-fé, em honorários de advogado, custas e despesas processuais.

O art. 87 e seu parágrafo único, do CDC, por sua vez, dispõem:

> Art. 87. Nas ações coletivas de que trata este código não haverá adiantamento de custas, emolumentos, honorários periciais e quaisquer outras despesas, nem condenação da associação autora, salvo comprovada má-fé, em honorários de advogados, custas e despesas processuais.
>
> Parágrafo único. Em caso de litigância de má-fé, a associação autora e os diretores responsáveis pela propositura da ação serão solidariamente condenados em honorários advocatícios e ao décuplo das custas, sem prejuízo da responsabilidade por perdas e danos.

Esses dispositivos do microssistema do direito processual coletivo brasileiro, composto de normas da CF (arts. 8º, III, e 129, III, § 1º), da Lei n. 7.347/1985 (Lei da Ação Civil Pública) e da parte processual da Lei n. 8.078/1990 (Código de Defesa do Consumidor), consagram o **princípio da gratuidade das ações coletivas** (ou ações civis públicas) para tutela dos direitos ou interesses difusos, coletivos ou individuais homogêneos. Nesse sentido:

> SINDICATO. SUBSTITUTO PROCESSUAL. PRINCÍPIO DA GRATUIDADE. De acordo com o princípio da gratuidade que informa o novel sistema de acesso metaindividual ao Judiciário (CF, arts. 8º, III, e 129, III, § 1º; Lei n. 7.347/85, art. 18, e Lei n. 8.078/90, art. 87) não haverá adiantamento de custas, emolumentos, honorários periciais e quaisquer outras despesas, nem condenação da associação autora, salvo comprovada má-fé, em honorários de advogados, custas e despesas processuais (TRT 17ª R., RO 0064100-10.2011.5.17.0121, Rel. Des. Carlos Henrique Bezerra Leite, *DEJT* 17.9.2012).

A *mens legis* no microssistema do processo coletivo é realmente incentivar a coletivização do acesso à justiça por meio do princípio da gratuidade que, diferentemente das regras da legislação processual trabalhista, isenta a *prima facie* todos os autores das ações coletivas (ou civis públicas) de adiantamento de quaisquer despesas processuais e, ao final, ainda que total ou parcialmente vencidas, dos ônus de sucumbência.

O princípio da gratuidade nas ações coletivas é uma vantagem destinada apenas aos autores, e não ao(s) réu(s). Se houver sucumbência dos réus nas ações coletivas, estes responderão integralmente por todas as despesas processuais.

A exceção contida no parágrafo único do art. 87 do CDC confirma o princípio da gratuidade das ações coletivas *lato sensu* ao dispor que se a associação (ou sindicato) autora litigar de comprovada má-fé, além de suportar os ônus da sucumbência, será condenada solidariamente com os seus diretores responsáveis pela propositura da ação coletiva em honorários advocatícios e o décuplo do valor das custas e poderá, ainda, responder por danos materiais e morais causados ao réu da demanda coletiva.

IX

VÍCIOS, NULIDADES E DEFEITOS DO ATO PROCESSUAL

1. Conceito

No chamado sistema legalista ou formalista, prevalecia a ideia de que a falta de alguma formalidade dos atos processuais implicava a nulificação de todo o processo. No atual sistema processual, isto é, no paradigma do Estado Democrático de Direito, passou-se a observar os fins sociais do processo, evitando a declaração de nulidade, quando esta não provoque prejuízo para o direito das partes. Daí falar-se em sistema teleológico das nulidades.

O próprio art. 188 do NCPC estabelece que os atos e os termos processuais independem de forma determinada, salvo quando a lei expressamente a exigir, considerando-se válidos os que, realizados de outro modo, lhe preencham a finalidade essencial.

A lei não define a nulidade do ato processual, o que deixa à doutrina a tarefa de conceituá-la. Numa perspectiva civilista, diz-se, comumente, que a nulidade de um ato ocorre quando lhe falta algum requisito que a lei prescreve como necessário para a sua validade. Do ponto de vista do direito processual, entretanto, a nulidade de um ato significa o estado em que ele se encontra em determinada fase do processo e que pode privá-lo de produzir seus próprios efeitos ou destituir os efeitos de outros atos já produzidos.

É importante destacar que, diferentemente do direito material, os atos processuais, embora nulos, produzem efeitos, sendo, portanto, necessário o ajuizamento de ação própria para que cessem tais efeitos. Nesse sentido, advertem Marinoni e Mitidiero (2008, p. 239):

> Não existem nulidades de pleno direito no processo civil, porquanto toda invalidade processual deve ser decretada pelo juiz. Até a manifestação jurisdicional, o ato pode ser desconforme ao seu modelo legal, mas jamais se pode dizê-lo nulo. Todos os atos processuais são válidos e eficazes até que se decretem as suas invalidades.

Essa lição doutrinária é perfeitamente aplicável ao processo do trabalho, máxime em função do princípio da simplicidade que lhe é inerente. A sentença definitiva transitada em julgado, por exemplo, se for proferida por juiz impedido ou absolutamente incompetente (NCPC, art. 966, II), embora juridicamente nula, goza de plena validade e eficácia até que seja desconstituída por outra decisão judicial (acórdão) proferida em sede de ação rescisória.

2. Distinções e espécies

Da mesma forma que os atos jurídicos em geral podem conter irregularidades ou vícios que contaminam ou podem contaminar a sua validade, os atos processuais também podem conter irregularidades, vícios ou defeitos que os tornam nulos ou anuláveis.

No direito processual civil ou trabalhista, os atos processuais podem ser nulos, anuláveis ou inexistentes. Vale lembrar que, no direito civil, há os atos nulos e os atos anuláveis, enquanto no direito do trabalho, muito embora haja cizânia doutrinária no tocante aos atos anuláveis, o art. 9º da CLT declara nulos os atos praticados com o objetivo de impedir, fraudar ou desvirtuar os preceitos e normas de natureza trabalhista.

As irregularidades ou vícios processuais são classificados segundo a gravidade que representam para o processo.

Diz-se que temos meras irregularidades sem consequências processuais quando alguns atos processuais podem não se revestir das formalidades legais, mas não trazem consequência alguma para a validade do processo, tais como o uso de abreviaturas (NCPC, art. 272, § 3º).

Irregularidades com sanções extraprocessuais, todavia, são atos praticados sem observância de algum requisito legal, geram apenas sanções fora do processo (geralmente, de ordem disciplinar), como é o caso do juiz que retarda, sem justificativa, a prática de algum ato (NCPC, art. 143, II).

Existem também irregularidades que acarretam a inexistência do ato processual, como a sentença sem assinatura do juiz, ou o juiz que profere sentença quando já havia sido publicado o ato de sua aposentadoria. O CPC/73 previa expressamente que os atos processuais não ratificados praticados por advogado que atua sem instrumento de mandato seriam considerados inexistentes (CPC/73, art. 37, parágrafo único). O art. 104, § 2º, do NCPC, no entanto, dispõe que: "O ato não ratificado será considerado ineficaz relativamente àquele em cujo nome foi praticado, respondendo o advogado pelas despesas e por perdas e danos".

Por fim, têm-se as irregularidades que acarretam nulidades processuais, estas podendo ser relativas ou absolutas, cujas diferenças veremos a seguir.

3. Extensão, arguição e efeitos

O estudo dos vícios, nulidades e defeitos do ato processual se mostra imprescindível, pois é de suma importância detectar a natureza jurídica do problema verificado no caso concreto para saber qual será a extensão do ato impugnado, quem deverá argui-lo e quais serão seus efeitos.

A nulidade absoluta ocorre quando determinado ato fere norma de ordem pública, portanto indisponível pelas partes. Essa espécie de nulidade pode comprometer a validade total ou parcial do processo e não se sujeita, em princípio, à preclusão, como no caso da incompetência absoluta, que pode (e deve) ser decretada, de ofício, no mesmo processo (NCPC, art. 337, § 5º) ou empolgar ação rescisória (NCPC, art. 966, II).

Já a nulidade relativa corresponde a um vício sanável, porquanto decorrente de ato praticado no interesse da parte, ou seja, depende de provocação para ser declarado, uma vez que não pode ser pronunciada *ex officio*, como ocorre no caso de incompetência relativa do juízo. Nesse sentido, Luiz Guilherme Marinoni afirma que a invalidade processual:

> é o resultado de uma apreciação judicial a respeito da relevância de determinada infração à forma de um ato processual. Não existem nulidades de pleno direito em processo civil, porquanto toda invalidade processual deve ser decretada pelo juiz. Até a manifestação jurisdicional, o ato pode ser desconforme ao seu modelo legal, mas jamais se pode dizê-lo nulo. Todos os atos processuais são válidos e eficazes até que se decretem as suas invalidades (MARINONI; MITIDIERO, 2008, p. 238).

No que concerne aos atos processuais inexistentes, ou melhor, juridicamente inexistentes, há um vício tão grave que a coisa julgada pode ser desconstituída por meio mais simplificado do que a ação rescisória, pois a parte poderá valer-se da ação declaratória de inexistência de ato processual (*querela nullitatis*).

Uma sentença é inexistente, portanto passível de invalidação, quando não observados pressupostos processuais de existência no processo em que ela foi prolatada, tal como ocorre no processo em que não houve a citação, ressalvada, é claro, a hipótese prevista no art. 332 do NCPC.

Como dito, sem um pronunciamento judicial, até mesmo os atos processuais inexistentes produzem efeitos, e se sujeitam à preclusão temporal quando não forem submetidos à apreciação jurisdicional.

Entende-se que os atos inexistentes e os que padecem de nulidade absoluta podem ser arguidos a qualquer momento e por qualquer das partes prejudicadas, inclusive de ofício pelo magistrado. Já as nulidades relativas somente podem ser reconhecidas quando houver arguição explícita por uma das partes e em tempo oportuno, sob pena de preclusão.

Essas questões podem ser ainda mais bem compreendidas quando apreciadas a partir dos princípios processuais que serão analisados no próximo tópico.

4. Princípios das nulidades processuais

Cabe advertir, de início, que o processo do trabalho contempla um capítulo próprio dedicado às nulidades processuais (arts. 794 a 798 da CLT), em função do que as normas do CPC somente ser-lhe-ão aplicadas supletiva ou subsidiariamente, desde que não contrariem os princípios peculiares do processo laboral.

Pode-se dizer que o sistema processual trabalhista de nulidades é regido por normas (princípios e regras) que levam em conta, sobretudo, as especificidades e os institutos peculiares desse ramo especializado. Entretanto, é preciso lembrar que o nosso sistema processual foi pensado e construído para que não se decretem invalidades.

4.1. Princípio da instrumentalidade das formas

O princípio da instrumentalidade das formas, também chamado de princípio da finalidade, considera que quando a lei prescrever determinada forma para o ato processual, sem cominar nulidade, o juiz considerará válido o ato se, realizado de outro modo, alcançar o fim a que pretende. Os arts. 188 e 277 do NCPC consagram tal princípio, nos seguintes termos:

> Art. 188. Os atos e os termos processuais independem de forma determinada, salvo quando a lei expressamente a exigir, considerando-se válidos os que, realizados de outro modo, lhe preencham a finalidade essencial.
>
> Art. 277. Quando a lei prescrever determinada forma, o juiz considerará válido o ato se, realizado de outro modo, lhe alcançar a finalidade.

No direito processual do trabalho, a instrumentalidade das formas também se faz presente como princípio, como se infere da interpretação sistemática e teleológica dos arts. 795, 796, *a*, e 798 da CLT:

> Art. 795. As nulidades não serão declaradas senão mediante provocação das partes, as quais deverão argui-las à primeira vez em que tiverem de falar em audiência ou nos autos.
>
> Art. 796. A nulidade não será pronunciada: a) quando for possível suprir-se a falta ou repetir-se o ato; b) quando arguida por quem lhe tiver dado causa.
>
> Art. 798. A nulidade do ato não prejudicará senão os posteriores que dele dependam ou sejam consequência.

4.2. Princípio do prejuízo ou da transcendência

O princípio do prejuízo, também chamado de princípio da transcendência e inspirado no sistema francês (*pas de nullité sans grief*), está intimamente ligado ao princípio da instrumentalidade das formas, sendo certo que o art. 794 da CLT o alberga, explicitamente, ao prescrever: "Nos processos sujeitos à apreciação da Justiça do Trabalho só haverá nulidade quando resultar dos atos inquinados manifesto prejuízo às partes litigantes."

Importa assinalar que o prejuízo referido no preceptivo em causa é de natureza processual, isto é, não se cogita, aqui, de prejuízo material, financeiro, econômico ou moral decorrente do conflito de direito material.

O art. 283 do NCPC prescreve que o erro de forma do processo acarreta unicamente a anulação dos atos que não possam ser aproveitados, devendo ser praticados os que forem necessários, a fim de se observarem as prescrições legais, com o aproveitamento dos atos praticados, desde que não resulte prejuízo à defesa de qualquer parte. Assim, por exemplo, se a parte, com endereço certo e conhecido, foi notificada citatoriamente por edital e comparece espontaneamente à audiência, nela apresentando contestação, não poderá depois alegar nulidade por vício da citação, pois não houve prejuízo para o seu direito de defesa.

4.3. Princípio da preclusão ou convalidação

O princípio da convalidação, também conhecido como princípio da preclusão, está consagrado no art. 795 da CLT, segundo o qual "as nulidades não serão declaradas senão mediante provocação das partes, as quais deverão argui-las à primeira vez em que tiverem de falar em audiência ou nos autos".

Tem-se entendido que a oportunidade para a parte arguir a nulidade em audiência encerra-se com a apresentação das razões finais, pois a audiência trabalhista deve ser una – embora na práxis isso geralmente não ocorra. Assim, se a parte não suscitar a nulidade na primeira oportunidade que tiver para falar em audiência ou nos autos, haverá a convalidação do ato, impedindo-se posterior discussão sobre a validade do mesmo.

Na prática processual trabalhista, consagrou-se o famoso "protesto nos autos", mediante registro na ata de audiência, que consiste num costume processual adotado pelas partes, geralmente representadas por advogados, para evitar a preclusão.

Cumpre frisar que o princípio da convalidação só é aplicável às nulidades relativas, que são aquelas que dependem de provocação da parte interessada. Dito de outro modo, o princípio da convalidação ou preclusão não se aplica às nulidades absolutas ou quando a parte provar legítimo impedimento para a prática do ato. Nesse sentido dispõe o art. 278, parágrafo único, do NCPC, segundo o qual não se aplica o princípio da preclusão "às nulidades que o juiz deva decretar de ofício, nem prevalece a preclusão provando a parte legítimo impedimento".

É importante notar que o § 1º do art. 795 da CLT prescreve que deverá ser declarada *ex officio* a nulidade fundada em "incompetência de foro" e, em tal caso, "serão considerados nulos os atos decisórios".

A expressão "incompetência de foro" padece da boa técnica legislativa, pois, se nos valermos da interpretação gramatical ou literal, estaríamos dizendo que a incompetência territorial, que é relativa, deveria ser decretada de ofício. A partir de uma interpretação lógica e sistemática da CLT, por "foro" deve-se entender a jurisdição, ou seja, o "foro trabalhista", o "foro civil", o "foro penal", ou seja, trata-se de competência em razão da matéria, de natureza absoluta.

4.4. Princípios da economia e da celeridade processuais

O princípio da economia processual está implicitamente contido no art. 796, alínea *a*, da CLT, segundo o qual a nulidade não será pronunciada quando for possível suprir-se a falta ou repetir-se o ato, e intimamente ligado ao princípio da celeridade processual, segundo o qual o processo deve ser o mais rápido possível, pois justiça tardia é injustiça manifesta. O princípio da economia processual está consagrado também no art. 797 da CLT, bem como no art. 282 do NCPC.

À luz do princípio da economia processual, por exemplo, se o réu comparece à audiência representado por preposto não portador da carta de preposição, o juiz deverá, com base no art. 76 do NCPC, subsidiariamente aplicado ao processo do trabalho (CLT, art. 769; NCPC, art. 15), suspender o processo e determinar que o réu saneie o vício de sua representação sob pena de ser considerado revel. A única adaptação que se faz necessária para a aplicação supletiva e subsidiária da referida norma do CPC ao processo do trabalho repousa, a nosso ver, na desnecessidade de suspensão do processo para que o defeito seja sanado. Vale dizer, o juiz pode, *in casu*, determinar, com base nos princípios da economia e da celeridade processuais, que a parte regularize a representação sem, no entanto, suspender o processo. Vale dizer, o juiz pode determinar que o réu junte aos autos a carta de preposição em prazo razoável sob pena de ser ele reputado revel e confesso quanto à matéria de fato.

4.5. Princípio do interesse

O princípio do interesse (ou proibição do *nemo allegans propriam turpitudinem auditur*) está previsto no art. 796, *b*, da CLT, segundo o qual a nulidade do ato processual não será pronunciada quando arguida por quem lhe tiver dado causa. Assim, a parte somente estará autorizada a arguir a nulidade do ato se não concorreu direta ou indiretamente para a ocorrência da irregularidade.

O princípio do interesse também está previsto no art. 276 do NCPC, e é conhecido pelo princípio da proibição do *venire contra factum proprium*, que significa proibição do comportamento contraditório. Esse princípio constitui postulado ético do processo e corolário do princípio geral do direito que não admite que alguém obtenha vantagem valendo-se de sua própria torpeza. Dito de outro modo, nenhum participante do processo poderá postular decretação de sua invalidade se ele mesmo lhe deu causa, pois, ao "praticar o ato viciado, a parte vê logicamente preclusa a possibilidade de alegar vício a que deu causa (preclusão lógica)" (MARINONI; ARENHART; MITIDIERO, 2015, p. 292).

4.6. Princípio da utilidade

O princípio da utilidade processual possui nítida aproximação com o princípio do prejuízo (ou transcendência) e constitui corolário do princípio da economia processual. Está consagrado literalmente no art. 798 da CLT, que diz: "A nulidade do ato não prejudicará senão os posteriores que dele dependam ou sejam consequência."

Nesse sentido, o art. 281 do NCPC estabelece que: "Anulado o ato, consideram-se de nenhum efeito todos os subsequentes que dele dependam, todavia, a nulidade de uma parte do ato não prejudicará as outras que dela sejam independentes".

Segundo o princípio da utilidade, devem ser aproveitados ao máximo os atos processuais posteriores, desde que estes não sofram reflexos da nulidade decretada judicialmente. De tal arte, os atos válidos anteriores à decretação de nulidade não são alcançados, nem aqueles que dela sejam independentes.

A lógica do sistema processual, portanto, reside no máximo aproveitamento e conservação dos atos processuais já praticados no processo, de modo que, se um ato processual puder ser decomposto, "é possível que qualquer parte juridicamente separável da parte nula seja considerada válida" (MARINONI; MITIDIERO, 2008, p. 241).

Outro modo de aplicação do princípio da utilidade processual reside no art. 282, § 2º, do NCPC, segundo o qual: "Quando puder decidir do mérito a favor da parte a quem aproveite a decretação da nulidade, o juiz não a pronunciará nem mandará repetir o ato, ou suprir-lhe a falta."

X

DISSÍDIO (AÇÃO) INDIVIDUAL

1. Terminologia, conceitos e espécies

A CLT, em seu Título X ("DO PROCESSO JUDICIÁRIO DO TRABALHO"), dedica o Capítulo III aos "Dissídios Individuais" e o Capítulo IV aos "Dissídios Coletivos".

Não obstante, os arts. 837 a 841 da CLT, que integram a Seção I do referido Capítulo III do Título X, tratam apenas da "Forma de Reclamação e da Notificação", sendo certo que o art. 840 disciplina que a "reclamação poderá ser escrita ou verbal".

Vê-se, portanto, que o Texto Consolidado confunde a denominação de importantes institutos e não prima pela boa terminologia da moderna ciência processual. Vale dizer, a CLT utiliza promiscuamente os termos "processo", "dissídio" e "reclamação" como se fossem expressões sinônimas, o que pode gerar confusões para a boa interpretação e aplicação das normas de direito processual do trabalho.

A rigor, a palavra "dissídio" significa conflito, discórdia, dissidência, dissensão. Logo, é impróprio utilizá-la como sinônimo de processo ou de ação.

É importante advertir que o art. 7º, inciso XXIX, da CF emprega expressamente o termo "ação", ao prever, como direito fundamental dos trabalhadores: "**ação**, quanto aos créditos resultantes das relações de trabalho, com prazo prescricional de cinco anos para os trabalhadores urbanos e rurais, até o limite de dois anos após a extinção do contrato de trabalho" (grifos nossos).

O termo "reclamação", por sua vez, é um resquício da época em que a Justiça do Trabalho pertencia ao Poder Executivo, ou seja, é uma expressão inerente ao direito administrativo.

A legislação processual civil faz nítida distinção entre ação e processo, sendo ambos inconfundíveis com dissídio. Aliás, este último termo sequer integra o elenco dos institutos do direito processual civil pátrio.

Destarte, adotando-se o diálogo das fontes do processo do trabalho e do processo civil à luz do fenômeno da constitucionalização do direito processual, podemos afirmar que os termos "dissídio individual" ou "reclamação trabalhista individual" significam "ação individual".

Dissídio individual (ação individual) é um direito fundamental reconhecido a toda pessoa física ou jurídica, bem como a alguns entes sem personalidade jurídica, mas com capacidade processual, de invocar a jurisdição, que é um serviço público essencial prestado pelo Estado-Juiz.

Na CLT, há duas espécies de dissídios: dissídio individual e dissídio coletivo.[1]

O dissídio individual se subdivide em: dissídio individual simples e dissídio individual plúrimo.

No dissídio individual simples, o reclamante, que pode ser o empregado ou o empregador, é o próprio titular do direito material alegado na ação que figura no seu polo ativo.

No dissídio individual plúrimo são dois ou mais empregados os reclamantes que formam um litisconsórcio ativo facultativo (CLT, art. 842). Vale dizer, nesta espécie de demanda trabalhista os empregados de uma mesma empresa podem litigar como reclamantes no mesmo processo. Não há previsão para o dissídio individual plúrimo proposto por empregadores, mas pode haver litisconsórcio passivo facultativo de empresas, tal como ocorre nas ações em que o autor pede a responsabilidade principal do empregador formal e subsidiária do tomador dos serviços (TST, Súmula n. 331, IV).

O dissídio coletivo pode ser: de natureza econômica, de natureza jurídica, originários, de revisão e de greve (*vide* Capítulo XIX).

2. Elementos da ação individual trabalhista

Para que o dissídio individual (ação individual) possa existir validamente, é preciso que reúna alguns elementos sem os quais não haverá uma adequada relação jurídica processual entre o Estado-Juiz e aquele que invoca a prestação jurisdicional. Assim como ocorre no processo civil, os elementos da ação trabalhista são: as *partes*, o *pedido* e a *causa de pedir*.

As partes são elementos subjetivos da ação, também chamadas de sujeitos ou sujeitos da ação, figurando nos polos ativo e passivo da relação jurídica processual. Como já vimos, quando há pluralidade de pessoas (ou entes com capacidade processual) no polo ativo, temos o litisconsórcio ativo; no polo

---

(1) Sobre dissídio coletivo, ver Capítulo XIX.

passivo, litisconsórcio passivo. Quando, porém, há pluralidade de pessoas no polo passivo e ativo ao mesmo tempo, temos o litisconsórcio misto.

Outro elemento da ação é o *pedido*, conhecido por elemento objetivo ou objeto da ação, que se classifica em *imediato* e *mediato*. O primeiro consiste em solicitar que o Estado dirima o conflito de interesses, por uma das cinco formas de prestação jurisdicional, enquanto o segundo diz respeito ao bem da vida vindicado pelo autor da ação.

Como terceiro e último elemento identificador da ação, temos a *causa de pedir*, na qual residem os motivos fáticos e jurídicos que justificam a invocação da tutela jurisdicional.

O NCPC determina que, ao elaborar a petição inicial, o autor deve aduzir "os fatos e fundamentos jurídicos do pedido" (NCPC, art. 319, III), sendo que ambos constituem a "causa de pedir".

A CLT, embora exija que na petição inicial escrita o autor formule pedido, não faz referência aos fundamentos jurídicos do pedido. Ao revés, exige, tão somente, "uma breve exposição dos fatos de que resulte o dissídio" (art. 840, § 1º). Essa peculiaridade decorre, como é curial, da possibilidade do *jus postulandi* (CLT, art. 791) das próprias partes, que, via de regra, não possuem conhecimentos técnicos para formular "fundamentos jurídicos do pedido".

A **causa de pedir**, portanto, abrange os fatos jurídicos (ou seja, aqueles fatos que têm importância para o Direito) e os fundamentos jurídicos do pedido.

Certo segmento da doutrina afirma que os fatos (jurídicos) dos quais brota o direito constituem a **causa de pedir remota** e os fundamentos jurídicos do pedido, a **causa de pedir próxima**. Há, porém, uma corrente doutrinária que sustenta serem os fatos (jurídicos) a causa de pedir próxima, enquanto os fundamentos jurídicos do pedido, causa de pedir remota. Há, ainda, uma subclassificação doutrinária que divide a causa de pedir em: **causa de pedir remota ativa**, que é aquela que geriu o direito (exemplo: o contrato, o acidente etc.), isto é, a relação jurídica de direito material; **causa de pedir remota passiva**, que diz respeito ao fato que estimula a pessoa a ajuizar a ação (exemplo: o prejuízo, o inadimplemento etc.).

A doutrina nacional é praticamente unânime em afirmar que o nosso sistema processual (civil e trabalhista) quanto à causa de pedir adotou a *teoria da substanciação (ou substancialização) da causa de pedir*, pois exige que a petição inicial contenha a descrição dos fatos e dos fundamentos jurídicos (NCPC, art. 319, III; CLT, art. 840, § 1º), contrapondo-se, portanto, à *teoria da individualização (ou individuação)*, que se contenta com os fundamentos jurídicos, sendo irrelevantes os fatos.

3. Natureza jurídica da ação trabalhista

Compreendidos os seus elementos, há também um antigo e relevante estudo sobre a natureza jurídica da ação, que parte das diversas teorias a seguir analisadas.

Para a teoria imanentista (privatista ou civilista), com origem no Direito Romano, a ação está incrustada no direito privado, sendo seu precursor o jurisconsulto Celso, para quem "*actio autem nihil aliud est, quam ius persequendi iudicio quod sibi debeatur*".[2] Para os imanentistas, portanto, inexistia separação entre *actio* (ação) e *jus* (direito).

Fazendo oposição à teoria imanentista, surgiram as chamadas doutrinas publicistas da ação, que sustentam, em síntese, que: a ação é um direito autônomo, distinto do direito material ou subjetivo; há uma conexão instrumental entre a ação e o direito material a ser protegido, mas isso não é condição necessária para o exercício do direito de ação; a ação é um direito público, pois é ajuizada contra o Estado em face de outro particular (ou do próprio Estado); a ação é um direito abstrato, pois pode ser exercitado independentemente da existência do direito material; a ação é um direito à prestação jurisdicional do Estado, vale dizer, a uma sentença que componha o conflito de interesses de que faz parte o autor.

Atribui-se à polêmica entre Windscheid e Müther o marco inicial da demonstração de que o direito lesado e a ação correspondente são realidades distintas. Chega-se, assim, à concepção de que a ação cria, a par do direito subjetivo material da parte prejudicada, dois outros direitos públicos: *primus*, para o ofendido, que é o direito de invocar a tutela jurisdicional, sendo esse direito dirigido contra o Estado; *secundum*, para o próprio Estado, que consiste no direito de eliminar a lesão jurídica e que se volta contra a parte que a causou.

A nova concepção da ação como direito autônomo redundou no seu desdobramento em três novas teorias da ação: como direito autônomo e concreto, como direito autônomo e abstrato e, finalmente, a teoria eclética.

Para a teoria da ação como direito autônomo e concreto, ter-se-ia assegurado um direito autônomo à tutela jurisdicional de mérito. Desenvolvida a partir da obra sobre ação declaratória, de Adolpho Wach (1885), essa teoria proporcionou a ideia do direito processual como uma ciência independente e caracterizada por normas, regras, leis e princípios próprios. O único equívoco de Wach residiu na sua afirmação de que a ação estava subordinada à preexistência do direito subjetivo material, o que fazia sua tese retornar, de certa forma, ao que antes já era defendido pelos imanentistas.

---

(2) Em tradução livre: "A ação nada mais é do que o direito de perseguir em Juízo aquilo que nos é devido".

Outras vertentes desse pensamento podem ser encontradas em Oskar Büllow, para quem a ação era o direito de se dirigir ao Estado, postulando uma "sentença verdadeira e justa", e em Chiovenda, para quem a ação é um direito potestativo, ou seja, a ação é um poder que sujeita o adversário; é um poder exercido em face do adversário.

Para a teoria da ação como direito autônomo e abstrato, este nada mais seria do que o direito à composição do litígio pelo Estado, independentemente da efetiva existência do direito material alegado pela parte que provoca a atividade jurisdicional do Poder Judiciário. Assim, mesmo no caso de improcedência do pedido deduzido pelo autor, este teria o direito à ação e à composição da lide. Os principais precursores dessa teoria são Mortara, Degenkolb e Plósz.

Já para a teoria eclética, do precursor Liebman, que partiu das teorias da ação como direito autônomo e abstrato, o direito de ação seria exercitado quando preenchidos certos requisitos ou condições, como a legitimidade *ad causam*, o interesse de agir e a possibilidade jurídica do pedido. Essa teoria foi adotada pelo ordenamento jurídico brasileiro, como se infere dos arts. 3º e 267, VI, do CPC/73.

O NCPC não prevê mais a possibilidade jurídica como condição da ação, como veremos adiante.

4. Condições da ação trabalhista

O exame de todas as condições da ação, seja ela civil ou trabalhista, deve ser feito no plano lógico e abstrato, isto é, *in status assertionis*. Daí o surgimento da chamada *teoria da asserção*, segundo a qual uma proposição afirmada na inicial pelo autor é considerada, em tese, como verdadeira. Como bem observa Kazuo Watanabe:

> O juízo preliminar de admissibilidade do exame do mérito se faz mediante o simples confronto entre a afirmativa feita na inicial pelo autor, considerada *in statu assertionis* e as condições da ação, que são a possibilidade jurídica, interesse de agir e legitimidade para agir. Positivo que seja o resultado dessa aferição, a ação estará em condições de prosseguir e receber o julgamento do mérito (1987, p. 62)

Segundo a doutrina, a possibilidade jurídica possui duplo sentido. No primeiro sentido, o pedido é juridicamente impossível quando a pretensão deduzida (*res in judicio deducta*) não esteja amparada pelo direito objetivo. Vale destacar que a falta de regulamentação de um direito fundamental não impede o Judiciário de prestar a jurisdição, como, aliás, propõe a nova hermenêutica constitucional consubstanciada nos Enunciados ns. 1 e 2 da 1ª Jornada de Direito Material e Processual do Trabalho, realizada em 23.11.2007, Brasília-DF (disponível em: <www.anamatra.org.br>).

No segundo sentido, a impossibilidade jurídica do pedido pressupõe a existência de uma proibição expressa dentro do ordenamento jurídico que impeça o juiz de deferir ao autor o bem da vida por ele vindicado. No processo do trabalho, seria juridicamente impossível, por exemplo, o pedido de levantamento do FGTS pelo servidor que teve o seu regime jurídico de trabalho convertido de celetista para estatutário (quando vigia a Lei n. 8.162, art. 6º, § 1º) e o pedido de equiparação para o efeito de remuneração do pessoal do serviço público, nos termos da OJ n. 297 da SBDI-1/TST.

É importante destacar que o Novo CPC (art. 485, VI) não mais prevê a possibilidade jurídica do pedido, dispondo apenas que a falta de legitimidade das partes e a ausência do interesse processual levam à extinção do processo sem resolução do mérito.

A legitimidade das partes (*legitimatio ad causam*) é a titularidade ativa ou passiva da ação. O art. 17 do NCPC, que é norma da teoria geral do processo aplicada ao processo do trabalho, vaticina que, para postular em juízo, é necessário ter, além do interesse processual, legitimidade. Seguindo as pegadas de Liebman, a legitimação *ad causam*:

> É a pertinência subjetiva da ação, isto é, a identidade entre quem a propôs e aquele que, relativamente à lesão de um direito próprio (que afirma existente), poderá pretender para si o provimento da tutela jurisdicional pedido com referência àquele que foi chamado em juízo (1984, v. I, p. 159).

No processo do trabalho ainda reina um debate sobre a sentença que declara a inexistência de relação empregatícia. Para uns, seria terminativa, sendo o autor carecedor do direito de ação. Para outros, seria uma sentença definitiva, por ter o juiz julgado improcedente o pedido de reconhecimento do vínculo empregatício. A nosso ver, a segunda alternativa é a mais adequada.

A questão da legitimação, como condição da ação, deve ser aferida *in abstracto*, a partir da afirmação do autor (teoria da asserção) na petição inicial. Se o autor alega que era empregado da ré, o caso é de se rejeitar a preliminar de ilegitimidade ativa ou passiva, devendo o juiz enfrentar, por meio de instrução probatória, se a referida alegação era ou não verdadeira. Se as provas revelarem inexistência de relação empregatícia, o caso é de improcedência do pedido, e não de carência do direito de ação. Todavia, se o autor, por exemplo, afirma que é irmão do ex-empregado e ajuíza ação em face do seu ex-empregador, sem ressaltar a morte ou ausência daquele, postulando verbas trabalhistas, o caso é, a nosso ver, de manifesta ilegitimidade ativa *ad causam*, devendo o juiz indeferir, de plano, a petição inicial (NCPC, art. 330, III), por ser o autor carecedor do direito de ação.

A legitimidade *ad causam* pode ser *ordinária* ou *extraordinária*. Os legitimados ordinários são os próprios titulares dos interesses conflitantes, isto é, os sujeitos da lide. Atuam em nome e em defesa de si mesmos. A legitimidade ordinária também pode ser exclusiva, quando somente o titular do direito material deduzido em juízo poder ser ou autor ou réu da ação, ou concorrente, quando a lei faculta a mais de uma pessoa ou ente defender o mesmo direito material veiculado na demanda.

A *legitimação extraordinária* ocorre quando, em determinadas circunstâncias, pessoas ou entes, desde que autorizados por lei, podem figurar no processo em nome próprio, mas defendendo direito alheio. Essa figura jurídica estava prevista no art. 6º do CPC/73 e agora é repetida no art. 18 do NCPC, nos seguintes termos:

> Art. 18. Ninguém poderá pleitear direito alheio em nome próprio, salvo quando autorizado pelo ordenamento jurídico.
>
> Parágrafo único. Havendo substituição processual, o substituído poderá intervir como assistente litisconsorcial.

Alguns autores sustentam que a legitimação extraordinária configura verdadeira substituição processual, que se caracteriza sempre que estiverem simultaneamente presentes os seguintes requisitos: (a) existência de lei atribuindo a alguém direito de ação, de molde a que possa agir, em nome próprio, para a defesa de direito material alheio; (b) ausência do titular daquele direito material como parte (principal). Isso quer dizer que, segundo os defensores dessa corrente, o substituto processual age na ausência do titular do direito material, mas atuando, sempre, no polo passivo da demanda, não lhe sendo lícita a promoção da ação.

A doutrina pátria majoritária vem reconhecendo que o instituto da substituição processual, cuja origem é atribuída a Kohler, Wach e Chiovenda, consiste na permissão legal para que alguém atue em juízo como parte (autor ou réu), em nome próprio, mas postulando direito de terceiro. Trataremos melhor sobre esse assunto no capítulo destinado ao estudo dos dissídios coletivos.

No que tange ao interesse de agir (ou interesse processual), não obstante certo segmento da doutrina defenda o binômio necessidade-adequação, parece-nos que o *interesse processual* emerge do trinômio necessidade-utilidade-adequação. Nesse passo, a apreciação do mérito da ação depende da *necessidade* de intercessão do Estado-juiz para solucionar o conflito e para que o resultado do processo possa ser útil ao autor. Logo, a ação não pode ser utilizada como mera consulta acadêmica, pois faltará ao autor interesse processual, pois só a lesão ou a ameaça de lesão a bem jurídico, representado pela efetiva existência de uma lide, é que autoriza o exercício do direito de ação.

Além disso, a ação deve ser *adequada* a propiciar a satisfação do direito material pretendido pelo autor. Daí alguns doutrinadores mencionarem a *adequação* como desdobramento do interesse processual, pois é imprescindível a existência de uma vinculação entre a situação lamentada pelo autor e o provimento jurisdicional concretamente solicitado.

O interesse processual não se confunde com o interesse material, porquanto, como adverte Liebman, o *interesse de direito material*, por ele chamado de *primário*, é aquele para cuja tutela se busca o manto protetor da tutela jurisdicional, ao passo que o *interesse processual*, que ele cognomina de *secundário*, visa à obtenção, por via do processo, da solução da lide.

No campo do processo do trabalho, seria carecedor da ação, por falta de interesse processual na modalidade *necessidade*, por exemplo, o empregador que ajuíza ação de inquérito para apuração de falta grave do empregado eleito para Comissão Interna de Prevenção de Acidente (CIPA), que é detentor de proteção da relação empregatícia contra dispensa arbitrária ou sem justa causa (ADCT, art. 10, II, *a*), pois, diferentemente do dirigente sindical, que só pode ser dispensado se cometer *falta grave* apurada em inquérito judicial específico (CF, art. 8º, VIII; CLT, arts. 494, 543 e 853), o empregado eleito membro de CIPA pode ser dispensado por justa causa e somente se ele ajuizar ação trabalhista postulando reintegração o empregador/réu poderá provar, em contestação, que a dispensa não foi arbitrária ou sem justa causa (CLT, art. 165, parágrafo único).

Podemos invocar, ainda, a OJ n. 188 da SBDI-1 do TST, segundo a qual falta interesse de agir para a ação individual, singular ou plúrima, quando o direito já foi reconhecido por meio de decisão normativa, cabendo, no caso, ação de cumprimento.

5. Classificação das ações trabalhistas

As ações são classificadas segundo o tipo de provimento jurisdicional solicitado pelo autor. Desse modo, podemos dizer que as ações classificam-se em ações de conhecimento (ou cognitivas), ações executivas e ações cautelares. Pontes de Miranda apresenta duas outras espécies de ações, a saber: a ação mandamental e a ação executiva.

A classificação trinária (ou ternária) das ações – cognitivas, cautelares e executivas – vem sofrendo críticas da moderna doutrina processual. A principal crítica é que tal classificação constitui resquício do *Estado Liberal*, em que o juiz era mera "boca que pronuncia as palavras frias da lei", sendo a propriedade santa e sagrada o valor mais importante ideologizado pela burguesia dominante e disseminado na sociedade de então.

As críticas são pertinentes, porquanto no atual paradigma do Estado Democrático de Direito surgem novos direitos fundamentais, novos valores, princípios e regras, exigindo do juiz uma postura mais ativa na prestação jurisdicional com vistas à efetivação desses direitos e valores.

Daí o surgimento de uma nova classificação quinária das ações de conhecimento, pois, além das tradicionais ações declaratórias, constitutivas e condenatórias, surgem as chamadas ações mandamentais, já referidas acima, e as ações executivas *lato sensu*, bem como as ações inibitórias.

O processo do trabalho deve se adaptar ao novo paradigma do Estado Democrático de Direito, pois também recebe influência do fenômeno da constitucionalização do direito (material e processual).

As ações (dissídios) trabalhistas, portanto, também se dividem em ações de conhecimento, executivas e cautelares, sendo que as ações de conhecimento podem se manifestar em tutelas declaratórias, constitutivas, condenatórias, mandamentais, inibitórias ou executivas *lato sensu*. Quanto aos dissídios coletivos, porém, existem também outras classificações, que serão analisadas no Capítulo XIX.

5.1. Ações de conhecimento

As ações de conhecimento são aquelas em que o autor invoca a jurisdição, visando à obtenção de uma sentença terminativa ou definitiva. Nessas ações, é necessário o conhecimento da matéria pelo juiz por meio de um procedimento regular, porque as partes (salvo quanto à matéria ou à questão exclusivamente de direito) não lhe oferecem, desde o início, todos os elementos fáticos e jurídicos que propiciem, desde logo, a prolação de uma decisão que acolha ou rejeite a pretensão deduzida pelas partes em juízo.

As ações de conhecimento comportam uma subclassificação, a saber: condenatórias, constitutivas, declaratórias, mandamentais, inibitórias ou executivas *lato sensu*.

A **ação condenatória** tem por objeto a condenação do réu a dar, fazer ou não fazer, entregar ou pagar quantia. O que se visa é a obtenção de um título judicial que assegure ao autor o direito material deduzido na petição inicial, como, por exemplo, quando o autor pede ao juiz que condene o réu ao pagamento de horas extras não pagas durante a vigência do contrato de trabalho.

A **ação constitutiva** visa à modificação (ex.: art. 461 da CLT), a criação (ex.: art. 460 da CLT) ou a extinção de uma relação jurídica (ex.: arts. 494 e 853 da CLT). A sentença, nessas ações, não cria direitos novos: limita-se apenas a reconhecer o direito preexistente, o qual só se torna efetivo com a intervenção judicial.

As **ações declaratórias**, também chamadas de *meramente declaratórias*, ou ações de preceito, são as que têm por finalidade obter a declaração da existência ou inexistência de uma relação jurídica ou a autenticidade ou falsidade de um documento. O que o autor visa, com tal tipo de ação, é uma declaração de certeza sobre a existência ou inexistência de determinada situação ou relação jurídica, ou sobre a autenticidade ou falsidade de um documento. A base legal dessas ações está no art. 19 do NCPC, segundo o qual o interesse do autor pode limitar-se à declaração: I – da existência, da inexistência ou do modo de ser de uma relação jurídica; II – da autenticidade ou da falsidade de documento.

Defendemos a aplicação da ação meramente declaratória nos domínios do processo do trabalho, tendo em vista a lacunosidade do texto obreiro e, também, a ausência de incompatibilidade do instituto com o processo laboral (art. 769 da CLT). Ex.: ação trabalhista em que o autor pretende, tão somente, a declaração judicial de existência ou inexistência de relação de emprego entre ele e o réu. Também é possível que o autor, ou o réu, solicite que a sentença declare a validade ou falsidade de determinado documento constante dos autos.

A rigor, toda ação possui um conteúdo declaratório, sendo certo que a pretensão do réu é sempre no sentido de obter uma sentença declaratória negativa.

Por força dos arts. 497, 498 e 294 do NCPC, pode-se dizer que o processo civil brasileiro, há algum tempo, adotou o sincretismo entre as ações de conhecimento e executivas no que tange às tutelas versando obrigações de fazer, não fazer, entregar e pagar quantia. Há, portanto, uma unificação dos processos de conhecimento e de execução, o que implica dizer que, em regra, os atos de cognição e execução passam a ser praticados num único processo.

Quanto ao processo do trabalho, cremos que as ações que veiculam tutelas específicas (obrigações de fazer, não fazer e entregar) podem ter carga declaratória, condenatória, constitutiva, mandamental, inibitória ou executiva *lato sensu*.

Há, porém, divergências na doutrina e na jurisprudência especializada quanto à aplicação do "processo sincrético" no âmbito do processo do trabalho no que diz respeito às ações que veiculam obrigação por quantia (de pagar).

5.1.1. Ação declaratória incidental

A ação declaratória incidental estava prevista nos arts. 5º e 325 do CPC/73 e tinha por objeto quando, no curso do processo, se tornasse litigiosa relação jurídica de cuja existência ou inexistência dependeria o julgamento da lide (mérito). A legitimidade para essa ação era conferida tanto ao autor quanto ao réu, que poderiam requerer que o juiz declarasse, na sentença, a existência ou inexistência da relação jurídica (CPC/73, arts. 5º e 325). Essa decisão só produziria os efeitos da coisa julgada se atendidos, cumulativamente, três requisitos: houvesse requerimento expresso da parte (CPC/73, arts. 5º e 325); o juiz fosse competente em razão da matéria; a questão decidida fosse essencial para o julgamento da lide.

Sempre houve cizânia sobre o cabimento da ação declaratória incidental no processo do trabalho, uma vez que o art. 280 do CPC/73 dispunha que no procedimento sumário não seria admissível a ação declaratória incidental. Esse veto do processo civil, dada a semelhança entre o procedimento (ordinário, sumário ou sumaríssimo) trabalhista e o procedimento sumário civilista, seria um argumento consistente para não se admitir o cabimento da ação declaratória incidental no processo trabalhista.

O Novo CPC não prevê artigos correspondentes aos arts. 5º e 325 do CPC/73, sendo certo que o § 1º do art. 503 do Novo Código, por ter ampliado os limites objetivos da coisa julgada, torna desnecessária e inadequada a utilização da ação declaratória incidental.

Com efeito, dispõe o art. 503 do NCPC:

> Art. 503. A decisão que julgar total ou parcialmente o mérito tem força de lei nos limites da questão principal expressamente decidida.
>
> § 1º O disposto no *caput* aplica-se à resolução de questão prejudicial, decidida expressa e incidentemente no processo, se:
>
> I – dessa resolução depender o julgamento do mérito;
>
> II – a seu respeito tiver havido contraditório prévio e efetivo, não se aplicando no caso de revelia;
>
> III – o juízo tiver competência em razão da matéria e da pessoa para resolvê-la como questão principal.
>
> § 2º A hipótese do § 1º não se aplica se no processo houver restrições probatórias ou limitações à cognição que impeçam o aprofundamento da análise da questão prejudicial.

Dessa forma, parece-nos que não há mais fundamento legal para a utilização da ação declaratória incidental tanto no processo civil quanto no processo do trabalho.

5.1.2. Ações inibitórias

A ação inibitória, segundo Marinoni (2008, p. 192), é uma "ação de conhecimento de natureza preventiva, destinada a impedir a prática, a repetição ou a continuação do ilícito".

Em passado não muito remoto não era permitido que uma ação de conhecimento conferisse ao juiz um poder "executivo" para atuar antes da efetiva lesão a um direito. Ocorre que, no Estado Democrático de Direito, a lei não poderá excluir da apreciação do Judiciário qualquer lesão ou ameaça a direito. É o que dispõe, textualmente, o inciso XXXV do art. 5º da CF/1988, que é o fundamento da tutela (ação) inibitória em nosso ordenamento jurídico. O Novo CPC, em seu art. 497, parágrafo único, prevê expressamente a tutela inibitória.

Podemos mencionar, no processo do trabalho, alguns exemplos de ação (de conhecimento) inibitória, como a prevista no art. 659, IX, da CLT, segundo o qual o juiz pode conceder tutela inibitória para que o empregador se abstenha de transferir (CLT, art. 543) um dirigente sindical para localidade que impeça ou dificulte a sua atuação na defesa dos interesses coletivos ou individuais da categoria (CF, art. 8º, III). Nos casos de discriminação no ambiente do trabalho, a ação inibitória é meio de tutela bastante eficaz no aspecto preventivo. Pode ser manejada para inibir a realização de ato discriminatório contra mulheres, negros, homoafetivos etc.

5.1.3. Ação de remoção do ilícito

Outra ação de conhecimento bastante importante no Estado Democrático de Direito é a ação de remoção do ilícito, que tem por escopo eliminar ou remover os efeitos concretos decorrentes de um ato ilícito já praticado. O Novo CPC a prevê expressamente no parágrafo único do art. 497.

À guisa de exemplo, se um empregador está na iminência de instalar um equipamento altamente tóxico que coloca em risco a vida e a saúde dos trabalhadores, o MPT (ou o sindicato da categoria profissional) pode ajuizar ação coletiva inibitória, inclusive com requerimento de tutela antecipada, para que o réu se abstenha de instalar o equipamento antes de adotar as medidas de saúde e segurança exigidas pelos órgãos públicos competentes.

Caso, porém, o réu já tenha instalado o equipamento, os efeitos nocivos à vida e à saúde podem se perpetuar no tempo, o que empolga uma ação de remoção dos efeitos do ato ilícito perpetrado no passado.

5.2. Ações executivas

Com a introdução do chamado processo sincrético, tanto em relação às tutelas específicas (obrigações de fazer, não fazer ou entregar), quanto à tutela condenatória de obrigação de pagar, não há mais, em princípio, lugar para a ação de execução de sentença, mas, sim, para o cumprimento da sentença. Essa afirmação decorre da interpretação sistemática dos arts. 497, 498 e 536 do NCPC.

O ordenamento jurídico, todavia, confere a alguns documentos a mesma força executiva que as sentenças. São os chamados títulos executivos extrajudiciais. Para a satisfação do credor de um título extrajudicial, o ordenamento jurídico lhe confere a ação executiva, que prescinde de um processo de cognição.

O art. 876 da CLT prevê como títulos executivos não apenas as sentenças de mérito ou homologatórias de acordos, como também os "termos de ajuste de conduta firmados perante o Ministério Público do Trabalho e os termos de conciliação firmados perante as Comissões de Conciliação Prévia".

Os termos de ajuste de conduta firmados perante o Ministério Público do Trabalho e os termos de conciliação firmados perante as Comissões de Conciliação Prévia são autênticos títulos executivos extrajudiciais. Para satisfazer os comandos obrigacionais desses títulos, portanto, não há mais necessidade de um longo processo de conhecimento.

Com a EC n. 45/2004, a ação de execução de multa aplicada pelas Superintendências Regionais do Trabalho passou a ser da competência da Justiça do Trabalho. Logo, surge uma nova possibilidade de ação de execução de título extrajudicial no processo do trabalho.

É preciso advertir, contudo, que, na seara do processo laboral, os demais títulos extrajudiciais previstos no art. 784 do NCPC, ainda que decorrentes da relação empregatícia, continuam, no nosso sentir, a depender de uma sentença que lhes confira força executiva, tendo em vista a regra procedimental instituída pela IN n. 27/2005 do TST.

5.3. Ações cautelares

O Novo CPC não mais prevê um livro dedicado ao processo cautelar, e sim à tutela provisória, que pode fundamentar-se em urgência ou evidência (arts. 294 e seguintes).

Dessa forma, o estudo das ações cautelares tanto no processo civil quanto no processo do trabalho passou a ter apenas importância histórica.

6. Processo

O ajuizamento da ação instaura o processo, que é o instrumento de que se vale o Estado para promover a jurisdição de forma ética e justa. Etimologicamente, "processo" significa "marcha avante", do latim *procedere*, ir adiante. Pode-se dizer, então, que o processo é o caminho para a solução do conflito submetido à jurisdição. Noutro falar, o processo é o ponto de intercessão entre a ação e a jurisdição.

Dentre as várias teorias do processo, como a contratualista, a quase contratualista, a da situação jurídica, a da satisfação de pretensões e a do serviço público, podemos dizer que a mais difundida entre os processualistas brasileiros, inclusive na jurisprudência do TST, é a teoria da relação jurídica, segundo a qual o processo é constituído por três pessoas, dispostas em uma relação triangular: o juiz, o autor e o réu. Atribui-se a Oskar Büllow (2003, p. 5 *et seq.*) a formulação teórica de que o processo é uma relação jurídica dinâmica e complexa que se instaura entre o Estado-Juiz e as partes.

Contrapondo-se à teoria pandectística da relação processual, Elio Fazzalari propõe uma nova teoria: o processo nada mais é do que o procedimento em contraditório. O processo, segundo esse mestre peninsular, é "uma estrutura na qual se desenvolvem, segundo o ordenamento estatal, numerosas atividades de direito público (principalmente deveres fundamentais do Estado, mas não somente) e algumas atividades de direito privado" (FAZZALARI, 2006, p. 27). Em outras palavras, o "processo é um procedimento do qual participam (são habilitados a participar) aqueles em cuja esfera jurídica o ato final é destinado a desenvolver efeitos: em contraditório e de modo que o autor do ato não possa obliterar as suas atividades" (FAZZALARI, 2006, p. 118-119).

6.1. Pressupostos processuais

Semelhantemente ao processo civil, o processo do trabalho também apresenta seus pressupostos de existência e validade, os quais, com exceção do compromisso arbitral, o juiz deverá conhecer de ofício quando não observados (NCPC, arts. 485, IV, § 3º, e 337, § 5º).

Na verdade, na instância ordinária, a apreciação dos pressupostos processuais, de ofício, deve ser feita tanto pelo juiz quanto pelos tribunais.

Na instância extraordinária, a decretação da ausência de pressupostos processuais depende de provocação expressa da parte por meio do recurso de natureza extraordinária, ou seja, do prequestionamento (TST/SBDI-1/OJ n. 62).

A ausência de pressupostos processuais pode implicar a extinção do processo sem resolução do mérito (NCPC, art. 485, IV) ou a remessa do processo (ou melhor, dos autos) a outro órgão judicial, tal como ocorre, por exemplo, com a incompetência absoluta (NCPC, art. 64, § 3º) ou com a ausência de imparcialidade do juiz (CLT, art. 802, § 2º; NCPC, art. 146, § 1º).

Adverte-se, desde logo, que não há uniformidade doutrinária a respeito da classificação a ser adotada, sendo certo que a lacuna normativa da legislação processual trabalhista a respeito dos pressupostos processuais autoriza a aplicação subsidiária e supletiva, no que couber, das normas do direito processual civil (CLT, art. 769; NCPC, art. 15).

Os **pressupostos processuais de existência** são chamados pelo CPC de pressupostos de constituição do processo (NCPC, art. 485, IV). A nosso ver, são *pressupostos processuais de existência*: a petição inicial, a jurisdição e a citação (ressalvada quanto à citação a hipótese prevista no art. 332 do NCPC). A ausência de qualquer um desses pressupostos torna inexistente a própria relação jurídica processual. Consequentemente, será inexistente a sentença nela proferida, o que poderá empolgar, para uns, a ação rescisória (NCPC, art. 966, V); para outros, a ação declaratória de inexistência da relação processual (*querela nullitatis insanabilis* – NCPC, art. 966, § 4º). Filiamo-nos à segunda corrente, pois a ausência de um pressuposto processual de existência implica o não nascimento da relação jurídica processual, pois esta não existe juridicamente, razão pela qual não se deve rescindir/anular a sentença que juridicamente não existe.

Os **pressupostos processuais de validade**, conforme disposto no inciso IV do art. 485 do NCPC, são aqueles que dizem respeito ao desenvolvimento válido e regular da relação processual, de modo que a sua ausência torna inválido o processo, embora este exista juridicamente.

Os pressupostos processuais de validade podem ser **positivos** ou **negativos**. Aqueles devem ser identificados na mesma relação jurídica processual; estes, em outra. A falta dos pressupostos processuais de validade torna nula a relação processual, o que leva à extinção do processo sem resolução de mérito (NCPC, art. 485, IV).

São **pressupostos processuais positivos de validade** a petição inicial apta, a competência do Juízo, a capacidade postulatória, a capacidade processual, a citação válida e a imparcialidade do juiz.

Já os **pressupostos processuais negativos de validade** são a litispendência, a coisa julgada, a perempção e a convenção de arbitragem.

Cumpre destacar que, no processo do trabalho, não há a figura da perempção nos moldes do art. 486, § 3º, do NCPC. Todavia, o art. 732 da CLT prescreve que, se o autor, por duas vezes seguidas, der causa ao arquivamento da reclamação (CLT, art. 844), perderá, pelo período de seis meses, o direito de propô-la novamente. Esse impedimento temporário de ajuizar a ação caracteriza um pressuposto processual negativo de validade, pois constitui um obstáculo incompatível com o princípio da inafastabilidade do acesso à justiça, consagrado explicitamente no art. 5º, XXXV, da CF.

Alguns autores sustentam, contrariamente ao nosso entendimento, que o art. 625-D da CLT consagra uma espécie de pressuposto processual negativo. Para nós, contudo, a tentativa de solução do conflito por meio da Comissão de Conciliação Prévia (CCP) é apenas um "meio alternativo de solução extrajudicial dos conflitos intersubjetivos de natureza trabalhista", que não pode ser considerado um pressuposto processual, mas faculdade do interessado. Por isso, o STF (ADI n. 2160 MC/DF, Rel. orig. Min. Octávio Gallotti, red. p/ o acórdão Min. Marco Aurélio, j. 13.5.2009), a nosso ver acertadamente, deu interpretação conforme a Constituição ao art. 625-D da CLT e firmou o entendimento de que a passagem do trabalhador pela CCP é facultativa, razão pela qual não pode obstaculizar o seu acesso direto ao Poder Judiciário (Justiça do Trabalho).

Entretanto, importante mencionar que, se o autor comparecer à CCP e firmar o termo de conciliação, este terá eficácia de título executivo extrajudicial (CLT, art. 625-E, par. único) em relação às parcelas expressamente discriminadas, sendo que, nesse caso, o juiz deverá extinguir o processo sem resolução do mérito por ausência de interesse/necessidade do autor em provocar o Judiciário. O sobredito termo de conciliação, contudo, pode ser objeto de invalidação por meio de ação própria, caso o empregado/autor comprovar fraude ou vício de consentimento na celebração do respectivo termo.

Encerrando o assunto sobre pressupostos processuais, devemos lembrar que a verificação dos pressupostos processuais pode decorrer de provocação das partes ou de terceiros ou, ainda, de declaração de ofício pelo juiz ou tribunal. Não há preclusão *pro judicato* para apreciar os pressupostos processuais na instância ordinária (TST/SBDI-1/OJ n. 62), pois, tratando-se de questão de ordem pública, o juiz deve, de ofício, deles conhecer, independentemente de provocação das partes (NCPC, arts. 485, IV, § 3º, e 337, § 5º). Depois de proferida a sentença, entretanto, não pode mais o juiz apreciar os pressupostos processuais, a teor do art. 836 da CLT, exceto em sede de embargos de declaração em que o embargante alegar omissão de ponto sobre o qual deveria o juiz ou tribunal se pronunciar de ofício (NCPC, arts. 494, II, e 1.022, II).

7. Procedimento

Não se confundem, pelo menos do ponto de vista conceitual, processo e procedimento. O processo constitui-se de um conjunto de atos processuais que vão se sucedendo de forma coordenada dentro da relação processual, até atingir a coisa julgada. Já o procedimento, ou rito, é a forma, o modo, a maneira como os atos processuais vão se projetando e se desenvolvendo dentro da relação jurídica processual.

Procedimento, pois, é o *modus faciendi* do processo. É o aspecto exterior do processo, cujo caminhar obedecer ao *due process of law* (devido processo legal), que é constituído de normas (princípios e regras) que norteiam a função jurisdicional do Estado, sendo certo que, no paradigma do Estado Democrático de Direito ou Estado Constitucional, mostra-se absolutamente indispensável compreender o processo sob as lentes da Constituição.

Na esfera cível, o processo de conhecimento abarca dois procedimentos: (a) *comum*, (NCPC, arts. 318 a 512); (b) *especial*, que se subdivide em procedimentos especiais de jurisdição contenciosa (NCPC, arts. 539 a 718) e procedimentos especiais de jurisdição voluntária (NCPC, arts. 719 a 770).

No processo do trabalho de conhecimento, também há dois tipos de procedimento: (a) **procedimento comum**, que se subdivide em ordinário, sumário e sumaríssimo; (b) **procedimento especial**, que é adotado para as ações especiais previstas na própria CLT, como o inquérito judicial para apuração de falta grave, o dissídio coletivo e a ação de cumprimento.

7.1. Procedimento comum ordinário

O **procedimento comum ordinário**, que é o mais usual no processo do trabalho, encontra-se regulado do art. 837 ao art. 852 da CLT.

De acordo com o art. 843 da CLT, as ações individuais trabalhistas devem ser solucionadas numa única audiência. A prática revelou, no entanto, que essa norma, em função do seu desuso, deixou de ter eficácia. Isso se deu tanto em razão da elevação substancial do número de processos quanto pela complexidade dos novos conflitos submetidos à prestação jurisdicional desse ramo especializado do Poder Judiciário pátrio.

De tal arte, por força do costume, a *audiência* no procedimento ordinário trabalhista passou a ser, na prática, dividida em três partes, que serão detidamente analisadas em capítulo próprio: (a) *audiência inaugural de conciliação;* (b) *audiência de instrução;* e (c) *audiência de julgamento.*

A rigor, esta última audiência jamais ocorre, uma vez que, nela, raramente as partes estarão presentes. Na prática, trata-se mais de um prazo fixado pelo juiz para a publicação da sentença, da qual as partes ficam, desde logo, intimadas. É da data da publicação da sentença, ou da data da juntada da ata de audiência contendo a decisão (se esta não for juntada aos autos no prazo improrrogável de quarenta e oito horas), que começa a correr o prazo para a eventual interposição de recurso.

7.2. Procedimento comum sumário

O procedimento comum sumário foi introduzido pela Lei n. 5.584/70, que instituiu a chamada "causa de alçada", cabível quando o valor fixado para a causa não exceder de duas vezes o salário mínimo vigente na sede do Juízo. Nesse procedimento, será dispensável o resumo dos depoimentos, devendo constar da ata a conclusão do juiz quanto à matéria de fato. E, salvo se versarem sobre matéria constitucional, nenhum recurso caberá das sentenças proferidas nos dissídios da alçada a que se refere o parágrafo anterior, considerado, para esse fim, o valor do salário mínimo à data do ajuizamento da ação.

Há dúvida sobre a constitucionalidade do art. 2º, § 2º, da Lei n. 5.584/70, por violação ao princípio do duplo grau de jurisdição. A nosso ver, no entanto, esse princípio comporta exceções, entre as quais se encaixa a prevista no preceptivo em causa. A rigor, o nosso ordenamento permite a existência de causas decididas em única instância. Aliás, a própria Constituição Federal assim estabelece no seu art. 102, III, ao dispor que compete ao STF julgar, mediante recurso extraordinário, *as causas decididas em única* ou *última instância.*

No que concerne ao procedimento sumário, há também cizânia doutrinária e jurisprudencial a respeito da constitucionalidade, ou não, do § 3º do art. 2º da Lei n. 5.584/70, que estabelece vinculação ao salário mínimo para fins de determinação da alçada. O TST, no afã de pacificar a matéria, editou, precipitadamente, a nosso ver, a Súmula n. 356, segundo a qual o referido dispositivo legal "foi recepcionado pela Constituição da República de 1988, sendo lícita a fixação do valor da causa com base no salário mínimo".

A bem ver, mostra-se açodada a posição do TST, máxime quando se verifica que a orientação do Pretório Excelso tem sido a de interpretar literalmente o art. 7º, inciso IV, *in fine*, da CF/88, que veda a "vinculação do salário mínimo para qualquer fim".

Finalmente, cumpre ressaltar que o procedimento sumário não seria aplicável nas causas em que figurem pessoas jurídicas de direito público, pois a norma geral prevista no art. 2º, § 4º, da Lei n. 5.584/70 não teria revogado a norma especial prescrita no art. 1º, V, do DL n. 779/69, razão pela qual a sentença contrária às entidades de direito público estaria sujeita ao duplo grau de jurisdição obrigatório, não produzindo efeitos enquanto não confirmada pelo Tribunal Regional do Trabalho correspondente, que tem competência para apreciar a remessa necessária, ainda que não tenha sido interposto recurso ordinário pelo ente público.

Todavia, de acordo com o art. 496 do NCPC, que provocará alterações no entendimento consagrado na Súmula n. 303 do TST, parece-nos não ser incompatível a adoção do procedimento sumário nas causas em que figurem entes públicos. A razão é simples: não há vedação legal expressa para o procedimento sumário nas causas em que figurem pessoas jurídicas de direito público, tal como ocorre, *v. g.*, com o procedimento sumaríssimo (CLT, art. 852-A, parágrafo único). Afinal, normas proibitivas devem ser interpretadas restritivamente.

7.3. Procedimento comum sumaríssimo

O **procedimento comum sumaríssimo** foi introduzido no processo do trabalho por força da Lei n. 9.957/2000, que acrescentou à CLT os arts. 852-A a 852-I. O novo procedimento sumaríssimo não extinguiu o procedimento sumário previsto na Lei n. 5.584/70, uma vez que, a par de não ter havido revogação expressa na lei nova, inexiste qualquer incompatibilidade entre os dois textos legais da qual se possa inferir a revogação tácita da norma mais antiga.

O legislador excluiu expressamente da incidência do procedimento sumaríssimo as causas em que figuraram as pessoas de direito público em geral, ou seja, os órgãos da Administração direta, autárquica ou fundacional (CLT, art. 852-A, parágrafo único). Não gozam desse inconcebível privilégio os demais entes da administração indireta, a saber: as empresas públicas e as sociedades de economia mista.

A apreciação da ação submetida ao procedimento sumaríssimo deverá ocorrer no prazo máximo de 15 dias do seu ajuizamento, podendo constar de pauta especial, se necessário, de acordo com o movimento judiciário da Vara do Trabalho (CLT, art. 852-B, III).

O processo sujeito ao rito sumaríssimo deverá ser instruído e julgado em audiência única, salvo na hipótese do § 1º do art. 852-H da CLT, a critério do juiz.

O procedimento sumaríssimo só tem lugar nas ações trabalhistas individuais (simples ou plúrimas), cujo valor da causa seja superior a dois salários mínimos e inferior a quarenta salários mínimos. Isso porque, nas causas até dois salários mínimos, como já vimos, o procedimento legal é o sumário e, nas causas de valor superior a quarenta salários mínimos, o ordinário e também porque, de acordo com o art. 852-A da CLT, somente "os dissídios individuais cujo valor não exceda a quarenta vezes o salário mínimo vigente na data do ajuizamento da reclamação ficam submetidos ao procedimento sumaríssimo".

O valor da causa, ante a lacuna normativa do texto obreiro consolidado, deve ser fixado com base nas regras contidas nos arts. 291 a 293 do NCPC. Entre os critérios a serem observados, interessam para o processo do trabalho os previstos nos incisos I, II, V, VI, VII e VIII do art. 292 do NCPC, bem como os §§ 1º, 2º e 3º deste mesmo artigo. Vaticina o art. 852-B da CLT que, nas ações enquadradas no procedimento sumaríssimo, o pedido deverá ser certo ou determinado e indicará o valor correspondente e não se fará citação por edital, incumbindo ao autor a correta indicação do nome e endereço do reclamado. Não atendidos tais requisitos, o processo será extinto sem resolução de mérito, além de ser o reclamante condenado ao pagamento de custas sobre o valor da causa.

Parece-nos que houve um pequeno equívoco do legislador, pois o conectivo correto é "e", e não "ou". Vale dizer, no procedimento sumaríssimo, o pedido deve ser *certo, determinado* e *líquido*. Por tal razão, entendemos que o valor da causa é requisito essencial na petição inicial da demanda sujeita ao procedimento sumaríssimo e deve corresponder exatamente ao valor do pedido (líquido).

A respeito da impossibilidade de citação por edital, parece-nos que não há razoabilidade, sob pena de maltrato ao princípio do amplo acesso à Justiça (CF, art. 5º, LV), em inviabilizar-se o procedimento sumaríssimo quando o autor desconhecer o endereço do réu. Ademais, se a notificação citatória for devolvida por "mudança de endereço do réu", deverá o juiz intimar o autor para fornecer o novo endereço e, se este não souber, a citação poderá ser feita por edital. Em tais casos, a melhor solução é a que determina a conversão do procedimento sumaríssimo em ordinário, e não a que extingue o processo sem resolução do mérito.

No que tange à penalidade de extinção sem resolução do mérito e ao pagamento de custas pelo reclamante, entendemos que essa solução adotada pelo legislador não foi a mais adequada. O mais condizente com os princípios processuais trabalhistas coaduna com a ideia de que o juiz pode (ou melhor, deve), de ofício, converter o procedimento sumário para o procedimento ordinário, desde que tal transmudação de rito não implique, no caso concreto, prejuízo às garantias fundamentais das partes, notadamente o direito à ampla defesa e ao contraditório.

No procedimento sumaríssimo, todos os incidentes e exceções que possam interferir no prosseguimento da audiência e do processo deverão ser decididos de plano. As demais questões serão decididas na sentença (CLT, art. 852-G).

Cada parte somente poderá apresentar duas testemunhas, que deverão ser, comprovadamente, convidadas pelo autor ou pelo réu. Só haverá intimação de testemunha se esta, comprovadamente convidada pela parte, não comparecer à audiência (CLT, art. 852-H, §§ 2º e 3º).

Somente quando a prova do fato o exigir, ou for legalmente imposta (p. ex.: verificação de ambiente insalubre ou perigoso), será deferida prova técnica, incumbindo ao juiz, desde logo, fixar o prazo, o objeto da perícia e nomear perito. As partes serão intimadas a manifestar-se sobre o laudo, no prazo comum de cinco dias.

Na apreciação das provas, o juiz deverá "dar especial valor às regras de experiência comum ou técnica" (art. 852-D da CLT), o que é reforçado pelo art. 375 do NCPC, segundo o qual o "juiz aplicará as regras de experiência comum subministradas pela observação do que ordinariamente acontece e, ainda, as regras de experiência técnica, ressalvado, quanto a estas, o exame pericial".

Na mesma linha de fortalecimento da independência do magistrado, o art. 852-I da CLT, além de dispensar o relatório nas sentenças sujeitas ao rito sumaríssimo, prescreve que o juiz deverá adotar, em cada caso, a decisão que reputar mais justa e equânime, atendendo aos fins sociais da lei e às exigências do bem comum. Essa norma, a nosso ver, nada mais fez do que reconhecer o que a moderna processualística tem preconizado: o juiz deve deixar de ser mero espectador neutro do processo para se tornar um agente político de transformação social. Para tanto, não poderá agir com arbitrariedade, pois o magistrado deve atuar sempre em sintonia com os princípios que fundamentam o Estado Democrático de Direito (CF, Título I, Capítulo I), em observância ao devido processo justo.

O procedimento sumaríssimo admite a interposição de embargos declaratórios, inclusive com efeito modificativo, quando, na sentença, houver omissão ou contradição (CLT, art. 897-A). Se os embargos de declaração puderem ocasionar efeito modificativo do julgado embargado, o juiz deve abrir vista dos autos à parte contrária para, querendo, oferecer contrarrazões aos embargos declaratórios (CLT, art. 897-A, § 2º).

7.4. Procedimento de Jurisdição Voluntária

Havia cizânia sobre a existência de **procedimento especial de jurisdição voluntária** nos sítios do processo do trabalho. O Enunciado n. 63 aprovado na 1ª Jornada de Direito Material e Processual do Trabalho, realizada em Brasília-DF, em 23 de novembro de 2007, reconhece um caso de procedimento especial de jurisdição voluntária no processo do trabalho, *in verbis*:

> COMPETÊNCIA DA JUSTIÇA DO TRABALHO. PROCEDIMENTO DE JURISDIÇÃO VOLUNTÁRIA. LIBERAÇÃO DO FGTS E PAGAMENTO DO SEGURO-DESEMPREGO. Compete à Justiça do Trabalho, em procedimento de jurisdição voluntária, apreciar pedido de expedição de alvará para liberaçao do FGTS e de ordem judicial para pagamento do seguro-desemprego, ainda que figurem como interessados os dependentes de ex-empregado falecido.

A Lei n. 13.467/2017 introduziu na CLT o chamado o "PROCESSO DE JURISDIÇÃO VOLUNTÁRIA PARA HOMOLOGAÇÃO DE ACORDO EXTRAJUDICIAL" (CLT, arts. 855-B a 855-E). Na verdade, não se trata de um "processo", e sim de um procedimento especial de jurisdição voluntária em que o juiz de Vara do Trabalho (CLT, art. 652, *f*) detém a competência funcional para homologar acordos extrajudiciais entabulados pelas partes.

Com efeito, dispõe o art. 855-B da CLT que o "processo de homologação de acordo extrajudicial terá início por petição conjunta, sendo obrigatória a representação das partes por advogado". Vale dizer, não é admitido o *jus postulandi* (CLT, art. 791) no procedimento ora focalizado. Todavia, as partes não poderão ser representadas por advogado comum, mas faculta-se ao trabalhador ser assistido pelo advogado do sindicato de sua categoria.

A instauração do procedimento de jurisdição voluntária para homologação judicial de acordo não prejudica o prazo estabelecido no § 6º do art. 477 e não afasta a aplicação da multa prevista no § 8º do art. 477 da CLT.

A petição de homologação de acordo extrajudicial suspende o prazo prescricional da ação quanto aos direitos nela especificados, sendo certo que o prazo prescricional voltará a fluir no dia útil seguinte ao do trânsito em julgado da decisão que negar a homologação do acordo (CLT, art. 855-E).

No prazo de quinze dias a contar da distribuição da petição, o juiz analisará o acordo, designará audiência se entender necessário e proferirá sentença (CLT, art. 855-D).

A nosso ver, o ato que homologa ou rejeita a homologação de acordo extrajudicial tem natureza jurídica de decisão judicial irrecorrível em procedimento de jurisdição voluntária, sendo, portanto, irrecorrível (salvo para a Previdência Social quanto às contribuições que lhe forem devidas) e não impugnável por mandado de segurança.

Por interpretação analógica do art. 831, parágrafo único, da CLT e da Súmula n. 259 do TST, somente por ação rescisória poderá ser desconstituída a decisão a que se referem os arts. 855-D e 855-E, parágrafo único, da CLT.

É claro que do ato judicial em comento caberão embargos de declaração nas hipóteses do art. 897-A da CLT e arts. 1.022 a 1.026 do CPC/2015.

8. Petição inicial

A petição inicial é a peça inaugural do processo. Como visto, a petição inicial é pressuposto processual de existência da própria relação jurídica que se formará em juízo. Sem petição inicial não nasce o processo. Contudo, se a petição inicial existir, mas for inválida (inepta), o caso é de ausência de pressuposto processual de validade (ou desenvolvimento) da relação processual.

O art. 840 da CLT não utiliza o termo "petição inicial", como faz o art. 319 do NCPC, optando por usar o termo "reclamação", que seria na verdade apenas o *nomen iuris* atribuído à ação trabalhista. Transplantando a norma inscrita no art. 839 da CLT para a linguagem da ciência processual, podemos dizer que a petição inicial da ação trabalhista pode ser formulada: (a) pelos sujeitos da relação de emprego, isto é, pelos empregados e empregadores ou pelos trabalhadores avulsos por equiparação constitucional, pessoalmente (*jus postulandi*), ou por seus representantes; (b) pelos sindicatos, em defesa dos interesses ou direitos coletivos ou individuais da categoria que representam; (c) pelo Ministério Público do Trabalho, nos casos previstos em lei.

Com a ampliação da competência da Justiça do Trabalho (CF, art. 114 com nova redação dada pela EC n. 45/2004), a petição inicial no processo do trabalho também poderá ser apresentada por outros titulares da relação de trabalho, pela União, pelos sindicatos e pelos empregadores ou tomadores de serviços.

Nas localidades em que houver apenas uma Vara do Trabalho (ou Juizado de Direito), a petição será protocolada diretamente na Secretaria da Vara ou no cartório do Juízo (CLT, art. 837). Se na localidade houver mais de uma Vara ou Juízo, a petição inicial será, primeiramente, sujeita à distribuição (CLT, art. 838, c/c. os arts. 783 a 788).

Quanto aos requisitos da petição inicial da ação trabalhista individual, o art. 840 da CLT dispõe que a petição inicial poderá ser escrita ou verbal. Se verbal, deverá ser reduzida a termo (termo de reclamação), em duas vias datadas e assinadas pelo Diretor de Secretaria ou escrivão. Nas localidades com mais de uma Vara ou Juízo, a petição inicial verbal deverá ser distribuída antes de sua redução a termo.

A petição inicial verbal deve observar, no que couber, os requisitos exigidos para a petição inicial escrita (CLT, art. 840, § 2º). A redução a termo da petição verbal é feita por um servidor público da Vara do Trabalho ou Juízo de Direito.

A petição inicial da ação trabalhista individual escrita (CLT, art. 840, § 1º), geralmente subscrita por advogado, é a mais utilizada nos foros trabalhistas. Todavia, tanto a petição inicial escrita quanto a verbal devem ser registradas em livro próprio, devendo o distribuidor (ou diretor da Secretaria) fornecer ao interessado um recibo, do qual constarão os nomes do autor e do réu, a data da distribuição (ou protocolo na Secretaria da Vara ou Cartório do Juízo), o objeto da ação e o Juízo ou Vara a quem for dirigida ou distribuída.

A petição inicial do dissídio coletivo (CLT, art. 856) e do inquérito para apuração de falta grave deve ser, necessariamente, escrita (CLT, art. 853).

Tratando-se de ação oriunda de relação de trabalho distinta da relação de emprego ou da relação de trabalho avulso (CF, art. 114, I, com nova redação dada pela EC n. 45/2004), parece-nos que não é incompatível a utilização da petição inicial verbal, pois o art. 840 da CLT não tem por destinatários exclusivos o empregado e o empregador.

Todavia, em se tratando de lides sobre representação sindical (CF, art. 114, III), mandados de segurança, *habeas corpus* e *habeas data* (*idem*, IV) e ações relativas às penalidades administrativas impostas aos empregadores pela DRT (*idem*, VII), parece-nos incabível a petição verbal, pois tais demandas envolvem matérias eminentemente técnicas, o que exige a representação da parte por advogado. De acordo com o art. 1º da IN/TST n. 27/2005, devem ser escritas as petições iniciais do mandado de segurança, *habeas corpus*, *habeas data*, ação rescisória, ação cautelar e ação de consignação em pagamento, e no mesmo sentido prevê a Súmula n. 425

do TST. Por interpretação lógica, parece-nos que também devem ser escritas as petições iniciais da ação civil pública, da ação civil coletiva e da ação anulatória de cláusulas convencionais.

Vê-se, assim, com base na literalidade do texto obreiro consolidado que o processo do trabalho, regido que é pelo princípio da simplicidade, não exige alguns requisitos formais previstos no CPC.

De acordo com a literalidade do § 1º do art. 840 da CLT, em sua redação original, a *petição inicial escrita nos dissídios individuais* deveria conter:

- a designação do presidente da Vara, ou do juiz de Direito, a quem for dirigida;
- a qualificação do reclamante e do reclamado;
- uma breve exposição dos fatos de que resulte o dissídio;
- o pedido;
- a data; e
- a assinatura do reclamante ou de seu representante.

Com o advento da Lei n. 13.467/2017 (Lei da Reforma Trabalhista), o art. 840 da CLT passou a dispor que a petição inicial escrita deverá conter:

- a designação do juízo;
- a qualificação das partes;
- a breve exposição dos fatos de que resulte o dissídio;
- o pedido, que deverá ser certo, determinado e com indicação de seu valor;
- a data; e
- a assinatura do reclamante ou de seu representante.

Já a petição verbal "será reduzida a termo, em duas vias datadas e assinadas pelo escrivão ou secretário, observado, no que couber, o disposto no § 1º do art. 840 da CLT" (com nova redação dada pela Lei n. 13.467/2017).

Substancialmente, houve alteração legislativa no tocante à designação do juízo e ao pedido, pois o legislador reformista passou a exigir que ele seja certo, determinado e com indicação de seu valor. Sobre pedido voltaremos a comentar no item 8.1, *infra*.

A designação do Juízo ao qual é dirigida a petição inicial ou, simplesmente, o endereçamento da inicial, é requisito essencial, cujo objetivo repousa na indicação do órgão judicial competente para processar e julgar a demanda. Não deve ser indicado o nome do juiz, mas, sim, do órgão judicial. Exemplo: "Excelentíssimo Senhor Juiz Titular da ___ Vara do Trabalho de Vitória-ES".

É importante lembrar que a Resolução CSJT n. 104, de 25.5.2012, uniformizou os vocábulos de tratamento dispensados aos magistrados de 1ª e 2ª instância no âmbito da Justiça do Trabalho. Assim, nos termos do art. 1º da referida

Resolução, os vocábulos de tratamento dos magistrados de 1ª e 2ª instância no âmbito da Justiça do Trabalho são uniformizados em "Juiz do Trabalho Substituto", "Juiz Titular de Vara do Trabalho" e "Desembargador do Trabalho".

Ocorre que o novel § 1º do art. 840 da CLT (redação dada pela Lei n. 13.467/2017) dispõe que a reclamação deverá conter "a designação do Juízo".

Logo, na primeira instância da Justiça do Trabalho, a petição inicial deve ser sempre dirigida ao Juízo da Vara do Trabalho, e não ao Juiz ou à Juíza, titular ou substituto(a), do Trabalho. A alteração legislativa, que também ocorreu no processo civil, está fundada no princípio do juiz natural e tem por objetivo impessoalizar o órgão judicial destinatário da petição inicial. Entretanto, não haverá nulidade se a petição inicial for dirigida ao "Excelentíssimo Senhor Juiz do Trabalho (gênero, ressaltamos) da Vara do Trabalho", porque, neste caso, também não haverá pessoalização da figura do magistrado (ou magistrada).

No tocante aos fundamentos jurídicos do pedido, para uns não há necessidade, mesmo porque o processo laboral admite o *jus postulandi* pelas próprias partes. Outros entendem que esse requisito – "breve relato dos fatos" – corresponde aos fundamentos jurídicos do pedido.

A nosso ver, ainda que não se apliquem os rigorismos do CPC, é preciso, ao menos, que haja alguns elementos na petição inicial para viabilizar o exercício das garantias constitucionais de acesso ao Poder Judiciário, consubstanciadas nos princípios do devido processo legal, do contraditório e da ampla defesa. Afinal, no que respeita à causa de pedir, o nosso sistema processual adotou o princípio (ou teoria) da substanciação, segundo o qual a petição inicial deve conter a descrição dos fatos oriundos da relação de direito material e os fundamentos jurídicos que darão ensejo ao pedido.

Nesse passo, consideramos importantíssima a indicação da causa de pedir porque constitui, ao lado das partes e do pedido, um dos elementos da ação, possibilitando a verificação das condições da ação (o Novo CPC não mais prevê a possibilidade jurídica do pedido), e auxiliando no exame da ocorrência dos institutos da conexão, da continência, da litispendência e da coisa julgada.

É importante relembrar que a ampliação da competência da Justiça do Trabalho para outras demandas oriundas da relação de trabalho (EC n. 45/2004) em nada altera, a princípio, os requisitos da petição inicial das ações individuais nela ajuizadas, como se depreende do art. 1º da Instrução Normativa TST n. 27/2005.

No momento da protocolização da petição inicial, esta deverá conter, ao menos, duas vias (CLT, art. 787),[3] pois uma será a peça inaugural do processo e a outra a contrafé, sendo esta última entregue ao réu, juntamente

(3) Nos termos do art. 787 da CLT: "A reclamação escrita deverá ser formulada em 2 (duas) vias e desde logo acompanhada dos documentos em que se fundar."

com a notificação citatória. Havendo pluralidade de réus, a petição inicial deverá conter vias correspondentes a cada réu.

No processo judicial eletrônico, porém, não haverá necessidade nem da via original, nem da contrafé (Lei n. 11.419/2006, art. 9º, § 1º).

Cumpre-nos lembrar que o CPC não exige a assinatura do subscritor – sempre advogado, no processo civil – da petição inicial. O processo do trabalho, porém, impõe a assinatura da parte, ou do seu representante, como requisito essencial da petição inicial da ação trabalhista, seja ela escrita ou, depois de reduzida a termo, verbal (CLT, art. 840, §§ 1º e 2º). A petição inicial apócrifa é, portanto, inexistente.[4]

Todavia, em homenagem aos princípios da simplicidade e da economia processuais, tão caros ao processo do trabalho, nada impede que o juiz, em audiência, permita o saneamento do vício processual, desde que isso não traga prejuízo para o réu, sob pena de extinção do processo, com base no art. 485, IV, do NCPC.

A partir desse mesmo raciocínio, parece-nos que se o juiz entender que algum documento deve obrigatoriamente acompanhar a petição inicial, baseado no art. 787 da CLT, não poderá, de plano, indeferi-la, e sim conceder um prazo de quinze dias úteis, para que o autor a complete. Se o autor não cumprir a diligência, o juiz indeferirá a petição inicial (ou o pedido pertinente), nos termos do art. 321 do NCPC, aplicável ao processo do trabalho (CLT, art. 769; NCPC, art. 15), *in verbis*:

> Art. 321. O juiz, ao verificar que a petição inicial não preenche os requisitos dos arts. 319 e 320 ou que apresenta defeitos e irregularidades capazes de dificultar o julgamento de mérito, determinará que o autor, no prazo de 15 (quinze) dias, a emende ou a complete, indicando com precisão o que deve ser corrigido ou completado.
>
> Parágrafo único. Se o autor não cumprir a diligência, o juiz indeferirá a petição inicial.

Dispensável inserir na petição inicial trabalhista a expressão "protesto por todos os meios de prova em direito admitidos", tradicionalmente adotada na inicial do processo civil, assim como não é preciso requerer a citação do réu. Mesmo porque, como já visto, a notificação citatória no processo do trabalho é ato processual praticado por servidor público, e não pelo magistrado (CLT, arts. 838 e 841).

Quanto ao valor da causa, há divergências quanto à sua exigência no processo laboral. Alguns o consideram requisito essencial da petição inicial da ação trabalhista, cujo objetivo é estabelecer o tipo de procedimento a ser adotado (ordinário, sumário ou sumaríssimo) e, consequentemente, possibilitar a interposição de recursos.

---

(4) No PJe, a assinatura é feita por certificação digital.

Outros advogam a desnecessidade da indicação na petição inicial, uma vez que o juiz pode, de ofício, fixá-lo, quando omissa a peça vestibular a respeito.

De lege lata, o valor da causa é requisito obrigatório apenas para as causas sujeitas ao procedimento sumaríssimo, por força da aplicação conjunta dos arts. 852-A e 852-B, inciso I, § 1º, da CLT, e deve corresponder ao valor do pedido (ou somatória dos valores dos pedidos).

Já nas ações individuais submetidas aos procedimentos ordinário e sumário, se o autor não indicar o valor da causa, o juiz, antes de passar à instrução da causa, deverá fixá-lo para determinação da alçada (Lei n. 5.584/70, art. 2º). Vale dizer, se omissa a petição inicial quanto ao valor da causa nos procedimentos ordinário e sumário, cabe ao juiz fixá-lo de ofício, ainda que na própria sentença.

Entretanto, o novel § 3º do art. 840 da CLT, com redação dada pela Lei n. 13.467/2017, dispõe que se a petição inicial não contiver pedido certo, determinado e "com indicação de seu valor", implicará extinção dos pedidos sem resolução do mérito.

A nosso sentir, o § 3º do art. 840 da CLT deve ser interpretado conforme a Constituição (CF, art. 5º, XXXV), de modo a considerar que a liquidez do pedido é faculdade do autor, e não obrigação. Trata-se de situação semelhante à obrigatoriedade de passagem pela Comissão de Conciliação Prévia, como consta do art. 625-D da CLT, que foi interpretado conforme a Constituição no sentido de ser faculdade do autor a submissão da demanda à CCP (STF ADI n. 2.139-7).

Aliás, o art. 12, § 2º, da IN/TST n. 41/2018, interpretando o novel § 1º do art. 840 da CLT, dispõe que "o valor da causa será estimado, observando-se, no que couber, o disposto nos arts. 291 a 293 do CPC".

Dessa forma, o valor da causa na petição inicial trabalhista deverá observar, no que couber, o disposto no art. 292 do CPC, ou seja:

> I – na ação de cobrança de dívida, a soma monetariamente corrigida do principal, dos juros de mora vencidos e de outras penalidades, se houver, até a data de propositura da ação;
>
> II – na ação que tiver por objeto a existência, a validade, o cumprimento, a modificação, a resolução, a resilição ou a rescisão de ato jurídico, o valor do ato ou o de sua parte controvertida;
>
> III – na ação de alimentos, a soma de 12 (doze) prestações mensais pedidas pelo autor;
>
> IV – na ação de divisão, de demarcação e de reivindicação, o valor de avaliação da área ou do bem objeto do pedido;
>
> V – na ação indenizatória, inclusive a fundada em dano moral, o valor pretendido;
>
> VI – na ação em que há cumulação de pedidos, a quantia correspondente à soma dos valores de todos eles;
>
> VII – na ação em que os pedidos são alternativos, o de maior valor;
>
> VIII – na ação em que houver pedido subsidiário, o valor do pedido principal.

§ 1º Quando se pedirem prestações vencidas e vincendas, considerar-se-á o valor de umas e outras.

§ 2º O valor das prestações vincendas será igual a uma prestação anual, se a obrigação for por tempo indeterminado ou por tempo superior a 1 (um) ano, e, se por tempo inferior, será igual à soma das prestações.

§ 3º O juiz corrigirá, de ofício e por arbitramento, o valor da causa quando verificar que não corresponde ao conteúdo patrimonial em discussão ou ao proveito econômico perseguido pelo autor, caso em que se procederá ao recolhimento das custas correspondentes.

Parece-nos, assim, que o TST passou a exigir por vias – digamos, transversas – o valor da causa estimado como requisito da petição inicial trabalhista, contrariando, dessa forma, o que dispõe o art. 2º da Lei n. 5.584/1970, segundo o qual somente se o autor não indicar o valor da causa, o juiz arbitrá-lo-á. Vale dizer, apenas no caso de o autor não indicar o valor da causa é que o juiz poderia arbitrá-lo para fins de fixação da alçada. Pela teoria do ordenamento jurídico, a Lei n. 13.467/2017, por ser geral, não revogaria a Lei n. 5.584/1970, que é especial.

Todavia, tudo está a indicar que a tendência jurisprudencial será seguir a Instrução Normativa TST n. 41/2018, mesmo porque a CLT utiliza o valor da causa como parâmetro de diversos institutos de direito processual, como se infere dos arts. 789, II e III; 793-C, § 2º; 836; 852-B, § 1º e 896-A, § 1º, I.

Nessa toada, lembramos que o art. 3º, IV e V, da IN/TST n. 39/2016 manda aplicar o art. 292, V (valor pretendido na ação indenizatória, inclusive a fundada em dano moral) e § 3º (correção de ofício do valor da causa) do CPC ao processo do trabalho.

Em se tratando de mandado de segurança e ação rescisória, a jurisprudência do TST vinha sendo rigorosa em não admitir a majoração de ofício do valor da causa. Era o que dispunha a OJ n. 155 da SBDI-2 que, no entanto, foi cancelada em decorrência do CPC/2015 pela Resolução TST n. 206/2016, DEJT divulgado em 18, 19 e 20.4.2016.

Na ação rescisória, em função do cancelamento da OJ n. 147 da SBDI-2, o valor da causa deve observar as regras contidas nos arts. 2º, 3º e 4º da Instrução Normativa TST n. 31/2007, ou seja, quando visar desconstituir decisão da:

I – fase de conhecimento corresponderá: a) no caso de improcedência, ao valor dado à causa do processo originário ou aquele que for fixado pelo Juiz; b) no caso de procedência, total ou parcial, ao respectivo valor arbitrado à condenação.

II – fase de execução corresponderá ao valor apurado em liquidação de sentença.

8.1. Do pedido

Na linguagem do direito processual, o termo "pedido" é sinônimo de mérito, objeto litigioso, *res in iudicium deducta*, lide e bem da vida. A CLT não contém detalhes sobre o conteúdo e as especificações do pedido, o que autoriza a aplicação subsidiária do CPC, observando-se as necessárias adequações exigidas pelo princípio da simplicidade que informa o processo laboral.

Com efeito, dispunha o art. 286 do CPC/73 que o "pedido deve ser certo ou determinado". A doutrina era praticamente unânime ao reconhecer o erro técnico do legislador do CPC revogado ao empregar o termo "ou", em lugar do conectivo "e".

Os arts. 322 e 324 do NCPC deixam claro que o pedido deve ser **certo** e **determinado**.

O pedido, assim, primeiramente, deve ser certo, isto é, expresso, exteriorizado, inconfundível. Por isso que o autor, na inicial, não deve deixar transparecer pedido tácito. Também é requisito imprescindível do pedido a sua determinação, isto é, ele deve ser definido e delimitado, em sua qualidade e quantidade.

A lei permite, no entanto, que o autor formule pedido genérico (CPC, art. 324, § 1º): a) nas ações universais, se não puder o autor individuar na petição os bens demandados – não existem ações universais na Justiça do Trabalho; b) quando não for possível determinar, desde logo, as consequências do ato ou do fato; c) quando a determinação do objeto ou do valor da condenação depender de ato que deva ser praticado pelo réu. Admite-se o pedido genérico também na reconvenção (CPC, art. 324, § 2º).

O pedido genérico, não obstante seja certo quanto à existência e determinado quanto ao *gênero*, é quantitativamente indeterminado, porém determinável em posterior liquidação de sentença.

Além disso, o pedido deve ter correlação lógica com a causa de pedir (próxima e remota), uma vez que a correta e exata especificação dos pedidos é de fundamental importância para o êxito da demanda.

Quanto à classificação, embora não haja uniformidade doutrinária a respeito, parece-nos que os pedidos comportam a seguinte classificação: simples ou cumulados; principal, acessório e implícito; alternativos; sucessivos; sucessivos eventuais ou subsidiários; líquidos ou ilíquidos.

O pedido simples é aquele que contém uma única postulação na ação proposta.

Pedidos cumulados ocorrem quando o autor formula duas ou mais postulações. Sabe-se, porém, que o direito processual civil admite dois tipos de cumulações de ações. A **cumulação subjetiva**, denominada litisconsórcio, é a que trata da reunião de pessoas no polo ativo, passivo ou em ambos da relação jurídica processual. Já a **cumulação objetiva** ocorre quando o autor deduz mais de um pedido na petição inicial, com o escopo de que todos eles sejam apreciados na sentença.

O § 1º do art. 327 do NCPC dispõe que é lícita a cumulação, em um único processo, contra o mesmo réu, de vários pedidos, ainda que entre eles não haja conexão. São, porém, requisitos de admissibilidade da cumulação que: a) os pedidos sejam compatíveis entre si; b) seja competente para conhecer deles o mesmo juízo; c) sejam todos os pedidos adequados ao tipo de procedimento.

Seriam incompatíveis, por exemplo, o pedido de reintegração ao emprego e o pedido de rescisão indireta do contrato de trabalho, pois o deferimento de um implica automaticamente a rejeição do outro, sendo certo que não há como o juiz saber qual é o pedido preferido do autor.

Quando para **cada tipo de pedido corresponder procedimentos diversos**, admitir-se-á a cumulação se o autor optar pelo procedimento comum ordinário (NCPC, art. 327, § 2º). Essa norma, a nosso ver, é compatível com o princípio da máxima efetividade do direito fundamental de acesso à justiça, sendo, portanto, aplicável supletiva e subsidiariamente ao processo do trabalho, máxime pela existência de lacuna normativa no texto obreiro consolidado (CLT, art. 769; NCPC, art. 15).

Em relação aos **pedidos principal, acessório e implícito**, segue-se a mesma regra das obrigações principal e acessória.

O § 1º do art. 322 do NCPC dispõe: "Compreendem-se no principal os juros legais, a correção monetária e as verbas de sucumbência, inclusive os honorários advocatícios". A Súmula n. 211 do TST prevê que os juros de mora e a correção monetária incluem-se na liquidação, ainda que omisso o pedido inicial ou a condenação.

Houve alteração substancial da regra prevista no art. 293 do CPC/73, segundo a qual os pedidos deveriam ser interpretados restritivamente, uma vez que o § 2º do art. 322 do NCPC dispõe que a "interpretação do pedido considerará o conjunto da postulação e observará o princípio da boa-fé".

Na verdade, no atual modelo constitucional de direito processual já seria possível, na vigência do CPC/73, a quebra da congruência entre o pedido e a sentença.

Com efeito, o art. 461 do CPC/73 já conferia ao juiz o poder de conceder tutela específica ou assegurar o resultado útil do processo, fixando multas ou adotando "medidas necessárias", ainda que não postuladas na petição inicial.

Nas ações coletivas, igualmente, por força do art. 84 do CDC, há incidência do princípio da extrapetição.

A CLT, a nosso sentir, permite a aplicação do julgamento *extra petita* no seu art. 496. Aliás, o item II da Súmula n. 396 do TST consagra o princípio da extrapetição nos seguintes termos: "Não há nulidade por julgamento *extra petita* da decisão que deferir salário quando o pedido for de reintegração, dados os termos do art. 496 da CLT."

No que tange ao **pedido alternativo**, este ocorre quando a obrigação, por força do contrato ou da lei, puder ser cumprida de mais de uma forma. Diz o art. 325 do NCPC: "o pedido será alternativo quando, pela natureza da obrigação, o devedor puder cumprir a obrigação de mais de um modo". Um exemplo de pedido alternativo pode ocorrer quando o réu, empregador, comprometer-se a conceder um prêmio ao empregado mais assíduo, cabendo-lhe escolher entre o pagamento das mensalidades de um curso a ser realizado no estrangeiro ou o pagamento das passagens aéreas.

Já os **pedidos sucessivos** encontram previsão no art. 326 do NCPC, segundo o qual "é lícito formular mais de um pedido em ordem subsidiária, a fim de que o Juiz conheça do posterior, quando não acolher o anterior". Lecionam Nelson Nery Junior e Rosa Maria de Andrade (2015, p. 896) que "pedido sucessivo é aquela pretensão subsidiária deduzida pelo autor, no sentido de que, em não podendo o juiz acolher o pedido principal, passa a examinar o sucessivo".

Como exemplo de pedidos sucessivos nos processos do trabalho, temos o caso da empregada gestante dispensada sem justa causa, que formula pedido de reintegração ou, se esta não for possível por motivos alheios à sua vontade, a indenização do período estabilitário correspondente. Nesse caso, o juiz deverá apreciar, primeiramente, o pedido de reintegração. Caso não seja possível acolhê-lo, aí, sim, poderá o juiz, sucessivamente, converter a reintegração em indenização (CLT, art. 496), sem que se possa falar em julgamento *extra petita*. Nesse sentido, o item II da Súmula n. 396 do TST:

> ESTABILIDADE PROVISÓRIA. PEDIDO DE REINTEGRAÇÃO. CONCESSÃO DO SALÁRIO RELATIVO AO PERÍODO DE ESTABILIDADE JÁ EXAURIDO. INEXISTÊNCIA DE JULGAMENTO *EXTRA PETITA*. I – Exaurido o período de estabilidade, são devidos ao empregado apenas os salários do período compreendido entre a data da despedida e o final do período de estabilidade, não lhe sendo assegurada a reintegração no emprego. II – Não há nulidade por julgamento *extra petita* da decisão que deferir salário quando o pedido for de reintegração, dados os termos do art. 496 da CLT.

Em sede de ação rescisória, o TST admite a cumulação sucessiva de pedidos, como se infere da OJ n. 78 da SBDI-2, *in verbis*:

> AÇÃO RESCISÓRIA. CUMULAÇÃO SUCESSIVA DE PEDIDOS. RESCISÃO DA SENTENÇA E DO ACÓRDÃO. AÇÃO ÚNICA. ART. 289 DO CPC. É admissível o ajuizamento de uma única ação rescisória contendo mais de um pedido, em ordem sucessiva, de rescisão da sentença e do acórdão. Sendo inviável a tutela jurisdicional de um deles, o julgador está obrigado a apreciar os demais, sob pena de negativa de prestação jurisdicional.

O Novo CPC (art. 326) não fala mais em pedido sucessivo, e sim em pedido subsidiário. A nosso sentir, **pedido subsidiário** não se confunde com pedido sucessivo. Este, como já vimos, encontra residência no art. 326 do NCPC; aquele, a nosso sentir, ocorre quando o segundo pedido (subsidiário) depende do acolhimento do pedido principal. Vale dizer, o segundo pedido somente pode ser deferido se o juiz acolher o primeiro. Exemplo de pedido sucessivo eventual (ou subsidiário) no processo do trabalho ocorre nos casos de terceirização, isto é, quando o autor pede a condenação direta da empresa que o contratou formalmente pelas verbas trabalhistas por ela não adimplidas e a condenação subsidiária da empresa tomadora dos seus serviços (TST, Súmula n. 331, IV). Em outros termos, o segundo pedido (subsidiário) em relação à empresa tomadora só será apreciado se o juiz acolher o primeiro pedido de condenação da empresa que contratou formalmente o autor. Se o pedido principal (condenação da empresa prestadora do serviço) não for acolhido, o pedido subsidiário ficará prejudicado, pois o juiz ficará impedido de apreciá-lo.

8.1.1. Dos pedidos líquidos e ilíquidos

O novel § 1º do art. 840 da CLT, com redação dada pela Lei n. 13.467/2017, dispõe que o pedido "deverá ser certo, determinado e com indicação de seu valor".

Caso o autor não formule na petição inicial pedido certo, determinado e líquido, dispõe a lei que o processo será extinto sem resolução do mérito (CLT, art. 840, § 3º), arcando o autor, no procedimento sumaríssimo, com o pagamento de custas calculadas sobre o valor da causa, nos termos do § 1º do art. 852-B da CLT. Já no procedimento comum, apenas o pedido que não for certo, determinado e líquido será julgado extinto sem resolução do mérito.

Todavia, é factível sustentar que, no procedimento sumaríssimo, a solução que se mostra mais justa e em sintonia com o princípio da economia processual não é extinguir o processo, mas, sim, adaptá-lo ao procedimento comum (ordinário), como já vimos no Capítulo VII, item 5.1.3.

Ocorre que o novel § 3º do art. 840 da CLT (com redação dada pela Lei n. 13.467/2017), aplicável ao procedimento comum, passou a dispor que os pedidos que não atenderem ao disposto no § 1º (ou seja, se o autor não formular pedido certo, determinado e com indicação de seu valor) "serão julgados extintos sem resolução do mérito".

Assim, a diferença básica entre o § 2º do art. 852-B e o § 3º do art. 840 da CLT reside:

a) no **procedimento sumaríssimo**, haverá extinção do processo (arquivamento da reclamação) e condenação ao autor ao pagamento das custas sobre o valor da causa;

b) no **procedimento comum ordinário** (ou **sumário**), haverá extinção do(s) pedido(os) sem resolução do mérito, continuando a tramitação do processo em relação aos demais pedidos.

Todavia, se houver, *ad argumentandum tantum*, apenas um pedido na petição inicial (o que é muito raro), seja no procedimento ordinário ou no sumaríssimo, a consequência será a extinção do processo sem resolução do mérito.

Parece-nos que os dispositivos supracitados devem ser interpretados conforme a Constituição, de modo a afastar a interpretação que implique obstáculo ao direito fundamental de acesso da parte ao Poder Judiciário, especialmente à Justiça do Trabalho, em razão da sua notória função social e onde ainda remanesce o *jus postulandi* (CLT, art. 791).

Especificamente em relação ao novel § 3º do art. 840 da CLT, indaga-se: e se a petição inicial tiver pedido não líquido? Neste caso, penso que o juiz deverá interpretar essa regra conforme a Constituição (CF, art. 5º, XXXV), de modo a considerar que a liquidez do pedido é faculdade do autor, e não obrigação. Trata-se de interpretação analógica dada pelo STF ao art. 625-D da CLT, que foi interpretado conforme a Constituição no sentido de ser faculdade do autor a submissão da demanda à CCP (STF ADI n. 2.139-7), de modo que qualquer juiz ou tribunal pode/deve, incidentalmente, interpretar o § 3º do art. 840 da CLT conforme a CF para assegurar ao autor o pleno exercício do seu direito fundamental de acesso à justiça.

Ainda que assim não fosse, parece-nos que, se o juiz deverá, caso interprete literalmente o § 3º do art. 840 da CLT, observar o princípio da vedação da decisão surpresa, ou seja, antes de extinguir o processo ou o pedido sem resolução do mérito, deverá dar oportunidade à parte para sanar eventual defeito, falha ou irregularidade na petição inicial, especialmente no tocante à iliquidez do pedido.

É importante lembrar que, à luz do princípio da congruência que se extraía da lei civil de ritos (CPC/73, art. 459, parágrafo único) – aplicável aos processos individuais –, quando o autor formulasse pedido líquido era vedado ao juiz proferir sentença ilíquida. Nesse sentido:

> (...) PEDIDO INICIAL CERTO E LÍQUIDO – LIMITAÇÃO DA CONDENAÇÃO AOS VALORES DA INICIAL – JULGAMENTO *EXTRA PETITA* – INOCORRÊNCIA. Tendo o reclamante postulado na peça de ingresso o pagamento de horas extraordinárias e apresentado o valor líquido e certo devido a esse título, acertada a decisão regional que limitou o valor da condenação à quantia estipulada na petição inicial, sob pena de julgamento fora dos limites da *litiscontestatio* e violação do princípio da congruência. Agravo de instrumento desprovido (TST-AIRR 178/2006-005-23-40.5, 1ª T., Rel. Min. Luiz Philippe Vieira de Mello Filho, *DJe* 25-6-2009).

Ocorre que o CPC de 2015 não contém regra correspondente ao parágrafo único do art. 459 do CPC/73. Além disso, foi proscrita a regra da interpretação restritiva do pedido, tal como a prevista no art. 293 do CPC/73.

Pelo contrário, o § 2º do art. 322 do Novo CPC, aplicável ao processo do trabalho (CLT, art. 769; CPC, art. 15), dispõe que: "A interpretação do pedido considerará o conjunto da postulação e observará o princípio da boa-fé".

Entendemos por "conjunto da postulação" não apenas o que está expresso na causa de pedir (fundamentos fáticos e jurídicos) e no pedido constantes da petição inicial como também o que consta da contestação. Afinal, o réu, ao apresentar a contestação, também formula pedidos e causa de pedir (fundamentos fáticos e jurídicos), cabendo ao juiz, interpretando o conjunto da postulação e com base no princípio da boa-fé (objetiva e subjetiva), apreciar a lide (pedidos) e seus fundamentos, o que lhe permitirá proferir uma decisão efetivamente justa, que é aquela que se encontra em fina sintonia com os valores e princípios da Constituição Federal, como, alías, determina o CPC (arts. 1º e 8º).

Por outro lado, é factível interpretar a expressão "com indicação de seu valor", contida no novel § 1º do art. 840 da CLT, não por meio do método literal ou gramatical, e sim com base no método teleológico.

De tal arte, não seria obrigatória a indicação precisa ou exata do valor do pedido, bastando que o autor apresente um valor estimado ao pedido. Logo, não há fundamento no § 1º do art. 840 da CLT para que o juízo determine que o autor liquide o pedido sob pena de sua extinção sem resolução do mérito. Tal decisão (interlocutória), a nosso sentir, ofenderá direito líquido e certo do autor a ensejar o manejo de mandado de segurança por violação ao art. 5º, XXXV, da CF.

Aliás, a respeito da interpretação dos §§ 1º e 2º do art. 840 da CLT, o TST editou a IN n. 41/2018, cujo art. 12, § 2º, dispõe que:

> Para o fim do que dispõe o art. 840, §§ 1º e 2º, da CLT, o valor da causa será estimado, observando-se, no que couber, o disposto nos arts. 291 a 293 do Código de Processo Civil.

Vale dizer, por meio da referida Instrução Normativa o TST já antecipa o seu entendimento no sentido de que o termo "com indicação de seu valor" não diz respeito ao pedido, e sim ao "valor estimado da causa", aplicando-se, supletivamente, no que couber, os arts. 291 a 293 do CPC, que dispõem, *in verbis*:

> Art. 291. A toda causa será atribuído valor certo, ainda que não tenha conteúdo econômico imediatamente aferível.
>
> Art. 292. O valor da causa constará da petição inicial ou da reconvenção e será:
>
> I – na ação de cobrança de dívida, a soma monetariamente corrigida do principal, dos juros de mora vencidos e de outras penalidades, se houver, até a data de propositura da ação;
>
> II – na ação que tiver por objeto a existência, a validade, o cumprimento, a modificação, a resolução, a resilição ou a rescisão de ato jurídico, o valor do ato ou o de sua parte controvertida;
>
> III – na ação de alimentos, a soma de 12 (doze) prestações mensais pedidas pelo autor;
>
> IV – na ação de divisão, de demarcação e de reivindicação, o valor de avaliação da área ou do bem objeto do pedido;
>
> V – na ação indenizatória, inclusive a fundada em dano moral, o valor pretendido;
>
> VI – na ação em que há cumulação de pedidos, a quantia correspondente à soma dos valores de todos eles;
>
> VII – na ação em que os pedidos são alternativos, o de maior valor;
>
> VIII – na ação em que houver pedido subsidiário, o valor do pedido principal.
>
> § 1º Quando se pedirem prestações vencidas e vincendas, considerar-se-á o valor de umas e outras.
>
> § 2º O valor das prestações vincendas será igual a uma prestação anual, se a obrigação for por tempo indeterminado ou por tempo superior a 1 (um) ano, e, se por tempo inferior, será igual à soma das prestações.

> § 3º O juiz corrigirá, de ofício e por arbitramento, o valor da causa quando verificar que não corresponde ao conteúdo patrimonial em discussão ou ao proveito econômico perseguido pelo autor, caso em que se procederá ao recolhimento das custas correspondentes.
>
> Art. 293. O réu poderá impugnar, em preliminar da contestação, o valor atribuído à causa pelo autor, sob pena de preclusão, e o juiz decidirá a respeito, impondo, se for o caso, a complementação das custas.

Dessa forma, de acordo com a IN/TST n. 41/2018, parece-nos que o valor da causa "por estimativa" passará a ser requisito obrigatório da petição inicial no processo do trabalho, tendo como parâmetros o disposto nos incisos I a VIII do art. 292 do CPC, à exceção do inciso IV (ação de divisão, remarcação ou reivindicação), por não ser esta ação cabível no processo do trabalho, e do § 3º (correção de ofício e por arbitramento do valor da causa), porque, diferentemente do processo civil, as custas não são pagas no início do processo, e sim após o trânsito em julgado da decisão ou como pressuposto recursal (CLT, art. 789, § 1º), sendo certo, ainda, que o art. 2º da Lei n. 5.584/1970 já dispõe sobre as regras aplicáveis à fixação do valor da causa no processo do trabalho.

Importante lembrar que o Conselho Federal da Ordem dos Advogados do Brasil (OAB) questiona a constitucionalidade (STF, ADI n. 6002) dos parágrafos 1º e 3º do art. 840 da CLT, com redações dadas pela Lei n. 13.467/2017. Segundo a OAB, a nova exigência processual, ao atribuir ao trabalhador o ônus de precisar o valor da demanda antes mesmo da apresentação da contestação e da juntada de documentação pelo empregador, sob pena de extinção do processo, configura óbice ao acesso à justiça. A entidade aponta vulneração de diversas outras garantias constitucionais, como a da proteção do trabalho e do salário, a da tutela judicial dos créditos trabalhistas e a da segurança jurídica. Além disso, a nova redação "subverteu a base principiológica do direito do trabalho" ao exigir conhecimento técnico para a propositura das ações e o domínio de documentos que, em sua maioria, não estão na posse do trabalhador, sendo certo que a nova lei prejudica a proteção do salário e do trabalho. "No caso de o reclamante apresentar cálculo a menor do que realmente lhe é devido quando da liquidação na inicial, será manifesto o prejuízo daí advindo em verba de natureza alimentar".

De toda a sorte, por aplicação supletiva do CPC, diante de pedido sem indicação do valor o juízo não deverá extinguir de logo o pedido sem resolução do mérito, e sim oportunizar o autor a corrigir a "falha" identificada pelo órgão julgador (TST, 263), como veremos mais adiante.

Registre-se, por fim, que nas ações coletivas para tutela de interesses individuais homogêneos a condenação será **sempre** genérica (CDC, art. 95), razão pela qual, em virtude do princípio lógico, o pedido em tais ações deverá ser, necessariamente, genérico, mesmo porque a sentença genérica de procedência produzirá coisa julgada com eficácia *erga omnes* (CDC, art. 103) e os valores devidos aos titulares do direito material serão apurados individualmente na fase de liquidação por artigos (ou procedimento comum, na linguagem do CPC/2015). Nesse sentido:

> TUTELA DOS DIREITOS INDIVIDUAIS HOMOGÊNEOS. SUBSTITUIÇÃO PROCESSUAL. INÉPCIA DA PETIÇÃO INICIAL. APLICAÇÃO DO MICROSSISTEMA DO CÓDIGO DE DEFESA DO CONSUMIDOR. Em se tratando de ação coletiva para tutela de direitos individuais homogêneos decorrentes de origem comum, consubstanciados em avença coletiva que veda o labor aos domingos sem aquiescência do Sindicato, não há que se falar em inépcia da inicial por ser o pedido genérico, pois somente na fase de liquidação e execução serão apurados os prejuízos efetivamente sofridos pelos substituídos processualmente na fase cognitiva e que se habilitarem nos autos, inteligência dos artigos 8º, III, da CF e 95 do CDC, pois se a condenação é sempre genérica, o pedido também há de ser genérico (TRT 17ª R., RO 0058100-25.2009.5.17.0004, 2ª T., Rel. Des. Carlos Henrique Bezerra Leite, *DEJT* 31-8-2010).

8.2. Alteração da petição inicial

O autor pode alterar o pedido ou a causa de pedir até a citação, independentemente da aquiescência do réu. Feita a citação, não poderá o autor, sem o consentimento do réu, alterar o pedido ou a causa de pedir (NCPC, art. 329).

A alteração da petição inicial é gênero que tem como espécies o **aditamento** (NCPC, art. 329, I) e a **emenda** (NCPC, art. 321).

O **aditamento** poderá ser feito pelo autor antes do recebimento da notificação citatória pelo réu, independentemente do consentimento deste, e consiste no ato de acrescentar novo pedido ou causa de pedir (NCPC, art. 329, I), aplicável ao processo laboral por força do art. 769 da CLT.

Após recebida a notificação citatória, o aditamento da inicial só será admitido com a concordância do réu. No processo do trabalho, não raro, o autor formula requerimento de aditamento da inicial na própria audiência, caso em que o juiz indaga ao réu se concorda ou não com o aditamento. Se a resposta for positiva, o juiz autoriza o aditamento. Se negativa, não há previsão legal para o juiz impor ao réu a aceitação. Nesse caso, restaria ao autor ajuizar nova ação contendo o pedido pretendido.

Há, contudo, entendimento doutrinário no sentido de que, se o pedido de aditamento é feito na própria audiência, antes da apresentação da resposta do réu, o juiz deve autorizá-lo, designando nova audiência, ficando, desde logo, notificadas as partes.

De toda sorte, apresentada a defesa, já não será mais possível aditar a inicial sem o consentimento do réu. Não obstante, há entendimentos na doutrina e na jurisprudência no sentido de que só haverá nulidade se o réu demonstrar prejuízo para o exercício do seu direito de ampla defesa e contraditório.

Em relação à **emenda** à petição inicial, o art. 321 do NCPC prevê a possibilidade de o juiz, verificando que a petição inicial não preenche os requisitos exigidos nos arts. 319 e 320 ou que apresenta defeitos e irregularidades capazes de dificultar o julgamento de mérito, determinar que o autor a emende ou a complete, no prazo de quinze dias, indicando com precisão o que deve ser corrigido ou completado. Se o autor não cumprir a diligência, o juiz indeferirá a petição inicial (NCPC, art. 321, parágrafo único).

Depois de apresentada a resposta do réu, que no processo do trabalho ocorre em audiência (CLT, arts. 846 e 847), o caso não é mais de indeferimento da petição inicial que apresentar irregularidades ou estiver desacompanhada de documento essencial à propositura da ação, mas, sim, de extinção do feito sem resolução do mérito por ausência de pressuposto processual de validade (NCPC, art. 485, IV).

Essas normas são aplicáveis no processo do trabalho, como se infere da Súmula n. 263 do TST:

> Salvo nas hipóteses do art. 330 do CPC de 2015 (art. 295 do CPC de 1973), o indeferimento da petição inicial, por encontrar-se desacompanhada de documento indispensável à propositura da ação ou não preencher outro requisito legal, somente é cabível se, após intimada para suprir a irregularidade em 15 (quinze) dias, mediante indicação precisa do que deve ser corrigido ou completado, a parte não o fizer (art. 321 do CPC de 2015).

Quanto a eventuais defeitos contidos na petição inicial das ações sujeitas ao procedimento sumaríssimo, ou seja, se o autor não formular pedido certo, determinado e líquido, o juiz, por força da norma imperativa do art. 852-B, § 1º, da CLT, deverá, depois de observada a diligência de que cuida a Súmula n. 263 do TST, extinguir o processo sem resolução de mérito e condenar o autor ao pagamento de custas sobre o valor atribuído à causa. Há, porém, entendimento no sentido de não se extinguir o processo, e sim converter o procedimento sumaríssimo em ordinário.

Vale lembrar que, em sede de mandado de segurança, não há lugar para emenda à inicial, como se infere da Súmula n. 415 do TST.

8.3. Indeferimento da petição inicial

O art. 330 do CPC prevê as hipóteses em que a petição inicial será indeferida, *in verbis*:

> Art. 330. A petição inicial será indeferida quando:
>
> I – for inepta;
>
> II – a parte for manifestamente ilegítima;
>
> III – o autor carecer de interesse processual;
>
> IV – não atendidas as prescrições dos arts. 106 e 321.
>
> § 1º Considera-se inepta a petição inicial quando:
>
> I – lhe faltar pedido ou causa de pedir;
>
> II – o pedido for indeterminado, ressalvadas as hipóteses legais em que se permite o pedido genérico;
>
> III – da narração dos fatos não decorrer logicamente a conclusão;
>
> IV – contiver pedidos incompatíveis entre si.

O indeferimento, *ab initio*, da petição inicial é raramente observado no processo do trabalho, uma vez que o juiz geralmente dela só toma conhecimento na própria audiência. Isso porque, no processo laboral, o juiz, via de regra, não despacha a petição inicial, determinando a citação do réu. Esse ato processual é feito automaticamente pela Secretaria da Vara (ou pelo distribuidor), nos termos dos arts. 838 e 841 da CLT.

Além disso, há forte tendência em se aproveitarem ao máximo os pedidos contidos na petição inicial, mormente quando a parte postula pessoalmente (*jus postulandi*), isto é, desacompanhada de advogado.

Algumas vezes, temos nos deparado com petições iniciais que veiculam, de maneira lacônica, pedido de "reflexos nas verbas contratuais e resilitórias". A nosso sentir, tal pedido, a princípio, é inepto, na medida em que, além de genérico, não indica a causa de pedir, tornando, destarte, impossível ou bastante difícil tanto para o réu exercer o direito de ampla defesa quanto para o juiz "adivinhar" qual(is) parcela(s) deve(m) contemplar os "reflexos" pretendidos pelo autor, o que dificulta sobremaneira a liquidação e gera efeitos deletérios para a celeridade processual. É importante ressaltar, no entanto, que o réu poderá elidir a inépcia do pedido (ou da própria inicial), como no caso em que se manifestar precisamente na contestação sobre a matéria pertinente, pois, nesse caso, não haverá violação ao princípio da ampla defesa e haverá efetividade do princípio da celeridade processual. Por tais razões, o § 2º do art. 322 do NCPC – aplicável subsidiária e supletivamente ao processo do trabalho (CLT, art. 769; CPC, art. 15) – dispõe que a interpretação do pedido considerará o conjunto da postulação e observará o princípio da boa-fé. A nova regra, que não foi reproduzida no CPC de 2015, supera o CPC de 1973, segundo o qual os pedidos deveriam ser interpretados restritivamente.

A inépcia da petição inicial, por ser pressuposto processual, pode (e deve) ser suscitada pelo réu ou declarada *ex officio* pelo juiz, em qualquer tempo e grau de jurisdição (segundo a jurisprudência, na instância ordinária), enquanto não transitada em julgado a sentença (ou acórdão). Não pode ser, segundo pensamos, declarada de ofício na instância extraordinária, em função da exigência do prequestionamento, que é pressuposto específico de admissibilidade dos recursos de natureza extraordinária.

9. Da tutela provisória

É sabido que a Constituição Federal de 1988 assegura, em seu art. 5º, os direitos fundamentais do amplo acesso ao Judiciário, tanto nas lesões como nas ameaças a direito (inciso XXXV), e da duração razoável do processo e os meios que garantam a celeridade de sua tramitação (inciso LXXVIII). Tais normas inspiraram o legislador a reconhecer, definitivamente, a necessidade de buscar novos meios que possam tornar o processo mais ágil e útil à sociedade, evitando, assim, a prestação jurisdicional intempestiva.

Entre os diversos institutos processuais que têm por escopo a celeridade e a efetividade da função jurisdicional do Estado, destaca-se a chamada antecipação de tutela, cuja aplicação generalizada, na processualística civil brasileira, somente foi possível a partir das reformas introduzidas pela Lei n. 8.952, de 14 de dezembro de 1994, e pela Lei n. 10.444, de 7 de maio de 2002, que deram novas redações aos arts. 273 e 461 do CPC/73.

O presente estudo tem por objeto analisar se o instituto da tutela provisória previsto no Novo Código de Processo Civil, que entrou em vigor em 18 de março de 2016, pode ser aplicado supletiva ou subsidiariamente no processo do trabalho.

9.1. A tutela provisória e a extinção do processo cautelar

O Novo Código de Processo Civil de 2015, a par de proscrever o processo cautelar, dedicou o Livro V da Parte Geral à Tutela Provisória, que pode fundamentar-se em urgência ou evidência.

Com efeito, dispõe o art. 294 do NCPC que: "A tutela provisória pode fundamentar-se em urgência ou evidência".

O parágrafo único do referido art. 294, por sua vez, diz que a "tutela provisória de urgência, cautelar ou antecipada, pode ser concedida em caráter antecedente ou incidental".

Analisando o NCPC (BUENO, 2015, p. 218), podemos dizer, então, que existem cinco modalidades de tutela provisória:

- tutela provisória de urgência cautelar antecedente;
- tutela provisória de urgência cautelar incidente;
- tutela provisória de urgência antecipada antecedente;
- tutela provisória de urgência antecipada incidente;
- tutela provisória da evidência.

9.2. Terminologia

A rigor, o legislador deveria ter adotado o termo "tutela de cognição sumária" em lugar de "tutela provisória".

Na verdade, podemos inferir que a tutela da evidência exige requisitos ligados ao juízo de verossimilhança. Já as tutelas de urgência demandam, além da verossimilhança, um juízo vinculado ao *periculum in mora*.

9.3. Requisitos

Os arts. 295 a 299 do NCPC estabelecem algumas normas gerais para a concessão de qualquer espécie de tutela provisória, a saber:

- A tutela provisória requerida em caráter incidental independe do pagamento de custas (art. 295).
- A tutela provisória conserva sua eficácia na pendência do processo, mas pode, a qualquer tempo, ser revogada ou modificada. Salvo decisão judicial em contrário, a tutela provisória conservará a eficácia durante o período de suspensão do processo (art. 296).
- O juiz poderá determinar as medidas que considerar adequadas para efetivação da tutela provisória. A efetivação da tutela provisória observará as normas referentes ao cumprimento provisório da sentença, no que couber (art. 297).
- Na decisão que conceder, negar, modificar ou revogar a tutela provisória, o juiz motivará seu convencimento de modo claro e preciso (art. 298).
- A tutela provisória será requerida ao juízo da causa e, quando antecedente, ao juízo competente para conhecer do pedido principal. Ressalvada disposição especial, na ação de competência originária de tribunal e nos recursos a tutela provisória será requerida ao órgão jurisdicional competente para apreciar o mérito (art. 299).

9.4. Provimentos antecipatórios no processo do trabalho

A CLT, como se sabe, contempla apenas duas hipóteses especiais que permitem ao juiz, no curso do processo de conhecimento, conceder medida liminar. É o que dispõem os incisos IX e X do art. 659 da CLT, segundo os quais compete ao juiz presidente (atualmente, juiz do trabalho da Vara do Trabalho) conceder medida liminar, até decisão final do processo, em reclamações trabalhistas que:

- visem tornar sem efeito transferência de empregado disciplinada pelos parágrafos do art. 469 da CLT;
- visem reintegrar no emprego dirigente sindical afastado, suspenso ou dispensado pelo empregador.

Vê-se, portanto, que a CLT não trata genericamente do instituto da tutela provisória, na medida em que não a prevê para as demais hipóteses em que se verifique a necessidade de sua aplicação.

Aliás, é seguramente no processo do trabalho, dado o seu escopo social de tornar realizável o direito material do trabalho, que o instituto da tutela provisória se torna instrumento não apenas útil, mas, sobretudo, indispensável.

Com efeito, os pedidos veiculados nas iniciais trabalhistas são, via de regra, relativos a salários, ou seja, parcelas com nítida natureza alimentícia.

De tal arte, cremos ser perfeitamente aplicável a tutela provisória nos domínios do processo do trabalho, seja por omissão da CLT quanto ao aspecto genérico aqui enfocado, seja pela ausência de incompatibilidade com a principiologia que informa este setor especializado do direito processual (CLT, art. 769).

Na verdade, uma das espécies de tutela provisória – a tutela antecipada – vem sendo largamente utilizada no processo do trabalho.

9.5. Tutela provisória de urgência

Nos termos do art. 300 do NCPC, a "tutela de urgência será concedida quando houver elementos que evidenciem a probabilidade do direito e o perigo de dano ou o risco ao resultado útil do processo".

Na verdade, esse dispositivo alberga, de modo mais sofisticado, o conteúdo do art. 273 do CPC/73, na medida em que exige:

- para a concessão da tutela antecipada, os já conhecidos pressupostos do *fumus boni iuris* e do *periculum in mora;*
- para a concessão da tutela cautelar, o risco ao resultado útil do processo.

Em ambas as hipóteses, para a concessão da tutela de urgência, o juiz pode, conforme o caso, exigir caução real ou fidejussória idônea para ressarcir os danos que a outra parte possa vir a sofrer, podendo a caução ser dispensada se a parte economicamente hipossuficiente não puder oferecê-la.

É o que dispõe o § 1º do art. 300 do NCPC, sendo certo, no entanto, que a exigência da caução não se afigura compatível com o processo do trabalho (CLT, art. 769), pelo menos nas ações oriundas da relação de emprego.

A tutela provisória de urgência pode ser concedida liminarmente ou após justificação prévia.

A tutela de urgência de natureza antecipada não será concedida quando houver perigo de irreversibilidade dos efeitos da decisão.

A tutela de urgência de natureza cautelar, de acordo com o art. 301 do NCPC, pode ser efetivada mediante arresto, sequestro, arrolamento de bens, registro de protesto contra alienação de bem e qualquer outra medida idônea para asseguração do direito.

O NCPC, diversamente do CPC/73, não estabelece definições ou procedimentos específicos para o arresto, o sequestro, o arrolamento de bens ou o registro de protesto contra alienação de bens.

Parece-nos que não devemos invocar normas do CPC/73 revogado, e sim dar a máxima efetividade aos dispositivos do NCPC, de modo a se interpretar, no caso concreto, que essa enumeração de medidas cautelares do art. 301 é meramente exemplificativa.

É dizer, havendo necessidade de uma medida cautelar, pouco importa o *nomen juris* adotado pelo autor, bastando apenas ao juiz verificar se estão ou não presentes os requisitos estabelecidos para concessão dessas medidas, quais sejam: *fumus boni iuris* (juízo de probabilidade) e o *periculum in mora* (perigo de dano ou o risco ao resultado útil do processo).

Dispõe o art. 302 do NCPC que, independentemente da reparação por dano processual, a parte responde pelo prejuízo que a efetivação da tutela de urgência causar à parte adversa, se:

> I – a sentença lhe for desfavorável;
>
> II – obtida liminarmente a tutela em caráter antecedente, não fornecer os meios necessários para a citação do requerido no prazo de 5 (cinco) dias;
>
> III – ocorrer a cessação da eficácia da medida em qualquer hipótese legal;
>
> IV – o juiz acolher a alegação de decadência ou prescrição da pretensão do autor.
>
> Parágrafo único. A indenização será liquidada nos autos em que a medida tiver sido concedida, sempre que possível.

Como se vê, a norma em apreço confere poderes ao juiz para promover a liquidação, nos mesmos autos, em caso de prejuízo causado à parte pela efetivação da tutela provisória. Há de se ter cautela com a aplicação do parágrafo único em apreço no processo do trabalho, pois o incidente pode implicar ofensa do princípio da celeridade processual.

9.6. Natureza jurídica da tutela provisória antecipada

A tutela provisória antecipada, quando concedida, proporciona antes da decisão definitiva e no mesmo processo em que é solicitada o próprio bem da vida afirmado pelo autor na petição inicial.

Trata-se, pois, de uma técnica processual que propicia ao juiz, atendidos determinados pressupostos, proferir decisão que tenha por objetivo assegurar o resultado útil do processo de conhecimento, do cumprimento da sentença (ou do processo de execução), satisfazendo, desde logo, a pretensão do demandante.

Afigura-se-nos, portanto, que as tutelas provisórias antecipadas encerram provimento judicial híbrido com eficácia cautelar, mandamental ou executiva *lato sensu*.

O modo de efetivação da tutela provisória antecipada é tema que merece algumas palavras. Sem sombra de dúvida, a finalidade da obtenção da tutela provisória antecipada é a realização no mundo dos fatos de efeitos que seriam advindos com a própria tutela concedida ao final. Portanto, sua finalidade é justamente antecipar, provisoriamente, o cumprimento do provimento meritória que seria concedido ao final, compreendendo não só a ideia de execução forçada, mas, também, inclusive, os casos de execução imprópria dos provimentos declaratórios e constitutivos.

9.7. O ato judicial que concede a tutela provisória antecipada

Na dicção do art. 273 do CPC/73, o "juiz poderia" conceder a antecipação dos efeitos da tutela de mérito. Já o art. 300 do NCPC dispõe que a "tutela de urgência será concedida quando houver elementos que evidenciem a probabilidade do direito e o perigo de dano ou o risco ao resultado útil do processo".

Assim, atendidos os pressupostos legais arrolados no referido preceptivo, o juiz não pode deixar de conceder a tutela provisória de urgência, sob pena de tornar letra morta a norma legal sob exame, além de olvidar os princípios constitucionais do acesso ao Judiciário na hipótese de ameaça a direito e da duração razoável do processo.

A tutela provisória de urgência pode ser concedida total ou parcialmente, isto é, abrangendo todo o pedido contido na petição inicial ou parte dele ou, ainda, todos os pedidos ou apenas um ou alguns deles.

Dispõe o art. 298 do NCPC que: "Na decisão que conceder, negar, modificar ou revogar a tutela provisória, o juiz motivará seu convencimento de modo claro e preciso".

A exigência da fundamentação da decisão não é dirigida à parte que solicita a antecipação da tutela, mas, sim, ao juiz. Vale dizer, são inválidas as decisões que simplesmente concedem a tutela provisória por: "presentes os pressupostos legais (...)", "satisfeitos os requisitos de lei (...)".

São igualmente inválidas as decisões que laconicamente denegam a tutela provisória, por: "falta de amparo legal (...)", "inexistência dos requisitos legais (...)" etc.

Ora, a fundamentação de todas as decisões do Poder Judiciário constitui um dos princípios constitucionais mais importantes no Estado Democrático de Direito, sendo certo que o inciso IX do art. 93 da CF considera nula qualquer decisão judicial que careça de fundamentação. No mesmo sentido, dispõe o § 1º do art. 489 do NCPC.

Da decisão que concede ou nega tutela provisória no processo do trabalho não cabe recurso de imediato (CLT, art. 893, § 1º), exceto os embargos de declaração, como, aliás, prevê o art. 1.022, II, do NCPC, aplicável supletivamente ao processo do trabalho por ausência de incompatibilidade com os princípios que o informam (CLT, art. 769).

De acordo com o § 3º do art. 300 do NCPC, a "tutela de urgência de natureza antecipada não será concedida quando houver perigo de irreversibilidade dos efeitos da decisão". Esse preceptivo impõe ao juiz o dever de avaliar, com razoabilidade e proporcionalidade se, na sentença que prolatará, o pedido contido na inicial poderá ser julgado improcedente e as consequências que disso resultarão para o réu. Trata-se, evidentemente, de um juízo de valor que o magistrado deve fazer acerca dos efeitos da antecipação da tutela.

Acreditamos que, no processo do trabalho, o requisito em tela deve ser sopesado com a natureza alimentícia dos valores geralmente postulados pelos trabalhadores, pois, se de um lado o empregador pode ter algum prejuízo de ordem econômica, de outro, é certo, o empregado pode ter comprometidas não apenas a sua própria subsistência e dignidade, como também a da sua família.

9.8. Procedimento da tutela provisória de urgência antecipada antecedente

Os arts. 303 e 304 do NCPC regulam o procedimento que deve ser observado para a concessão da tutela provisória de urgência antecipada requerida em caráter antecedente.

Assim, nos casos em que a urgência for contemporânea à propositura da ação, a petição inicial pode limitar-se ao requerimento da tutela antecipada e à indicação do pedido de tutela final, com a exposição da lide, do direito que se busca realizar e do perigo de dano ou do risco ao resultado útil do processo.

Concedida a tutela antecipada, o § 1º do art. 303 do NCPC determina que:

> I – o autor deverá aditar a petição inicial, com a complementação de sua argumentação, a juntada de novos documentos e a confirmação do pedido de tutela final, em 15 (quinze) dias ou em outro prazo maior que o juiz fixar;
>
> II – o réu será citado e intimado para a audiência de conciliação ou de mediação na forma do art. 334 do NCPC;
>
> III – não havendo autocomposição, o prazo para contestação será contado na forma do art. 335 do NCPC.

Não realizado o aditamento a que se refere o inciso I do § 1º do art. 303 do NCPC, o processo será extinto sem resolução do mérito. Tal aditamento será feito nos mesmos autos, sem incidência de novas custas processuais.

Parece-nos inaplicável o § 4º do art. 303 do NCPC ao processo do trabalho, uma vez que o valor da causa não é, salvo no caso de procedimento sumaríssimo, requisito da petição inicial.

O autor indicará na petição inicial, ainda, que pretende se valer do benefício previsto no *caput* do art. 303 do NCPC.

Inovando em relação ao CPC de 1973, o § 6º do art. 303 do NCPC faculta ao juiz, entendendo que não existem elementos para a concessão de tutela antecipada, determinar a emenda da petição inicial em até 5 (cinco) dias, sob pena de ser indeferida e de o processo ser extinto sem resolução de mérito.

Diz o art. 304 do NCPC que a tutela antecipada, concedida em caráter antecedente, "torna-se estável se da decisão que a conceder não for interposto o respectivo recurso". Esse dispositivo e seus §§ 1º a 5º, ao que nos parece, são inaplicáveis no processo do trabalho por incompatibilidade com o princípio da irrecorribilidade imediata das decisões interlocutórias (CLT, art. 893, § 1º).

De acordo com o § 6º do art. 304 do NCPC, a "decisão que concede a tutela não fará coisa julgada, mas a estabilidade dos respectivos efeitos só será afastada por decisão que a revir, reformar ou invalidar, proferida em ação ajuizada por uma das partes".

Segundo a Súmula n. 414 do TST:

> MANDADO DE SEGURANÇA. TUTELA PROVISÓRIA CONCEDIDA ANTES OU NA SENTENÇA (nova redação em decorrência do CPC de 2015, Res. 217/2017, DEJT divulgado em 20, 24 e 25.04.2017).
>
> I – A tutela provisória concedida na sentença não comporta impugnação pela via do mandado de segurança, por ser impugnável mediante recurso ordinário. É admissível a obtenção de efeito suspensivo ao recurso ordinário mediante requerimento dirigido ao tribunal, ao relator ou ao presidente ou ao vice-presidente do tribunal recorrido, por aplicação subsidiária ao processo do trabalho do artigo 1.029, § 5º, do CPC de 2015.
>
> II – No caso de a tutela provisória haver sido concedida ou indeferida antes da sentença, cabe mandado de segurança, em face da inexistência de recurso próprio.
>
> III – A superveniência da sentença, nos autos originários, faz perder o objeto do mandado de segurança que impugnava a concessão ou o indeferimento da tutela provisória.

9.9. Procedimento da tutela provisória de urgência cautelar antecedente

Tratando-se de tutela provisória de urgência cautelar requerida em caráter antecedente, os arts. 305 a 310 do NCPC regulam o procedimento a ser observado. Esse procedimento, como já afirmamos alhures, extinguiu o processo cautelar previsto no Livro III do CPC de 1973.

Dessa forma, dispõe o art. 305 do NCPC:

> Art. 305. A petição inicial da ação que visa à prestação de tutela cautelar em caráter antecedente indicará a lide e seu fundamento, a exposição sumária do direito que se objetiva assegurar e o perigo de dano ou o risco ao resultado útil do processo.

Reconhecendo a fungibilidade entre as tutelas provisórias de urgência cautelar e antecipada, o parágrafo único do art. 305 do NCPC manda o juiz, caso entenda que o pedido cautelar tenha natureza de tutela antecipada, observar o disposto no art. 303 do NCPC, ou seja, observará o juiz o procedimento inerente à tutela provisória antecipada.

O réu será citado para, no prazo de 5 (cinco) dias, contestar o pedido e indicar as provas que pretende produzir (NCPC, art. 306). Não sendo contestado o pedido, os fatos alegados pelo autor presumir-se-ão aceitos pelo réu como ocorridos, caso em que o juiz decidirá dentro de 5 (cinco) dias (NCPC, art. 307).

Havendo contestação tempestiva, o parágrafo único do art. 307 do NCPC manda observar o procedimento comum.

Diz o art. 308 do NCPC que: "Efetivada a tutela cautelar, o pedido principal terá de ser formulado pelo autor no prazo de 30 (trinta) dias, caso em que será apresentado nos mesmos autos em que deduzido o pedido de tutela cautelar, não dependendo do adiantamento de novas custas processuais".

O § 1º do art. 308 do NCPC faculta ao autor formular o pedido principal com o pedido de tutela cautelar. Trata-se de técnica já consagrada há muito tempo na CLT (art. 659, IX e X).

A causa de pedir constante da petição inicial poderá ser aditada no momento de formulação do pedido principal (NCPC, art. 308, § 2º).

O procedimento previsto nos §§ 3º e 4º do art. 308 do NCPC se afigura incompatível com os procedimentos ordinário, sumário e sumaríssimo da CLT.

O art. 309 do NCPC estabelece a cessação da eficácia da tutela cautelar concedida em caráter antecedente, se:

> I – o autor não deduzir o pedido principal no prazo legal;
>
> II – não for efetivada dentro de 30 (trinta) dias;
>
> III – o juiz julgar improcedente o pedido principal formulado pelo autor ou extinguir o processo sem resolução de mérito.

Dispõe o parágrafo único do art. 309 do NCPC que, se "por qualquer motivo cessar a eficácia da tutela cautelar, é vedado à parte renovar o pedido, salvo sob novo fundamento".

O indeferimento da tutela cautelar não obsta que a parte formule o pedido principal, nem influi no julgamento deste, salvo se o motivo do indeferimento for o reconhecimento de decadência ou de prescrição (NCPC, art. 310).

9.10. Tutela provisória da evidência

A tutela da evidência exige requisitos vinculados à verossimilhança (e ao *periculum in mora*), enquanto as tutelas de urgência exigem, além de um juízo de verossimilhança, um juízo vinculado à evidência.

Com efeito, dispõe o art. 311 do NCPC que a "tutela da evidência será concedida, independentemente da demonstração de perigo de dano ou de risco ao resultado útil do processo, quando:

> I – ficar caracterizado o abuso do direito de defesa ou o manifesto propósito protelatório da parte;
>
> II – as alegações de fato puderem ser comprovadas apenas documentalmente e houver tese firmada em julgamento de casos repetitivos ou em súmula vinculante;
>
> III – se tratar de pedido reipersecutório fundado em prova documental adequada do contrato de depósito, caso em que será decretada a ordem de entrega do objeto custodiado, sob cominação de multa;
>
> IV – a petição inicial for instruída com prova documental suficiente dos fatos constitutivos do direito do autor, a que o réu não oponha prova capaz de gerar dúvida razoável.
>
> Parágrafo único. Nas hipóteses dos incisos II e III, o juiz poderá decidir liminarmente.

A tutela de evidência distingue-se das outras tutelas provisórias em função da elevada probabilidade de existência do direito alegado pelo autor, a exigir, de pronto, a concessão de um provimento judicial, independentemente do exame do *periculum in mora*. Trata-se, pois, de uma tutela provisória sempre incidente, não sendo possível a tutela da evidência antecedente.

As tutelas da evidência só podem, em princípio, ser requeridas pela parte, pelo terceiro ou pelo MPT quando atuar como fiscal do ordenamento jurídico.

Defendemos, no entanto, a possibilidade de o juiz do trabalho, de ofício, ordenar uma tutela da evidência nas hipóteses previstas nos incisos I, II e IV do art. 311 do NCPC. Afinal, as tutelas da evidência têm natureza híbrida de cognição cautelar, executiva *lato sensu* e mandamental. Logo, como o juiz do trabalho pode promover a execução de ofício, há permissão legal para que ele, de ofício, conceda a tutela da evidência nos casos mencionados.

Parece-nos inaplicável ao processo do trabalho o inciso III do art. 311 do NCPC. De toda sorte, a tutela "liminar" da evidência, tendo em vista a regra disposta no parágrafo único do art. 311 do NCPC, só poderá ser concedida pelo juiz do trabalho a requerimento da parte quando as alegações de fato puderem ser comprovadas apenas documentalmente "e" houver tese firmada em julgamento de casos repetitivos ou em súmula vinculante.

XI

AUDIÊNCIA

1. Aspectos gerais da audiência trabalhista

Todos os julgamentos dos órgãos do Poder Judiciário serão públicos, sendo certo que no processo do trabalho é na audiência que se concentra grande parte dos atos processuais. Somente em casos excepcionais, e desde que haja previsão legal, poderá o juiz, em nome do interesse público, limitar a presença, em determinados atos, às próprias partes e aos seus advogados (CF, art. 93, IX, parte final).

Na Justiça do Trabalho, as audiências (ou sessões) são públicas e realizadas na sede do Juízo (ou Tribunal), mas, em casos especiais, poderá ser designado outro local para a realização das audiências, mediante edital afixado na sede do Juízo do Tribunal, com a antecedência mínima de 24 horas.

O funcionamento das audiências ocorre em dias úteis, previamente fixados, entre 8 e 18 horas, não podendo ultrapassar cinco horas seguidas, salvo quando houver matéria urgente. A lei, no entanto, admite que, havendo necessidade imperiosa, poderão ser convocadas audiências extraordinárias, desde que seja afixado edital na sede do Juízo do Tribunal, com a antecedência mínima de 24 horas.

A ampliação da competência da Justiça do Trabalho promovida pela EC n. 45/2004 em nada alterou o procedimento das audiências trabalhistas, mesmo nas ações oriundas de relações de trabalho diversas da relação de emprego. É o que se infere do art. 1º da Instrução Normativa TST n. 27/2005.

Dispõe o art. 814 da CLT que às audiências deverão estar presentes, comparecendo com a necessária antecedência, os escrivães ou os chefes de Secretaria (atualmente, diretores de Secretaria). Essa norma tem por destinatários os servidores encarregados da parte burocrática da audiência.

À hora marcada, o juiz presidente declarará aberta a audiência, sendo feita pelo diretor de Secretaria ou escrivão a chamada (ou pregão) das partes, testemunhas e demais pessoas que devem comparecer.

Se, todavia, até 15 minutos após a hora marcada o juiz ou presidente não houver comparecido, os presentes poderão retirar-se, devendo o ocorrido constar do livro de registro das audiências. É o que diz o parágrafo único do art. 815 da CLT, cujo destinatário é o juiz. Vale dizer, o atraso tolerável sem justificativa por apenas 15 minutos é apenas para o magistrado. As partes e seus representantes, inclusive os advogados, não têm qualquer tolerância quanto a atrasos, conforme disposto na OJ n. 245 da SBDI-1.

Nos termos do art. 816 da CLT, o "juiz ou presidente manterá a ordem nas audiências, podendo mandar retirar do recinto os assistentes que a perturbarem". Essa norma confere ao juiz o poder de polícia na manutenção da ordem, do decoro e da segurança nos recintos destinados às audiências e sessões dos tribunais. Assim, no caso de perturbação da ordem, a primeira medida deverá ser a retirada do perturbador e, se for o caso, até mesmo, sua prisão por desacato.

Quanto ao registro das audiências, determina o art. 817 da CLT que este será feito em livro próprio, constando de cada registro os processos apreciados e a respectiva solução, bem como as ocorrências eventuais. Tais livros próprios de registro continuam existindo. Os termos de audiência, no entanto, não são mais manuscritos ou datilografados, mas digitados por meio eletrônico.

É facultado a qualquer interessado requerer certidão dos atos realizados na audiência. Geralmente, as Varas fornecem cópias das atas de audiências na própria sessão. O direito de obtenção de certidões não é absoluto, porquanto o requerente deverá demonstrar interesse jurídico.

Os arts. 843 a 852 da CLT e 2º, 3º e 4º da Lei n. 5.584/70 tratam da "Audiência de Julgamento", no procedimento ordinário e sumário. No procedimento sumaríssimo, a audiência é regulada nos arts. 852-C e seguintes da CLT.

O art. 849 da CLT prescreve que a audiência de julgamento deverá ser contínua, admitindo, no entanto, que, por motivo de força maior, poderá o juiz determinar a sua continuação para a primeira desimpedida, independentemente de nova notificação.

Por força do costume processual, portanto, e em função do excesso de processos e das pautas abarrotadas, muitos juízes adotam o fracionamento da audiência trabalhista em três: "audiência de conciliação", "audiência de instrução" e "audiência de julgamento".

Cumpre advertir, entretanto, que nem todos os juízes fracionam as audiências, o que recomenda redobrado cuidado das partes e seus advogados, a fim de evitar surpresas de última hora. O ideal é que as partes e seus advogados se comportem como se a audiência fosse sempre una, pois o juiz é que, com base no art. 765 da CLT, tem a faculdade de fracionar ou não a audiência.

A "audiência de conciliação", também chamada de "audiência inaugural", é destinada apenas à tentativa de conciliação, conforme estabelece o art. 846, §§ 1º e 2º, da CLT. Havendo acordo, o termo de conciliação que for lavrado valerá como decisão irrecorrível, somente atacável, em tese, por ação rescisória (TST, Súmula n. 259), salvo para a Previdência Social quanto às contribuições que lhe forem devidas (CLT, art. 831, parágrafo único).

Não havendo acordo, isto é, frustrada a primeira proposta de conciliação, o reclamado terá 20 minutos para apresentar a sua defesa, após a leitura da petição inicial, quando esta não for dispensada por ambas as partes (CLT, art. 847). Na prática, porém, a peça de defesa do reclamado é escrita e entregue ao juiz que, *incontinenti*, a entrega ao reclamante (ou seu representante).

No Processo Judicial Eletrônico – PJe, a contestação é protocolada eletronicamente antes da audiência, sendo que o autor muitas vezes toma dela ciência antes mesmo da audiência.

Terminada a defesa do reclamado, inicia-se a instrução do processo, podendo o juiz, de ofício, interrogar as partes. Em muitos casos, o juiz designa nova "audiência de instrução", também chamada de "audiência em prosseguimento", que é destinada à produção das provas.

Finda a instrução, as partes poderão apresentar razões finais orais por dez minutos cada uma. Em seguida, o juiz deve renovar a proposta de conciliação e, não se realizando esta, proferirá a sentença. Na prática, porém, o juiz não profere a sentença nesse momento, uma vez que, geralmente, designa nova audiência – esta sim de julgamento – cujo objetivo se restringe à publicação da sentença, dela ficando cientes as partes.

Os trâmites de instrução e julgamento da reclamação serão resumidos em ata, na qual constará, na íntegra, a decisão. A ata de julgamento, devidamente assinada pelo juiz, será juntada ao processo no prazo improrrogável de 48 horas, contado da audiência de julgamento (CLT, art. 851, § 2º). Caso não observado esse prazo, o TST firmou jurisprudência no sentido de que o prazo para recursos será contado da data em que a parte receber a intimação da sentença (Súmula n. 30).

No procedimento sumaríssimo (CLT, art. 852-C), o processo deverá ser instruído e julgado em audiência única, sendo decididos, de plano, todos os incidentes e exceções que possam interferir no prosseguimento da audiência e dos processos. As demais questões serão decididas na sentença. Todas as provas serão produzidas na audiência, ainda que não requeridas pelas partes. O número de testemunhas é reduzido a duas para cada parte. A interrupção da audiência terá a duração máxima de 30 dias.

Por fim, no que tange ao comparecimento das testemunhas na audiência trabalhista, inspirando-se no princípio da concentração dos atos processuais em audiência, o art. 845 da CLT determina que o "reclamante e o reclamado comparecerão à audiência acompanhados das suas testemunhas, apresentando, nessa ocasião, as demais provas". Esse dispositivo deve ser interpretado sistematicamente com o art. 825 e seu parágrafo único da mesma Consolidação, de modo que se chega à conclusão de que o comparecimento de testemunhas à audiência trabalhista, acompanhando as partes, independe de notificação ou intimação.

Basta, portanto, que as partes as convidem para a sessão solene e, caso as testemunhas convidadas não compareçam, aí, sim, deverão ser intimadas, de ofício ou a requerimento das partes, sujeitando-se, inclusive, à condução coercitiva, sem prejuízo da multa prevista no art. 730 da CLT.

No procedimento sumaríssimo, as testemunhas, até o máximo de duas para cada parte, também comparecerão à audiência de instrução e julgamento independentemente de intimação, sendo certo que só será deferida intimação de testemunha que, comprovadamente convidada, deixar de comparecer. É ônus da parte, no procedimento sumaríssimo, provar que convidou a testemunha, sob pena de perda da prova. Não comparecendo a testemunha intimada, o juiz poderá determinar sua imediata condução coercitiva (CLT, art. 852-H, §§ 3º e 4º).

2. Comparecimento das partes e dos advogados

Com o advento da Lei n. 6.667/1979, o art. 843 da CLT sofreu pequena modificação, passando a exigir que, na audiência de julgamento, deverão estar presentes o reclamante e o reclamado, independentemente do comparecimento de seus representantes, salvo nos casos de Reclamatórias Plúrimas ou Ações de Cumprimento, quando os empregados poderão fazer-se representar pelo sindicato de sua categoria.

No processo do trabalho, portanto, é obrigatória a presença das partes em todas as audiências no primeiro grau de jurisdição, isto é, nas Varas do Trabalho. O § 1º do art. 843 da CLT, no entanto, faculta ao empregador fazer-se substituir (*rectius*, representar) pelo gerente, ou qualquer outro preposto que tenha conhecimento do fato, e cujas declarações obrigarão o preponente. Nos casos de sociedade de fato ou irregulares, o sócio de fato, embora não seja formalmente o empregador, pode atuar como preposto.

A jurisprudência do TST (SBDI-1/OJ n. 99) previa que o preposto deveria ser necessariamente empregado do reclamado, salvo se este fosse empregador doméstico. O art. 54 da Lei Complementar n. 132/2006 também facultou ao "empregador de microempresa ou de empresa de pequeno porte fazer-se substituir ou representar perante a Justiça do Trabalho por terceiros que conheçam dos fatos, ainda que não possuam vínculo trabalhista ou societário". Com isso, o TST passou a ampliar a possibilidade de representação patronal por preposto não empregado também para o micro ou pequeno empresário, como se depreende da Súmula n. 377 do TST.

Ressalvadas essas duas hipóteses, o entendimento dominante é no sentido de que, constatada a nomeação de preposto que não detém a condição de empregado, a consequência é a aplicação da revelia. Não compartilhamos, todavia, desse entendimento, pois nos parece que o juiz deve observar a regra subsidiária do art. 76 do NCPC, ou seja, deve suspender o processo e determinar a regularização da representação do réu em prazo razoável para ser sanado o defeito. Se não for cumprida a determinação judicial, aí, sim, o réu será reputado revel e confesso (*ficta confessio*) quanto à matéria fática deduzida na petição inicial.

Alguns admitem que o advogado empregado atue, simultaneamente, como preposto do réu, o que não nos parece válido, uma vez que o causídico, na relação jurídica estabelecida com o cliente, está obrigado a manter o sigilo profissional, o que torna incompatível o exercício concomitante das duas funções.

Em relação ao comparecimento do trabalhador, verifica-se que, se por doença ou qualquer outro motivo relevante, devidamente comprovado, não for possível ao empregado comparecer pessoalmente, poderá fazer-se representar por outro empregado que pertença à mesma profissão, ou pelo seu sindicato (CLT, art. 843, § 2º), sendo que este não poderá confessar, transigir, renunciar ao direito sobre o qual se funda a ação, recorrer etc.

A representação, aqui, segundo nos parece, cinge-se à comprovação do motivo que ensejou a ausência do reclamante e tem por objetivo evitar o arquivamento dos autos (extinção do processo sem julgamento do mérito).

Nas ações individuais plúrimas (CLT, art. 842), os empregados poderão fazer-se representar pelo sindicato da categoria profissional correspondente, como prevê o art. 843 da CLT.

Trata-se, pois, de faculdade conferida aos trabalhadores, mas caberá ao juiz examinar, no caso concreto, a viabilidade da representação sindical dos litisconsortes ativos. Ademais, quando a ação plúrima envolver grande contingente de trabalhadores patrocinados por diferentes advogados, é de todo recomendável que a representação dos autores seja implementada por um grupo ou comissão dos litisconsortes, a fim de se assegurar a adequada representação dos autores, evitar tumulto na audiência e prejudicar a celeridade processual.

Como já vimos, as partes devem comparecer à audiência (CLT, art. 843), independentemente do comparecimento de seus advogados. Ocorrendo, porém, motivo relevante, poderá o juiz suspender o julgamento e designar nova audiência, como se infere da dicção do parágrafo único do art. 844 da CLT.

3. "Arquivamento da reclamação"

Dispõe o art. 844 da CLT que o não comparecimento do reclamante à audiência (inaugural, ou de conciliação, ressaltamos) implica o "arquivamento da reclamação". Não primou o legislador pela boa técnica ao empregar o termo "arquivamento da reclamação". Na linguagem da ciência processual, a reclamação é a ação, sendo que esta não é arquivada, pois é um direito da parte; os autos do processo é que são arquivados. Nesse caso, diante da ausência de uma parte, não há possibilidade da proposta de conciliação pelo juiz. Também não há confissão ficta do autor, pois este poderá ajuizar novamente a ação.

Se o autor der causa a dois "arquivamentos" seguidos, sem motivo relevante, ficará impedido de ajuizar qualquer ação trabalhista pelo prazo de seis meses, nos termos dos arts. 731 e 732 da CLT. Esses dois dispositivos são, a nosso ver, inconstitucionais, por serem incompatíveis com o princípio da inafastabilidade do acesso à justiça (CF, art. 5º, XXXV).

Se o reclamante ou o reclamado não comparecerem à audiência "em prosseguimento", isto é, aquela que ocorre após a "audiência de conciliação", não há falar em "arquivamento" (extinção do processo sem resolução do mérito), nem em revelia. Mas poderá haver confissão quanto à matéria de fato, se constar expressamente da ata de audiência que ambos (autor e réu) foram expressamente intimados para a audiência em prosseguimento com aquela cominação. A matéria é tratada nas Súmulas ns. 9 e 74 do TST, *in verbis*:

> Súmula n. 9 – ARQUIVAMENTO DA RECLAMAÇÃO – AUSÊNCIA DO RECLAMANTE APÓS CONTESTADA A AÇÃO. A ausência do reclamante, quando adiada a instrução após contestada a ação em audiência, não importa arquivamento do processo.
>
> Súmula n. 74 – CONFISSÃO (atualizada em decorrência do CPC de 2015, Res. 208/2016, *DEJT* divulgado em 22, 25 e 26.04.2016). I – Aplica-se a confissão à parte que, expressamente intimada com aquela cominação, não comparecer à audiência em prosseguimento, na qual deveria depor. II – A prova pré-constituída nos autos pode ser levada em conta para confronto com a confissão ficta (arts. 442 e 443 do CPC de 2015 – art. 400, I, do CPC de 1973), não implicando cerceamento de defesa o indeferimento de provas posteriores. III – A vedação à produção de prova posterior pela parte confessa somente a ela se aplica, não afetando o exercício, pelo magistrado, do poder/dever de conduzir o processo.

Certo segmento da doutrina (MENEZES, 1996, p. 119-127) sustenta a ilegalidade do item I da Súmula n. 74 do TST, sob o fundamento de que não há, na legislação processual trabalhista em vigor, previsão para a confissão ficta do reclamante que não comparece à audiência em prosseguimento, pois tal consequência processual só é destinada expressamente ao reclamado (CLT, art. 844).

Na hipótese de **não comparecimento simultâneo** do reclamante e do reclamado à **audiência dita inaugural** (ou audiência una), há certo consenso no sentido de que o processo deve ser extinto sem resolução do mérito, implicando o "arquivamento da reclamação".

Mas o **não comparecimento simultâneo** do reclamante e do reclamado à **audiência em prosseguimento**, para a qual foram expressamente intimados para depor sob pena de confissão (Súmula n. 74 do TST), não deve implicar o arquivamento dos autos (extinção sem resolução do mérito), e sim o julgamento do processo no estado em que se encontra, segundo a dinâmica da distribuição do ônus da prova.

4. Revelia e confissão

Revelia e contumácia são expressões geralmente usadas como sinônimas, mas ao que nos parece elas são inconfundíveis.

Revelia origina-se do latim *rebellis*, de rebeldia, qualidade da pessoa rebelde, enquanto contumácia advém do latim *contumax*, que quer dizer orgulhoso, insolente, altivo, de quem pratica a contumélia, injúria.

O art. 344 do NCPC deixa patente que ocorre a revelia "se o réu não contestar a ação". Por exclusão, portanto, contumaz seria aquele que não comparece à audiência.

Nessa linha, conclui-se que, no processo do trabalho, se o réu não comparece à audiência (una ou inaugural), será revel e contumaz, pois, nos termos do art. 844 da CLT, "o não comparecimento do reclamado importa revelia, além de confissão quanto à matéria de fato". Mas, se o reclamado comparecer e, por algum motivo, não aduzir a sua defesa (oralmente ou por escrito), será apenas revel e confesso quanto à matéria de fato alegada pelo autor, mas não será contumaz.

Ademais, tanto o autor quanto o réu poderão ser contumazes, mas somente o réu poderá ser revel. Destaca-se que revelia não é pena nem sanção, pois, na verdade, *consiste em uma faculdade* do réu, que, citado, opta por não defender-se. É a chamada teoria da *autodeterminação*, preconizada por Rispoli, atualmente conhecida por *teoria da inatividade*, aperfeiçoada por Chiovenda. Essa nova teoria absorve a ideia de que a atitude negativa do réu é, a rigor, uma inatividade lícita que não prejudica o processo; pelo contrário, abrevia-o (RODRIGUES, 2000, p. 142).

Para elidir a revelia, não basta a presença do advogado do réu na audiência, pois é imprescindível a apresentação de atestado médico que declare expressamente a impossibilidade de locomoção do empregador ou seu preposto. Nesse sentido, o TST editou a Súmula n. 122:

> A reclamada, ausente à audiência em que deveria apresentar defesa, é revel, ainda que presente seu advogado munido de procuração, podendo ser ilidida a revelia mediante a apresentação de atestado médico, que deverá declarar, expressamente, a impossibilidade de locomoção do empregador ou do seu preposto no dia da audiência.

Diante da lacuna normativa na CLT, aplica-se a regra do art. 346 do NCPC, segundo a qual os prazos contra o revel que não tenha patrono nos autos, fluirão da data de publicação do ato decisório no órgão oficial, sendo certo que, de acordo com o parágrafo único do mesmo artigo, o revel poderá intervir no processo em qualquer fase, recebendo-o no estado em que se encontrar. Prestigiou-se, assim, o papel do advogado constituído pelo revel, o qual deverá ser intimado dos atos do processo.

Entretanto, existe no processo do trabalho uma regra específica que determina a intimação da sentença ao revel, mesmo que este não tenha constituído advogado nos autos. É o que se infere da segunda parte do art. 852 da CLT: "No caso de revelia, a notificação far-se-á pela forma estabelecida no § 1º do art. 841." Ou seja, a intimação da sentença em relação ao réu revel "será feita em registro postal com franquia".

Na verdade, o principal efeito da revelia incide sobre a prova, já que o réu corre o risco de o juiz considerar verdadeiros os fatos alegados pelo autor na petição inicial, dispensando-se a produção de outras provas sobre tais fatos. Se a matéria for de direito, no entanto, não há falar em confissão ficta. De acordo com a Súmula n. 74, item I, do TST, aplica-se a confissão à parte que, expressamente intimada com aquela cominação, não comparecer à audiência em prosseguimento, na qual deveria depor.

O item II da Súmula n. 74 do TST, porém, estabelece que a prova pré-constituída nos autos pode ser levada em conta para confronto com a confissão ficta (NCPC, art. 443, I), não implicando cerceamento de defesa o indeferimento de provas posteriores.

A confissão de que trata o art. 844 da CLT é a confissão ficta, também chamada de confissão presumida ou tácita, que ocorre pelo não comparecimento do réu à audiência inaugural (ou una). Opõe-se à confissão expressa, uma vez que a ficta se verifica quando a parte não comparece em juízo para depor ou comparece e se recusa a prestar depoimento ou a responder. Já a confissão expressa é aquela na qual a parte comparece e depõe sobre os fatos que lhe são perguntados.

Cumpre destacar que, nos processos de ação rescisória, a revelia não implica confissão ficta, uma vez que, conforme disposto na Súmula n. 398 do TST, o que se ataca nessa ação é a sentença, ato oficial do Estado, acobertado pelo manto da coisa julgada. Assim sendo, e considerando que a coisa julgada envolve questão de ordem pública, a revelia não produz confissão na ação rescisória.

Havendo diversos reclamados, dispõe o art. 117 do NCPC que os litisconsortes serão considerados, em suas relações com a parte adversa, como litigantes distintos, exceto no litisconsórcio unitário, caso em que os atos e as omissões de um não prejudicarão os outros, mas os poderão beneficiar.

Contudo, o art. 345, I, do NCPC diz que a revelia não induz os efeitos da confissão se, havendo pluralidade de réus, algum deles contestar a ação.

Além disso, prevê o art. 391 do NCPC que a "confissão judicial faz prova contra o confitente, não prejudicando, todavia, os litisconsortes".

Uma interpretação sistemática desses dispositivos induz à conclusão de que, se os interesses forem comuns entre os litisconsortes, aplica-se o inciso I do art. 345 do NCPC, mas se tais interesses não possuírem qualquer relação, ou forem opostos inclusive, devem incidir os arts. 117 e 391 do NCPC.

No processo do trabalho, temos, por exemplo, os casos de responsabilidade subsidiária (art. 455 da CLT ou Súmula n. 331, IV, do TST), em que há formação de um litisconsórcio passivo facultativo (e não necessário ou unitário). A nosso ver, a revelia e a confissão do primeiro réu (empregador formal), que figura como devedor principal, induzem automaticamente os seus efeitos em relação ao segundo réu (tomador da mão de obra e devedor subsidiário), salvo se os interesses deste colidirem com os daquele.

Não há falar em revelia e confissão ficta do litisconsorte tomador de serviços que contestar especificamente os termos da petição inicial (NCPC, art. 345, I). Entretanto, cabe ao responsável subsidiário produzir provas para elidir a presunção de veracidade dos fatos alegados na exordial. Nesse sentido:

> AGRAVO DE INSTRUMENTO EM RECURSO DE REVISTA. RESPONSABILIDADE SUBSIDIÁRIA. CONFISSÃO E REVELIA. O *decisum* consignou que não obstante a apresentação de contestação por parte da recorrente, não houve a produção de prova capaz de elidir a presunção relativa de veracidade das alegações autorais declinadas na inicial decorrente da revelia reputada à real empregadora, razão da responsabilização subsidiária pelo adimplemento dos haveres trabalhistas, nos termos do item IV, da Súmula n. 331, do TST, não se verificando vulnerado o art. 320, I, do CPC. Agravo de instrumento desprovido (TST-AIRR 1441.2002-402-04-40.7, Rel. Min. Luiz Philippe Vieira de Mello Filho, *DJU* 23.10.2009).

4.1. Revelia e confissão das pessoas jurídicas de direito público

O entendimento dominante é o de que, no processo do trabalho, a pessoa jurídica de direito público se sujeita à revelia prevista no artigo 844 da CLT. Nesse sentido, aliás, aponta a OJ n. 152 da SBDI-1 do TST.

Quanto à confissão ficta, todavia, defendíamos que ela não se aplicaria às pessoas jurídicas de direito público, em função de serem os bens públicos indisponíveis, impenhoráveis e inalienáveis.

Melhor refletindo, alteramos nosso entendimento para admitir também a confissão ficta das pessoas jurídicas de direito público no âmbito do direito processual do trabalho, uma vez que, além de não haver ressalva expressa no Decreto-lei n. 779/1969, que dispõe sobre os "privilégios da Fazenda Pública na Justiça do Trabalho", as ações trabalhistas em que figuram pessoas de direito público são originárias de relações jurídicas contratuais (e não institucionais), nas quais o ente público despe-se da sua potestade e se equipara aos particulares. Nesse sentido:

> AGRAVO DE INSTRUMENTO. RECURSO DE REVISTA – DESCABIMENTO. INTERVALO INTRAJORNADA. CONFISSÃO FICTA. ENTE PÚBLICO. As prerrogativas processuais da Fazenda Pública estão expressas no ordenamento jurídico, não se as podendo estender para além do que autoriza o princípio da isonomia. Não só se submetem as pessoas jurídicas

de direito público ao reconhecimento da revelia como à aplicação da pena de confissão ficta, quando a tanto derem causa. A dicção da OJ n. 152 da SBDI-1 faz incabível o recurso de revista (Súmula n. 333 do TST; CLT, art. 896, § 4º). Agravo de instrumento conhecido e desprovido (TST-AIRR 1746-86.2011.5.10.0009, Rel. Min. Alberto Luiz Bresciani de Fontan Pereira, 3ª T., *DEJT* 25.10.2013).

4.2. Réu revel citado por edital e o curador especial

Há lacuna na CLT a respeito do instituto da curadoria especial. Mas o art. 72 do NCPC dispõe que o juiz dará curador especial: (a) ao incapaz, se não tiver representante legal ou se os interesses deste colidirem com os daquele, enquanto durar a incapacidade; (b) ao réu preso revel; (c) ao réu revel citado por edital ou com hora certa. Nestes dois últimos casos, o curador só atuará enquanto não for constituído advogado nos autos.

Na hipótese de incapaz que não tiver representante legal, ou se os interesses deste colidirem com os daquele, o MPT, nos termos do art. 793 da CLT, poderá atuar como curador especial do menor, tanto no polo ativo quanto no polo passivo da demanda.

Quanto ao réu preso, haveria apenas a hipótese de o réu ser o trabalhador ou o empregador pessoa física. Nesse caso, o MPT não deveria atuar como curador à lide, pois se pressupõe que tanto o trabalhador quanto o empregador seriam maiores e capazes. Nada impediria, contudo, que o juiz nomeasse um advogado dativo como curador especial. Tal providência implicaria sérios embaraços para a celeridade da prestação jurisdicional e atrairia o óbice da parte final do art. 769 da CLT. Não obstante, parece-nos que devem ser observados os princípios do acesso à justiça e da ampla defesa, já que a impossibilidade de defesa pelo próprio interessado não decorre de descaso para com o Poder Judiciário, mas de inviabilidade física para exercício de um direito fundamental.

No tocante ao revel citado por edital ou com hora certa, cremos que, malgrado o disposto no § 1º do art. 841 da CLT, a nomeação de curador à lide poderia ocorrer no processo do trabalho somente se o réu revel fosse um incapaz, mas, aí, cairíamos na hipótese do inciso I do art. 72 do NCPC. A jurisprudência especializada também se posiciona contra a aplicação de tal disposição legal no processo do trabalho.

5. Conciliação

Historicamente, o processo do trabalho sempre foi norteado pela possibilidade de conciliação para a solução do conflito submetido à cognição judicial, como se infere do art. 764 da CLT.

Assim, a primeira proposta de conciliação era feita depois de apresentada a defesa pelo reclamado. Todavia, com o advento da Lei n. 9.022, de 5.4.1995, o art. 846 da CLT passou a ter a seguinte redação: "Art. 846. Aberta a audiência, o Juiz ou presidente proporá a conciliação."

Nos procedimentos ordinário e sumário, há duas oportunidades em que o juiz deverá propor a conciliação. A primeira ocorre logo na abertura da audiência (CLT, art. 846) e a segunda, após a apresentação das razões finais pelas partes (CLT, art. 850).

O art. 831 da CLT reafirma a necessidade das duas propostas de conciliação ao determinar que a sentença será proferida "depois de rejeitada pelas partes a proposta de conciliação".

Embora não haja previsão legal expressa sobre as consequências processuais pela inobservância da proposta de conciliação, tem-se entendido que se o juiz não propõe a conciliação haverá nulidade absoluta dos atos processuais posteriores.

Entretanto, não deve ser declarada a nulidade dos atos processuais se, no caso concreto, o juiz verificar que a ausência de proposta conciliatória não foi impugnada no momento oportuno ou não tenha implicado prejuízo. Nesse sentido:

> CONCILIAÇÃO. AUSÊNCIA DE RENOVAÇÃO DA PROPOSTA. NULIDADE DA SENTENÇA. No processo do trabalho o juiz é obrigado a propor a conciliação antes e renovar a proposta depois da instrução, por imperativo de ordem pública (arts. 847 e 850 da CLT). No entanto, a decretação de nulidade no processo trabalhista pressupõe prejuízo processual para a parte (art. 794 da CLT) e registro do inconformismo do litigante na primeira oportunidade em que lhe caiba pronunciar-se nos autos (arts. 794 e 795 da CLT). Não demonstrada a configuração de prejuízo e não arguindo o reclamado a nulidade, na primeira oportunidade que teve para se pronunciar nos autos após o fato do qual, segundo entende, ensejou a nulidade, não há de reconhecê-la. Recurso de Revista de que se conhece em parte e a que se nega provimento (TST-RR 6189100-48.2002.5.16.0900, Rel. Min. João Batista Brito Pereira, 5ª T., *DJ* 7.12.2007).

Algumas situações inviabilizam ou impedem a proposta de conciliação, como, por exemplo, nas hipóteses de ausência de uma parte, ou de ambas, à audiência. Igualmente, quando o juiz verifica, antes mesmo de iniciar a audiência, a ausência de pressupostos processuais (*v. g.*, incompetência absoluta) ou condições da ação (*v. g.*, impossibilidade jurídica do pedido). Na prática, porém, os juízes do trabalho deixam para apreciar os pressupostos processuais e as condições da ação após a apresentação da defesa, o que, nos termos do art. 846 da CLT, só ocorre após frustrada a primeira proposta de conciliação.

Havendo êxito na proposta de conciliação, será lavrado um termo assinado pelo juiz titular (ou substituto) da Vara e pelas partes que produzirá os mesmos efeitos de uma sentença. Trata-se de uma sentença homologatória de transação irrecorrível entre as partes, o que levou o TST a editar a Súmula n. 259 (anterior ao novel parágrafo único do art. 831 da CLT), ou seja, o termo de conciliação lavrado valerá como decisão irrecorrível (equiparada à coisa julgada material), "salvo para a Previdência Social quanto às contribuições que lhe forem devidas".

Estando as partes representadas por advogados, estes poderão assinar o termo de conciliação, desde que tenham poderes especiais para transigir ou firmar acordo.

Do termo de acordo devem constar o prazo, se for o caso, e as demais condições para o seu cumprimento (§ 1º do art. 846 da CLT).

O descumprimento do acordo poderá ensejar não três, como aparentemente quer dizer a referida norma, mas, sim, quatro situações, isoladas ou cumulativamente: (a) a satisfação integral dos valores constantes do pedido formulado na petição inicial; (b) o pagamento de uma indenização convencionada; (c) as duas hipóteses acima, cumulativamente; (d) ocorrendo qualquer uma das três situações acima, não haverá prejuízo do cumprimento integral do acordo.

A multa pelo descumprimento do acordo não poderá ser superior à obrigação principal, pois a sua natureza é de cláusula penal (CC, art. 412).

É lícito às partes celebrar acordo que ponha termo ao processo, mesmo depois de encerrado o juízo conciliatório (CLT, art. 764). Caso não haja acordo, passa-se à fase da apresentação da resposta pelo réu.

O juiz, no entanto, não está obrigado a homologar o acordo entabulado diretamente pelas partes, como prevê a Súmula n. 418 do TST, segundo a qual "a concessão de liminar ou a homologação de acordo constituem faculdade do juiz, inexistindo direito líquido e certo tutelável pela via do mandado de segurança".

6. Razões finais e conciliação pré-decisória

Razões finais, também chamadas de alegações finais, constituem faculdades conferidas às partes para manifestarem-se nos autos logo depois da instrução e antes da prolação da sentença.

O art. 850 da CLT dispõe que depois de terminada a instrução poderão as partes aduzir razões finais, em prazo não excedente de dez minutos para cada uma. Em seguida, o juiz renovará a proposta de conciliação e, não se realizando esta, será proferida a decisão.

As razões finais orais podem ser convertidas em memoriais (razões finais escritas). Tal conversão constitui faculdade do julgador e é extraída por aplicação subsidiária do art. 364, § 2º, do NCPC, devendo o juiz, nesse caso, designar dia e hora para o oferecimento dos memoriais pelas partes.

Tendo em vista que a audiência no processo do trabalho é una (CLT, art. 849), o chamado "protesto" para evitar preclusão pode ser apresentado até o momento das razões finais. Entretanto, se o "protesto" foi apresentado por uma parte durante a instrução, não precisa ser renovado em razões finais.

Nas causas sujeitas ao **procedimento sumário** (Lei n. 5.584/70, art. 2º, § 4º), as razões finais cumprem uma função específica, uma vez que por meio delas "poderá qualquer das partes impugnar o valor da causa fixado" pelo juiz (Lei n. 5.584/70, art. 2º, § 1º).

Nas causas submetidas ao **procedimento sumaríssimo**, todavia, não há previsão legal para as razões finais, mas também não há proibição para que o juiz, logo após a instrução, também faculte às partes o oferecimento de alegações finais orais ou escritas.

Findas as alegações finais, o juiz, por força do art. 850 da CLT, deve renovar a proposta de conciliação. No mesmo sentido, o art. 831 do mesmo diploma legal determina que a decisão somente será proferida "depois de rejeitada pelas partes a proposta de conciliação".

Parece-nos que essa segunda proposta de conciliação tem peso maior que a primeira, pois esta deve ser feita na abertura da audiência (CLT, art. 846), isto é, quando ainda o juiz desconhece a *litiscontestatio*. Noutro falar, a ausência da primeira proposta conciliatória, a nosso sentir, não nulifica o processo, mas se o juiz, antes de proferir a sentença, não apresentar a segunda proposta de conciliação, a sentença estará contaminada de vício insanável. Num caso ou noutro, porém, não deverá ser pronunciada a nulidade processual se não houver impugnação da parte ou não houver prejuízo para a celeridade processual, como já estudamos no item 5 *supra*.

No procedimento sumaríssimo, ao contrário do que se dá nos procedimentos ordinário e sumário, só há uma tentativa de proposta de conciliação. Não obstante, o art. 852-E da CLT dispõe que o juiz deve esclarecer às partes presentes sobre as vantagens da conciliação e usará os meios adequados de persuasão para a solução conciliatória do litígio, "em qualquer fase da audiência".

Por fim, cumpre lembrar que o juiz não está obrigado a homologar proposta de acordo, ainda que formulada por ambas as partes. Afinal, o processo é instrumento de efetivação do direito material, razão pela qual o juiz pode (e deve) recusar-se a chancelar propostas conciliatórias que, na essência, impliquem autênticas renúncias a direitos fundamentais/indisponíveis do trabalhador. É preciso, porém, que a recusa judicial seja devidamente fundamentada, como exige o art. 93, IX, da CF.

XII

DEFESA DO RECLAMADO

1. Defesa do reclamado

A Constituição Federal consagra o direito fundamental de defesa não apenas ao réu, como também aos acusados e aos litigantes em geral em qualquer processo judicial ou administrativo. Tal direito fundamental é reconhecido no Texto Maior nos princípios do devido processo legal (art. 5º, LIV), da inafastabilidade da jurisdição (art. 5º, XXXV), do contraditório e da ampla defesa, com os meios e recursos a ela inerentes (art. 5º, LV).

Abaixo da Constituição, o art. 297 do CPC/73 previa três modalidades de resposta do réu, isto é, após citado, o réu tinha o direito de oferecer exceção, contestação e reconvenção, sendo que, na verdade, somente as exceções e a contestação seriam verdadeiramente defesas.

O Novo CPC não fala mais em resposta do réu, sendo também silente sobre exceções, prevendo apenas a possibilidade de o réu oferecer contestação, por escrito, no prazo de quinze dias (art. 335), sendo certo que na própria contestação, isto é, sem necessidade de apresentar peça autônoma, "é lícito ao réu propor reconvenção para manifestar pretensão própria, conexa com a ação principal ou com o fundamento da defesa" (art. 343).

A CLT utiliza genericamente a expressão "defesa", geralmente empregada no sentido de contestação, e prevê duas exceções: incompetência territorial e suspeição.

O texto consolidado era lacunoso a respeito da reconvenção, o que permitia a aplicação subsidiária e supletiva do direito processual civil, desde que preservados os princípios e procedimentos peculiares do processo do trabalho (CLT, art. 769; CPC/2015, art. 15).

Lembramos, porém, que o § 5º do art. 791-A da CLT, com redação dada pela Lei n. 13.467/2017, passou a prever a reconvenção nos seguintes termos: "São devidos honorários de sucumbência na reconvenção".

A CLT, portanto, permite a apresentação de: contestação, exceções e reconvenção.

1.1. Exceções

Em linguagem coloquial, "exceção" significa aquilo que não constitui a regra geral.

Para o direito, o vocábulo "exceção" comporta multifários significados. Ora significa simplesmente defesa, ora quer dizer defesa indireta contra o mérito, ora traduz a ideia de defesa indireta contra o processo, visando a estendê-lo ou a extingui-lo.

O CPC de 1973 restringia o instituto da exceção, conferindo-lhe sentido técnico e específico de defesa indireta do processo, uma vez que seu único objetivo repousava no afastamento do processo do juiz suspeito, impedido ou relativamente incompetente, como se infere do art. 304 do CPC/73.

O CPC de 2015 não prevê qualquer exceção como meio de resposta do réu.

A CLT, em seu art. 799, dispõe literalmente que nas "causas da jurisdição da Justiça do Trabalho, somente podem ser opostas, com suspensão do feito, as exceções de suspeição ou incompetência".

Logo em seguida, no § 1º do dispositivo em causa, salienta que as "demais exceções serão alegadas como matéria de defesa".

A CLT emprega o vocábulo "exceções" no sentido amplo, silenciando, inclusive, quanto à exceção de impedimento.

1.1.1. Exceção de Suspeição

De acordo com o art. 801 da CLT, o juiz, titular ou substituto, é obrigado a dar-se por suspeito, e pode ser recusado, por alguns dos seguintes motivos, em relação à pessoa dos litigantes: (a) inimizade pessoal; (b) amizade íntima; (c) parentesco por consanguinidade ou afinidade até o terceiro grau civil; (d) interesse particular na causa. Entretanto, na hipótese de suspeição do juiz, o parágrafo único do art. 801 da CLT considera suprida a irregularidade se o recusante houver praticado algum ato pelo qual haja consentido na pessoa do juiz, não mais podendo alegar exceção de suspeição, salvo sobrevindo novo motivo, ou constar do processo que o recusante deixou de alegá-la anteriormente, quando já a conhecia, ou que, depois de conhecida, aceitou o juiz recusado ou, finalmente, se procurou de propósito o motivo de que ela se originou.

No processo civil, as hipóteses de suspeição e impedimento dos juízes estão reguladas nos arts. 144 e 145 do CPC/2015.

Nos termos do art. 802 e seu § 1º, da CLT:

> Art. 802. Apresentada a exceção de suspeição, o juiz ou Tribunal designará audiência dentro de 48 (quarenta e oito) horas, para instrução e julgamento da exceção.

§ 1º Nas Juntas de Conciliação e Julgamento [*rectius*, Varas do Trabalho] e nos Tribunais Regionais, julgada procedente a exceção de suspeição, será logo convocado para a mesma audiência ou sessão, ou para a seguinte, o suplente do membro suspeito, o qual continuará a funcionar no feito até decisão final. Proceder-se-á da mesma maneira quando algum dos membros se declarar suspeito.

Tais regras, a nosso ver, no tocante à suspeição de Juiz de Vara do Trabalho, não foram recepcionadas pela Emenda Constitucional n. 24, que extinguiu a representação classista na Justiça do Trabalho.

É dizer, a partir do instante em que a Vara do Trabalho passa a funcionar apenas com juiz singular, pensamos que o julgamento da suspeição ou do impedimento do magistrado passa a ser da competência do Tribunal, aplicando-se supletivamente, no que couber, as regras dos arts. 146 e 147 do CPC/2015.

Logo, as causas de impedimento e de suspeição devem observar os mesmos critérios substanciais, seja no processo civil, seja no processo do trabalho. Afinal, estão em jogo a imparcialidade e a credibilidade do Poder Judiciário perante a sociedade, bem como a segurança jurídica dos jurisdicionados.

Nesse sentido:

EXCEÇÃO DE SUSPEIÇÃO. Os casos de suspeição encontram-se enumerados na Lei, não cabendo interpretações extensivas. Não restou demonstrado que o MM. Juiz tenha se conduzido no sentido de atrair qualquer das hipóteses previstas no art. 145, do CPC/2015. Não caracterizada a parcialidade, é de se rejeitar a exceção de suspeição (TRT 1ª Reg., EXSUSP 01014001520175010000 – RJ, Rel. Des. Maria das Gracas Cabral Viegas Paranhos, Órgão Especial, DEJT 24.01.2018).

EXCEÇÃO DE SUSPEIÇÃO. Não alegadas nem demonstradas quaisquer das hipóteses previstas nos artigos 801 da CLT e 144 e 145 do CPC, bem como diante da ausência de prova a indicar o comprometimento da imparcialidade do julgador, não há suspeição a ser declarada (TRT 4ª Reg., EXCSUSP 00211197020175040103, 11ª T., DEJT 18.05.2018).

EXCEÇÃO DE IMPEDIMENTO. Caso em que não existe prova da alegada falta de imparcialidade do Juiz excepto com relação ao advogado excipiente, não restando caracterizadas quaisquer das hipóteses legais de impedimento ou suspeição, na forma prevista no art. 801 da CLT e nos artigos 144 e 145 do CPC/2015. Exceção de impedimento não acolhida (TRT 4ª Reg., EXCIMP 00210129720165040802, 1ª T., DEJT 27.07.2017).

No processo do trabalho, o réu pode oferecer mais de uma exceção ao mesmo tempo.

Por razões lógicas, a exceção de suspeição (ou de impedimento) precede à de incompetência, pois o juiz suspeito (ou impedido) sequer poderá declarar-se incompetente. Entretanto, a Lei n. 13.467/2017 passou a dispor que a exceção de incompetência territorial deve ser apresentada antes da audiência, como veremos adiante.

Se o fato que ocasionou a suspeição (ou o impedimento) for posterior à audiência, a parte (autor ou réu) deverá alegar a nulidade na primeira vez em que tiver de falar em audiência ou nos autos, sob pena de preclusão (CLT, art. 795).

A decisão que julga exceção de suspeição (ou de impedimento), por ser interlocutória, não desafia nenhum recurso de imediato, o que reforça a desnecessidade da autuação da exceção em separado (CLT, art. 799, § 2º).

1.1.2. Exceção de Incompetência

Quanto ao procedimento da exceção de incompetência, dispunha o art. 800 da CLT:

> Apresentada a exceção de incompetência, abrir-se-á vista dos autos ao exceto, por 24 (vinte e quatro) horas improrrogáveis, devendo a decisão ser proferida na primeira audiência ou sessão que se seguir.

Com o advento da Lei n. 13.467/2017 (Lei da Reforma Trabalhista), o art. 800 da CLT passou a ter a seguinte redação:

> Art. 800. Apresentada exceção de incompetência territorial no prazo de cinco dias a contar da notificação, antes da audiência e em peça que sinalize a existência desta exceção, seguir-se-á o procedimento estabelecido neste artigo.
>
> § 1º Protocolada a petição, será suspenso o processo e não se realizará a audiência a que se refere o art. 843 desta Consolidação até que se decida a exceção.
>
> § 2º Os autos serão imediatamente conclusos ao juiz, que intimará o reclamante e, se existentes, os litisconsortes, para manifestação no prazo comum de cinco dias.
>
> § 3º Se entender necessária a produção de prova oral, o juízo designará audiência, garantindo o direito de o excipiente e de suas testemunhas serem ouvidos, por carta precatória, no juízo que este houver indicado como competente.
>
> § 4º Decidida a exceção de incompetência territorial, o processo retomará seu curso, com a designação de audiência, a apresentação de defesa e a instrução processual perante o juízo competente.

O art. 800 da CLT, portanto, não trata da incompetência absoluta, e sim da incompetência territorial (relativa).

A expressão "exceção de incompetência terminativa do feito", que, a rigor, concerne à declaração judicial de incompetência absoluta (em razão da matéria) e deve ser objeto de preliminar apresentada na própria contestação, significa que se o juiz acolhê-la deverá remeter os autos para outro órgão jurisdicional diverso da Justiça do Trabalho, pois, embora interlocutória, implica a "terminação" (saída) do processo na Justiça Especializada e sua remessa a outro ramo do Judiciário.

Por sua vez, tratando-se de incompetência relativa, isto é, incompetência territorial, o processo continua tramitando "dentro" da Justiça do Trabalho, uma vez que o juiz de uma Vara do Trabalho, ao acolher a exceção de incompetência oposta pelo réu e declarar-se incompetente territorialmente, simplesmente remeterá os autos do processo a outra Vara do Trabalho que entender competente para processar e julgar a demanda.

A letra *c* da Súmula n. 214 do TST passou a admitir recurso ordinário imediato da decisão interlocutória que, acolhendo exceção de incompetência em razão do lugar (portanto, incompetência relativa), remete os autos para Vara do Trabalho vinculada a Tribunal Regional distinto daquele ao que se vincula o juízo prolator da decisão interlocutória.

Assim como no processo civil, se ambos os juízes se derem por competentes, haverá conflito positivo de competência. Se ambos se declararem incompetentes, haverá conflito negativo de competência (CLT, arts. 803 a 812).

1.2. Contestação

A contestação é uma das modalidades de defesa do réu com a qual ele se insurge, de todos os modos legalmente previstos, contra a pretensão deduzida pelo autor, na inicial.

Dispõe o art. 847 e seu parágrafo único da CLT, *in verbis*:

> Art. 847 – Não havendo acordo, o reclamado terá vinte minutos para aduzir sua defesa, após a leitura da reclamação, quando esta não for dispensada por ambas as partes.
>
> Parágrafo único. A parte poderá apresentar defesa escrita pelo sistema de processo judicial eletrônico até a audiência. (Incluído pela Lei n. 13.467/2017)

Destarte, a contestação no processo do trabalho pode ser:

- **escrita** – protocolada no PJe, acompanhada de documentos (se houver), até a realização da audiência dita inaugural (CLT, art. 847, parágrafo único); ou
- **verbal** – apresentada oralmente por até vinte minutos depois de malograda a proposta conciliatória e dispensada a leitura da petição inicial (se esta também for verbal) na forma do art. 847, *caput*, da CLT, caso em que deverá ser reduzida a termo na própria ata de audiência.

Pensamos que é direito fundamental do réu valer-se do comando normativo do art. 847 da CLT e apresentar oralmente, pelo prazo de até 20 minutos, a sua contestação, revelando-se arbitrário e ilegal exigir, no processo do trabalho, apresentação escrita de tal ato processual.

No PJe-Processo Judicial Eletrônico dispõe o art. 22 da Resolução CSJT n. 185/2017 que:

> Art. 22 – A **contestação**, reconvenção, exceção[1] **e documentos deverão ser protocolados no PJe até a realização da proposta conciliatória infrutífera, com a utilização de equipamento**

---

(1) A exceção de incompetência territorial, por força do art. 800 da CLT, com redação dada pela Lei n. 13.467/2017, deve ser apresentada no prazo de cinco dias a contar da notificação citatória, antes da audiência.

próprio, sendo automaticamente juntados, facultada a apresentação de defesa oral, na forma do art. 847, da CLT.

§ 1º No expediente de notificação inicial ou de citação constará orientação para que a contestação, reconvenção, exceção e documentos que as acompanham sejam protocolados no PJe com pelo menos 48h de antecedência da audiência.

§ 2º As partes poderão atribuir segredo de justiça à petição inicial e sigilo à contestação, reconvenção, exceção, petições incidentais e documentos, desde que, justificadamente, fundamentem uma das hipóteses do art. 770, *caput*, da CLT e dos arts. 189 ou 773, do CPC.

§ 3º O magistrado poderá determinar a exclusão de petições e documentos indevidamente protocolados sob sigilo, observado o art. 15 desta Resolução.

§ 4º O PJe deve dispor de funcionalidade que mantenha oculta ao usuário externo a contestação, reconvenção, exceção e documentos que as acompanham, até a realização da proposta conciliatória infrutífera.

§ 5º Na hipótese de celebração de acordo, a contestação, reconvenção, exceção e documentos que as acompanham serão excluídos do PJe, na forma do art. 35 desta Resolução. (grifos nossos)

Caso o reclamado tenha protocolado eletronicamente a sua contestação escrita, restará preclusa (preclusão consumativa) a apresentação de contestação verbal em audiência. Igualmente, se optar por apresentação de contestação verbal, preclusa (preclusão temporal) estará a apresentação de contestação escrita.

A CLT emprega genericamente o vocábulo "defesa" no sentido de "contestação", razão pela qual se mostra compatível com o processo do trabalho a aplicação supletiva e subsidiária dos arts. 336 e 337 do CPC/2015, no que couber.

Destarte, o réu deve alegar todo e qualquer tipo ou modalidade de resistência à pretensão do autor, para que o juiz conheça das questões posteriores (princípio da eventualidade) caso as anteriores sejam rejeitadas (CPC/2015, art. 336). Logo, mesmo se o réu tiver fundada razão para supor que um só ponto ou questão preliminar ou prejudicial de sua peça de resistência será suficiente para rechaçar a pretensão do autor, ainda assim deverá alegar toda a matéria, de fato e de direito, que lhe for possível deduzir em juízo no momento oportuno, sob pena de preclusão.

Cremos não ser aplicável ao processo do trabalho a parte final do art. 336 do CPC/2015, porquanto desnecessária a especificação, seja na petição inicial, seja na contestação, das provas que as partes pretendem produzir.

Afinal, o art. 845 da CLT dispõe que as partes deverão comparecer à audiência "acompanhadas de suas testemunhas, apresentando, nessa ocasião, as demais provas".

A chamada contestação por "negação geral", tanto no processo civil quanto no trabalhista, não vem sendo admitida pela jurisprudência, devendo o réu arcar com o ônus de serem considerados verdadeiros os fatos articulados na petição inicial e não impugnados especificamente pelo réu.

O não comparecimento do reclamado importa revelia, além de confissão quanto à matéria de fato (CLT, art. 844). Trata-se da confissão ficta ou presumida.

Entretanto, § 4º do art. 844 da CLT, incluído pela Lei n. 13.467/2017, dispõe que: "A revelia não produz o efeito mencionado no *caput* deste artigo se:

> I – havendo pluralidade de reclamados, algum deles contestar a ação;
>
> II – o litígio versar sobre direitos indisponíveis;
>
> III – a petição inicial não estiver acompanhada de instrumento que a lei considere indispensável à prova do ato;
>
> IV – as alegações de fato formuladas pelo reclamante forem inverossímeis ou estiverem em contradição com prova constante dos autos.

Além disso, o § 5º do art. 844 da CLT, também incluído pela Lei n. 13.467/2017, prevê: "Ainda que ausente o reclamado, presente o advogado na audiência, serão aceitos a contestação e os documentos eventualmente apresentados". Superada, portanto, a Súmula n. 122 do TST, que deverá ser adaptada ao novel § 5º do art. 844 da CLT.

Cumpre lembrar que o § 3º do art. 843 da CLT (redação dada pela Lei n. 13.467/2017) dispõe que o preposto "não precisa ser empregado da parte reclamada", razão pela qual a Súmula n. 377 do TST deverá ser cancelada ou adaptada ao novo dispositivo legal.

O § 3º do art. 12 da IN/TST n. 41/2018, no entanto, ressalva que: "Nos termos do art. 843, § 3º, e do art. 844, § 5º, da CLT, **não se admite a cumulação das condições de advogado e preposto**". (grifos nossos)

Não se aplica ao processo do trabalho o disposto no art. 335 do CPC/2015, que prevê o prazo de quinze dias para apresentação de contestação, pois não há lacuna normativa, ontológica ou axiológica na CLT (art. 847), já que a contestação escrita é apresentada até a audiência inaugural e a contestação verbal depois de infrutífera a primeira proposta de conciliação.

Prescreve o art. 342 do CPC, aplicado subsidiariamente ao processo do trabalho: "Depois da contestação, só é lícito ao réu deduzir novas alegações quando: I – relativas a direito ou a fato superveniente; II – competir ao juiz conhecer delas de ofício; III – por expressa autorização legal, puderem ser formuladas em qualquer tempo e grau de jurisdição".

Cumpre lembrar que de acordo com o § 3º do art. 841 da CLT (incluído pela Lei n. 13.467/2017) depois de "oferecida a contestação, ainda que eletronicamente, o reclamante não poderá, sem o consentimento do reclamado, desistir da ação".

A contestação pode ser dirigida contra o processo ou contra o mérito.

1.2.1. Contestação contra o processo

Na **contestação contra o processo** (CPC/2015, art. 337), também conhecida por *defesa processual* ou simplesmente *objeção*, o réu ataca, na verdade, o processo em si ou a ação. No primeiro caso, alega que não foram satisfeitos os pressupostos processuais, como a incompetência absoluta, a inépcia da inicial, a coisa julgada, a litispendência etc.; no segundo, aduz que não estão presentes as condições da ação como a legitimidade para a causa e o interesse processual.

É importante destacar que os arts. 338, *caput*, e 339, *caput*, do CPC/2015, se revelam compatíveis com o processo do trabalho (CLT, art. 769; CPC/2015, art. 15), se o réu alegar, na contestação, ser parte ilegítima ou não ser o responsável pelo prejuízo invocado. Nestes casos, o juiz facultará ao autor, em 15 (quinze) dias, a alteração da petição inicial para substituição do réu, sendo certo que, quando o réu alegar sua ilegitimidade, incumbir-lhe-á indicar o sujeito passivo da relação jurídica discutida sempre que tiver conhecimento, sob pena de arcar com as despesas processuais e de indenizar o autor pelos prejuízos decorrentes da falta de indicação.

O autor, ao aceitar a indicação, procederá, no prazo de 15 (quinze) dias, à alteração da petição inicial para a substituição do réu, sendo incompatível com o processo do trabalho a sanção prevista no parágrafo único do art. 338 do CPC/2015.

Com exceção da convenção de arbitragem, de duvidosa aplicação nas ações individuais oriundas da relação de emprego (dissídios individuais) e da incompetência relativa (no processo do trabalho se faz por meio de exceção), o juiz (ou tribunal, acrescentamos) conhecerá de ofício (CPC/2015, art. 485, § 3º) de todas as matérias enumeradas nos incisos do art. 337 do CPC/2015.

Com relação à conexão ou à continência, porém, se o juiz não acolher a correspondente preliminar, nem dela conhecer de ofício, haverá preclusão de tais matérias, ou seja, se houve julgamento de uma das causas conexas ou continentes será incabível a reunião das ações que correrem em separado (CPC/2015, art. 55, § 1º).

Ressalta-se que, além das matérias arroladas no art. 337 do CPC/2015, deverá o réu alegar outras, dentre as previstas no art. 485 do CPC/2015, como, por exemplo, o fato de o autor já ter desistido da ação e, no entanto, a relação processual continuar fluindo sem apreciação judicial da desistência.

Passado o prazo para apresentar defesa, só é lícito ao réu deduzir novas alegações quando: relativas a direito superveniente; competir ao juiz conhecer delas de ofício (como pressupostos processuais e condições da ação); por expressa autorização legal, puderem ser formuladas em qualquer tempo e juízo.

1.2.2. Contestação contra o mérito

De acordo com o art. 341 do CPC, aplicado subsidiariamente ao processo do trabalho, incumbe ao réu manifestar-se precisamente sobre as alegações de fato constantes da petição inicial, presumindo-se verdadeiras as não impugnadas, salvo se: I – não for admissível, a seu respeito, a confissão; II – a petição inicial não estiver acompanhada de instrumento que a lei considerar da substância do ato; III – estiverem em contradição com a defesa, considerada em seu conjunto.

Entretanto, o ônus da impugnação especificada dos fatos não se aplica ao defensor público, ao advogado dativo e ao curador especial (CPC, art. 341, parágrafo único).

A **contestação contra o mérito**, portanto, ataca os fatos alegados pelo reclamante. Pode ser *indireta* ou *direta*.

Na **contestação indireta do mérito**, também cognominada de "exceção substancial", o réu reconhece o fato constitutivo do direito do autor, mas opõe outro fato impeditivo, modificativo ou extintivo do direito postulado na petição inicial.

Fatos impeditivos são os que provocam a ineficácia dos fatos constitutivos alegados pelo autor. Exemplo: o reclamante pede pagamento de aviso-prévio, alegando ter sido despedido sem justa causa, e o reclamado reconhece a despedida, mas alega que ela se deu em virtude de ato de improbidade do reclamante (CLT, art. 482, *a*). Cabe, assim, ao réu provar o ato de improbidade.

Fatos modificativos são os que implicam alteração dos fatos constitutivos alegados pelo autor. Exemplo: o reclamante pede o pagamento integral e imediato de participação nos lucros no importe líquido de R$ 1.000,00 e o reclamado alega que o pagamento foi ajustado em parcelas mensais, e não de forma integral e imediata. A nosso ver, a compensação e a retenção, previstas expressamente no art. 767 da CLT, são modalidades de fatos modificativos, cujo ônus probatório é do reclamado.

Fatos extintivos são os que eliminam, extinguem ou tornam sem valor a obrigação assumida pelo réu, por não ser ela mais exigível. Exemplo: reclamante pede o pagamento de saldo de salários e o reclamado alega que efetuou o respectivo pagamento, anexando à contestação o correspondente comprovante de pagamento. A renúncia, a transação, a prescrição e a decadência são também fatos extintivos do direito do autor, cujo ônus de provar é do reclamado.

1.2.2.1. Prescrição

De início, destacamos que passamos a adotar a jurisprudência majoritária que não vem admitindo a decretação de ofício da prescrição de crédito trabalhista. O principal fundamento é o de que o § 1º do art. 332 e o art. 487, II, do CPC/2015 (§ 5º do art. 219 do CPC/73) são incompatíveis com os princípios da proteção e da irrenunciabilidade dos créditos trabalhistas. Nesse sentido:

> PRESCRIÇÃO DE OFÍCIO OU A REQUERIMENTO DA PARTE. NECESSIDADE DE CONCEDER À PARTE OPORTUNIDADE PARA O EXERCÍCIO DO CONTRADITÓRIO E DA AMPLA DEFESA. NULIDADE PROCESSUAL. A regra do art. 219, § 5º, do CPC, segundo o qual o juiz pronunciará, de ofício, a prescrição, não é aplicável no âmbito do processo do trabalho, por ser incompatível com os princípios que regem o Direito do Trabalho. Recurso de Revista de que se conhece e a que se dá provimento (TST-RR 84700-89.2009.5.09.0656, Rel. Min. João Batista Brito Pereira, 5ª T., *DEJT* 31.8.2012).

Contudo, parece-nos que idêntico fundamento não se aplica às novas ações oriundas da relação de trabalho que passaram à competência da Justiça do Trabalho, porque nessas ações não há falar em aplicação do direito do trabalho, razão pela qual o juiz deve decretar de ofício a prescrição (CPC/2015, arts. 332, § 1º, 487, II; CPC/73, art. 219, § 5º). Esse, contudo, não é o entendimento majoritário.

Quanto ao momento para arguição, o art. 193 do Código Civil dispõe que a "prescrição pode ser alegada em qualquer grau de jurisdição, pela parte a quem aproveita". O TST, no entanto, admite a arguição da prescrição até a "instância ordinária", ou seja, o réu que não a alegar na contestação poderá fazê-lo nas razões de recurso ordinário (Súmula n. 153), ainda que a sentença não se tenha pronunciado a respeito de tal matéria.

Não se admite, portanto, a prescrição arguida apenas em recurso de revista nem na instância ordinária, pois a competência para julgar tal recurso é da "instância extraordinária", ou seja, do TST, o que exige o prequestionamento da matéria (TST, Súmula n. 297).

Alguns autores chegam a admitir que a prescrição possa ser arguida até mesmo no momento da sustentação oral em recurso ordinário na Sessão de Julgamento do Tribunal Regional do Trabalho, mas não concordamos com tal tese, por excluir da outra parte a possibilidade de participar do contraditório e porque essa matéria só poderia ter sido deduzida no recurso. Também em respeito ao princípio do contraditório, parece-nos que a arguição da prescrição somente nas contrarrazões não é possível.

Diferentemente do processo civil, em que a citação válida interrompe a prescrição (CPC/73, art. 219; CPC/2015, art. 240, § 1º), no processo do trabalho o simples ajuizamento de ação trabalhista, ainda que "arquivada" pelo não comparecimento do autor à audiência, interrompe a prescrição (TST, Súmula n. 268). Nesse caso, a prescrição será interrompida, ainda que o juízo trabalhista seja absolutamente incompetente ou ocorra extinção do processo sem resolução de mérito.

Mas a interrupção da prescrição ocorre apenas em relação aos pedidos formulados na petição inicial e, a nosso ver, não é apenas a identidade do pedido que interrompe a prescrição, mas, também, a causa de pedir. Destarte, se o autor ajuizar ação trabalhista postulando reintegração (pedido), fundado na alegação de ser dirigente sindical (causa de pedir), e, depois, desistir da ação, a interrupção do prazo prescricional só alcançará a reintegração fundada na referida causa de pedir. Noutro falar, se o autor, em ação posterior, pede reintegração, mas inova a causa de pedir, alegando, por exemplo, que era membro de CIPA, não haverá interrupção da prescrição.

Defende-se que a prescrição da pretensão interrompida pelo ajuizamento de ação anterior, ainda que "arquivada", é a bienal, e não a quinquenal. Não concordamos, porém, com tal entendimento, uma vez que não há distinção, para fins de interrupção do prazo, se a prescrição é quinquenal ou bienal – onde a lei não distingue não é lícito ao intérprete fazê-lo.

Em relação à ação proposta pelo sindicato como substituto processual dos titulares dos direitos individuais homogêneos, a SBDI-1 editou a OJ n. 359, segundo a qual o ajuizamento desta interrompe a prescrição, ainda que tenha sido considerado parte ilegítima *ad causam*.

Antes do ajuizamento da reclamação trabalhista, outra forma de interromper a prescrição é o protesto judicial, como se infere do art. 202, II, do Código Civil. Importante lembrar, nesse passo, a OJ n. 370 da SBDI-1/TST, no sentido de que o ajuizamento de protesto judicial dentro do biênio posterior à Lei Complementar n. 110, de 29.6.2001, interrompe a prescrição, sendo irrelevante o transcurso de mais de dois anos da propositura de outra medida acautelatória, com o mesmo objetivo, ocorrida antes da vigência da referida lei, pois ainda não iniciado o prazo prescricional, conforme disposto na Orientação Jurisprudencial n. 344 da SBDI-1.

No que tange à prescrição intercorrente, que é aquela que surge no curso da ação, havia uma divergência jurisprudencial difícil de contornar. O STF admite a prescrição intercorrente no direito trabalhista (Súmula n. 327), enquanto para o TST ela se mostra inaplicável na Justiça do Trabalho (Súmula n. 114).

De nossa parte, acompanhávamos o entendimento do STF, como, aliás, prevê o art. 884, § 1º, da CLT, que consagra a prescrição como "matéria de defesa" nos embargos à execução. Isso porque tal prescrição só pode ser a intercorrente, pois seria inadmissível arguir prescrição sobre pretensão que já consta da coisa julgada, ou seja, aquela que poderia ter sido arguida na fase processual cognitiva. Como exemplo, temos que, na liquidação por artigos, que sempre depende de iniciativa da parte, se o juiz ordenar a apresentação dos artigos de liquidação e o liquidante deixar transcorrer *in albis* o prazo de dois anos (se o contrato estiver em vigor, cinco anos), cremos que *o executado* pode arguir a prescrição intercorrente ou o juiz pronunciá-la de ofício, nos termos do § 4º do art. 40 da Lei n. 6.830, de 22.9.1980 (aplicável no que couber, à execução trabalhista, a teor do art. 889 da CLT), com redação dada pela Lei n. 11.051, de 29.12.2004, segundo o qual se da decisão que ordenar o arquivamento dos autos tiver decorrido o prazo prescricional, o juiz, depois de ouvida a Fazenda Pública, poderá, de ofício, reconhecer a prescrição intercorrente e decretá-la de imediato.

De acordo com o art. 2º, item VIII, da Instrução Normativa TST n. 39/2016 (de duvidosa constitucionalidade por afronta ao art. 22, I, da CF), os arts. 921, §§ 4º e 5º, e 924, V, do CPC/2015 (que tratam da prescrição intercorrente) são inaplicáveis no processo do trabalho.

Entretanto, o art. 11-A da CLT, incluído pela Lei n. 13.467/2017, passou a dispor que:

> Art. 11-A. Ocorre a prescrição intercorrente no processo do trabalho no prazo de dois anos.
> § 1º A fluência do prazo prescricional intercorrente inicia-se quando o exequente deixa de cumprir determinação judicial no curso da execução.
>
> § 2º A declaração da prescrição intercorrente pode ser requerida ou declarada de ofício em qualquer grau de jurisdição.

No que tange à eficácia temporal da nova regra, o art. 2º da IN/TST n. 41/2018 dispõe que:

> O fluxo da prescrição intercorrente conta-se a partir do descumprimento da determinação judicial a que alude o § 1º do art. 11-A da CLT, desde que feita após 11 de novembro de 2017 (Lei n. 13.467/2017).

1.2.2.2. *Compensação, dedução e retenção*

A compensação e a retenção também são consideradas contestação indireta do mérito, uma vez que constituem fatos modificativos do direito alegado pelo autor, de modo que, de acordo com o art. 767 da CLT, a compensação, ou retenção, só poderá ser arguida como matéria de defesa. Logo, se o reclamado não alegar a compensação na contestação, não poderá fazê-lo em outra oportunidade, uma vez que estará preclusa a matéria (TST, Súmula n. 48).

Na compensação, que é forma indireta de extinção das obrigações, duas pessoas reúnem reciprocamente as qualidades de credor e devedor. Todavia, no processo do trabalho, a compensação restringe-se à dívida de natureza trabalhista (TST, Súmula n. 18), como adiantamentos salariais, aviso prévio (CLT, art. 487, § 2º) e danos causados pelo empregado (CLT, art. 462, § 1º), não se admitindo, portanto, a compensação de dívida de natureza civil ou comercial. Além disso, o § 5º do art. 477 da CLT dispõe que, na rescisão, qualquer compensação no pagamento a que fizer jus o empregado não poderá exceder o equivalente a um mês de sua remuneração.

Quanto à retenção, não se deve confundi-la com a *compensação*, pois, esta depende de pedido expresso do reclamado na contestação (CLT, art. 767), enquanto aquela pode ser autorizada de ofício pelo juiz e decorre da aplicação do princípio *non bis in idem*, evitando-se, com isso, o enriquecimento sem causa de uma parte em detrimento da outra. A *retenção*, como o próprio nome está a dizer, consiste no direito que o reclamado tem de reter alguma coisa do reclamante até que este quite sua dívida em relação àquele.

Outro exemplo de retenção concerne ao imposto de renda, que deve ser retido e recolhido pelo empregador, dos rendimentos pagos ao empregado, por força do que consta no art. 46 da Lei n. 8.541/1992. Nos termos da Súmula n. 401 do TST, que também fala sobre as contribuições sociais, os descontos previdenciários e fiscais devem ser efetuados pelo juízo executório, ainda que a sentença exequenda tenha sido omissa sobre a questão, dado o caráter de ordem pública ostentado pela norma que os disciplina. A ofensa à coisa julgada somente poderá ser caracterizada na hipótese de o título exequendo, expressamente, afastar a dedução dos valores a título de imposto de renda e de contribuição previdenciária.

No que tange especificamente às contribuições previdenciárias, se o empregado, ou seu beneficiário, já recebeu da instituição previdenciária privada, criada pela empresa, vantagem equivalente, é cabível a dedução de seu valor do benefício a que faz jus por norma regulamentar anterior (Súmula n. 87, TST).

Por fim, dá-se a **contestação direta**, também chamada de defesa direta de mérito, quando o réu ataca o fato constitutivo do direito alegado pelo autor, seja pela *negativa de sua existência*, seja pela *negativa de seus efeitos jurídicos*.

Se o réu negar a existência dos fatos constitutivos do direito do autor, fará com que ao autor caiba provar tais fatos constitutivos no decorrer da instrução. A negativa dos fatos pelo réu, contudo, não poderá ser genérica, como já vimos. Mas a presunção de veracidade dos fatos não impugnados é relativa.

Trata-se, pois, de confissão ficta, razão pela qual pode ceder, como prevê o art. 341, I, II e III, do CPC/2015, ou seja, quando não for admissível, a seu respeito, a confissão; quando a petição inicial não estiver acompanhada do instrumento público que a lei considerar da substância do ato; e quando estiverem os fatos em contradição com a defesa, considerada em seu conjunto.

O CPC/2015 (art. 341, parágrafo único) admite a contestação por negação geral em algumas hipóteses. Em outras palavras, o ônus da impugnação especificada dos fatos não se aplica ao defensor público, ao advogado dativo e ao curador especial.

O réu também poderá, na contestação, reconhecer a real existência e veracidade dos fatos alegados pelo autor, mas negar-lhes as consequências jurídicas alvitradas na petição inicial, como quando, por exemplo, o reclamante pede adicional de transferência e o reclamado, reconhecendo o fato da transferência, alega que não é devido o adicional porque a transferência é definitiva, e não provisória, como exige o art. 469, § 3º, parte final, da CLT. Nesses casos, evidentemente que a matéria será abordada na sentença, cabendo ao juiz, tão somente, examinar o direito que foi invocado pelo autor, para, então, verificar se, realmente, ele tem razão ou não.

1.3. Impugnação ao valor da causa

A impugnação ao valor da causa não consta expressamente da CLT como espécie de resposta do réu. Mas já alertava com razão Renato Saraiva (2008, p. 365) ao considerar "que tal impugnação se qualifica como modalidade de defesa, pelo fato de impugnar requisito da petição inicial (o valor da causa), adequando o valor da causa à pretensão econômica postulada, gerando, por consequência, a modificação da base de cálculo das custas judiciais atinentes".

O Novo CPC não exige mais a instauração de um incidente processual para o réu impugnar o valor atribuído à causa pelo autor, uma vez que o art. 337, III, do CPC/2015 permite que a impugnação seja formulada pelo réu como questão preliminar.

Constatada a lacuna normativa da legislação processual trabalhista a respeito do conteúdo da impugnação ao valor da causa, ou seja, dos critérios técnicos para a fixação do valor da causa (CPC/2015, art. 292), parece-nos que devem incidir, supletiva e subsidiariamente, no que couber, as regras previstas no CPC/2015, com as necessárias adaptações ao processo do trabalho, especialmente as previstas no art. 2º da Lei n. 5.584/1970.

Assim, se a petição inicial for omissa ou incorreta sobre o valor da causa (CPC/2015, art. 292), o juiz, antes de passar à instrução, deverá fixar o valor da causa para determinação da alçada (tipo de procedimento), podendo qualquer das partes, até as razões finais, impugnar (oralmente ou por escrito) o valor judicialmente fixado.

Caso o juiz acolha ou rejeite a impugnação, a parte prejudicada poderá interpor pedido de revisão – espécie de recurso inominado sem efeito suspensivo – do valor da causa fixado, no prazo de 48 horas, ao Presidente do Tribunal Regional do Trabalho (Lei n. 5.584/1970, art. 2º, *caput* e § 1º).

Se a inicial não for omissa sobre o valor da causa, o juiz não poderá alterá-lo de ofício. Todavia, o réu pode, na contestação escrita ou verbal, impugnar o valor da causa atribuído pelo autor (CPC/2015, art. 337, III).

Com efeito, nos termos da Súmula n. 71 do TST, a "alçada é fixada pelo valor dado à causa na data de seu ajuizamento, desde que não impugnado, sendo inalterável no curso do processo", ou seja, se não houver impugnação pelo réu, presume-se aceito o valor da causa atribuído pelo autor na petição inicial ou arbitrado pelo juiz.

Da decisão do juiz que acolher ou rejeitar a impugnação ao valor da causa atribuído pelo autor na petição inicial, deverá incidir a regra prevista no § 1º do art. 2º da Lei n. 5.584/1970, segundo a qual: "Em audiência, ao aduzir razões finais, poderá qualquer das partes impugnar o valor fixado e, se o Juiz o mantiver, pedir revisão da decisão, no prazo de 48 (quarenta e oito) horas, ao Presidente do Tribunal Regional".

Trata-se, pois, do pedido de revisão contra a decisão interlocutória que fixa o valor da causa, que não terá efeito suspensivo, deverá ser instruído com a petição inicial e a Ata da Audiência e será julgado em 48 (quarenta e oito) horas, a partir do seu recebimento pelo Presidente do Tribunal Regional, nos termos do § 2º do art. 2º da Lei n. 5.584/1970.

Assim, por inexistir lacuna normativa, ontológica ou axiológica no processo do trabalho, não se aplica, a nosso ver, o disposto no § 3º do art. 292 do CPC, segundo o qual: "O juiz corrigirá, de ofício e por arbitramento, o valor da causa quando verificar que não corresponde ao conteúdo patrimonial em discussão ou ao proveito econômico perseguido pelo autor, caso em que se procederá ao recolhimento das custas correspondentes".

O TST, no entanto, admite a interposição de recurso ordinário contra a decisão que, de ofício, fixou o valor da causa (OJ n. 88 da SBDI-2), sendo incabível o mandado de segurança contra tal decisão, sendo certo, ainda, que aquela Corte cancelou a OJ n. 155 da SBDI-2, que não permitia ao juiz majorar, de ofício, o valor da causa atribuído pelo autor.

1.4. Reconvenção

A reconvenção não é propriamente uma defesa. Trata-se, na verdade, de um contra-ataque do réu em face do autor dentro do mesmo processo. Em outros termos, a reconvenção é uma ação que o réu propõe em face do autor, resultando numa cumulação objetiva de ações (principal e reconvencional) no mesmo processo.

O art. 343 do CPC/2015 dispõe, *in verbis*:

> Art. 343. Na contestação, é lícito ao réu propor reconvenção para manifestar pretensão própria, conexa com a ação principal ou com o fundamento da defesa.
>
> § 1º Proposta a reconvenção, o autor será intimado, na pessoa de seu advogado, para apresentar resposta no prazo de 15 (quinze) dias.
>
> § 2º A desistência da ação ou a ocorrência de causa extintiva que impeça o exame de seu mérito não obsta ao prosseguimento do processo quanto à reconvenção.
>
> § 3º A reconvenção pode ser proposta contra o autor e terceiro.
>
> § 4º A reconvenção pode ser proposta pelo réu em litisconsórcio com terceiro.
>
> § 5º Se o autor for substituto processual, o reconvinte deverá afirmar ser titular de direito em face do substituído, e a reconvenção deverá ser proposta em face do autor, também na qualidade de substituto processual.
>
> § 6º O réu pode propor reconvenção independentemente de oferecer contestação.

Pensamos ser cabível a reconvenção no processo do trabalho, pois não nos seduz o argumento de que a CLT (art. 767) contém previsão expressa da compensação e da retenção que são matérias típicas de reconvenção ou pedido contraposto.

A corrente majoritária, com a qual concordamos, posiciona-se no sentido de que a reconvenção é perfeitamente compatível com o processo do trabalho. Primeiramente porque, sendo a reconvenção uma ação, não pode a lei, *in casu* a CLT, impedir o seu exercício por quem se sentir lesado ou ameaçado em um direito (CF, art. 5º, XXXV). Ademais, o processamento simultâneo da ação e da reconvenção repousa nos princípios da celeridade processual e da economia processual, os quais, no processo do trabalho, devem encontrar acolhida com muito maior ênfase.

Ademais, o § 5º do art. 791-A da CLT, incluído pela Lei n. 13.467/2017, passou a prever, expressamente, o cabimento de honorários advocatícios de sucumbência na reconvenção. Logo, não há mais como recusar a possibilidade de reconvenção no processo do trabalho.

Em relação aos requisitos da reconvenção, o art. 343 do Novo CPC permite que a reconvenção seja apresentada na própria contestação.

Frisa-se que é inadmissível a reconvenção no processo (ou fase) de execução, porque neste não há sentença cognitiva, e sim constrição judicial.

Invocando os princípios da simplicidade e da instrumentalidade, a jurisprudência vem admitindo a apresentação da contestação e da reconvenção numa mesma peça processual, o que agora é permitido expressamente pelo CPC/2015 (art. 343). E, embora a lei não a vede expressamente, parece-nos que não deve ser admitida a reconvenção da reconvenção, por violar os princípios da simplicidade e celeridade do processo do trabalho, além de implicar tumulto processual e eternização do processo.

Contudo, não é pacífico o cabimento da reconvenção nas ações com natureza dúplice.

No processo do trabalho, o exemplo mais comum de ação dúplice é o do inquérito judicial para apuração de falta grave, pois, reconhecida a inexistência de falta grave praticada pelo empregado, fica o empregador desde logo obrigado a readmiti-lo no serviço e a pagar-lhe os salários a que teria direito no período da suspensão (art. 495 da CLT). Nesse caso, se o empregado ajuizar a reconvenção, pensamos que ele será carecedor do direito de ação, por lhe faltar interesse processual, exceto se reconvir requerendo danos morais ou outras parcelas distintas dos salários.

Convém lembrar o disposto na OJ n. 356 da SBDI-1/TST, segundo a qual "os créditos tipicamente trabalhistas reconhecidos em juízo não são suscetíveis de compensação com a indenização paga em decorrência de adesão do trabalhador a Programa de Incentivo à Demissão Voluntária (PDV)".

Sendo a reconvenção uma ação, cabendo ao reconvinte, inclusive, indicar o valor da causa (CPC/2015, art. 292), conclui-se que, se o reconvindo não apresentar defesa, será ele considerado revel e confesso quanto à matéria de fato, nos termos do art. 344 do CPC/2015.

Ocorre que, no processo do trabalho, a revelia é decorrente apenas do não comparecimento do réu à audiência dita inaugural, sendo a confissão ficta mera consequência da ausência injustificada do réu. Assim, se o reclamante-reconvindo presente à audiência não apresentar defesa à reconvenção, sofrerá ele os efeitos da confissão presumida ou ficta quanto à matéria de fato deduzida pelo reclamado-reconvinte, observando-se, no entanto, o disposto no § 4º do art. 844 da CLT (incluído pela Lei n. 13.467/2017).

Ao reclamante-reconvindo deverá ser concedido, nos termos do art. 841 da CLT, o prazo de cinco dias para a apresentação da sua defesa à reconvenção, quando a audiência será suspensa, salvo se ele abrir mão desse direito na própria audiência, mediante certificação em ata.

A "desistência da ação, ou a existência de qualquer causa que a extinga não obsta ao prosseguimento da reconvenção" (CPC/2015, art. 343, § 2º). Assim, a desistência da ação principal ou qualquer outra causa extintiva antecipada do processo principal não implica a paralisação ou extinção da ação reconvencional, cujo procedimento continua, até a prolação da sentença, desde que presentes os pressupostos processuais, as condições da ação e os requisitos específicos da reconvenção.

O CPC/2015 prevê que a reconvenção seja proposta na própria contestação (art. 343). Logo, a sentença conterá dois capítulos que deverão tratar da ação e da reconvenção, respectivamente, ainda que o autor tenha desistido da ação, sendo importante lembrar que, nos termos do § 3º do art. 841 da CLT (incluído pela Lei n. 13.467/2017): "Oferecida a contestação, ainda que eletronicamente, o reclamante não poderá, sem o consentimento do reclamado, desistir da ação".

XIII

PROVAS NO PROCESSO DO TRABALHO

1. Conceito

Há mais de um conceito de prova de acordo com cada ramo do conhecimento científico. Nos domínios da Ciência do Direito e, mais especificamente, no direito processual, o vocábulo "prova" geralmente é empregado no sentido de evidenciar a existência ou inexistência de um fato que a parte pretende demonstrar em juízo ou no sentido de "meio de prova", ou seja, o modo, o meio, pelo qual a parte intenta evidenciar os fatos que deseja demonstrar em juízo.

"Prova" também pode ser utilizada como "convencimento do juiz", de acordo com os elementos constantes dos autos do processo. Para Liebman (2003, v. 2, p. 80), provas seriam "os meios que servem para dar conhecimento de um fato, e por isso a fornecer a demonstração e a formar a convicção da verdade do próprio fato; e chama-se instrução probatória a fase do processo dirigida a formar e colher as provas necessárias para essa finalidade".

Nessa perspectiva liebmaniana, própria do Estado Liberal, a prova seria o meio lícito para demonstrar a veracidade ou não de determinado fato com a finalidade de convencer o juiz acerca da sua existência ou inexistência.

Todavia, no atual modelo constitucional do direito processual há uma nova proposta doutrinária para conceituar a prova fundada não mais na busca da verdade, e sim na argumentação dos sujeitos que participam do processo, isto é, "um meio retórico, indispensável ao debate jurídico" (MARINONI; ARENHART, 2008, p. 258).

Com efeito, no atual paradigma do Estado Democrático de Direito, o processo deve ser visto como palco de discussões, figurando a tópica como o método de atuação de todos os participantes do processo. Logo, o objetivo da prova não é mais a reconstrução do fato, mas o convencimento do juiz e dos demais sujeitos do processo acerca da veracidade das alegações a respeito do fato.

De tal arte, pode-se dizer que "prova é todo meio retórico, regulado pela lei, dirigido a, dentro dos parâmetros fixados pelo direito e de critérios racionais, convencer o Estado-juiz da validade das proposições, objeto de impugnação, feitas no processo" (MARINONI; ARENHART, 2008, p. 258).

Essa nova concepção doutrinária, a nosso sentir, deve ser adotada nos sítios do processo do trabalho, levando-se em conta que as normas da CLT respeitantes a provas devem ser interpretadas conforme a Constituição.

Os meios de prova no processo do trabalho estão previstos de forma escassa e basicamente nos arts. 818 a 830 da CLT, o que leva à necessidade de o intérprete utilizar a lei processual civil como fonte subsidiária (art. 769 da CLT). Esse diálogo das fontes deve estar em sintonia com os princípios constitucionais e com os direitos fundamentais.

O art. 848 da CLT dispõe que a instrução do processo inicia-se logo após a apresentação da defesa do réu, "podendo o presidente, *ex officio* ou a requerimento de qualquer juiz temporário, interrogar os litigantes". Na verdade, essa norma deve ser adaptada ao novel Texto Constitucional, de modo a suprimir a expressão "a requerimento de qualquer juiz temporário", já que não mais subsiste, desde a EC n. 24/1999, a figura do juiz temporário, também chamado de juiz classista.

Após o interrogatório, serão ouvidas as testemunhas, os peritos e os técnicos, se houver. Para alguns autores, instrução abrange as provas e as alegações; para outros, apenas as provas são objeto dessa fase.

2. Princípios relativos às provas

É muito importante conhecer os princípios relativos às provas.

Comecemos pelos **princípios do contraditório e da ampla defesa**, que estão explícitos no Texto Constitucional e aplicáveis em qualquer processo (CF, art. 5º, LV) judicial ou administrativo. Por eles, as partes têm o direito fundamental de se manifestarem reciprocamente sobre as provas apresentadas, além de terem o direito de igualdade de oportunidades para apresentarem amplamente as suas provas, desde que nos momentos processuais próprios.

Apesar de garantido o princípio da ampla defesa, as partes têm o dever de agir com lealdade na produção de prova, assim como em todos os atos processuais. Nesse sentido, o **princípio da licitude da prova** encontra residência no art. 5º, LVI, da CF, segundo o qual "são inadmissíveis, no processo, as provas obtidas por meios ilícitos". Cumpre frisar que prova ilícita é aquela que implica violação de norma do direito material, uma vez que é obtida por meio de ato ilícito, pois as provas que decorrem de violação de norma processual são chamadas ilegítimas.

O **princípio da proibição de prova ilícita** vem sendo mitigado, em casos concretos, com base no princípio da proporcionalidade (ou da razoabilidade), segundo o qual não se deve chegar ao extremo de negar validade a toda e qualquer prova obtida por meios ilícitos, como, por exemplo, uma gravação sub-reptícia utilizada por empregada que deseja fazer prova de que fora vítima de assédio sexual pelo seu empregador ou superior hierárquico, sem o conhecimento deste.

A revista íntima também pode ensejar a violação ao princípio em epígrafe. Há entendimentos que admitem a revista íntima, desde que o empregador adote todos os meios necessários à preservação da intimidade e da dignidade do trabalhador, ou seja, não lhe cause constrangimento.

Outro princípio é o da **necessidade da prova**, uma vez que as meras alegações das partes em juízo não são suficientes para demonstrar a verdade ou não de determinado fato, ou seja, é necessário que a parte faça prova de suas alegações, pois os fatos não provados são considerados inexistentes no processo. Se o reclamante, por exemplo, pleiteia indenização por acidente de trabalho, o Juízo não pode encerrar a instrução processual, obstando o direito da parte de produzir prova essencial ao deslinde da controvérsia e que não se encontra nos autos, sob pena de configurar violação ao princípio da necessidade da prova, além de cerceamento ao direito de prova (art. 332 do CPC) e ofensa ao devido processo legal e ampla defesa (incisos LIV e LV do art. 5º da CF).

O **princípio da unidade da prova** é utilizado para evitar a cisão da prova, de modo que a prova deve ser examinada no seu conjunto, formando um todo unitário, em função do que não se deve apreciar a prova isoladamente. A confissão, por exemplo, à luz do princípio em tela, não deve ser analisada de forma isolada em cada uma de suas partes, de modo que, se houver divergência entre esta e o laudo pericial, cabe ao juiz examinar ambos para formar o seu convencimento motivado.

Há, ainda, o **princípio do livre convencimento motivado**, também chamado de princípio da persuasão racional, que se opõe ao sistema da certeza legal, pois neste o valor das provas já estaria preestabelecido e hierarquizado em lei, em função do que o juiz não tinha nenhuma liberdade na valoração da prova.

O princípio do livre convencimento motivado estava consagrado expressamente no art. 131 do CPC/73. O NCPC não o extinguiu, na medida em que a interpretação sistemática dos seus arts. 370, 371 e 372 autoriza a ilação da mantença do princípio do livre convencimento motivado, pois caberá ao juiz, de ofício ou a requerimento da parte, determinar as provas necessárias ao julgamento do mérito, indeferindo, em decisão fundamentada, as diligências inúteis ou meramente protelatórias. Além disso, o juiz apreciará a prova constante dos autos, independentemente do sujeito que a tiver promovido, e indicará na decisão as razões da formação de seu convencimento, cabendo-lhe, ainda, admitir a utilização de prova produzida em outro processo, atribuindo-lhe o valor que considerar adequado, observado o contraditório.

A CLT consagra o princípio do livre convencimento motivado pela interpretação sistemática do art. 765, segundo o qual os "Juízos e Tribunais do Trabalho terão ampla liberdade na direção do processo e velarão pelo andamento rápido das causas, podendo determinar qualquer diligência necessária ao esclarecimento delas", e do art. 832, que determina constar da sentença "a apreciação das provas" e "os fundamentos da decisão".

A liberdade de que goza o juiz não pode, porém, converter-se em arbítrio, sendo, antes, um dever constitucional do magistrado de fundamentar a sua decisão. Aliás, a **fundamentação de toda e qualquer decisão** do Poder Judiciário é um princípio constitucional (CF, art. 93, IX).

Em harmonia com o princípio do livre convencimento motivado, trazemos o **princípio da busca da verdade real**, para o qual fato "não é um evento da realidade, mas uma construção linguística que representa uma interpretação de múltiplos fenômenos, reduzidos a uma ou algumas fórmulas linguísticas simplificadoras" (SANTOS, 2009, p. 557).

Nesse sentido, Marinoni e Arenhart sustentam que:

> a prova não se destina a provar fatos, mas sim "afirmações de fato". É, com efeito, a alegação, e não o fato, que pode corresponder ou não à realidade daquilo que se passou fora do processo. O fato não pode ser qualificado de verdadeiro ou falso, já que esse existe ou não existe. É a alegação do fato que, em determinado momento, pode assumir importância jurídico-processual e, assim, assumir relevância a demonstração da veracidade da alegação do fato (2008, p. 265).

O **princípio da busca da verdade real** está positivado nos arts. 765 e 852-D da CLT, donde se conclui que o juiz tem ampla liberdade na condução do processo na busca de elementos probatórios que formem o seu convencimento sobre a alegação das partes a respeito dos fatos que tenham importância para a prolação de uma decisão fundamentada e justa.

Verdade real e verdade formal são inconfundíveis para os fins da teoria da prova. A primeira decorre dos fatos que realmente acontecem na vida, ou seja, a verdade em si, enquanto a segunda corresponde aos elementos constantes dos autos, como resultado das provas produzidas pelos sujeitos do processo (TEIXEIRA FILHO, 2003, p. 40).

Não obstante, José Aparecido dos Santos adverte, com razão, que:

> Seria muita pretensão imaginar que no processo a verdade real pudesse ser apreendida, pois a verdade que ali se obtém, por mais adequada que seja, é sempre uma verdade dirigida exclusivamente ao próprio processo e à decisão pretendida. Não é por outro motivo que os "fundamentos", ou seja, a "verdade dos fatos" admitida na sentença, não transitam em julgado (art. 469, II, do CPC). Isso não

representa desprezo da verdade, mas honestidade para com ela. Há, de fato, uma exigência ética de busca da verdade, mas essa busca está em relação direta com as afirmações das partes e, qualquer que seja, essa verdade só é produzida no próprio processo [...] Em resumo: a verdade real corresponde ao interesse de adequar a verdade construída no processo com outros discursos existentes fora dele, como o de interesse social (2009, p. 558-559).

De forma mais incisiva que no processo civil, o **princípio da oralidade**, no processo do trabalho, repousa no sentido de que as provas devem ser realizadas, preferencialmente, na audiência de instrução e julgamento, isto é, oralmente e na presença do juiz. Esse princípio está positivado em diversos artigos da CLT, principalmente no seu art. 845, segundo o qual "o reclamante e o reclamado comparecerão à audiência acompanhados de suas testemunhas, apresentando, nessa ocasião, as demais provas". Outros dispositivos consolidados também encampam o princípio da oralidade, como se vê da leitura dos seus arts. 848 *usque* 852 e 852-H.

O **princípio da imediação** estabelece que o juiz, como diretor do processo (CLT, art. 765), é quem colhe, direta e imediatamente, a prova. Assim, o art. 848 da CLT faculta ao juiz, de ofício, interrogar os litigantes, e o art. 852-D (procedimento sumaríssimo) confere ao magistrado ampla liberdade para determinar as provas a serem produzidas, considerando o ônus probatório de cada litigante, podendo, ainda, dar especial valor às regras de experiência comum ou técnica. O princípio da imediação foi mitigado pelo art. 459 do CPC, segundo o qual as "perguntas serão formuladas pelas partes diretamente à testemunha, começando pela que a arrolou (...)".

O art. 11 da IN n. 39/2016 do TST[(1)], no entanto, dispõe que: "Não se aplica ao Processo do Trabalho a norma do art. 459 do CPC no que permite a inquirição direta das testemunhas pela parte (CLT, art. 820)".

Outro princípio é o da **aquisição processual**, segundo o qual a prova produzida, independentemente de quem a produziu, é adquirida pelo processo, ou melhor, pelos autos, dele não podendo mais ser retirada ou desentranhada, salvo em situações especiais legalmente autorizadas, como a prevista no art. 432, parágrafo único, do NCPC. Vale dizer, as provas não pertencem às partes, e sim ao processo ou, segundo alguns, ao juízo.

Há, ainda, o **princípio do *in dubio pro operario***, por meio do qual o juiz, em caso de dúvida razoável ou de prova dividida, pode interpretar a prova em benefício do empregado, geralmente autor da ação trabalhista. Todavia, há divergências doutrinária e jurisprudencial a respeito desse princípio, pois

(1) A IN n. 39/2016 do TST é objeto da ADI n. 5.516, em tramitação no STF.

muitos entendem que no âmbito do processo do trabalho deve-se adotar a teoria da distribuição do ônus da prova (CLT, art. 818; NCPC, art. 373). De nossa parte, o princípio em tela somente se aplica ao direito material do trabalho, e não ao direito processual do trabalho, pois neste vigora o instituto do ônus da prova, podendo o juiz, em certas situações, alterar os critérios de distribuição do ônus probatório (CLT, art. 818, § 1º) em favor da parte vulnerável ou hipossuficiente.

Para encerrar este tópico, é importante mencionar as **máximas de experiência**, que são autorizações conferidas ao juiz para que diante de um caso concreto possa, à luz da sua cultura e dos conhecimentos adquiridos no exercício da nobre função judicante ou de funções essenciais à Justiça, levar em conta para a formação do seu convencimento a respeito das alegações sobre os fatos carreados aos autos pelas partes. Com efeito, o art. 852-D da CLT dispõe que: "O juiz dirigirá o processo com liberdade para determinar as provas a serem produzidas, considerado o ônus probatório de cada litigante, podendo limitar ou excluir as que considerar excessivas, impertinentes ou protelatórias, bem como para apreciá-las e dar especial valor às regras de experiência comum ou técnica". O art. 375 do CPC, por sua vez, dispõe que o "juiz aplicará as regras de experiência comum subministradas pela observação do que ordinariamente acontece e, ainda, as regras de experiência técnica, ressalvado, quanto a estas, o exame pericial".

3. Objeto da prova

Para os fins do processo, o objeto da prova reside na apreciação dos fatos relevantes, pertinentes e controvertidos.

Apenas os fatos devem ser provados, pois a parte não é obrigada a provar o direito, uma vez que o nosso sistema processual consagra o apotegma latino *da mihi factum, dabo tibi jus* (dá-me o fato, dar-te-ei o direito). Há, portanto, uma presunção legal de que o juiz conhece o direito (*jura novit curia*) e, por via de consequência, as normas que compõem o ordenamento jurídico.

Trata-se, porém, de presunção absoluta apenas em relação ao direito federal, uma vez que o juiz pode, nos termos do art. 376 do NCPC, determinar a comprovação do teor e vigência do direito estrangeiro, municipal, estadual, distrital ou consuetudinário invocado pela parte. Nesse caso, o juiz deverá conceder um prazo judicial para que a parte cumpra a determinação.

Em função da lacuna do texto consolidado, entendemos que o juiz do trabalho também pode (CLT, art. 769) invocar a aplicação analógica do art. 376 do NCPC e determinar que a parte prove o teor e a vigência não apenas das referidas espécies normativas, como também dos Acordos Coletivos, Convenções Coletivas, Regulamentos Empresariais, Sentenças Normativas ou Direito Comparado invocados como fundamento jurídico da ação ou da defesa.

Nem todos os fatos precisam ser provados, pois, de acordo com o art. 374 do NCPC, não dependem de prova os fatos:

I – notórios;

II – afirmados por uma parte e confessados pela parte contrária;

III – admitidos no processo como incontroversos;

IV – em cujo favor milita presunção legal de existência ou de veracidade.

Notório é o fato inerente à cultura mediana de determinado meio social no momento do julgamento da causa. É desnecessário provar, por exemplo, que em determinadas datas tradicionais, como Natal, Dia das Mães etc., há aumento das vendas, pois isso é um fato notório. O aumento das vendas, porém, não significa que o aumento da jornada também seja um fato notório, razão pela qual este deve ser provado em juízo à luz da distribuição do ônus da prova.

Também não há necessidade de provar fatos confessados e incontroversos. Aliás, todo fato confessado, ou seja, alegado por uma parte e confirmado pela outra, é incontroverso; mas nem todo fato incontroverso é confessado. O fato incontroverso é aquele admitido no processo, independentemente de alegação ou confirmação das partes, como, por exemplo, o interrogatório de uma testemunha ou a perda de um prazo. É relevante destacar que há alguns fatos que, mesmo diante da confissão ficta ou real, necessitam ser provados. É o que ocorre, por exemplo, com o adicional de insalubridade (ou de periculosidade), pois, mesmo diante da revelia e confissão do réu, o juiz deverá, em princípio, determinar a realização da prova pericial (CLT, art. 195, § 2º) para apurar o fato alegado (existência de ambiente insalubre ou perigoso) pelo autor.

Igualmente, independe de prova o fato cuja existência é legalmente presumida. O reclamante, por exemplo, não precisa provar o vício de vontade ao renunciar o direito a férias anuais remuneradas, pois há uma presunção legal de que tal renúncia é viciada. Ressalte-se, porém, que nem toda presunção legal da existência de um fato é absoluta (*jure et de jure*). Anotação na CTPS, por exemplo, é um fato, mas a presunção de sua veracidade é apenas relativa (*juris tantum*), consoante jurisprudência uniforme do TST (Súmula n. 12).

4. Meios de prova

São inadmissíveis, no processo, as provas obtidas por meios ilícitos. É o que dispõe o inciso LVI do art. 5º da CF, sendo certo que o art. 369 do NCPC, aplicável ao processo do trabalho (CLT, art. 769; NCPC, art. 15) prevê que as "partes têm o direito de empregar todos os meios legais, bem como os moralmente legítimos, ainda que não especificados neste Código, para provar a verdade dos fatos em que se funda o pedido ou a defesa e influir eficazmente na convicção do juiz".

Examinaremos adiante os principais meios de prova utilizados no processo do trabalho.

4.1. Interrogatório, depoimento e confissão

Embora apresentem certa semelhança, interrogatório e depoimento pessoal não se confundem.

Interrogatório é ato processual praticado pelo juiz, que pode interrogar as partes e as testemunhas com o objetivo de esclarecer fatos concernentes à causa sob sua cognição. É o que prescreve o art. 385 do NCPC, segundo o qual "cabe à parte requerer o depoimento pessoal da outra parte, a fim de que esta seja **interrogada** na audiência de instrução e julgamento, **sem prejuízo do poder do juiz de ordená-lo de ofício**" (grifos nossos). Eventualmente, por meio do interrogatório, o juiz pode obter a confissão da parte, mas não é essa a finalidade do interrogatório. Já o depoimento pessoal também pode ser determinado, de ofício, pelo juiz, mas pode ser requerido por uma parte com o objetivo de obter a confissão da outra. Assim dispõe o art. 385 do NCPC. No ato de intimação deve constar, nos termos do § 1º do art. 385 do NCPC, que: "Se a parte, pessoalmente intimada para prestar depoimento pessoal e **advertida da pena de confesso**, não comparecer ou, comparecendo, se recusar a depor, o juiz aplicar-lhe-á a pena. Se não constar do ato de intimação a advertência da "pena de confesso", esta não poderá ser aplicada.

Ocorre que o art. 848 da CLT dispõe literalmente: "Terminada a defesa, seguir-se-á a instrução do processo, podendo o presidente, *ex officio* ou a requerimento de qualquer juiz temporário,(2) interrogar os litigantes."

Ante a literalidade do preceptivo em causa, alguns autores sustentam que não cabe no processo do trabalho a aplicação supletiva ou subsidiária do CPC, com o que a parte não teria o direito de requerer o depoimento pessoal da outra, pois somente o juiz teria a faculdade de interrogar as partes.

De nossa parte, além da possibilidade do diálogo virtuoso das fontes normativas do CPC e da CLT, defendemos que o art. 848 da CLT deve ser interpretado sistematicamente com o art. 820 da mesma consolidação, segundo o qual:

> As partes e testemunhas serão inquiridas pelo juiz ou presidente, podendo ser reinquiridas, por seu intermédio, a requerimento dos vogais,(3) das partes, seus representantes ou advogados.

---

(2) Como a representação classista (juiz temporário) foi extinta pela EC n. 24/1999 e a EC n. 45/2004 alterou a denominação de Junta de Conciliação e Julgamento para Vara do Trabalho, não há mais falar em "requerimento de qualquer juiz temporário" para interrogar os litigantes.

(3) Com a extinção da representação classista pela EC n. 24/1999, deixou de existir em nosso ordenamento jurídico a figura do juiz temporário, também chamado de juiz classista ou vogal.

Inquirir tem o mesmo significado de interrogar, razão pela qual concluímos que, se o juiz não interrogar as partes, qualquer delas pode requerer o interrogatório da outra. Tal requerimento, contudo, poderá ser validamente indeferido, desde que o juiz fundamente a sua decisão.

Nos termos do art. 460 do NCPC, o depoimento poderá ser documentado por meio de gravação. Quando digitado ou registrado por taquigrafia, estenotipia ou outro método idôneo de documentação, o depoimento será assinado pelo juiz, pelo depoente e pelos procuradores. Se houver recurso em processo em autos não eletrônicos, o depoimento somente será digitado quando for impossível o envio de sua documentação eletrônica. Tratando-se de autos eletrônicos, observar-se-á, além do disposto no NCPC, a legislação específica sobre a prática eletrônica de atos processuais.

O objetivo principal do depoimento pessoal das partes, como já ressaltado, é a obtenção da **confissão real**, sendo que esta goza de presunção absoluta, razão pela qual a parte a quem ela aproveita retira de si o *onus probandi* do fato confessado. O juiz tem o dever de acatar a confissão real como fator determinante para o deslinde da questão, sendo-lhe lícito, inclusive, relevar pequenos defeitos formais da petição inicial ou da defesa se improcedente o pedido. A confissão real é indivisível, isto é, deve ser considerada por inteiro, não podendo ser aceita no tópico em que beneficia a parte e rejeitada no que lhe for desfavorável (NCPC, art. 395).A confissão ficta, todavia, goza de presunção relativa, por isso só pode prevalecer enquanto não houver outros meios probatórios constantes dos autos capazes de elidi-la, como a prova documental, a prova testemunhal e, até mesmo, a confissão real.

Como já vimos no Capítulo IX, item 4, dá-se a confissão ficta pelo não comparecimento do réu na audiência inaugural (CLT, art. 844) ou da parte (autor ou réu) na audiência em prosseguimento para a qual foi expressamente intimada, sob pena de confissão, para prestar seu depoimento pessoal. Mas, se existir outra prova pré-constituída nos autos, o juiz poderá utilizá-la para afastar a confissão ficta. Nesse sentido, a Súmula n. 74 do TST, que, depois de muita divergência interpretativa, passou a ter a seguinte redação:

> CONFISSÃO. I – Aplica-se a confissão à parte que, expressamente intimada com aquela cominação, não comparecer à audiência em prosseguimento, na qual deveria depor. II – A prova pré-constituída nos autos pode ser levada em conta para confronto com a confissão ficta (art. 400, I, CPC), não implicando cerceamento de defesa o indeferimento de provas posteriores. III – A vedação à produção de prova posterior pela parte confessa somente a ela se aplica, não afetando o exercício, pelo magistrado, do poder/dever de conduzir o processo.

Também haverá confissão ficta se a parte comparecer à audiência e se recusar a responder às perguntas formuladas pelo juiz ou informar que ignora os fatos relevantes e pertinentes para a solução da lide. É o que dispõe o § 1º do art. 385 do NCPC, aplicável ao processo do trabalho (CLT, art. 769): "Se a parte, pessoalmente intimada para prestar depoimento pessoal e advertida da pena de confesso, não comparecer ou, comparecendo, se recusar a depor, o juiz aplicar-lhe-á a pena".

4.2. Testemunhas

Não obstante a existência de um consenso geral na afirmação de que a prova testemunhal é o meio de prova mais inseguro, ela se tornou, não raro, o meio mais utilizado na Justiça do Trabalho.

Não era compatível com o processo do trabalho, portanto, a regra do art. 401 do CPC/73 (sem correspondente no Novo CPC) que limitava a produção de prova exclusivamente testemunhal para os contratos cujo valor não excedesse ao décuplo do salário mínimo. Ora, se a lei trabalhista admite até mesmo o contrato de trabalho tácito, independentemente do seu valor pecuniário, que é, geralmente, a própria remuneração do empregado, não há como admitir a aplicação subsidiária do referido dispositivo do CPC.[4]

Sabe-se que os fatos comportam inúmeras versões e isso implica dizer que as testemunhas geralmente carregam a marca da subjetividade em seus relatos, razão pela qual a verificação e a valoração da autenticidade ou não do depoimento da testemunha constituem elementos que irão formar o convencimento do magistrado (CLT, art. 765; NCPC, art. 371).

Pode ser testemunha toda pessoa natural que esteja no pleno exercício da sua capacidade civil e que, não sendo impedida ou suspeita, tenha conhecimento dos fatos relativos ao conflito de interesses veiculado no processo no qual irá depor. Assim, não podem ser testemunhas as pessoas incapazes, impedidas ou suspeitas. Porém, o NCPC (art. 447, §§ 4º e 5º) prevê que, sendo necessário, o juiz poderá admitir o depoimento de testemunhas menores, impedidas ou suspeitas, mas os seus depoimentos serão prestados independentemente de compromisso e o juiz lhes atribuirá o valor que possam merecer.

Não podem ser testemunhas, segundo o disposto no art. 228 do Código Civil: "I – os menores de dezesseis anos; II – aqueles que, por enfermidade ou retardamento mental, não tiverem discernimento para a prática dos atos da vida civil; III – os cegos e surdos, quando a ciência do fato que se quer provar dependa dos sentidos que lhes faltam; IV – o interessado no litígio, o amigo íntimo ou o inimigo capital das partes; V – os cônjuges, os ascendentes, os descendentes e os colaterais, até o terceiro grau de alguma das partes, por consanguinidade, ou afinidade."

Todavia, o parágrafo único do art. 228 do Código Civil excepciona que, para a prova de fatos que só elas conheçam, pode o juiz admitir o depoimento das pessoas referidas no *caput*.

---

(4) Nas demais demandas oriundas da relação de trabalho, não obstante a IN n. 27/2005 do TST, parece-nos que é factível a adoção do art. 401 do CPC.

Nos termos do art. 447 do NCPC:

Art. 447. Podem depor como testemunhas todas as pessoas, exceto as incapazes, impedidas ou suspeitas.

§ 1º São incapazes:

I – o interdito por enfermidade ou deficiência mental;

II – o que, acometido por enfermidade ou retardamento mental, ao tempo em que ocorreram os fatos, não podia discerni-los, ou, ao tempo em que deve depor, não está habilitado a transmitir as percepções;

III – o que tiver menos de 16 (dezesseis) anos;

IV – o cego e o surdo, quando a ciência do fato depender dos sentidos que lhes faltam.

§ 2º São impedidos:

I – o cônjuge, o companheiro, o ascendente e o descendente em qualquer grau e o colateral, até o terceiro grau, de alguma das partes, por consanguinidade ou afinidade, salvo se o exigir o interesse público ou, tratando-se de causa relativa ao estado da pessoa, não se puder obter de outro modo a prova que o juiz repute necessária ao julgamento do mérito;

II – o que é parte na causa;

III – o que intervém em nome de uma parte, como o tutor, o representante legal da pessoa jurídica, o juiz, o advogado e outros que assistam ou tenham assistido as partes.

No que concerne à suspeição ou impedimento da testemunha, o art. 829 da CLT estabelece que a testemunha que for parente até o terceiro grau civil, amigo íntimo ou inimigo de qualquer das partes não prestará compromisso, e seu depoimento valerá como simples informação.

Tal norma consolidada, interpretada sistematicamente com o art. 447 do NCPC, autoriza a ilação de que não poderão ser ouvidas como testemunhas no processo laboral, mas apenas como simples informantes: os parentes, em linha reta, colateral ou por afinidade, de qualquer das partes até o terceiro grau, por aplicação analógica dos arts. 1.591 a 1.595 do CC (pais, filhos, irmãos, avós, bisavós, netos, bisnetos, tios, sobrinhos, cônjuge ou companheiro), o tutor, o representante legal da pessoa jurídica, o amigo íntimo ou o inimigo capital de qualquer das partes, o condenado por falso testemunho, o que por seus costumes não for digno de fé, o interessado no litígio.

Quanto à testemunha que litiga em face do mesmo empregador em outro processo, o TST editou a Súmula n. 357, segundo a qual "não torna suspeita a testemunha o simples fato de estar litigando ou de ter litigado contra o mesmo empregador".

O processo do trabalho admite, em regra, que cada parte indique apenas três testemunhas nos procedimentos ordinário e sumário, salvo no caso de inquérito judicial para apuração de falta grave, quando esse número pode ser elevado a seis, nos termos do art. 821 da CLT. Já nas ações submetidas ao procedimento sumaríssimo, são permitidas apenas duas testemunhas para cada parte (CLT, art. 852-H, § 2º).

Havendo litisconsortes, e se estes tiverem interesses conflituosos, recomenda-se que a regra rígida do número de testemunhas possa ser mitigada, a fim de permitir ao juiz um melhor convencimento acerca dos fatos alegados pelos litisconsortes.

Também poderá haver ampliação do limite legal do número de testemunhas com as chamadas "testemunhas do juízo", hipótese em que o juiz determina a intimação de testemunhas referidas nos depoimentos das partes ou de outras testemunhas, cuja oitiva se mostre essencial para o deslinde da controvérsia (NCPC, art. 461, I).

Uma peculiaridade no processo do trabalho se refere à possibilidade da substituição de testemunhas, ainda que arroladas previamente, já que é a parte que deve levá-las à audiência (CLT, art. 845). Isso porque, no processo do trabalho, ao contrário do processo civil, não há obrigatoriedade de apresentação do rol de testemunhas (CLT, arts. 825 e 845) e somente quando a testemunha não comparecer espontaneamente à audiência é que o juiz poderá, de ofício ou a requerimento da parte, determinar a sua intimação, nos termos do parágrafo único do art. 825 da CLT.

Sem amparo legal, mas preocupados com a celeridade processual, alguns magistrados vêm determinando, sob pena de preclusão da produção da prova, que a parte prove o "convite" feito à testemunha antes de determinar a sua intimação. Pensamos, todavia, que, como a lei não exige tal prova, basta a simples afirmação em juízo de que o "convite" foi feito.

Cumpre advertir, no entanto, que nas causas submetidas ao procedimento sumaríssimo, aí sim, a intimação das testemunhas só será feita se a testemunha comprovadamente convidada não comparecer. É o que dispõe o art. 852-H, §§ 3º e 4º, da CLT, que, por serem normas restritivas de direito, não podem ser aplicadas analogicamente às causas submetidas ao procedimento ordinário ou sumário. A prova do convite pode ser feita por todos os meios moralmente lícitos, mas é recomendável que a parte cuide de remeter o convite pelo Correio, por meio de carta registrada com Aviso de Recebimento (AR).

Depois de intimada, caso a testemunha, sem motivo justificado, não atenda à intimação, poderá ser conduzida coercitivamente e estará sujeita ao pagamento da multa prevista no art. 730 da CLT.

Há algumas peculiaridades no tocante à produção da prova testemunhal.

No procedimento ordinário, por exemplo, diz o art. 828 da CLT que os depoimentos das testemunhas serão resumidos pelo juiz e reduzidos a termo. No procedimento sumaríssimo, entretanto, o art. 852-F prescreve que na ata de audiência serão registrados resumidamente os atos essenciais, as afirmações fundamentais das partes e as informações úteis à solução da causa trazidos pela prova testemunhal.

Já no procedimento sumário (Lei n. 5.584/70, art. 2º, § 3º) é dispensado o resumo dos depoimentos, na medida em que deve constar da ata apenas a conclusão do juiz quanto à matéria de fato.

O depoimento das partes e das testemunhas que não souberem falar a língua nacional será feito por meio de intérprete nomeado pelo juiz (CLT, art. 819). A mesma regra é aplicada quando se tratar de surdo-mudo, ou de mudo, que não saiba escrever. Em ambos os casos de que esse artigo trata, as despesas correrão por conta da parte a que interessar o depoimento.

As testemunhas não poderão sofrer qualquer desconto pelas faltas ao serviço, ocasionadas pelo seu comparecimento para depor, quando devidamente arroladas ou convocadas (CLT, art. 822; NCPC, art. 463, parágrafo único). Essa mesma regra é aplicada ao empregado que figure como parte na ação trabalhista (TST, Súmula n. 155).

Se a testemunha for servidor público e tiver de depor em hora de serviço, será requisitado ao chefe da repartição para comparecer à audiência marcada (CLT, art. 823).

O juiz ou presidente deverá adotar todas as providências necessárias para que o depoimento de uma testemunha não seja ouvido pelas demais que tenham de depor no processo (CLT, art. 824). A CLT é omissa no que atina à ordem dos depoimentos das testemunhas, em função do que nos parece factível a aplicação subsidiária do art. 456 do NCPC. Todavia, há quem defenda que, no silêncio eloquente da CLT, o juiz, como presidente da audiência, pode determinar a oitiva da testemunha da parte que tiver o ônus de provar o correspondente fato.

Toda testemunha, antes de prestar o compromisso legal, será qualificada, indicando o nome, nacionalidade, profissão, idade, residência, e, quando empregada, o tempo de serviço prestado ao empregador, ficando sujeita, em caso de falsidade, às leis penais (CLT, art. 828).

Embora omissa a CLT, entendemos que a oportunidade para a parte contraditar a testemunha é logo após a sua qualificação e antes que preste o compromisso de dizer a verdade sobre o que sabe e lhe for perguntado (NCPC, art. 457).

Os depoimentos das testemunhas serão resumidos, por ocasião da audiência, pelo diretor de secretaria da Vara do Trabalho ou funcionário para esse fim designado, devendo a súmula do depoimento ser assinada pelo juiz e pelos depoentes.

Nos termos do art. 461 do NCPC, que pode ser aplicado supletiva e subsidiariamente ao processo do trabalho, o juiz pode ordenar, de ofício ou a requerimento da parte: I – a inquirição de testemunhas referidas nas declarações da parte ou das testemunhas; II – a acareação de 2 (duas) ou mais testemunhas ou de alguma delas com a parte, quando, sobre fato determinado que possa influir na decisão da causa, divergirem as suas declarações. Os acareados serão reperguntados para que expliquem os pontos de divergência, reduzindo-se a termo o ato de acareação. O § 2º do art. 461 do NCPC admite a acareação por videoconferência ou por outro recurso tecnológico de transmissão de sons e imagens em tempo real.

O art. 462 do NCPC prevê que a testemunha pode requerer ao juiz o pagamento da despesa que efetuou para comparecimento à audiência, devendo a parte pagá-la logo que arbitrada ou depositá-la em cartório dentro de 3 (três) dias. Essa regra é inaplicável ao processo do trabalho, pois neste as partes devem comparecer à audiência acompanhadas de suas testemunhas (CLT, art. 845).

4.3. Documentos

A CLT não cuidou metodologicamente da prova documental, fazendo apenas referência a documentos de forma não sistematizada nos arts. 777, 780, 787 e 830, o que implica a necessidade de aplicação das regras do CPC, no que couber.

O art. 830 da CLT exige a autenticação do documento, mas o próprio TST, por meio da Orientação Jurisprudencial n. 36 da SBDI-1, já mitigou a rigidez dessa norma legal, afirmando que o instrumento normativo em cópia não autenticada possui valor probante, desde que não haja impugnação ao seu conteúdo, eis que se trata de documento comum às partes.

Além disso, o novel art. 830 da CLT permite que o documento apresentado em cópia destinado à produção de prova "poderá ser declarado autêntico pelo próprio advogado, sob sua responsabilidade pessoal", sendo certo que, por força do parágrafo único do artigo em causa, havendo impugnação acerca da "autenticidade da cópia, a parte que a produziu será intimada para apresentar cópias devidamente autenticadas ou o original, cabendo ao serventuário competente proceder à conferência e certificar a conformidade entre esses documentos".

Somente o advogado está autorizado a declarar a autenticidade da cópia do documento apresentado como prova, não sendo estendida tal prerrogativa à parte, ainda que litigue pessoalmente (*jus postulandi*). Caso o advogado não apresente o original do documento impugnado, será ele responsabilizado pessoalmente no âmbito criminal, civil, administrativo e ético, devendo o juiz, de ofício, ou a requerimento do interessado, noticiar o fato ao Ministério Público e à Ordem dos Advogados do Brasil, para a competente apuração e sanção.

Dispõe o art. 425 do NCPC, aplicável ao processo do trabalho (CLT, art. 769), que fazem a mesma prova que os originais:

> I – as certidões textuais de qualquer peça dos autos, do protocolo das audiências ou de outro livro a cargo do escrivão ou do chefe de secretaria, se extraídas por ele ou sob sua

vigilância e por ele subscritas; II – os traslados e as certidões extraídas por oficial público de instrumentos ou documentos lançados em suas notas; III – as reproduções dos documentos públicos, desde que autenticadas por oficial público ou conferidas em cartório com os respectivos originais; IV – as cópias reprográficas de peças do próprio processo judicial declaradas autênticas pelo advogado, sob sua responsabilidade pessoal, se não lhes for impugnada a autenticidade; V – os extratos digitais de bancos de dados públicos e privados, desde que atestado pelo seu emitente, sob as penas da lei, que as informações conferem com o que consta na origem; VI – as reproduções digitalizadas de qualquer documento público ou particular, quando juntadas aos autos pelos órgãos da justiça e seus auxiliares, pelo Ministério Público e seus auxiliares, pela Defensoria Pública e seus auxiliares, pelas procuradorias, pelas repartições públicas em geral e por advogados, ressalvada a alegação motivada e fundamentada de adulteração.

De acordo com os §§ 1º e 2º do art. 425 do NCPC, os originais dos documentos digitalizados mencionados no inciso VI *supra* deverão ser preservados pelo seu detentor até o final do prazo para propositura de ação rescisória e, tratando-se de cópia digital de título executivo extrajudicial ou de documento relevante à instrução do processo, o juiz poderá determinar seu depósito em cartório ou secretaria.

Quando a lei exigir, como da substância do ato, o instrumento público, nenhuma outra prova, por mais especial que seja, pode suprir-lhe a falta (NCPC, art. 406). Importante assinalar que as declarações constantes do documento particular, escrito e assinado ou somente assinado, presumem-se verdadeiras em relação ao signatário.

Na declaração de ciência relativa a determinado fato, o documento particular prova a declaração, mas não o fato declarado, competindo ao interessado em sua veracidade o ônus de provar a existência de tal fato.

A CLT, em alguns casos, prevê que a prova escrita (documental) é imprescindível, como, por exemplo, para a comprovação do pagamento de salários (CLT, art. 464), do acordo de prorrogação de jornada (CLT, art. 59), da concessão ou pagamento das férias (CLT, arts. 135 e 145, parágrafo único), da concessão do descanso da gestante (CLT, art. 392) etc.

Outro documento importante é o recibo de quitação das verbas relativas à extinção da relação empregatícia, pois o art. 477 da CLT estabelece que o pedido de demissão ou recibo de quitação de rescisão do contrato de trabalho firmado por empregado com mais de 1 (um) ano de serviço só será válido quando feito com a assistência do respectivo Sindicato ou perante a autoridade do Ministério do Trabalho e Emprego.

De igual modo, o recibo (documento) de quitação das verbas rescisórias deverá especificar as parcelas e os valores respectivos, sendo válido apenas quanto a essas verbas. A ausência dessas formalidades implica a inexistência do pagamento, com o que o empregador ficará obrigado a efetuar novo pagamento, pois não se admite outro meio de prova a tal respeito. Sobre esse assunto, o TST editou a polêmica Súmula n. 330:

Súmula n. 330. Quitação. Validade. A quitação passada pelo empregado, com assistência de entidade sindical de sua categoria, ao empregador, com observância dos requisitos exigidos nos parágrafos do art. 477 da CLT, tem eficácia liberatória em relação às parcelas expressamente consignadas no recibo, salvo se oposta ressalva expressa e especificada ao valor dado à parcela ou parcelas impugnadas.

I – A quitação não abrange parcelas não consignadas no recibo de quitação e, consequentemente, seus reflexos em outras parcelas, ainda que estas constem desse recibo.

II – Quanto a direitos que deveriam ter sido satisfeitos durante a vigência do contrato de trabalho, a quitação é válida em relação ao período expressamente consignado no recibo de quitação.

Anotações na CTPS gozam de presunção *iuris tantum*, admitindo, assim, outros meios de prova para elidi-las (Súmula n. 12 do TST e Súmula n. 225 do STF). Cabem, aqui, as lúcidas observações de José Affonso Dallegrave (1998, p. 112 e 113), para quem a presunção *iuris tantum* é apenas para o empregado, pois, para o empregador, a presunção de veracidade das anotações por ele feitas na CTPS é *iure et de iure*, salvo se o empregador provar que a anotação resultou de manifesto erro material.

A prova documental no procedimento sumaríssimo deve ser produzida na audiência de instrução e julgamento. Em caso de apresentação de documento, o juiz abrirá o contraditório na própria audiência, podendo, em decisão fundamentada, conceder prazo para a parte manifestar-se sobre ele, quando se tratar de questão complexa que exija a interrupção da audiência (art. 852-H, *caput* e § 1º da CLT).

4.3.1. Oportunidade de juntada de documentos

Os documentos que estiverem de posse do autor e do réu devem acompanhar não apenas a petição inicial (CLT, art. 787), como também a defesa (NCPC, art. 434), ante o caráter de bilateralidade da ação e da defesa.

O descumprimento dessa regra pode ensejar o encerramento da instrução sem direito das partes à suspensão ou adiamento da audiência para apresentação dos documentos que deveriam acompanhar a petição inicial e a contestação, salvo se a parte provar motivo relevante ou se o documento tiver por objetivo contrapor fatos posteriores.

Importa frisar que a Súmula n. 263 do TST dispõe:

PETIÇÃO INICIAL. INDEFERIMENTO. INSTRUÇÃO OBRIGATÓRIA DEFICIENTE. Salvo nas hipóteses do art. 330 do CPC de 2015 (art. 295 do CPC de 1973), o indeferimento da petição inicial, por encontrar-se desacompanhada de documento indispensável à propositura da ação ou não preencher outro requisito legal, somente é cabível se, após intimada para suprir a irregularidade em 15 (dez) dias, mediante indicação precisa do que deve ser corrigido ou completado, a parte não o fizer (art. 321 do CPC de 2015).

As partes podem juntar aos autos documentos novos, desde que destinados a fazer prova de fatos ocorridos depois dos articulados, ou para contrapô-los aos que foram produzidos nos autos (NCPC, art. 435).

Mas a juntada de documento novo só pode ser feita até o final da instrução e antes da sentença, uma vez que, segundo o art. 437, § 1º, do NCPC: "Sempre que uma das partes requerer a juntada de documento aos autos, o juiz ouvirá, a seu respeito, a outra parte, que disporá do prazo de 15 (quinze) dias para adotar qualquer das posturas indicadas no art. 436", sendo certo que, nos termos do § 2º do mesmo art. 437 do NCPC, "poderá o juiz, a requerimento da parte, dilatar o prazo para manifestação sobre a prova documental produzida, levando em consideração a quantidade e a complexidade da documentação".

No tocante aos documentos públicos indispensáveis à prova dos fatos alegados pelas partes, o art. 438 do NCPC prescreve de forma imperativa que o "juiz requisitará às repartições públicas em qualquer tempo ou grau de jurisdição:

> I – as certidões necessárias à prova das alegações das partes;
>
> II – os procedimentos administrativos nas causas em que forem interessados a União, os Estados, o Distrito Federal, os Municípios ou entidades da administração indireta.
>
> § 1º Recebidos os autos, o juiz mandará extrair, no prazo máximo e improrrogável de 1 (um) mês, certidões ou reproduções fotográficas das peças que indicar e das que forem indicadas pelas partes, e, em seguida, devolverá os autos à repartição de origem.
>
> § 2º As repartições públicas poderão fornecer todos os documentos em meio eletrônico, conforme disposto em lei, certificando, pelo mesmo meio, que se trata de extrato fiel do que consta em seu banco de dados ou no documento digitalizado.

Estando o processo na fase recursal, o TST editou a Súmula n. 8, segundo a qual: "A juntada de documentos na fase recursal só se justifica quando provado o justo impedimento para sua oportuna apresentação ou se referir a fato posterior à sentença."

4.3.2. Incidente de falsidade

O incidente de falsidade não foi tratado pela CLT, o que impõe a aplicação subsidiária do art. 438 do NCPC, segundo o qual o incidente de falsidade deve ser provocado por contestação, na réplica ou em 10 dias da juntada do documento.

Wagner Giglio faz a seguinte ponderação:

> a reclamada não toma necessariamente ciência dos documentos que informam a petição inicial da ação principal, senão em audiência quando deve apresentar a resposta, porque não há obrigatoriedade de fornecê-los em duplicata, nem mesmo de mencioná-los, na peça vestibular. Assim sendo, em qualquer hipótese deve ser aberto o prazo de 10 dias para arguição de falsidade, adaptando-se a regra do art. 390 do CPC às peculiaridades do procedimento na Justiça do Trabalho. Intimado do incidente, a parte que produziu o documento terá o prazo de dez dias para contrariá-lo, ordenando o juiz, em seguida, a realização de prova

> pericial, salvo se quem juntou o documento se dispuser a retirá-lo e a parte contrária concordar com o desentranhamento (2000, p. 200).

Uma vez arguida, a falsidade será resolvida como questão incidental, salvo se a parte requerer que o juiz a decida como questão principal, nos termos do inciso II do art. 19 do NCPC. A parte arguirá a falsidade expondo os motivos em que funda a sua pretensão e os meios com que provará o alegado (NCPC, art. 431). Depois de ouvida a outra parte no prazo de 15 (quinze) dias, será realizado o exame pericial. Não se procederá ao exame pericial se a parte que produziu o documento concordar em retirá-lo (NCPC, art. 432, parágrafo único).

Diz o art. 433 do NCPC que a "declaração sobre a falsidade do documento, quando suscitada como questão principal, constará da parte dispositiva da sentença e sobre ela incidirá também a autoridade da coisa julgada".

4.3.3. Exibição de documentos

Outro procedimento relativo às provas é o de exibição de documentos, o qual não é previsto na CLT, sendo, portanto, aplicáveis ao processo do trabalho as regras previstas nos arts. 396 a 404 do NCPC.

Assim, a exibição de documento ou coisa poderá ser ordenada, de ofício, pelo juiz ou requerida pela parte.

Quando requerida a exibição pela parte, o pedido deverá conter: I – a individuação, tão completa quanto possível, do documento ou da coisa; II – a finalidade da prova, indicando os fatos que se relacionam com o documento ou com a coisa; III – as circunstâncias em que se funda o requerente para afirmar que o documento ou a coisa existe e se acha em poder da parte contrária.

O requerido dará sua resposta nos 5 (cinco) dias subsequentes à sua intimação. Se o requerido afirmar que não possui o documento ou a coisa, o juiz permitirá que o requerente prove, por qualquer meio, que a declaração não corresponde à verdade. Mas o juiz não admitirá a recusa (NCPC, art. 399) se: I – o requerido tiver obrigação legal de exibir; II – o requerido tiver aludido ao documento ou à coisa, no processo, com o intuito de constituir prova; III – o documento, por seu conteúdo, for comum às partes.

Prevê o art. 400 do NCPC que, ao decidir o pedido, o juiz admitirá como verdadeiros os fatos que, por meio do documento ou da coisa, a parte pretendia provar se: I – o requerido não efetuar a exibição nem fizer nenhuma declaração no prazo do art. 398 do mesmo *Códex*; II – a recusa for havida por ilegítima. Sendo necessário, o juiz pode adotar medidas indutivas, coercitivas, mandamentais ou sub-rogatórias para que o documento seja exibido.

Quando o documento ou a coisa estiver em poder de terceiro, o juiz ordenará sua citação para responder no prazo de 15 (quinze) dias (NCPC, art. 401). Se o terceiro negar a obrigação de exibir ou a posse do documento ou da coisa, o juiz designará audiência especial, tomando-lhe o depoimento, bem como o das partes e, se necessário, o de testemunhas, e em seguida proferirá decisão. Se o terceiro, sem justo motivo, se recusar a efetuar a exibição, o juiz ordenar-lhe-á que proceda ao respectivo depósito em cartório ou em outro lugar designado, no prazo de 5 (cinco) dias, impondo ao requerente que o ressarça pelas despesas que tiver. Se o terceiro descumprir a ordem, o juiz expedirá mandado de apreensão, requisitando, se necessário, força policial, sem prejuízo da responsabilidade por crime de desobediência, pagamento de multa e outras medidas indutivas, coercitivas, mandamentais ou sub-rogatórias necessárias para assegurar a efetivação da decisão.

A parte e o terceiro podem, nos termos do art. 404 do NCPC, se escusar de exibir o documento ou a coisa se: I – concernente a negócios da própria vida da família; II – sua apresentação puder violar dever de honra; III – sua publicidade redundar em desonra à parte ou ao terceiro, bem como a seus parentes consanguíneos ou afins até o terceiro grau, ou lhes representar perigo de ação penal; IV – sua exibição acarretar a divulgação de fatos a cujo respeito, por estado ou profissão, devam guardar segredo; V – subsistirem outros motivos graves que, segundo o prudente arbítrio do juiz, justifiquem a recusa da exibição; VI – houver disposição legal que justifique a recusa da exibição.

Entretanto, se os motivos de que tratam os incisos I a VI *supra* disserem respeito a apenas uma parcela do documento, a parte ou o terceiro exibirá a outra em cartório, para dela ser extraída cópia reprográfica, de tudo sendo lavrado auto circunstanciado.

No processo do trabalho, a decisão que resolver o incidente de exibição de documento ou coisa é irrecorrível de imediato (CLT, art. 893, § 1º).

4.3.4. Documentos produzidos eletronicamente

Os arts. 11 e 13 da Lei n. 11.419/2006, aplicáveis expressamente ao processo do trabalho (art. 1º, § 1º), dispõem sobre a produção, juntada e exibição de documentos produzidos eletronicamente.

Os documentos produzidos eletronicamente e juntados aos processos eletrônicos com garantia da origem e de seu signatário, na forma estabelecida nessa Lei, serão considerados originais para todos os efeitos legais.

Os extratos digitais e os documentos digitalizados pelos órgãos da Justiça e seus auxiliares, pelo Ministério Público e seus auxiliares, pelas procuradorias, pelas autoridades policiais, pelas repartições públicas em geral e por advogados públicos e privados, têm a mesma força probante dos originais, salvo se houver arguição de falsidade, de forma motivada e fundamentada, consubstanciada em adulteração ocorrida antes ou durante o processo de digitalização.

A arguição de falsidade documental, *in casu*, também será processada eletronicamente.

Além disso, o juiz tem a faculdade de determinar a exibição e o envio de dados e de documentos necessários à instrução do processo.

O NCPC dispõe, em seus arts. 439 a 441, que: a utilização de documentos eletrônicos no processo convencional dependerá de sua conversão à forma impressa e da verificação de sua autenticidade, na forma da lei; o juiz apreciará o valor probante do documento eletrônico não convertido, assegurado às partes o acesso ao seu teor; serão admitidos documentos eletrônicos produzidos e conservados com a observância da legislação específica.

4.4. Perícia

A CLT previa a produção da prova pericial no seu art. 826, que facultava a cada uma das partes apresentar um perito ou técnico, que estavam obrigados a prestar compromisso.

Esse dispositivo foi revogado tacitamente pelo art. 3º e seu parágrafo único da Lei n. 5.584/70, de modo que atualmente, na Justiça do Trabalho, os exames periciais serão realizados por perito único designado pelo juiz, que fixará o prazo para entrega do laudo, permitindo-se a cada parte a indicação de um assistente, cujo laudo terá que ser apresentado no mesmo prazo assinado para o perito, sob pena de ser desentranhado dos autos.

Na verdade, existe lacuna da legislação processual trabalhista no respeitante à perícia como meio de prova, razão pela qual torna-se necessária a aplicação subsidiária do CPC, no que couber.

Quando a prova de determinados fatos alegados pelas partes depender de conhecimentos técnicos ou científicos, o juiz poderá designar um perito, que é considerado um auxiliar da justiça (NCPC, art. 156, § 1º).

A prova pericial pode consistir em exame, vistoria ou avaliação, cabendo ao *expert* elaborar o laudo pericial, que conterá os dados técnicos necessários ao esclarecimento dos fatos e à formação da convicção do juiz.

O perito do juízo é o profissional de nível universitário devidamente inscrito no órgão de classe competente, cabendo a este expedir certidão comprobatória da especialidade do perito.

A perícia, portanto, é uma prova técnica e deve ser elaborada de forma imparcial pelo perito. Por mais detalhado e consistente que seja o trabalho feito pelo perito, o juiz não fica adstrito ao laudo pericial, podendo decidir com base em outros fatos ou elementos provados nos autos (NCPC, art. 479).

Nos termos do parágrafo único do art. 464 do NCPC:

> Art. 464. A prova pericial consiste em exame, vistoria ou avaliação.
>
> § 1º O juiz indeferirá a perícia quando:
>
> I – a prova do fato não depender de conhecimento especial de técnico;

II – for desnecessária em vista de outras provas produzidas;

III – a verificação for impraticável.

§ 2º De ofício ou a requerimento das partes, o juiz poderá, em substituição à perícia, determinar a produção de prova técnica simplificada, quando o ponto controvertido for de menor complexidade.

§ 3º A prova técnica simplificada consistirá apenas na inquirição de especialista, pelo juiz, sobre ponto controvertido da causa que demande especial conhecimento científico ou técnico.

§ 4º Durante a arguição, o especialista, que deverá ter formação acadêmica específica na área objeto de seu depoimento, poderá valer-se de qualquer recurso tecnológico de transmissão de sons e imagens com o fim de esclarecer os pontos controvertidos da causa.

Após designação pelo juiz, o perito tem a obrigação de bem cumprir o ofício, observando os prazos legais e empregando toda a sua diligência, exceto quando alegar motivo legítimo para escusa, que deverá ser apresentada dentro de cinco dias, contados da intimação ou do impedimento superveniente, sob pena de se reputar renunciado o direito a alegá-la (NCPC, arts. 157 e 467).

Se, por dolo ou culpa, o *expert* prestar informações inverídicas, responderá pelos prejuízos que causar à parte, ficará inabilitado, por dois anos, a funcionar em outras perícias e incorrerá na sanção que a lei penal estabelecer.

O perito nomeado pelo juiz está obrigado a prestar compromisso para desempenhar a função de auxiliar do juízo, estando, por isso, sujeito aos mesmos impedimentos e suspeições dos magistrados (NCPC, art. 148, II). Já os assistentes técnicos atuam como meros "ajudantes técnicos" das partes, e, nessa condição, não prestam compromisso.

Conforme art. 827 da CLT, "o juiz ou presidente poderá arguir os peritos compromissados ou os técnicos, e rubricará, para ser junto ao processo, o laudo que os primeiros tiverem apresentado".

4.4.1. Sistemática de realização das perícias

A produção da prova pericial no processo do trabalho poderá ser requerida pela parte ou determinada, de ofício, pelo juiz. Todavia, se o pedido versar sobre pagamento de adicional de insalubridade ou periculosidade, o juiz estará obrigado a determinar a realização da prova pericial, ainda que o réu seja revel e confesso quanto à matéria de fato. É o que dispõe o § 2º do art. 195 da CLT: "Arguida em juízo insalubridade ou periculosidade, seja por empregado, seja por Sindicato em favor de grupo de associado, o juiz designará perito habilitado na forma deste artigo, e, onde não houver, requisitará perícia ao órgão competente do Ministério do Trabalho".

Entretanto, ocorrendo fechamento do estabelecimento, impedindo a realização de exame pericial para apuração de insalubridade, poderá o juiz valer-se de outros meios de prova para deferir o respectivo adicional (OJ n. 278 da SBDI-1).Além disso, nos termos da Súmula n. 453 do TST, o "pagamento de adicional de periculosidade efetuado por mera liberalidade da empresa, ainda que de forma proporcional ao tempo de exposição ao risco ou em percentual inferior ao máximo legalmente previsto, dispensa a realização da prova técnica exigida pelo art. 195 da CLT, pois torna incontroversa a existência do trabalho em condições perigosas".

O art. 195 da CLT disciplina que a caracterização e classificação da insalubridade e periculosidade far-se-ão por meio de perícia a cargo de médico do trabalho ou engenheiro do trabalho, registrado no Ministério do Trabalho e Emprego, não havendo obrigatoriedade de que o médico verifique somente as condições insalubres e o engenheiro as perigosas. Nesse sentido, a Orientação Jurisprudencial n. 165 da SBDI-1 do TST.

Partindo-se de uma interpretação lógica, e não da gramatical, do art. 848, § 2º, da CLT, concluímos que a prova pericial é sempre produzida antes da testemunhal, pois se, na audiência, o perito será ouvido depois das testemunhas, é óbvio que o laudo pericial já consta dos autos antes mesmo da tomada do seu depoimento.

Nas ações trabalhistas submetidas ao procedimento sumaríssimo, o § 4º do art. 852-H da CLT prescreve literalmente que "somente quando a prova do fato o exigir, ou for legalmente imposta, será deferida prova técnica, incumbindo ao juiz, desde logo, fixar o prazo, o objeto da perícia e nomear perito".

As partes serão intimadas a manifestar-se sobre o laudo, no prazo comum de cinco dias. Embora as provas, no procedimento sumaríssimo, devam ser todas produzidas em audiência, o § 7º do art. 852-H da CLT prevê a possibilidade de "interrupção" (*rectius*, suspensão) da audiência, sendo que o seu prosseguimento e a prolação da sentença dar-se-ão no prazo máximo de 30 dias, salvo motivo relevante, justificado nos autos pelo juiz da causa.

O perito será pago pela parte que requereu a prova. Não obstante, se a prova pericial for requerida por ambas ou determinada, de ofício, pelo juiz, as despesas[5] com a perícia serão suportadas pelo autor (NCPC, art. 95).

Todavia, o art. 790-B da CLT dispunha que a "responsabilidade pelo pagamento dos honorários periciais é da parte sucumbente na pretensão objeto da perícia, salvo se beneficiária de justiça gratuita". Este dispositivo foi alterado pela Lei n. 13.467/2017, passando a ter a seguinte redação:

> Art. 790-B. A responsabilidade pelo pagamento dos honorários periciais é da parte sucumbente na pretensão objeto da perícia, ainda que beneficiária da justiça gratuita.
>
> (...) § 4º Somente no caso em que o beneficiário da justiça gratuita não tenha obtido em juízo créditos capazes de suportar a despesa referida no *caput*, ainda que em outro processo, a União responderá pelo encargo.

---

(5) Sobre despesas processuais, *vide* Capítulo VIII.

A nosso sentir, esses dois dispositivos devem ser declarados inconstitucionais ou interpretados conforme a CF, de modo a prestigiar o direito/princípio fundamental de acesso à Justiça (CF, art. 5º, XXXV) para a parte considerada hipossuficiente econômica.[6]

Aliás, a incoerência (e a contradição) do legislador reformista é demonstrada pelo novo § 2º do art. 819 da CLT, com redação dada pela Lei n. 13.660/2018, *in verbis*:

> Art. 819 - O depoimento das partes e testemunhas que não souberem falar a língua nacional será feito por meio de intérprete nomeado pelo juiz ou presidente.
>
> § 1º Proceder-se-á da forma indicada neste artigo, quando se tratar de surdo-mudo, ou de mudo que não saiba escrever.
>
> § 2º **As despesas decorrentes do disposto neste artigo correrão por conta da parte sucumbente, salvo se beneficiária de justiça gratuita**. (grifos nossos)

Não havia previsão legal para "adiantamento" ou "depósito prévio" de parte dos honorários periciais, embora a prática forense demonstre o contrário, o que levou a SBDI-2 do TST a editar a OJ n. 98, que admite a impetração de mandado de segurança para atacar ato do juiz que exige o depósito prévio dos honorários periciais. Todavia, por força da IN n. 27/2005 do TST (art. 6º, parágrafo único), é facultado ao juiz, em relação à perícia, exigir depósito prévio dos honorários periciais nas lides oriundas da relação de trabalho ou distintas da relação de emprego.

Ocorre que o § 3º do art. 790-B da CLT, com redação dada pela Lei n. 13.467/2017, dispõe que: "O juízo não poderá exigir adiantamento de valores para realização de perícias". Vale dizer, em qualquer processo na Justiça do Trabalho, independentemente de se tratar de lide oriunda da relação de trabalho ou da relação de emprego, o juízo não poderá exigir adiantamento de honorários periciais.

Após a nomeação do perito, as partes têm o prazo de cinco dias para apresentar os quesitos e nomear assistente técnico (NCPC, art. 465, § 1º). O art. 469 do NCPC permite a apresentação de quesitos suplementares, observando-se o contraditório. Quanto aos honorários do assistente técnico, o TST editou a Súmula n. 341, segundo a qual a "indicação do perito assistente é faculdade da parte, a qual deve responder pelos respectivos honorários, ainda que vencedora no objeto da perícia".

Parece-nos aplicável ao processo do trabalho, salvo na hipótese do § 2º do art. 195 da CLT, a regra prevista no art. 472 do NCPC, segundo a qual o juiz "poderá dispensar prova pericial quando as partes, na inicial e na contestação, apresentarem sobre as questões de fato pareceres técnicos ou documentos elucidativos que considerar suficientes".

---

(6) *Vide* ADI n. 5766 ajuizada pelo Procurador-Geral da República.

Apresentado o laudo pericial, o juiz determinará a intimação das partes para se manifestarem sobre ele. Poderá o juiz, ainda, ouvir o perito em audiência para prestar esclarecimentos (CLT, art. 827). Será também lícito ao juiz determinar, de ofício ou a requerimento da parte, a realização de nova perícia, quando a matéria não lhe parecer suficientemente esclarecida (NCPC, art. 480), que será regida pelas disposições estabelecidas para a primeira, tendo por objeto os mesmos fatos sobre os quais recaiu a primeira, para corrigir eventual omissão ou inexatidão dos resultados. Mas a segunda perícia não substitui a primeira, cabendo ao juiz apreciar livremente o valor de ambas.

No procedimento de liquidação, "tratando-se de cálculos de liquidação complexos, o juiz poderá nomear perito para a elaboração e fixará, depois da conclusão do trabalho, o valor dos respectivos honorários com observância, entre outros, dos critérios de razoabilidade e proporcionalidade" (CLT, art. 879, § 6º, com redação dada pela Lei n. 12.405, de 16 de maio de 2011, *DOU* 17.5.2011).

4.4.2. Prova pericial emprestada

Há controvérsia sobre o cabimento da prova pericial emprestada, que é aquela produzida em outro processo judicial e aproveitada em outro processo distinto.

Para uns, a prova emprestada é nula por violar os princípios do contraditório e da ampla defesa. Outros sustentam a sua validade, por estar em conformidade com os princípios da economia, celeridade e efetividade da tutela jurisdicional.

O art. 372 do CPC, aplicável subsidiária e supletivamente ao processo do trabalho, dispõe que o "juiz poderá admitir a utilização de prova produzida em outro processo, atribuindo-lhe o valor que considerar adequado, observado o contraditório".

Entendemos que não haverá nulidade na utilização da prova pericial emprestada, desde que o laudo produzido na outra ação cuide de situação fática semelhante à do processo em que será produzida a prova emprestada, devendo o juiz fundamentar, com base nos princípios da razoabilidade e da proporcionalidade, os motivos que o levaram a aceitar, por empréstimo, a prova pericial produzida em outro processo, desde que observe o contraditório, isto é, dê oportunidade de manifestação à parte contra a qual será produzida a prova emprestada.

4.5. Inspeção judicial

A inspeção judicial ocorre quando houver necessidade de o juiz deslocar-se até o local onde se encontre a pessoa ou coisa. O princípio inquisitivo consubstanciado no art. 765 da CLT confere ao juiz do trabalho amplos poderes na condução do processo, sendo certo que a aplicação subsidiária do CPC, no tocante a esse meio de prova, mostra-se compatível com a busca da verdade real, que é observada com muito mais ênfase no processo laboral.

Com base no art. 481 do NCPC, o juiz, de ofício ou a requerimento da parte, pode, em qualquer fase do processo, inspecionar pessoas ou coisas, a fim de se esclarecer sobre fato que seja pertinente para a decisão da causa. O art. 482 do NCPC determina que, ao realizar a *inspeção direta*, o juiz poderá ser assistido de um ou mais peritos. Embora a lei não mencione, cremos ser também factível a inspeção indireta, que é a realizada, *v. g.*, por delegação do desembargador relator do processo no TRT, como no caso de necessidade desse meio de prova em sede de ação rescisória.

O art. 483 do NCPC estabelece que o juiz poderá realizar a inspeção quando julgar necessário para melhor verificação ou interpretação dos fatos que deva observar, quando a coisa não puder ser apresentada em juízo sem consideráveis despesas ou graves dificuldades, ou quando determinar a reconstituição dos fatos.

As partes não precisam ser necessariamente intimadas, mas também não podem ser impedidas de assistir à inspeção, prestando esclarecimentos e fazendo observações que reputem de interesse para a causa.

Concluída a diligência, o juiz mandará lavrar auto circunstanciado, mencionando nele tudo quanto for útil ao julgamento da causa. O auto lavrado poderá ser instruído com desenho, gráfico ou fotografia.

5. Ônus da prova no processo do trabalho

O art. 818 da CLT estabelecia que "o ônus de provar as alegações incumbe à parte que as fizer".

Com o advento da reforma trabalhista (Lei n. 13.467/2017), o *caput* do art. 818 da CLT passou a ter a seguinte redação:

> Art. 818. O ônus da prova incumbe:
>
> I - ao reclamante, quanto ao fato constitutivo de seu direito;
>
> II - ao reclamado, quanto à existência de fato impeditivo, modificativo ou extintivo do direito do reclamante.

Examinaremos em seguida a distribuição do ônus da prova nas situações mais comuns observadas nos processos trabalhistas.

Nas ações que versam sobre a existência da relação de emprego, é do empregado o ônus de provar o fato constitutivo do seu direito, ou seja, a prestação de serviços ao reclamado. Se este, na defesa, admitir a prestação de serviços, mas alegar ter sido a relação jurídica diversa da empregatícia (por exemplo, relação de trabalho autônomo, eventual, cooperativado, de empreitada, voluntário, de parceria etc.), atrairá para si o ônus de provar o fato impeditivo do alegado direito do reclamante, qual seja: a relação de trabalho existente era diversa da tutelada pelo Direito do Trabalho, ou seja, não havia subordinação jurídica, pessoalidade, ineventualidade ou onerosidade. Em suma, admitida a existência de relação de trabalho pelo reclamado, a este cabe o ônus de provar que tal relação não era uma relação empregatícia.

De acordo com a Súmula n. 212 do TST, o ônus de provar o término do contrato de trabalho, quando negados a prestação de serviço e o despedimento, é do empregador, pois o princípio da continuidade da relação de emprego constitui presunção favorável ao empregado.

Em relação à equiparação salarial, segundo o item VIII da Súmula n. 6 do TST: "É do empregador o ônus da prova do fato impeditivo, modificativo ou extintivo da equiparação salarial."

Quanto ao vale-transporte, o art. 1º da Lei n. 7.418/1985, com a redação dada pela Lei n. 7.619/1987, dispõe que o empregador, pessoa física ou jurídica, antecipará o referido benefício ao empregado "para utilização efetiva em despesas de deslocamento residência-trabalho e vice-versa, através do sistema de transporte coletivo público, urbano ou intermunicipal e/ou interestadual com características semelhantes aos urbanos, geridos diretamente ou mediante concessão ou permissão de linhas regulares e com tarifas fixadas pela autoridade competente, excluídos os serviços seletivos e os especiais".

A propósito, a SBDI-1 do TST editou a Orientação Jurisprudencial n. 215: "É do empregado o ônus de comprovar que satisfaz os requisitos indispensáveis à obtenção do vale-transporte." Esse verbete, no entanto, foi cancelado pela Resolução TST n. 175/2011 (*DEJT* divulgado em 27, 30 e 31.5.2011), o que, a nosso sentir, significa que o juiz poderá no caso concreto valer-se da inversão do ônus da prova e determinar que o réu faça a prova de que o autor não preenche os requisitos para a obtenção do vale-transporte. Nesse caso, caberá exemplificativamente ao empregador provar por testemunhas que o autor (empregado) não faz jus ao vale-transporte porque utiliza regularmente seu próprio veículo para o trajeto residência-trabalho e vice-versa.

Quando se tratar de diferenças devidas a título de FGTS, a OJ n. 301 da SBDI-1 prevê que, definido pelo reclamante o período no qual não houve depósito do FGTS, ou houve em valor inferior, alegada pela reclamada a inexistência de diferença nos recolhimentos de FGTS, atrai para si o ônus da prova, incumbindo-lhe, portanto, apresentar as guias respectivas, a fim de demonstrar o fato extintivo do direito do autor (art. 818 da CLT c/c art. 333, II, do CPC). Tal orientação jurisprudencial foi cancelada pela Resolução n. 175/2011 (*DEJT* divulgado em 27, 30 e 31.5.2011), o que nos autoriza a dizer que, segundo o TST, caberá ao empregador o *onus probandi* do correto recolhimento dos depósitos do FGTS.

É importante lembrar, nesse passo, que, nos termos do art. 17 da Lei n. 8.036/1990, os empregadores se obrigam a comunicar mensalmente aos trabalhadores os valores recolhidos ao FGTS e repassar-lhes todas as informações sobre suas contas vinculadas recebidas da Caixa Econômica Federal ou dos bancos depositários.

Assim, nas demandas em que se postulam diferenças de depósitos fundiários, é do empregador o ônus de provar: (a) a existência de comunicação mensal aos seus empregados sobre os valores recolhidos ao FGTS; (b) o repasse aos empregados de todas as informações recebidas do banco depositário do FGTS. A ausência da comunicação (ou o repasse da informação) gera a presunção *juris tantum* da veracidade dos fatos alegados pelo autor na petição inicial.

Se houver discussão sobre o ônus de provar o recebimento de notificação (citação ou intimação) depois de 48 horas de sua postagem, a Súmula n. 16 do TST diz que tal ônus é do destinatário.

Há um tormentoso problema acerca do *onus probandi* dos chamados *fatos negativos*. Na verdade, toda negação contém, implicitamente, uma afirmação, pois, quando se atribui a um objeto determinado predicado, acaba-se por negar todos os demais predicados contrários ou diversos do mesmo objeto. Assim, por exemplo, ao alegar o empregador que não dispensou o empregado sem justa causa (negação do fato), estará aquele alegando, implicitamente (afirmação), que este abandonou o emprego ou se demitiu.

5.1. Inversão do ônus da prova

Não havia previsão legal expressa na legislação processual trabalhista a respeito da inversão do ônus da prova. Entretanto, com o advento da reforma trabalhista (Lei n. 13.467/2017), o art. 818 da CLT passou a ter a seguinte redação:

> Art. 818. O ônus da prova incumbe:
>
> I - ao reclamante, quanto ao fato constitutivo de seu direito;
>
> II - ao reclamado, quanto à existência de fato impeditivo, modificativo ou extintivo do direito do reclamante.
>
> § 1º Nos casos previstos em lei ou diante de peculiaridades da causa relacionadas à impossibilidade ou à excessiva dificuldade de cumprir o encargo nos termos deste artigo ou à maior facilidade de obtenção da prova do fato contrário, poderá o juízo atribuir o ônus da prova de modo diverso, desde que o faça por decisão fundamentada, caso em que deverá dar à parte a oportunidade de se desincumbir do ônus que lhe foi atribuído.
>
> § 2º A decisão referida no § 1º deste artigo deverá ser proferida antes da abertura da instrução e, a requerimento da parte, implicará o adiamento da audiência e possibilitará provar os fatos por qualquer meio em direito admitido.
>
> § 3º A decisão referida no § 1º deste artigo não pode gerar situação em que a desincumbência do encargo pela parte seja impossível ou excessivamente difícil. (NR)

Vê-se, portanto, que o *caput* do art. 818 da CLT adota a **teoria estática** do ônus da prova, enquanto os seus parágrafos adotam a **teoria dinâmica** do ônus probatório.

De nossa parte, à luz do princípio da proteção processual, a teoria dinâmica do ônus probatório (CLT, art. 818, § 1º) nos sítios do processo do trabalho somente poderá ser apoicada em favor da parte vulnerável ou hipossuficiente, isto é, o trabalhador, cabendo ao juiz fundamentar a decisão que distribuir o encargo probatório de modo diverso ao previsto no *caput* do art. 818 da CLT e assegurar o contraditório antes da abertura da instrução.

A jurisprudência já vinha admitindo a inversão do ônus da prova no processo do trabalho por presunção favorável ao trabalhador, especialmente nos casos de jornada de trabalho, como se infere da Súmula n. 338 do TST:

> JORNADA DE TRABALHO. REGISTRO. ÔNUS DA PROVA. I – É ônus do empregador que conta com mais de 10 (dez) empregados o registro da jornada de trabalho na forma do art. 74, § 2º, da CLT. A não apresentação injustificada dos controles de frequência gera presunção relativa de veracidade da jornada de trabalho, a qual pode ser elidida por prova em contrário. II – A presunção de veracidade da jornada de trabalho, ainda que prevista em instrumento normativo, pode ser elidida por prova em contrário. III – Os cartões de ponto que demonstram horários de entrada e saída uniformes são inválidos como meio de prova, invertendo-se o ônus da prova, relativo às horas extras, que passa a ser do empregador, prevalecendo a jornada da inicial se dele não se desincumbir.

Defendemos uma posição mais progressista a respeito da inversão do ônus da prova no sentido de que esse instituto pode ser adotado no processo do trabalho tanto pela aplicação analógica do art. 6º, VIII, do CDC, como também pela autorização do art. 852-D da CLT, os quais dispõem:

> Art. 6º São direitos básicos do consumidor:
>
> [...] VIII – a facilitação da defesa de seus direitos, inclusive com a inversão do ônus da prova, a seu favor, no processo civil, quando, a critério do juiz, for verossímil a alegação ou quando for ele hipossuficiente, segundo as regras ordinárias de experiências.
>
> Art. 852-D. O juiz dirigirá o processo com liberdade para determinar as provas a serem produzidas, considerado o ônus probatório de cada litigante, podendo limitar ou excluir as que considerar excessivas, impertinentes ou protelatórias, bem como para apreciá-las e dar especial valor às regras de experiência comum ou técnica.

A aplicação da norma consumerista no processo laboral se justifica pela adoção da teoria do diálogo das fontes normativas, em função da idêntica necessidade de efetivação do direito fundamental de acesso à justiça e ao processo justo tanto para o consumidor quanto para o trabalhador, pois ambos são hipossuficientes e vulneráveis na relação jurídica (material e processual). Nesse sentido:

> MANDADO DE SEGURANÇA. DIREITO LÍQUIDO E CERTO. HONORÁRIOS PERICIAIS. INVERSÃO DO ÔNUS DA PROVA. Não viola direito líquido e certo a inversão do ônus da prova e a determinação de pagamento dos honorários periciais pela reclamada, ora Impetrante, quando aplicável a teoria dinâmica do ônus da prova, aliado à hipossuficiência do empregado, nos contornos trazidos pelo Código de Defesa do Consumidor, subsidiariamente aplicado (TRT-5ª R., MS 0005600-27.2009.5.05.0000, Rel. Des. Edilton Meireles, Subseção II da SEDI, *DJ* 29.7.2009).
>
> TERCEIRIZAÇÃO. SÚMULA N. 331/TST. ÔNUS DA PROVA. OMISSÃO DO PODER PÚBLICO NA PROVA DA FISCALIZAÇÃO. PRINCÍPIO DA APTIDÃO DA PROVA. CIRCUNSTÂNCIAS DO CASO CONCRETO QUE REVELAM CULPA *IN VIGILANDO*, DIANTE DA VIOLAÇÃO DOS DIREITOS TRABALHISTAS. ARRASTAMENTO DA RESPONSABILIDADE DA ADMINISTRAÇÃO PÚBLICA DIRETA, AUTÁRQUICA OU FUNDACIONAL COM BASE NO ARTIGO 37, XXI, CF E ARTIGOS 58, III, 67, PARÁGRAFO 1º, E 82 DA LEI

N. 8.666/93 C/C ARTS. 186, 927, 944 DO CC. 1. No julgamento da ADC 16, houve pronúncia pela constitucionalidade do artigo 71, parágrafo 1º, da Lei n. 8.666/93, mas nos debates restou consignado que a constitucionalidade não inibe o Judiciário Trabalhista, à luz das circunstâncias do caso concreto, à base de outras normas, reconhecer a responsabilidade subsidiária do Poder Público (notícias do STF, www.stf.jus.br, 26/11/2010). Nesse passo, a Lei n. 8.666/93, em seu artigo 71, parágrafo 1º, não traz o princípio da irresponsabilidade estatal, em termos absolutos, apenas alija o Poder Público da responsabilidade pelos danos a que não deu causa. Havendo inadimplência das obrigações trabalhistas que tenha como causa a falta de fiscalização pelo órgão público contratante, o Poder Público é responsável. Logo, a excludente de responsabilidade incide, apenas, na hipótese em que o Poder Público contratante demonstre ter, no curso da relação contratual, fiscalizado o adequado cumprimento das cláusulas e das garantias das obrigações trabalhistas pela fornecedora da mão de obra, o que lhe incumbe nos termos do artigo 37, inciso XXI, da CF e artigos 58, III, e 67, parágrafo 1º, sob pena de responsabilidade civil prevista no artigo 82, ambos da Lei das Licitações. **Ressalte-se que nos termos do princípio da aptidão da prova, deve ser imputado o ônus de provar, à parte que possui maior capacidade para produzi-la, no caso, o Poder Público. Resta clara sua aplicação no processo do trabalho, diante da teoria do diálogo das fontes com o sistema de defesa do consumidor, e que autoriza a inversão do ônus da prova, nos termos do artigo 6º, VIII do CDC, "[...] quando, a critério do juiz, for verossímil a alegação ou quando for ele hipossuficiente, segundo as regras ordinárias de experiências"**. A ausência de prova da fiscalização por parte da Administração Pública (art. 818, CLT e 333, CPC) quanto ao correto cumprimento das obrigações trabalhistas pela empresa terceirizada licitada, devidas aos seus empregados, evidencia a omissão culposa da Administração Pública, o que atrai a sua responsabilidade, porque todo aquele que causa dano pratica ato ilícito e fica obrigado a reparar (art. 82, da Lei n. 8.666/93 c/c arts. 186, 927 e 944 CC/02) (TRT-2ª R., RO 24650820105020 SP 20130002370, Rel. Des. Ivani Contini Bramante, 4ª T., *DEJT* 2.5.2013) (grifos nossos).

Por outro lado, entendemos que, em matéria de prova, não é o procedimento que vai impedir o juiz de dirigir o processo em busca da verdade real, promovendo a real paridade de armas dos litigantes, levando em conta as verdadeiras dificuldades enfrentadas pela parte mais vulnerável na relação jurídica processual trabalhista: o trabalhador. Logo, viável se torna interpretação extensiva da regra do art. 852-D da CLT a qualquer procedimento do processo trabalhista (ordinário, sumário e sumaríssimo), desde que não existam outras provas nos autos suficientes à formação do convencimento do juiz acerca dos fatos alegados pelas partes.

Defendíamos, não obstante divergência de certo segmento doutrinário que sustenta tratar-se de regra de instrução, que o art. 852-D da CLT e o inciso VIII do art. 6º do CDC encerrariam "regras de julgamento", e não de instrução, cabendo ao juiz, na sentença, fundamentar (CF, art. 93, IX), com base nas regras ordinárias de experiência, as razões que o levaram a inverter o ônus probatório – sempre em favor da parte hipossuficiente ou vulnerável – para proferir a decisão justa.

Entretanto, por força do novel § 2º do art. 818 da CLT, a decisão do juiz que for aplicar a inversão do ônus da prova "deverá ser proferida antes da abertura da instrução e, a requerimento da parte, implicará o adiamento da audiência e possibilitará provar os fatos por qualquer meio em direito admitido".

XIV

SENTENÇA E COISA JULGADA NOS DISSÍDIOS INDIVIDUAIS

1. Sentença

1.1. Conceito e classificação

A CLT, em regra, emprega o termo "decisão" no sentido amplo, o que exige do intérprete a devida cautela para desvendar, no contexto, o seu exato sentido. Vejamos uma hipótese prevista no § 2º do art. 799 da CLT:

> Das decisões sobre exceções de suspeição e incompetência, salvo, quanto a estas, se terminativas do feito, não caberá recurso, podendo, no entanto, as partes alegá-las novamente no recurso que couber da decisão final.

Tanto no primeiro caso ("decisão sobre exceções"), quanto no segundo ("decisão terminativa do feito sobre incompetência"), estamos, igualmente, diante de duas decisões interlocutórias, enquanto no terceiro caso ("decisão final"), nos deparamos com uma autêntica sentença.

Na verdade, a definição de sentença trabalhista exige aplicação das regras do CPC, já que a CLT é rigorosamente lacunosa a tal respeito. Ademais, se a sentença é o ato judicial com aptidão de produzir a coisa julgada, que é um direito-garantia fundamental proclamado solenemente no art. 5º, XXXVI, da CF, então, na essência, o conceito de sentença trabalhista não pode ser diferente do conceito de sentença civil.

Acompanhando a evolução legislativa do CPC/73, mormente o seu art. 162 (CPC/2015, art. 203), a sentença deixou de ser ato do juiz que põe termo ao processo, com ou sem julgamento do mérito, e passou a ser o "ato do juiz que implica alguma das situações previstas nos arts. 267 e 269" do CPC/73.

O Novo CPC (arts. 485 e 487) mantém, na essência, as disposições do CPC/73 reformado em 2005, o que nos leva a concluir que o sistema processual vigente define a sentença não apenas com base nos seus efeitos, como também no seu conteúdo.

Têm-se, então, duas modalidades de sentença: a sentença terminativa e a sentença definitiva.

A **sentença terminativa** é o provimento judicial que, sem apreciar o mérito, resolve o procedimento no primeiro grau de jurisdição (CPC, art. 485), tendo por escopo resolver a relação jurídica processual sem se pronunciar sobre a lide (pedido), situação essa em que, regra geral, o juiz acaba o seu ofício jurisdicional quando profere a sentença.

Diz-se regra geral porque há casos em que o processo não será extinto mesmo quando a sentença for terminativa, como nas hipóteses dos arts. 331 e 494 do CPC e no art. 897-A da CLT, em que poderão ser interpostos recurso ordinário ou embargos de declaração, prosseguindo-se o feito mesmo depois de proferida tal modalidade de sentença.

Insta frisar a existência de outra hipótese de sentença terminativa, que é a proferida na chamada "lide simulada", ou "conluio" entre as partes, e está prevista no art. 142 do CPC e autorizada pelo inciso X do art. 485 do mesmo Códex. Nesse caso, a sentença extinguirá o processo sem resolução do mérito.

Já a **sentença definitiva** (CPC, art. 487) é o pronunciamento do juiz que extingue o procedimento na fase de conhecimento do processo. É dizer, sentença definitiva, salvo a de conteúdo eminentemente declaratório ou constitutivo, passa a ser o ato pelo qual o juiz resolve o mérito, sem, contudo, extinguir o processo, já que ele continuará a praticar atos posteriores dentro do processo de conhecimento, isto é, na fase de cumprimento da sentença.

Com efeito, o cumprimento da sentença de procedência que veicule obrigação de fazer, não fazer, entregar ou pagar dar-se-á, a princípio, no mesmo processo e nos mesmos autos, perante o mesmo "juízo que processou a causa no primeiro grau de jurisdição" (CPC, art. 516), independentemente de instauração de um "processo de execução de sentença".

Além da classificação da sentença conforme os seus efeitos e o seu conteúdo, há também as sentenças com cargas predominantemente declaratória, constitutiva, condenatória, mandamental ou executiva *lato sensu*. Daí o surgimento da classificação quinária das sentenças.

A **sentença predominantemente declaratória** é aquela que se limita a declarar a existência ou inexistência de uma relação jurídica ou a autenticidade ou falsidade de um documento. Toda sentença de improcedência é meramente declaratória.

A sentença declaratória de procedência pode implicar a imediata extinção do procedimento em primeiro grau se contra ela não houver interposição de recurso. Ao proferi-la, o juiz cumpre e acaba o seu ofício jurisdicional sem praticar nenhum outro ato judicial subsequente, salvo, é claro, aqueles que tiverem por objeto, se for o caso, o pagamento das despesas processuais decorrentes da sucumbência ou, ainda, nas hipóteses dos arts. 331, 332, e 494 do CPC e art. 897-A da CLT.

O mesmo raciocínio se aplica às **sentenças constitutivas** de procedência, pois estas simplesmente criam, modificam ou extinguem relações jurídicas.

Tratando-se, porém, de **sentença condenatória, mandamental ou executiva *lato sensu***, parece-nos não haver dúvida de que, nesses casos, não existirá extinção do procedimento mesmo depois de proferida a sentença, uma vez que o próprio juiz que a proferiu continuará praticando atos posteriores, visando ao efetivo cumprimento das obrigações nela contidas.

Com efeito, o art. 487, *caput*, do CPC dispõe que: "Haverá resolução de mérito quando o juiz (...)".

Cumpre lembrar que ainda persiste corrente doutrinária que rejeita a classificação quinária, sob o fundamento de que a sentença condenatória já abrangeria o que se reconhece hoje como sentença mandamental ou executiva *lato sensu*, propondo, portanto, uma classificação trinária das sentenças.

Adotamos, porém, a classificação quinária das sentenças, pois acreditamos que os arts. 497 e 498 do CPC, bem como os arts. 84 do CDC e 11 da LACP, positivaram no nosso direito processual as chamadas sentenças mandamentais e executivas *lato sensu*, uma vez que na ação que tenha por objeto o cumprimento de obrigação de fazer, não fazer ou entregar coisa, o juiz concederá a tutela específica da obrigação ou, se procedente o pedido, determinará providências que assegurem o resultado prático equivalente ao do adimplemento.

Essa classificação quinária tem importância especialmente didática, visto que, na prática, as sentenças contêm comandos mistos, de modo que uma sentença que declara a existência da relação empregatícia, por exemplo, também condena o réu em custas e demais despesas processuais. Logo, a classificação das sentenças definitivas leva em conta o seu conteúdo preponderante, ou seja, as sentenças definitivas mostram-se predominantemente condenatórias, constitutivas, declaratórias, mandamentais ou executivas *lato sensu*.

De certo modo, em todas as sentenças há um conteúdo declaratório, assim como toda sentença de improcedência é declaratória, independentemente do pedido feito na inicial. Isso porque se diz declaratória (ou meramente declaratória) a sentença que se limita a declarar a existência ou inexistência de uma relação jurídica ou autenticidade ou falsidade de um documento (CPC, art. 19). No processo do trabalho, por exemplo, são declaratórias as sentenças que reconhecem a existência de relação empregatícia entre autor e réu. Na prática, porém, o pedido não se limita à declaração de reconhecimento do vínculo de emprego, pois o autor também formula pedidos condenatórios correspondentes às verbas trabalhistas contratuais ou rescisórias de que alega ser credor.

A SBDI-1 do TST editou a OJ n. 276, segundo a qual é "incabível ação declaratória visando a declarar direito à complementação de aposentadoria, se ainda não atendidos os requisitos necessários à aquisição do direito, seja por via regulamentar, ou por acordo coletivo". Vale dizer, não cabe ação declaratória visando à declaração de um direito (relação jurídica) se o reconhecimento deste ainda depende da satisfação de alguma condição.

Os efeitos da sentença declaratória são *ex tunc*, isto é, retroagem no tempo à data da celebração da relação jurídica reconhecida judicialmente.

Questão interessante e controversa se refere à sentença que, reconhecendo a inexistência de vínculo empregatício entre autor e réu, declara o primeiro "carecedor da ação", por ilegitimidade ativa *ad causam*. A nosso sentir, não obstante conste do dispositivo da sentença a extinção do feito sem resolução do mérito, nos termos do art. 485, VI, do CPC, parece-nos que, se houve necessidade de instrução probatória para tal conclusão, deve-se interpretar tal sentença como definitiva (CPC, art. 487, I).

Como é sabido, o **controle de constitucionalidade** de lei ou ato normativo do Poder Público no sistema constitucional brasileiro pode ser exercido na forma concentrada ou na forma difusa. Interessa-nos aqui o controle difuso, que pode ser exercido por um juiz do trabalho diante de um caso concreto que exige uma declaração *incidenter tantum* (declaração incidental no curso do processo), prejudicialmente ao exame do mérito (pedido). Nesse caso, a declaração incidental de inconstitucionalidade pode ser proferida de ofício pelo juiz ou a requerimento do autor, réu ou terceiro juridicamente interessado.

Todavia, no âmbito dos tribunais, a competência para o controle difuso de constitucionalidade é atribuída ao Tribunal Pleno ou ao Órgão Especial, sendo exigido um quórum específico: a maioria absoluta dos membros do Tribunal Pleno ou Órgão Especial (CF, art. 97; Súmula Vinculante STF n. 10).

A **sentença constitutiva** é aquela que julga procedente uma ação constitutiva, que tem por objeto criar, modificar ou extinguir determinada relação jurídica. No processo do trabalho, são exemplos de sentenças constitutivas as que julgam procedente pedido de rescisão indireta (CLT, art. 483), autorizam a resolução do contrato de trabalho do empregado portador de estabilidade ou garantia no emprego (CLT, art. 494) etc.

Regra geral, as sentenças constitutivas produzem efeitos *ex nunc*, isto é, a partir do seu trânsito em julgado, mas a lei pode dispor diferentemente. No processo do trabalho, por exemplo, a sentença que anula a transferência de um empregado produz efeitos retroativos à data em que houve a alteração contratual, uma vez que o art. 9º da CLT considera nulos os atos praticados com o objetivo de desvirtuar, impedir ou fraudar a aplicação dos direitos materiais trabalhistas.

Quanto à **sentença condenatória**, destaca-se que deveria ser prolatada apenas na ação condenatória. Todavia, no quotidiano forense ela tem sido observada no *decisum* (parte dispositiva) da sentença proferida em qualquer tipo de ação, já que a sentença, ainda que proferida em ação meramente declaratória, geralmente condena a parte sucumbente a pagar despesas processuais, como custas, honorários advocatícios, honorários periciais etc.

Todavia, são predominantemente condenatórias as sentenças que impõem ao vencido uma obrigação de satisfazer o direito reconhecido judicialmente, sendo estas as mais usuais no processo do trabalho, como, por exemplo, a sentença que condena o réu a pagar horas extras, salários em atraso, férias etc. Por isso mesmo as sentenças condenatórias, em regra, produzem efeitos *ex tunc*, isto é, retroagem à data da violação do direito.

Como dito, para quem segue a classificação trinária (tradicional) das sentenças, a referida sentença condenatória também abrangeria as espécies de tutelas mandamentais e executivas *lato sensu*.

Todavia, valemo-nos das lúcidas palavras de Sérgio Torres Teixeira (2005, p. 328-329), para quem:

> sentença mandamental se aproxima, mas não se confunde com a sentença executiva *lato sensu*. Ambas guardam estreitas semelhanças em virtude da natureza auto-operante dos respectivos provimentos jurisdicionais, prescindindo de posterior processo de execução *ex intervallo*. Distinguem-se, contudo, quanto ao objeto imediato da respectiva tutela jurisdicional. Na decisão executiva em sentido amplo, o objetivo é entregar o bem litigioso ao credor, proporcionando transformações no plano empírico mediante a transferência do domínio da coisa litigiosa. Almeja, portanto, a passagem para a esfera jurídica do vencedor aquilo que deveria estar lá (mas não está). Há, pois, atividade essencialmente executiva na sua operação: retirar do patrimônio do sucumbente o bem e transferir este para a órbita material do credor. Na sentença mandamental, por outro lado, o objeto imediato é a imposição de uma ordem de conduta, determinando a imediata realização de um ato pela parte vencida ou sua abstenção quanto a certa prática. Atua sobre a vontade do vencido e não sobre o seu patrimônio, utilizando medidas não propriamente executivas, no sentido técnico do termo, mas meios para pressionar psicologicamente o obrigado a satisfazer a prestação devida e, com isso, cumprir o comando judicial emitido pelo Estado-Juiz".

Vê-se, assim, que o moderno direito processual civil, seguindo as tendências de ampliação de acesso à justiça e da instituição de um "processo de resultados", passou a admitir a existência de **sentenças mandamentais**, como as previstas nas ações de mandado de segurança, *habeas data* e *habeas corpus*, bem como as previstas nos arts. 497, 498 e 536 do NCPC. Essas sentenças contêm uma ordem, uma determinação, dirigida: à autoridade impetrada para cassar ou suspender o ato tachado de ilegal ou arbitrário; ou ao réu para que entregue, faça ou deixe de fazer alguma coisa.

Por outro lado, o nosso ordenamento passou a reconhecer as **sentenças executivas *lato sensu*,** pois, nas ações que tenham por objeto o cumprimento da obrigação de fazer ou não fazer, o juiz poderá, na sentença, se procedente o pedido, determinar providências que assegurem o resultado prático equivalente ao do adimplemento, independentemente da instauração de um processo de execução. Exemplo clássico de sentença executiva *lato sensu* é a proferida na ação de despejo. Ademais, nas hipóteses dos arts. 536, § 1º, e 498 do NCPC, o juiz poderá, para a efetivação da tutela específica ou a obtenção do resultado prático equivalente, determinar, de ofício ou a requerimento, as medidas executivas necessárias, tais como a imposição de multa por tempo de atraso, busca e apreensão, remoção de pessoas e coisas, desfazimento de obras e impedimento de atividade nociva, se necessário com requisição de força policial.

As referidas normas do moderno processo civil reconhecem as sentenças mandamental e executiva *lato sensu*. Desse modo, e tendo em vista a lacuna normativa da CLT e a perfeita compatibilidade principiológica com o processo do trabalho, podem e devem ser amplamente utilizadas na Justiça Obreira. Nesse sentido:

> AGRAVO DE PETIÇÃO – SENTENÇA EXEQUENDA QUE RECONHECE O DIREITO À EQUIPARAÇÃO SALARIAL – CARÁTER MANDAMENTAL – EXIGIBILIDADE DA OBRIGAÇÃO DE FAZER. A decisão proferida na fase cognitiva, relativamente ao reconhecimento à equiparação salarial, assume contornos de natureza mandamental, porquanto a antidiscriminação (arts. 5º, *caput*, I, e 7º, XXX e XXXII, da CRFB) objetiva o realinhamento dos salários quando preenchidos os requisitos fixados pela norma infraconstitucional (art. 461 da CLT), estando o empregador jungido ao cumprimento dessa obrigação ante os efeitos irradiados daquele comando jurisdicional" (TRT-23ª R., AP 00892.2003.004.23.00-0, Rel. Juiz Convocado Paulo Brescovici, TP, *DO* 2.6.2006).

> CONCURSO PÚBLICO – APROVAÇÃO – APRESENTAÇÃO DE DOCUMENTOS EXIGIDOS NO EDITAL PARA A CONTRATAÇÃO – DEMISSÃO IMOTIVADA – REINTEGRAÇÃO – Uma vez comprovado que a obreira submeteu-se regularmente a concurso público e que, ao tempo da contratação, apresentou os documentos exigidos no edital, tem-se como imotivada a demissão, pelo que impende seja determinada a sua reintegração. FAZENDA PÚBLICA – TUTELA ANTECIPADA – OBRIGAÇÃO DE FAZER – POSSIBILIDADE – Uma vez presentes os requisitos exigidos no art. 273 e incisos do CPC, não há falar em impossibilidade de antecipação de tutela de obrigação de fazer contra a Fazenda Pública. Como é cediço, decisões judiciais, em casos que tais, são dotadas de eficácia executiva *lato sensu*, não configurando execução no sentido ordinário da palavra, mas tão-somente implementação (TRT-22ª R, RO 00976-2006-105-22-00-6, Rel. Des. Liana Chaib, TP, DJT/PI, p. 8, 10.10.2007).

2. Requisitos da sentença

O art. 832 da CLT dispõe expressamente sobre os elementos que devem constar da sentença, a saber: o nome das partes; o resumo do pedido e da defesa; a apreciação das provas; os fundamentos da decisão; a respectiva conclusão.

Já o art. 489 do CPC disciplina os requisitos essenciais da sentença no processo civil, sendo que a interpretação lógica do art. 832 da CLT autoriza-nos a dizer que os requisitos constantes na sentença trabalhista equivalem ao *relatório*, aos *fundamentos* e à *conclusão* da sentença prevista na lei civil de ritos.

Nas ações individuais plúrimas todos os litisconsortes devem estar nominados. Porém, na substituição processual, como a parte é o próprio substituto processual, e não os substituídos, parece-nos ilegal a identificação destes últimos ou mesmo a famosa "lista de substituídos", o que, provavelmente, levou o TST a cancelar a Súmula n. 310, V, do TST.

São, portanto, **requisitos essenciais** da sentença trabalhista: o relatório, a fundamentação e o dispositivo.

A sentença deve conter o **relatório**, também chamado de histórico, que é requisito em que se objetiva a comprovação de que o juiz examinou e estudou as questões discutidas nos autos, pois é o local onde registra o objeto da lide, o resumo do pedido e da resposta, bem como as principais ocorrências processuais, como provas, propostas de conciliação, razões finais etc.

No processo do trabalho a prática tem demonstrado que os relatórios, tendo em vista os princípios de celeridade e simplicidade, geralmente não observam o comando legal (CLT, art. 832). Tal realidade, entretanto, acaba muitas vezes por violar outros princípios fundamentais referentes ao devido processo legal e provocar a interposição de recursos contra tais sentenças, nos quais se requer a declaração de nulidade e baixa dos autos para novo julgamento, o que, em última análise, acaba comprometendo o andamento célere do processo.

Por outro lado, em se tratando de ação sujeita ao procedimento sumaríssimo, apesar de a lei expressamente dispensar o relatório (CLT, art. 852-I), o juiz continua tendo o dever de fazer constar "o resumo dos fatos relevantes ocorridos na audiência", o que não deixa de ser, a nosso ver, uma forma sintética de relatório, que, a rigor, acaba ficando implícito na fundamentação.

Conclui-se, portanto, que, nos contornos da legislação trabalhista, sentença sem relatório, salvo se for prolatada em procedimento sumaríssimo, é nula de pleno direito, tendo em vista o caráter imperativo do art. 832 da CLT, combinado com o art. 458, I, do CPC/73 (NCPC, art. 489, I).

O segundo requisito da sentença é a sua **fundamentação**, ou motivação, que constitui a base intelectual do *decisum*, ou as razões de decidir do magistrado. Em qualquer decisão judicial, seja sentença terminativa ou definitiva, seja decisão interlocutória, os motivos ostentam dignidade de garantia constitucional, porquanto encontram residência expressa no art. 93, IX, da CF, de modo que sua inobservância implica nulidade absoluta da decisão judicial.

Na fundamentação da sentença o juiz deve seguir uma ordem no exame circunstanciado sobre: (1º) os pressupostos processuais (de constituição e de desenvolvimento); (2º) as condições da ação (possibilidade jurídica do pedido, legitimação das partes e interesse processual); (3º) as questões prejudiciais de mérito (prescrição, decadência); (4º) o mérito propriamente dito, ou seja, o pedido, a lide, o objeto litigioso.

Há quem dispense o exame de todas as questões suscitadas pelas partes, considerando válida a sentença que apenas informar os motivos do seu convencimento. Pensamos, todavia, que tal entendimento impede a parte de ter acesso amplo às Cortes Superiores, com ampla possibilidade de violação aos princípios da ampla defesa e da obrigatoriedade de motivação, o que pode implicar negativa de prestação jurisdicional completa. Há dissenso jurisprudencial a respeito, como se infere dos seguintes arestos:

> RECURSO DE REVISTA DO RECLAMANTE. NULIDADE DO V. ACÓRDÃO REGIONAL POR NEGATIVA DE PRESTAÇÃO JURISDICIONAL. A completa prestação jurisdicional caracteriza-se pelo oferecimento de decisão, devidamente motivada, com base nos elementos fáticos e jurídicos pertinentes e relevantes para a solução da lide. Não há como confundir fundamentação da decisão, indispensável para a sua validade, com necessidade de manifestação sobre todos os argumentos, debatidos pelos litigantes, quando já existente nos autos elementos suficientes para o convencimento do Juízo. Deste modo, ao contrário do alegado, há motivação da decisão, o que afasta a nulidade arguida, restando ilesos os arts. 93, IX, da CF e 832 da CLT. Não conheço [...]. (TST-RR 119700-22.2006.5.03.0043, Rel. Min. Aloysio Corrêa da Veiga, 6ª T., *DJ* 26.6.2009).

> I – AGRAVO DE INSTRUMENTO. PROVIMENTO. NEGATIVA DE PRESTAÇÃO JURISDICIONAL. Diante de potencial violação do art. 93, IX, da Constituição Federal, merece processamento o recurso de revista. Agravo de instrumento conhecido e provido. II – RECURSO DE REVISTA. NEGATIVA DE PRESTAÇÃO JURISDICIONAL. A completa prestação jurisdicional se faz pela resposta a todos os argumentos regulares postos pelos litigantes, imprescindíveis ao integral esclarecimento da controvérsia, não podendo o julgador resumir-se àqueles que conduzem ao seu convencimento. A omissão quanto aos pontos relevados pelas partes pode conduzir a prejuízos consideráveis, não só pela possibilidade de sucesso ou derrota, mas também em face das imposições dos desdobramentos da competência funcional. O imperativo do prequestionamento, para acesso à instância extraordinária (Súmula n. 297/TST), exige o pronunciamento judicial sobre aspectos manejados pelas partes, em suas intervenções processuais oportunas, sob pena de se impedir a verificação dos pressupostos típicos do recurso de revista (CLT, art. 896), sem menção ao manifesto defeito de fundamentação (Constituição Federal, art. 93, IX). Recurso de revista conhecido e provido (TST-RR 161240-21.2004.5.05.0025, Rel. Min. Alberto Luiz Bresciani de Fontan Pereira, 3ª T., *DJ* 27.3.2009).

É importante lembrar, nesse passo, que os §§ 1º a 3º do art. 489 do CPC passaram a exigir maior detalhamento da fundamentação, a chamada fundamentação exauriente, nos seguintes termos:

> Art. 489. São elementos essenciais da sentença:
>
> (...) II – os fundamentos, em que o juiz analisará as questões de fato e de direito;
>
> § 1º Não se considera fundamentada qualquer decisão judicial, seja ela interlocutória, sentença ou acórdão, que: I – se limitar à indicação, à reprodução ou à paráfrase de ato normativo, sem explicar sua relação com a causa ou a questão decidida; II – empregar conceitos jurídicos indeterminados, sem explicar o motivo concreto de sua incidência

no caso; III – invocar motivos que se prestariam a justificar qualquer outra decisão; IV – não enfrentar todos os argumentos deduzidos no processo capazes de, em tese, infirmar a conclusão adotada pelo julgador; V – se limitar a invocar precedente ou enunciado de súmula, sem identificar seus fundamentos determinantes nem demonstrar que o caso sob julgamento se ajusta àqueles fundamentos; VI – deixar de seguir enunciado de súmula, jurisprudência ou precedente invocado pela parte, sem demonstrar a existência de distinção no caso em julgamento ou a superação do entendimento.

§ 2º No caso de colisão entre normas, o juiz deve justificar o objeto e os critérios gerais da ponderação efetuada, enunciando as razões que autorizam a interferência na norma afastada e as premissas fáticas que fundamentam a conclusão.

§ 3º A decisão judicial deve ser interpretada a partir da conjugação de todos os seus elementos e em conformidade com o princípio da boa-fé.

Será que os §§ 1º, 2º e 3º do art. 489 do NCPC são aplicáveis no processo do trabalho?

Para uns, a resposta é não, pois, além de inexistir lacuna da CLT, já que o art. 832 exige apenas os fundamentos da sentença, a aplicação dos referidos dispositivos na seara laboral colide com os princípios da simplicidade e da celeridade que informam o processo do trabalho, máxime porque neste setor especializado a petição inicial veicula normalmente múltiplos pedidos lastreados em inúmeras causas de pedir e, se o juiz do trabalho for compelido a fundamentar de forma exauriente todos os argumentos deduzidos pelas partes, restariam olvidados os princípios constitucionais de efetividade do acesso à justiça e da duração razoável do processo.

Outros sustentam que, por força do art. 15 do NCPC, a lacuna da CLT permite a aplicação dos citados dispositivos, mesmo porque eles efetivam os princípios constitucionais do contraditório e ampla defesa, da segurança jurídica e da fundamentação das decisões judiciais (CF, art. 93, IX), aumentando a confiança dos jurisdicionados no Poder Judiciário e reduzindo a litigiosidade e o elevado número de recursos judiciais.

Como defendemos a heterointegração dos sistemas processuais civil e trabalhista, mediante o diálogo virtuoso de suas fontes normativas, entendemos que no Estado Democrático de Direito é dever das partes, do juiz e de todos que participam da relação jurídica processual colaborar para que o serviço público jurisdicional seja prestado com qualidade e eficiência, de modo a propiciar a tutela adequada, tempestiva e justa dos direitos, especialmente dos direitos humanos fundamentais de ordem social, como o são os direitos sociais dos trabalhadores.

Afinal, como salientam Marinoni, Arenhart e Mitidiero (2015, p. 492):

> A fundamentação das decisões judiciais é o ponto central em que se apoia o Estado Constitucional, constituindo elemento inarredável de nosso processo justo (...) a justificação das decisões judiciais serve como ferramenta para o adequado funcionamento do sistema jurídico.

> A fundamentação deve ser concreta, estruturada e completa: deve dizer respeito ao caso concreto, estruturando-se a partir de conceitos e critérios claros e pertinentes e conter uma completa análise dos argumentos relevantes sustentados pelas partes em suas manifestações. Fora daí, não se considera fundamentada qualquer decisão (arts. 93, IX, CF, e 9º, 10, 11 e 489, §§ 1º e 2º, CPC).

No mesmo sentido, Nery Junior (2015, p. 1153) ressalta que a fundamentação é extremamente importante na construção do raciocínio do juiz, que justifica seu *status* constitucional: como extensão do poder estatal, e como entidade imparcial no processo, o juiz deve expor os motivos que lhe formaram o convencimento, como mostra de que o dever do Estado de distribuir justiça foi cumprido, e também como expressão do princípio do contraditório e ampla defesa.

É imperioso notar que a fundamentação exauriente propiciará a formação dos precedentes judiciais e permitirá às partes, por exemplo, saber se sua causa será ou não alcançada pelos incidentes de resolução de demandas repetitivas ou recursos repetitivos.

Desse modo, parece-nos que **não será considerada fundamentada qualquer decisão**, seja ela interlocutória, sentença ou acórdão, que:

I – **se limitar à indicação, à reprodução ou à paráfrase de ato normativo, sem explicar sua relação com a causa ou a questão decidida**, porque o órgão julgador tem o dever de examinar o caso concreto, apontando as razões que o levaram a interpretar e aplicar determinada prescrição normativa, já que no Estado Democrático de Direito o juiz é responsável pela criação de norma jurídica. Assim, não basta o juiz indicar o preceito normativo. É preciso que ele o examine à luz dos fatos e do direito alegado pelas partes;

II – **empregar conceitos jurídicos indeterminados, sem explicar o motivo concreto de sua incidência no caso**, porquanto o ordenamento jurídico no Estado Democrático de Direito está recheado de conceitos jurídicos indeterminados, princípios gerais do direito, conceitos vagos ou cláusulas gerais, como "função social", "dignidade humana", "boa-fé", "medidas necessárias" etc., servindo a fundamentação para impedir o arbítrio do juiz nos casos concretos que lhe são submetidos à cognição;

Leciona Nelson Nery Junior (2015, p. 1155) que os conceitos legais indeterminados e as cláusulas gerais são enunciações abstratas feitas pela lei, que exigem valoração para que o juiz possa preencher o seu conteúdo. Preenchido o conteúdo valorativo por obra do juiz, este decide de acordo com a consequência previamente estabelecida pela lei (conceito legal indeterminado) ou construirá a solução que lhe parecer a mais adequada para o caso concreto (cláusula geral). Reforça-se, aqui, o papel do juiz como principal protagonista na interpretação e aplicação do ordenamento jurídico.

III – **invocar motivos que se prestariam a justificar qualquer outra decisão**, uma vez que nosso sistema constitucional reconhece a existência de desigualdades sociais e regionais (CF, art. 3º, III), sendo dever do juiz fundamentar a sua decisão de modo a identificar os fatos, os valores e as condições sociais, econômicas, culturais, políticas e jurídicas das partes na promoção da tutela jurisdicional;

IV – **não enfrentar todos os argumentos deduzidos no processo capazes de, em tese, infirmar a conclusão adotada pelo julgador**, porquanto é dever do juiz, como sujeito do processo, participar e promover o debate em torno da construção da decisão judicial. É preciso advertir, contudo, que, assim como o juiz não pode proferir "decisão surpresa", as partes também não podem trazer aos autos "argumento surpresa". Dessa forma, os argumentos equivalem aos fundamentos jurídicos da postulação autoral ou da defesa, razão pela qual somente os fundamentos realmente importantes e que poderiam, em tese, alterar o comando sentencial devem ser enfrentados na fundamentação. Havendo omissão na decisão, cabe à parte interpor embargos de declaração, os quais não poderão mais ser rejeitados "ao argumento de que o juiz não está obrigado a pronunciar-se sobre todos os pontos da causa". Na verdade, o juiz tem o dever de se pronunciar sobre as matérias, questões e pontos que possam influir no acolhimento ou na rejeição do pedido formulado na ação ou na defesa;

V – **se limitar a invocar precedente ou enunciado de súmula, sem identificar seus fundamentos determinantes nem demonstrar que o caso sob julgamento se ajusta àqueles fundamentos**, na medida em que não se considera fundamentada a simples citação ou transcrição de precedente, súmula ou orientação jurisprudencial para deferir ou indeferir a postulação das partes, sem que o juiz faça a análise dos fatos e dos direitos alegados pelas partes sob a perspectiva do verbete invocado pelo magistrado. A hipótese em tela se assemelha àqueloutra prevista no inciso I *supra*;

VI – **deixar de seguir enunciado de súmula, jurisprudência ou precedente invocado pela parte, sem demonstrar a existência de distinção no caso em julgamento ou a superação do entendimento**. Neste caso, adverte Nelson Nery Junior, com razão, que somente a súmula vinculante editada pelo STF, nos casos e formas estabelecidos na CF, tem natureza de texto normativo geral e abstrato, equivalendo, portanto, à lei.

Nessa perspectiva, revela-se inconstitucional não somente o inciso VI sob exame, como também os incisos III, IV e V do art. 927 do NCPC. Logo, a não aplicação de súmula simples ou jurisprudência (precedente) dos tribunais aos quais esteja vinculado o juiz não implica falta de fundamentação, pois ele somente está obrigado a adotar a súmula vinculante.

Caso o STF venha a declarar que são constitucionais os referidos dispositivos do NCPC, será nula a sentença, por deficiência de fundamentação, que deixar de enfrentar que o enunciado de súmula simples, jurisprudência ou precedente invocado pela parte, é distinto (*distinguish*) do caso em julgamento ou superado (*overruling*) por novo entendimento pelos tribunais a respeito da súmula, jurisprudência ou precedente invocados pelas partes.

Ainda em relação à fundamentação, é importante registrar que o art. 15 da IN n. 39/2016 do TST dispõe, *in verbis*:

> Art. 15. O atendimento à exigência legal de fundamentação das decisões judiciais (CPC, art. 489, § 1º) no Processo do Trabalho observará o seguinte:
>
> I – por força dos arts. 332 e 927 do CPC, adaptados ao Processo do Trabalho, para efeito dos incisos V e VI do § 1º do art. 489 considera-se "precedente" apenas: a) acórdão proferido pelo Supremo Tribunal Federal ou pelo Tribunal Superior do Trabalho em julgamento de recursos repetitivos (CLT, art. 896-B; CPC, art. 1.046, § 4º); b) entendimento firmado em incidente de resolução de demandas repetitivas ou de assunção de competência; c) decisão do Supremo Tribunal Federal em controle concentrado de constitucionalidade; d) tese jurídica prevalecente em Tribunal Regional do Trabalho e não conflitante com súmula ou orientação jurisprudencial do Tribunal Superior do Trabalho (CLT, art. 896, § 6º); e) decisão do plenário, do órgão especial ou de seção especializada competente para uniformizar a jurisprudência do tribunal a que o juiz estiver vinculado ou do Tribunal Superior do Trabalho;
>
> II – para os fins do art. 489, § 1º, incisos V e VI, do CPC, considerar-se-ão unicamente os precedentes referidos no item anterior, súmulas do Supremo Tribunal Federal, orientação jurisprudencial e súmula do Tribunal Superior do Trabalho, súmula de Tribunal Regional do Trabalho não conflitante com súmula ou orientação jurisprudencial do TST, que contenham explícita referência aos fundamentos determinantes da decisão (*ratio decidendi*);
>
> III – não ofende o art. 489, § 1º, inciso IV, do CPC a decisão que deixar de apreciar questões cujo exame haja ficado prejudicado em razão da análise anterior de questão subordinante;
>
> IV – o art. 489, § 1º, IV, do CPC não obriga o juiz ou o Tribunal a enfrentar os fundamentos jurídicos invocados pela parte, quando já tenham sido examinados na formação dos precedentes obrigatórios ou nos fundamentos determinantes de enunciado de súmula;
>
> V – decisão que aplica a tese jurídica firmada em precedente, nos termos do item I, não precisa enfrentar os fundamentos já analisados na decisão paradigma, sendo suficiente, para fins de atendimento das exigências constantes no art. 489, § 1º, do CPC, a correlação fática e jurídica entre o caso concreto e aquele apreciado no incidente de solução concentrada;
>
> VI – é ônus da parte, para os fins do disposto no art. 489, § 1º, V e VI, do CPC, identificar os fundamentos determinantes ou demonstrar a existência de distinção no caso em julgamento ou a superação do entendimento, sempre que invocar precedente ou enunciado de súmula.

O último requisito da sentença é a **conclusão**, também chamada de **dispositivo** ou ***decisum***, expressões sinônimas empregadas para designar a parte final da sentença, na qual o juiz cumpre a sua função no processo de cognição, acolhendo ou rejeitando as pretensões das partes ou, ainda, declarando extinto o processo sem resolução do mérito, e que será, posteriormente, coberta pelo manto da coisa julgada. A sentença sem dispositivo é mais que nula, é inexistente (TEIXEIRA FILHO, 1994, p. 359-360).

O dispositivo pode ser **direto** ou **indireto**. Naquele o juiz exprime diretamente, com as suas próprias palavras, a conclusão da sentença, neste o juiz reporta-se ao pedido descrito na petição inicial, declarando-o procedente ou improcedente.

Pertinente, nesse passo, a observação de Francisco Antonio de Oliveira, para quem:

> o dispositivo indireto deve ser evitado por desmerecer o julgado e dificultar sobremaneira os demais atos posteriores, em especial a liquidação de sentença e a própria execução, obrigando a todos, inclusive ao próprio juiz, com leitura ociosa que poderia ser evitada com *decisum* direto, claro. A fazer uso da lei do mínimo esforço o julgador demonstra preguiça e deixa expresso na sentença esse seu defeito para que todos vejam (1999, p. 562).

Outro costume na prática forense trabalhista é a existência de sentenças em que o dispositivo se limita a reportar-se à fundamentação, o que nos parece inadequado, pois tal procedimento pode redundar em insegurança e incertezas a respeito do que, efetivamente, transitou ou não em julgado, gerando discussões intermináveis que acabam por retardar a prestação jurisdicional.

Além dos requisitos essenciais (relatório, fundamentação e dispositivo), o processo do trabalho exige alguns **requisitos complementares da sentença**, os quais devem constar do dispositivo, conforme parágrafos do art. 832 da CLT. Assim, quando a decisão concluir pela procedência do pedido, determinará o prazo e as condições para o seu cumprimento, como também mencionará sempre as custas que devam ser pagas pela parte vencida.

Na prática, os juízes estipulam o prazo de oito dias para cumprimento da(s) obrigação(ões) contida(s) na sentença. Tal regra, porém, não se aplica às sentenças desfavoráveis aos entes de direito público, salvo na hipótese de não cabimento do duplo grau de jurisdição obrigatório, ou seja, da remessa necessária (Súmula n. 303 do TST).

Outra peculiaridade no processo do trabalho é a de que as decisões cognitivas ou homologatórias deverão sempre indicar a natureza jurídica das parcelas constantes da condenação ou do acordo homologado, inclusive o limite de responsabilidade de cada parte pelo recolhimento da contribuição previdenciária, se for o caso (CLT, art. 831, § 3º). Nesse sentido, o item II da Súmula n. 368 do TST:

> É do empregador a responsabilidade pelo recolhimento das contribuições previdenciárias e fiscais, resultantes de crédito do empregado oriundo de condenação judicial. A culpa do empregador pelo inadimplemento das verbas remuneratórias, contudo, não exime a responsabilidade do empregado pelos pagamentos do imposto de renda devido e da contribuição previdenciária que recaia sobre sua quota-parte (ex-OJ n. 363 da SBDI-1, parte final).

Na mesma linha, prevê a OJ n. 368 da SBDI-1/TST:

> DESCONTOS PREVIDENCIÁRIOS. ACORDO HOMOLOGADO EM JUÍZO. INEXISTÊNCIA DE VÍNCULO EMPREGATÍCIO. PARCELAS INDENIZATÓRIAS. AUSÊNCIA DE DISCRIMINAÇÃO. INCIDÊNCIA SOBRE O VALOR TOTAL. É devida a incidência

das contribuições para a Previdência Social sobre o valor total do acordo homologado em juízo, independentemente do reconhecimento de vínculo de emprego, desde que não haja discriminação das parcelas sujeitas à incidência da contribuição previdenciária, conforme parágrafo único do art. 43 da Lei n. 8.212, de 24.07.1991, e do art. 195, I, "a", da CF/1988.

Caso a sentença seja omissa a respeito dos descontos relativos à contribuição previdenciária ou ao imposto de renda, o TST entende que não há violação à lei a ponto de rescindir o julgado, salvo se expressamente a sentença excluir a incidência de tais descontos (Súmula n. 401 do TST).

Tratando-se de sentença homologatória de acordo entabulado entre as partes, apelidado de "Termo de Conciliação" (CLT, art. 831, parágrafo único), que contenha parcela indenizatória, será dela intimada a União, por via postal, para, querendo, interpor recurso relativo às contribuições que entender devidas. A respeito da competência e da responsabilidade pelo recolhimento das contribuições previdenciárias, o TST editou a Súmula n. 368:

I – A Justiça do Trabalho é competente para determinar o recolhimento das contribuições fiscais. A competência da Justiça do Trabalho, quanto à execução das contribuições previdenciárias, limita-se às sentenças condenatórias em pecúnia que proferir e aos valores, objeto de acordo homologado, que integrem o salário de contribuição.

II – É do empregador a responsabilidade pelo recolhimento das contribuições previdenciárias e fiscais, resultantes de crédito do empregado oriundo de condenação judicial. A culpa do empregador pelo inadimplemento das verbas remuneratórias, contudo, não exime a responsabilidade do empregado pelos pagamentos do imposto de renda devido e da contribuição previdenciária que recaia sobre sua quota-parte.

III – Os descontos previdenciários relativos à contribuição do empregado, no caso de ações trabalhistas, devem ser calculados mês a mês, de conformidade com o art. 276, § 4º, do Decreto n. 3.048/1999 que regulamentou a Lei n. 8.212/1991, aplicando-se as alíquotas previstas no art. 198, observado o limite máximo do salário de contribuição.

IV – Considera-se fato gerador das contribuições previdenciárias decorrentes de créditos trabalhistas reconhecidos ou homologados em juízo, para os serviços prestados até 4.3.2009, inclusive, o efetivo pagamento das verbas, configurando-se a mora a partir do dia dois do mês seguinte ao da liquidação (art. 276, *caput*, do Decreto 3.048/1999). Eficácia não retroativa da alteração legislativa promovida pela Medida Provisória n. 449/2008, posteriormente convertida na Lei n. 11.941/2009, que deu nova redação ao art. 43 da Lei n. 8.212/91.

V – Para o labor realizado a partir de 5.3.2009, considera-se fato gerador das contribuições previdenciárias decorrentes de créditos trabalhistas reconhecidos ou homologados em juízo a data da efetiva prestação dos serviços. Sobre as contribuições previdenciárias não recolhidas a partir da prestação dos serviços incidem juros de mora e, uma vez apurados os créditos previdenciários, aplica-se multa a partir do exaurimento do prazo de citação para pagamento, se descumprida a obrigação, observado o limite legal de 20% (art. 61, § 2º, da Lei n. 9.430/96).

VI – O imposto de renda decorrente de crédito do empregado recebido acumuladamente deve ser calculado sobre o montante dos rendimentos pagos, mediante a utilização de tabela progressiva resultante da multiplicação da quantidade de meses a que se refiram os rendimentos pelos valores constantes da tabela progressiva mensal correspondente ao mês do recebimento ou crédito, nos termos do art. 12-A da Lei n. 7.713, de 22.12.1988, com a redação conferida pela Lei n. 13.149/2015, observado o procedimento previsto nas Instruções Normativas da Receita Federal do Brasil.

No mesmo sentido é a Súmula Vinculante n. 53:

A competência da Justiça do Trabalho prevista no art. 114, VIII, da Constituição Federal alcança a execução de ofício das contribuições previdenciárias relativas ao objeto da condenação constante das sentenças que proferir e acordos por ela homologados.

Cumpre ressaltar que a validade da sentença não fica adstrita à satisfação dos requisitos essenciais consubstanciados no art. 832 da CLT, uma vez que, em nosso sistema processual, o juiz não pode, ressalvados alguns casos especiais (*v. g.*, art. 496 da CLT), decidir acima, fora ou aquém dos limites da lide, ou seja, do pedido. Daí falar em proibição de julgamentos *ultra petita, extra petita* ou *citra petita*.

Com efeito, dispõe o art. 492 do CPC que é defeso ao juiz proferir sentença, a favor do autor, de natureza diversa da pedida, bem como condenar o réu em quantidade superior ou em objeto diverso do que lhe foi demandado.

Enfatizando tal proibição, o art. 141 do NCPC dispõe que o juiz deve decidir a lide nos limites em que foi proposta, sendo-lhe defeso conhecer de questões, não suscitadas, a cujo respeito a lei exige a iniciativa da parte.

Nesse passo, lembra o saudoso Valentin Carrion (2002, p. 611) que "a sentença que julga *ultra petita* (além do pleiteado) e a que o faz *extra petita* (fora do que o autor pretendeu) são reformáveis, mediante recurso; a sentença *citra petita* (que não se manifesta sobre algum dos pedidos) é anulável".

Além de ser atacável por recurso, a sentença que contém julgamento *extra, ultra* ou *citra petita* pode ser passível de ataque via ação rescisória, a teor do art. 966, V, do NCPC, por violação aos arts. 832 da CLT e 492 do NCPC.

Cumpre assinalar, no entanto, que há algumas exceções legais que autorizam o julgamento *extra* ou *ultra petita*, como no caso previsto no art. 496 da CLT, segundo o qual, quando a reintegração do empregado estável for desaconselhável, dado o grau de incompatibilidade resultante do dissídio, especialmente quando for o empregador pessoa física, o tribunal do trabalho poderá converter aquela obrigação em indenização. Nesse sentido, dispõe o item II da Súmula n. 396 do TST que: "Não há nulidade por julgamento *extra petita* da decisão que deferir salário quando o pedido for de reintegração, dados os termos do art. 496 da CLT."

Exemplo de julgamento *ultra petita* válido é o contemplado no art. 137, §§ 1º e 2º, da CLT:

Art. 137. Sempre que as férias forem concedidas após o prazo de que trata o art. 134, o empregador pagará em dobro a respectiva remuneração.

§ 1º Vencido o mencionado prazo sem que o empregador tenha concedido as férias, o empregado poderá ajuizar reclamação pedindo a fixação, por sentença, da época de gozo das mesmas.

§ 2º A sentença cominará pena diária de 5% (cinco por cento) do salário mínimo da região, devida ao empregado até que seja cumprida.

Vale dizer, não haverá nulidade por julgamento *ultra petita* se a sentença condenar o empregador, ainda que omissa a petição inicial, ao pagamento em dobro da remuneração das férias (*caput*) ou da multa de 5% devida até o cumprimento efetivo da sentença.

No que tange ao julgamento *citra petita*, o TST pacificou o entendimento de que tal vício empolga até mesmo ação rescisória (OJ n. 41 da SDI-2). Um exemplo válido de sentença *citra petita* é o previsto no art. 484 da CLT, que permite ao juiz, no caso de culpa recíproca, reduzir a indenização que seria devida ao empregado.

Por força do art. 791-A da CLT, acrescentado pela Lei n. 13.467/2017, a sentença também deverá dispor, caso a parte esteja representada por advogado, sobre honorários advocatícios.[1]

Com efeito, ao advogado, ainda que atue em causa própria, serão devidos honorários de sucumbência, fixados entre o mínimo de 5% (cinco por cento) e o máximo de 15% (quinze por cento) sobre o valor que resultar da liquidação da sentença, do proveito econômico obtido ou, não sendo possível mensurá-lo, sobre o valor atualizado da causa. Os honorários são devidos também nas ações contra a Fazenda Pública e nas ações em que a parte estiver assistida ou substituída pelo sindicato de sua categoria.

Nos termos do § 2º do art. 791-A da CLT, ao fixar os honorários, o juízo observará:

I – o grau de zelo do profissional;

II – o lugar de prestação do serviço;

III – a natureza e a importância da causa;

IV – o trabalho realizado pelo advogado e o tempo exigido para o seu serviço.

Por fim, na hipótese de procedência parcial, o juízo arbitrará honorários de sucumbência recíproca, vedada a compensação entre os honorários advocatícios (CLT, art. 791-A, § 3º).[2]

3. Termo de conciliação e seus efeitos

Diz o art. 831 da CLT que a decisão será proferida depois de rejeitada pelas partes a proposta de conciliação, sendo certo que, nos termos do parágrafo único do mesmo artigo, no caso de conciliação, o termo que for lavrado valerá como

(1) Sobre condenação em honorários advocatícios, *vide* Capítulo VIII, item 1.2.

(2) Sobre procedência parcial e honorários advocatícios, *vide* Capítulo VIII, item 1.2.

decisão irrecorrível, salvo para a Previdência Social quanto às contribuições que lhe forem devidas.

O termo de conciliação previsto no preceptivo em causa é, para alguns, mero ato processual de jurisdição voluntária, com o que, em ação ordinária, poderá ser discutido o alcance do conteúdo e anular o ato jurídico que não constitui coisa julgada. Outros o equiparam à sentença de mérito, a teor do art. 487, III, do NCPC, pois "valerá como decisão irrecorrível", ou seja, tem aptidão para produzir a coisa julgada material, desafiando, apenas, ação rescisória, nos estreitos limites dessa ação especial.

O TST se filia à segunda corrente, como se infere da sua Súmula n. 259. Todavia, a parte final do parágrafo único do art. 831 da CLT excepciona a qualidade de coisa julgada material do referido termo de conciliação em relação à "Previdência Social quanto às contribuições que lhe forem devidas". A razão é simples: a Previdência Social (INSS, posteriormente sucedido pela União) não figura como sujeito da lide no processo (ou fase) de conhecimento. Logo, não pode ser alcançada pela coisa julgada.

Se as partes estiverem representadas por advogados, estes poderão assinar o termo, desde que tenham poderes especiais para transigir ou firmar acordo.

Do termo de conciliação, devem constar o prazo, se for o caso, e as demais condições para o seu cumprimento. É o que diz o § 1º do art. 846 da CLT. Entre as condições referidas nesse parágrafo, poderá ser estabelecida a de ficar a parte que não cumprir o acordo obrigada a satisfazer integralmente o pedido ou a pagar uma indenização convencionada, sem prejuízo do cumprimento do acordo.

O descumprimento do acordo poderá ensejar quatro situações, isoladas ou cumulativamente: (a) a satisfação integral dos valores constantes do pedido formulado na petição inicial; (b) o pagamento de uma indenização convencionada; (c) as duas hipóteses acima, cumulativamente; (d) ocorrendo qualquer uma das três situações acima, não haverá prejuízo do cumprimento integral do acordo.

Para assegurar a eficácia do termo, as partes estipulam (ou o juiz fixa) uma multa pelo descumprimento do acordo. Essa multa não poderá ser superior à obrigação principal, pois a sua natureza é de cláusula penal (CC, art. 412).

É lícito às partes celebrar acordo que ponha termo ao processo, mesmo depois de encerrado o juízo conciliatório (CLT, art. 764). Mas, nos termos do § 6º do art. 831 da CLT, o "acordo celebrado após o trânsito em julgado da sentença ou após a elaboração dos cálculos de liquidação de sentença não prejudicará os créditos da União".

O juiz, contudo, não está obrigado a homologar o acordo entabulado diretamente pelas partes, não constituindo o ato de indeferimento violação a direito líquido e certo dos interessados (TST, Súmula n. 418). Parece-nos, porém, que o ato do juiz que indefere a homologação do acordo deve ser fundamentado, sob pena de nulidade (CF, art. 93, IX).

Quanto às contribuições previdenciárias que devem constar do termo de conciliação, o § 3º do art. 831 da CLT dispõe que as "decisões cognitivas ou homologatórias deverão sempre indicar a natureza jurídica das parcelas constantes da condenação ou do acordo homologado, inclusive o limite de responsabilidade de cada parte pelo recolhimento da contribuição previdenciária, se for o caso".

Nos termos do § 4º do art. 831 da CLT, a União será intimada das decisões homologatórias de acordos que contenham parcela indenizatória, na forma do art. 20 da Lei n. 11.033, de 21 de dezembro de 2004, facultada a interposição de recurso relativo aos tributos que lhe forem devidos.

Intimada da sentença (ou do termo de conciliação), a União poderá interpor recurso relativo à discriminação de que trata o § 3º do art. 831 da CLT.

3.1. Homologação de Acordo Extrajudicial

A Lei n. 13.467/2017 inseriu na CLT (arts. 855-B a 855-E) uma modalidade de acordo extrajudicial, conferindo ao Juiz de Vara do Trabalho a competência para decidir sobre a homologação de tal acordo (CLT, art. 652, *f*).

Com efeito, o processo de homologação de acordo extrajudicial terá início por petição conjunta, sendo obrigatória a representação das partes por advogado. Mas as partes não poderão ser representadas por advogado comum, sendo facultado ao trabalhador ser assistido pelo advogado do sindicato de sua categoria.

A instauração do processo de homologação de acordo extrajudicial não prejudica o prazo estabelecido no § 6º do art. 477 da CLT (pagamento das verbas rescisórias) nem afasta a aplicação da multa prevista no § 8º do art. 477 da CLT.

No prazo de quinze dias a contar da distribuição da petição, o juiz analisará o acordo, designará audiência se entender necessário e proferirá sentença. Tendo em vista que a Lei n. 13.467/2017 não disciplinou o conteúdo dessa sentença, parece-nos aplicável, por analogia, o disposto no parágrafo único do art. 831 da CLT: "No caso de conciliação, o termo que for lavrado valerá como decisão irrecorrível, salvo para a Previdência Social quanto às contribuições que lhe forem devidas". Desse modo, somente por ação rescisória poderá ser rescindida a sentença que homologar ou não homologar o acordo extrajudicial de que cuidam os arts. 855-B a 855-E da CLT, exceto para a Previdência Social, que também poderá interpor recurso ordinário em relação às contribuições que entender lhe serem devidas.

Protocolada a petição de homologação de acordo extrajudicial fica suspenso o prazo prescricional da ação quanto aos direitos nela especificados, voltando a fluir o prazo prescricional no dia útil seguinte ao do trânsito em julgado da decisão que negar a homologação do acordo.

4. Coisa julgada

A coisa julgada produz efeitos dentro (coisa julgada formal) ou fora do processo (coisa julgada material), de modo que, atualmente, deixa de ser mero efeito, passando a ser concebida como qualidade especial da sentença. O fundamento da coisa julgada reside no imperativo de ordem prática, a fim de propiciar segurança nas relações jurídicas e promover a missão estatal de pacificar os conflitos.

Toda coisa julgada material é também formal, mas a recíproca não é verdadeira. Isso porque haverá coisa julgada material, também chamada de *res judicata*, quando a sentença julgar total ou parcialmente a lide, de modo que tal decisão terá força de lei nos limites da lide e das questões decididas. A coisa julgada material (NCPC, art. 502) merece especial proteção da ordem constitucional, já que a Carta Magna a põe a salvo até mesmo da eficácia retroativa de lei superveniente (CF, art. 5º, XXXVI). Trata-se, igualmente, de evento típico, que só diz respeito às decisões de mérito, isto é, às decisões que resolvem, no todo ou em parte, a lide, razão pela qual somente a coisa julgada material pode ser impugnada pela ação rescisória (NCPC, art. 966).

O CPC (art. 337, VII, §§ 1º a 4º) identifica a coisa julgada quando se repete ação que já foi decidida por sentença, da qual não caiba recurso, sendo certo que uma ação é idêntica a outra quando tem as mesmas partes, a mesma causa de pedir e o mesmo pedido.

De outra banda, o art. 502 do CPC denomina coisa julgada material a autoridade que torna imutável e indiscutível a decisão de mérito não mais sujeita a recurso.

Se há dois pesos que equilibram a balança do Direito – o ideal de justiça e o de segurança –, a coisa julgada material consagra o último, pois seria intolerável a possibilidade eterna de demandas sobre uma mesma lide (THEODORO JÚNIOR, 1996, p. 5).

A Súmula n. 259 do TST reconhece que o termo de conciliação homologado judicialmente produz os mesmos efeitos da coisa julgada material, já que somente "por ação rescisória é impugnável o termo de conciliação previsto no parágrafo único do art. 831 da CLT". A OJ n. 132 da SBDI-2/TST corrobora tal entendimento, nos seguintes termos:

> AÇÃO RESCISÓRIA. ACORDO HOMOLOGADO. ALCANCE. OFENSA À COISA JULGADA. Acordo celebrado – homologado judicialmente – em que o empregado dá plena e ampla quitação, sem qualquer ressalva, alcança não só o objeto da inicial, como também todas as demais parcelas referentes ao extinto contrato de trabalho, violando a coisa julgada, a propositura de nova reclamação trabalhista.

Exemplo de relativização da coisa julgada material no processo de trabalho surgiu com o acréscimo do § 5º ao art. 884 da CLT, quando se passou a considerar inexigível o título judicial fundado em lei ou ato normativo declarados inconstitucionais pelo STF ou em aplicação ou interpretação tidas por incompatíveis com a Constituição Federal. Trata-se da "coisa julgada inconstitucional". Sobre o tema, colhe-se o seguinte julgado:

> AGRAVO DE INSTRUMENTO. RECURSO DE REVISTA. AÇÃO DECLARATÓRIA DE INCONSTITUCIONALIDADE. COISA JULGADA. PLANO ECONÔMICO. ART. 884, § 5º, DA CLT. INAPLICABILIDADE. DECISÃO DENEGATÓRIA. MANUTENÇÃO. Está pacificado na jurisprudência do TST e do STJ que a nova redação dos arts. 884, § 5º, da CLT, e 741, II, do CPC, em conformidade com inovação trazida pela Medida Provisória n. 2.180-35, de 24.08.2001, somente afeta decisões que não haviam transitado em julgado até a data da referida MP. É que a Medida Provisória n. 2.180-35, em respeito ao art. 5º, XXXVI, CF, não pode violar o direito adquirido, o ato jurídico perfeito e a coisa julgada. Desse modo, não há como assegurar o processamento do recurso de revista quando o agravo de instrumento interposto não desconstitui os fundamentos da decisão denegatória, que subsiste por seus próprios fundamentos. Agravo de instrumento desprovido (TST-AIRR 40100-48.2008.5.15.0042, Rel. Min. Mauricio Godinho Delgado, 3ª T., *DEJT* 8.11.2013).

É preciso, entretanto, estabelecer certos limites para a aplicabilidade do novel § 5º do art. 884 da CLT (caso o STF o declare constitucional). Nesse sentido, lembra com razão Elpídio Donizetti que o título judicial

> somente pode ser reputado inexigível quando: a) o trânsito em julgado do acórdão do STF, contendo a declaração de inconstitucionalidade da lei ou a aplicação ou interpretação tidas por inconstitucionais, tiver ocorrido antes do trânsito em julgado da decisão exequenda; b) os efeitos da declaração de inconstitucionalidade da lei, ou da aplicação ou interpretação tidas por inconstitucionais, por *erga omnes*, isto é, decorrer de acórdão do STF, oriundo de controle abstrato (ADI, ADC ou ADPF), ou de controle concreto (RE, por exemplo), se o Senado Federal tiver expedido resolução suspendendo a execução da lei (CF, art. 52, X) antes do trânsito em julgado do título exequendo; c) a arguição de inconstitucionalidade se der em impugnação (prazo de quinze dias, a contar da impugnação da penhora) ou em ação rescisória (CPC, art. 485, V), no prazo de dois anos a contar do trânsito em julgado do título exequendo (2008, p. 368-369).

A coisa julgada material deve obedecer a certos limites subjetivos e objetivos.

Quanto aos **limites subjetivos** da coisa julgada, temos que nas ações individuais (simples ou plúrimas) a regra geral é no sentido de que somente as partes são atingidas pela autoridade de coisa julgada, e apenas por exceção é que terceiros juridicamente interessados poderão ser atingidos, como, por exemplo, o sucessor (*causa mortis*) e o cessionário (CPC, art. 506).

Quanto aos **limites objetivos** da coisa julgada, não há desejável uniformidade para responder à indagação, mormente se lembrarmos, juntamente com Sérgio Gilberto Porto (1994, p. 112 *et seq.*), a discussão travada, no Brasil, entre Liebman e Barbosa Moreira a respeito da natureza jurídica da coisa julgada, pois, para o mestre peninsular seria uma qualidade da sentença que a torna intangível no mesmo ou em qualquer outro processo, enquanto para o mestre patrício essa qualidade não seria capaz de tornar os efeitos imodificáveis, pois estes são absolutamente mutáveis.

De acordo com o art. 503 do CPC:

> Art. 503. A decisão que julgar total ou parcialmente o mérito tem força de lei nos limites da questão principal expressamente decidida.
>
> § 1º O disposto no *caput* aplica-se à resolução de questão prejudicial, decidida expressa e incidentemente no processo, se:
>
> I – dessa resolução depender o julgamento do mérito;
>
> II – a seu respeito tiver havido contraditório prévio e efetivo, não se aplicando no caso de revelia;
>
> III – o juízo tiver competência em razão da matéria e da pessoa para resolvê-la como questão principal.
>
> § 2º A hipótese do § 1º não se aplica se no processo houver restrições probatórias ou limitações à cognição que impeçam o aprofundamento da análise da questão prejudicial.

Por outro lado, o art. 504 do NCPC oferece-nos, por via reflexa, as matérias que não estão cobertas pelo manto da coisa julgada: I – os motivos, ainda que importantes para determinar o alcance da parte dispositiva da sentença; II – a verdade dos fatos, estabelecida como fundamento da sentença.

Também não são alcançadas pela coisa julgada material as sentenças que têm como base relação jurídica continuativa (CPC, art. 505), ou seja, como adverte Wagner Giglio (2000, p. 249), "não transitam em julgado as sentenças proferidas com a cláusula *rebus sic stantibus*". Um exemplo na seara laboral pode ocorrer nas ações em que as empresas são condenadas a pagar adicional de insalubridade. Alteradas as condições que ensejavam o respectivo pagamento, nova sentença poderá vir a ser prolatada, desde que a parte interessada ajuíze ação revisional. Outro exemplo é o previsto no art. 873 da CLT.

Por fim, há uma polêmica em torno do alcance da coisa julgada do processo civil (e penal) e sua repercussão no processo do trabalho, porque, de acordo com o art. 935 do CC: "A responsabilidade civil é independente da criminal, não se podendo questionar mais sobre a existência do fato, ou sobre quem seja o seu autor, quando estas questões se acharem decididas no juízo criminal."

Assim, a primeira parte do art. 935 do CC prescreve que a responsabilidade civil, que abrange a trabalhista, é independente da responsabilidade penal, razão pela qual é juridicamente possível que, mesmo que o ato do empregado não configure ilícito penal, isso não afasta a possibilidade de restar configurada a justa causa para a resolução do contrato de trabalho. Ademais, não está o juiz do trabalho obrigado a suspender o processo trabalhista e aguardar o desfecho do processo criminal para fins de responsabilidade trabalhista.

Destarte, em demandas em que se discute a justa causa, em que o empregado é acusado de prática de ato de improbidade (CLT, art. 482, *a*), havendo condenação do empregado, *v. g.*, por apropriação indébita, em sentença criminal transitada em julgado, cujo *decisum* certifica o fato e a autoria do delito, essas duas questões já não mais poderão ser objeto de discussão no processo do trabalho.

A partir desse mesmo raciocínio, se a coisa julgada no processo criminal reconhecer a inexistência do fato delituoso, ou a não autoria do empregado, bem como se reconhecer a sua autoria, mas o absolver por excludentes de criminalidade, *v. g.* a legítima defesa, tais matérias estarão cobertas pelo manto da coisa julgada material (penal) e, em razão disso, não poderão ser objeto de nova decisão no processo do trabalho.

XV

RECURSOS NO PROCESSO DO TRABALHO

1. Conceito de recurso

Não há uniformidade sobre o conceito de recurso. Mas há um ponto comum: o recurso é uma forma de impugnar decisão "dentro" do processo em que ela foi proferida. Diferencia-se, assim, o recurso de outros meios de impugnação de decisão judicial, como a ação rescisória e o mandado de segurança, sobre os quais falaremos no Capítulo XXI.

José Carlos Barbosa Moreira sustenta que os "meios de impugnação dividem-se em duas grandes classes: a dos *recursos* – assim chamados os que se podem exercitar *dentro* do processo em que surgiu a decisão impugnada – e o das *ações impugnativas autônomas*, cujo exercício, em regra, pressupõe a irrecorribilidade da decisão, ou seja, o seu trânsito em julgado. No direito brasileiro, protótipo da segunda classe é a ação rescisória" (1993, p. 139).

Manoel Antonio Teixeira Filho, por sua vez, afirma que "recurso é o direito que a parte vencida ou o terceiro possui de, na mesma relação processual, e atendidos os pressupostos de admissibilidade, submeter a matéria contida na decisão recorrida a reexame, pelo mesmo órgão prolator, ou por órgão distinto e hierarquicamente superior, com o objetivo de anulá-la, ou de reformá-la, total ou parcialmente" (1991, p. 66).

Preferimos conceituar o recurso *como espécie de remédio processual consubstanciado em um direito assegurado à parte, ao terceiro juridicamente interessado, à Defensoria Pública ou ao Ministério Público com o escopo de provocar o reexame da decisão proferida na mesma relação jurídica processual, retardando, assim, a formação da coisa julgada.*

2. Princípios recursais

Não há uniformidade doutrinária sobre os princípios recursais. Vamos examinar, doravante, os mais invocados no ordenamento jurídico brasileiro aplicáveis nos sítios do direito processual do trabalho.

Destacamos, em primeiro lugar, o **princípio do duplo grau de jurisdição**, que consiste na previsão, explícita ou implícita, de que as decisões judiciais possam ser submetidas, por intermédio de um recurso voluntário, a novo julgamento por um órgão judicial, geralmente colegiado e hierarquicamente superior. Foi previsto expressamente no art. 158 da Constituição brasileira de 1824. As demais Cartas republicanas, inclusive a CF de 1988 (art. 5º, LIV, LV, LVI, §§ 2º e 3º), não o contemplam de forma explícita, o que propicia divergências doutrinárias e jurisprudenciais acerca não somente de sua existência, como também do seu *status* constitucional.

Em âmbito internacional o duplo grau é um direito humano, previsto na Convenção Americana sobre Direitos Humanos (22.11.1969), ratificada pelo Brasil (Decreto n. 678, de 6.11.1992), cujo art. 8º, § 10, assegura a toda pessoa o "direito de recorrer da sentença para juiz ou tribunal superior". Parece-nos que, a par de direito humano, o duplo grau também é um direito fundamental, já que a referida Convenção é recepcionada como um Tratado de Direitos Humanos (§ 2º do art. 5º da CF/1988).

O STF (HC n. 88.420/PR, Rel. Min. Ricardo Lewandowski, 1ª T., *DJe*-032, divulg. 6.6.2007, publ. 8.6.2007) deixou assentado que o

> acesso à instância recursal superior consubstancia direito que se encontra incorporado ao sistema pátrio de direitos e garantias fundamentais [...] Ainda que não se empreste dignidade constitucional ao duplo grau de jurisdição, trata-se de garantia prevista na Convenção Interamericana de Direitos Humanos, cuja ratificação pelo Brasil deu-se em 1992, data posterior à promulgação do Código de Processo Penal [...] A incorporação posterior ao ordenamento brasileiro de regra prevista em tratado internacional tem o condão de modificar a legislação ordinária que lhe é anterior.

Idêntico raciocínio há de ser aplicado aos sistemas recursais do processo civil e do processo do trabalho, pois ambos são anteriores à vigência doméstica do referido Tratado de Direitos Humanos.

Embora humano e fundamental, o direito de recorrer não é absoluto, como no caso em que a competência originária do STF (CF, art. 102, I) revela que há julgamentos sem duplo grau de jurisdição.

No processo do trabalho, a discussão ganha maior importância, em face da regra contida no art. 2º, § 4º, da Lei n. 5.584/1970. Entendemos que o preceptivo em causa não afronta o princípio insculpido no art. 5º, LV, da Constituição.

O TST também compartilha desse entendimento por meio da Súmula n. 356, valendo lembrar que a Súmula n. 640 do STF reconhece o cabimento de "recurso extraordinário contra decisão proferida por juiz de primeiro grau nas causas de alçada", o que reforça a tese da constitucionalidade do § 4º do art. 2º da Lei n. 5.584/1970. Vale registrar, ainda, que a Súmula n. 303 do TST também mitiga o princípio do duplo grau de jurisdição obrigatório nas sentenças desfavoráveis às pessoas jurídicas de direito público.

Além disso, no processo do trabalho vigora o **princípio da irrecorribilidade imediata das decisões interlocutórias**, também chamado de princípio da concentração. Sua residência é o § 1º do art. 893 da CLT que, a nosso ver, não afronta o princípio do duplo grau de jurisdição. A Súmula n. 214 do TST o reconhece ao limitar o cabimento de recurso contra decisões interlocutórias nas hipótese de decisão: (a) de Tribunal Regional do Trabalho contrária à Súmula ou Orientação Jurisprudencial do Tribunal Superior do Trabalho; (b) suscetível de impugnação mediante recurso para o mesmo Tribunal; (c) que acolhe exceção de incompetência territorial, com a remessa dos autos para Tribunal Regional distinto daquele a que se vincula o juízo excepcionado, consoante o disposto no art. 799, § 2º, da CLT.

Além das hipóteses previstas na Súmula n. 214 do TST, cabe lembrar que é também recorrível de imediato a decisão interlocutória que declara de ofício ou acolhe preliminar de incompetência (absoluta) em razão da matéria ou da pessoa, pois o art. 799, § 2º, da CLT continua permitindo a interposição imediata de recurso contra a decisão interlocutória terminativa do feito, isto é, aquela que remete os autos para outro ramo do Judiciário, "terminando" a sua tramitação na Justiça do Trabalho.

Outra exceção ao princípio da irrecorribilidade é aquela contida nos §§ 1º e 2º do art. 2º da Lei n. 5.584, de 26.6.1970, ou seja, quando o juiz mantiver o valor da causa fixado para fins de alçada, poderá a parte formular *pedido de revisão* – uma espécie de "agravinho" – que será julgado pelo Presidente do Tribunal ao qual está vinculado o juiz prolator da decisão.

O **princípio da singularidade**, também chamado de princípio da unirrecorribilidade ou unicidade recursal, não permite a interposição simultânea de mais de um recurso contra a mesma decisão (parte ou capítulo da mesma decisão). Cremos que não violam o princípio da unirrecorribilidade as conhecidas "razões adicionais", que, em rigor, constituem novo recurso contra nova decisão. Suponhamos que a ré tenha se apressado em interpor recurso ordinário antes do julgamento dos embargos de declaração opostos pelo autor. Se a decisão dos embargos modificar a sentença anteriormente proferida, acarretando prejuízo à parte, afigura-se-nos que poderá ela interpor novo recurso ou aditar o anteriormente interposto. Inexistindo alteração na decisão, incabível novo recurso ou razões adicionais.

O **princípio da fungibilidade** (ou conversibilidade) recursal encontra ampla aceitação no processo laboral, principalmente pelo fato de os recursos trabalhistas terem, em geral, o mesmo prazo para interposição (oito dias, salvo os embargos de declaração, cujo prazo é de cinco dias), prevalecendo, entretanto, a ressalva de má-fé (OJ n. 69 da SBDI-2/TST e Súmula n. 421, II, do TST). Recentemente, porém, a SBDI-2 editou a OJ n. 152, firmando entendimento de que não há lugar para a incidência do princípio da fungibilidade na hipótese de erro grosseiro.

O **princípio da dialeticidade** ou **discursividade** significa que o recurso deve ser discursivo, dialético, tendo o recorrente o dever de indicar no apelo as partes ou capítulos da decisão que pretende impugnar e as respectivas razões da impugnação, possibilitando, assim, ao juízo *ad quem* a verificação da validade e da justiça da decisão recorrida. Nesse sentido, a Súmula n. 422, I, do TST dispõe que não se conhece de recurso para o TST, pela ausência do requisito de admissibilidade inscrito no art. 1.010, II, do CPC), quando as razões do recorrente não impugnam os fundamentos da decisão recorrida, nos termos em que fora proposta. Defendemos que tal verbete também deve ser aplicado, com a ressalva do item III da Súmula n. 422 do TST, aos recursos de natureza ordinária, ou seja, aplica-se também o princípio da dialeticidade no caso de recurso ordinário cuja motivação é inteiramente dissociada dos fundamentos da sentença.

É bem verdade que o art. 899, *caput*, da CLT dispõe que os **recursos serão interpostos por simples petição** e terão efeito meramente devolutivo, salvo as exceções previstas neste Título, permitida a execução provisória até a penhora. Tal norma, porém, não deve ser interpretada literalmente, pois é da gênese dos recursos que o recorrente decline as razões de seu inconformismo com a decisão hostilizada. Afinal, o **princípio da voluntariedade** também se faz presente no processo do trabalho, tornando necessário que a parte deixe clara a sua intenção de recorrer. Com efeito, não poderá o juízo *ad quem* conhecer de matérias não agitadas no recurso, salvo aquelas consideradas de ordem pública, a cujo respeito, enquanto não configurada a *res judicata*, não tenha operado a preclusão (CPC, art. 485, § 3º, por exemplo).

O **princípio da proibição da *reformatio in pejus*** impede que o órgão judicante superior, no julgamento de um recurso, profira decisão que piore o resultado meritório da demanda para o recorrente. Logo, se não houve recurso contra uma parte do *decisum* desfavorável a um dos demandantes, tal parte transita em julgado. O princípio em tela, todavia, não alcança aquelas questões de ordem pública, conhecíveis de ofício (efeito translativo dos recursos) em qualquer tempo e grau de jurisdição (CPC, art. 485, § 3º).

Pelo **princípio da taxatividade**, os recursos devem estar expressamente previstos em lei, sendo certo que compete à União legislar privativamente sobre direito processual (CF, art. 22, I). Os recursos, portanto, são *numerus clausus*, daí por que alguns autores sustentam a inconstitucionalidade dos recursos criados por regimentos internos dos tribunais. É importante salientar, nesse passo, que o art. 893, *caput*, da CLT dispõe sobre o elenco dos recursos trabalhistas, a saber: I – embargos; II – recurso ordinário; III – recurso de revista; IV – agravo (de instrumento e de petição). O § 2º do mesmo artigo, porém, prevê o cabimento do recurso extraordinário para o Supremo Tribunal Federal.

Além desses recursos, há, ainda, os embargos de declaração (CLT, art. 897-A), o recurso (pedido) de revisão (Lei n. 5.584/1970, art. 2º, § 1º) e o agravo regimental das decisões do Corregedor (CLT, art. 709, § 1º). Por força do art. 769 da CLT, a jurisprudência vem aceitando o cabimento do recurso adesivo no processo do trabalho (TST, Súmula n. 283).

De outro giro, não obstante a ampliação da competência da Justiça do Trabalho, por força da EC n. 45/2004, a "sistemática recursal a ser observada é a prevista na Consolidação das Leis do Trabalho, inclusive no tocante à nomenclatura, à alçada, aos prazos e às competências" (TST, IN n. 27/2005, art. 2º).

3. Efeitos dos recursos

De acordo com o art. 899 da CLT: "Os recursos serão interpostos por simples petição e terão efeito meramente devolutivo, salvo as exceções previstas neste Título, permitida a execução provisória até a penhora."

À luz do texto consolidado, pois, os recursos trabalhistas possuem apenas **efeito devolutivo**.

O efeito devolutivo dos recursos é uma decorrência do princípio dispositivo e corresponde à delimitação da matéria submetida à apreciação e julgamento pelo órgão judicial *ad quem*, sendo que este só poderá, em linha de princípio, julgar as questões já debatidas no processo e que constem das razões recursais. Trata-se do conhecido apotegma *tantum devolutum quantum appellatum*.

A não delimitação de matéria pelo recorrente pode implicar cerceio do direito de ampla defesa e do contraditório para o recorrido, como também impedir a verificação de quais matérias estariam, ou não, cobertas pela coisa julgada.

O efeito devolutivo dos recursos, portanto, impede que o juízo *ad quem* profira julgamento além, aquém ou fora do contido nas razões recursais. É o que também ocorre na primeira instância, uma vez que os arts. 141 e 492 do CPC vedam a sentença *ultra, extra* ou *citra petita*. Percebe-se, então, que o efeito devolutivo também está vinculado ao princípio da dialeticidade, sobre o qual falamos no item 2 *supra*.

O art. 1.013, § 1º, do CPC consagra a **extensão do efeito devolutivo**, dispondo que serão "objeto de apreciação e julgamento pelo tribunal todas as questões suscitadas e discutidas no processo, ainda que não tenham sido solucionadas, desde que relativas ao capítulo impugnado". A **profundidade do efeito devolutivo**, inerente a todos os recursos, diz respeito à qualidade da matéria submetida à apreciação do órgão *ad quem*. Por meio dela é possível verificar a **pluralidade de fundamentos** contidos no pedido (petição inicial) ou na defesa (contestação), mesmo quando o juiz tenha acolhido apenas um deles, silenciando-se quanto aos demais (CPC, art. 1.013, § 2º). Nesse caso, o recurso devolve ao tribunal o conhecimento de todos os fundamentos da inicial e da defesa.

Invocando equivocadamente, *data venia*, o § 1º do art. 515 do CPC/73 (NCPC, art. 1.013, § 2º), que trata do efeito devolutivo em *extensão*, o TST editou a Súmula n. 393, sobre a profundidade do efeito devolutivo:

> RECURSO ORDINÁRIO. EFEITO DEVOLUTIVO EM PROFUNDIDADE. ART. 1.013, § 1º, DO CPC DE 2015. ART. 515, § 1º, DO CPC DE 1973 (nova redação em decorrência do CPC de 2015, Res. 208/2016, *DEJT* divulgado em 22, 25 e 26.04.2016).
>
> I – O efeito devolutivo em profundidade do recurso ordinário, que se extrai do § 1º do art. 1.013 do CPC de 2015 (art. 515, § 1º, do CPC de 1973), transfere ao Tribunal a apreciação dos fundamentos da inicial ou da defesa, não examinados pela sentença, ainda que não renovados em contrarrazões, desde que relativos ao capítulo impugnado.
>
> II – Se o processo estiver em condições, o tribunal, ao julgar o recurso ordinário, deverá decidir desde logo o mérito da causa, nos termos do § 3º do art. 1.013 do CPC de 2015, inclusive quando constatar a omissão da sentença no exame de um dos pedidos.

Essa súmula foi alterada em função do novel § 1º do art. 1.013 do CPC, segundo o qual serão objeto de apreciação e julgamento pelo tribunal todas as questões suscitadas e discutidas no processo, ainda que não tenham sido solucionadas, desde que relativas ao capítulo impugnado. Vale dizer, somente a apreciação do capítulo impugnado da sentença é "devolvida" ao juízo *ad quem*, entendendo-se por capítulo cada decisão proferida dentro da mesma sentença.

Assim, no que concerne à prescrição arguida em contestação, mas não renovada em contrarrazões ao recurso ordinário, o efeito devolutivo não submete automaticamente ao TRT o conhecimento de tal matéria, o qual só poderá apreciá-la se for tratada expressamente no recurso do réu ou arguida em contrarrazões. A jurisprudência do TST não vem admitindo a prescrição arguida pela primeira vez em contrarrazões (TST-E-ED-RR 1347-73.2011.5.03.0099, Rel. Min. José Roberto Freire Pimenta, SBDI-1, DEJT 13-5-2016). Todavia, em se tratando de prescrição intercorrente, o § 2º do art. 11-A da CLT, incluído pela Lei n. 13.467/2107, prevê que a "declaração da prescrição intercorrente pode ser requerida ou declarada de ofício em qualquer grau de jurisdição".

O **efeito suspensivo** dos recursos constitui exceção no processo do trabalho. O principal atributo do efeito suspensivo é o de adiar os efeitos da decisão impugnada, não admitindo, portanto, a execução provisória do julgado.

A única hipótese legal que consagra o efeito suspensivo a recurso no processo do trabalho é a prevista no art. 14 da Lei n. 10.192/2001, segundo o qual o "recurso interposto de decisão normativa da Justiça do Trabalho terá efeito suspensivo, na medida e extensão conferidas em despacho do Presidente do Tribunal Superior do Trabalho".

Visando à regulamentação da norma acima citada, o TST editou a Resolução n. 120, de 2.10.2003 (*DJU* 9.10.2003), aprovando a Instrução Normativa n. 24, que prescreve:

> I – Ao Presidente do Tribunal Superior do Trabalho é facultada a designação de audiência de conciliação relativamente a pedido de concessão de efeito suspensivo a recurso ordinário interposto à decisão normativa da Justiça do Trabalho;
>
> II – Poderá o Presidente do Tribunal Superior do Trabalho, antes de designar audiência prévia de conciliação, conceder ao requerido o prazo de 5 (cinco) dias, para, querendo, manifestar-se sobre o pedido de efeito suspensivo;
>
> III – O Ministério Público do Trabalho, por intermédio da Procuradoria-Geral do Trabalho, será comunicado do dia, hora e local da realização da audiência, enquanto as partes serão notificadas;
>
> IV – Havendo transação nessa audiência, as condições respectivas constarão de ata, facultando-se ao Ministério Público do Trabalho emitir parecer oral, sendo, em seguida, sorteado Relator, que submeterá o acordo à apreciação da Seção Especializada em Dissídios Coletivos, na primeira sessão ordinária subsequente ou em sessão extraordinária designada para esse fim;
>
> V – O Presidente do Tribunal Superior do Trabalho poderá submeter o pedido de efeito suspensivo à apreciação da Seção Especializada em Dissídios Coletivos, desde que repute a matéria de alta relevância.

O TST editou também a Súmula n. 279, segundo a qual a "cassação de efeito suspensivo concedido a recurso interposto de sentença normativa retroage à data do despacho que o deferiu". Vale a pena lembrar que o Presidente do Tribunal Regional do Trabalho não tem a faculdade de conceder efeito suspensivo ao recurso de revista, uma vez que no art. 896, § 1º, da CLT, tal recurso, que é "dotado de efeito apenas devolutivo, será interposto perante o Presidente do Tribunal Regional do Trabalho, que, por decisão fundamentada, poderá recebê-lo ou denegá-lo".

É de se registrar, contudo, que a jurisprudência tem admitido tutela provisória para dar efeito suspensivo a recurso ordinário interposto de sentença que ratifica a antecipação de tutela ou tutela provisória concedida na própria sentença. É o que se vê da Súmula n. 414, item I, do TST: "A tutela provisória concedida na sentença não comporta impugnação pela via do mandado de segurança, por ser impugnável mediante recurso ordinário. É admissível a obtenção de efeito suspensivo ao recurso ordinário mediante requerimento dirigido ao tribunal, ao relator ou ao presidente ou ao vice-presidente do tribunal recorrido, por aplicação subsidiária ao processo do trabalho do artigo 1.029, § 5º, do CPC de 2015".

O TST não admitia, contudo, efeito suspensivo em recurso ordinário interposto de decisão proferida em mandado de segurança. Nesse sentido era o que dispunha a OJ n. 113 da SBDI-2/TST, porém cancelada pela Resolução TST n. 220/2017 (DEJT divulgado em 21, 22 e 25.09.2017).

Outro efeito atribuído à apelação cível e, por aplicação analógica, ao recurso ordinário, é o **efeito translativo**.

Isso porque, não obstante as limitações relativas ao efeito devolutivo, o sistema processual pátrio autoriza o tribunal a decidir questões fora do que consta do recurso ou das contrarrazões, sem configurar julgamento *ultra, citra* ou *extra petita,* nem violação ao princípio do *non reformatio in pejus*. Fala-se, aqui, daquelas questões de ordem pública, que devem ser conhecidas de ofício pelo juiz ou Tribunal, a respeito das quais não se opera a preclusão, como ocorre, por exemplo, com o disposto no art. 485, § 3º, do CPC). A translação (ou transferência) dessas questões ao juízo *ad quem* está autorizada pelos arts. 485, § 3º, e 1.015, § 1º e § 2º, do CPC, segundo magistério de Nelson Nery Junior (2015, p. 2.068).

Uma observação importante a respeito da aplicação do efeito translativo diz respeito ao princípio da proibição da decisão surpresa (CPC, art. 10). Vale dizer, se o tribunal adotar o efeito translativo, deverá submeter previamente a questão ao crivo do contraditório.

Acreditamos que o efeito translativo tem lugar apenas nos recursos de natureza ordinária, sendo também inerente à remessa necessária das sentenças proferidas contra as pessoas jurídicas de direito público (DL n. 779/1969, art. 1º, V). A razão é simples: as matérias ou questões trazidas nos recursos de natureza extraordinária dependem de prequestionamento, não podendo os Tribunais Superiores delas conhecer de ofício, ainda que se trate de incompetência absoluta.

O **efeito substitutivo** também tem lugar no processo do trabalho na hipótese de decisão de mérito do recurso (CPC, art. 1.008), que se verifica quando o recurso é conhecido e provido pelo mérito da causa, ou quando o recurso é conhecido e não provido, isto é, mantendo a sentença de mérito.

Sobre efeito substitutivo do recurso ordinário, o TST editou a Súmula n. 192, cujos itens III, IV e V, a respeito de ação rescisória, reconhecem que:

> (...) III – Sob a égide do art. 512 do CPC de 1973, é juridicamente impossível o pedido explícito de desconstituição de sentença quando substituída por acórdão do Tribunal Regional ou superveniente sentença homologatória de acordo que puser fim ao litígio.
>
> IV – Na vigência do CPC de 1973, é manifesta a impossibilidade jurídica do pedido de rescisão de julgado proferido em agravo de instrumento que, limitando-se a aferir o eventual desacerto do juízo negativo de admissibilidade do recurso de revista, não substitui o acórdão regional, na forma do art. 512 do CPC.
>
> V – A decisão proferida pela SBDI, em agravo regimental, calcada na Súmula n. 333, substitui acórdão de Turma do TST, porque emite juízo de mérito, comportando, em tese, o corte rescisório.

O **efeito extensivo** (CPC, art. 1.005) tem aplicabilidade na hipótese de litisconsórcio unitário, isto é, aquele que ocorre quando a decisão judicial deve ser uniforme para todos os litisconsortes.

Para Manoel Antonio Teixeira Filho, "sempre que os interesses dos litisconsortes forem distintos, o recurso interposto por um não aproveitará aos demais, pois se trata do regime litisconsorcial meramente *facultativo*", como também "o recurso interposto por um dos litisconsortes só beneficiará aos demais se o litisconsórcio for *unitário*, pois a lei se refere ao fato de as defesas apresentadas serem *comuns* a todos" (1997, p. 37).

De acordo com o item III da Súmula n. 128 do TST, "havendo condenação solidária de duas ou mais empresas, o depósito recursal efetuado por uma delas aproveita as demais, quando a empresa que efetuou o depósito não pleiteia sua exclusão da lide". Assim, se forem colidentes os interesses dos litisconsortes, o recurso interposto por um deles não aproveita os demais, tal como ocorre quando um litisconsorte, condenado solidária ou subsidiariamente, pretender a sua exclusão do processo.

O **efeito regressivo** tem cabimento quando for possível a retratação ou reconsideração pelo mesmo juízo prolator do *decisum*, como ocorre no Agravo de Instrumento e no Agravo Regimental. O art. 331 do NCPC confere ao juiz, no caso de apelação interposta pelo autor, a possibilidade de, no prazo de 5 (cinco) dias, retratar-se, isto é, reconsiderar a sua decisão que tenha indeferido a petição inicial. Não obstante a regra do art. 893, § 1º, *in fine*, da CLT, entendemos que o efeito regressivo se aplica ao processo do trabalho, pois tal providência vai ao encontro dos princípios da simplicidade, celeridade e economia processuais.

O **efeito expansivo** do recurso permite que o tribunal, nos casos em que a sentença tenha julgado extinto o processo por ausência de pressupostos processuais ou condições da ação (CPC, art. 485), adentre no julgamento da lide (mérito) quando a demanda versar exclusivamente matéria de direito ou estiver em condições de imediato julgamento (CPC, art. 1.013, § 3º).

O efeito expansivo do recurso foi significativamente ampliado no CPC, nos termos dos §§ 3º, 4º e 5º do art. 1.013, *in verbis*:

> (...) § 3º Se o processo estiver em condições de imediato julgamento, o tribunal deve decidir desde logo o mérito quando:
>
> I – reformar sentença fundada no art. 485;
>
> II – decretar a nulidade da sentença por não ser ela congruente com os limites do pedido ou da causa de pedir;
>
> III – constatar a omissão no exame de um dos pedidos, hipótese em que poderá julgá-lo;
>
> IV – decretar a nulidade de sentença por falta de fundamentação.
>
> § 4º Quando reformar sentença que reconheça a decadência ou a prescrição, o tribunal, se possível, julgará o mérito, examinando as demais questões, sem determinar o retorno do processo ao juízo de primeiro grau.
>
> § 5º O capítulo da sentença que confirma, concede ou revoga a tutela provisória é impugnável na apelação.

Parece-nos que o efeito expansivo é aplicável supletiva e subsidiariamente ao recurso ordinário previsto no processo do trabalho por força do art. 769 da CLT combinado com o art. 15 do NCPC.

O **efeito diferido**, embora pouco estudado na doutrina, também é aplicável nos recursos trabalhistas que visam anular decisões interlocutórias proferidas no processo, mas que não poderiam ser imediatamente objeto de impugnação recursal. Tal efeito decorre do princípio da irrecorribilidade imediata das decisões interlocutórias e encontra-se previsto implicitamente no § 1º do art. 893 da CLT, segundo o qual: "Os incidentes do processo são resolvidos pelo próprio Juízo ou Tribunal, admitindo-se a apreciação do merecimento das decisões interlocutórias somente em recursos da decisão definitiva".

O TST reconhece expressamente o efeito diferido. É o que se depreende da OJ n. 92 da SBDI-2: "Não cabe mandado de segurança contra decisão judicial passível de reforma mediante recurso próprio, ainda que com efeito diferido".

4. Pressupostos recursais

Para que o recurso seja conhecido é preciso que o recorrente satisfaça alguns pressupostos sem os quais não poderá ser examinado o mérito do recurso pelo órgão competente para a sua apreciação.

Existem pressupostos recursais genéricos aplicáveis a qualquer recurso e os pressupostos recursais específicos, que são exigidos geralmente em recurso de natureza extraordinária.

Além disso, os pressupostos recursais genéricos podem ser *subjetivos* (ou intrínsecos) ou *objetivos* (ou extrínsecos).

4.1. Pressupostos intrínsecos ou subjetivos

Os pressupostos subjetivos ou intrínsecos dizem respeito aos atributos do recorrente e são classificados em legitimidade, capacidade e interesse.

A **legitimidade recursal** é a habilitação outorgada por lei (NCPC, art. 996) à pessoa natural ou jurídica que tenha participado, como parte, do processo em primeiro grau de jurisdição, ainda que revel.

Além das partes originárias da relação processual, têm legitimação para interpor recurso, na qualidade de terceiro prejudicado ou interessado:

- o sucessor ou herdeiro (CLT, arts. 10 e 448);
- a empresa condenada solidária ou subsidiariamente (CLT, art. 2º, § 2º; TST, Súmula n. 331, IV);
- o subempreiteiro, o empreiteiro principal ou o dono da obra (CLT, art. 455);
- os sócios de fato nas sociedades não juridicamente constituídas;

- pessoas físicas e jurídicas que, por força de normas de direito civil, se vinculem à parte que figurou na demanda (CCB, art. 265);
- os litisconsortes e assistentes (simples ou litisconsorciais);
- o substituto processual.

De acordo com o parágrafo único do art. 996 do CPC, cumpre ao terceiro, para adquirir legitimidade recursal, demonstrar a possibilidade de a decisão sobre a relação jurídica submetida à apreciação judicial atingir direito de que se afirme titular ou que possa discutir em juízo como substituto processual. Vale dizer, não basta o interesse meramente econômico ou moral, pois o terceiro deve demonstrar interesse jurídico.

O Ministério Público do Trabalho, tanto nos processos em que figura como parte como naqueles em que oficia como *custos legis*, também ostenta legitimidade recursal, segundo o disposto no art. 83, VI, da Lei Complementar n. 75/1993. Além disso, o art. 996 do NCPC dispõe que o recurso pode ser interposto "pelo Ministério Público, como parte ou como fiscal da ordem jurídica".
O recorrente, no momento da interposição do recurso, além de legitimado, deverá estar plenamente capaz (CCB, arts. 3º, 4º e 5º), ou seja, deverá se encontrar revestido de **capacidade recursal**. Dessa forma, se o recorrente, por exemplo, não se encontrar mentalmente apto à prática de atos da vida civil, não terá capacidade para recorrer, devendo, neste caso, ser legalmente representado nos termos da Lei Civil, conforme a hipótese (CPC, art. 8º).

O **interesse recursal**, tal como o interesse de agir, repousa no binômio utilidade-necessidade. Há autores que, com base na literalidade do art. 996 do NCPC ("parte vencida"), advogam ser o interesse mero corolário da sucumbência. Manoel Antonio Teixeira Filho (1991, p. 121) sustenta que a simples sucumbência é insuficiente para explicitar o interesse recursal, pois este radica na situação desfavorável em que foi lançada a parte recorrente pelo pronunciamento jurisdicional, motivo por que as leis processuais lhe concedem a possibilidade de tentar elidir, mediante os meios recursórios, esse estado de desfavorabilidade imposto pela decisão recorrida.

4.2. Pressupostos extrínsecos ou objetivos

Os pressupostos extrínsecos ou objetivos são a recorribilidade do ato, a adequação, a tempestividade, a representação e o preparo.

De acordo com o pressuposto da **recorribilidade do ato** judicial impugnado, somente poderá ser admitido o recurso se inexistir no ordenamento jurídico óbice ao exercício do direito de recorrer. Isso porque há atos judiciais que não são passíveis de recurso, como as sentenças proferidas nas causas de alçada (Lei n. 5.584/1970, art. 2º, § 4º), os despachos de mero expediente (CPC, art. 1.001). As decisões interlocutórias (CLT, art. 893, § 1º, e Súmula n. 214 do TST), em regra, não admitem imediatamente a interposição de recurso. Nestes casos, o órgão julgador não admitirá o recurso (juízo *a quo*) ou não conhecerá do recurso (juízo *ad quem*), por ser o ato judicial atacado irrecorrível.

O pressuposto da **adequação** significa que para cada decisão judicial existe um recurso adequado, próprio, para impugná-la. Todavia, em razão do princípio da fungibilidade, a má adequação do recurso não pode prejudicar o recorrente, máxime no processo do trabalho, em que se admite o *jus postulandi* dos empregados e empregadores (CLT, art. 791) na instância ordinária (TST, Súmula n. 425), salvo no caso de comprovada má-fé do recorrente ou erro grosseiro (TST/OJ SBDI-2 n. 152).

No que diz respeito ao pressuposto da **tempestividade**, constata-se que o direito de recorrer deve ser exercitado no prazo legalmente fixado, razão pela qual os prazos para a interposição de recursos são peremptórios, ou seja, não podem as partes, por convenção, prorrogá-los ou alterá-los.

Na CLT, os prazos fixados para os recursos em geral são de oito dias **úteis** (Lei n. 5.584/1970, art. 6º; CLT, art. 775), salvo no caso dos embargos de declaração (cinco dias), contados da data da intimação da sentença, do acórdão ou de decisão interlocutória. Quando a sentença é prolatada em audiência, conta-se o prazo para o recurso da data da sua leitura, com as partes presentes. Assim, a juntada da ata que contém aquela decisão deve ser feita em 48 horas. Se não juntada a ata em 48 horas, as partes deverão ser intimadas, via postal, da decisão. É o que deflui dos arts. 851, § 2º, e 852 da CLT, bem como das Súmulas ns. 30 e 197 do TST.

Dispõe a Súmula n. 385 do TST que, no caso de feriado local, incumbe à parte o ônus de prová-lo quando da interposição do recurso, e na hipótese de feriado forense, incumbirá à autoridade que proferir a decisão de admissibilidade certificar o expediente nos autos, admitindo-se a reconsideração da análise da tempestividade do recurso, mediante prova documental superveniente, em Agravo Regimental, Agravo de Instrumento ou Embargos de Declaração.

Se os recorrentes forem *litisconsortes com diferentes procuradores* não se aplica a regra (prazo em dobro) contida no art. 229, *caput*, e §§ 1º e 2º, do CPC no processo do trabalho (OJ n. 310 da SBDI-1 do TST).

Todavia, será computado *em dobro o prazo* para recurso das *pessoas jurídicas de direito público* (DL n. 779/1969), isto é, União, Estados, Distrito Federal e Municípios, bem como as suas respectivas autarquias e fundações públicas. Tal prerrogativa processual não é estendida às empresas públicas e sociedades de economia mista (CF, art. 173, § 1º), por serem pessoas jurídicas de direito privado, embora integrantes da administração pública indireta (DL n. 200/1967).

Quanto ao recesso forense, defendemos que este é, *de lege lata*, feriado, a teor do que dispõe o art. 62, da Lei n. 5.016/1966. O item II da Súmula n. 262 do

TST dispõe que o "recesso forense e as férias coletivas dos Ministros do Tribunal Superior do Trabalho suspendem os prazos recursais".

De acordo com o art. 775-A, §§ 1º e 2º, da CLT, incluídos pela Lei n. 13.545/2017, fica suspenso o curso do prazo processual nos dias compreendidos entre 20 de dezembro e 20 de janeiro, inclusive. Ressalvadas as férias individuais e os feriados instituídos por lei, os juízes, os membros do Ministério Público, da Defensoria Pública e da Advocacia Pública e os auxiliares da Justiça exercerão suas atribuições durante o período previsto no *caput* deste artigo. Entretanto, durante a suspensão do prazo, não se realizarão audiências nem sessões de julgamento. A *mens legis* desses dispositivos é permitir que os advogados também tenham direito a um descanso anual (férias de trinta dias).

4.2.1. Preparo recursal (custas e depósito recursal)

No processo civil exige-se apenas o pagamento das custas para fins recursais. No processo do trabalho há, em alguns casos, exigência não só do recolhimento das custas, como também do depósito recursal (ou depósito prévio pecuniário).

O art. 789, *caput*, da CLT (com redação dada pela Lei n. 13.467/2017) dispõe que nos "dissídios individuais e nos dissídios coletivos do trabalho, nas ações e procedimentos de competência da Justiça do Trabalho, bem como nas demandas propostas perante a Justiça Estadual, no exercício da jurisdição trabalhista, as custas relativas ao processo de conhecimento incidirão à base de 2% (dois por cento), observado o mínimo de R$ 10,64 (dez reais e sessenta e quatro centavos) e o máximo de quatro vezes o limite máximo dos benefícios do Regime Geral de Previdência Social".

As custas serão calculadas:

I – quando houver acordo ou condenação, sobre o respectivo valor;

II – quando houver extinção do processo, sem julgamento do mérito, ou julgado totalmente improcedente o pedido, sobre o valor da causa;

III – no caso de procedência do pedido formulado em ação declaratória e em ação constitutiva, sobre o valor da causa;

IV – quando o valor for indeterminado, sobre o que o juiz fixar.

A norma que exige o pagamento das custas (e o respectivo comprovante de recolhimento) dentro do prazo recursal (CLT, art. 789, § 1º) há de ser interpretada restritivamente, razão pela qual as demais despesas processuais, como honorários periciais, honorários advocatícios e emolumentos processuais, não constituem pressupostos de admissibilidade dos recursos trabalhistas. Além disso, não há falar em sucumbência recíproca para fins de pagamento de custas, pois a Lei n. 13.467/2017 (Lei da Reforma Trabalhista) só trata desse instituto na hipótese de procedência parcial para fins de pagamento de honorários advocatícios (CLT, art. 791-A, § 3º)

Parece-nos inaplicáveis ao processo laboral, pois, as regras previstas no art. 1.007 do NCPC, já que a CLT (art. 789, § 1º) no tocante ao pagamento e comprovação do recolhimento correto das custas dentro do prazo recursal. A IN/TST n. 39/2016 (art. 10), no entanto, manda aplicar ao processo do trabalho as regras dos §§ 2º e 7º do art. 1.007 do NCPC.

Cumpre advertir, porém, que, em se tratando de ações oriundas de relações jurídicas de trabalho diversas da relação de emprego, deverá o juiz observar, na sentença, o princípio da sucumbência recíproca (NCPC, art. 86) no tocante às custas. É esse o entendimento constante do art. 3º, § 3º, da Instrução Normativa TST n. 27/2005.

Estão isentos do recolhimento das custas e demais despesas processuais as pessoas jurídicas de direito público, o Ministério Público do Trabalho (CLT, art. 790-A), os beneficiários da justiça gratuita (CLT, art. 790, *caput* e § 3º) e os trabalhadores que, além de assistidos pelo sindicato de sua categoria profissional, receberem até dois salários mínimos ou declararem estado de insuficiência econômica (Lei n. 5.584/1970, art. 14).

Em relação ao **depósito recursal**, disciplinado pelo art. 899 e seus parágrafos da CLT, verifica-se que este não tem natureza jurídica de taxa de recurso, mas de garantia do Juízo recursal (e da futura execução), que pressupõe a existência de decisão (sentença ou acórdão) condenatória ou executória de obrigação de pagamento em pecúnia, com valor líquido ou arbitrado pelo órgão judicial.

Com o advento da Constituição Federal de 1988, alguns autores manifestaram-se pela inconstitucionalidade do depósito recursal, sob o argumento de que ele impede o exercício do amplo direito de defesa com os meios e recursos a ela inerentes (CF, art. 5º, LV). Houve, inclusive, o ajuizamento das ADIs ns. 836 e 884 perante o STF que, por sua vez, negou a liminar postulada em ambas as ações, sendo certo, ainda, que foram julgadas prejudicadas, tendo em vista a alteração do texto legal impugnado e o não aditamento das respectivas petições iniciais. Logo, o depósito recursal previsto no art. 899 da CLT continua em plena vigência.

Consideramos constitucional o art. 899 da CLT, uma vez que o duplo grau de jurisdição não é princípio absoluto, nem está previsto expressamente na Constituição, já que esta admite até mesmo a existência de instância única (CF, art. 102, III). O depósito recursal constitui mera garantia do juízo, evitando, assim, a interposição temerária ou procrastinatória de recursos, consagrando, ainda, o princípio da isonomia real, ao passo que o empregador costuma se mostrar economicamente superior ao empregado.

A comprovação do depósito da condenação (CLT, art. 899, §§ 1º a 5º) terá que ser feita dentro do prazo para a interposição do recurso, sob pena de ser este considerado deserto (art 7º da Lei n. 5.584/1970). De acordo com a Súmula n. 245 do TST, o depósito recursal deve ser feito e comprovado no prazo alusivo ao recurso, mas, havendo a interposição de recurso antes de vencido o prazo recursal, o depósito pode ser feito até o último dia do prazo para o respectivo recurso.

À luz do princípio da proteção processual, defendemos que somente o empregador condenado em obrigação de pagar (Súmula n. 161 do TST) poderá ser o responsável pelo depósito recursal, uma vez que este tem por finalidade garantir, ainda que parcialmente, o juízo da futura execução. O empregado (ou trabalhador avulso) jamais será responsável pelo recolhimento do depósito recursal, ainda que seja condenado em ação ou reconvenção movida pelo empregador (ou tomador dos seus serviços). Essa afirmação, que decorria da interpretação lógica e restritiva do § 4º do art. 899 da CLT, com redação dada pela Lei n. 5.442/1968), que previa a obrigatoriedade do depósito recursal em conta vinculada do FGTS do trabalhador, permanece incólume mesmo diante da nova redação dada a esse parágrafo pela Lei n. 13.467/2107, segundo o qual: "O depósito recursal será feito em conta vinculada ao juízo e corrigido com os mesmos índices da poupança".

Acrescentamos que a interpretação sistemática dos §§ 4º, 9º e 10 do art. 899 da CLT (redações dadas pela Lei n. 13.467/2017) autoriza a ilação de que o trabalhador não é destinatário do depósito recursal, na medida em que o "valor do depósito recursal será reduzido pela metade para entidades sem fins lucrativos, empregadores domésticos, microempreendedores individuais, microempresas e empresas de pequeno porte" (§ 9º) e são "isentos do depósito recursal os beneficiários da justiça gratuita, as entidades filantrópicas e as empresas em recuperação judicial" (§ 10).

Ora, se o legislador reformador reduziu pela metade o valor do depósito recursal para pessoas jurídicas sem fins lucrativos, microempresas e empregadores domésticos, além de isentar do pagamento do referido depósito os beneficiários da justiça gratuita, as pessoas jurídicas que praticam filantropia e as empresas em recuperação judicial, com muito mais razão deve-se interpretar teleológica e sistematicamente a *mens legis*, isto é, no sentido de não incidir, por ausência de previsão legal expressa, o depósito recursal para o trabalhador, que é a pessoa natural ou física que presta serviços pessoais, não eventuais e sob dependência do empregador (CLT, arts. 2º e 3º), sendo que este é que assume os riscos da atividade econômica.

As pessoas jurídicas de direito público (DL n. 779/1969, art. 1º; TST, Súmula n. 4) e o Ministério Público do Trabalho (instituição estatal permanente sem personalidade jurídica) não estão sujeitos ao depósito recursal, pois se estão isentos do pagamento de custas e despesas processuais, então com muito mais razão, por interpretação lógica e sistemática dos incisos I e II do art. 790-A da CLT, também estarão isentos do recolhimento do depósito recursal. O § 1º do art. 1.007 do CPC prevê que são dispensados do preparo os recursos interpostos pelo Ministério Público e pelas pessoas jurídicas de direito público. Nos termos da Súmula n. 86 do TST, a massa falida também não está sujeita ao pagamento de custas nem ao depósito recursal, o mesmo não ocorrendo em relação às empresas em liquidação extrajudicial, que deverão cumprir com os referidos encargos. Essa súmula não alcança as empresas em liquidação extrajudicial. Mas o § 10 do art. 899 da CLT, incluído pela Lei n. 13.467/2017, isenta do depósito recursal as entidades filantrópicas e as empresas em recuperação judicial.

O recolhimento do depósito recursal (e sua respectiva comprovação) referente aos recursos interpostos na vigência da Lei n. 13.467/2017 não mais será feito em guia própria GFIP (na conta vinculada ao FGTS do trabalhador), mas, sim, em conta vinculada ao juízo (Guia de Depósito Judicial), nos termos do art. 899, § 4º, da CLT, ficando, assim, superado o entendimento constante da Súmula n. 426 do TST. Nesse sentido, aliás, é o Ato n. 13/GCGJT, de 13 de novembro de 2017, editado pela Corregedoria-Geral da Justiça do Trabalho, que assim dispõe:

> O MINISTRO CORREGEDOR-GERAL DA JUSTIÇA DO TRABALHO, no uso das atribuições legais e regimentais, Considerando que a Lei n. 13.467, de 13 de julho de 2017, alterou o artigo 899 da Consolidação das Leis do Trabalho para determinar que o "depósito recursal será feito em conta vinculada ao juízo"; Considerando que, a partir de 11 de novembro de 2017, o depósito recursal deverá ser realizado mediante Guia de Depósito Judicial.
>
> RESOLVE:
>
> Art. 1º O artigo 71, *caput*, da Consolidação dos Provimentos da Corregedoria-Geral da Justiça do Trabalho passa a vigorar com o seguinte texto:
>
> Art. 71. As guias de depósito judicial para pagamentos, garantia de execução, encargos processuais, levantamento de valores e depósitos recursais seguirão o modelo único padrão estabelecido na Instrução Normativa n. 36 do Tribunal Superior do Trabalho, ou outra que venha a substituí-la.
>
> Art. 2º Este Ato entrará em vigor na data de sua publicação.

O recolhimento do depósito e da respectiva comprovação deve ser feito dentro do prazo referente à interposição do recurso, sob pena de deserção (Lei n. 5.584/1970, art. 7º; Súmula n. 245 do TST).

Nos termos dos itens I e II da Súmula n. 128 do TST, é ônus da parte recorrente efetuar o depósito recursal, integralmente, em relação a cada novo recurso interposto, sob pena de deserção. Atingido o valor da condenação, nenhum depósito mais é exigido para qualquer recurso. Na fase de execução, desde que garantido o juízo, a exigência de depósito para recorrer de qualquer decisão viola os incisos II e LV do art. 5º da CF/1988. Havendo, porém, elevação do valor do débito na execução, exige-se a complementação da garantia do juízo.

O recorrente deve ter o cuidado de recolher o valor correto das custas e do depósito recursal, pois, de acordo com a OJ n. 140 da SBDI-1 do TST, em sua redação original: "Ocorre deserção do recurso pelo recolhimento insuficiente das custas e do depósito recursal, ainda que a diferença em relação ao *quantum* devido seja ínfima, referente a centavos."

Ocorre que essa OJ n. 140 da SBDI-1 foi alterada para se adequar ao CPC de 2015, passando a ter a seguinte redação:

> Em caso de recolhimento insuficiente das custas processuais ou do depósito recursal, somente haverá deserção do recurso se, concedido o prazo de 5 (cinco) dias previsto no § 2º do art. 1.007 do CPC de 2015, o recorrente não complementar e comprovar o valor devido.

Entretanto, o parágrafo único do art. 10 da IN/TST n. 39/2016 mandava aplicar ao processo do trabalho os §§ 2º e 7º do art. 1.007 do NCPC relativamente à insuficiência do pagamento das custas processuais, mas não do depósito recursal. Referido parágrafo único do art. 10 da IN n. 39 foi revogado expressamente pela Resolução TST n. 218, de 17.04.2017. Logo, prevalece o entendimento consubstanciado na OJ n. 140 da SBDI-1.

Uma advertência importante: não se aplica a OJ n. 140 da SBDI-1 no caso de inexistência de recolhimento/pagamento de depósito recursal e custas, e sim no caso de recolhimento insuficiente dessas despesas processuais.

Havendo condenação solidária de duas ou mais empresas, o depósito recursal efetuado por uma delas aproveita as demais, quando a empresa que efetuou o depósito não pleiteia sua exclusão da lide (TST, Súmula n. 128, item III). *A contrario sensu*, se uma das empresas condenadas solidariamente (ou subsidiariamente, acrescentamos) em obrigação de pagar postular no recurso a sua exclusão da lide, o depósito recursal efetuado por outra(s) empresa(s) não a aproveita.

O § 11 do art. 899 da CLT, incluído pela Lei n. 13.467/2017, prevê expressamente que: "O depósito recursal poderá ser substituído por fiança bancária ou seguro garantia judicial".

Quanto aos valores do depósito recursal (TST, IN n. 3/1993, item VI), o Presidente do TST edita Atos publicados no DEJT que estabelecem os novos valores reajustados anualmente pela variação acumulada do INPC do IBGE dos 12 meses imediatamente anteriores. Por força do Ato.SegJud.GP n. 329/2018, a partir de 01.08/2018, os valores do depósito recursal são os seguinte:

- Recurso Ordinário – R$ 9.513,16
- Recurso de Revista, Embargos para a SDI e Recurso Extraordinário – R$ 19.026,32
- Recurso em Ação Rescisória – R$ 19.026,32

Os recursos das decisões proferidas nas novas ações oriundas da relação de trabalho diversas da relação de emprego em decorrência da EC n. 45/2004 também deverão observar as regras alusivas ao depósito recursal, ou seja, deverão ser feitos em Guia de Depósito Judicial.

5. Juízos de admissibilidade e de mérito do recurso (ampliação dos poderes do relator)

Em passado próximo, o juízo de admissibilidade limitava-se ao exame dos pressupostos objetivos e subjetivos dos recursos e quando o recurso era admitido pelo juízo *a quo* e remetidos os autos ao tribunal o segundo juízo de admissibilidade era exercido tão somente pelo correspondente órgão colegiado.

No contexto atual, entretanto, o juízo de admissibilidade passou a ser exercido também de forma monocrática nos tribunais.

Com efeito, dispõe o art. 932 do NCPC, aplicável, no que couber, ao processo do trabalho (CLT, art. 769; NCPC, art. 15):

> Art. 932. Incumbe ao relator:
>
> I – dirigir e ordenar o processo no tribunal, inclusive em relação à produção de prova, bem como, quando for o caso, homologar autocomposição das partes;
>
> II – apreciar o pedido de tutela provisória nos recursos e nos processos de competência originária do tribunal;
>
> III – não conhecer de recurso inadmissível, prejudicado ou que não tenha impugnado especificamente os fundamentos da decisão recorrida;
>
> IV – negar provimento a recurso que for contrário a:
>
> a) súmula do Supremo Tribunal Federal, do Superior Tribunal de Justiça ou do próprio tribunal;
>
> b) acórdão proferido pelo Supremo Tribunal Federal ou pelo Superior Tribunal de Justiça em julgamento de recursos repetitivos;
>
> c) entendimento firmado em incidente de resolução de demandas repetitivas ou de assunção de competência;
>
> V – depois de facultada a apresentação de contrarrazões, dar provimento ao recurso se a decisão recorrida for contrária a:
>
> a) súmula do Supremo Tribunal Federal, do Superior Tribunal de Justiça ou do próprio tribunal;
>
> b) acórdão proferido pelo Supremo Tribunal Federal ou pelo Superior Tribunal de Justiça em julgamento de recursos repetitivos;
>
> c) entendimento firmado em incidente de resolução de demandas repetitivas ou de assunção de competência;
>
> VI – decidir o incidente de desconsideração da personalidade jurídica, quando este for instaurado originariamente perante o tribunal;
>
> VII – determinar a intimação do Ministério Público, quando for o caso;
>
> VIII – exercer outras atribuições estabelecidas no regimento interno do tribunal.
>
> Parágrafo único. Antes de considerar inadmissível o recurso, o relator concederá o prazo de 5 (cinco) dias ao recorrente para que seja sanado vício ou complementada a documentação exigível.

A aplicação do art. 932 do NCPC no processo do trabalho é reconhecida pela Instrução Normativa/TST n. 39/2016, em seu art. 10, *in verbis*: "Aplicam-se ao Processo do Trabalho as normas do parágrafo único do art. 932 do CPC, §§ 1º a 4º do art. 938 e §§ 2º e 7º do art. 1.007". No mesmo sentido dispõe a OJ n. 140 da SBDI-1.

Da decisão do relator que denegar ou der provimento a recurso cabe agravo interno (ou regimental). Todavia, tem-se admitido, à luz do princípio da fungibilidade recursal, a interposição de embargos de declaração convertidos em agravo, consoante previsão da Súmula n. 421 do TST.

A ampliação dos poderes outorgados ao relator alcança a remessa oficial, consoante a Súmula n. 253 do STJ, cuja inteligência, à luz da teoria geral dos recursos, encontra-se em perfeita harmonia com o processo do trabalho.

Em relação à aplicação do art. 1.021, § 2º, do NCPC (agravo interno) ao processo do trabalho, deve-se adequar o prazo correspondente à sistemática do Processo do Trabalho, ou seja, oito dias úteis (TST/IN n. 39/2016, art. 1º, § 2º; CLT, art. 775).

É importante lembrar que a OJ n. 389 da SBDI-1 prevê o cabimento da multa prevista no § 4º do art. 1.021 do CPC), *in verbis*: "Constitui ônus da parte recorrente, sob pena de deserção, depositar previamente a multa aplicada com fundamento nos §§ 4º e 5º, do art. 1.021, do CPC de 2015 (§ 2º do art. 557 do CPC de 1973), à exceção da Fazenda Pública e do beneficiário de justiça gratuita, que farão o pagamento ao final".

O § 3º do art. 1.010 do CPC dispõe que, após as formalidades previstas nos §§ 1º e 2º do mesmo artigo, ou seja, observado o contraditório recursal, os autos serão remetidos ao tribunal pelo juiz, independentemente de juízo de admissibilidade. Noutro falar, de acordo com o Novo CPC, o juiz de primeiro grau não tem mais competência funcional para negar segmento ao recurso. Ocorre que o processo do trabalho possui regra própria, porquanto da decisão do juiz que negar seguimento a qualquer recurso cabe agravo de instrumento (CLT, art. 897, *b*), dirigido ao próprio juiz que prolatou a decisão denegatória sendo, portanto, inaplicáveis as regras do NCPC que conflitarem com o referido dispositivo consolidado.

6. Espécies de recursos trabalhistas

De acordo com o art. 893 da CLT, das decisões proferidas pelos órgãos da Justiça do Trabalho são admissíveis os seguintes recursos: embargos (CLT, art. 894); recurso ordinário (CLT, art. 895); recurso de revista (CLT, art. 896); agravo (CLT, art. 897).

Existe, ainda, o agravo regimental das decisões proferidas pelo Corregedor (art. 709, § 1º) e, recentemente, conforme art. 897-A da CLT, passou-se a admitir expressamente o recurso de embargos de declaração da sentença ou acórdão.

Analisaremos em seguida os recursos cabíveis nos sítios do processo do trabalho.

6.1. Recurso ordinário

A interposição do recurso ordinário poderá objetivar tanto a correção dos *errores in judicando* quanto dos *errores in procedendo*, ou seja, sua finalidade pode ser a de **reformar a sentença**, corrigindo as injustiças ou reexaminando as provas, ou a de **anulá-la**, corrigindo os erros de procedimento, respectivamente.

Nos termos do art. 895 da CLT, cabe recurso ordinário para a instância superior, no prazo de oito dias:

> I – das **decisões definitivas ou terminativas** das Varas do Trabalho e Juízos de Direito investidos na jurisdição trabalhista;
>
> II – das **decisões definitivas ou terminativas** dos Tribunais Regionais, em processos de sua competência originária, quer nos dissídios individuais, quer nos dissídios coletivos.

Não cabe, porém, recurso ordinário das decisões proferidas em sede de processo submetido ao **procedimento sumário** (Lei n. 5.584/1970, art. 2º, §§ 3º e 4º), isto é, naqueles em que o valor atribuído à causa for igual ou inferior a dois salários mínimos, pois, a nosso ver, o recurso cabível em tal decisão de única instância é o recurso extraordinário.[1]

O recurso ordinário também não caberá contra decisão em agravo regimental interposto em reclamação correicional ou em pedido de providência (TST/TP, OJ n. 5), como também não caberá recurso ordinário para o TST, de decisão proferida por TRT em agravo regimental interposto contra "despacho" que concede ou não defere liminar em tutela provisória ou em mandado de segurança, uma vez que o processo ainda pende de decisão definitiva do Tribunal *a quo* (TST/SDI2, OJ n. 100).

Nas ações trabalhistas sujeitas ao procedimento sumaríssimo, em função do veto presidencial (mantido pelo Congresso Nacional) ao inciso I do § 1º do art. 895 da CLT, as sentenças desafiam recurso ordinário sem qualquer ressalva quanto à matéria nele veiculada.

---

(1) Não é esse, porém, o atual entendimento da 1ª Turma do STF (AG-RE 632.365-RJ, 1ª T., Rel. Min. Dias Toffoli, DJe 11.11.2011) que, invocando a Súmula n. 281 daquela Corte, somente admite recurso extraordinário quando esgotadas as instâncias ordinárias, mesmo nas causas de alçada. Esse acórdão, contudo, encontra-se em divergência com a Súmula n. 640 do próprio STF.

O recurso ordinário, em princípio, possui apenas efeito devolutivo, permitindo, pois, a execução provisória do julgado. O juiz não precisa declarar os efeitos em que recebe o recurso, pois, *de lege lata*, os recursos trabalhistas possuem, em regra, apenas efeito devolutivo (CLT, art. 899, *caput*).

Não há previsão na CLT para que o juiz de Vara do Trabalho (ou desembargador de Tribunal Regional) possa conceder efeito suspensivo ao recurso ordinário. A jurisprudência tem admitido, em situações excepcionais, a aplicação subsidiária do processo civil mediante o uso da tutela provisória, com o objetivo único de dar efeito suspensivo ao recurso ordinário. Tal pode ocorrer, por exemplo, na hipótese de sentença que determina imediata reintegração de empregado. Nesse sentido é a Súmula n. 414, item I, do TST, segundo a qual:

> A tutela provisória concedida na sentença não comporta impugnação pela via do mandado de segurança, por ser impugnável mediante recurso ordinário. **É admissível a obtenção de efeito suspensivo ao recurso ordinário** mediante requerimento dirigido ao tribunal, ao relator ou ao presidente ou ao vice-presidente do tribunal recorrido, por aplicação subsidiária ao processo do trabalho do artigo 1.029, § 5º, do CPC de 2015. (grifos nossos)

Nos termos do art. 1.014 do CPC, "as questões de fato não propostas no juízo inferior poderão ser suscitadas na apelação, se a parte provar que deixou de fazê-lo por motivo de força maior". O fundamento dessa norma repousa na proibição de se inovar, no recurso, o pedido ou a causa de pedir (próxima e remota). Se houver direito superveniente, a parte pode alegá-lo no recurso ordinário, pois se trata de questão de direito, e não de questão fática. Força maior ocorreria, por exemplo, se a empresa provasse que houve furto de um documento necessário à defesa e que somente depois da sentença foi possível juntá-lo aos autos, instruindo o recurso ordinário (TST, Súmula n. 8).

O recurso ordinário está sujeito ao pagamento de custas e, no caso de sentença contendo obrigação de pagar quantia, ao depósito recursal prévio. O recorrente deve promover dentro do prazo (oito dias) para a interposição do recurso ordinário o pagamento (e a sua respectiva comprovação) das custas e, se for o caso, o recolhimento (e sua respectiva comprovação) do depósito recursal.

O art. 10 da IN/TST n. 39/2016 manda aplicar ao Processo do Trabalho as normas do parágrafo único do art. 932 do CPC, §§ 1º a 4º do art. 938 e §§ 2º e 7º do art. 1.007 do NCPC, no caso de insuficiência de custas ou depósito recursal, sendo certo que a OJ n. 140 da SBDI-1/TST dispõe que:

> Em caso de recolhimento insuficiente das custas processuais ou do depósito recursal, somente haverá deserção do recurso se, concedido o prazo de 5 (cinco) dias previsto no § 2º do art. 1.007 do CPC de 2015, o recorrente não complementar e comprovar o valor devido.

As pessoas jurídicas de direito público, a ECT – Empresa Brasileira de Correios e Telégrafos (TST/SBDI-1 OJ n. 247, II, *in fine*), a massa falida (TST, Súmula n. 86), o MPT e os beneficiários da justiça gratuita não estão sujeitos a preparo, isto é, ao pagamento de custas e ao depósito recursal.[2]

---

(2) Outras questões importantes sobre custas e depósito recursal, *vide* item 4.2.1 deste Capítulo.

Os beneficiários da justiça gratuita, as entidades filantrópicas e as empresas em recuperação judicial não estão sujeitos ao depósito recursal (CLT, art. 899, § 10).

O valor do depósito recursal será reduzido pela metade para entidades sem fins lucrativos, empregadores domésticos, microempreendedores individuais, microempresas e empresas de pequeno porte (CLT, art. 899, § 9º).

O depósito recursal pode ser substituído por fiança bancária ou seguro garantia judicial (CLT, art. 899, § 11).

No primeiro grau da jurisdição trabalhista, o recurso ordinário da sentença, ou da decisão interlocutória terminativa do feito na Justiça do Trabalho ou na hipótese prevista na Súmula n. 214, letra *c*, do TST, deve ser interposto, no prazo de oito dias úteis, por petição dirigida ao juiz que proferiu a sentença ou a decisão. Este poderá admiti-lo ou não.

Admitido o recurso, será intimada a parte adversa para apresentar contrarrazões, no prazo de oito dias úteis (CLT, art. 900). Ressalte-se que o prazo para contrarrazões é idêntico para todos, inclusive para as pessoas jurídicas de direito público e o Ministério Público do Trabalho.

Recebidas as razões de contrariedade, o art. 1.010 do NCPC, aplicável supletivamente ao processo do trabalho (CLT, art. 769; NCPC, art. 15), faculta ao juiz de primeiro grau reconsiderar ou não sua decisão quanto à admissibilidade do recurso. Mantida a decisão que não admitiu o recurso, poderá o recorrente interpor agravo de instrumento, no prazo de oito dias úteis, cujo objetivo específico residirá apenas no destrancamento do recurso ordinário que não foi admitido pelo juízo *a quo*. Parece-nos, pois, inaplicável o § 3º, parte final, do art. 1.010 do NCPC ao processo do trabalho, pois o art. 897, *b*, da CLT prevê expressamente o cabimento de agravo de instrumento da decisão que denegar seguimento a recurso. Logo, no processo do trabalho, o juízo de admissibilidade do recurso ordinário continua sendo do juízo *a quo*. No mesmo sentido, o item XI do art. 2º da IN/TST n. 39/2016 dispõe que não se aplica ao processo do trabalho o disposto no art. 1.010, § 3º, do NCPC (desnecessidade de o juízo *a quo* exercer controle de admissibilidade na apelação).

Chegando os autos ao tribunal, devem ser observadas as regras pertinentes de tramitação previstas no respectivo Regimento Interno. Geralmente, realiza-se primeiro a distribuição para, em seguida, os autos irem conclusos ao relator. Alguns tribunais, após a distribuição, remetem os autos ao Ministério Público do Trabalho para emissão de parecer. Outros remetem os autos ao MPT antes mesmo da distribuição. Há tribunais que somente remetem ao Ministério Público processos em que figuram como partes entes públicos, menores, incapazes etc.

De acordo com os arts. 27 e 28 da Consolidação dos Provimentos da Corregedoria-Geral da Justiça do Trabalho:

Art. 27. Os membros do Ministério Público do Trabalho serão cientificados pessoalmente das decisões proferidas pela Justiça do Trabalho nas causas em que o órgão haja atuado como parte ou como fiscal da lei.

Parágrafo único. As intimações serão pessoais, mediante o envio dos autos às respectivas sedes das procuradorias regionais do trabalho, ou da forma como for ajustado entre o Presidente do Tribunal e o Procurador-Chefe Regional.

Art. 28. Às Procuradorias Regionais do Trabalho serão enviados processos para parecer nas seguintes hipóteses: I – obrigatoriamente, quando for parte pessoa jurídica de direito público, Estado estrangeiro ou organismo internacional; II – facultativamente, e de forma seletiva, por iniciativa do relator, quando a matéria, por sua relevância, recomendar a prévia manifestação do Ministério Público; III – por iniciativa do Ministério Público do Trabalho, quando este reputar presente interesse público que justifique a sua intervenção; IV – por determinação legal, os mandados de segurança, de competência originária ou em grau recursal, as ações civis coletivas, os dissídios coletivos, caso não haja sido emitido parecer na instrução, e os processos em que forem parte indígena ou respectivas comunidades e organizações.

Parágrafo único. Os processos nos quais figure como parte pessoa jurídica de direito público, Estado estrangeiro ou organismo internacional serão encaminhados às Procuradorias Regionais do Trabalho imediatamente após os registros de autuação, salvo se houver necessidade de pronta manifestação do desembargador do trabalho relator.

É de oito dias úteis o prazo para o Ministério Público do Trabalho exarar o seu parecer nos autos (Lei n. 5.584/1970, art. 5º; CLT, art. 775), que poderá ser circunstanciado ou, a juízo do órgão ministerial, simplesmente "pelo prosseguimento do feito", ressalvando-se, no entanto, ao *Parquet* Laboral o direito de manifestação posterior, em sessão de julgamento ou em qualquer fase processual, conforme previsto no art. 83, VII, da Lei Complementar n. 75, de 20.5.1993.

No tribunal, como já vimos no item 5 *supra*, da decisão do Relator indeferir o processamento do recurso ordinário caberá agravo regimental, no prazo e de acordo com as normas previstas nos Regimentos Internos dos tribunais (geralmente oito dias); deferido o processamento do recurso, o processo, após o visto do Revisor (se houver), será colocado em pauta para a sessão de julgamento.

No procedimento sumaríssimo (CLT, art. 895, § 1º), o recurso ordinário recebido pelo Tribunal será imediatamente distribuído ao relator, que deverá liberá-lo no prazo máximo de dez dias, e a Secretaria do Tribunal ou Turma deve colocá-lo imediatamente em pauta para julgamento, sem Revisor. Ao MPT é facultado exarar parecer oral mediante registro na Sessão de Julgamento. O acórdão consistirá apenas na certidão de julgamento, com a indicação suficiente do processo e parte dispositiva, e das razões de decidir do voto prevalente. Se a sentença for confirmada pelos próprios fundamentos, a certidão de julgamento, registrando tal circunstância, servirá de acórdão.

Nos termos do § 2º do art. 895 da CLT, os Tribunais Regionais, quando divididos em Turmas, poderão designar Turma especializada para o julgamento dos recursos ordinários interpostos das sentenças prolatadas nas demandas sujeitas ao procedimento sumaríssimo.

Observadas algumas normas regimentais específicas, na Sessão de Julgamento, o Presidente determinará que o secretário apregoe as partes com indicação do número e espécie do processo. Em seguida, o Relator fará o relatório, apontando os fatos relevantes para o deslinde da causa. Ato contínuo, o Presidente concede a palavra aos advogados das partes, pelo prazo regimentalmente previsto, para, querendo, sustentar oralmente as razões que empolgam o apelo. Os advogados podem ficar dispensados de apresentar sustentação oral, quando o Relator e, se for o caso, o Revisor entenderem-na desnecessária. Em regra, fala em primeiro lugar o advogado do recorrente e, se ambas as partes forem recorrentes, o advogado do autor falará primeiro. No caso de litisconsortes, representados por mais de um advogado, o tempo é dividido entre eles, proporcionalmente, uma vez que não se aplica no processo do trabalho a regra prevista no art. 229 do CPC (OJ n. 310 da SBDI-1/TST).

O MPT também pode se manifestar oralmente na sessão de julgamento, mas há divergência sobre o tempo de sua duração quando atua como parte (órgão agente). Se oficiar como fiscal do ordenamento jurídico, parece-nos indene de dúvidas que não há restrição quanto ao prazo de manifestação ministerial em audiência ou sessão, sendo-lhe, ainda, assegurado o direito de vista dos autos, podendo solicitar requisições e diligências que julgar convenientes (art. 83, VII, da LC n. 75/1993).

Feita a sustentação oral, ou sem ela, inicia-se o julgamento. Primeiro vota o Relator e depois, se houver, o Revisor. Em seguida, seguindo-se a ordem de antiguidade, votam os demais magistrados.

Na ordem do julgamento, primeiro são analisadas as questões relativas ao conhecimento do recurso, ou seja, os pressupostos de sua admissibilidade.

Se conhecido o recurso, segue-se o exame das questões preliminares ou prejudiciais, antes do exame do mérito (matéria de fundo), deste não se conhecendo se incompatível com a decisão adotada quanto àquelas. Tratando-se de questões preliminares que importem nulidade sanável, o julgamento pode ser convertido em diligência, caso em que a parte interessada poderá sanar o vício, no prazo assinalado. A esse respeito, inclusive, há autorização expressa no novel CPC, tanto para o Relator (art. 938, § 1º) quanto para a Turma ou Câmara (art. 938, § 4º), para converter o julgamento em diligência para corrigir vício sanável no próprio tribunal ou em primeiro grau de jurisdição, desde que intimadas as partes.

Se não forem acolhidas as questões preliminares ou prejudiciais, seguir-se-á o julgamento da matéria principal (ou de fundo), sobre a qual deverão votar todos os magistrados, inclusive os vencidos nas preliminares. Adota-se, aqui, o conhecido apotegma latino do *non liquet*, ou seja, o juiz não pode deixar de votar se não for incompetente, suspeito ou impedido para processar e julgar a causa.

Qualquer juiz pode pedir vista dos autos depois de proferidos os votos do Relator e, se houver, do Revisor. O pedido de vista pode ser "em mesa", ou seja, na própria sessão, ou "vista regimental" para sessão seguinte ou data designada pelo Presidente da Sessão. Não obstante o pedido de vista, os demais juízes que se julgarem habilitados poderão proferir seus votos antecipadamente, mediante registro na certidão de julgamento.

Colhidos os votos dos magistrados presentes, o Presidente da Sessão proclama a decisão, designando para redigir o acórdão o Relator ou, se vencido este na matéria considerada principal, o magistrado que primeiro votou a favor da tese vencedora. Há tribunais que tratam esse tema de forma diversa, razão pela qual recomenda-se a leitura prévia do regimento interno correspondente.

Haverá polêmica sobre a aplicação do § 3º do art. 941 do CPC ("o voto vencido será necessariamente declarado e considerado parte integrante do acórdão para todos os fins legais, inclusive de pré-questionamento") no processo do trabalho. Parece-me que tal norma se revela incompatível com o princípio da celeridade inerente ao processo laboral, o que poderá retardar a elaboração do acórdão e, consequentemente, da prestação jurisdicional.

Concordamos com o item IX do art. 2º da IN/TST n. 39/2016, segundo o qual não se aplica ao processo do trabalho o disposto no art. 942 e parágrafos ("prosseguimento de julgamento não unânime de apelação") do CPC.

Os acórdãos deverão conter ementas (CPC, art. 943, § 1º), que constituem as principais teses contidas no acórdão.

Nas causas sujeitas ao procedimento sumaríssimo haverá "acórdão consistente unicamente na certidão de julgamento, com a indicação suficiente do processo e parte dispositiva, e das razões de decidir do voto prevalente. Se a sentença for confirmada pelos próprios fundamentos, a certidão de julgamento, registrando tal circunstância, servirá de acórdão" (CLT, art. 895, § 1º, IV).

6.2. Agravo de instrumento

O agravo de instrumento, no processo do trabalho, somente é cabível, no prazo de oito dias, "dos despachos que denegarem a interposição de recursos" (CLT, art. 897, *b*).

Tais despachos são, a rigor, verdadeiras decisões interlocutórias, pois a extinção do processo, ou melhor, da fase cognitiva do procedimento, somente se dá com o esgotamento do prazo para interposição de recursos.

Nesse passo, cabe agravo de instrumento contra as decisões que denegarem seguimento a recursos ordinário, de revista, extraordinário, adesivo, de petição e, segundo sustentamos, contra as decisões que denegarem seguimento ao próprio agravo de instrumento.

Nesta última hipótese, ou seja, cabimento de agravo de instrumento contra decisão que denega seguimento a agravo de instrumento, selecionamos o seguinte julgado:

> AGRAVO EM AGRAVO DE INSTRUMENTO. AGRAVO DE INSTRUMENTO INTEMPESTIVO. PORTARIA QUE SUSPENDE O PRAZO RECURSAL. COMPROVAÇÃO. SÚMULA N. 385, III, DESTA CORTE. PROVIMENTO. O lapso temporal para interposição de recurso segue, de ordinário, a regra legal de sua contagem. Exclui-se o *dies a quo* e inclui-se o *ad quem*. A prorrogação do prazo legal a protrair a data do vencimento é exceção. Interposto o agravo de instrumento em data outra, mas comprovado pelo recorrente a prorrogação do prazo por ato da Corte *a quo*, não pode esta c. Corte, ignorando a comprovação, reputar intempestivo o recurso. Afasta-se o óbice levantado pelo r. despacho, passando à apreciação do apelo, por medida de economia e celeridade processual. Agravo provido. AGRAVO DE INSTRUMENTO. HORAS EXTRAORDINÁRIAS. MOTORISTA DE CAMINHÃO. CONTROLE DE JORNADA INDIRETO POR MEIO DE RASTREAMENTO, CELULAR E PLANOS DE VIAGEM. NÃO EXIBIÇÃO DE DOCUMENTO. EFEITOS. DESPROVIMENTO. Diante da incidência da Súmula n. 296 desta Corte e da ausência de ofensa a dispositivos de lei e da Constituição Federal, não há como se admitir o recurso de revista. Agravo de instrumento desprovido (TST-Ag-AIRR 1506-23.2011.5.03.0129, Rel. Min. Aloysio Corrêa da Veiga, 6ª T., *DEJT* 07.06.2013).

Acreditamos também que o pedido de revisão, ostentando natureza de recurso, caso lhe seja negado seguimento, desafia a interposição do agravo de instrumento, como bem sustenta Sergio Pinto Martins, ao afirmar que o cabimento de agravo de instrumento

> contra despacho (decisão interlocutória, a nosso ver) que impede o pedido de revisão do valor da causa, pois, no caso não é possível a interposição do mandado de segurança, nem da correição parcial, sendo o agravo de instrumento o meio adequado para a obtenção da reforma daquela decisão interlocutória (2001, p. 405).

Com o advento da Lei n. 9.756, de 17.12.1998, que promoveu diversas alterações no CPC/73, surgiram algumas questões pontuais acerca das modificações sofridas no agravo de instrumento e seus reflexos no processo do trabalho. O TST, então, editou a Instrução Normativa n. 16/1999, segundo a qual o agravo de instrumento, na seara laboral, se rege pelo art. 897, alínea *b*, §§ 2º, 4º, 5º, 6º e 7º da CLT, pelos demais dispositivos do direito processual do trabalho, e, no que omisso, pelo direito processual comum, desde que compatível com as normas e princípios daquele, na forma da referida Instrução Normativa.

O CPC de 2015 regula o agravo de instrumento nos arts. 1.015 a 1.020, os quais, a nosso sentir, não são aplicáveis ao processo do trabalho, tendo em vista que neste inexistem lacunas normativas, ontológicas ou axiológicas, especialmente porque essa modalidade recursal na seara laboral tem por objetivo exclusivo destrancar recurso não admitido pelo juízo ou tribunal *a quo* (CLT, art. 897, *b*).

É importante lembrar que, em se tratando de recurso de revista com mais de uma matéria, a decisão proferida pelo presidente do TRT que o admitir apenas com relação a uma delas não ensejaria o agravo de instrumento contra a parte que não admitiu o processamento da revista no tocante às outras matérias. Era o que previa a Súmula n. 285 do TST. Esta súmula, entretanto, foi cancelada pela Resolução TST n. 204, de 15.03.2016, e, em seu lugar, foi editada a Instrução Normativa n. 40/2016, cujo art. 1º dispõe, *in verbis*:

> Art. 1º Admitido apenas parcialmente o recurso de revista, constitui ônus da parte impugnar, mediante agravo de instrumento, o capítulo denegatório da decisão, sob pena de preclusão. (Artigo com vigência a partir de 15.04.2016, conforme art. 3º da mesma Resolução)
>
> § 1º Se houver omissão no juízo de admissibilidade do recurso de revista quanto a um ou mais temas, é ônus da parte interpor embargos de declaração para o órgão prolator da decisão embargada supri-la (CPC, art. 1.024, § 2º), sob pena de preclusão.
>
> § 2º Incorre em nulidade a decisão regional que se abstiver de exercer controle de admissibilidade sobre qualquer tema objeto de recurso de revista, não obstante interpostos embargos de declaração (CF/88, art. 93, inciso IX e § 1º do art. 489 do CPC de 2015).
>
> § 3º No caso do parágrafo anterior, sem prejuízo da nulidade, a recusa do Presidente do Tribunal Regional do Trabalho a emitir juízo de admissibilidade sobre qualquer tema equivale à decisão denegatória. É ônus da parte, assim, após a intimação da decisão dos embargos de declaração, impugná-la mediante agravo de instrumento (CLT, art. 896, § 12), sob pena de preclusão.
>
> § 4º Faculta-se ao Ministro Relator, por decisão irrecorrível (CLT, art. 896, § 5º, por analogia), determinar a restituição do agravo de instrumento ao Presidente do Tribunal Regional do Trabalho de origem para que complemente o juízo de admissibilidade, desde que interpostos embargos de declaração.

O agravo de instrumento possui apenas efeito devolutivo, sendo certo que a matéria que será analisada pelo juízo *ad quem* se limita à validade ou não da decisão denegatória de recurso, de modo que somente no caso de provimento do agravo de instrumento poderá o tribunal examinar o recurso que teve seu processamento trancado pelo juízo *a quo*.

A antiga redação do art. 897, § 1º, da CLT permitia ao juiz sobrestar o andamento do feito, o que, na prática, acabava sendo uma espécie de concessão de efeito suspensivo ao agravo. A partir da vigência da Lei n. 8.432, de 11.6.1992, houve a tentativa de expungir tal possibilidade, mediante introdução do § 2º no art. 897 da CLT, *in verbis*: "O agravo de instrumento interposto contra o despacho que não receber agravo de petição não suspende a execução da sentença." Quanto à dúvida em ser essa execução provisória ou definitiva, José Augusto Rodrigues Pinto responde:

> Tratando-se da provisória, a declaração da lei torna-se inútil, pois é atributo dessa espécie de execução de sentença não suspender o

> curso da ação, inclusive executória. Mas se o legislador quis referir-se à execução definitiva, como o texto sugere, para ter alguma função dentro da lei, cometeu o exagero próximo da heresia processual, qual seja, o de autorizar a alienação de patrimônio do executado antes de transitar em julgado a sentença da execução. A ser esse o verdadeiro alvo da norma, sua violência contra o devedor mostra-se inédita, sujeitando-o à perda irreversível de patrimônio, sobretudo se considerarmos que, na execução trabalhista, o credor raras vezes terá condições de restituição do recebimento indevido nem, menos ainda, de prestar caução que precate o prejuízo do executado vitorioso no julgamento do agravo e do recurso que destrancar, o que, aliás, sequer está previsto no dispositivo em análise. Por isso, até que nos tenhamos que render à força de súmula jurisprudencial, interpretaremos o § 2º do atual art. 897 da CLT como significando que a interposição do agravo de instrumento, a despeito de não ter efeito suspensivo, inibe a prática dos atos de alienação na execução trabalhista (2002, p. 370-371).

Podemos, assim, afirmar que, em linha de princípio, o agravo de instrumento não suspende a execução trabalhista. Tratando-se, porém, de execução definitiva, o agravo de instrumento poderá excepcionalmente ter efeito suspensivo, se, e somente se, o executado-agravante solicitar tutela provisória de urgência cautelar (NCPC, arts. 294 *et seq.*) perante o órgão competente para julgar o recurso e demonstrar, *quantum satis*, os requisitos que justifiquem, no caso concreto, a suspensão da execução. Para tanto, deverá comprovar a grande possibilidade de vitória no recurso cujo seguimento foi denegado (*fumus boni iuris*) e, concomitantemente, a comprovação de prejuízo de incerta ou difícil reparação (*periculum in mora*).

Não havia previsão de depósito recursal em agravo de instrumento. Entretanto, por força da Lei n. 12.275/2010, que inseriu o § 7º no art. 899, alterando o inciso I do § 5º do art. 897, todos da CLT, foi instituída essa modalidade de depósito prévio. A *mens legis* foi impedir o uso abusivo do agravo de instrumento nos Tribunais Regionais e no próprio TST, o que gerava efeitos perversos, tais como: o retardamento do pagamento dos direitos sociais trabalhistas, a sobrecarga excessiva dos Tribunais do Trabalho e a falta da almejada celeridade processual.

Visando à operacionalização da nova lei, o TST editou a Resolução n. 168/2010, que atualizou a Instrução Normativa n. 3/93, que, no entanto, limitou-se a reproduzir a literalidade do novel § 7º do art. 899 da CLT, dispondo que "para o recurso de agravo de instrumento, o valor do depósito recursal corresponderá a 50% (cinquenta por cento) do valor do depósito do recurso ao qual se pretende destrancar".

Defendíamos, na edição anterior, que se o recorrente tivesse recolhido o valor integral da condenação a título de depósito recursal para a interposição do recurso ordinário (ou recurso de revista), deveria ele, no ato da interposição do agravo de instrumento contra a decisão que denegou seguimento ao recurso, proceder ao recolhimento de 50% do valor do depósito recursal alusivo ao recurso trancado, pois a finalidade do depósito no agravo de instrumento não seria a garantia do juízo, e sim evitar recurso protelatório.

Entretanto, passei a adotar o item I da Súmula n. 128 do TST que dispõe, *in verbis*:

> É ônus da parte recorrente efetuar o depósito legal, integralmente, em relação a cada novo recurso interposto, sob pena de deserção. **Atingido o valor da condenação, nenhum depósito mais é exigido para qualquer recurso**. (grifos nossos)

Realmente, no caso de intuito recursal protelatório, o recorrente será considerado litigante de má-fé (CLT, art. 793-B), devendo o juízo condená-lo:

- ao pagamento de "multa, que deverá ser superior a 1% (um por cento) e inferior a 10% (dez por cento) do valor corrigido da causa;
- a indenizar a parte contrária pelos prejuízos que esta sofreu;
- a arcar com os honorários advocatícios; e
- a arcar com todas as despesas que a parte contrária efetuou.

O depósito recursal em agravo de instrumento deve ser feito "no ato da sua interposição" (CLT, art. 899, § 7º), razão pela qual não se aplica, *in casu*, o entendimento consubstanciado na Súmula n. 245 do TST, segundo o qual o "depósito recursal deve ser feito e comprovado no prazo alusivo ao recurso".

Noutros termos, ainda que o agravo de instrumento tenha sido interposto antes do *dies ad quem*, o depósito recursal em apreço deve ser feito no ato da sua interposição, isto é, no momento em que o agravante apresentar o agravo de instrumento, o documento comprobatório do pagamento do depósito recursal já deve estar anexado ao recurso.

Cumpre lembrar que, de acordo com a OJ n. 140 da SBDI-1 do TST, "em caso de recolhimento insuficiente das custas processuais ou do depósito recursal, somente haverá deserção do recurso se, concedido o prazo de 5 (cinco) dias previsto no § 2º do art. 1.007 do CPC de 2015, o recorrente não complementar e comprovar o valor devido". Tal regramento, porém, só se aplica às hipóteses em que há o recolhimento do depósito recursal em valor inferior ao devido. Se não houve depósito recursal, não há que se falar em intimação do recorrente para superar a deserção já configurada.

É importante ressaltar que, por força do novel § 8º do art. 899 da CLT, com redação dada pela Lei n. 13.015/2014:

> Quando o agravo de instrumento tem a finalidade de destrancar recurso de revista que se insurge contra decisão que contraria a jurisprudência uniforme do Tribunal Superior do Trabalho, consubstanciada nas suas súmulas ou em orientação jurisprudencial, não haverá obrigatoriedade de se efetuar o depósito referido no § 7º deste artigo.

Essa nova regra do § 8º do art. 899 da CLT deve ser interpretada restritivamente, de modo a somente permitir a dispensa do depósito recursal em agravo de instrumento que vise destrancar recurso de revista manejado com o fim de impugnar acórdão de TRT que *divirja exclusivamente* de Súmula ou Orientação Jurisprudencial do TST. Logo, essa nova regra não se aplica, por exemplo, se o acórdão regional atacado pelo recurso de revista contrariar precedentes ou acórdãos isolados do TST, ainda que sejam atuais e reiterados.

Parece-nos que o depósito recursal em agravo de instrumento, como desdobramento do princípio da proteção aplicável ao processo do trabalho, somente poderá ser exigido do empregador (ou do tomador do serviço); jamais do empregado ou do prestador do serviço. Reconhecemos, no entanto, que nosso entendimento poderá ser ameaçado pela nova regra imposta pela redação dada pela Lei n. 13.467/2017 ao § 4º do art. 899 da CLT, pois o depósito recursal não é mais realizado em conta vinculada do FGTS, e sim em "conta vinculada ao juízo e corrigido com os mesmos índices da poupança". De toda a sorte, não haverá depósito recursal se o juízo conceder ao recorrente os benefícios da justiça gratuita que, em linha de princípio, é concedida ao trabalhador.

É ônus do agravante comprovar a exatidão dos valores depositados tanto no recurso ao qual se pretende destrancar como no próprio agravo de instrumento. De acordo com a Súmula n. 426 do TST, nos dissídios individuais o depósito recursal será efetivado mediante a utilização da Guia de Recolhimento do FGTS e Informações à Previdência Social – GFIP, nos termos dos §§ 4º e 5º do art. 899 da CLT, admitido o depósito judicial, realizado na sede do juízo e à disposição deste, na hipótese de relação de trabalho não submetida ao regime do FGTS. Essa súmula, no entanto, deverá ser alterada em função dos §§ 4º e 11 do art. 899 da CLT (com redação dada pela Lei n. 13.467/2017).

De acordo com o § 9º do art. 899 da CLT (incluído pela Lei n. 13.467/2017), o valor do depósito recursal será reduzido pela metade para entidades sem fins lucrativos, empregadores domésticos, microempreendedores individuais, microempresas e empresas de pequeno porte. Assim, o depósito recursal em agravo de instrumento será, neste caso, reduzido para ¼ (um quarto) do valor correspondente.

Nos termos do § 10 do art. 899 da CLT (incluído pela Lei n. 13.467/2017), estão isentos do depósito recursal os beneficiários da justiça gratuita, as entidades filantrópicas e as empresas em recuperação judicial. É claro que as pessoas jurídicas de direito público (DL 779/1969, art. 1º, IV) e o MPT (isento do pagamento de quaisquer despesas processuais) também estão isentos do depósito recursal.

A exemplo do depósito exigível nos casos de recurso ordinário, recurso de revista, embargos para a SBDI e recurso extraordinário, o depósito recursal no agravo de instrumento poderá ser substituído por fiança bancária ou seguro garantia judicial (CLT, art. 899, § 11, incluído pela Lei n. 13.467/2017).

No que tange ao processamento do agravo de instrumento, de acordo com o § 5º do art. 897 da CLT, "sob pena de não conhecimento, as partes promoverão a formação do instrumento do agravo de modo a possibilitar, caso provido, o imediato julgamento do recurso denegado". Para tanto, as partes, isto é, agravante e agravado, deverão instruir a petição do agravo e a petição da contraminuta com as peças necessárias tanto para o exame da decisão denegatória do seguimento do recurso trancado quanto do mérito do próprio recurso que teve seu seguimento obstado pela decisão agravada.

Assim, se faltarem quaisquer das peças obrigatórias (decisão agravada, da certidão da respectiva intimação, das procurações outorgadas aos advogados do agravante e do agravado, da petição inicial, da contestação, da decisão originária, do depósito recursal referente ao recurso que se pretende destrancar, da comprovação do recolhimento das custas e do depósito recursal a que se refere o § 7º do art. 899 da CLT), a consequência será o não conhecimento do agravo de instrumento. Por existir norma expressa na CLT, portanto, pensamos que é inválido o entendimento do TST consubstanciado no art. 10, *caput*, da IN n. 39/2016.

A norma em apreço (CLT, art. 897, b, § 5º, II) faculta às partes colacionar cópias de outras peças constantes dos autos que reputarem úteis à compreensão da controvérsia, tais como documentos, depoimentos de partes e de testemunhas, laudo pericial, termo de audiência etc. Não é válida a colação de documentos novos, salvo na hipótese admitida pela Súmula n. 8 do TST.

O TST, por meio da Instrução Normativa n. 16/1999, já chegou a admitir hipóteses em que o agravo de instrumento seria processado nos autos principais. Verificando inúmeros problemas operacionais, o TST editou a Resolução Administrativa n. 930/2003, "desautorizando o processamento do agravo de instrumento nos autos principais", ou seja, atualmente não mais se permite o processamento do agravo de instrumento nos mesmos autos em que a decisão agravada tenha sido proferida. Todavia, por força da Resolução Administrativa TST n. 1.418/2010, o agravo de instrumento interposto de decisão que negar seguimento a recurso de competência do TST deve ser processado nos mesmos autos do recurso denegado.

Diferentemente do processo civil, o agravo de instrumento no processo do trabalho deve ser interposto perante a autoridade judiciária que negue seguimento a recurso. É de oito dias o prazo para a interposição do agravo de instrumento.

Interposto o agravo de instrumento, o juiz poderá reconsiderar a decisão agravada e determinar a subida do recurso trancado. Se a decisão agravada for mantida, o agravado será intimado para, no prazo de oito dias, oferecer respostas ao agravo e ao recurso principal, instruindo-os com as peças que considerar necessárias ao julgamento de ambos os recursos.

Provido o agravo, a Turma deliberará sobre a conveniência do julgamento do recurso principal, observando-se, se for o caso, daí em diante o procedimento relativo a esse recurso.

Sobre o procedimento do agravo de instrumento, recomenda-se a leitura da Instrução Normativa n. 16/1999 do TST.

A OJ n. 217 da SBDI-1, por sua vez, esclarece que para a formação do Agravo de Instrumento não é necessária a juntada de comprovantes de recolhimento de custas e de depósito recursal relativamente ao Recurso Ordinário, desde que não seja objeto de controvérsia no Recurso de Revista a validade daqueles recolhimentos.

Já a OJ n. 286 da SBDI-1 prevê que no agravo de instrumento, a juntada da ata de audiência, em que consignada a presença do advogado, desde que não estivesse atuando com mandato expresso, torna dispensável a procuração deste, porque demonstrada a existência de mandato tácito. Além disso, se restar configurada a existência de mandato tácito, ficará suprida a irregularidade detectada no mandato expresso.

6.3. Agravo de petição

Nos termos do art. 897, *a*, da CLT, cabe agravo de petição, no prazo de 8 (oito) dias, "das decisões do Juiz ou Presidente, nas execuções".

A lei fala em **decisões do Juiz ou Presidente**, o que exige interpretação sistemática da referida alínea *a* com o § 3º, ambos do art. 897 da CLT, porque o agravo de petição pode ser interposto contra: I – decisão proferida pelo Presidente do Tribunal, nas execuções oriundas das ações de sua competência originária; II – decisão de Juiz (titular ou substituto) de Vara do Trabalho (ou Juiz de Direito investido na Jurisdição trabalhista), nas execuções de competência originária dos órgãos de primeira instância da Justiça do Trabalho.

De outro lado, como o legislador não explicitou quais "**decisões**" são impugnáveis por agravo de petição, há três correntes doutrinárias que interpretam o dispositivo em causa.

A primeira corrente, liderada por Wagner D. Giglio (2007, p. 433-434), com base no princípio da irrecorribilidade imediata das decisões interlocutórias, adota interpretação restritiva do termo "decisões" e sustenta que somente as sentenças (terminativas ou definitivas), proferidas no processo (ou fase) de execução, como a sentença que acolhe ou rejeita os embargos à execução, empolgariam a interposição do agravo de petição.

A segunda corrente, capitaneada por Amauri Mascaro Nascimento (2009, p. 748-749), adota interpretação ampliativa do vocábulo "decisões" para admitir o agravo de petição de qualquer decisão na fase (ou processo) de execução, inclusive qualquer decisão interlocutória, como aquela que torna sem efeito uma penhora ou determina o levantamento de depósito em dinheiro.

Finalmente, a terceira corrente sustenta que, em princípio, somente as sentenças (definitivas ou terminativas) no processo (ou fase) de execução são impugnáveis por agravo de petição, admitindo, porém, que as decisões interlocutórias que envolvam matéria de ordem pública possam ser atacadas de imediato pelo agravo de petição. Um dos maiores defensores dessa corrente é José Augusto Rodrigues Pinto, para quem:

> em face da omissão da lei, o agravo de petição cabe, realmente: a) das decisões definitivas em processo de execução trabalhista; b) das decisões interlocutórias que envolvam matéria de ordem pública a justificar novo exame de seu conteúdo (2002, p. 352).

Parece-nos mais adequada a corrente eclética, com a devida vênia das duas primeiras correntes citadas. Apenas destacamos que os arts. 893, § 1º, e 897, *a*, da CLT comportam interpretação sistemática e conforme a Constituição (CF, art. 5º, inciso LV), de modo a possibilitar a interposição por agravo de petição das decisões que impossibilitem a continuação da execução.

Assim, com o singelo propósito de contribuir metodologicamente para oferecer mais segurança na árdua tarefa de interpretar e aplicar as referidas normas, procuramos exaurir as espécies de decisões impugnáveis por agravo de petição, a saber:

a) a sentença que extingue a execução (CPC, arts. 924 e 925) quando: I – o devedor satisfaz a obrigação; II – o devedor obtém, por transação ou por qualquer outro meio, a remissão total da dívida; III – o credor renunciar ao crédito;

b) a sentença que acolhe ou rejeita, total ou parcialmente, os embargos do devedor ou a impugnação do credor (CLT, art. 884, §§ 3º e 4º);

c) a decisão interlocutória que determina a suspensão da execução (CPC, art. 921);

d) a decisão que acolhe, parcial ou totalmente, a exceção de pré-executividade;

e) a decisão que declara a incompetência da Justiça do Trabalho para executar parcelas remuneratórias de natureza continuativa ajuizada por servidor público, que teve o seu regime jurídico de trabalho alterado de celetista para estatutário e extingue a execução por ausência de pressuposto processual para o desenvolvimento válido da execução (CPC, art. 485, IV);

f) a decisão que indefere a expedição de ofício a órgãos públicos requerida pelo exequente para encontrar bens do executado, a fim de sobre eles recair a penhora;

g) a decisão interlocutória que remete os autos para a Justiça comum, para prosseguir a execução (CPC, art. 64, §§ 2º e 3º);

h) a decisão que acolhe ou rejeita embargos de terceiro, embargos à arrematação ou à adjudicação;

i) a decisão que, de ofício, extingue a execução por: I – falta ou nulidade da citação, se o processo correu à revelia; II – inexigibilidade do título; III – penhora incorreta ou avaliação errônea; IV – ilegitimidade das partes; V – excesso de execução;

j) decisão do juiz que extingue a liquidação, por entender que o saldo é igual a zero, ou seja, não há crédito a ser executado.

Quanto ao ato judicial que resolve o incidente processual de liquidação de sentença, é preciso atentar para o que dispõe o § 3º do art. 884 da CLT, segundo o qual somente nos embargos à penhora poderá o executado impugnar a sentença de liquidação, cabendo ao exequente igual direito e no mesmo prazo.

Na liquidação por cálculo ou arbitramento, se o executado concordar com os cálculos e simplesmente depositar o valor da condenação, o exequente, ao ser intimado para proceder ao levantamento, poderá impugnar a sentença de liquidação e os cálculos homologados pelo juiz. Da decisão do juiz que rejeitar a impugnação do credor caberá agravo de petição, pois se trata de decisão interlocutória que frustra, impede, obsta a execução da sentença, conforme letra "b" *supra*.

Já na liquidação por artigos, pensamos também não ser cabível o agravo de petição do ato que julga a liquidação, uma vez que o § 3º do art. 884 da CLT somente admite o ataque à "sentença" de liquidação por meio de embargos do devedor ou impugnação autônoma pelo credor. A Súmula n. 266 do TST, porém, admite a interposição de agravo de petição de acórdão proferido "na liquidação de sentença", nos seguintes termos:

> RECURSO DE REVISTA. ADMISSIBILIDADE. EXECUÇÃO DE SENTENÇA. A admissibilidade do recurso de revista interposto de acórdão proferido em agravo de petição, na liquidação de sentença ou em processo incidente na execução, inclusive os embargos de terceiro, depende de demonstração inequívoca de violência direta à Constituição Federal.

Essa Súmula, a nosso ver, extrapola os limites traçados pelo art. 896, § 2º, da CLT, o qual só permite recurso de revista "das decisões proferidas pelos Tribunais Regionais do Trabalho ou por suas Turmas, **em execução de sentença**, inclusive em processo incidente de embargos de terceiro", que violarem direta e frontalmente a Constituição Federal. Entretanto, o § 10 do art. 896 da CLT, incluído pela Lei n. 13.015/2014, dispõe sobre o cabimento do "recurso de revista por violação a lei federal, por divergência jurisprudencial e por ofensa à Constituição Federal nas execuções fiscais e nas controvérsias da fase de execução que envolvam a Certidão Negativa de Débitos Trabalhistas (CNDT), criada pela Lei n. 12.440, de 7 de julho de 2011".

Quanto à peculiar exceção de pré-executividade, entendemos que não cabe agravo de petição da decisão que a rejeita. Todavia, será possível interpor o recurso de agravo de petição em face da decisão que acolhe, parcial ou integralmente, a exceção de pré-executividade, pois nesse caso ocorre a extinção (total ou parcial) da própria execução.

Um **pressuposto específico de admissibilidade** do agravo de petição encontra-se no § 1º do art. 897 da CLT, segundo o qual o agravo de petição só será recebido quando o agravante delimitar, justificadamente, as matérias e os valores impugnados, permitida a execução imediata da parte remanescente até o final, nos próprios autos ou por carta de sentença. Nesse sentido, diz a Súmula n. 416 do TST:

> MANDADO DE SEGURANÇA. EXECUÇÃO. LEI N. 8.432/92. ART. 897, § 1º, DA CLT. CABIMENTO. Devendo o agravo de petição delimitar justificadamente a matéria e os valores objeto de discordância, não fere direito líquido e certo o prosseguimento da execução quanto aos tópicos e valores não especificados no agravo.

Se, porém, a matéria for exclusivamente de direito, não há que falar em impugnação de valores, como, por exemplo, no agravo de petição contra decisão que determina a penhora de bem público. Além dessa hipótese, entendemos também que o pressuposto da impugnação específica não se aplica ao agravo de petição interposto pelo credor-exequente, porquanto este, em tese, é o maior interessado na celeridade da execução trabalhista.

No que tange aos efeitos, na esteira do art. 899 da CLT e seguindo a regra geral, o agravo de petição possui somente **efeito devolutivo**. Mas, como já ressaltado, o § 1º do mesmo artigo permite a execução definitiva da parte incontroversa, isto é, aquela que não foi objeto do próprio agravo de petição. Disso resulta que a devolutibilidade do agravo de petição é restrita à matéria e aos valores impugnados pelo agravante.

A ausência do efeito suspensivo permite a extração de carta de sentença para o prosseguimento da execução, cabendo ao juízo *a quo*, em tais casos, remeter ao Tribunal Regional os autos originais contendo o agravo de petição. Mas também se mostra possível a formação de instrumento com as peças necessárias para que o TRT aprecie o agravo de petição, permanecendo os autos principais na primeira instância, para o prosseguimento da execução (CLT, art. 897, § 3º).

Além do efeito devolutivo, o agravo de petição, por possuir natureza ordinária, também possui **efeito translativo**, permitindo, assim, ao juízo *ad quem* a apreciação de questões de ordem pública não sujeitas à preclusão.

No que diz respeito ao **preparo**, o item II da Súmula n. 128 do TST estabelece que garantido o juízo, na fase executória, a exigência de **depósito para recorrer** de qualquer decisão viola os incisos II e LV do art. 5º da CF/1988. Havendo, porém, elevação do valor do débito, exige-se a complementação da garantia do juízo.

Quanto às **custas**, o art. 789-A da CLT dispõe que, no processo de execução, elas são de responsabilidade do executado e serão pagas "ao final", isto é, depois de extinto o processo. Logo, não há preparo de custas no agravo de petição, ainda que se trata de ação incidental de embargos de terceiro, sendo certo que a decisão que as exigir implica violação ao art. 5º, LV, da CF. Nesse sentido:

> AGRAVO DE INSTRUMENTO. EXECUÇÃO. CUSTAS. AGRAVO DE PETIÇÃO. RECOLHIMENTO SOMENTE AO FINAL. Demonstrada violação ao artigo 5º, LV, da Constituição, dá-se provimento ao Agravo de Instrumento para mandar processar o apelo denegado. RECURSO DE REVISTA. CUSTAS. AGRAVO DE PETIÇÃO. RECOLHIMENTO SOMENTE AO FINAL. Viola o art. 5º, inciso LV, da Constituição da República o acórdão que não conhece do Agravo de Petição, em Embargos de Terceiro, por ausência de comprovação do pagamento das custas processuais, uma vez que, nos termos do artigo 789-A da CLT, seu recolhimento, no processo de execução, é devido somente 'ao final'. Recurso de Revista conhecido e provido (TST-RR 6440-25.2008.5.12.0017, Rel. Min. Maria Cristina Irigoyen Peduzzi, 8ª T., *DJU* 21.8.2009).

Como na maioria dos recursos trabalhistas, o prazo para interposição do agravo de petição é de oito dias úteis contados da ciência da decisão impugnada, em petição dirigida ao juiz que a prolatou, pois este exercerá o juízo primeiro de admissibilidade. Embora haja divergência doutrinária e jurisprudencial a respeito, pensamos que o agravo de petição comporta juízo de retratação. O agravado será intimado para contraminutar o agravo, também no prazo de oito dias úteis.

Passado pelo primeiro juízo de admissibilidade, o juiz deverá remeter o recurso ao TRT, cabendo-lhe decidir sobre a extração de carta de sentença ou formação de instrumento para a execução imediata da parcela incontroversa, se houver.

Nos termos do § 3º do art. 897 da CLT, o agravo de petição:

> I – será julgado originariamente pelo próprio tribunal, presidido pela autoridade recorrida, quando a decisão agravada for acórdão ou decisão monocrática de órgão do próprio tribunal;
>
> II – será julgado, em grau de recurso, por uma das Turmas do TRT, quando se tratar de decisão de Juiz do Trabalho de 1ª Instância ou de Juiz de Direito, observado o disposto no art. 679 da CLT. Neste caso, o juízo *a quo* remeterá ao juízo *ad quem* as peças necessárias para o exame da matéria controvertida, em autos apartados, ou nos próprios autos, se tiver sido determinada a extração de carta de sentença.

Quando o agravo de petição versar apenas sobre as contribuições sociais, o juiz da execução determinará a extração de cópias das peças necessárias, que serão autuadas em apartado, conforme dispõe o § 3º, parte final, do art. 897 da CLT, e remetidas à instância superior para apreciação, após a contraminuta (ou depois de decorrido o prazo para a apresentação da contraminuta).

6.4. Agravo regimental e agravo interno

Como o próprio nome revela, o agravo regimental é um recurso previsto nos Regimentos Internos dos Tribunais, não obstante ele tenha previsão não apenas no art. 709, § 1º, da CLT, segundo o qual, das decisões proferidas pelo corregedor, caberá o agravo regimental, para o Tribunal Pleno (ou outro órgão previsto no regimento interno), como também no art. 9º, parágrafo único, da Lei n. 5.584/1970, que prevê a interposição de agravo do "despacho" do relator que, baseando-se em Súmula do TST, negar seguimento ao recurso.

Igualmente, o art. 2º, II, *d*, e o art. 3º, III, todos da Lei n. 7.701/1988, restando revogado, inclusive, o art. 702, III, da CLT, preveem, respectivamente, o agravo regimental contra a decisão que indeferir recurso em ações coletivas e nos embargos de divergência em ações individuais. O art. 5º, *c*, da Lei n. 7.701/1988 prevê, ainda, a competência das Turmas do TST para julgar, em última instância, os agravos regimentais.

Em linhas gerais, o agravo regimental é utilizado para impugnar decisões proferidas pelo Presidente, Corregedor e Relator dos tribunais das quais não haja um meio impugnativo específico legalmente previsto.

No âmbito do TST, por exemplo, havia previsão do agravo regimental no art. 235 do seu Regimento Interno aprovado pela Resolução Administrativa n. 1.295/2008.

O novo Regimento Interno do TST (aprovado pela Resolução Administrativa 1937, de 20.11.2017), não mais prevê o agravo regimental, mas tão somente o agravo interno.

Com efeito, o cabimento do agravo interno no TST é extraído da interpretação sistemática dos arts. 46, 239, § 4º, 261, parágrafo único, 265, 308, § 2º, e 309, § 3º, todos do Regimento Interndo do TST (RITST).

Assim, de acordo com o art. 265, *caput*, do RITST:

> Cabe Agravo Interno contra decisão dos Presidentes do Tribunal e das Turmas, do Vice-Presidente, do Corregedor-Geral da Justiça do Trabalho ou de relator, nos termos da legislação processual, no **prazo de 8 (oito) dias úteis**, pela parte que se considerar prejudicada. (grifos nossos)

O parágrafo único do art. 265 do RITST, porém, dispõe que não cabe agravo interno nos "casos em que haja recurso próprio ou decisão de caráter irrecorrível, nos termos do Regimento ou da lei".

O art. 266 do RITST, que trata do procedimento do agravo interno no âmbito do TST, dispõe que o agravo interno será concluso ao prolator da decisão monocrática, que, após intimar o agravado para manifestar-se sobre o recurso no prazo de 8 (oito) dias úteis, poderá reconsiderá-lo ou determinar sua inclusão em pauta visando apreciação do Colegiado competente para o julgamento da ação ou do recurso em que exarada a decisão, com exceção daquele interposto contra a decisão do Presidente de Turma que denegar seguimento a embargos à Subseção I da Seção Especializada em Dissídios Individuais, que será diretamente distribuído entre os demais integrantes desta Subseção.

Já os agravos internos contra ato ou decisão do Presidente do Tribunal, do Vice-Presidente e do Corregedor-Geral da Justiça do Trabalho, desde que interpostos no período do respectivo mandato, serão por eles relatados. Os agravos internos interpostos após o término da investidura no cargo do prolator do ato ou decisão serão conclusos ao Ministro sucessor (RITST, art. 265, § 1º c/c art. 106).

Nas hipóteses de agravos internos interpostos contra decisão monocrática do relator, afastado temporária ou definitivamente, serão conclusos, em relação aos processos de Turmas, ao Desembargador convocado ou ao Ministro nomeado para a vaga, conforme o caso, e, nos processos das Seções Especializadas, ao Ministro que ocupar a vaga, ou redistribuídos na forma dos §§ 1º e 2º do art. 107 do RITST.

Os agravos internos interpostos contra decisão monocrática do Presidente do Tribunal, proferida durante o período de recesso forense e férias coletivas, serão julgados pelo relator do processo principal, salvo nos casos de competência específica da Presidência da Corte.

Se o Ministro relator for vencido no resultado do agravo interno ou quanto ao fundamento determinante da decisão, mesmo que prevalecente o resultado, será designado redator do acórdão o Ministro prolator do primeiro voto vencedor, a quem devem ser redistribuídos os embargos, promovendo-se a compensação (RITST, art. 265, § 4º).

Quando o agravo interno for declarado manifestamente inadmissível ou improcedente em votação unânime, o órgão colegiado, em decisão fundamentada, condenará o agravante a pagar ao agravado multa fixada entre 1 e 5% (um e cinco por cento) do valor atualizado da causa (RITST, art. 265, § 5º), sendo certo que a interposição de qualquer outro recurso está condicionada ao depósito prévio do valor da multa prevista no parágrafo anterior, à exceção da Fazenda Pública e do beneficiário da gratuidade da justiça, que farão o pagamento ao final (RITST, art. 265, § 6º).

Das decisões proferidas pela Turmas em agravo interno no TST, cabe o recurso de embargos para a SBDI-1 nos termos do art. 258, parágrafo único, do RITST.

A competência para o julgamento do agravo interno no TST está prevista nos arts. 76, I, "h", "i", e 239, § 4º, do RITST.

É importante destacar que de acordo com o art. 245, parágrafo único, inciso IV, do RITST, cabe recurso ordinário para o Tribunal das decisões definitivas proferidas pelos Tribunais Regionais do Trabalho em processos de sua competência originária, no prazo legal, contado da publicação do acórdão ou de sua conclusão no órgão oficial. E um dos processos de competência originária dos TRTs é o agravo interno.

Por fim, lembramos que nos termos do art. 161, § 5º, IV, do RITST, não é admitida a sustentação oral nos agravos internos no âmbito do TST, "salvo se interpostos contra decisão do relator que extinga a ação rescisória, o mandado de segurança e a reclamação ou que denegue seguimento ao recurso de revista que não demonstrar transcendência".

Recomenda-se verificar o cabimento e o processamento do agravo regimental e do agravo interno nos regimentos internos dos TRTs.

É importante notar que, por ser recurso previsto, em regra, apenas em regimentos internos, os tribunais, com base no princípio da fungibilidade, têm admitido recurso ordinário interposto equivocadamente em lugar de agravo regimental contra "despacho" (*rectius*, decisão) que indefere inicial de mandado de segurança ou ação rescisória (OJ n. 69 da SBDI-2 do TST), por se tratar de decisão monocrática. Todavia, mostra-se absolutamente inadmissível a interposição de agravo interno (CPC, art. 1.021, § 2º) ou agravo regimental contra decisão colegiada, caracterizando, neste caso, erro grosseiro (OJ n. 412 da SBDI-1).

Conforme OJ n. 132 da SBDI-1 do TST, inexistindo lei que exija a tramitação do agravo regimental em autos apartados, tampouco previsão no Regimento Interno do Regional, não pode o Agravante ver-se apenado por não haver colacionado cópia de peças dos autos principais, quando o recurso deveria fazer parte dele.

Não caberá recurso ordinário contra decisão de agravo regimental interposto em reclamação correicional ou pedido de providência (TST/TP/Órgão Especial, OJ n. 5).

O **agravo interno**, portanto, tem por objeto, em regra, impugnar decisões monocráticas proferidas pelos relatores nos tribunais. Daí por que o agravo interno se confunde, em alguns casos, com o agravo regimental, uma vez que este também pode ser manejado para atacar as decisões monocráticas do relator em recursos e, em alguns casos, em ações originárias do tribunal.

A petição do agravo interno é dirigida ao relator e a competência para julgá-lo é do órgão colegiado (Turma, Câmara, Seção Especializada, Órgão Especial ou Pleno), conforme previsão no Regimento Interno.

O agravo interno possui efeito devolutivo, como qualquer outro recurso, e pode ter efeito regressivo, se houver retratação do relator (NCPC, art. 1.021, § 2º).

Assim como no agravo regimental, não há contrarrazões no agravo interno, pois a respeito da matéria nele contida a parte contrária já teve oportunidade de manifestação anterior. Se não houver retratação, o Relator apresentará o processo em mesa, proferindo voto.[3] Provido o agravo interno, o recurso anteriormente inadmitido pelo relator terá seguimento.

Quando manifestamente inadmissível ou infundado o agravo interno, o órgão colegiado, e não o relator, depois de declará-lo manifestamente inadmissível, condenará o agravante a pagar multa ao agravado em valor a ser fixado entre um e dez por cento do valor corrigido da causa, ficando a interposição de qualquer outro recurso condicionada ao depósito do respectivo valor (NCPC, art. 1.021, § 4º).

6.5. Embargos de declaração

Os embargos de declaração estão previstos no art. 897-A da CLT, *in verbis*:

> Caberão embargos de declaração da sentença ou acórdão, no prazo de cinco dias (úteis, acrescentamos), devendo seu julgamento ocorrer na primeira audiência ou sessão subsequente a sua apresentação, registrado na certidão, admitido efeito modificativo da decisão nos casos de omissão e contradição no julgado e manifesto equívoco no exame dos pressupostos extrínsecos do recurso.

Como a CLT é silente sobre as matérias que podem ser veiculadas, os efeitos e o processamento dos embargos declaratórios, impõe-se a aplicação subsidiária dos arts. 1.022 a 1.026 do NCPC, no que couber.

Assim, nos termos do art. 1.022 do CPC, também cabem embargos de declaração no processo do trabalho **contra qualquer decisão judicial** (definitiva, terminativa ou interlocutória) para:

> I – esclarecer obscuridade ou eliminar contradição;
>
> II – suprir omissão de ponto ou questão sobre o qual devia se pronunciar o juiz de ofício ou a requerimento;
>
> III – corrigir erro material.

Para uns, os embargos de declaração não seriam recurso porque: são julgados pelo mesmo órgão prolator da decisão, não estão sujeitos ao contraditório e não têm por objeto a reforma da decisão embargada. Para outros, porém, os embargos declaratórios possuem natureza recursal, tendo em vista a sua expressa previsão no elenco dos recursos cíveis do NCPC (art. 994, IV).

Na seara laboral, o art. 897-A da CLT prevê literalmente os embargos de declaração no Capítulo VI do Título X, que é destinado aos recursos trabalhistas, muito embora não o contemple explicitamente no rol do art. 893 do mesmo diploma legal consolidado.

---

(3) Diferentemente do agravo regimental, pois neste, geralmente, o relator limita-se a fazer o relatório e lê-lo na sessão de julgamento da turma (ou de outro órgão competente) sem proferir voto. No caso de empate da votação, prevalecerá a decisão agravada.

Reforçando a natureza recursal dos embargos de declaração, a SBDI-1 do TST editou a OJ n. 192, que prevê que é "em dobro o prazo para a interposição de embargos declaratórios por pessoa jurídica de direito público". Ora, se não tivesse natureza de recurso, inexistiria embasamento legal para tal verbete.

Reafirmando, nos termos do art. 897-A da CLT, os embargos de declaração são cabíveis para impugnar sentença ou acórdão quando, nesses atos processuais, for verificada a ocorrência de: omissão, obscuridade ou contradição, assim como ocorre no processo civil. Entretanto, por força da aplicação supletiva (NCPC, art. 15) do art. 1.022 do NCPC, podemos inferir que os embargos de declaração no processo do trabalho são também cabíveis para impugnar qualquer decisão, abrangendo, evidentemente, as decisões interlocutórias.

É importante lembrar que os chamados "despachos" denegatórios de admissibilidade de recursos são, na essência, decisões interlocutórias e, consequentemente, desafiam a interposição de embargos de declaração. Por essa razão é que o TST, por exemplo, cancelou (Res. 204/2016) a OJ n. 377 da SBDI-1, que não admitia embargos de declaração contra a decisão denegatória de admissibilidade do recurso de revista proferida por presidente de TRT.

Nos casos de omissão, os embargos podem versar não apenas sobre pedido não apreciado, mas também sobre a causa de pedir não enfrentada na decisão embargada, hipóteses em que a sua utilização visa ao prequestionamento para possibilitar o acesso às instâncias extraordinárias.

É importante destacar que, nos termos do parágrafo único do art. 1.022 do NCPC, considera-se omissa a decisão que:

> I – deixe de se manifestar sobre tese firmada em julgamento de casos repetitivos ou em incidente de assunção de competência aplicável ao caso sob julgamento;
>
> II – incorra em qualquer das condutas descritas no art. 489, § 1º.

Os arts. 3º, item IX, e 8º da IN/TST n. 39/2016 dispõem que são aplicáveis ao processo do trabalho o art. 489 do NCPC (fundamentação da sentença) e os arts. 976 a 986 do NCPC (incidente de resolução de demandas repetitivas).

Além disso, o art. 9º da citada Instrução Normativa prevê que o cabimento dos embargos de declaração no Processo do Trabalho, para impugnar qualquer decisão judicial, rege-se pelo art. 897-A da CLT e, supletivamente, pelo NCPC (arts. 1.022 a 1.025; §§ 2º, 3º e 4º do art. 1.026), excetuada a garantia de prazo em dobro para litisconsortes (§ 1º do art. 1.023).

Tratando-se de julgamento *citra* (ou *infra*) *petita*, ou seja, quando a sentença for omissa a respeito de pedido (arts. 832 da CLT e 141, 489 e 492 do CPC), a parte interessada poderá: a) interpor embargos declaratórios, inclusive com efeito modificativo; b) interpor, desde logo, recurso ordinário com preliminar de nulidade da sentença por julgamento *citra petita*; c) aguardar o trânsito em julgado da decisão e ajuizar ação rescisória (OJ n. 41 da SBDI-2 do TST).[4]

Não nos parece que, nesses dois últimos casos, ocorra a preclusão pela ausência de interposição anterior de embargos de declaração em sede de recurso ordinário, uma vez que se trata de matéria de ordem pública, conhecível até mesmo de ofício pelo tribunal, pois na instância ordinária é inexigível o prequestionamento.

Todavia, ocorre preclusão se não forem opostos embargos declaratórios para suprir omissão apontada em recurso de revista ou de embargos para a SBDI-1/TST (TST, Súmula n. 184).

Pensamos incabível o recurso de embargos de declaração para atacar decisão *ultra* ou *extra petita*, pois, em tais casos, não há omissão, e sim excesso na decisão judicial.

Diz-se prequestionada a matéria ou questão quando na decisão impugnada houver sido adotada, explicitamente, tese a respeito (TST, Súmula n. 297, item I). Logo, incumbe à parte interessada, desde que a matéria haja sido invocada no recurso principal, opor embargos declaratórios objetivando o pronunciamento sobre o tema, sob pena de preclusão (TST, Súmula n. 297, item II). Considera-se prequestionada, entretanto, a questão jurídica invocada no recurso principal sobre a qual se omite o Tribunal de pronunciar tese, não obstante opostos embargos de declaração (TST, Súmula n. 297, item 3).

O art. 1.025 do CPC considera incluídos no acórdão os elementos que o embargante suscitou, para fins de prequestionamento, ainda que os embargos de declaração sejam inadmitidos ou rejeitados, caso o tribunal superior considere existentes erro, omissão, contradição ou obscuridade.

De acordo com o art. 9º, parágrafo único, da IN/TST n. 39/2016:

> A omissão para fins do prequestionamento ficto a que alude o art. 1.025 do NCPC dá-se no caso de o Tribunal Regional do Trabalho, mesmo instado mediante embargos de declaração, recusar-se a emitir tese sobre questão jurídica pertinente, na forma da Súmula n. 297, item III, do Tribunal Superior do Trabalho.

Considera-se obscura a decisão que apresenta falta de clareza, impedindo ou dificultando a correta compreensão do julgado, o que implica, não raro, o retardamento do desfecho da prestação jurisdicional, principalmente na fase de execução do julgado. Têm-se, assim, admitido os embargos declaratórios para fins de prestar esclarecimentos, sem efeito modificativo do julgado embargado, tornando mais claro o conteúdo da decisão hostilizada.

---

(4) TST/OJ-SDI2-41: "Revelando-se a sentença "*citra petita*", o vício processual vulnera os arts. 41 e 492 do CPC de 2015 (arts. 128 e 460 do CPC de 1973), tornando-a passível de desconstituição, ainda que não interpostos embargos de declaração".

Haverá contradição, por sua vez, para fins de embargos de declaração, quando esta se verificar no corpo do *decisum*, não apenas entre o relatório e a fundamentação ou entre esta e o *decisum*, mas também entre quaisquer partes da sentença ou do acórdão. Tem-se admitido, ainda, a contradição entre o acórdão e a certidão de julgamento.

Ressalta-se que a mera adoção de teses contrárias às suscitadas pelo embargante, a não aplicação de determinada norma ao caso concreto, a conclusão contrária à prova dos autos, à doutrina ou à jurisprudência são insuficientes para o provimento dos declaratórios.

Além disso, não cabem embargos declaratórios para reexame do conteúdo meritório da decisão embargada.

Os erros materiais de qualquer decisão "poderão ser corrigidos de ofício ou a requerimento de qualquer das partes" (CLT, art. 897-A, § 1º). O conceito de erros materiais pode ser extraído analogicamente do art. 833 da CLT, ou seja, são erros evidentes ou enganos de escrita, de datilografia, de digitação ou de cálculo. Nestes casos, a parte pode apresentar simples petição solicitando a correção do erro material, mas se ela interpuser embargos declaratórios, o órgão julgador deve admiti-los e sanar o erro material.

O **juízo de admissibilidade** dos embargos declaratórios deve estar circunscrito ao exame dos **pressupostos genéricos intrínsecos e extrínsecos**, mas também de um **pressuposto específico**, que impõe ao embargante o dever de fazer a "indicação do ponto obscuro, contraditório ou omisso" contido na decisão hostilizada.

No que tange ao pagamento de custas e recolhimento do depósito recursal, os embargos de declaração, tanto no processo civil quanto no processo do trabalho, não estão sujeitos a preparo (NCPC, art. 1.023, *in fine*).

A par do **efeito devolutivo** inerente a todos os recursos, nos embargos de declaração tal efeito é extraído da literalidade dos arts. 897-A da CLT e 1.023 do CPC, os quais deixam claro quais as matérias específicas que podem ser "devolvidas" ao órgão judicial prolator da decisão embargada. Logo, os embargos devolvem ao juiz, relator ou tribunal as matérias (omissão, obscuridade ou contradição) contidas na decisão hostilizada.

Os embargos de declaração também podem ter **efeito translativo**, caso a omissão contida na decisão embargada diga respeito à questão de ordem pública, conhecível, de ofício, pelo magistrado. Como bem leciona Cassio Scarpinella Bueno,

> ao ensejo do julgamento dos embargos declaratórios, é dado ao magistrado pronunciar-se sobre questões de ordem pública, mesmo quando não seja este o fundamento do recurso. Aplica-se, a eles, o disposto no § 3º do art. 267 do CPC/1973 (NCPC, art. 485, § 3º), excepcionados

deste entendimento, no entanto, os recursos extraordinários (2008, v. 5, p. 202).

Os embargos de declaração **não possuem efeito suspensivo, mas** têm **efeito interruptivo** (CPC, art. 1.026). Todavia, nos termos do § 1º do art. 1.026 do NCPC:

> A eficácia da decisão monocrática ou colegiada poderá ser suspensa pelo respectivo juiz ou relator se demonstrada a probabilidade de provimento do recurso ou, sendo relevante a fundamentação, se houver risco de dano grave ou de difícil reparação.

Há quem sustente que o efeito interruptivo dos embargos declaratórios só ocorre quando eles forem conhecidos. Dito de outro modo, se os embargos não forem admitidos, *v. g.*, por intempestividade, inadequação ou irregularidade de representação, não haverá interrupção do prazo para interposição de outro recurso.

O § 3º do art. 897-A da CLT, pacificando a questão, dispõe literalmente que os embargos de declaração interrompem o prazo para interposição de outros recursos, por qualquer das partes, salvo quando intempestivos, irregular a representação da parte ou ausente a sua assinatura.

Logo, embargos de declaração "não conhecidos" por inadequação também interrompem o prazo para interposição de outros recursos.

Convém lembrar que o TST editou a Súmula n. 434, cujo item II prevê que: "A interrupção do prazo recursal em razão da interposição de embargos de declaração pela parte adversa não acarreta qualquer prejuízo àquele que apresentou seu recurso tempestivamente." Essa súmula, porém, foi cancelada pela Resolução n. 198, de 9.6.2015. Dessa forma, no caso concreto, se houver prejuízo para a parte que interpôs o recurso, caberá ao órgão julgador devolver-lhe o prazo para, querendo, apresentar razões adicionais ao recurso, sob pena de caracterizar cerceio ao direito ao contraditório e à ampla defesa.

Os embargos de declaração não visam, em princípio, reformar a decisão embargada, razão pela qual, a rigor, eles não devolvem ao juiz prolator o conhecimento da matéria impugnada.

Todavia, nos termos do art. 897-A da CLT, quando a decisão embargada contiver omissão, contradição ou manifesto equívoco no exame dos pressupostos extrínsecos do recurso, os embargos poderão ter **efeitos infringentes ou modificativos** e ensejar a reforma do *decisum* hostilizado. Assim, seguindo o entendimento do STF, o TST editou a Súmula n. 278, segundo a qual a natureza da omissão suprida pelo julgamento de embargos declaratórios pode ocasionar efeito modificativo no julgado.

Acrescenta-se que não apenas no caso de omissão, mas também no de contradição, os embargos poderão ter efeito modificativo. Se na fundamentação da sentença, por exemplo, o juiz diz que assiste razão ao reclamante quanto ao pedido de horas extras, e, no *decisum*, julga improcedente o pedido, os embargos de declaração, se conhecidos e providos, podem modificar o conteúdo da sentença.

Em homenagem ao princípio constitucional do contraditório, se o juiz (ou relator), ao verificar que a sua decisão poderá ocasionar efeito modificativo no julgado embargado, deverá abrir vista dos autos à parte contrária para, querendo, apresentar contrarrazões aos embargos. Caso não seja adotada tal providência, o prejudicado poderá recorrer, arguindo a nulidade da decisão dos embargos, por violação ao princípio do contraditório. Sobre o assunto, a SBDI-1 editou a OJ n. 142, segundo a qual:

> I – É passível de nulidade decisão que acolhe embargos de declaração com efeito modificativo sem que seja concedida oportunidade de manifestação prévia à parte contrária.
>
> II – Em decorrência do efeito devolutivo amplo conferido ao recurso ordinário, o item I não se aplica às hipóteses em que não se concede vista à parte contrária para se manifestar sobre os embargos de declaração opostos contra sentença.

Defendíamos na edição anterior o cancelamento do item II *supra* por sua incompatibilidade com o § 2º do art. 897-A da CLT. O TST, felizmente, por meio da Res. 214/2016, cancelou o item II da OJ n. 142.

Quando os embargos de declaração forem opostos contra decisão de relator ou outra decisão unipessoal proferida em tribunal, o órgão prolator da decisão embargada decidi-los-á monocraticamente (CPC, art. 1.024, § 2º).

De acordo com o § 3º do art. 1.024 do CPC, o órgão julgador conhecerá dos embargos de declaração como agravo interno se entender ser este o recurso cabível, desde que determine previamente a intimação do recorrente para, no prazo de 5 (cinco) dias, complementar as razões recursais, de modo a ajustá-las às exigências do art. 1.021, § 1º, do CPC.

Caso o acolhimento dos embargos de declaração implique modificação da decisão embargada, o embargado que já tiver interposto outro recurso contra a decisão originária tem o direito de complementar ou alterar suas razões, nos exatos limites da modificação, no prazo de 8 (oito) dias, contado da intimação da decisão dos embargos de declaração (aplicação supletiva do § 4º do art. 1.024 do NCPC, adequando-se o prazo recursal para oito dias).

Se os embargos de declaração forem rejeitados ou não alterarem a conclusão do julgamento anterior, o recurso interposto pela outra parte antes da publicação do julgamento dos embargos de declaração será processado e julgado independentemente de ratificação (NCPC, art. 1.024, § 5º).

A respeito da interposição de embargos de declaração contra decisão monocrática do relator, a Súmula n. 421 do TST adota o seguinte entendimento:

> EMBARGOS DE DECLARAÇÃO. CABIMENTO. DECISÃO MONOCRÁTICA DO RELATOR CALCADA NO ART. 932 DO CPC DE 2015. ART. 557 DO CPC DE 1973. I – Cabem embargos da declaração de decisão monocrática do relator prevista no art. 932 do CPC de 2015 (art. 557 do CPC de 1973), se a parte pretende tão somente juízo integrativo

> retificador da decisão e, não, modificação do julgado. II – Se a parte postular a revisão no mérito da decisão monocrática, cumpre ao relator converter os embargos de declaração em agravo, em face dos princípios da fungibilidade e celeridade processual, submetendo-o ao pronunciamento do Colegiado, após a intimação do recorrente para, no prazo de 5 (cinco) dias, complementar as razões recursais, de modo a ajustá-la às exigências do art. 1.021, § 1º, do CPC de 2015.

O § 2º do art. 1.026 do CPC, perfeitamente aplicável ao processo do trabalho, prescreve que, quando manifestamente protelatórios os embargos, o juiz (ou o tribunal), em decisão fundamentada, condenará o embargante a pagar ao embargado multa não excedente a 2% (dois por cento) sobre o valor atualizado da causa.

Na reiteração de embargos de declaração manifestamente protelatórios, a multa será elevada a até dez por cento sobre o valor atualizado da causa, e a interposição de qualquer recurso ficará condicionada ao depósito prévio do valor da multa, à exceção da Fazenda Pública e do beneficiário de gratuidade da justiça, que a recolherão ao final (CPC, art. 1.026, § 3º), sendo certo que não serão admitidos novos embargos de declaração se os 2 (dois) anteriores houverem sido considerados protelatórios (CPC, art. 1.026, § 4º).

6.6. Recurso de revista

A finalidade do recurso de revista repousa na supremacia do direito objetivo e na uniformização acerca da interpretação dos tribunais regionais do trabalho. Logo, essa modalidade de recurso extraordinário não se presta a reexame de fatos e provas. É o que se infere das Súmulas n. 297 do STF e n. 7 do STJ, bem como da Súmula n. 126 do TST.O recurso de revista exige, para o seu conhecimento (ou admissibilidade), além dos pressupostos genéricos inerentes a qualquer recurso, alguns pressupostos específicos.

De acordo com o art. 896, *caput*, da CLT, o recurso de revista é cabível apenas "das decisões proferidas em grau de recurso ordinário, em dissídio individual, pelos Tribunais Regionais do Trabalho".

Importante assinalar, contudo, que, ao contrário do que parece sugerir o *caput* do art. 896 da CLT, o recurso de revista não se presta apenas a atacar acórdão proferido no processo (ou fase) de conhecimento (em grau de recurso ordinário), porquanto o seu § 2º dispõe que, das decisões proferidas pelos Tribunais Regionais do Trabalho ou por suas Turmas, em execução de sentença, inclusive em processo incidente de embargos de terceiro, o recurso de revista será cabível apenas "na hipótese de ofensa direta e literal à Constituição Federal".

Além disso, o § 10 do art. 896 da CLT, com redação dada pela Lei n. 13.015/2014, passou a admitir recurso de revista por violação à lei federal, por divergência jurisprudencial e por ofensa à Constituição Federal nas execuções fiscais e nas controvérsias da fase de execução que envolvam a Certidão Negativa de Débitos Trabalhistas (CNDT), criada pela Lei n. 12.440, de 7.7.2011.

Como a lei não faz distinção a respeito das espécies de "decisões proferidas em grau de recurso ordinário, em dissídios individuais", cremos que é lícito utilizarmos a interpretação lógica e sistemática dos arts. 896 e 895, I, da CLT, de modo que cabe a revista contra acórdãos regionais de natureza terminativa (CPC, art. 485) ou definitiva (CPC, art. 487). Igualmente, quando se tratar de decisões interlocutórias terminativas do feito (CLT, art. 799, § 2º) ou na hipótese da Súmula n. 214, *a*, do TST.

Além disso, parece-nos cabível a revista, no processo (ou fase) de conhecimento, das decisões dos Tribunais Regionais do Trabalho proferidas em grau de remessa *ex officio*. O TST, no entanto, firmou entendimento de que, nesse caso, só será admitido recurso de revista se, no Tribunal Regional, o ente público tiver interposto recurso ordinário voluntário (OJ n. 334 da SBDI-1).

De acordo com o art. 896 da CLT, cabe Recurso de Revista para Turma do TST das decisões proferidas em grau de recurso ordinário, em dissídio individual, pelos TRTs, quando:

> a) derem ao mesmo dispositivo de lei federal interpretação diversa da que lhe houver dado outro Tribunal Regional, no seu Pleno ou Turma, ou a Seção de Dissídios Individuais do Tribunal Superior do Trabalho, ou contrariarem súmula de jurisprudência uniforme dessa Corte ou súmula vinculante do STF;
>
> b) derem ao mesmo dispositivo de lei estadual, Convenção Coletiva de Trabalho, Acordo Coletivo, sentença normativa ou regulamento empresarial de observância obrigatória em área territorial que exceda a jurisdição do Tribunal Regional prolator da decisão recorrida, interpretação divergente, na forma da alínea *a*;
>
> c) proferidas com violação literal de disposição de lei federal ou afronta direta e literal à Constituição Federal.

A **divergência jurisprudencial** apta ao cabimento da revista há de ser oriunda dos órgãos específicos da Justiça do Trabalho prescritos expressamente na alínea *a* do art. 896. Isso significa que não se admitirá que a divergência seja originária: do mesmo tribunal, seja do pleno ou de turma; de outros órgãos da própria Justiça do Trabalho não indicados no dispositivo legal; de outros órgãos de quaisquer ramos do Poder Judiciário, salvo súmula vinculante do STF.

Além disso, a divergência jurisprudencial ora focalizada deve estar relacionada à interpretação "do mesmo dispositivo de lei federal". Essa divergência, no entanto, deve ser específica, a teor da Súmula n. 296 do TST, isto é, o dissenso pretoriano deve ter correspondência direta com as situações fáticas e jurídicas que foram apreciadas nas decisões conflitantes.

Aliás, não será conhecido o recurso de revista "se a decisão recorrida resolver determinado item do pedido por diversos fundamentos e a jurisprudência transcrita não abranger a todos" (TST, Súmula n. 23).

Assim, o acórdão indicado como paradigma para a interposição do recurso de revista deve conter todos os fundamentos divergentes acerca do deferimento ou indeferimento de determinado item do pedido. Por exemplo, se o acórdão recorrido deferiu a reintegração de uma empregada por triplo fundamento (membro de CIPA, acidentada e grávida) e o acórdão indicado como paradigma não rebater cada um dos três fundamentos, não será conhecido o recurso de revista, por não atendido o requisito exigido pela Súmula n. 23 do TST.

De acordo com o § 7º do art. 896 da CLT, a divergência apta a ensejar o recurso de revista deve ser atual, não se considerando como tal a ultrapassada por súmula do TST ou do STF, ou superada por iterativa e notória jurisprudência do próprio TST.

É importante advertir que o TST não conhece do recurso de revista se a decisão recorrida resolver determinado item do pedido por diversos fundamentos e a jurisprudência transcrita não abranger a todos (Súmula n. 23). Portanto, a divergência jurisprudencial deve ser específica em relação a cada fundamento adotado pela decisão impugnada, sob pena de não ser conhecida a revista.

Nas causas sujeitas ao procedimento sumaríssimo, somente será admitido recurso de revista por contrariedade a súmula de jurisprudência uniforme do Tribunal Superior do Trabalho ou a súmula vinculante do Supremo Tribunal Federal e por violação direta da Constituição Federal (CLT, art. 896, § 9º).

O § 8º do art. 896 da CLT, com redação dada pela Lei n. 13.015/2014, estabelece que quando o recurso de revista "fundar-se em dissenso de julgados, incumbe ao recorrente o ônus de produzir prova da divergência jurisprudencial, mediante certidão, cópia ou citação do repositório de jurisprudência, oficial ou credenciado, inclusive em mídia eletrônica, em que houver sido publicada a decisão divergente, ou ainda pela reprodução de julgado disponível na Internet, com indicação da respectiva fonte, mencionando, em qualquer caso, as circunstâncias que identifiquem ou assemelhem os casos confrontados".

O TST tem sido rigoroso quanto à comprovação da divergência jurisprudencial que empolga recurso de revista. É o que se infere da Súmula n. 337 do TST:

> I – Para comprovação da divergência justificadora do recurso, é necessário que o recorrente:
>
> a) Junte certidão ou cópia autenticada do acórdão paradigma ou cite a fonte oficial ou o repositório autorizado em que foi publicado; e
>
> b) Transcreva, nas razões recursais, as ementas e/ou trechos dos acórdãos trazidos à configuração do dissídio, demonstrando o conflito de teses que justifique o conhecimento do recurso, ainda que os acórdãos já se encontrem nos autos ou venham a ser juntados com o recurso.

II – A concessão de registro de publicação como repositório autorizado de jurisprudência do TST torna válidas todas as suas edições anteriores.

III – A mera indicação da data de publicação, em fonte oficial, de aresto paradigma é inválida para comprovação de divergência jurisprudencial, nos termos do item I, *a*, desta súmula, quando a parte pretende demonstrar o conflito de teses mediante a transcrição de trechos que integram a fundamentação do acórdão divergente, uma vez que só se publicam o dispositivo e a ementa dos acórdãos.

IV – É válida para a comprovação da divergência jurisprudencial justificadora do recurso a indicação de aresto extraído de repositório oficial na internet, desde que o recorrente:

a) transcreva o trecho divergente;

b) aponte o sítio de onde foi extraído; e

c) decline o número do processo, o órgão prolator do acórdão e a data da respectiva publicação no Diário Eletrônico da Justiça do Trabalho.

V – A existência do código de autenticidade na cópia, em formato *pdf*, do inteiro teor do aresto paradigma, juntada aos autos, torna-a equivalente ao documento original e também supre a ausência de indicação da fonte oficial de publicação.

Como visto, **também cabe recurso de revista por divergência jurisprudencial** dos acórdãos regionais proferidos em sede de recurso ordinário (e remessa *ex officio*) quando derem **interpretação divergente da que for dada** por outro Tribunal Regional, no seu Pleno ou Turma, ou a Sessão de Dissídios Individuais/ TST, ou contrariar Súmula do TST, **ao mesmo dispositivo (ou cláusula)** de *lei estadual, convenção coletiva de trabalho* (CLT, art. 611); *acordo coletivo de trabalho* (CLT, art. 611, § 1º); *sentença normativa* (CF, art. 114, § 2º); *regulamento empresarial* (TST, Súmula n. 51).

O TST editou a Súmula n. 312, julgando constitucional a alínea "b" do art. 896 da CLT.

Não cabe recurso de revista, portanto, das decisões oriundas do mesmo Tribunal Regional, no seu Pleno ou Turma. Era o que dispunha o § 3º do art. 896 da CLT, o qual determinava que os Tribunais Regionais do Trabalho deveriam uniformizar a sua jurisprudência. Ocorre que a Lei n. 13.467/2017 (Lei da Reforma Trabalhista) revogou expressamente não apenas o § 3º como também os §§ 4º, 5º e 6º do art. 896 da CLT. Destarte, parece-nos que não há mais óbice legal à possibilidade de interposição de recurso de revista quando houver divergência jurisprudencial interna no mesmo TRT, razão pela qual sustentamos a inaplicabilidade do art. 2º da IN n. 40/2016 do TST por sua revogação tácita pela Lei n. 13.457/2017.

Todavia, o TST editou a IN n. 41/2018, cujo art. 18 dispõe, *in verbis*:

Art. 18. O dever de os Tribunais Regionais do Trabalho uniformizarem a sua jurisprudência faz incidir, subsidiariamente ao processo do trabalho, o art. 926 do CPC, por meio do qual os Tribunais deverão manter sua jurisprudência íntegra, estável e coerente.

§ 1º Os incidentes de uniformização de jurisprudência suscitados ou iniciados antes da vigência da Lei n. 13.467/2017, no âmbito dos Tribunais Regionais do Trabalho ou por iniciativa de decisão do Tribunal Superior do Trabalho, deverão observar e serão concluídos sob a égide da legislação vigente ao tempo da interposição do recurso, segundo o disposto nos respectivos Regimentos Internos.

§ 2º Aos recursos de revista e de agravo de instrumento no âmbito do Tribunal Superior do Trabalho, conclusos aos relatores e ainda não julgados até a edição da Lei n. 13.467/17, não se aplicam as disposições contidas nos §§ 3º a 6º do artigo 896 da Consolidação das Leis do Trabalho.

§ 3º As teses jurídicas prevalecentes e os enunciados de Súmulas decorrentes do julgamento dos incidentes de uniformização de jurisprudência suscitados ou iniciados anteriormente à edição da Lei n. 13.467/2017, no âmbito dos Tribunais Regionais do Trabalho, conservam sua natureza vinculante à luz dos arts. 926, §§ 1º e 2º, e 927, III e V, do CPC.

Também não será cabível a revista quanto à divergência de interpretação de cláusula de contrato individual de trabalho, pois isso, evidentemente, exige reexame de fatos e de provas (TST, Súmula n. 126).

Em se tratando de **violação de literal disposição de lei federal**, pensamos que a expressão "lei federal" comporta interpretação ampliativa, abrangendo também os atos normativos com força de lei, como o antigo Decreto-lei, a Medida Provisória e o Decreto. Já a portaria ministerial, a instrução normativa e a ordem de serviço não empolgam o cabimento da revista, por serem atos administrativos típicos, assim como violação a costume também não enseja o cabimento do recurso. Há, porém, entendimento no sentido de que a Portaria n. 3214 do Ministério do Trabalho e Emprego se assemelha à lei federal, comportando, assim, recurso de revista na hipótese da alínea *c* do art. 896 da CLT.

A Súmula n. 221 do TST prevê que admissibilidade do recurso de revista e de embargos por violação tem como pressuposto a indicação expressa do dispositivo de lei ou da Constituição tido como violado. Não é por outra razão que a OJ n. 115 da SBDI-1 dispõe que o conhecimento do recurso de revista, quanto à preliminar de nulidade por negativa de prestação jurisdicional, supõe indicação de violação do art. 832 da CLT, do art. 489 do NCPC ou do art. 93, IX, da CF/1988.

Não obstante, a mesma SBDI-1/TST editou a OJ n. 257, abrandando o rigorismo na utilização dos termos utilizados como sinônimos do vocábulo "violação", ao dispor que a invocação expressa, quer na Revista, quer nos Embargos, dos preceitos legais ou constitucionais tidos como violados não significa exigir da parte a utilização das expressões "contrariar", "ferir", "violar" etc.

Ainda com relação ao pressuposto da violação de literal disposição de lei ou da CF, vem despontando no TST um novo entendimento nas hipóteses de fixação do valor dos danos morais, individuais ou coletivos, pois nestes casos não está em jogo a aplicação do princípio da legalidade, e sim dos princípios da proporcionalidade e razoabilidade. Afinal, em sede de jurisdição extraordinária, como é o caso do recurso de revista, a violação literal e direta de dispositivo de lei (ex.: art. 944 do CC) somente seria admissível em casos teratológicos, em que o valor exagerado da indenização ou a sua fixação em montante ínfimo exigiriam a intervenção do TST para corrigir, excepcionalmente, o eventual despautério, para mais ou para menos, da indenização fixada na decisão recorrida.

Imprescindível destacar que, no procedimento sumaríssimo, a admissibilidade de recurso de revista estava limitada à demonstração de violação direta a dispositivo da Constituição Federal ou contrariedade a Súmula do Tribunal Superior do Trabalho, não admitindo o recurso por contrariedade a Orientação Jurisprudencial deste Tribunal (Livro II, Título II, Capítulo III, do RITST), ante a ausência de previsão no art. 896, § 6º, da CLT. Ocorre que a Lei n. 13.467/2017 (Lei da Reforma Trabalhista) revogou expressamente o § 6º do art. 896 da CLT. Destarte, parece-nos que não há mais óbice legal à possibilidade de interposição de recurso de revista quando houver divergência jurisprudencial no procedimento sumaríssimo nos termos da alínea "a" do art. 896 da CLT. Consequentemente, deverá ser cancelada a Súmula n. 442 do TST.

Além do cabimento do recurso de revista apenas nas hipóteses do art. 896 da CLT, o recorrente tem que atender aos pressupostos genéricos e aos pressupostos específicos dessa modalidade recursal.

No entanto, a Lei n. 13.015/2014 acrescentou o § 11 ao art. 896 da CLT que relativizou a inadmissibilidade do recurso de revista por defeito formal, *in verbis*:

> Quando o recurso tempestivo contiver defeito formal que não se repute grave, o Tribunal Superior do Trabalho poderá desconsiderar o vício ou mandar saná-lo, julgando o mérito.

A expressão "defeito formal que não se repute grave" é um conceito indeterminado e poderá ensejar subjetivismos no julgamento e comprometimento do princípio da segurança jurídica.

Interessante notar que a Lei n. 13.467/2017 (Lei da Reforma Trabalhista) acrescentou o § 14 ao art. 896 da CLT, dispondo que:

> O relator do recurso de revista poderá denegar-lhe seguimento, em decisão monocrática, nas hipóteses de intempestividade, deserção, irregularidade de representação ou de ausência de qualquer outro pressuposto extrínseco ou intrínseco de admissibilidade.

Há nítida contradição e verdadeira confusão entre o § 11 e o § 14 do art. 896 da CLT, pois o relator "poderá" (*rectius*, deverá) denegar seguimento ao recurso de revista (é óbvio que em decisão monocrática) nas hipóteses de ausência de qualquer pressuposto extrínseco ou intrínseco de sua admissibilidade, mas o órgão colegiado (tribunal) somente poderá superar o juízo de admissibilidade se o recurso de revista for tempestivo e não contiver defeito formal reputado não grave. Noutros termos, o Relator tem mais "poderes" do que o órgão colegiado.

Parece-nos que os §§ 11 e 14 do art. 896 da CLT devem ser interpretados em sintonia com a CF (art. 5º, LV) e com os arts. 932, parágrafo único, e 1.007

do CPC, de modo a se prestigiar os princípios alusivos à vedação da decisão surpresa e da supremacia da decisão de mérito.

Um dos **pressupostos específicos** para a admissibilidade da revista é o **prequestionamento**, ou seja, exige-se que a decisão recorrida tenha se pronunciado explicitamente sobre a matéria veiculada no recurso de revista, ainda que se trate de violação frontal e direta à norma da Constituição Federal.

Não vale, pois, o **prequestionamento implícito**. Mas não é preciso que a decisão reproduza *ipsis litteris* o dispositivo de lei que o recorrente alega ter sido violado. O importante é que a tese explícita sobre a matéria questionada faça parte da fundamentação do julgado (Súmulas ns. 184 e 297 do TST).

O prequestionamento só é exigível em recurso de natureza extraordinária, como a revista (CLT, art. 896) e os embargos para a SBDI-1 (CLT, art. 894). Pouco importa a hierarquia da norma apontada como violada. Vale dizer, mesmo se o acórdão recorrido tenha violado norma de ordem pública, o recurso de revista só será admitido se houver pronunciamento explícito do TRT sobre a matéria, ainda que se trate de incompetência absoluta (OJ n. 62, SBDI-1/TST).

Nos termos da Súmula n. 297 do TST:

> I. Diz-se prequestionada a matéria ou questão quando na decisão impugnada haja sido adotada, explicitamente, tese a respeito.
>
> II. Incumbe à parte interessada, desde que a matéria haja sido invocada no recurso principal, opor embargos declaratórios objetivando o pronunciamento sobre o tema, sob pena de preclusão.
>
> III. Considera-se prequestionada a questão jurídica invocada no recurso principal sobre a qual se omite o Tribunal de pronunciar tese, não obstante opostos embargos de declaração.

Havendo tese explícita sobre a matéria, na decisão recorrida, desnecessário contenha ela referência expressa do dispositivo legal para ter-se como prequestionado este (TST/SBDI-1 OJ n. 118).

Para fins do requisito do prequestionamento de que trata a Súmula n. 297, há necessidade de que haja, no acórdão, de maneira clara, elementos que levem à conclusão de que o Regional adotou uma tese contrária à lei ou à súmula TST/SBDI-1 OJ n. 256).

Por outro lado, não se pode exigir prequestionamento quando a violação à disposição literal de lei surge no próprio acórdão impugnado pelo recurso de revista. Isso pode ocorrer quando o TRT fundamenta a decisão com base em dispositivo de lei não ventilado no recurso ordinário, como, por exemplo, ao conhecer do recurso interposto contra sentença que julgou procedente o pedido (NCPC, art. 489, I), decidir que o recorrente é carecedor do direito de ação (NCPC, art. 487, VI). Ora, a eventual violação à letra da lei, nesse caso, somente nasce no próprio acórdão que anulou a sentença (OJ n. 119, da SBDI-1/TST).

Destaca-se que não configura prequestionamento o acórdão regional que simplesmente adota como razões de decidir os fundamentos da sentença. Se isso acontecer, o recorrente deverá interpor embargos de declaração, sob pena de não ser conhecido o recurso de revista (OJ n. 151 da SBDI-1/TST).

Se a finalidade dos embargos de declaração consistir justamente no prequestionamento, fica afastado o eventual intuito protelatório daqueles, razão pela qual não deveriam os tribunais aplicar multa ao embargante que desejar tão somente ver prequestionada a matéria para poder ter acesso às instâncias de cúpula do Judiciário brasileiro.

Outro pressuposto específico do recurso de revista é a **transcendência**, que está prevista no art. 896-A da CLT (incluído pela Medida Provisória n. 2.226/2001). Trata-se de pressuposto que confere exclusivamente ao TST a competência para examinar previamente se a causa oferece **transcendência** com relação aos reflexos gerais de natureza econômica, política, social ou jurídica.

A Lei n. 13.467/2017 inseriu no art. 896-A da CLT os §§ 1º a 6º, regulamentando a transcendência nos seguintes termos:

> Art. 896-A – O Tribunal Superior do Trabalho, no recurso de revista, examinará previamente se a causa oferece transcendência com relação aos reflexos gerais de natureza econômica, política, social ou jurídica.
>
> § 1º São indicadores de transcendência, entre outros:
>
> I – econômica, o elevado valor da causa;
>
> II – política, o desrespeito da instância recorrida à jurisprudência sumulada do Tribunal Superior do Trabalho ou do Supremo Tribunal Federal;
>
> III – social, a postulação, por reclamante-recorrente, de direito social constitucionalmente assegurado;
>
> IV – jurídica, a existência de questão nova em torno da interpretação da legislação trabalhista.
>
> § 2º Poderá o relator, monocraticamente, denegar seguimento ao recurso de revista que não demonstrar transcendência, cabendo agravo desta decisão para o colegiado.
>
> 3º Em relação ao recurso que o relator considerou não ter transcendência, o recorrente poderá realizar sustentação oral sobre a questão da transcendência, durante cinco minutos em sessão.
>
> § 4º Mantido o voto do relator quanto à não transcendência do recurso, será lavrado acórdão com fundamentação sucinta, que constituirá decisão irrecorrível no âmbito do tribunal.
>
> § 5º É irrecorrível a decisão monocrática do relator que, em agravo de instrumento em recurso de revista, considerar ausente a transcendência da matéria.
>
> § 6º O juízo de admissibilidade do recurso de revista exercido pela Presidência dos Tribunais Regionais do Trabalho limita-se à análise dos pressupostos intrínsecos e extrínsecos do apelo, não abrangendo o critério da transcendência das questões nele veiculadas.

No que tange aos **efeitos do recurso**, de acordo com o § 1º do art. 896 da CLT, o recurso de revista, dotado de efeito apenas devolutivo, será interposto perante o Presidente do Tribunal Regional do Trabalho, que, por decisão fundamentada, poderá recebê-lo ou denegá-lo.

Assim, não é permitida a concessão de efeito suspensivo ao recurso de revista. Todavia, o novel § 5º do art. 896-C da CLT, com redação dada pela Lei n. 13.015/2014, dispõe que o "relator no Tribunal Superior do Trabalho poderá determinar a suspensão dos recursos de revista ou de embargos que tenham como objeto controvérsia idêntica à do recurso afetado como repetitivo".

O efeito devolutivo do recurso de revista não é amplo, como no recurso ordinário, sendo certo que o efeito translativo também não se mostra compatível nessa espécie recursal, na medida em que o TST somente apreciará as questões ou matérias prequestionadas, ainda que tais questões sejam de ordem pública (OJ n. 62 da SBDI-1). Vale dizer, as questões de ordem pública não são trasladadas automaticamente para a instância extraordinária, pois têm que ser prequestionadas pelas partes.

Interposto o recurso de revista no prazo de oito dias úteis, em petição devidamente fundamentada, e subscrita por advogado (TST, Súmula n. 425) é ele desde logo submetido a exame de admissibilidade ao Presidente do TRT correspondente (ou outro órgão previsto no respectivo regimento interno, geralmente o Vice-Presidente), em decisão que deve ser fundamentada, sob pena de nulidade (CF, art. 93, IX, e CLT, art. 896, § 1º). Logo, a petição do recurso é dirigida ao Presidente (ou Vice) do TRT e as razões recursais à Turma do TST.

De acordo com o § 5º do art. 247 do RITST:

> O juízo de admissibilidade do recurso de revista exercido pela Presidência dos Tribunais Regionais do Trabalho limita-se à análise dos pressupostos intrínsecos e extrínsecos do apelo, não abrangendo o critério da transcendência das questões nele veiculadas.

Quanto ao valor das **custas processuais** para fins de interposição de recurso de revista, este poderá ser alterado em função do resultado do julgamento do recurso ordinário.

Logo, nos termos da Súmula n. 25 do TST:

> I – a parte vencedora na primeira instância, se vencida na segunda, está obrigada, independentemente de intimação, a pagar as custas fixadas na sentença originária, das quais ficara isenta a parte então vencida.
>
> II – no caso de inversão do ônus da sucumbência em segundo grau, sem acréscimo ou atualização do valor das custas e se estas já foram devidamente recolhidas, descabe um novo pagamento pela parte vencida, ao recorrer. Deverá ao final, se sucumbente, reembolsar a quantia.
>
> III – não caracteriza deserção a hipótese em que, acrescido o valor da condenação, não houve fixação ou cálculo do valor devido a título de custas e tampouco intimação da parte para o preparo do recurso, devendo ser as custas pagas ao final.

IV – o reembolso das custas à parte vencedora faz-se necessário mesmo na hipótese em que a parte vencida for pessoa isenta do seu pagamento, nos termos do art. 790-A, parágrafo único, da CLT.

Se a decisão é omissa a respeito das custas, cabe à parte interpor embargos de declaração para que o órgão julgador fixe o novo valor correspondente, sendo certo que, neste caso, o prazo para o pagamento das custas é contado da intimação do cálculo (TST, Súmula n. 53).

Não ocorre deserção de recurso da massa falida por falta de pagamento de custas (ou de depósito recursal). Esse privilégio, todavia, não se aplica à empresa em liquidação extrajudicial (TST, Súmula n. 86). As empresas em recuperação são isentas do pagamento do depósito recursal, mas não das custas (CLT, art. 899, § 10).

O art. 790-A da CLT dispõe que todas as pessoas jurídicas de direito público e o Ministério Público do Trabalho são isentos do pagamento de custas. Igualmente, são isentos do pagamento das custas (e do depósito recursal) os beneficiários da justiça gratuita (CLT, art. 790-A c/c art. 790, § 3º, e 899, § 10), os que litigam sob o pálio da assistência judiciária sindical (Lei n. 5.584/1970, art. 14), a massa falida (TST, Súmula n. 86) e a Empresa Brasileira de Correios e Telégrafos-ECT (TST/SBDI-1 OJ n. 247, II, *in fine*).

No que tange ao **depósito recursal** (CLT, art. 899), o recurso de revista está sujeito às mesmas regras do recurso ordinário. Registramos, por oportuno, que o valor do depósito recursal como pressuposto de admissibilidade do recurso de revista é o dobro do fixado para o recurso ordinário. Cumpre lembrar que, atingido o valor da condenação, nenhum depósito mais é exigido para qualquer recurso (Súmula n. 128 do TST).

São isentos do depósito recursal:

- as pessoas jurídicas de direito público (DL 779/1969, art. 1º, IV);
- o Ministério Público do Trabalho (CPC, art. 1.007, § 1º);
- os beneficiários da justiça gratuita, as entidades filantrópicas e as empresas em recuperação judicial (CLT, art. 899, § 10).

O valor do depósito recursal será **reduzido pela metade** para entidades sem fins lucrativos, empregadores domésticos, microempreendedores individuais, microempresas e empresas de pequeno porte (CLT, art. 899, § 9º).

É importante lembrar que o art. 10 da IN/TST n. 39/2016 manda aplicar "ao Processo do Trabalho as normas do parágrafo único do art. 932 do CPC, §§ 1º a 4º do art. 938 e §§ 2º e 7º do art. 1.007".

Com efeito, o parágrafo único do art. 932 do CPC dispõe que "antes de considerar inadmissível o recurso, o relator concederá o prazo de 5 (cinco) dias ao recorrente para que seja sanado vício ou complementada a documentação exigível".

Os §§ 1º a 4º do art. 938 do CPC dispõem sobre a constatação de ocorrência de vício sanável na sessão de julgamento do recurso.

Os §§ 2º e 7º do art. 1.007 do CPC, por sua vez, prescrevem:

> Art. 1.007. No ato de interposição do recurso, o recorrente comprovará, quando exigido pela legislação pertinente, o respectivo preparo, inclusive porte de remessa e de retorno, sob pena de deserção.
>
> ... § 2º A insuficiência no valor do preparo, inclusive porte de remessa e de retorno, implicará deserção se o recorrente, intimado na pessoa de seu advogado, não vier a supri-lo no prazo de 5 (cinco) dias.
>
> ... § 7º O equívoco no preenchimento da guia de custas não implicará a aplicação da pena de deserção, cabendo ao relator, na hipótese de dúvida quanto ao recolhimento, intimar o recorrente para sanar o vício no prazo de 5 (cinco) dias.

A Súmula n. 435 do TST autoriza a aplicação subsidiária do art. 932 do CPC, sendo certo que a OJ n. 140 da SBDI-1 do TST dispõe que:

> Em caso de recolhimento insuficiente das custas processuais ou do depósito recursal, somente haverá deserção do recurso se, concedido o prazo de 5 (cinco) dias previsto no § 2º do art. 1.007 do CPC de 2015, o recorrente não complementar e comprovar o valor devido.

Como se vê, o TST só autoriza ao relator dar oportunidade ao recorrente para evitar a deserção do recurso nos casos de insuficiência do recolhimento das custas ou do depósito recursal ou equívoco no preenchimento das guias correspondentes. A ausência de preparo, ou seja, do recolhimento de custas ou do depósito recursal implica a inadmissibilidade do recurso na ausência de pressuposto extrínseco, sendo, pois, inaplicável ao processo do trabalho o disposto no § 4º do art.1.007 do CPC, segundo o qual o "recorrente que não comprovar, no ato de interposição do recurso, o recolhimento do preparo, inclusive porte de remessa e de retorno, será intimado, na pessoa de seu advogado, para realizar o recolhimento em dobro, sob pena de deserção".

Admitido, total ou parcialmente,(5) o processamento da revista, será intimado o recorrido para tomar ciência da decisão do Presidente do TRT e, querendo, oferecer contrarrazões, oportunidade em que poderá apresentar recurso adesivo (TST, Súmula n. 283), também sujeito ao controle de admissibilidade pelo juízo *a quo*.

Decorrido o prazo para contrarrazões, com ou sem elas, o Presidente do TRT encaminhará os autos ao TST. Neste, a revista será submetida a dois novos exames de admissibilidade: o primeiro é exercido monocraticamente pelo Ministro Relator; o segundo, pela Turma.

O relator do recurso de revista poderá denegar-lhe seguimento, em decisão monocrática, nas hipóteses de intempestividade, deserção, irregularidade de representação ou de ausência de qualquer outro pressuposto extrínseco ou

(5) Ver art. 1º da Instrução Normativa n. 40 do TST.

intrínseco de admissibilidade (CLT, art. 896, § 14). Todavia, o § 11 do art. 896 da CLT dispõe que: "Quando o recurso tempestivo contiver defeito formal que não se repute grave, o Tribunal Superior do Trabalho poderá desconsiderar o vício ou mandar saná-lo, julgando o mérito".

Se o Ministro Relator não admitir o recurso de revista, é facultado à parte interpor agravo regimental (ou interno) de tal decisão, podendo haver reconsideração. Mantida a decisão, o agravo será submetido a julgamento pelo órgão colegiado (Turma).

A decisão denegatória de admissibilidade do recurso de revista pelo relator ou pelo órgão colegiado pode ser atacada por agravo interno (CLT, art. 896, § 12, e art. 265, *caput*, do RITST).

Se admitido o recurso de revista diretamente pelo Ministro Relator, ou se conhecido e provido o agravo ou interno, o processo será incluído em pauta e julgado pela mesma Turma.

Na sessão de julgamento, depois de lido o relatório, é facultada sustentação oral no recurso de revista, passando-se, em seguida, à votação, iniciando-se pelas questões relativas ao conhecimento do recurso. Depois, analisa-se o mérito do recurso, que pode versar questões preliminares, prejudiciais ou concernentes à lide (CPC, art. 938; IN/TST n. 39/2016, art. 10).

Em caso de provimento do recurso de revista, o TST aplicará o direito à espécie (STF, Súmula n. 456), decidindo desde logo a lide, salvo na hipótese de anulação do acórdão recorrido, caso em que os autos deverão ser baixados ao Tribunal *a quo* para novo julgamento.

6.6.1. Recursos de revista repetitivos

O art. 896-B da CLT, com redação dada pela Lei n. 13.015/2014, manda aplicar ao recurso de revista, no que couber, as normas do CPC "relativas ao julgamento dos recursos extraordinário e especial repetitivos".

Trata-se, pois, de aplicação supletiva do CPC nos sítios do processo do trabalho, uma vez que a CLT não exaure o tratamento da matéria alusiva ao **incidente de recursos de revista repetitivos**. Tal aplicação supletiva, inclusive, estará autorizada pelo art. 15 do Novo CPC.

Dessa forma, o incidente de recursos de revista repetitivos observará o disposto nos arts. 896-B e 896-C da CLT e, supletivamente, o disposto no CPC.

Assim, o art. 896-C da CLT dispõe, *in verbis:*

> Quando houver multiplicidade de recursos de revista fundados em idêntica questão de direito, a questão poderá ser afetada à Seção Especializada em Dissídios Individuais ou ao Tribunal Pleno, por decisão da maioria simples de seus membros, mediante requerimento de um dos Ministros que compõem a Seção Especializada, considerando a relevância da matéria ou a existência de entendimentos divergentes entre os Ministros dessa Seção ou das Turmas do Tribunal.

O Ato n. 491/2014 do Presidente do TST e a IN n. 38/2015, ambas de duvidosa constitucionalidade formal, pois não há autorização para o TST "legislar" sobre direito processual, fixaram alguns parâmetros para a efetivação do incidente de recursos repetitivos, dentre eles destacava-se o disposto no art. 8º do Ato n. 491, segundo o qual somente serão objeto de instauração desse incidente "os recursos representativos da controvérsia que sejam admissíveis e que contenham abrangente argumentação e discussão a respeito da questão a ser decidida".[(6)]

O art. 1º da IN n. 38/2015, por sua vez, prevê que as "normas do Código de Processo Civil relativas ao julgamento dos recursos extraordinário e especial repetitivos aplicam-se, no que couber, ao recurso de revista e ao recurso de embargos repetitivos (CLT, artigos 894, II e 896 da CLT).

Nos termos do art. 2º da referida Instrução Normativa, havendo multiplicidade de recursos de revista ou de embargos para a SBDI-1 fundados em idêntica questão de direito, a questão poderá ser afetada a essa Subseção ou ao Tribunal Pleno, por decisão da maioria simples de seus membros, mediante requerimento de um dos Ministros que a compõem, considerando a relevância da matéria ou a existência de entendimentos divergentes entre os Ministros dessa Subseção ou das Turmas do Tribunal".[(7)]

É importante lembrar que o § 1º do art. 896-C da CLT dispõe que o "Presidente da Turma ou da Seção Especializada, por indicação dos relatores, afetará um ou mais recursos representativos da controvérsia para julgamento pela Seção Especializada em Dissídios Individuais ou pelo Tribunal Pleno, sob o rito dos recursos repetitivos".

O Presidente da Turma ou da Seção Especializada que afetar processo para julgamento sob o rito dos recursos repetitivos deverá expedir comunicação aos demais Presidentes de Turma ou de Seção Especializada, que poderão afetar outros processos sobre a questão para julgamento conjunto, a fim de conferir ao órgão julgador visão global da questão (CLT, art. 896-C, § 2º).

Caberá ao Presidente do TST oficiar os Presidentes dos TRTs para que suspendam os recursos de revista interpostos em casos idênticos aos afetados como recursos repetitivos, até o pronunciamento definitivo do TST (CLT, art. 896-C, § 3º).

Caberá ao Presidente do TRT de origem admitir um ou mais recursos representativos da controvérsia, os quais serão encaminhados ao TST, ficando

---

(6) O art. 8º Ato n. 491/2014 do Presidente do TST foi expressamente revogado pela Instrução Normativa n. 38, editada pela Resolução n. 201, de 10 de novembro de 2015.

(7) Sobre o processamento do incidente de recursos de revista ou de embargos repetitivos no TST, recomenda-se a leitura da Instrução Normativa n. 38, editada pela Resolução n. 201, de 10 de novembro de 2015.

suspensos os demais recursos de revista até o pronunciamento definitivo do TST (CLT, art. 896-C, § 4º).

O Ministro Relator (da Turma ou da SBDI-1) poderá determinar a suspensão dos recursos de revista ou de embargos que tenham como objeto controvérsia idêntica à do recurso afetado como repetitivo (CLT, art. 896-C, § 5º).

O recurso repetitivo será distribuído a um dos Ministros membros da Seção Especializada ou do Tribunal Pleno e a um Ministro revisor.

O Ministro Relator poderá:

> I – solicitar, aos Tribunais Regionais do Trabalho, informações a respeito da controvérsia, a serem prestadas no prazo de 15 (quinze) dias;
>
> II – admitir manifestação de pessoa, órgão ou entidade com interesse na controvérsia, inclusive como assistente simples, na forma do CPC (*amicus curiae*).

Recebidas as informações e, se for o caso, após cumprido o disposto no § 7º do art. 896-C da CLT, terá vista o Ministério Público do Trabalho pelo prazo de 15 (quinze) dias.

Transcorrido o prazo para o Ministério Público do Trabalho e remetida cópia do relatório aos demais Ministros, o processo será incluído em pauta na Seção Especializada ou no Tribunal Pleno, devendo ser julgado com preferência sobre os demais feitos.

Publicado o acórdão do TST, os recursos de revista sobrestados na origem:

> I – terão seguimento denegado na hipótese de o acórdão recorrido coincidir com a orientação a respeito da matéria no Tribunal Superior do Trabalho; ou
>
> II – serão novamente examinados pelo Tribunal de origem na hipótese de o acórdão recorrido divergir da orientação do Tribunal Superior do Trabalho a respeito da matéria.

Na hipótese prevista no inciso II *supra*, mantida a decisão divergente pelo Tribunal de origem, far-se-á o exame de admissibilidade do recurso de revista.

Caso a questão afetada e julgada sob o rito dos recursos repetitivos também contenha questão constitucional, a decisão proferida pelo Tribunal Pleno não obstará o conhecimento de eventuais recursos extraordinários sobre a questão constitucional.

Aos recursos extraordinários interpostos perante o Tribunal Superior do Trabalho será aplicado o procedimento previsto no NCPC, cabendo ao Presidente do TST selecionar um ou mais recursos representativos da controvérsia e encaminhá-los ao STF, sobrestando os demais até o pronunciamento definitivo da Corte, na forma do art. 1.036 do NCPC.

O Presidente do TST poderá oficiar os Tribunais Regionais do Trabalho e os Presidentes das Turmas e da Seção Especializada do Tribunal para que suspendam os processos idênticos aos selecionados como recursos representativos da controvérsia e encaminhados ao Supremo Tribunal Federal, até o seu pronunciamento definitivo.

O art. 927, III, do NCPC, de duvidosa constitucionalidade, dispõe que os juízes e os tribunais deverão observar as decisões proferidas em recursos repetitivos, sendo certo que o inciso XXIII do art. 3º da IN/TST n. 39/2016, também de duvidosa constitucionalidade/legalidade, manda aplicar ao processo do trabalho o disposto nos arts. 926 a 928 do NCPC.

A decisão firmada em recurso repetitivo não será aplicada aos casos em que se demonstrar que a situação de fato ou de direito é distinta da(s) presente(s) no processo julgado sob o rito dos recursos repetitivos.

Caberá revisão da decisão firmada em julgamento de recursos repetitivos quando se alterar a situação econômica, social ou jurídica, caso em que será respeitada a segurança jurídica das relações firmadas sob a égide da decisão anterior, podendo o Tribunal Superior do Trabalho modular os efeitos da decisão que a tenha alterado.

6.7. Recursos de embargos no TST

Atualmente, só existem dois **recursos de embargos** no âmbito do TST: os infringentes e os de divergência.

Os **embargos infringentes**, recurso de natureza ordinária, são da competência da Seção Especializada em Dissídios Coletivos (SDC).

Trata-se de recurso cabível para impugnar **decisão não unânime** proferida em dissídio coletivo de competência originária do TST.

Com efeito, dispõe o art. 894, inciso I, da CLT que no Tribunal Superior do Trabalho:

> cabem embargos, no prazo de 8 (oito) dias, de decisão não unânime de julgamento que conciliar, julgar ou homologar conciliação em dissídios coletivos que excedam a competência territorial dos tribunais regionais do trabalho e estender ou rever as sentenças normativas do Tribunal Superior do Trabalho, nos casos previstos em lei.

A competência funcional para julgar os embargos infringentes é da própria SDC.

Por ter natureza ordinária, o recurso de embargos infringentes pode veicular matérias fática e jurídica, desde que restritas à cláusula em que não tenha havido julgamento unânime. Os embargos infringentes, como os demais recursos trabalhistas, possuem efeito meramente devolutivo.

Os arts. 262 a 264 do Regimento Interno do TST dispõem sobre o cabimento e o processamento do recurso de embargos infringentes:

Art. 262. Cabem embargos infringentes das decisões não unânimes proferidas pela Seção Especializada em Dissídios Coletivos, no prazo de 8 (oito) dias úteis, contados da publicação do acórdão no Órgão Oficial, nos processos de Dissídios Coletivos de competência originária do Tribunal.

Parágrafo único. Os embargos infringentes serão restritos à cláusula em que há divergência, e, se esta for parcial, ao objeto da divergência.

Art. 263. Registrado o protocolo na petição a ser encaminhada à Secretaria do órgão julgador competente, esta juntará o recurso aos autos respectivos e abrirá vista à parte contrária, para impugnação, no prazo legal. Transcorrido o prazo, o processo será remetido à unidade competente, para ser imediatamente distribuído.

Art. 264. Não atendidas as exigências legais relativas ao cabimento dos embargos infringentes, o relator denegará seguimento ao recurso, facultada à parte a interposição de agravo interno.

O **recurso de embargos de divergência**, também chamado de Embargos para a SBDI-1, está previsto no art. 894, *b*, II, da CLT, que prevê o seu cabimento, no prazo de 8 (oito) dias das decisões das Turmas que:

divergirem entre si ou das decisões proferidas pela Seção de Dissídios Individuais, ou contrárias a súmula ou orientação jurisprudencial do Tribunal Superior do Trabalho ou súmula vinculante do Supremo Tribunal Federal.

O Regimento Interno do TST (arts. 258 a 261) prevê o recurso de Embargos para a Subseção I da Seção Especializada em Dissídios Individuais nos seguintes termos:

Art. 258. Cabem embargos das decisões das Turmas do Tribunal que divergirem entre si ou das decisões proferidas pela Subseção I da Seção Especializada em Dissídios Individuais, ou contrárias a súmula, a orientação jurisprudencial ou a precedente normativo do Tribunal Superior do Trabalho ou súmula vinculante do Supremo Tribunal Federal, no prazo de 8 (oito) dias úteis, contados de sua publicação, na forma da lei.

Parágrafo único. Além dos casos já previstos na jurisprudência sumulada do Tribunal, também cabem embargos das decisões de suas Turmas proferidas em agravos internos e agravos de instrumento que contrariarem precedentes obrigatórios firmados em julgamento de incidentes de assunção de competência ou de incidentes de recursos repetitivos.

Art. 259. O recorrente provará a divergência com certidão, cópia ou citação de repositório oficial ou credenciado de jurisprudência, inclusive em mídia eletrônica, em que foi publicado o acórdão divergente, ou com a reprodução de julgado disponível na rede mundial de computadores, indicando a respectiva fonte, e mencionará as circunstâncias que identificam ou assemelham os casos confrontados.

Parágrafo único. A divergência apta a ensejar os embargos deve ser atual, não se considerando tal a ultrapassada por súmula, orientação jurisprudencial ou precedente normativo do Tribunal Superior do Trabalho ou por súmula do Supremo Tribunal Federal, ou superada por iterativa e notória jurisprudência do Tribunal Superior do Trabalho.

Art. 260. Compete ao Presidente da Turma exercer o juízo de admissibilidade dos embargos à Subseção I da Seção Especializada em Dissídios Individuais previsto no art. 93, VIII, deste Regimento.

Art. 261. Incumbe ao Ministro relator:

I – denegar seguimento aos embargos:

a) se a decisão recorrida estiver em consonância com tese fixada em julgamento de casos repetitivos ou de repercussão geral, com entendimento firmado em incidente de assunção de competência, súmula, orientação jurisprudencial ou precedente normativo do Tribunal Superior do Trabalho ou súmula do Supremo Tribunal Federal, ou com iterativa, notória e atual jurisprudência do Tribunal Superior do Trabalho, cumprindo-lhe indicá-la;

b) nas hipóteses de intempestividade, deserção, irregularidade de representação ou de ausência de qualquer outro pressuposto extrínseco de admissibilidade, se o recorrente, após ser intimado para sanar o vício ou complementar a documentação exigível, na forma da legislação aplicável, não o fizer no prazo concedido para tanto.

II – dar provimento aos embargos, se a decisão recorrida estiver contrária à tese fixada em julgamento de casos repetitivos ou de repercussão geral, com entendimento firmado em incidente de assunção de competência, súmula, orientação jurisprudencial ou precedente normativo do Tribunal Superior do Trabalho ou súmula vinculante do Supremo Tribunal Federal, ou com iterativa, notória e atual jurisprudência do Tribunal Superior do Trabalho, cumprindo-lhe indicá-la.

Parágrafo único. Da decisão denegatória dos embargos caberá agravo interno, no prazo de 8 (oito) dias úteis.

Nos termos do § 2º do art. 894 da CLT, a divergência apta a ensejar os embargos deve ser atual, não se considerando tal a ultrapassada por súmula do TST ou do STF, ou superada por iterativa e notória jurisprudência do próprio TST.

No que concerne à questão intertemporal dos embargos de divergência no processo (ou fase) de execução, o TST editou a OJ n. 336 da SBDI-1 e a Súmula n. 433, *in verbis*:

EMBARGOS INTERPOSTOS ANTERIORMENTE À VIGÊNCIA DA LEI N. 11.496/2007. RECURSO NÃO CONHECIDO COM BASE EM ORIENTAÇÃO JURISPRUDENCIAL. DESNECESSÁRIO O EXAME DAS VIOLAÇÕES DE LEI E DA CONSTITUIÇÃO ALEGADAS NA REVISTA (redação alterada pelo Tribunal Pleno na sessão realizada em 6.2.2012; Res. 178/2012, DEJT divulgado em 13, 14 e 15.02.2012). Estando a decisão recorrida em conformidade com orientação jurisprudencial, desnecessário o exame das divergências e das violações de lei e da Constituição alegadas em embargos interpostos antes da vigência da Lei n. 11.496/2007, salvo nas hipóteses em que a orientação jurisprudencial não fizer qualquer citação do dispositivo constitucional (OJ n. 336 da SBDI-1).

EMBARGOS. ADMISSIBILIDADE. PROCESSO EM FASE DE EXECUÇÃO. ACÓRDÃO DE TURMA PUBLICADO NA VIGÊNCIA DA LEI N. 11.496, DE 26.06.2007. DIVERGÊNCIA DE INTERPRETAÇÃO DE DISPOSITIVO CONSTITUCIONAL (Res. 177/2012, DEJT divulgado em 13, 14 e 15.02.2012). A admissibilidade do recurso de embargos contra acórdão de Turma em Recurso de Revista em fase de execução, publicado na vigência da Lei n. 11.496, de 26.06.2007, condiciona-se à demonstração de divergência jurisprudencial entre Turmas ou destas e a Seção Especializada em Dissídios Individuais do Tribunal Superior do Trabalho em relação à interpretação de dispositivo constitucional (Súmula n. 433).

O recurso de embargos de divergência, assim como o recurso de revista, tem natureza extraordinária. Há, inclusive, alguns pontos de similitude entre essas duas espécies recursais, na medida em que um dos objetivos da revista é uniformizar a jurisprudência externa, superando as divergências entre os Tribunais

Regionais, enquanto o escopo dos embargos de divergência reside na uniformização jurisprudencial interna no âmbito do Tribunal Superior do Trabalho.

É importante assinalar que as controvérsias já superadas por iterativa, notória e atual jurisprudência do TST em matérias relacionadas a processos individuais (Orientações Jurisprudenciais das SBDIs 1 e 2) não empolgam a interposição de embargos nem recurso de revista (TST, Súmula n. 333), salvo, evidentemente, se a jurisprudência do TST colidir com Súmula Vinculante do STF.

Para a comprovação da divergência justificadora do recurso de embargos, a exemplo do recurso de revista, o recorrente deve observar os termos da Súmula n. 337 do TST:

> I – Para comprovação da divergência justificadora do recurso, é necessário que o recorrente:
>
> a) Junte certidão ou cópia autenticada do acórdão paradigma ou cite a fonte oficial ou o repositório autorizado em que foi publicado; e
>
> b) Transcreva, nas razões recursais, as ementas e/ou trechos dos acórdãos trazidos à configuração do dissídio, demonstrando o conflito de teses que justifique o conhecimento do recurso, ainda que os acórdãos já se encontrem nos autos ou venham a ser juntados com o recurso.
>
> II – A concessão de registro de publicação como repositório autorizado de jurisprudência do TST torna válidas todas as suas edições anteriores.
>
> III – A mera indicação da data de publicação, em fonte oficial, de aresto paradigma é inválida para comprovação de divergência jurisprudencial, nos termos do item I, "a", desta súmula, quando a parte pretende demonstrar o conflito de teses mediante a transcrição de trechos que integram a fundamentação do acórdão divergente, uma vez que só se publicam o dispositivo e a ementa dos acórdãos.
>
> IV – É válida para a comprovação da divergência jurisprudencial justificadora do recurso a indicação de aresto extraído de repositório oficial na internet, desde que o recorrente:
>
> a) transcreva o trecho divergente;
>
> b) aponte o sítio de onde foi extraído; e
>
> c) decline o número do processo, o órgão prolator do acórdão e a data da respectiva publicação no Diário Eletrônico da Justiça do Trabalho.
>
> V – A existência do código de autenticidade na cópia, em formato PDF, do inteiro teor do aresto paradigma, juntada aos autos, torna-a equivalente ao documento original e também supre a ausência de indicação da fonte oficial de publicação.

Outra consideração importante acerca do cabimento dos embargos reside na Súmula n. 353 do TST, segundo a qual não cabem embargos para a Seção de Dissídios Individuais de decisão de Turma proferida em agravo, salvo:

> a) da decisão que não conhece de agravo de instrumento ou de agravo pela ausência de pressupostos extrínsecos;
>
> b) da decisão que nega provimento a agravo contra decisão monocrática do Relator, em que se proclamou a ausência de pressupostos extrínsecos de agravo de instrumento;

c) para revisão dos pressupostos extrínsecos de admissibilidade do recurso de revista, cuja ausência haja sido declarada originariamente pela Turma no julgamento do agravo;

d) para impugnar o conhecimento de agravo de instrumento;

e) para impugnar a imposição de multas previstas nos arts. 1.021, § 4º, do CPC de 2015 ou 1.026, § 2º, do CPC de 2015 (art. 538, parágrafo único, do CPC de 1973, ou art. 557, § 2º, do CPC de 1973);

f) contra decisão de Turma proferida em agravo em recurso de revista, nos termos do art. 894, II, da CLT.

Os embargos de divergência possuem **efeito apenas devolutivo**, seguindo, assim, a regra geral prevista no art. 899, *caput*, da CLT, mas a matéria discutida só pode ser de direito, ou seja, por ser recurso de natureza extraordinária não admite apreciação de matéria fática ou de prova. Todavia, o § 5º do art. 896-C da CLT, com redação dada pela Lei n. 13.105/2104, dispõe que o "relator no Tribunal Superior do Trabalho poderá determinar a suspensão dos recursos de revista ou de embargos que tenham como objeto controvérsia idêntica à do recurso afetado como repetitivo".

O § 3º do art. 894 da CLT ampliou o poder-dever do Ministro Relator, pois ele irá denegar seguimento aos embargos:

> I – se a decisão recorrida estiver em consonância com súmula da jurisprudência do TST ou do STF, ou com iterativa, notória e atual jurisprudência do TST, cumprindo-lhe indicá-la;
>
> II – nas hipóteses de intempestividade, deserção, irregularidade de representação ou de ausência de qualquer outro pressuposto extrínseco de admissibilidade.

Da decisão do Ministro Relator denegatória de admissibilidade dos embargos para a SBDI-1 caberá agravo, no prazo de 8 (oito) dias úteis.

XVI

LIQUIDAÇÃO DA SENTENÇA

1. Conceito e natureza jurídica

Tradicionalmente, no processo civil a liquidação de sentença era uma ação autônoma que, por sua vez, instauraria um processo autônomo de liquidação de sentença. Esse entendimento prevaleceu até o advento da Lei n. 11.232/2005, que alterou o CPC/73, introduzindo um capítulo "Da Liquidação de Sentença" dentro do Livro I, destinado ao processo de conhecimento, dispondo, inclusive, no seu art. 475-H, que da "decisão de liquidação caberá agravo de instrumento".

Assim, no âmbito do processo civil a liquidação de sentença passou a ser mero incidente processual da fase de conhecimento.

No NCPC, o incidente processual de liquidação de sentença está disciplinado nos arts. 509 a 512, integrando, assim, o processo de conhecimento.

Nos domínios do direito processual do trabalho, a doutrina sempre sustentou que a liquidação de sentença seria mera fase preparatória da execução, inexistindo, assim, um processo de liquidação.

Nesse sentido, colhe-se a lição de Manoel Antonio Teixeira Filho (1988, p. 168), para quem a liquidação é

> a fase preparatória da execução, em que um ou mais atos são praticados, por uma ou por ambas as partes, com a finalidade de estabelecer o valor da condenação ou de individuar o objeto da obrigação, mediante a utilização, quando necessário, dos diversos modos de prova admitidos em lei.

O art. 879 da CLT, ao prescrever que "sendo ilíquida a sentença ordenar-se-á *previamente a sua liquidação*", deixa claro que a liquidação constitui simples procedimento prévio da execução.

Aliás, o § 1º do art. 879 da CLT veda, no procedimento liquidatório, a rediscussão da matéria que fora objeto da fase de conhecimento, nem para modificar a sentença, tampouco para inová-la, como também inexiste previsão para a interposição de recurso da sentença de liquidação, que, de acordo com o art. 884, § 3º, da CLT, somente poderá ser impugnada por meio autônomo (embargos do devedor ou impugnação do credor).

Para nós, portanto, a **liquidação no processo do trabalho individual é um incidente processual situado entre a fase cognitiva e a fase executiva, tendo por objeto a fixação do valor líquido ou a individuação do objeto da obrigação constante da sentença condenatória**.

Abrem-se parênteses para registrar que tal conceito pode ser adotado, como sustento no meu livro *Direito processual coletivo do trabalho na perspectiva dos direitos humanos* (São Paulo: LTr, 2015), para a liquidação nas ações coletivas para tutela de interesses difusos e coletivos, onde o *quantum debeatur* será, em regra, revertido a um fundo de reparação fluida (LACP, art. 13), mas não para as ações coletivas destinadas à tutela de interesses individuais homogêneos, pois o procedimento da liquidação, neste último caso, é o previsto nos arts. 97 a 100 do CDC, que abrange dois subsistemas (liquidação a título individual, por artigos, e liquidação a título coletivo, cujo produto final, a exemplo da liquidação nas ações coletivas para tutela de interesses difusos e coletivos, será revertido a um fundo de reparação fluida).

Noutro falar, na liquidação de sentença nas ações coletivas para tutela de interesses individuais homogêneos (substituição processual), aplica-se o microssistema do processo coletivo brasileiro (Constituição Federal arts. 8º, 129, III, § 1º; Lei n. 7.347/1985 e Lei n. 8.078/1990).

Nem todas as sentenças condenatórias que reconhecem obrigação de pagar encontram-se quantificadas a ponto de permitirem, desde logo, a execução. A rigor, as sentenças condenatórias tornam certo apenas o débito (*an debeatur*), cabendo à liquidação a fixação do quanto devido (*quantum debeatur*).

Logo, à exceção das sentenças proferidas nas ações trabalhistas sujeitas ao procedimento sumaríssimo, que devem estabelecer no seu bojo o valor líquido, no processo trabalhista é bastante comum as sentenças serem ilíquidas.

2. Espécies

No processo do trabalho, a liquidação da sentença está prevista no art. 879, *caput*, da CLT, que dispõe:

> "Sendo ilíquida a sentença exequenda, ordenar-se-á, previamente, a sua liquidação, que poderá ser feita por **cálculo**, por **arbitramento** ou por **artigos**".

O art. 509 do NCPC, no entanto, só prevê duas modalidades de liquidação, *in verbis*:

> Art. 509. Quando a sentença condenar ao pagamento de quantia ilíquida, proceder-se-á à sua liquidação, a requerimento do credor ou do devedor:

I – por **arbitramento**, quando determinado pela sentença, convencionado pelas partes ou exigido pela natureza do objeto da liquidação;

II – pelo **procedimento comum**, quando houver necessidade de alegar e provar fato novo.

Assim, por força da aplicação subsidiária e supletiva do CPC, autorizada pelos arts. 769 da CLT e 15 do próprio CPC, o incidente processual da liquidação de sentença no processo individual do trabalho poderá ser:

- por cálculo (CLT, art. 879 e seu parágrafos).
- por arbitramento (CPC, art. 509, I).
- pelo procedimento comum (CPC, art. 509, II).

Empregou-se o conectivo "ou" (CLT, art. 879) para salientar que é permitida a cumulação de duas ou mais espécies de liquidação da mesma sentença e no mesmo processo, ou seja, é possível que a sentença condenatória contenha diversas obrigações ilíquidas, caso em que é possível, por exemplo, que uma obrigação seja liquidada por cálculo, outra por arbitramento e outra pelo procedimento ordinário.

A interpretação lógica do art. 879, *caput*, da CLT autoriza dizer que somente as liquidações por cálculo e por arbitramento admitem o seu processamento *ex officio*, o que não ocorre com a liquidação pelo procedimento comum, pois nesta há necessidade de provar fato novo cuja iniciativa, evidentemente, é da parte, e não do magistrado.

No entanto, a Lei n. 13.467/2017 deu nova redação ao art. 878 da CLT, dispondo que a "execução será promovida pelas partes, permitida a execução de ofício pelo juiz ou pelo Presidente do Tribunal apenas nos casos em que as partes não estiverem representadas por advogado". Vale dizer, será permitida a execução (e a liquidação, por interpretação lógica) de ofício pelo juiz se a parte estiver exercendo o *jus postulandi*.

Quando se tratar, porém, de execução provisória, a liquidação, independentemente da sua espécie, dependerá de requerimento da parte interessada, pois não há previsão legal para a execução (ou liquidação) provisória *ex officio*, mesmo porque a execução provisória corre por conta e risco do exequente. Em sentido contrário, o Enunciado n. 15 aprovado na Jornada sobre Execução organizada pela ANAMATRA (Cuiabá-MT, 2010) propõe que a "execução provisória poderá ser instaurada de ofício na pendência de agravo de instrumento interposto contra decisão denegatória de recurso de revista".

Também é possível que a sentença exequenda contenha uma parte líquida e uma parte ilíquida. Nesse caso, por força da aplicação subsidiária do art. 509, § 1º, do CPC, somente a parte ilíquida será objeto do procedimento de liquidação, podendo o exequente solicitar a extração de carta de sentença para promover, desde logo, a execução da parte líquida.

A liquidação poderá, ainda, nos termos do art. 512 do CPC, que reputamos aplicável ao processo do trabalho (CLT, art. 769), "ser requerida na pendência de recurso, processando-se em autos apartados, no juízo de origem, cumprindo ao liquidante instruir o pedido com cópias das peças processuais pertinentes".

No processo do trabalho, se as partes estiverem exercitando o *jus postulandi* (CLT, art. 791), serão elas intimadas por registro postal, a exemplo do que se dá com a liquidação por cálculo, como veremos adiante.

2.1. Liquidação por cálculo

No processo do trabalho, dá-se a liquidação por cálculo quando a determinação do valor da obrigação de pagar contida na condenação depender apenas de cálculo aritmético.

O CPC não prevê liquidação por cálculo, pois, nos termos do § 2º do seu art. 509, "quando a apuração do valor depender apenas de cálculo aritmético, o credor poderá promover, desde logo, o cumprimento da sentença".

O Conselho Superior da Justiça do Trabalho (CSJT) disponibiliza em seu sítio um serviço (cartilha e manual) de atualização monetária e elaboração rápida de cálculo do débito trabalhista. Trata-se de uma importante ferramenta que pode ser utilizada por magistrados, servidores, advogados e contadores, propiciando maior segurança, uniformidade, celeridade e transparência na elaboração dos cálculos.

Por força da EC n. 45/2004, que ampliou a competência da Justiça do Trabalho para outras ações oriundas de relações de trabalho diversas da relação de emprego, a liquidação por cálculo de outras verbas de natureza cível, por exemplo, também deverá observar a sistemática da CLT, tendo em vista a Instrução Normativa TST n. 27/2005.

De acordo com a jurisprudência sedimentada na Súmula n. 211 do TST, os juros de mora e a correção monetária incluem-se na liquidação, ainda que omisso o pedido inicial ou a condenação. Os juros de mora são devidos desde a data do aforamento da ação (CLT, art. 883), sendo certo que eles incidem sobre a importância da condenação já corrigida monetariamente (TST, Súmula n. 200).

Logo, o marco inicial para a incidência da correção monetária é a data em que a verba trabalhista se tornar exigível. Os salários, por exemplo, devem ser pagos até o quinto dia útil do mês subsequente ao vencido, mas a atualização monetária começa a contar desde o primeiro dia do mês subsequente ao trabalhado (Súmula n. 381 do TST).

Todavia, dispõe a OJ n. 198 da SBDI-1/TST que, diferentemente da correção aplicada aos débitos trabalhistas, que têm caráter alimentar, a atualização monetária dos honorários periciais é fixada pelo art. 1º da Lei n. 6.899/1981, aplicável a débitos resultantes de decisões judiciais.

É importante lembrar que se o devedor for o trabalhador não há incidência da correção monetária, como se depreende da Súmula n. 187 do TST.

Atualmente, os juros são calculados na base de 12% ao ano, nos termos do § 1º do art. 39 da Lei n. 8.177/1991. Já a atualização monetária era calculada com base na TRD e de acordo com as tabelas oficiais publicadas no *Diário Oficial*.

Com relação à atualização monetária, o TST, acompanhando o entendimento do STF, adotou o IPC-A, e não mais a TRD, como índice de atualização dos créditos trabalhistas. Eis a síntese do julgado do TST em incidente de arguição de inconstitucionalidade:

> "ARGUIÇÃO DE INCONSTITUCIONALIDADE. EXPRESSÃO 'EQUIVALENTES À TRD' CONTIDA NO ART. 39 DA LEI N. 8.177/91. *RATIO DECIDENDI* DEFINIDA PELO STF. INTERPRETAÇÃO CONFORME A CONSTITUIÇÃO. DECLARAÇÃO DE INCONSTITUCIONALIDADE POR ARRASTAMENTO. INTERPETAÇÃO CONFORME A CONSTITUIÇÃO. DIREITO À ATUALIZAÇÃO MONETÁRIA DOS CRÉDITOS TRABALHISTAS. NOVO ÍNDICE DE CORREÇÃO: IPCA-E. MODULAÇÃO DE EFEITOS AUTORIZADA PELA INTEGRAÇÃO ANALÓGICA PREVISTA NO ART. 896-C, § 17, DA CLT, INTRODUZIDO PELA LEI N. 13.015/2014. RESPEITO AO ATO JURÍDICO PERFEITO" (TST-ArgInc 479-60.2011.5.04.0231, Pleno, Rel. Min. Cláudio Brandão).[1]

Em embargos de declaração (ED-ArgInc-479-60.2011.5.04.0231), o TST, atribuindo efeito modificativo ao julgado, no que toca aos efeitos produzidos pela decisão que acolheu a inconstitucionalidade da adoção da TRD, fixá-los a partir de 25 de março de 2015, coincidindo com a data estabelecida pelo Supremo Tribunal Federal".

A questão sobre a utilização da TRD (Taxa Referncial Diária) ou IPCA-E (Índice de Preços ao Consumidor) na atualização dos créditos trabalhistas é reacendida com o advento da Lei n. 13.467/2017, que acrescentou ao art. 879 da CLT o § 7º, *in verbis*: "A atualização dos créditos decorrentes de condenação judicial será feita pela Taxa Referencial (TR), divulgada pelo Banco Central do Brasil, conforme a Lei n. 8.177, de 1º de março de 1991".

Os débitos trabalhistas das entidades submetidas aos regimes de intervenção ou liquidação extrajudicial estão sujeitos a correção monetária desde o respectivo vencimento até seu efetivo pagamento, sem interrupção ou suspensão, não incidindo, entretanto, sobre tais débitos, juros de mora (TST, Súmula n. 304). É devida, porém, a incidência de juros de mora em relação aos débitos trabalhistas de empresa em liquidação extrajudicial sucedida nos moldes dos arts. 10 e 448 da

(1) A diferença entre TR e IPCA-E é significativa. No acumulado de 2017, a TR ficou em 0,59% e o IPCA-E em 2,93%. No ano de 2016, a diferença foi um pouco maior: 2,01% para a TR e 6,58% para o IPCA-E. Já em todo 2015, a TR correspondeu a 1,79% enquanto o IPCA-E bateu em 10,70%. (Disponível em: <https://www.valor.com.br/legislacao/5669399/tst-determina-aplicacao-do-ipca-e-para-correcao-de-condenacoes>. Acesso em: 21 out. 2018).

CLT, sendo que o sucessor responde pela obrigação do sucedido, não se beneficiando de qualquer privilégio a este destinado (TST/SBDI-1, OJ n. 408).

Não viola norma constitucional (art. 5º, II e XXXVI) a determinação de aplicação da TRD, como fator de correção monetária dos débitos trabalhistas, cumulada com juros de mora, previstos no artigo 39 da Lei n. 8.177/91 e convalidado pelo art. 15 da Lei n. 10.192/01 (TST/SBDI-1, OJ n. 300).

Os juros de mora decorrentes de obrigação reconhecida em sentença judicial possuem natureza indenizatória, sendo indevida a sua inclusão na base de cálculo do imposto de renda.

Além dos juros e da atualização monetária, também podem ser objeto da liquidação de sentença por simples cálculo as verbas trabalhistas específicas da condenação, cujo *quantum* não necessita de um *expert* ou de provar fato novo, como, por exemplo, as parcelas rescisórias, as férias e o décimo terceiro salário proporcionais, as horas extras, o saldo de salários etc.

Se o executado for pessoa jurídica de direito público, os juros de mora têm um tratamento diferenciado, como se depreende da OJ n. 7 do Tribunal Pleno do TST:

> JUROS DE MORA. CONDENAÇÃO DA FAZENDA PÚBLICA (nova redação, Res. 175/2011, DEJT divulgado em 27, 30 e 31.05.2011). I – Nas condenações impostas à Fazenda Pública, incidem juros de mora segundo os seguintes critérios: a) 1% (um por cento) ao mês, até agosto de 2001, nos termos do § 1º do art. 39 da Lei n. 8.177, de 1.03.1991; b) 0,5% (meio por cento) ao mês, de setembro de 2001 a junho de 2009, conforme determina o art. 1º-F da Lei n. 9.494, de 10.09.1997, introduzido pela Medida Provisória n. 2.180-35, de 24.08.2001; II – A partir de 30 de junho de 2009, atualizam-se os débitos trabalhistas da Fazenda Pública, mediante a incidência dos índices oficiais de remuneração básica e juros aplicados à caderneta de poupança, por força do art. 5º da Lei n. 11.960, de 29.06.2009; III – A adequação do montante da condenação deve observar essa limitação legal, ainda que em sede de precatório.

Todavia, quando a Fazenda Pública for condenada a responder subsidiariamente pelas obrigações trabalhistas não adimplidas pelo devedor principal, a OJ n. 382 da SBDI-1/TST dispõe que ela não se beneficia da limitação dos juros, prevista no art. 1º-F da Lei n. 9.494, de 10.9.1997.

Como é sabido, o imposto de renda e a contribuição previdenciária incidem sobre as verbas trabalhistas de natureza salarial objeto de sentenças condenatórias, cuja competência para determinar os respectivos recolhimentos é da Justiça do Trabalho (TST, Súmula n. 368, I).

A OJ n. 348 da SBDI-1/TST pacificou o entendimento de que "os honorários advocatícios, arbitrados com base na Lei n. 1.060/1950, devem incidir sobre o valor líquido da condenação, apurado na fase de liquidação de sentença, sem a dedução dos descontos fiscais e previdenciários".

Nas condenações por dano moral, a atualização monetária é devida a partir da data da decisão de arbitramento ou de alteração do valor e os juros incidem desde o ajuizamento da ação, nos termos do art. 883 da CLT (TST, Súmula n. 439). Quanto aos danos materiais, parece-nos que o termo inicial dos juros de mora deve correr a partir do evento danoso, nos termos da Súmula n. 54/STJ e em consonância com o art. 398 do Código Civil, e não a partir do ajuizamento da ação, marco restrito ao crédito trabalhista.

O procedimento da liquidação por cálculo está previsto nos parágrafos do art. 879 da CLT, a saber:

> § 1º Na liquidação, não se poderá modificar, ou inovar, a sentença liquidanda nem discutir matéria pertinente à causa principal.
>
> § 1º-A. A liquidação abrangerá, também, o cálculo das contribuições previdenciárias devidas.
>
> § 1º-B. As partes deverão ser previamente intimadas para a apresentação do cálculo de liquidação, inclusive da contribuição previdenciária incidente.
>
> § 2º Elaborada a conta e tornada líquida, o juízo deverá abrir às partes prazo comum de oito dias para impugnação fundamentada com a indicação dos itens e valores objeto da discordância, sob pena de preclusão. (Redação dada pela Lei n. 13.467/2017)
>
> § 3º Elaborada a conta pela parte ou pelos órgãos auxiliares da Justiça do Trabalho, o juiz procederá à intimação da União para manifestação, no prazo de 10 (dez) dias, sob pena de preclusão.
>
> § 4º A atualização do crédito devido à Previdência Social observará os critérios estabelecidos na legislação previdenciária.
>
> § 5º O Ministro de Estado da Fazenda poderá, mediante ato fundamentado, dispensar a manifestação da União quando o valor total das verbas que integram o salário-de-contribuição, na forma do art. 28 da Lei n. 8.212, de 24 de julho de 1991, ocasionar perda de escala decorrente da atuação do órgão jurídico.
>
> § 6º Tratando-se de cálculos de liquidação complexos, o juiz poderá nomear perito para a elaboração e fixará, depois da conclusão do trabalho, o valor dos respectivos honorários com observância, entre outros, dos critérios de razoabilidade e proporcionalidade.
>
> § 7º A atualização dos créditos decorrentes de condenação judicial será feita pela Taxa Referencial (TR), divulgada pelo Banco Central do Brasil, conforme a Lei n. 8.177, de 1º de março de 1991.

Ressalta-se que se o credor não tiver sido intimado da sentença homologatória dos cálculos e se não houve posição dos embargos do devedor, pensamos que o prazo para o credor impugnar os cálculos só começará a fluir a partir da data em que for regularmente intimado da sentença homologatória ou, de forma inequívoca, dela tiver tomado ciência nos autos.

Em qualquer hipótese, ou seja, elaborada a conta pela parte ou pelos órgãos auxiliares da Justiça do Trabalho, o juiz procederá à intimação da União para manifestação, no prazo de 10 (dez) dias, sob pena de preclusão.

Na hipótese de os cálculos serem complexos, o § 6º do art. 879 da CLT estabelece que o juiz poderá (é uma faculdade) nomear perito para a elaboração da conta e fixará, depois da conclusão do trabalho, o valor dos respectivos honorários com observância, entre outros, dos critérios de razoabilidade e proporcionalidade. Acreditamos que, nesse caso, a simples liquidação por cálculo converte-se em liquidação por arbitramento.

Em homenagem aos princípios fundamentais do contraditório e da ampla defesa, o juiz deverá abrir vista às partes para, querendo, manifestarem-se sobre o laudo pericial e os honorários arbitrados com base nos princípios da razoabilidade e proporcionalidade (NCPC, art. 8º).

2.2. Liquidação por arbitramento

A liquidação por arbitramento, tendo em vista a lacuna normativa da CLT, segue os regramentos do art. 509 do CPC, segundo o qual tal modalidade de liquidação pode ocorrer quando: (a) determinado pela sentença; (b) convencionado pelas partes; (c) o exigir a natureza do objeto da liquidação.

Registre-se que, nos termos do art. 3º, e seu parágrafo único, da Lei n. 5.584/1970, os exames periciais serão realizados por perito único designado pelo Juiz, que fixará o prazo para entrega do laudo, sendo permitido a cada parte a indicação de um assistente, cujo laudo terá que ser apresentado no mesmo prazo assinado para o perito, sob pena de ser desentranhado dos autos.

De acordo com a Súmula n. 341 do TST, a indicação do perito assistente é faculdade da parte, a qual deve responder pelos respectivos honorários, ainda que vencedora no objeto da perícia.

Quanto ao procedimento da liquidação por arbitramento, deve ser aplicado subsidiariamente o disposto no art. 510 do CPC:

> Art. 510. Na liquidação por arbitramento, o juiz intimará as partes para a apresentação de pareceres ou documentos elucidativos, no prazo que fixar, e, caso não possa decidir de plano, nomeará perito, observando-se, no que couber, o procedimento da prova pericial.

É preciso advertir, porém, que, não obstante tenha a sentença condenatória determinado que a liquidação deva ser feita por arbitramento, poderá o juiz, verificando a desnecessidade de tal procedimento, ordenar, de ofício, que a liquidação seja feita por cálculo quando verificar que esta é menos gravosa para o devedor, sem que tal conduta configure violação à coisa julgada, pois não se trata de inovação ou alteração do conteúdo substancial da sentença exequenda, e sim estabelecendo o procedimento que conduza ao resultado útil do processo.

No processo do trabalho, como já vimos, a liquidação de sentença por cálculo ou por arbitramento também pode ser determinada *ex officio* nas ações em que as partes estejam exercendo o *jus postulandi*. Nesse passo, mesmo que a liquidação por arbitramento venha a ser requerida ao mesmo tempo por ambas as partes, o juiz não está obrigado a deferir o requerimento.

Como bem observa José Augusto Rodrigues Pinto,

> no caso da liquidação por arbitramento, a característica refletida nos autos é a de ausência de elementos bastantes para a imediata fixação

de valor da sentença exequenda, conjugada com a impossibilidade de supri-la mediante investigação de fatos complementares, porque todos os necessários à composição de valor já estão investigados, provados e decididos em seus extremos limites. Chega-se à conclusão de que ou os fatos que forneceriam os valores não existem ou, existindo, já se encontra esgotada toda a possibilidade de prova (2004, p. 120).

Insta frisar que não se pode confundir arbitragem com perícia, pois adverte Wagner D. Giglio (2007, p. 516) que, na liquidação por arbitramento, as partes não têm a faculdade de nomear assistentes, tampouco de formular quesitos, por absoluta falta de previsão legal. Já a perícia é meio de prova, e não forma de liquidar a sentença. O árbitro é único, sendo livremente nomeado pelo juiz, cabendo-lhe apenas estimar o valor, em dinheiro, dos direitos assegurados pela sentença ao exequente.

O art. 510 do CPC, no entanto, manda aplicar à liquidação por arbitramento o procedimento inerente à prova pericial (arts. 464 a 480).

O ato de nomeação também deverá conter o prazo fixado para a entrega do laudo pelo perito. Apresentado o laudo, terão as partes o prazo que o juiz fixar para, querendo, se manifestarem (CPC, art. 510).

Em seguida, o juiz poderá: (a) proferir, desde logo, a sentença; (b) determinar a elaboração de novo laudo, nomeando o mesmo ou outro árbitro; ou (c) designar audiência de instrução e julgamento, para que nela o árbitro preste esclarecimentos.

As custas correm por conta do executado, mas os honorários periciais deverão observar o disposto no art. 790-B da CLT, segundo o qual a "responsabilidade pelo pagamento dos honorários periciais é da parte sucumbente na pretensão objeto da perícia, ainda que beneficiária da justiça gratuita". Ao fixar o valor dos honorários periciais, o juízo deverá respeitar o limite máximo estabelecido pelo Conselho Superior da Justiça do Trabalho. O juízo poderá deferir parcelamento dos honorários periciais, mas não poderá exigir adiantamento de valores para realização de perícias.

O § 4º do art. 790-B da CLT dispõe que: "Somente no caso em que o beneficiário da justiça gratuita não tenha obtido em juízo créditos capazes de suportar a despesa referida no *caput*, ainda que em outro processo, a União responderá pelo encargo."

Tanto a parte final do *caput* do art. 790-B quanto o § 4º do mesmo artigo são inconstitucionais por violarem o direito fundamental de acesso à justiça, especialmente para o litigante pobre ou que não tenha condições de arcar com as despesas do processo. Com bem fundamenta o ex-procurador-geral da República, Rodrigo Janot, ao ajuizar no ADI n. 5766, que os referidos dispositivos impõem "restrições inconstitucionais à garantia de gratuidade judiciária aos que comprovem insuficiência de recursos, na Justiça do Trabalho", bem como as normas constitucionais que garantem amplo acesso à jurisdição e à assistência judiciária integral aos necessitados.

Convém lembrar, por outro lado, que a SBDI-1/TST editou a OJ n. 348, pacificando o entendimento de que "os honorários advocatícios, arbitrados com base na Lei n. 1.060/1950, devem incidir sobre o valor líquido da condenação, apurado na fase de liquidação de sentença, sem a dedução dos descontos fiscais e previdenciários".

2.3. Liquidação por artigos ou pelo procedimento ordinário

O art. 879, *caput*, da CLT prevê a liquidação por artigos. Como a CLT não regula o procedimento dessa modalidade de liquidação de sentença, aplicava-se subsidiariamente o CPC/73 (art. 475-E).

Ocorre que o Novo CPC (art. 509) somente prevê duas modalidades de liquidação de sentença: por arbitramento e pelo procedimento ordinário.

Na verdade, a liquidação pelo procedimento ordinário é, na verdade, a antiga liquidação por artigo, pois o seu objeto continua sendo o mesmo. Vale dizer, a liquidação por artigos (ou pelo procedimento ordinário) tem lugar quando, para determinar o valor da condenação, houver necessidade de alegar e provar fato novo (CPC, arts. 509, II).

Continua atual, portanto, a advertência de Wagner D. Giglio (2007, p. 516), no sentido de que essa é a forma mais complexa de liquidação, constituindo um verdadeiro "processo" de conhecimento, de acertamento positivo, de função diversa do processo da ação de conhecimento porque não tem por escopo a formação de uma sentença condenatória, mas a formação de uma sentença meramente declaratória do que virtualmente se contém na sentença exequenda.

Desse modo, a liquidação por artigos (ou pelo procedimento ordinário) depende de iniciativa da parte, mediante petição escrita (se verbal, reduzida a termo), contendo os fatos a serem provados e os respectivos meios de prova. Intimada a outra parte, esta terá o direito de impugnar, em 15 dias, os fatos articulados na petição da liquidação.

Com efeito, dispõe o art. 511 do CPC que:

> Na liquidação pelo procedimento comum, o juiz determinará a intimação do requerido, na pessoa de seu advogado ou da sociedade de advogados a que estiver vinculado, para, querendo, apresentar contestação no prazo de 15 (quinze) dias, observando-se, a seguir, no que couber, o disposto no Livro I da Parte Especial deste Código.

Não apresentada a impugnação, ou sendo ela extemporânea, o juiz poderá proferir logo a decisão, caso não haja necessidade da produção de outras provas. Do contrário, designará audiência para produção de provas, mormente os depoimentos pessoais das partes.

É importante assinalar que os fatos novos que serão objeto da liquidação por artigos visam à fixação do *quantum* já decidido por sentença no processo de cognição, uma vez que nesse incidente processual à execução é vedado modificar ou inovar a sentença exequenda e também discutir as matérias e questões pertinentes à lide principal cobertas pela coisa julgada (CLT, art. 879, § 1º; CPC, art. 509, § 4º).

José Augusto Rodrigues Pinto conceitua "fato novo" nos seguintes termos:

> O conceito de *fato novo* é, na verdade, impróprio, pois todo fato novo que se tentar investigar na liquidação implicará alteração dos limites da coisa julgada, expressamente proibida no § 1º do art. 879 da CLT. O que realmente ocorre é a presença de um fato cuja existência *já é reconhecida pela sentença* (logo, não é novo), mas incompletamente investigado, de modo a faltar algo, ainda, de sua exata dimensão. A investigação que se faz é apenas *complementar* da intensidade com que o fato contribui para a quantificação do crédito a ser exigido (2004, p. 120).

Exemplo mais comum de liquidação pelo procedimento ordinário é o da sentença que condena o réu a indenizar o autor por danos derivados de acidente do trabalho com todas as consequências presentes e futuras dele advindas, como a necessidade de o autor se submeter a novo tratamento ou nova cirurgia decorrente do acidente com novas despesas médicas e hospitalares etc. Nesse caso, o autor deverá alegar e provar os fatos novos (novo tratamento, nova cirurgia, novos gastos com medicamentos etc.). Em tais casos, é possível a liquidação pelo procedimento ordinário para apurar os valores advindos da aplicação do disposto no art. 949 do Código Civil.

Quanto à possibilidade de se converter a liquidação pelo procedimento ordinário em liquidação por cálculo, existe uma corrente que rejeita a conversão, sustentando que isso implicaria ofensa à coisa julgada. De nossa parte, porém, não há que se falar em violação da coisa julgada, ainda mais porque a liquidação por cálculo é menos onerosa para as partes e se afina com os princípios da economia e da celeridade processual.

3. "Sentença" de liquidação

A natureza jurídica da decisão que aprecia a liquidação gera bastante polêmica. Isso porque, para uns, trata-se, a rigor, de uma "decisão interlocutória"; para outros trata-se de verdadeira sentença declaratória que, embora seja irrecorrível, a exemplo do que se dá com a sentença proferida nas ações submetidas ao procedimento sumário (Lei n. 5.584/1970, art. 2º, § 4º), poderá, posteriormente, ser impugnada na forma do art. 884, § 3º, da CLT.

De acordo com o CPC (art. 1.015, parágrafo único), da decisão de liquidação caberá agravo de instrumento. Nessa ordem, verifica-se que, ao menos no campo do direito processual civil, o ato que resolve a liquidação não é mais sentença, que desafiaria apelação, e sim decisão interlocutória, que agora desafia agravo de instrumento.

Nesse passo, cremos que existe lacuna ontológica na CLT quanto à natureza do ato que julga a **liquidação em processo trabalhista individual**[(2)] que, a nosso ver, passa a ser decisão interlocutória, insuscetível de ataque por recurso ou ação rescisória.

Não obstante, nos termos do art. 884, § 3º, da CLT, a decisão que julga a liquidação poderá ser atacada por embargos do devedor ou por impugnação do credor.

O TST, no entanto, editou a Súmula n. 399:

> AÇÃO RESCISÓRIA. CABIMENTO. SENTENÇA DE MÉRITO. DECISÃO HOMOLOGATÓRIA DE ADJUDICAÇÃO, DE ARREMATAÇÃO E DE CÁLCULOS. I – É incabível ação rescisória para impugnar decisão homologatória de adjudicação ou arrematação. II – A decisão homologatória de cálculos apenas comporta rescisão quando enfrentar as questões envolvidas na elaboração da conta de liquidação, quer solvendo a controvérsia das partes quer explicitando, de ofício, os motivos pelos quais acolheu os cálculos oferecidos por uma das partes ou pelo setor de cálculos, e não contestados pela outra.

O item II *supra,* deixa claro que, para o TST, a decisão que homologa cálculos pode ter natureza de sentença de mérito, única que tem aptidão para produzir a coisa julgada material e ser impugnável por ação rescisória (CPC, art. 966).

Se a decisão homologatória dos cálculos se limitar a declarar que houve preclusão para a impugnação à sentença de liquidação, não caberá ação rescisória, pois não se trata de decisão que tenha aptidão para produzir a coisa julgada material.

---

(2) Quanto à natureza jurídica do ato que julga a liquidação de sentença em ação civil coletiva ou ação civil pública, remetemos o leitor ao nosso livro: LEITE, Carlos Henrique Bezerra. *Direito processual coletivo do trabalho*. São Paulo: LTr, 2015.

XVII

EXECUÇÃO TRABALHISTA

1. Natureza, autonomia e princípios da execução trabalhista

Há duas correntes doutrinárias tradicionais a respeito da natureza jurídica da execução de sentença trabalhista.

Para a primeira, a execução de sentença trabalhista é um "processo" autônomo, que se inicia com a instauração de uma ação de execução de título judicial. Os defensores desta corrente sustentam, em síntese, que a existência do "mandado de citação ao executado", previsto no art. 880 da CLT, é condição suficiente para justificar a autonomia da execução, pois citação é o ato pelo qual se chama alguém a juízo para se defender de uma ação. Além disso, a CLT foi inspirada no CPC de 1939, mas com o advento do CPC de 1973, que passou a dedicar um livro próprio e específico apenas para a execução, esta passou a ser um processo autônomo em relação ao processo de conhecimento, inclusive com a previsão da ação executória (forçada) de título judicial e da ação executiva de título extrajudicial. Dentre os defensores dessa corrente, destacam-se José Augusto Rodrigues Pinto, Francisco Ferreira Jorge Neto e Jouberto de Quadros Pessoa Cavalcante, Eduardo Gabriel Saad e Lúcio Rodrigues de Almeida.

Já a segunda corrente doutrinária advoga que a execução trabalhista é uma simples fase ou módulo do processo trabalhista de conhecimento, inexistindo, portanto, um processo autônomo de execução trabalhista porque se a CLT (art. 878) prevê a possibilidade de execução *ex officio* (quando a parte estiver exercendo o *jus postulandi*), então não há uma ação de execução, pois qualquer ação, em função dos princípios da demanda e da inércia da jurisdição, só pode ser instaurada por um autor, e não pelo próprio juiz. Além disso, o art. 880 da CLT não exige a instauração de um novo processo de execução, sendo suficiente que ela seja "requerida" nos mesmos autos do processo de conhecimento, isto é, sem necessidade de uma petição inicial de uma ação de execução forçada. Outro argumento forte dessa corrente consistia na inexistência de título executivo extrajudicial no processo do trabalho, porquanto a antiga redação do art. 876 da CLT somente previa a execução de sentenças condenatórias ou homologatórias de acordos. São defensores dessa corrente doutrinária Manoel Antonio Teixeira Filho, Francisco Antonio de Oliveira, Pedro Paulo Teixeira Manus e Mauro Schiavi.

Já chegamos a defender a existência de um "processo autônomo" de execução trabalhista não apenas pelos argumentos apresentados pela primeira corrente, como também pela entrada em vigor da Lei n. 9.958, de 12.1.2000, que deu nova redação ao *caput* do art. 876 da CLT, passando a instituir, no processo do trabalho, a execução de títulos executivos extrajudiciais, a saber: os termos de ajuste de conduta firmados perante o Ministério Público do Trabalho e os termos de conciliação firmados perante as Comissões de Conciliação Prévia.

Logo, por força do novel art. 876 da CLT, o legislador criou dois títulos executivos no processo do trabalho: judicial e extrajudicial. O título executivo judicial, ou seja, a execução da sentença trabalhista, continuou sendo uma fase ou módulo do processo de conhecimento, que pode ser instaurada de ofício pelo juiz. Já o título executivo extrajudicial, depende da propositura de uma ação de execução de título extrajudicial.

Ademais, com o advento da Lei n. 11.232/2005, o problema da autonomia da execução civil restou superado, porque surgiram dois subsistemas distintos, mas que se comunicam entre si, quais sejam: o do cumprimento da sentença como mera fase do processo de conhecimento e a ação de execução de título extrajudicial.

Parece-nos que existe uma nítida identidade entre a execução civil e a execução trabalhista, o que impõe um diálogo das fontes normativas do CPC e da CLT, no que for cabível para a efetivação dos princípios constitucionais da efetividade do acesso à justiça, da duração razoável do processo e da vedação ao retrocesso e dos princípios infraconstitucionais da instrumentalidade e celeridade. O Novo CPC (art. 15) reforça esse diálogo.

Nesse sentido, aliás, propõe o Enunciado n. 66 aprovado na Jornada de Direito Material e Processual realizada em Brasília-DF (2007), patrocinada pelo TST, ANAMATRA e diversas outras entidades integrantes da comunidade justrabalhista, *in verbis*:

> APLICAÇÃO SUBSIDIÁRIA DE NORMAS DO PROCESSO COMUM AO PROCESSO TRABALHISTA. OMISSÕES ONTOLÓGICA E AXIOLÓGICA. ADMISSIBILIDADE. Diante do atual estágio de desenvolvimento do processo comum e da necessidade de se conferir aplicabilidade à garantia constitucional da duração razoável do processo, os artigos 769 e 889 da CLT comportam interpretação conforme a Constituição Federal, permitindo a aplicação de normas processuais mais adequadas à efetivação do direito. Aplicação dos princípios da instrumentalidade, efetividade e não retrocesso social.

Ora, se o processo de execução autônomo de título judicial foi, no processo civil, substituído pelo "cumprimento da sentença", que é uma simples *fase procedimental* posterior à sentença, sem a necessidade de instauração de um novo "processo" (de execução), com muito mais razão no processo do trabalho, em que já existe, inclusive, forte corrente doutrinária sustentando que a execução de título judicial constitui mera fase do processo de cognição.

Vale dizer, o chamado "sincretismo processual" ocorrido no processo civil, que consiste na simultaneidade de atos cognitivos e executivos no mesmo processo e tem por objetivo tornar a prestação jurisdicional mais ágil, célere e, consequentemente, mais efetiva, sempre existiu no processo do trabalho.

Com efeito, se a prestação jurisdicional (civil ou trabalhista) é também um serviço público, então a prestação desse serviço estatal constitui ato essencial à administração (pública) da justiça, o que reforça a necessidade de o Poder Judiciário como um todo, inclusive a Justiça do Trabalho, buscar incessantemente a operacionalização dos princípios da eficiência (CF, art. 37, *caput*) e da duração razoável do processo (CF, art. 5º, LXXVIII).

Para tanto, é imprescindível o diálogo das fontes normativas do CPC e da CLT, na medida em que se reconhece a incompletude do sistema processual trabalhista no que concerne ao cumprimento da sentença, o que impõe a adoção, no que couber, da heterointegração dos microssistemas processuais civil e trabalhista, não apenas diante da lacuna normativa, como também diante das "frequentes hipóteses em que a norma processual trabalhista sofre de manifesto e indiscutível envelhecimento e ineficácia em face de institutos processuais semelhantes adotados em outras esferas da ciência processual, inequivocamente mais modernos e eficazes" (CHAVES, 2006, p. 28-29).

Sustentamos, portanto, que, quando o intérprete se deparar com lacunas normativas, ontológicas ou axiológicas na execução trabalhista, deverá promover a heterointegração, mediante o diálogo das fontes (CLT e CPC), de modo a promover a máxima efetividade do direito/princípio fundamental do acesso à justiça, que, por seu caráter instrumental, também é destinado a realizar os demais direitos dos cidadãos e cidadãs no campo das relações trabalhistas.

De tal arte, é factível afirmar que, com fundamento na heterointegração dos subsistemas processuais civil e trabalhista, podemos dizer que existe, atualmente, em ambos, um "processo autônomo" de execução de título extrajudicial e uma "fase" de cumprimento de sentença (título judicial) pertencente ao processo de cognição.

Tendo em conta que a execução trabalhista constitui um conjunto de atos que visam à realização prática do conteúdo do título executivo judicial ou extrajudicial, permitindo, inclusive, a constrição e a expropriação dos bens do devedor, parece-nos pertinente apontar, ainda que sinteticamente, os **princípios que norteiam a sistemática da execução trabalhista**.

a) Princípio da igualdade de tratamento das partes

A base do princípio da igualdade de tratamento das partes encontra-se no art. 5º, *caput*, da CF, que estabelece a igualdade (formal) de todos perante a lei.

No entanto, a República Federativa do Brasil adota como princípio e objetivo fundamentais a igualdade substancial ou real, que encontra residência no art. 3º, II e III, da CF.

Destarte, na execução trabalhista o juiz deve sempre levar em conta a desigualdade substancial que, via de regra, existe entre os sujeitos da lide, mesmo porque, comumente, o credor é o trabalhador economicamente fraco que necessita da satisfação de seus créditos, que invariavelmente têm natureza alimentícia, enquanto o devedor é, em linhas gerais, o economicamente forte.

b) Princípio da natureza real da execução

Na Antiguidade, a execução era pessoal, ou seja, o devedor era submetido a sacrifícios que comprometiam a sua integridade física ou a sua liberdade, e, às vezes, era prevista até pena de morte para o devedor contumaz. Mas, a partir do momento em que o Estado avoca para si o monopólio da prestação jurisdicional, a execução passa por uma fase de humanização, deixando paulatinamente de ter caráter pessoal, pois o patrimônio do devedor é que passa a ficar sujeito à constrição e à expropriação.

O art. 789 do CPC adota o princípio da natureza real da execução, porquanto o devedor responde, para o cumprimento de suas obrigações, com todos os seus bens presentes e futuros, salvo as restrições estabelecidas em lei. Esse princípio é reafirmado no art. 824 do CPC, segundo o qual a execução por quantia certa tem por objeto expropriar bens do devedor, a fim de satisfazer o direito do credor.

Pode-se dizer, ainda, que o princípio da natureza real da execução também encontra fundamento na garantia constitucional que proíbe a prisão por dívidas, salvo a do responsável pelo inadimplemento voluntário e inescusável de obrigação alimentícia e a do depositário infiel (CF, art. 5º, LXVII), sendo certo que a respeito deste último caso o STF, reconhecendo a supremacia da Convenção Americana sobre Direitos Humanos (art. 7º, item 7), editou a Súmula Vinculante n. 25, que considera "ilícita a prisão civil de depositário infiel, qualquer que seja a modalidade do depósito".

c) Princípio da limitação expropriatória

O art. 789 do CPC dispõe que o devedor responde com todos os seus bens, presentes e futuros, para o cumprimento das obrigações por ele assumidas.

Todavia, é preciso esclarecer que há uma limitação no que tange à quantidade e à qualidade dos bens que serão objeto de constrição e expropriação. Trata-se do princípio da limitação expropriatória albergado no art. 831 do CPC, segundo o qual, se o devedor não pagar a dívida, o oficial de justiça penhorar-lhe-á apenas os bens suficientes ao pagamento da dívida e seus acessórios. Se outros bens existirem, não serão alcançados pela execução.

Ademais, o art. 899 do CPC determina a suspensão da arrematação logo que o produto da alienação dos bens bastar para o pagamento do credor.

d) Princípio da utilidade para o credor

A execução deve ser útil ao credor, evitando-se, assim, os atos que possam tornar inócua a prática de atos processuais.

Esse princípio está albergado no art. 836 do CPC, bem como no art. 40, § 3º, da Lei n. 6.830/1980.

e) Princípio da não prejudicialidade do devedor

O princípio da não prejudicialidade do devedor encontra residência no art. 805 do NCPC, segundo o qual, "quando por vários meios o credor puder promover a execução, o juiz mandará que se faça pelo modo menos gravoso para o devedor". Tal norma contém um substrato ético inspirado nos princípios de justiça e de equidade. Não obstante, o parágrafo único do referido art. 805 do NCPC dispõe que ao executado que alegar ser a medida executiva mais gravosa incumbe indicar outros meios mais eficazes e menos onerosos, sob pena de manutenção dos atos executivos já determinados.

A Súmula n. 417, item III, do TST aplica o princípio em tela em benefício exclusivo do empregador devedor, nos seguintes termos: "Em se tratando de execução provisória, fere direito líquido e certo do impetrante a determinação de penhora em dinheiro, quando nomeados outros bens à penhora, pois o executado tem direito a que a execução se processe da forma que lhe seja menos gravosa, nos termos do art. 620 do CPC".

Pedimos vênia para divergir do referido verbete sumular por dois motivos: primeiro, é preciso levar em conta que, no processo do trabalho, é o credor – empregado – que normalmente se vê em situação humilhante, vexatória, desempregado e, não raro, faminto. Em segundo lugar, não pode o intérprete olvidar que o processo civil foi modelado para regular relações civis entre pessoas presumivelmente iguais, enquanto o processo do trabalho deve se amoldar à realidade social em que incide, e, nesse contexto, propõe-se inverter a regra do art. 620 do NCPC para construir uma nova base própria e específica do processo laboral: *a execução deve ser processada de maneira menos gravosa ao credor.*

Nesse passo, em caso de conflito entre o princípio da não prejudicialidade e o princípio da utilidade ao credor, o juiz do trabalho deve dar preferência para este último, quando o credor for o trabalhador hipossuficiente econômico.

Todavia, com a ampliação da competência da Justiça do Trabalho (CF, art. 114, I) para processar e julgar outras ações oriundas da relação de trabalho distintas da relação de emprego, cremos que caberá ao juiz, no caso concreto, adotar a hermenêutica que seja mais condizente com a condição econômica e social do devedor. É a hipótese, por exemplo, da ação de execução das multas aplicadas pelos órgãos de fiscalização do trabalho (CF, art. 114, VII), em que o devedor é o empregador e a União é a credora.

f) Princípio da especificidade da execução

O princípio da especificidade da execução está contemplado nos arts. 497, 498, 499, 536 e 816 do CPC, que dizem respeito ao cumprimento e à execução das tutelas específicas das obrigações de fazer, não fazer e entregar coisa decorrentes de títulos judiciais e extrajudiciais. Portanto, segundo o princípio em tela, para o cumprimento ou execução de obrigação de fazer ou não fazer ou entregar coisa, o juiz concederá a **tutela específica da obrigação** ou, se procedente o pedido, determinará providências que assegurem o resultado prático equivalente ao do adimplemento.

À luz do princípio em tela, a conversão da tutela específica de obrigação de fazer, não fazer ou entregar coisa somente se converterá em perdas e danos se o autor o requerer ou se constatada a impossibilidade da tutela específica ou da obtenção do resultado prático correspondente (CPC, art. 499).

O credor tem direito a receber, além de perdas e danos, o valor da coisa quando esta não lhe for entregue, se deteriorou, não for encontrada ou não for reclamada do poder de terceiro adquirente.

A título de exemplo no processo do trabalho, lembramos a hipótese de retenção, pelo empregador, dos instrumentos de trabalho de propriedade do empregado ou, por força da nova redação do art. 114 da CF, de retenção dos equipamentos de trabalho pelo tomador de serviço de propriedade do trabalhador autônomo, porque se não constar do título executivo o valor da coisa, ou sendo impossível a sua avaliação, o exequente far-lhe-á a estimativa, sujeitando-se ao arbitramento judicial para apuração, em liquidação, do valor da coisa e eventuais prejuízos.

Tratando-se de obrigação de fazer ou não fazer, e se no prazo fixado o devedor não satisfizer a obrigação, é lícito ao credor, nos próprios autos do processo, requerer que ela seja executada à custa do devedor, ou que haja perdas e danos, caso em que a obrigação de fazer ou não fazer se converte em indenização (obrigação de pagar). No processo do trabalho, é comum a sentença que condena o empregador a reintegrar o empregado ao emprego. Caso o empregador não cumpra a obrigação no prazo fixado na sentença, deverá arcar com o pagamento de multas (*astreintes*), geralmente por dia de atraso.

g) Princípio da responsabilidade pelas despesas processuais

Sabe-se que as despesas processuais constituem gênero que tem como espécies as custas, os emolumentos, as despesas com publicação de editais, os honorários advocatícios e os honorários periciais. Quanto a estes últimos, é possível que eles surjam posteriormente à sentença, caso em que por eles responderá, a princípio, o executado, como na liquidação por arbitramento.

No processo do trabalho, o art. 789-A da CLT prescreve que as custas, no processo (ou fase) de execução, sempre a cargo do executado, serão pagas ao final.

As despesas processuais na execução civil correm por conta do executado, mesmo no caso de remição (CPC, art. 826).

h) Princípio do não aviltamento do devedor

Esse princípio é corolário do princípio fundamental da dignidade da pessoa humana, consagrado no art. 1º, III, da CF.

Em nível infraconstitucional, o princípio do não aviltamento do devedor inspira o art. 833 do CPC e a Lei n. 8.009/90, que dispõem sobre a impenhorabilidade de certos bens do devedor, em especial o bem de família.

i) Princípio da vedação do retrocesso social

Esse princípio encontra-se implícito no nosso sistema constitucional e decorre, como leciona Ingo Wolfgang Sarlet (2006, p. 434-461), de outros princípios e argumentos de matriz jurídico-constitucional, como o princípio do Estado Democrático e Social de Direito, que impõe um patamar mínimo de segurança jurídica; o princípio da dignidade da pessoa humana; o princípio da máxima efetividade dos direitos fundamentais.

Acrescentamos que o princípio da segurança é, ao mesmo tempo, um direito humano de primeira dimensão (CF, art. 5º, *caput*) e um direito humano de segunda dimensão (CF, art. 6º), valendo lembrar o disposto no *caput* do art. 7º da CF, que aponta sempre no sentido de melhoria (nunca de retrocesso) das condições sociais dos trabalhadores.

Importante lembrar que na 1ª Jornada de Direito Material e Processual do Trabalho, realizada em Brasília-DF (disponível em: <www.anamatra.org.br>) foi aprovado o Enunciado n. 66, *in verbis*:

> APLICAÇÃO SUBSIDIÁRIA DE NORMAS DO PROCESSO COMUM AO PROCESSO TRABALHISTA. OMISSÕES ONTOLÓGICA E AXIOLÓGICA. ADMISSIBILIDADE. Diante do atual estágio de desenvolvimento do processo comum e da necessidade de se conferir aplicabilidade à garantia constitucional da duração razoável do processo, os arts. 769 e 889 da CLT comportam interpretação conforme a Constituição Federal, permitindo a aplicação de normas processuais mais adequadas à efetivação do direito. Aplicação dos princípios da instrumentalidade, efetividade e não retrocesso social.

j) Princípio da livre disponibilidade do processo pelo credor

O princípio da livre disponibilidade do processo pelo credor encontra suporte no art. 775 do CPC, segundo o qual: "O exequente tem o direito de desistir de toda a execução ou de apenas alguma medida executiva". Não obstante, parece-nos que o princípio ora focalizado há de se harmonizar com outras normas da CLT e do próprio CPC, tendo em vista:

- a possibilidade de a execução trabalhista ser iniciada pelo próprio juiz, de ofício (CLT, art. 878), quando o exequente estiver exercendo o *jus postulandi*, em que se revela a ênfase do princípio inquisitivo no processo laboral. Além disso, não é razoável imaginar que o credor trabalhista, depois de anos de litigância judicial, venha a desistir da execução. O juiz deve estar atento, pois não é rara a hipótese de coação ou fraude para o trabalhador, na prática, renunciar ao seu crédito;
- os riscos da execução provisória (CPC, arts. 520, I, 537, § 3º, e 538, § 3º), a cargo do credor;
- o respeito ao princípio de fidelidade à coisa julgada (CLT, art. 879, § 1º);
- o direito de preferência do credor em relação aos bens penhorados (CPC, art. 797);
- a existência da execução apenas sobre bens penhoráveis ou alienáveis, ressalvando-se a existência de bens impenhoráveis (CPC, art. 833; Lei n. 8.009/90);
- a indicação, pelo credor, do tipo de execução (CPC, art. 798, II, *a*), sendo essa regra de duvidosa aplicação no processo do trabalho, tendo em vista a possibilidade da execução *ex officio* (CLT, art. 878);
- a necessidade de intimação do cônjuge do devedor, no caso de a penhora recair sobre bem imóvel (Lei n. 6.830/80, art. 12, § 2º);
- a alienação antecipada de bens (deterioráveis, avariados, com alto custo de sua guarda ou conservação, ou semoventes), de acordo com os arts. 730 e 852 do CPC;
- a competência para execução e cumprimento da sentença, em princípio, dos órgãos de primeiro grau (CLT, arts. 877, 877-A e 878).

k) Princípio da eticidade

No processo, as partes e seus procuradores devem agir com respeito recíproco e à dignidade da Justiça, expondo os fatos conforme a verdade e colaborando para a efetividade da prestação jurisdicional.

No tocante à execução, determinados comportamentos do devedor podem caracterizar atos atentatórios à dignidade da justiça (CPC, arts. 772, I, e 774), como a fraude à execução, a resistência maliciosa para o bom andamento da execução, o desrespeito injustificado das ordens judiciais e a não indicação dos bens penhoráveis.

2. Aplicação subsidiária da lei de execuções fiscais e do CPC

Há divergência doutrinária a respeito da possibilidade de diálogo das fontes e da heterointegração dos sistemas processuais das execuções civil e trabalhista, pois alguns doutrinadores, como Manoel Antonio Teixeira Filho (2010, p. 49-54), defendem a aplicação do CPC no processo do trabalho somente nos casos de lacuna normativa da CLT e da Lei n. 6.830/1980, uma vez que os arts. 769 e 889 da CLT dispõem, *in verbis*:

> Art. 769. Nos casos omissos, o direito processual comum será fonte subsidiária do direito processual do trabalho, exceto naquilo em que for incompatível com as normas deste Título.
>
> Art. 889. Aos trâmites e incidentes do processo da execução são aplicáveis, naquilo em que não contravierem ao presente Título, os preceitos que regem o processo dos executivos fiscais para a cobrança judicial da dívida ativa da Fazenda Pública Federal.

Realmente, a interpretação literal e restritiva desses dois dispositivos aponta no sentido de que as **fontes normativas da execução trabalhista** são, sucessivamente, as seguintes:

> I – em primeiro lugar, a própria **CLT** e a **legislação processual trabalhista especial** (ex.: Lei n. 5.584/1970, Decreto-lei n. 779/1969). Caso estas sejam omissas, e desde que haja compatibilidade com as regras e princípios do texto consolidado, aplicam-se:
>
> II – em segundo lugar, por força do art. 889 da CLT, os "preceitos que regem o processo dos executivos fiscais para cobrança da dívida ativa da Fazenda Pública Federal", ou seja, a **Lei n. 6.830/1980**; e
>
> III – em terceiro e último lugar, o "direito processual comum", isto é, o **CPC**.

Todavia, a interpretação evolutiva e conforme a Constituição dos arts. 769 e 889 da CLT e em sintonia com o princípio da proteção que, a nosso sentir, aplicável não apenas no direito material do trabalho como também no direito processual do trabalho, permite a aplicação da norma mais favorável à efetividade dos valores e princípios fundamentais constitucionais e dos direitos-garantias fundamentais do trabalhador ao efetivo acesso à justiça e à duração razoável do processo.

Com efeito, a Lei n. 6.830/1980 trata apenas da execução fiscal, ou seja, uma modalidade de execução de título extrajudicial lastreado em certidão de dívida ativa da Fazenda Pública. Seguramente, alguns dispositivos dessa espécie normativa encontram-se ontológica e axiologicamente desatualizados em relação ao CPC de 2015 (arts. 1º e 15), comprometendo a efetividade dos valores, princípios e direitos fundamentais retromencionados.

Como bem salienta Mauro Schiavi:

> A lei de execução fiscal em muitos pontos é divergente da sistemática processual trabalhista, pelos seguintes elementos: a) a Lei n. 6.830/80 disciplina execução por título executivo extrajudicial, quando, nas execuções trabalhistas, a grande maioria de títulos executivos são judiciais; b) na execução trabalhista, o credor trabalhista é hipossuficiente e postula verbas alimentares; na execução fiscal, o credor é o Estado, que não é hipossuficiente, e a verba postulada não é alimentar; c) maior efetividade e proximidade do sistema da execução civil, principalmente o cumprimento da sentença, com a execução trabalhista

> [...] A própria CLT, no art. 882, colocou o Código de Processo Civil em primeiro lugar, quanto à ordem preferencial da penhora, mesmo a Lei de Execução Fiscal tendo regra específica a respeito, em seu art. 11 (2013, p. 47-48).

De nossa parte, portanto, defendemos o diálogo virtuoso das fontes ou a heterointegração dos subsistemas dos processos civil e trabalhista, o que exige do intérprete e aplicador o exame do caso concreto para se aferir qual norma é mais favorável à promoção da efetividade do acesso à Justiça do Trabalho e à concretização dos direitos fundamentais sociais dos trabalhadores, independentemente de ser ela proveniente da CLT, da Lei n. 6.830 ou do CPC, como vimos no Capítulo I, item 3.1.

3. Execução provisória e execução definitiva

Tal como no processo civil, a execução (ou o cumprimento de sentença) trabalhista pode ser provisória ou definitiva.

É definitiva a execução fundada em sentença transitada em julgado (NCPC, art. 520).

Provisória é a execução quando a decisão exequenda estiver sendo impugnada por recurso recebido apenas no efeito devolutivo, que é a regra geral no processo do trabalho (CLT, art. 899).

Aliás, o art. 899 da CLT dispõe expressamente que: "Os recursos serão interpostos por simples petição e terão efeito meramente devolutivo, salvo as exceções previstas neste Título, permitida a execução provisória até a penhora".

A execução provisória no processo laboral, portanto, é permitida em se tratando de sentença condenatória que ainda não transitou em julgado.

Não há previsão na CLT para a execução provisória de título extrajudicial. O art. 587 do CPC/73 admitia a execução provisória de título extrajudicial "enquanto pendente apelação da sentença de improcedência dos embargos do executado, quando recebidos com efeito suspensivo". O CPC de 2015 não contém regra semelhante.

Como sublinha Elpídio Donizetti (2008, p. 525), a execução de título extrajudicial será definitiva, exceto quando: (a) houver interposição de embargos do executado, recebidos com efeito suspensivo; (b) os embargos do executado forem julgados improcedentes e, da sentença, ainda pender apelação.

Não é permitida a execução provisória pelo juiz *ex officio*, ou seja, essa modalidade só é possível quando o interessado peticionar ao juiz requerendo o seu processamento. Como a execução provisória corre por iniciativa, conta e risco do exequente (NCPC, art. 520, I), parece-nos que a sua responsabilidade pelos danos sofridos pelo devedor, *in casu*, é objetiva, uma vez que este último não precisará provar a culpa do exequente, bastando, apenas, demonstrar o nexo causal entre a atividade executiva e os prejuízos materiais ou morais que sofreu em decorrência da execução provisória.

Todavia, na Jornada sobre Execução na Justiça do Trabalho, realizada em novembro de 2010, Cuiabá-MT, houve uma parcial exceção à instauração da execução provisória *ex officio* pelo juiz, como se depreende do Enunciado n. 15 aprovado naquele importante evento jurídico, *in verbis*:

> EXECUÇÃO PROVISÓRIA. INSTAURAÇÃO DE OFÍCIO. A execução provisória poderá ser instaurada de ofício na pendência de agravo de instrumento interposto contra decisão denegatória de recurso de revista.

A decisão exequenda pode conter partes (ou capítulos) que permitam simultaneamente a execução provisória e a execução definitiva. Nesse sentido, o art. 897, § 1º, *in fine*, da CLT dispõe que o agravo de petição só será recebido quando o agravante delimitar, justificadamente, as matérias e os valores impugnados, "permitida a execução imediata da parte remanescente até o final, nos próprios autos ou por carta de sentença".

Essa disposição legal comporta interpretação restritiva, isto é, não há como ser estendida a outros recursos, como o ordinário, a revista etc., de maneira que, havendo a interposição desses recursos, a execução somente poderá ser exclusivamente provisória, mesmo em relação às partes da decisão exequenda que não foram impugnadas.

Cumpre advertir que nos termos da literalidade do art. 899 da CLT, a execução provisória vai "até a penhora". Há autores que sustentam que tão logo seja realizada a penhora, a execução provisória fica suspensa até o trânsito em julgado da sentença exequenda. Outros, porém, advogam que mesmo depois da penhora a execução provisória prossegue até a decisão dos embargos à execução que tenha por objeto tornar insubsistente a penhora. Num caso e noutro, a doutrina justrabalhista tradicional não admite que a execução provisória implique atos de expropriação.

Ocorre que o referido art. 899 da CLT sofre de notória lacuna ontológica se comparado com o art. 520 do CPC, na medida em que a execução provisória da sentença far-se-á, no que couber, do mesmo modo que a definitiva, observadas as seguintes normas:

> I – corre por iniciativa e responsabilidade do exequente, que se obriga, se a sentença for reformada, a reparar os danos que o executado haja sofrido;
>
> II – fica sem efeito, sobrevindo decisão que modifique ou anule a sentença objeto da execução, restituindo-se as partes ao estado anterior e liquidando-se eventuais prejuízos nos mesmos autos;
>
> III – se a sentença objeto de cumprimento provisório for modificada ou anulada apenas em parte, somente nesta ficará sem efeito a execução;

IV – o levantamento de depósito em dinheiro e a prática de atos que importem transferência de posse ou alienação de propriedade ou de outro direito real, ou dos quais possa resultar grave dano ao executado, dependem de caução suficiente e idônea, arbitrada de plano pelo juiz e prestada nos próprios autos.

Quanto ao item I *supra*, saliente-se que na Jornada sobre Execução na Justiça do Trabalho, realizada em novembro de 2010, Cuiabá-MT, foi aprovado o Enunciado n. 15, que adotou a tese da admissibilidade da instauração de ofício da execução provisória "na pendência de agravo de instrumento interposto contra decisão denegatória de recurso de revista".

No caso do inciso II acima transcrito, se a sentença provisoriamente executada for modificada ou anulada apenas em parte, somente nesta parte ficará sem efeito a execução, como explicita o inciso III *supra*.

De acordo com o art. 521 do CPC, a caução prevista no inciso IV, *supra*, poderá ser dispensada nos casos em que:

I – o crédito for de natureza alimentar, independentemente de sua origem;

II – o credor demonstrar situação de necessidade;

III – pender o agravo do art. 1.042; (Redação dada pela Lei n. 13.256/2016)

IV – a sentença a ser provisoriamente cumprida estiver em consonância com súmula da jurisprudência do Supremo Tribunal Federal ou do Superior Tribunal de Justiça ou em conformidade com acórdão proferido no julgamento de casos repetitivos.

Parágrafo único. A exigência de caução será mantida quando da dispensa possa resultar manifesto risco de grave dano de difícil ou incerta reparação.

Parece-nos que os citados dispositivos do CPC, malgrado o conteúdo restritivo da parte final do art. 899 da CLT, podem ser aplicados nos sítios do processo do trabalho, embora reconheçamos que o juiz do trabalho deva ter redobrada cautela ao permitir a execução provisória que importe atos de expropriação dos bens do executado, pois o exequente, na grande maioria dos casos, é (des) empregado e não tem condições de arcar com eventuais prejuízos decorrentes do resultado final desfavorável do processo.

Contudo, com a ampliação da competência da Justiça do Trabalho para outras ações oriundas da relação de trabalho (CF, art. 114, I), parece-nos que o juiz deverá adotar com mais liberdade a regra do CPC.

No que tange à possibilidade de penhora em dinheiro na execução provisória, destaca-se que foi aprovado o Enunciado n. 21 na Jornada sobre Execução na Justiça do Trabalho (Cuiabá-MT, novembro de 2010), o qual ressalta a superação da Súmula n. 417, III, do TST, *in verbis*:

EXECUÇÃO PROVISÓRIA. PENHORA EM DINHEIRO. POSSIBILIDADE. É válida a penhora de dinheiro na execução provisória, inclusive por meio do Bacen Jud. A Súmula n. 417, item III, do Tribunal Superior do Trabalho (TST), está superada pelo art. 475-O do CPC/73 (NCPC, 520, IV).

É certo que os enunciados supracitados não são fontes formais diretas do Direito, mas oferecem sólidos fundamentos como fontes doutrinárias para uma interpretação evolutiva do art. 899 da CLT, pois este, no particular, apresenta nítido envelhecimento em relação ao CPC de 1973 e ao Novo CPC de 2015.

A prestação de caução é exigível apenas para os casos que impliquem levantamento de dinheiro e alienação de bens de domínio, ou nos casos que possam provocar grave dano ao executado. Mas a exigência de caução do empregado encontra obstáculos no processo do trabalho, pois, em regra, o credor não tem condições econômico-financeiras para dar garantias ao executado em caso de reforma da sentença que está sendo provisoriamente executada.

Todavia, como já afirmado, a ampliação da competência da Justiça do Trabalho para outras ações oriundas da relação de trabalho permitirá, não raro, a prestação de caução pelo credor prestador do serviço.

Todas essas considerações levaram o TST a cancelar o item III[(1)] da Súmula n. 417, que passou a ter a seguinte redação:

> MANDADO DE SEGURANÇA. PENHORA EM DINHEIRO (alterado o item I, atualizado o item II e cancelado o item III, modulando-se os efeitos da presente redação de forma a atingir unicamente as penhoras em dinheiro em execução provisória efetivadas a partir de 18.03.2016, data de vigência do CPC de 2015, Res. 212/2016, DEJT divulgado em 20, 21 e 22.09.2016).
>
> I – Não fere direito líquido e certo do impetrante o ato judicial que determina penhora em dinheiro do executado para garantir crédito exequendo, pois é prioritária e obedece à gradação prevista no art. 835 do CPC de 2015 (art. 655 do CPC de 1973).
>
> II – Havendo discordância do credor, em execução definitiva, não tem o executado direito líquido e certo a que os valores penhorados em dinheiro fiquem depositados no próprio banco, ainda que atenda aos requisitos do art. 840, I, do CPC de 2015 (art. 666, I, do CPC de 1973).

O art. 521 do NCPC pode ser aplicado no processo do trabalho, podendo o juiz dispensar a caução nas seguintes hipóteses:

- o crédito for de natureza alimentar, independentemente de sua origem, como sói ocorrer com os créditos trabalhistas;
- o credor demonstrar situação de necessidade, cujos pressupostos não se confundem com os exigidos para a assistência judiciária sindical (Lei n. 5.584/1970, art. 14) ou para a obtenção dos benefícios da justiça gratuita (CLT, art. 790, § 3º);

---

(1) Assim dispunha o item III da Súmula n. 417 do TST: "Em se tratando de execução provisória, fere direito líquido e certo do impetrante a determinação de penhora em dinheiro, quando nomeados outros bens à penhora, pois o executado tem direito a que a execução se processe da forma que lhe seja menos gravosa, nos termos do art. 620 do CPC/1973".

- a sentença a ser provisoriamente cumprida estiver em consonância com súmula da jurisprudência do Supremo Tribunal Federal ou do Superior Tribunal de Justiça (ou do TST) ou em conformidade com acórdão proferido no julgamento de casos repetitivos;
- pender o agravo previsto no art. 1.042 do NCPC.

A decisão do juiz que dispensar (ou não) a caução é tipicamente interlocutória na execução, não desafiando, assim, a interposição do agravo de petição (CLT, art. 893, § 1º).

É possível a execução provisória de sentença condenatória de obrigação de fazer, como, por exemplo, a que determina a reintegração de empregado detentor de garantia no emprego ou estabilidade. Afinal, se se tem admitido a antecipação de tutela de obrigação de fazer, que é uma decisão interlocutória, revogável a qualquer tempo, sujeita apenas à cognição sumária, com muito mais razão se deve admitir a execução provisória de obrigação de fazer, pois esta constitui comando de uma sentença, ato mais importante do processo e praticado após cognição exauriente. Nesse sentido:

> "[...] ANTECIPAÇÃO DE TUTELA. SENTENÇA DEFINITIVA CABIMENTO. EXECUÇÃO PROVISÓRIA. OBRIGAÇÃO DE FAZER. 'Se se tem admitido a antecipação de tutela de obrigação de fazer, que é uma decisão interlocutória, revogável a qualquer tempo, sujeita apenas à cognição sumária, com muito mais razão se deve admitir a execução provisória de obrigação de fazer, pois esta constitui comando de uma sentença, ato mais importante do processo e praticado após cognição exauriente' (CARLOS HENRIQUE BEZERRA LEITE, *in* Curso de Direito Processual do Trabalho, São Paulo: LTr, 2003, p. 640). Esta Corte já se posicionou no sentido de que a mera ordem de reintegração não caracteriza perigo de dano irreparável, uma vez que o empregador se beneficia do trabalho prestado pelo empregado reintegrado, ao qual é devida a respectiva contraprestação. Cabível, portanto, a tutela antecipada com execução provisória da referida obrigação de fazer [...]" (TST-RR 652700/2000.2, j. 04/02/2009, Rel. Min. Rosa Maria Weber Candiota da Rosa, 3ª T., *DEJT* 13.3.2009).

Não há vedação legal para a penhora em dinheiro na execução provisória (cumprimento provisório) da sentença. Pelo contrário, o art. 520 do NCPC dispõe que o cumprimento provisório da sentença far-se-á, no que couber, do mesmo modo que a definitiva, sendo certo que seu inciso IV permite, expressamente, o "levantamento de depósito em dinheiro".

Ora, o depósito em dinheiro, *in casu*, corresponde exatamente à penhora em dinheiro. Se o juiz pode o "mais" (liberar o dinheiro depositado, com ou sem caução, na execução provisória), salta aos olhos que ele pode o "menos" (determinar a penhora de dinheiro).

O TST, como já afirmado, cancelou o item III da Súmula n. 417, mas modulou os seus efeitos para permitir a penhora em execução provisória instaurada a partir de 18.03.2016, data de vigência do CPC de 2015.

Quanto à penhora de crédito do executado, é importante invocar o Enunciado n. 13 aprovado na Jornada sobre Execução na Justiça do Trabalho (Cuiabá-MT, novembro de 2010):

PENHORA DE CRÉDITO DO EXECUTADO. CONSTATAÇÃO NAS AGÊNCIAS BANCÁRIAS, COOPERATIVAS DE CRÉDITO E ADMINISTRADORAS DE CARTÃO DE CRÉDITO. I – Um dos meios de localizar ativos financeiros do executado, obedecendo à gradação do art. 655 do Código do Processo Civil (CPC), mesmo diante do resultado negativo da pesquisa realizada por intermédio do sistema Bacen Jud, consiste na expedição de mandado de constatação nas agências de cooperativas de crédito e administradoras de cartão de crédito não vinculadas ao Bacen, determinando a retenção de créditos presentes e futuros do executado; II – A constatação da existência de procuração de terceiros ao executado, perante agências bancárias e cooperativas de crédito, com poderes para movimentar contas daqueles é outra forma de buscar ativos financeiros do devedor, diante da possibilidade de fraude.

3.1. Carta de sentença

A efetivação da execução provisória depende de requerimento formulado pelo exequente dirigido ao juiz, sendo que este determinará a extração de carta de sentença, uma vez que os autos principais seguem seu curso normal, geralmente na instância superior.

Ao requerer a execução provisória, o exequente instruirá a petição com cópias autenticadas das peças do processo, podendo seu advogado autenticá-las, valendo-se da permissão contida no art. 830 da CLT. Tratando-se de processo judicial eletrônico, não há necessidade de autenticação das peças processuais. As peças necessárias para a carta de sentença são as previstas no art. 522, parágrafo único, do NCPC, aplicável ao processo do trabalho (CLT, art. 769; NCPC, art. 15), a saber:

I – decisão exequenda;

II – certidão de interposição do recurso não dotado de efeito suspensivo;

III – procurações outorgadas pelas partes;

IV – decisão de habilitação, se for o caso;

V – facultativamente, outras peças processuais consideradas necessárias para demonstrar a existência do crédito.

4. Execução de títulos judiciais e extrajudiciais

Em 13 de janeiro de 2000 foi promulgada a Lei n. 9.958, que deu nova redação ao *caput* do art. 876 da CLT, prescrevendo:

> As decisões passadas em julgado ou das quais não tenha havido recurso com efeito suspensivo; os acordos, quando não cumpridos; os termos de ajuste de conduta firmados perante o Ministério Público do Trabalho e os termos de conciliação firmados perante as Comissões de Conciliação Prévia serão executados pela forma estabelecida neste Capítulo.

Logo depois, em 25.10.2000, entrou em vigor a Lei n. 10.035, acrescentando o parágrafo único ao art. 876 da CLT, nos seguintes termos:

> Serão executados *ex officio* os créditos previdenciários devidos em decorrência de decisão proferida pelos Juízes e Tribunais do Trabalho, resultantes de condenação ou homologação de acordo.

Posteriormente, o referido dispositivo, por força da Lei n. 11.457/2007, passou a vigorar com a seguinte redação:

> Art. 876. Serão executadas *ex officio* as contribuições sociais devidas em decorrência de decisão proferida pelos Juízes e Tribunais do Trabalho, resultantes de condenação ou homologação de acordo, inclusive sobre os salários pagos durante o período contratual reconhecido.

Assim, em razão da inexistência de lacuna normativa, podemos dizer que o processo do trabalho, depois da EC n. 45/2004, que deu nova redação ao art. 114 da CF, e da Lei n. 11.232/2005, passou a admitir os seguintes **títulos executivos judiciais**:

a) a sentença (ou acórdão) que reconheça obrigação de fazer, não fazer, entregar coisa ou pagar quantia;

b) as decisões (que também são sentenças) que homologam acordos entre as partes e que tenham conteúdo obrigacional;

c) os créditos previdenciários decorrentes de sentenças (ou acórdãos) condenatórias ou homologatórias de acordos que contenham obrigação de pagar.

Em relação aos **títulos executivos extrajudiciais**, o processo do trabalho passou a reconhecer, com o advento da EC n. 45/2004, os seguintes:

a) os termos de compromisso de ajustamento de conduta (TAC) firmados perante o Ministério Público do Trabalho (MPT) com conteúdo obrigacional;

b) os termos de conciliação celebrados perante a Comissão de Conciliação Prévia (CCP) com conteúdo obrigacional;

c) as certidões de dívida ativa (CDA) – decorrentes das multas aplicadas aos empregadores pelos órgãos de fiscalização do trabalho.

Parece-nos que os demais títulos extrajudiciais previstos no CPC (art. 585), tais como cheques, notas promissórias, duplicatas etc., ainda carecem de força executiva no âmbito da Justiça do Trabalho, embora possam, não obstante, constituir documentos aptos para a propositura da ação monitória, desde que, é claro, a formação dos referidos títulos tenha origem na relação empregatícia.

Destarte, o empregado (o trabalhador avulso e o pequeno empreiteiro, pois a Justiça do Trabalho é tradicionalmente competente *ex ratione personae* para processar e julgar as suas demandas em face dos tomadores de seus serviços) portador de um cheque sem provisão de fundos emitido pelo seu empregador para pagamento de salários poderá ajuizar na Justiça do Trabalho: (a) ação trabalhista (processo sincrético), postulando o pagamento dos salários; ou (b) ação monitória, que constitui um procedimento especial aplicável ao processo do trabalho. Poderá, ainda, se preferir, ajuizar, na Justiça Comum, ação de execução de título extrajudicial, sem motivar a causa remota (relação de emprego) da origem do título. Há, porém, respeitáveis entendimentos em sentido contrário, isto é, admitindo que outros títulos extrajudiciais, como cheque, nota promissória, duplicata etc.

Quanto aos títulos extrajudiciais previstos no processo civil (NCPC, art. 784) oriundos de relação de trabalho diversa da relação de emprego (CF, art. 114, I), afigura-se-nos que tais títulos deveriam ensejar a propositura da ação de execução de título extrajudicial, cujo procedimento deveria ser o do CPC. O art. 1º da IN n. 27/2005 do TST, no entanto, manda aplicar o procedimento previsto na CLT.

Mas não nos parece razoável aplicar a referida IN n. 27 do TST na espécie, pois a transferência da competência da Justiça Comum para a Justiça do Trabalho não pode abolir do jurisdicionado/credor uma situação de vantagem (material e processual), sob pena de ofensa ao princípio da vedação do retrocesso social. Afinal, devemos interpretar a mudança da competência (CF, art. 114, I) sob a perspectiva da melhoria da condição socioeconômica do jurisdicionado no seu direito fundamental de acesso à Justiça.

Convém mencionar, para encerrar este tópico, que o art. 13 da IN/TST n. 39/2016 autoriza:

> Por aplicação supletiva do art. 784, I (art. 15 do CPC), o cheque e a nota promissória emitidos em reconhecimento de dívida inequivocamente de natureza trabalhista também são títulos extrajudiciais para efeito de execução perante a Justiça do Trabalho, na forma do art. 876 e segs. da CLT.

4.1. Legitimidade *ad causam* na execução trabalhista

Figurar como exequente (credor) ou executado (devedor) em um título executivo judicial ou extrajudicial é tema jurídico concernente à legitimação ativa ou passiva na execução trabalhista.

4.1.1. Legitimação ativa

O art. 878 da CLT diz que "a execução poderá ser promovida por qualquer interessado, ou *ex officio*, pelo próprio juiz ou presidente do tribunal competente, nos termos do artigo anterior".

O juiz competente, segundo o art. 877 da CLT, é aquele "que tiver conciliado ou julgado originariamente o dissídio", ou, em se tratando de execução de título executivo extrajudicial, o "que teria competência para o processo de conhecimento relativo à matéria", segundo o art. 877-A da CLT, introduzido pela Lei n. 9.958/2000.

A "qualquer interessado", prevista no art. 878 da CLT, exige-se, em função da lacuna normativa da CLT, a aplicação subsidiária do art. 778 do NCPC. Logo, são legitimados ativos para a execução de título judicial trabalhista, além, é claro, do próprio credor, geralmente o empregado vencedor da demanda cognitiva, e do juiz competente:

a) o espólio, os herdeiros e os sucessores do credor, em razão de seu falecimento;

b) o cessionário, quando o direito de crédito lhe for cedido, nos termos do art. 286 do CC, sendo essa hipótese de rara aplicação no processo laboral, em função da natureza personalíssima, no tocante ao trabalhador, da relação de emprego, sem falar no problema da competência da Justiça do Trabalho em razão das pessoas, uma vez que ingressará na relação jurídica processual alguém que não é sujeito da relação jurídica material correspondente;

c) o sub-rogado legal ou convencional, hipótese igualmente de difícil aplicação no processo do trabalho, pelas mesmas razões alinhadas na alínea anterior.

O MPT também é legitimado para promover a execução de título judicial trabalhista, nas hipóteses em que atuou como parte no processo (ou fase) de conhecimento, seja na primeira instância (por exemplo, ação civil pública), seja na segunda instância (por exemplo, ação rescisória). Nos casos em que o *Parquet* laboral atuou como órgão interveniente (*custos legis*), a sua legitimação ficará condicionada à existência de interesse público que justifique a sua iniciativa, como, por exemplo, na defesa dos interesses de incapazes ou de indígenas, ou nas ações coletivas promovidas pelo sindicato, quando este tenha atuado como substituto processual e abandonado, posteriormente, a ação (CDC, art. 92).

Tratando-se de termo de compromisso de ajustamento de conduta firmado perante o Ministério Público do Trabalho, este detém a legitimação exclusiva para promover a execução dessa espécie de título executivo extrajudicial.

Outro legitimado ativo para execução de título extrajudicial é a União, na cobrança de multas aplicadas aos empregadores (CF, art. 114, VII, Lei n. 6.830/80, art. 4º).

Para encerrar este tópico, convém lembrar que o próprio devedor poderá dar início à execução, passando, assim, a ostentar a posição de exequente, na medida em que o art. 878-A da CLT, com redação dada pela Lei n. 10.035/2000, dispõe, *in verbis*:

> Faculta-se ao devedor o pagamento imediato da parte que entender devida à Previdência Social, sem prejuízo da cobrança de eventuais diferenças encontradas na execução *ex officio*.

4.1.2. Legitimação passiva

O executado ou o devedor constante do título judicial é o legitimado passivo na execução trabalhista. Geralmente, é o empregador. Mas o empregado também pode figurar como executado, nas hipóteses em que é devedor de custas ou outras despesas processuais, bem como nos casos em que tenha sido condenado, por sentença, a pagar determinada quantia, decorrente de prejuízo causado ao empregador (CLT, art. 462, § 1º) ou condenado a entregar coisa certa ao empregador.

O art. 880 da CLT prevê que apenas o executado (devedor) é o legitimado passivo na execução trabalhista. Todavia, o art. 4º da Lei n. 6.830/1980 prevê a possibilidade de a execução ser promovida contra o devedor, o fiador, o espólio, a massa, o responsável tributário e os sucessores a qualquer título, preceito semelhante ao do art. 779 do NCPC, segundo o qual podem ser sujeitos passivos na execução, além do devedor, reconhecido como tal no título executivo, judicial ou extrajudicial: (a) o espólio, os herdeiros ou os sucessores do devedor; (b) o novo devedor, que assumiu, com o consentimento do credor, a obrigação resultante do título executivo, hipótese de difícil aplicação, tendo em vista a incompetência da Justiça do Trabalho para dirimir conflitos entre sujeitos que não figuram na relação de emprego ou de trabalho (CF, art. 114, I, com nova redação dada pela EC n. 45/2004); (c) o fiador judicial, hipótese também de difícil aplicabilidade no processo laboral, pelas mesmas razões apontadas na alínea anterior; (d) o responsável tributário, aqui entendido em sentido amplo, isto é, não apenas o devedor das custas processuais, como também o devedor de contribuições previdenciárias decorrentes de decisões da Justiça do Trabalho; (e) o empregador, nas ações de execução de multa aplicada pelos órgãos de fiscalização das relações de trabalho (CF, art. 114, VII).

Poderão, ainda, figurar no polo passivo da execução trabalhista o responsável subsidiário nos casos de intermediação de mão de obra ou terceirização (Lei n. 6.019, art. 5º-A, § 5º; TST, Súmula n. 331, IV), o dono da obra nos contratos de empreitada (TST/SBDI-1, OJ n. 191), o empreiteiro no contrato de subempreitada (CLT, art. 455) e a empresa integrante do grupo econômico (CLT, art. 2º, § 2º).

Tratando-se de sucessão trabalhista (CLT, arts. 10 e 448), o sucessor responde integralmente pelas dívidas trabalhistas do sucedido. Nesse sentido, a Jornada sobre Execução na Justiça do Trabalho (Cuiabá-MT, novembro de 2010) aprovou o Enunciado n. 4, *in verbis*:

> SUCESSÃO TRABALHISTA. Aplicação subsidiária do Direito Comum ao Direito do Trabalho (Consolidação das Leis do Trabalho – CLT, art. 8º, parágrafo único). Responsabilidade solidária do sucedido e do sucessor pelos créditos trabalhistas constituídos antes do trespasse do estabelecimento (CLT, arts. 10 e 448, c/c Código Civil, art. 1.146).

No que tange à sucessão na falência ou na recuperação judicial, lembramos que o Enunciado n. 8, aprovado na 1ª Jornada de Direito Material e Processual do Trabalho (Brasília-DF, novembro de 2007), prevê:

> COMPETÊNCIA DA JUSTIÇA DO TRABALHO. SUCESSÃO NA FALÊNCIA OU RECUPERAÇÃO JUDICIAL. Compete à Justiça do Trabalho – e não à Justiça Comum Estadual – dirimir controvérsia acerca da existência de sucessão entre o falido ou o recuperando e a entidade que adquira total ou parcialmente suas unidades de produção.

O STF, no entanto, deu a seguinte interpretação:

> Na vigência do DL n. 7.661/1945 consolidou-se o entendimento de que a competência para executar os créditos ora discutidos é da Justiça estadual comum, sendo essa também a regra adotada pela Lei n. 11.101/2005 [...] A opção do legislador infraconstitucional foi manter o regime anterior de execução dos créditos trabalhistas pelo juízo universal da falência, sem prejuízo da competência da Justiça laboral quanto ao julgamento do processo de conhecimento (STF-RE 583.955, Rel. Min. Ricardo Lewandowski, j. 28.5.2009, Plenário, *DJE* de 28.8.2009).

O TST vem seguindo o entendimento do STF, nos seguintes termos:

> SUCESSÃO DE EMPREGADORES – ALIENAÇÃO DE ATIVOS EFETUADA EM SEDE DE RECUPERAÇÃO JUDICIAL – ART. 60, PARÁGRAFO ÚNICO, DA LEI N. 11.101/05. 1. Conforme dispõe o parágrafo único do art. 60 da Lei n. 11.101/05, a alienação aprovada em plano de recuperação judicial estará livre de quaisquer ônus e não haverá sucessão do arrematante nas obrigações do devedor, inclusive nas de natureza tributária. 2. Assim sendo, o acórdão regional, ao entender caracterizada a sucessão trabalhista da antiga Varig pela VRG Linhas Aéreas, a qual, por sua vez, pertencia ao mesmo grupo econômico da Varig Logística, e condenar solidariamente estas duas últimas Reclamadas pelos créditos trabalhistas deferidos ao Obreiro na presente ação, acabou por violar o disposto no art. 60, parágrafo único, da Lei n. 11.101/05. 3. Nesse sentido manifestou-se o STF (decisão proferida no recurso extraordinário interposto contra decisão do STJ no julgamento de conflito de competência), o qual entendeu que os licitantes que arremataram os ativos da antiga Varig não respondem, na condição de sucessores, pelas obrigações trabalhistas da antiga empregadora (STF-RE-583.955/RJ, Rel. Min. Ricardo Lewandowski, TP, DJ de 28.08.09). Recurso de revista parcialmente conhecido e provido (TST-RR 80800-17.2008.5.04.0028, 7ª T., Rel. Min. Maria Doralice Novaes, unânime, *DEJT* 25.6.2010).

Convém lembrar que o Enunciado n. 7, aprovado na Jornada sobre Execução na Justiça do Trabalho (Cuiabá-MT, novembro de 2010), dispõe, *in verbis*:

> EXECUÇÃO. DEVEDOR SUBSIDIÁRIO. AUSÊNCIA DE BENS PENHORÁVEIS DO DEVEDOR PRINCIPAL. INSTAURAÇÃO DE OFÍCIO. A falta de indicação de bens penhoráveis do devedor principal e o esgotamento, sem êxito, das providências de ofício nesse sentido, autorizam a imediata instauração da execução contra o devedor subsidiariamente corresponsável, sem prejuízo da simultânea desconsideração da personalidade jurídica do devedor principal, prevalecendo entre as duas alternativas a que conferir maior efetividade à execução.

4.1.2.1. Desconsideração da pessoa jurídica do executado

Nos sítios do processo civil, os sócios só respondem na proporção de sua respectiva cota-parte na empresa. Caso esta não tenha sido integralizada, poderão responder com seu patrimônio particular até a parte faltante. Já os sócios-gerentes poderão responder solidária e ilimitadamente se praticarem atos com excesso de mandato ou desrespeitarem normas legais ou do contrato social (CC, arts. 1.052 *et seq.*).

Não obstante, surge a teoria da desconsideração da pessoa jurídica, também chamada de doutrina do *disregard of legal entity*, que tem origem no sistema de *common law*, mas, como bem adverte José Affonso Dallegrave Neto, em excelente monografia:

> No Brasil, o instituto é de utilidade ímpar, haja vista a nossa execrável cultura de sonegação, torpeza e banalização do ilícito trabalhista. Observa-se que a indústria da fraude à execução trabalhista foi aperfeiçoada de tal maneira, que o desafio hodierno não é mais atingir o sócio ostensivo, mas o sócio de fato que se encontra dissimulado pela presença de outros estrategicamente escolhidos pela sua condição de insolvente, os quais são vulgarmente chamados "laranjas" ou "testas de ferro" (2002, p. 172-217).

O art. 6º da IN/TST n. 39/2016 já autorizava a aplicação no processo do trabalho do incidente de desconsideração da personalidade jurídica regulado no Código de Processo Civil (arts. 133 a 137), assegurada a iniciativa também do juiz do trabalho na fase de execução (CLT, art. 878).

A Lei n. 13.467/2017 acabou com a cizânia sobre o cabimento ou não do incidente nos sítios do processo do trabalho, pois inseriu na CLT o art. 855-A, *in verbis*:

> Art. 855-A. Aplica-se ao processo do trabalho o incidente de desconsideração da personalidade jurídica previsto nos arts. 133 a 137 da Lei n. 13.105, de 16 de março de 2015 – Código de Processo Civil.
>
> § 1º Da decisão interlocutória que acolher ou rejeitar o incidente:
>
> I – na fase de cognição, não cabe recurso de imediato, na forma do § 1º do art. 893 desta Consolidação;
>
> II – na fase de execução, cabe agravo de petição, independentemente de garantia do juízo;
>
> III – cabe agravo interno se proferida pelo relator em incidente instaurado originariamente no tribunal.
>
> § 2º A instauração do incidente suspenderá o processo, sem prejuízo de concessão da tutela de urgência de natureza cautelar de que trata o art. 301 da Lei n. 13.105, de 16 de março de 2015 (Código de Processo Civil).

Na falência ou alienação de parte da empresa em recuperação judicial, parece-nos pertinente o prosseguimento da execução contra os sócios, desde que o juiz do trabalho adote a teoria da desconsideração da personalidade jurídica da empresa executada. Nesse sentido, é o Enunciado n. 20 aprovado na Jornada sobre Execução na Justiça do Trabalho (Cuiabá-MT, novembro de 2010), *in verbis*:

> FALÊNCIA E RECUPERAÇÃO JUDICIAL. PROSSEGUIMENTO DA EXECUÇÃO TRABALHISTA CONTRA COOBRIGADOS, FIADORES, REGRESSIVAMENTE OBRIGADOS E SÓCIOS. POSSIBILIDADE. A falência e a recuperação judicial, sem prejuízo do direito de habilitação de crédito no juízo universal, não impedem o prosseguimento da execução contra os coobrigados, os fiadores e os obrigados de regresso, bem como os sócios, por força da desconsideração da personalidade jurídica.

4.2. Competência

A CLT, em seu art. 877, dispõe que será competente para a execução (cumprimento) da sentença (ou acórdão) o Juízo ou Tribunal que tiver conciliado ou julgado originariamente o dissídio (*rectius*, o processo), sendo, portanto, inaplicável no processo do trabalho, tendo em vista a Instrução Normativa TST n. 27/2005, a opção prevista no parágrafo único do art. 516 do NCPC, ainda que se trate de demandas oriundas da relação de trabalho distintas da relação de emprego.

Nos termos do art. 877-A da CLT, é competente para a execução de título executivo extrajudicial o juízo que teria competência para o processo (ou fase) de conhecimento relativo à matéria.

5. Execução das obrigações de fazer, não fazer e entregar coisa

Dispõe o art. 876 da CLT que:

> As decisões passadas em julgado ou das quais não tenha havido recurso com efeito suspensivo; os acordos, quando não cumpridos; os termos de ajuste de conduta firmados perante o Ministério Público do Trabalho e os termos de conciliação firmados perante as Comissões de Conciliação Prévia serão executados pela forma estabelecida neste Capítulo.

Assim, as sentenças condenatórias transitadas em julgado nos dissídios (*rectius*, processos) individuais trabalhistas serão executadas de acordo com o procedimento estabelecido na CLT, na Lei n. 6.830/80 (Lei de Execução Fiscal – LEF) e, no que couber (CLT, art. 769), no Novo CPC (art. 15).

Ocorre que a CLT e a LEF só tratam da execução, judicial e extrajudicial, respectivamente, por quantia certa, sendo tais fontes omissas (lacuna normativa) a respeito da execução (ou cumprimento) das sentenças que veiculam obrigações de fazer, não fazer e entregar coisa, o que impõe a aplicação subsidiária (CLT, art. 769) dos arts. 497 a 536 do NCPC.

Pode-se dizer, nesse passo, que os arts. 84 do CDC e 11 da LACP positivaram definitivamente no direito processual individual e coletivo (civil e trabalhista) as chamadas sentenças mandamentais e executivas *lato sensu*, o que foi mantido, e até ampliado, pelos arts. 497 a 536 do CPC de 2015.

No tocante à execução (cumprimento) da sentença que contenha obrigação de fazer ou não fazer, dispõem os arts. 536 e 537 do CPC:

> Art. 536. No cumprimento de sentença que reconheça a exigibilidade de obrigação de fazer ou de não fazer, o juiz poderá, de ofício ou a requerimento, para a efetivação da tutela específica ou a obtenção de tutela pelo resultado prático equivalente, determinar as medidas necessárias à satisfação do exequente.
>
> § 1º Para atender ao disposto no *caput*, o juiz poderá determinar, entre outras medidas, a imposição de multa, a busca e apreensão, a remoção de pessoas e coisas, o desfazimento de obras e o impedimento de atividade nociva, podendo, caso necessário, requisitar o auxílio de força policial.
>
> § 2º O mandado de busca e apreensão de pessoas e coisas será cumprido por 2 (dois) oficiais de justiça, observando-se o disposto no art. 846, §§ 1º a 4º, se houver necessidade de arrombamento.

§ 3º O executado incidirá nas penas de litigância de má-fé quando injustificadamente descumprir a ordem judicial, sem prejuízo de sua responsabilização por crime de desobediência.

§ 4º No cumprimento de sentença que reconheça a exigibilidade de obrigação de fazer ou de não fazer, aplica-se o art. 525, no que couber.

§ 5º O disposto neste artigo aplica-se, no que couber, ao cumprimento de sentença que reconheça deveres de fazer e de não fazer de natureza não obrigacional.

Art. 537. A multa independe de requerimento da parte e poderá ser aplicada na fase de conhecimento, em tutela provisória ou na sentença, ou na fase de execução, desde que seja suficiente e compatível com a obrigação e que se determine prazo razoável para cumprimento do preceito.

§ 1º O juiz poderá, de ofício ou a requerimento, modificar o valor ou a periodicidade da multa vincenda ou excluí-la, caso verifique que:

I – se tornou insuficiente ou excessiva;

II – o obrigado demonstrou cumprimento parcial superveniente da obrigação ou justa causa para o descumprimento.

§ 2º O valor da multa será devido ao exequente.

§ 3º A decisão que fixa a multa é passível de cumprimento provisório, devendo ser depositada em juízo, permitido o levantamento do valor após o trânsito em julgado da sentença favorável à parte. (Redação dada pela Lei n. 13.256, de 2016)

§ 4º A multa será devida desde o dia em que se configurar o descumprimento da decisão e incidirá enquanto não for cumprida a decisão que a tiver cominado.

§ 5º O disposto neste artigo aplica-se, no que couber, ao cumprimento de sentença que reconheça deveres de fazer e de não fazer de natureza não obrigacional.

Quanto ao cumprimento (execução) da sentença que reconheça obrigação de entregar coisa, dispõe o art. 538 do NCPC:

Art. 538. Não cumprida a obrigação de entregar coisa no prazo estabelecido na sentença, será expedido mandado de busca e apreensão ou de imissão na posse em favor do credor, conforme se tratar de coisa móvel ou imóvel.

§ 1º A existência de benfeitorias deve ser alegada na fase de conhecimento, em contestação, de forma discriminada e com atribuição, sempre que possível e justificadamente, do respectivo valor.

§ 2º O direito de retenção por benfeitorias deve ser exercido na contestação, na fase de conhecimento.

§ 3º Aplicam-se ao procedimento previsto neste artigo, no que couber, as disposições sobre o cumprimento de obrigação de fazer ou de não fazer.

Vê-se, portanto, que tanto as sentenças que reconheçam obrigação de pagar quanto as sentenças que veiculam obrigações de fazer, não fazer ou entregar coisa não necessitam de um novo "processo" para serem executadas, na medida em que no próprio processo (cognitivo) em que foram proferidas o juiz praticará atos (condenatórios, constitutivos, declaratórios, mandamentais ou executivos *lato sensu*) subsequentes, visando ao seu efetivo cumprimento, independentemente de instauração de uma nova demanda executiva.

Em tais casos, pois, não há dúvida de que estamos diante de um sincretismo processual, na medida em que no mesmo processo de conhecimento são praticados atos que, antes, só podiam ser realizados no processo de execução.

A execução (ou cumprimento) das obrigações de fazer ou não fazer pode decorrer tanto de título judicial quanto de extrajudicial. No primeiro caso, as normas aplicáveis subsidiariamente ao processo do trabalho estão previstas nos arts. 536 a 538 do CPC.

Tratando-se de execução trabalhista fundada em título extrajudicial (CLT, art. 876), deverão ser observadas, no que couber e por aplicação subsdiária, as normas dos arts. 815 a 823 do CPC.

Obrigação de dar não se confunde com obrigação de fazer. Aquela consiste na entrega de uma coisa, certa ou incerta, enquanto esta traduz um ato, serviço ou atividade por parte do devedor. Ademais, a obrigação de fazer pode ser personalíssima em relação ao devedor, o que não ocorre com as obrigações de dar.

Nos domínios do processo do trabalho, o exemplo mais evidente de obrigação de fazer, a cargo do empregado, é prestar o serviço ao empregador. Quanto ao empregador, as principais obrigações de fazer são as seguintes:

- anotar a CTPS do trabalhador;
- preencher corretamente as guias do FGTS ou do seguro-desemprego;
- reintegrar empregado estável ou portador de garantia no emprego, como o dirigente sindical, o "cipeiro", a empregada gestante etc.;
- reenquadrar funcionalmente o empregado.

Parece-nos que a obrigação de anotar a Carteira de Trabalho e Previdência Social (CTPS) determinada em sentença é, a rigor, uma condenação do devedor (empregador) a emitir uma declaração de vontade, de natureza personalíssima. Neste caso, pode-se invocar a regra do art. 501 do CPC:

> Na ação que tenha por objeto a emissão de declaração de vontade, a sentença que julgar procedente o pedido, uma vez transitada em julgado, produzirá todos os efeitos da declaração não emitida.

É certo, porém, que os §§ 1º e 2º do art. 39 da CLT já preveem a determinação judicial para que a Secretaria da Vara do Trabalho, uma vez transitada a sentença, efetue as anotações da CTPS.

Como exemplos de obrigação de não fazer, lembramos as ações judiciais que tenham por objeto:

- a proibição de transferência ilegal ou abusiva de empregado para localidade diversa da que resultar do contrato de trabalho (CLT, art. 469);

- a proibição de um ato do empregador que implique prejuízo direto ou indireto ao empregado, como, por exemplo, a alteração da forma de pagamento de salário fixo para comissões etc.

No âmbito da tutela dos interesses metaindividuais, tem sido bastante comum a celebração de Termo de Ajustamento de Conduta (TAC) firmado perante o Ministério Público do Trabalho, objetivando um *non facere* por parte do empregador, como, por exemplo, a obrigação de se abster de contratar menores de 16 anos, salvo na condição de aprendiz; de não contratar servidor público sem a realização de concurso público; de não contratar trabalhadores em condições análogas às de escravo etc. Em tais casos, as normas aplicadas aprioristicamente à execução dessas obrigações estão na LACP e no Título III do CDC.

Em matéria de direitos individuais, o processo do trabalho prevê apenas um título executivo extrajudicial que pode conter obrigação de fazer ou não fazer. É o termo de conciliação firmado perante a Comissão de Conciliação Prévia (CLT, art. 625-E, parágrafo único).

Assim, o procedimento da execução de tal título extrajudicial será regulado pelos arts. 815 a 823 do NCPC, com as necessárias adaptações ao processo do trabalho.

Na execução extrajudicial de obrigação de fazer (ou não fazer) não há penhora, mas o devedor poderá, no prazo previsto no título executivo extrajudicial ou no art. 884 da CLT, ou seja, cinco dias, opor embargos (ou impugnação) à execução (ou ao cumprimento da sentença).

Se, no prazo fixado, o devedor não satisfizer a obrigação, é lícito ao credor, nos próprios autos, requerer que ela seja executada à custa do devedor, ou haver perdas e danos, caso em que ela se converte em indenização, procedendo-se, antes, se for o caso, à apuração do valor das perdas e danos em liquidação.

Em se tratando de recusa patronal em cumprir a obrigação de reintegrar empregado estável, a conversão em perdas e danos será computada em dobro, a teor da Súmula n. 28 do TST, que diz: "No caso de se converter a reintegração em indenização dobrada, o direito aos salários é assegurado até a data da primeira decisão que determinou essa conversão."

Por outro lado, vaticina o art. 817 do CPC que:

> Art. 817. Se a obrigação puder ser satisfeita por terceiro, é lícito ao juiz autorizar, a requerimento do exequente, que aquele a satisfaça à custa do executado.
>
> Parágrafo único. O exequente adiantará as quantias previstas na proposta que, ouvidas as partes, o juiz houver aprovado.

No processo do trabalho, isso pode ocorrer quando o devedor (empregador) recusar-se a anotar a CTPS do credor (empregado), devendo o juiz determinar que a Secretaria da Vara efetue as devidas anotações (CLT, art. 39, § 1º). Tendo em vista o disposto no art. 789-A da CLT, as despesas na execução trabalhista são de responsabilidade do executado, sendo, pois, inaplicável o parágrafo único do art. 817 do CPC.

Já na execução extrajudicial de obrigação de não fazer os arts. 822 e 823 do CPC prescrevem:

> Art. 822. Se o executado praticou ato a cuja abstenção estava obrigado por lei ou por contrato, o exequente requererá ao juiz que assine prazo ao executado para desfazê-lo.
>
> Art. 823. Havendo recusa ou mora do executado, o exequente requererá ao juiz que mande desfazer o ato à custa daquele, que responderá por perdas e danos.
>
> Parágrafo único. Não sendo possível desfazer-se o ato, a obrigação resolve-se em perdas e danos, caso em que, após a liquidação, se observará o procedimento de execução por quantia certa.

6. Execução por quantia certa contra devedor solvente

O procedimento da execução (cumprimento) da sentença trabalhista que contenha obrigação de pagar quantia certa contra devedor solvente apresenta cinco etapas que se intercomunicam entre si.

A primeira etapa é da **quantificação** (CLT, art. 879), que é destinada a tornar líquida a obrigação de pagar contida na sentença. Na verdade, a liquidação de sentença no processo do trabalho sempre foi considerada uma fase posterior à sentença e anterior à execução.

A segunda etapa é da **comunicação para pagamento**. O art. 880 e seus §§ 1º, 2º e 3º da CLT dispõem:

> Art. 880. Requerida a execução, o juiz ou presidente do tribunal mandará expedir mandado de citação do executado, a fim de que cumpra a decisão ou o acordo no prazo, pelo modo e sob as cominações estabelecidas ou, quando se tratar de pagamento em dinheiro, inclusive de contribuições sociais devidas à União, para que o faça em 48 (quarenta e oito) horas ou garanta a execução, sob pena de penhora. (Redação dada pela Lei n. 11.457, de 2007).
>
> § 1º O mandado de citação deverá conter a decisão exequenda ou o termo de acordo não cumprido.
>
> § 2º A citação será feita pelos oficiais de diligência.
>
> § 3º Se o executado, procurado por 2 (duas) vezes no espaço de 48 (quarenta e oito) horas, não for encontrado, far-se-á citação por edital, publicado no jornal oficial ou, na falta deste, afixado na sede da Junta ou Juízo, durante 5 (cinco) dias.

No caso de pagamento da importância devida, acrescida de todos os consectários e despesas processuais, será este feito perante a Secretaria da Vara do Trabalho (ou do Tribunal), lavrando-se termo de quitação, em 2 (duas) vias, assinadas pelo exequente, pelo executado e pelo secretário, entregando-se a segunda via ao executado e juntando-se a outra ao processo (CLT, art. 881). Se o exequente não estiver presente ao ato, será depositada a importância, mediante guia, em estabelecimento oficial de crédito ou, em falta deste, em estabelecimento bancário idôneo.

De acordo com o art. 882 da CLT, com nova redação dada pela Lei n. 13.467/2017:

> O executado que não pagar a importância reclamada poderá garantir a execução mediante depósito da quantia correspondente, atualizada e acrescida das despesas processuais, apresentação de seguro-garantia judicial ou nomeação de bens à penhora, observada a ordem preferencial estabelecida no art. 835 da Lei n. 13.105, de 16 de março de 2015 – Código de Processo Civil.

Segue-se a terceira etapa da **constrição patrimonial**, pois se o executado não pagar a quantia devida, devidamente atualizada e acrescida das despesas processuais, ou não oferecer seguro-garantia judicial ou nomear bens à penhora, o oficial de justiça penhorará os bens do devedor, tantos quantos bastem ao pagamento da importância da condenação, acrescida das despesas processuais e juros de mora, sendo estes, em qualquer caso, devidos a partir da data em que for ajuizada a reclamação inicial (CLT, art. 883).

A quarta etapa da execução de sentença por quantia certa é da **"defesa" do executado**, pois este, depois de garantida a execução (CLT, art. 882), poderá opor, nos termos do art. 884 da CLT, embargos à execução (no processo civil, tal instituto foi substituído pela impugnação do devedor).

Ao exequente também é assegurado o direito de impugnar a "sentença" de liquidação (CLT, art. 884, §§ 3º e 4º).

Finalmente, a quinta e última etapa da execução de sentença por quantia certa é reservada à **expropriação patrimonial do devedor**, que se inicia com a avaliação dos bens constritos e termina com a adjudicação (ou arrematação) e venda pública dos bens penhorados, conforme dispõem os arts. 887 a 889-A da CLT.

6.1. Mandado de citação

Para a maioria dos ministros do TST e para os processualistas laborais mais tradicionais, o mandado de citação previsto no art. 880 da CLT encontra-se em sintonia com o princípio do devido processo legal, inexistindo lacuna a permitir a aplicação subsidiária do CPC.

Com a devida vênia, cerramos fileira com a jurisprudência majoritária dos Tribunais Regionais do Trabalho e com a doutrina mais progressista que adota a heterointegração dos subsistemas dos processos civil e trabalhista para propiciar tutela tempestiva, adequada e justa aos direitos veiculados no processo laboral.

Como bem leciona Luciano Athayde Chaves,

> o art. 880 da CLT ainda conserva a superada ideia da autonomia do processo de execução, na medida em que alude à necessidade de expedição de "mandado de citação ao executado, a fim de que cumpra a decisão ou o acordo no prazo". Cuida-se de comando normativo

atingido em cheio pelo fenômeno do *ancilosamento normativo*, diante do que preconiza a atual dinâmica do processo comum, abrindo caminho para o reconhecimento do que a Ciência Jurídica denomina de *lacuna ontológica* (2012, p. 55).

Ora, alerta o referido autor:

> não faz sentido algum se manter o intérprete fiel ao disposto no art. 880 da CLT enquanto o processo comum dispõe, agora, de uma estrutura que superou a exigência de nova citação para que se faça cumprir decisões judiciais, expressando, assim, maior sintonia com as ideias de celeridade, economia e efetividade processuais. É a hipótese mais evidente de lacuna ontológica do microssistema processual trabalhista. Também temos que considerar a enorme economia dos serviços judiciários, porquanto dispensada a confecção de mandados citatórios e, mais do que isso, a diligência pessoal do oficial de justiça para a citação do executado, providência complexa que envolve grande desperdício de tempo, sem falar nos inúmeros casos de ausência do executado para receber a citação, desaguando o feito na morosa providência da citação por edital (§ 3º do art. 880 da CLT) (2012, p. 55-56).

Assim, mediante o diálogo das fontes dos subsistemas dos processos civil e trabalhista, parece-nos factível concluir que o cumprimento (execução) da sentença trabalhista poderá ser promovido, de ofício, pelo próprio juiz ou a requerimento das partes, sendo certo que em qualquer hipótese o devedor não será mais citado, e sim **intimado** na pessoa do seu advogado, que é a situação mais corriqueira na atualidade.

Na hipótese em que o devedor estiver exercendo o *jus postulandi* (CLT, art. 791), a sua intimação será feita pelo correio e, depois de transcorrido o prazo para o cumprimento da obrigação, será expedida ordem de bloqueio de crédito junto ao *Bacen Jud*.

O processo do trabalho, que sempre foi vanguardista em termos de celeridade e efetividade, não pode ficar na contramão da história. É preciso que seus operadores se libertem dos dogmas positivistas, que deixaram este importante setor do direito processual pátrio na dependência de lei especial, para se emanciparem e se adequarem às novas exigências políticas, sociais, econômicas, culturais e tecnológicas.

É importante lembrar que na Jornada Nacional sobre Execução na Justiça do Trabalho, promovida pela ANAMATRA e realizada em Cuiabá-MT, no período de 24 a 26.11.2010, foi aprovado o Enunciado n. 12, *in verbis*:

> CUMPRIMENTO DA SENTENÇA. INTIMAÇÃO DA PARTE PELO ADVOGADO. I – Tornada líquida a decisão, desnecessária a citação do executado, bastando a intimação para pagamento por meio de seu procurador. II – Não havendo procurador, far-se-á a intimação

ao devedor prioritariamente por via postal, com retorno do comprovante de entrega ou aviso de recebimento, e depois de transcorrido o prazo sem o cumprimento da decisão, deverá ser expedida ordem de bloqueio de crédito pelo sistema Bacen Jud.

6.2. Multa de 10% pelo não pagamento espontâneo da obrigação por quantia certa

Diz o art. 523 do CPC de 2015, que reproduz, na essência, o disposto no art. 475-J do CPC/73:

> Art. 523. No caso de condenação em quantia certa, ou já fixada em liquidação, e no caso de decisão sobre parcela incontroversa, o cumprimento definitivo da sentença far-se-á a requerimento do exequente, sendo o executado intimado para pagar o débito, no prazo de 15 (quinze) dias, acrescido de custas, se houver.
>
> § 1º Não ocorrendo pagamento voluntário no prazo do *caput*, o débito será acrescido de multa de dez por cento e, também, de honorários de advogado de dez por cento.
>
> § 2º Efetuado o pagamento parcial no prazo previsto no *caput*, a multa e os honorários previstos no § 1º incidirão sobre o restante.
>
> § 3º Não efetuado tempestivamente o pagamento voluntário, será expedido, desde logo, mandado de penhora e avaliação, seguindo-se os atos de expropriação.

Vê-se, pois, que, no processo civil, não há mais um "processo" de execução de título judicial contendo obrigação por quantia certa, na medida em que, depois de publicada a sentença (e dela não havendo recurso, é claro), o devedor será intimado para pagar a quantia líquida prevista na sentença dentro do prazo de 15 dias.

Amplia-se, assim, a possibilidade de aplicação subsidiária e supletiva do art. 523 do CPC nos sítios do processo do trabalho, o que, no particular, se coaduna com a regra do art. 769 da CLT (e do art. 15 do CPC), desde que feitas algumas adaptações, mediante interpretação conforme a Constituição, atribuindo-lhe sentido que propicie maior efetividade ao processo laboral.

Na verdade, o processo do trabalho sempre adotou um processo sincrético, haja vista o disposto no § 1º do art. 832 da CLT, que diz: "Quando a decisão concluir pela procedência do pedido, determinará o prazo e as condições para o seu cumprimento." No mesmo sentido, o art. 835 do texto celetista reafirma que o "cumprimento do acordo ou da decisão far-se-á no prazo e condições estabelecidas".

As referidas regras processuais trabalhistas, portanto, prescrevem que o juiz, na sentença de procedência do pedido (ou homologatória do acordo entabulado pelas partes), deve determinar o prazo e as condições para o seu cumprimento.

Assim, considerando que há permissão no texto obreiro para o juiz estabelecer o prazo e as condições para o cumprimento da sentença, mostra-se perfeitamente aplicável a regra do art. 523, § 1º, do CPC, com as adaptações que demonstraremos adiante, porquanto absolutamente compatíveis com os princípios que informam e fundamentam o processo do trabalho.

Destarte, ao ser intimado da sentença (ou do acórdão) que reconheça obrigação de pagar quantia líquida ou da decisão que homologar a liquidação, o devedor será intimado, no primeiro caso, no prazo de oito dias (que é o prazo comum dos recursos trabalhistas, nos termos do art. 6º da Lei n. 5.584/1970), e, no segundo caso, no prazo de quarenta e oito horas (CLT, art. 880), para, querendo, efetuar o pagamento da quantia devida.

Caso não efetue o pagamento, incidirá a multa de 10% (dez por cento) sobre o total da dívida.

Pensamos que a *mens legis* extraída tanto do CPC/73 quanto do CPC/2015 teve como objetivo imediato tirar o devedor da passividade em relação ao cumprimento da sentença condenatória, impondo-lhe o ônus de tomar a iniciativa e cumpri-la rapidamente e de forma voluntária.

É importante destacar que a 1ª Jornada de Direito Material e Processual do Trabalho, realizada em Brasília-DF, aprovou, em 23.11.2007, o Enunciado n. 71, cujo teor indica a nova hermenêutica do sistema processual trabalhista:

> ARTIGO 475-J DO CPC. APLICAÇÃO NO PROCESSO DO TRABALHO. A aplicação subsidiária do artigo 475-J do CPC atende às garantias constitucionais da razoável duração do processo, efetividade e celeridade, tendo, portanto, pleno cabimento na execução trabalhista.

O Pleno do TST, no entanto, em sede de Incidente de Julgamento de Recursos de Revista e de Embargos Repetitivos, adotou, por maioria, a seguinte tese:

> INCIDENTE DE RECURSO DE REVISTA REPETITIVO. TEMA Nº 0004. MULTA. ARTIGO 523, § 1º, CPC/2015 (ARTIGO 475-J, CPC/1973). INCOMPATIBILIDADE. PROCESSO DO TRABALHO. A multa coercitiva do art. 523, § 1º, do CPC de 2015 (art. 475-J do CPC de 1973) não é compatível com as normas vigentes da CLT por que se rege o Processo do Trabalho, ao qual não se aplica (TST-IRR-1786-24.2015.5.04.0000, red. p/ acórdão Min. João Oreste Dalazen, DEJT 30.11.2017).

Pedimos vênia para dissentir do único argumento lançado pela SBDI-1/TST para negar a aplicação da multa prevista no art. 523, § 1º, do CPC no processo do trabalho, qual seja: "ausência de compatibilidade com as normas vigentes na CLT". Na verdade, o que o TST decidiu é que não há lacuna na CLT.

No entanto, aquela Corte vem aplicando regras do CPC – a nosso sentir, corretamente – mesmo diante da inexistência de lacuna normativa da legislação processual trabalhista, como é o caso da Súmula n. 303 do TST, que aplica integralmente o art. 475 do CPC/73 (NCPC, art. 496), restringindo as hipóteses de remessa necessária às sentenças que contenham obrigação de pagar quantia superior a 60 (sessenta) salários mínimos, mesmo diante de regra expressa do Decreto-lei n. 779/69 (art. 1º, inciso V), que prevê o "recurso ordinário *ex officio* das decisões que lhe sejam total ou parcialmente contrárias", isto é, *de lege lata*, toda decisão da Justiça do Trabalho desfavorável às pessoas jurídicas de direito público estão sujeitas ao duplo grau de jurisdição obrigatório, independentemente do valor da condenação.

Há, portanto, nítida contradição na posição da mais alta Corte Obreira a respeito da aplicação subsidiária do CPC, pois ora a admite mesmo inexistindo lacuna (normativa, acrescentamos) na legislação processual trabalhista (*v. g.*, TST, Súmula n. 303), ora não a admite, como na hipótese da multa do art. 523, § 1º, do CPC.

É preciso lembrar as palavras de Luiz Fux:

> Na Itália, o CPC não prevê aplicação de multa por descumprimento de decisões. Todavia, a jurisprudência tem aplicado com fundamento na Carta Constitucional, que garante a efetividade dos direitos. Se o Estado precisa dar efetividade e resposta adequada aos direitos que proclama, é legítimo que os juízes penalizem o descumprimento de suas decisões (2011).

Ora, se no direito comparado os juízes aplicam multa por descumprimento de suas decisões sem previsão na lei, mas apenas valendo-se da interpretação do texto constitucional, com muito mais razão os juízes trabalhistas brasileiros, ante a previsão expressa do art. 523, § 1º, do CPC, têm o dever de aplicar a multa ali prevista. É uma questão de comprometimento com a máxima efetividade dos direitos fundamentais contidos no Texto Magno.

Segundo defendemos, poderá o devedor efetuar, no mesmo prazo, pagamento parcial da dívida, caso em que será observada a regra do art. 523, § 2º, do CPC, ou seja, "a multa de dez por cento incidirá sobre o restante".

Parece-nos que a *mens legis* aponta no sentido de se criar uma cultura do cumprimento espontâneo da sentença pelo devedor de obrigação líquida, na medida em que estabelece, na essência, um ônus econômico para o devedor que dela pretender recorrer. Em outros termos, decorrido o prazo de oito dias da intimação da sentença líquida (ou de 48 horas da decisão homologatória da liquidação), incidirá a multa de dez por cento, ainda que tenha havido interposição de recurso, independentemente de intimação do devedor ou de seu advogado. A multa somente desaparecerá se o recurso for provido *in totum* no concernente à obrigação de pagar.

Se quisermos um processo do trabalho ainda mais célere e eficiente, é imprescindível que os magistrados trabalhistas reconheçam as lacunas ontológicas e axiológicas do sistema processual laboral e promovam a sua heterointegração (diálogo das fontes) com o sistema processual civil.

Heterointegração não significa o abandono da autonomia do processo do trabalho, mas, tão somente, a relativização dessa autonomia em face das novas normas do processo civil que propiciarem maior efetividade e celeridade da prestação da tutela jurisdicional. Daí a importância da jurisprudência do STJ, por exemplo, que pode contribuir para colmatação das lacunas ontológicas e axiológicas do processo laboral.

6.3. Penhora

No processo do trabalho, a penhora dos bens do executado é feita por Oficial de Justiça (CLT, art. 880) por meio de mandado do qual constará a cópia de sentença a ser cumprida.

De acordo com o art. 870 do CPC, a avaliação será feita pelo oficial de justiça, mas, nos termos do parágrafo único do mesmo artigo, se forem necessários conhecimentos especializados e o valor da execução o comportar, o juiz nomeará avaliador, fixando-lhe prazo não superior a 10 (dez) dias para entrega do laudo.

No processo do trabalho os Oficiais de Justiça são também Avaliadores (CLT, arts. 721 e 888 e Lei n. 5.442/1968), valendo registrar que eles têm o prazo de até 10 (dez) dias para realizar a avaliação. Logo, a norma do processo civil em questão (CPC, art. 870, parágrafo único) dificilmente terá aplicação na seara laboral. Todavia, se a avaliação depender de conhecimentos técnicos que não puderem ser do domínio do Oficial de Justiça, por declaração expressa deste, não vemos óbice para que o juiz nomeie outro avaliador, valendo-se subsidiariamente da norma do processo civil.

A regra prevista no art. 524, VII, do CPC, segundo a qual no requerimento para iniciar o cumprimento da sentença o exequente deverá indicar "os bens passíveis de penhora, sempre que possível", pode ser aplicada ao processo do trabalho, desde que adaptada ao art. 882 da CLT, que faculta ao devedor: (a) garantir, mediante depósito, a execução; (b) apresentar seguro-garantia judicial; (c) nomear bens à penhora, observada a gradação prevista no art. 835 do CPC.

Assim, caso o devedor não pague, não ofereça seguro-garantia judicial, nem indique os bens à penhora (ou os indique sem observar a ordem preferencial do art. 835 do CPC), deverá incidir a regra do art. 883 da CLT, segundo a qual a penhora, no processo do trabalho, é determinada pelo juiz *ex officio*. Todavia, não há óbice para que o próprio credor indique os bens à penhora. Afinal, a execução trabalhista pode ser promovida pela parte interessada ou pelo juiz (caso a parte não esteja exercendo o *jus postulandi*, a teor do novel art. 878 da CLT).

É importante ressaltar que, por força do *Convênio BACEN JUD*, o processo do trabalho vem admitindo que o credor possa requerer (e o juiz determinar, de ofício) a penhora *on-line* do dinheiro existente em conta bancária do devedor, o que, na prática, tem contribuído enormemente para a efetividade da prestação jurisdicional.

O instituto da penhora se aplica tanto no cumprimento de título judicial quanto no processo de execução de título extrajudicial.

Para a nomeação de bens à penhora, o executado (ou devedor) deverá, por força do art. 882 da CLT (com redação dada pela Lei n. 8.432/1992), observar a ordem de preferência fixada no art. 835 do CPC, a saber:

Art. 835. A penhora observará, preferencialmente, a seguinte ordem:

I – dinheiro, em espécie ou em depósito ou aplicação em instituição financeira;

II – títulos da dívida pública da União, dos Estados e do Distrito Federal com cotação em mercado;

III – títulos e valores mobiliários com cotação em mercado;

IV – veículos de via terrestre;

V – bens imóveis;

VI – bens móveis em geral;

VII – semoventes;

VIII – navios e aeronaves;

IX – ações e quotas de sociedades simples e empresárias;

X – percentual do faturamento de empresa devedora;

XI – pedras e metais preciosos;

XII – direitos aquisitivos derivados de promessa de compra e venda e de alienação fiduciária em garantia;

XIII – outros direitos.

§ 1º É prioritária a penhora em dinheiro, podendo o juiz, nas demais hipóteses, alterar a ordem prevista no *caput* de acordo com as circunstâncias do caso concreto.

§ 2º Para fins de substituição da penhora, equiparam-se a dinheiro a fiança bancária e o seguro garantia judicial, desde que em valor não inferior ao do débito constante da inicial, acrescido de trinta por cento.

§ 3º Na execução de crédito com garantia real, a penhora recairá sobre a coisa dada em garantia, e, se a coisa pertencer a terceiro garantidor, este também será intimado da penhora.

Na execução de crédito com garantia hipotecária pignoratícia ou anticrética, a penhora recairá, preferencialmente, sobre a coisa dada em garantia; se a coisa pertencer a terceiro garantidor, será também esse intimado da penhora. Se a penhora recair em bens imóveis será intimado o cônjuge do executando.

A carta de fiança bancária e o seguro garantia judicial, desde que em valor não inferior ao do débito em execução, acrescido de trinta por cento, equivalem a dinheiro para efeito da gradação dos bens penhoráveis, estabelecida no art. 835 do CPC (OJ n. 59 da SBDI-2/TST).

No processo civil, o cumprimento de sentença que reconheça obrigação por quantia certa dependerá de requerimento do credor à expedição de mandado de penhora e avaliação (CPC, art. 523). Poderá, ainda, o credor, em tal requerimento, indicar, desde logo, os bens a serem penhorados (CPC, art. 524, VII).

No processo do trabalho, como já vimos, há regra própria na CLT (art. 882), sendo certo que a execução poderá, inclusive, se o exequente não estiver representado por advogado, ser promovida de ofício pelo juiz (CLT, art. 878), inexistindo, assim, lacuna normativa ou ontológica. Todavia, não há óbice legal à indicação pelo exequente dos bens a serem penhorados.

Na execução de título extrajudicial trabalhista, por força do art. 8º, *caput* e inciso I, da LEF (Lei n. 6.830/1980), o executado será citado pelo correio com aviso de recepção para, no prazo de cinco dias, pagar a dívida com os juros e multa de mora e encargos indicados no título executivo extrajudicial, ou garantir a execução. Caso não o faça, o Oficial de Justiça procederá de imediato à penhora de bens e a sua avaliação, lavrando-se o respectivo auto e de tais atos intimando, na mesma oportunidade, o executado.

A penhora recairá sobre os bens indicados pelo exequente, salvo se outros forem indicados pelo executado e aceitos pelo juiz, mediante demonstração de que a constrição proposta lhe será menos onerosa e não trará prejuízo ao exequente, segundo a regra do art. 829, § 2º, do NCPC. Em qualquer hipótese, a intimação do executado será feita na pessoa de seu advogado; não o sendo, o executado será intimado pessoalmente (NCPC, art. 841, §§ 1º a 4º).

De acordo com o art. 847 do CPC, o executado pode, no prazo de 10 (dez) dias contado da intimação da penhora, requerer a substituição do bem penhorado, desde que comprove que lhe será menos onerosa e não trará prejuízo ao exequente. No entanto, nos termos do § 1º do referido art. 847, o juiz só autorizará a substituição se o executado:

> I – comprovar as respectivas matrículas e os registros por certidão do correspondente ofício, quanto aos bens imóveis;
>
> II – descrever os bens móveis, com todas as suas propriedades e características, bem como o estado deles e o lugar onde se encontram;
>
> III – descrever os semoventes, com indicação de espécie, de número, de marca ou sinal e do local onde se encontram;
>
> IV – identificar os créditos, indicando quem seja o devedor, qual a origem da dívida, o título que a representa e a data do vencimento; e
>
> V – atribuir, em qualquer caso, valor aos bens indicados à penhora, além de especificar os ônus e os encargos a que estejam sujeitos.

Requerida a substituição do bem penhorado, o executado deve indicar onde se encontram os bens sujeitos à execução, exibir a prova de sua propriedade e a certidão negativa ou positiva de ônus, bem como abster-se de qualquer atitude que dificulte ou embarace a realização da penhora.

O executado somente poderá oferecer bem imóvel em substituição caso o requeira com a expressa anuência do cônjuge, salvo se o regime for o de separação absoluta de bens.

O juiz intimará o exequente para manifestar-se sobre o requerimento de substituição do bem penhorado.

Segundo prescreve o art. 848 do CPC, as partes poderão requerer a substituição da penhora se:

I – ela não obedecer à ordem legal;

II – ela não incidir sobre os bens designados em lei, contrato ou ato judicial para o pagamento;

III – havendo bens no foro da execução, outros tiverem sido penhorados;

IV – havendo bens livres, ela tiver recaído sobre bens já penhorados ou objeto de gravame;

V – ela incidir sobre bens de baixa liquidez;

VI – fracassar a tentativa de alienação judicial do bem; ou

VII – o executado não indicar o valor dos bens ou omitir qualquer das indicações previstas em lei.

Parágrafo único. A penhora pode ser substituída por fiança bancária ou por seguro garantia judicial, em valor não inferior ao do débito constante da inicial, acrescido de trinta por cento.

Quando uma das partes requerer alguma das medidas que impliquem alteração da penhora, o juiz ouvirá sempre a outra, no prazo de 3 (três) dias, antes de decidir, cabendo ao juiz julgar de plano qualquer questão suscitada (CPC, art. 853), sendo tal decisão, por ser interlocutória, irrecorrível de imediato no processo do trabalho (CLT, art. 893, § 1º).

Nesse passo, recolhemos algumas regras gerais sobre a penhora:

a) têm preferência os bens do foro da causa;

b) somente se os bens não forem encontrados no foro da causa é que se realizará a penhora por carta precatória (NCPC, art. 845);

c) se o valor dos bens penhorados for totalmente absorvido pelo pagamento das custas da execução, torna-se inócua a penhora (NCPC, art. 836);

d) o termo de penhora de imóveis deverá ser registrado no ofício imobiliário (NCPC, art. 844);

e) quando houver resistência do devedor, o Oficial de Justiça solicitará ao juiz a expedição de mandado autorizando arrombamento de portas, móveis e gavetas, onde presumir que se achem os bens, sendo que essa diligência será cumprida por dois oficiais de justiça, que lavrarão de tudo auto circunstanciado assinado por testemunhas, presentes à diligência (NCPC, arts. 846, *caput*, e 846, § 1º).

6.3.1. Bens impenhoráveis

O art. 832 do CPC, aplicável ao processo do trabalho (CLT, art. 769; CPC, art. 15), prescreve que não estão sujeitos à execução os bens que a lei considera impenhoráveis ou inalienáveis.

Cumpre destacar que o § 6º do art. 884 da CLT, incluído pela Lei n. 13.467/2017, dispõe que "a exigência da garantia ou penhora não se aplica às entidades filantrópicas e/ou àqueles que compõem ou compuseram a diretoria dessas instituições". Vê-se, pois, que os bens das entidades filantrópicas e de seus diretores se tornaram impenhoráveis para fins pagamento de créditos reconhecidos em sentença trabalhista. Ora, essa nova regra olvida a natureza alimentícia dos créditos que constituem a quase totalidade dos títulos executivos na Justiça do Trabalho, violando, assim, os princípios da dignidade da pessoa humana do trabalhador e da proteção ao salário.

Nos termos do art. 833 do CPC, são impenhoráveis:

I – os bens inalienáveis e os declarados, por ato voluntário, não sujeitos à execução;

II – os móveis, os pertences e as utilidades domésticas que guarnecem a residência do executado, salvo os de elevado valor ou os que ultrapassem as necessidades comuns correspondentes a um médio padrão de vida;

III – os vestuários, bem como os pertences de uso pessoal do executado, salvo se de elevado valor;

IV – os vencimentos, os subsídios, os soldos, os salários, as remunerações, os proventos de aposentadoria, as pensões, os pecúlios e os montepios, bem como as quantias recebidas por liberalidade de terceiro e destinadas ao sustento do devedor e de sua família, os ganhos de trabalhador autônomo e os honorários de profissional liberal, ressalvado o § 2º do mesmo artigo 833 do NCPC;

V – os livros, as máquinas, as ferramentas, os utensílios, os instrumentos ou outros bens móveis necessários ou úteis ao exercício da profissão do executado;

VI – o seguro de vida;

VII – os materiais necessários para obras em andamento, salvo se essas forem penhoradas;

VIII – a pequena propriedade rural, assim definida em lei, desde que trabalhada pela família;

IX – os recursos públicos recebidos por instituições privadas para aplicação compulsória em educação, saúde ou assistência social;

X – a quantia depositada em caderneta de poupança, até o limite de 40 (quarenta) salários mínimos;

XI – os recursos públicos do fundo partidário recebidos por partido político, nos termos da lei;

XII – os créditos oriundos de alienação de unidades imobiliárias, sob regime de incorporação imobiliária, vinculados à execução da obra.

De toda a sorte, os §§ 1º a 3º do art. 833 do CPC estabelecem algumas exceções à regra da impenhorabilidade de bens, a saber:

- A impenhorabilidade não é oponível à execução de dívida relativa ao próprio bem, inclusive àquela contraída para sua aquisição.
- O disposto nos incisos IV e X do *caput* do art. 833 do CPC não se aplica à hipótese de penhora para pagamento de prestação alimentícia, independentemente de sua origem, bem como às importâncias excedentes a 50 (cinquenta) salários mínimos mensais, devendo a constrição observar o disposto no art. 528, § 8º, e no art. 529, § 3º, do CPC.
- Incluem-se na impenhorabilidade prevista no inciso V do *caput* do art. 833 do CPC os equipamentos, os implementos e as máquinas agrícolas pertencentes a pessoa física ou a empresa individual produtora rural, exceto quando tais bens tenham sido objeto de financiamento e estejam vinculados em garantia a negócio jurídico ou quando respondam por dívida de natureza alimentar, trabalhista ou previdenciária.

Tendo em vista a lacuna normativa da CLT e da Lei n. 6.830/1980, parece-nos que é aplicável a regra do art. 833 do CPC nos sítios do processo do trabalho, observados alguns parâmetros que se seguem:

- Os móveis, pertences e utilidades domésticas que ornamentam a residência do devedor passam a ser penhoráveis se forem de *elevado valor ou ultrapassarem as necessidades comuns de um médio padrão de vida*. Semelhante situação ocorre na hipótese do inciso III do art. 833 do CPC, pois são penhoráveis os vestuários e pertences de uso pessoal do executado se tiverem *elevado valor*.
- O disposto no inciso IV do art. 833, IV, do CPC não se aplica, nos termos do § 2º do mesmo artigo, no caso de penhora para pagamento de prestação alimentícia, independentemente de sua origem, ou seja, da sua natureza jurídica.

É importante lembrar que na 1ª Jornada de Direito Material e Processual do Trabalho, realizada em Brasília-DF, foi aprovado, em 23.11.2007, o Enunciado n. 70, *in verbis*:

> EXECUÇÃO. PENHORA DE RENDIMENTOS DO DEVEDOR. CRÉDITOS TRABALHISTAS DE NATUREZA ALIMENTAR E PENSÕES POR MORTE OU INVALIDEZ DECORRENTES DE ACIDENTE DO TRABALHO. PONDERAÇÃO DE PRINCÍPIOS CONSTITUCIONAIS. POSSIBILIDADE. Tendo em vista a natureza alimentar dos créditos trabalhistas e da pensão por morte ou invalidez decorrente de acidente do trabalho (CF, art. 100, § 1º-A), o disposto no art. 649, inciso IV, do CPC de 1973 (art. 833, IV, do CPC de 2015) deve ser aplicado de forma relativizada, observados o princípio da proporcionalidade e as peculiaridades do caso concreto. Admite-se, assim, a penhora dos rendimentos do executado em percentual que não inviabilize o seu sustento.

A respeito da possibilidade de penhora de salário, pensão e aposentadoria, é importante lembrar que a Jornada sobre Execução na Justiça do Trabalho (Cuiabá-MT, novembro/2010) aprovou o Enunciado n. 29, *in verbis*:

> PENHORA DE SALÁRIO, PENSÃO E APOSENTADORIA. POSSIBILIDADE EM EXECUÇÃO TRABALHISTA. APLICAÇÃO ANALÓGICA DO ART. 1º, § 1º, DA LEI N. 10.820/2003; ART. 3º, INCISO I, DO DECRETO N. 4.840/2003; ART. 115, INCISO VI, DA LEI N. 8.213/91; E ART. 154, INCISO VI, DO DECRETO N. 3.048/99. SUPREMACIA DO CRÉDITO TRABALHISTA. ART. 100, § 1º-A, DA CONSTITUIÇÃO FEDERAL E ART. 186 DO CÓDIGO TRIBUTÁRIO NACIONAL (CTN). É lícita, excepcionalmente, a penhora de até 30% dos rendimentos decorrentes do trabalho, pensão e aposentadoria, discriminados no inciso IV do art. 649 do Código de Processo Civil (art. 833, IV, do CPC de 2015), por expressa previsão no § 2º do art. 649 do CPC (§ 2º do art. 833 do CPC de 2015), desde que comprovado o esgotamento de todos os meios disponíveis de localização dos bens do devedor.

A OJ n. 153 da SBDI-2/TST, no entanto, já atualizada em decorrência do CPC de 2015, considera que:

> Ofende direito líquido e certo decisão que determina o bloqueio de numerário existente em conta salário, para satisfação de crédito trabalhista, ainda que seja limitado a determinado percentual dos valores recebidos ou a valor revertido para fundo de aplicação ou poupança, visto que o art. 649, IV, do CPC de 1973 contém norma imperativa que não admite interpretação ampliativa, sendo a exceção prevista no art. 649, § 2º, do CPC de 1973 espécie e não gênero de crédito de natureza alimentícia, não englobando o crédito trabalhista.

Ocorre que o próprio CPC/73, em seu art. 20, § 5º (CPC/2015, art. 85, § 9º) dispõe que nas "ações de indenização por ato ilícito contra pessoa, o valor da condenação será a soma das prestações vencidas com o capital necessário a produzir a renda correspondente às prestações vincendas (art. 602), podendo estas ser pagas, também mensalmente, na forma do § 2º do referido art. 602, inclusive em consignação na folha de pagamento do devedor".

Ora, se o próprio CPC/73 já permitia, na indenização por ato ilícito (o que é a regra nas reclamações trabalhistas), a penhora mediante "consignação em folha de pagamento do devedor", ou seja, penhora de salário, merece urgente cancelamento a OJ n. 153 da SBDI-2, pois já olvidava a interpretação sistemática do próprio CPC/73, em evidente prejuízo para a efetividade da execução no processo do trabalho e, em derradeira análise, dos direitos fundamentais dos trabalhadores.

Com a nova redação do § 2º do art. 833 do CPC de 2015, cremos que a OJ n. 153 da SBDI-2/TST encontra-se definitivamente superada, pois a regra da impenhorabilidade não se aplica à hipótese de penhora para pagamento de prestação alimentícia, "independentemente de sua origem", bem como às importâncias excedentes a 50 (cinquenta) salários mínimos mensais.

Felizmente, o próprio TST vem entendendo que a referida OJ n. 153 da SBDI-2 não se aplica às penhoras realizadas em conta salário ou proventos de aposentadoria na vigência do CPC de 2015. Nesse sentido, colhemos ementa do seguinte acórdão:

> RECURSO ORDINÁRIO EM MANDADO DE SEGURANÇA. BLOQUEIO INCIDENTE SOBRE VALORES CREDITADOS EM CONTA SALÁRIO DE TITULARIDADE DO IMPETRANTE. DETERMINAÇÃO EXARADA NA VIGÊNCIA DO CPC DE 2015. ARTIGO 833, IV E § 2º, DO CPC DE 2015. OJ N. 153 DA SBDI-2 DO TST. LEGALIDADE. 1. A Corte Regional concedeu a ordem postulada no mandado de segurança, impetrado contra ato judicial exarado sob a égide do CPC de 2015, em que determinado o bloqueio de valores creditados em conta salário de titularidade do Impetrante. 2. Com o advento do CPC de 2015, o debate sobre a impenhorabilidade dos salários, subsídios e proventos de aposentadoria ganhou novos contornos, pois, nos termos do § 2º do artigo 833 do CPC de 2015, tal impenhorabilidade não se aplica "à hipótese de penhora para pagamento de prestação alimentícia, independentemente de sua origem, bem como às importâncias excedentes a 50 (cinquenta) salários-mínimos mensais". Em conformidade com a inovação legislativa, a par de viável a apreensão judicial mensal dos valores remuneratórios do executado que excederem 50 (cinquenta) salários mínimos mensais, tratando-se de execução de prestação alimentícia, qualquer que seja sua origem, também será cabível a penhora, limitado, porém, o desconto em folha de pagamento a 50% (cinquenta por cento) dos ganhos líquidos do devedor, por força da regra inserta no § 3º do artigo 529 do NCPC, compatibilizando-se os interesses legítimos de efetividade da jurisdição no interesse do credor e de não aviltamento ou da menor gravosidade ao devedor. A norma inscrita no referido §2º do artigo 833 do CPC de 2015, ao excepcionar da regra da impenhorabilidade as prestações alimentícias, qualquer que seja sua origem, autoriza a penhora de percentual de salários e proventos de aposentadoria com o escopo de satisfazer créditos trabalhistas, dotados de evidente natureza alimentar. De se notar que foi essa a compreensão do Tribunal Pleno desta Corte ao

alterar, em setembro de 2017, a redação da OJ n. 153 da SBDI-2, visando a adequar a diretriz ao CPC de 2015, mas sem interferir nos fatos ainda regulados pela legislação revogada. À luz dessas considerações, é de se concluir que a impenhorabilidade prevista no inciso IV do artigo 833 do CPC de 2015 não pode ser oposta na execução para satisfação do crédito trabalhista típico, devendo ser observado apenas que o desconto em folha de pagamento estará limitado a 50% (cinquenta por cento) dos ganhos líquidos do devedor, na forma do § 3º do artigo 529 do mesmo diploma legal. 3. No caso, na decisão censurada foi determinado o bloqueio de valores creditados em conta salário de titularidade do Impetrante sem qualquer limitação, razão pela qual se torna necessária a concessão parcial da segurança para limitar a constrição judicial, conforme requerido pela própria Litisconsorte passiva, ao valor correspondente a 30% dos seus proventos de aposentadoria. Recurso ordinário conhecido e parcialmente provido (TST-RO 812-59.2017.5.06.0000, Rel. Min. Douglas Alencar Rodrigues, SBDI-2, DEJT 11/10/2018).

Embora não estejam previstos no elenco do CPC, os bens públicos de uso comum do povo e os de uso especial (CC, art. 100) são também absolutamente impenhoráveis.

Também entendemos inaplicável no processo do trabalho a hipótese prevista no inciso X do art. 833 do CPC. Nesse sentido, invoca-se a lapidar interpretação adotada no Enunciado n. 23 aprovado na Jornada sobre Execução na Justiça do Trabalho (Cuiabá-MT, novembro de 2010), *in verbis*:

EXECUÇÃO. PENHORA DE CADERNETA DE POUPANÇA. INCOMPATIBILIDADE DO ART. 649, INCISO X, DO CÓDIGO DE PROCESSO CIVIL (CPC) COM OS PRINCÍPIOS DO DIREITO E PROCESSO DO TRABALHO. I – A regra prevista no art. 649, X, do CPC (art. 833, X, do CPC/2015), que declara impenhorável a quantia depositada em caderneta de poupança até o limite de 40 (quarenta) salários mínimos, é incompatível com o direito e o Processo do Trabalho. II – A incompatibilidade com os princípios do direito e do Processo do Trabalho é manifesta, pois confere uma dupla e injustificável proteção ao devedor, em prejuízo ao credor, no caso e em regra, o trabalhador hipossuficiente. A proteção finda por blindar o salário e o seu excedente que não foi necessário para a subsistência e se transformou em poupança. Há, na hipótese, manifesta inobservância do privilégio legal conferido ao crédito trabalhista e da proteção do trabalhador hipossuficiente.

A atual jurisprudência do TST vem adotando tal tese, como se depreende do seguinte julgado:

RECURSO ORDINÁRIO EM AGRAVO REGIMENTAL EM MANDADO DE SEGURANÇA. RECLAMAÇÃO TRABALHISTA EM FASE DE EXECUÇÃO. PENHORA DE CONTA POUPANÇA. PERMISSIVO LEGAL. ATO ATACÁVEL MEDIANTE MEIO JUDICIAL PRÓPRIO. ORIENTAÇÕES JURISPRUDENCIAIS NS. 92 E 153 DA SBDI-2. 1. *In casu*, o ato apontado como coator, contra o qual o impetrante afirma recair a ilegalidade, diz respeito à penhora do saldo de sua conta poupança. 2. Em consulta ao sítio eletrônico do Tribunal Regional do Trabalho da 21ª Região constata-se que houve interposição de embargos à penhora que uma vez julgados, deram ensejo à interposição de agravo de petição, já admitido. 3. É pacífica a jurisprudência nesta Corte Superior (Orientação Jurisprudencial n. 92, da SBDI-2) e também no Supremo Tribunal Federal (Súmula n. 267), no sentido de que descabe a impetração da ação mandamental nas hipóteses de ser oponível, contra o ato impugnado, recurso próprio, tal como prevê o art. 5º, II, da Lei n. 12.016/2009. 4. Conquanto não houvesse previsão legal no Código de Processo Civil de 1973, o novo Código de Processo Civil, em seu art. 833, ao prever a impenhorabilidade da quantia depositada em caderneta de poupança, expressamente estabelece ressalva no § 2º relativamente "à hipótese de penhora para pagamento de prestação alimentícia, independentemente de sua origem", no que se incluem, portanto, os créditos de natureza trabalhista. 5. O art. 529, §3º, também do CPC/15, por seu turno, limita o percentual de penhora a 50% do ganho líquido do executado, revelando, dessa forma, a preocupação do legislador em também não desprover o devedor de quantia minimamente necessária a sua subsistência. 6. Diante da inovação legislativa trazida com o CPC/15, e com o fim de evitar aparente antinomia, o Tribunal Pleno, por meio da Resolução 220, de 18/9/2017, alterou a redação da Orientação Jurisprudencial n. 153 da SBDI-2, de modo a adequá-la, limitando sua aplicação aos atos praticados na vigência do CPC/73, o que não é o caso dos autos, haja vista que o ato inquinado de coator ocorrera em 19/01/2017, na vigência no CPC/15. 7. Dessa forma, havendo permissivo legal para a penhora de numerário em caderneta de poupança e estabelecida a hipótese que envolve ato próprio do processo de execução impugnável por outros meios jurídicos, o presente mandamus não é o caminho legal adequado para a apreciação da matéria que deve ser atacada por medida judicial específica. Precedente da SBDI-2. Recurso ordinário conhecido e desprovido (TST-RO 409-73.2017.5.21.0000, Rel. Min. Alexandre de Souza Agra Belmonte, SBDI-2, DEJT 19/10/2018).

6.3.1.1. *Bens de família*

A Lei n. 8.009/1990 considera impenhoráveis os seguintes bens de família: o imóvel residencial próprio do casal, ou da entidade familiar, abrangendo o imóvel sobre o qual se assentam a construção, as plantações, as benfeitorias de qualquer natureza e todos os equipamentos, inclusive os de uso profissional, ou móveis que guarnecem a casa, desde que quitados.

Excluem-se da regra da impenhorabilidade do bem de família os veículos de transporte, as obras de arte e os adornos suntuosos.

Não é pacífica a aceitação da aplicabilidade da Lei n. 8.009/1990 nos domínios do processo do trabalho. Para uns, a regra da impenhorabilidade do bem de família seria incompatível com a natureza alimentícia do crédito trabalhista. Para outros, a norma ora focalizada visa a assegurar a dignidade da pessoa do devedor e da sua família, com o que a citada incompatibilidade não existiria.

Não se pode relegar ao olvido o caráter imperativo do art. 3º da Lei n. 8.009/1990, que dispõe textualmente que a impenhorabilidade do bem de família "é oponível em qualquer processo de execução civil, fiscal, previdenciária, trabalhista ou de outra natureza".

Todavia, os incisos I e III do referido art. 3º excepcionam a regra da impenhorabilidade quando a execução for promovida: em razão dos créditos de trabalhadores da própria residência e das respectivas contribuições previdenciárias;[2] ou pelo credor de pensão alimentícia.

Ainda que se adote a impenhorabilidade do bem de família diante de execução de crédito trabalhista, pensamos que constitui ônus do devedor

(2) O inciso I do art. 3º da Lei n. 8.009/1990 foi revogado expressamente pelo art. 46 da LC n. 150/2015.

provar, por meio de certidão do registro de imóveis, que o imóvel penhorado é o único bem destinado à residência da família a que pertence.

De outro giro, há de ser interpretada restritivamente a expressão "móveis que guarnecem a casa", no sentido de abranger apenas aqueles indispensáveis à vida da família, excluindo-se, por óbvio, aqueles móveis de mero deleite ou que não sejam essencialmente indispensáveis à manutenção da residência.

Segundo entendimento do TST, a arguição de impenhorabilidade do bem de família pode ocorrer a qualquer tempo, como se infere do seguinte julgado:

> AGRAVO DE INSTRUMENTO. RECURSO DE REVISTA EM EXECUÇÃO DE SENTENÇA. IMPENHORABILIDADE DE BEM DE FAMÍLIA. OPORTUNIDADE DA ARGUIÇÃO. Apontado bem de família particularmente protegido pela Lei n. 8.009/1990, a alegação deve merecer apuração judicial, ainda que *a latere* dos embargos à execução. A jurisprudência já consolidou entendimento no sentido de que a impenhorabilidade, no caso, pode ser arguida até o exaurimento da execução. Logo, o obstáculo da preclusão não pode impedir o exame da incidência do benefício legal, quando deduzido pelo executado, nos autos da execução e antes de qualquer procedimento de alienação, sob pena de afronta à norma constitucional protetiva do contraditório e ampla defesa (art. 5º, LV). Agravo de instrumento provido. Recurso de revista conhecido e provido (TST – RR-3412.1996.371.02.40-8, 2ª T., Rel. Horácio Senna Pires. j. 13.4.2005, *DJ* 20.5.2005).

6.3.2. Penhora de crédito do executado

Além dos próprios bens do devedor, outros bens podem ser objeto de penhora, como os seus créditos pendentes de recebimento de terceiros. Nesse sentido, o art. 855 do CPC dispõe que, quando recair em crédito do executado, enquanto não ocorrer a hipótese prevista no art. 856 do mesmo Código, considerar-se-á feita a penhora pela intimação: I – ao terceiro devedor para que não pague ao executado, seu credor; II – ao executado, credor do terceiro, para que não pratique ato de disposição do crédito.

Nesse passo, vale lembrar que o art. 856 do CPC prevê que a penhora de crédito representado por letra de câmbio, nota promissória, duplicata, cheque ou outros títulos far-se-á pela apreensão do documento, esteja ou não este em poder do executado. Se o título não for apreendido, mas o terceiro confessar a dívida, será este tido como depositário da importância. O terceiro só se exonerará da obrigação depositando em juízo a importância da dívida. Se o terceiro negar o débito em conluio com o executado, a quitação que este lhe der caracterizará fraude à execução. A requerimento do exequente, o juiz determinará o comparecimento, em audiência especialmente designada, do executado e do terceiro, a fim de lhes tomar os depoimentos.

Nos termos do art. 857 do CPC, se for feita a penhora em direito e ação do executado, e não tendo ele oferecido embargos ou sendo estes rejeitados, o exequente ficará sub-rogado nos direitos do executado até a concorrência de seu crédito. O exequente pode preferir, em vez da sub-rogação, a alienação judicial do direito penhorado, caso em que declarará sua vontade no prazo de 10 (dez) dias contado da realização da penhora. De outra parte, a sub-rogação não impede o sub-rogado, se não receber o crédito do executado, de prosseguir na execução, nos mesmos autos, penhorando outros bens.

Quando a penhora recair sobre dívidas de dinheiro a juros, de direito a rendas ou de prestações periódicas, o exequente, de acordo com o art. 858 do CPC, poderá levantar os juros, os rendimentos ou as prestações à medida que forem sendo depositados, abatendo-se do crédito as importâncias recebidas, conforme as regras de imputação do pagamento.

Na hipótese em que a penhora recair sobre direito a prestação ou a restituição de coisa determinada, o executado será intimado para, no vencimento, depositá-la, correndo sobre ela a execução (CPC, art. 859).

Finalmente, dispõe o art. 860 do CPC que quando o direito estiver sendo pleiteado em juízo a penhora que recair sobre ele será averbada, com destaque, nos autos pertinentes ao direito e na ação correspondente à penhora, a fim de que esta seja efetivada nos bens que forem adjudicados ou que vierem a caber ao executado.

No que respeita à penhora de crédito futuro da empresa executada, parece-nos que não existe qualquer ilegalidade na decisão que a determina, desde que isso não implique a possibilidade de danos irreparáveis. *Data venia* dos que sustentam o contrário, pensamos que o direito não pode ignorar a realidade, por exemplo, a hipótese das empresas de cartões de crédito que figuram como executadas. Ora, o patrimônio dessas empresas é constituído dos créditos de terceiros (clientes), sendo, a nosso ver, perfeitamente factível a incidência da penhora sobre tais créditos.

Convém lembrar que a Jornada sobre Execução na Justiça do Trabalho (Cuiabá-MT, novembro de 2010) aprovou o Enunciado n. 13, *in verbis*:

> PENHORA DE CRÉDITO DO EXECUTADO. CONSTATAÇÃO NAS AGÊNCIAS BANCÁRIAS, COOPERATIVAS DE CRÉDITO E ADMINISTRADORAS DE CARTÃO DE CRÉDITO. I – Um dos meios de localizar ativos financeiros do executado, obedecendo à gradação do art. 655 do Código do Processo Civil (CPC), mesmo diante do resultado negativo a pesquisa realizada por intermédio do sistema Bacen Jud, consiste na expedição de mandado de constatação nas agências de cooperativas de crédito e administradoras de cartão de crédito não vinculadas ao Bacen, determinando a retenção de créditos presentes e futuros do executado; II – A constatação da existência de procuração de terceiros ao executado, perante agências bancárias e cooperativas de crédito, com poderes para movimentar contas daqueles é outra forma de buscar ativos financeiros do devedor, diante da possibilidade de fraude.

Quanto à penhora de cédula de crédito rural ou industrial, a SBDI-1 editou a OJ n. 226, *in verbis*:

> CRÉDITO TRABALHISTA. CÉDULA DE CRÉDITO RURAL. CÉDULA DE CRÉDITO INDUSTRIAL. PENHORABILIDADE. Diferentemente da cédula de crédito industrial garantida por alienação fiduciária, na cédula rural pignoratícia ou hipotecária o bem

permanece sob o domínio do devedor (executado), não constituindo óbice à penhora na esfera trabalhista (DL 167/67, art. 69; CLT arts. 10 e 30 e Lei n. 6.830/80).

6.3.3. Penhora de empresa

Tecnicamente, o que pode ser objeto de penhora não é a empresa, e sim o estabelecimento da empresa ou, como também é chamado, o fundo de comércio. A penhora de estabelecimento está regulada nos arts. 862 a 864 do CPC, aplicáveis, no que couber, ao processo laboral (CLT, art. 769; CPC, art. 15).

Tendo em vista a complexidade dessa modalidade de penhora, o juiz somente deve autorizá-la quando não forem encontrados bens suficientes à satisfação do crédito. Aqui, sim, há de ser observado o disposto no art. 805 do CPC, uma vez que é inegável a função social da empresa, que, em linha de princípio, deve ter ampla possibilidade de sobreviver num mundo de tanta concorrência, devendo o juiz, sempre que possível, evitar as medidas que possam agravar a situação econômico-financeira da empresa. Afinal, não se pode relegar ao olvido que na empresa há outros trabalhadores, igualmente credores de prestações alimentícias.

Nesse sentido, a SBDI-2 do TST editou a OJ n. 93, ponderando o seguinte:

> Mandado de segurança. Possibilidade da penhora sobre parte da renda de estabelecimento comercial. É admissível a penhora sobre a renda mensal ou faturamento de empresa, limitada a determinado percentual, desde que não comprometa o desenvolvimento regular de suas atividades.

A lei permite que a penhora possa incidir sobre estabelecimento comercial, industrial ou agrícola, bem como em semoventes, plantações ou edifício em construção. Nesses casos, o juiz deverá nomear administrador, fixando-lhe dez dias de prazo para que apresente plano de administração do que lhe foi confiado (CPC, art. 862). Ouvidas as partes, o juiz decidirá. É lícito às partes ajustar a forma de administração e escolher o depositário, hipótese em que o juiz homologará por despacho a indicação. Em relação aos edifícios em construção sob regime de incorporação imobiliária, a penhora somente poderá recair sobre as unidades imobiliárias ainda não comercializadas pelo incorporador. Sendo necessário afastar o incorporador da administração da incorporação, será ela exercida pela comissão de representantes dos adquirentes ou, se se tratar de construção financiada, por empresa ou profissional indicado pela instituição fornecedora dos recursos para a obra, devendo ser ouvida, neste último caso, a comissão de representantes dos adquirentes.

É bem de ver que o § 1º do art. 11 da Lei n. 6.830/1980 já dispunha que, "excepcionalmente, a penhora poderá recair sobre estabelecimento comercial, industrial ou agrícola, bem como em plantações ou edifícios em construção", mas o CPC (art. 866) permite expressamente a penhora de "percentual do faturamento de empresa devedora" nos seguintes termos:

Art. 866. Se o executado não tiver outros bens penhoráveis ou se, tendo-os, esses forem de difícil alienação ou insuficientes para saldar o crédito executado, o juiz poderá ordenar a penhora de percentual de faturamento de empresa.

§ 1º O juiz fixará percentual que propicie a satisfação do crédito exequendo em tempo razoável, mas que não torne inviável o exercício da atividade empresarial.

§ 2º O juiz nomeará administrador-depositário, o qual submeterá à aprovação judicial a forma de sua atuação e prestará contas mensalmente, entregando em juízo as quantias recebidas, com os respectivos balancetes mensais, a fim de serem imputadas no pagamento da dívida.

§ 3º Na penhora de percentual de faturamento de empresa, observar-se-á, no que couber, o disposto quanto ao regime de penhora de frutos e rendimentos de coisa móvel e imóvel.

6.3.4. *Penhora* on-line

Uma das soluções encontradas para garantir maior celeridade e efetividade à execução trabalhista foi a celebração do *Convênio BACEN JUD* entre o TST e o Banco Central. Este convênio de cooperação técnico-institucional prevê a possibilidade de o TST, o STJ e os demais Tribunais signatários, dentro de suas respectivas áreas de competência, encaminhar às instituições financeiras e demais instituições autorizadas a funcionar pelo BACEN *ofícios eletrônicos contendo solicitações de informações* sobre a existência de contas correntes e aplicações financeiras, *determinações de bloqueios e desbloqueios de contas* envolvendo pessoas físicas e jurídicas clientes do Sistema Financeiro Nacional, bem como outras solicitações que vierem a ser delineadas pelas partes.

De posse dessas informações, os usuários do sistema (exclusivamente magistrados) poderão expedir *ordens de bloqueio* de numerário existente nessas contas diretamente às instituições financeiras, de modo a satisfazer os créditos trabalhistas dos exequentes. O sistema de bloqueio, o desbloqueio e a transferência de valores do executado nos sítios do processo do trabalho, bem como outros aspectos relativos ao Convênio BACEN JUD, estão disciplinados nos arts. 95 a 115 da Consolidação dos Provimentos da Corregedoria-Geral da Justiça do Trabalho.

Nos termos do art. 95 da Consolidação dos Provimentos da Corregedoria-Geral da Justiça do Trabalho, tratando-se de execução definitiva por quantia certa, se o executado, regularmente citado, não efetuar o pagamento do débito nem garantir a execução, conforme dispõe o art. 880 da CLT, o juiz deverá, de ofício ou a requerimento da parte, emitir ordem judicial de bloqueio mediante o Sistema BACEN JUD, com precedência sobre outras modalidades de constrição judicial.

Relativamente ao Sistema BACEN JUD, dispõe o art. 96 da referida Consolidação dos Provimentos da CGJT que cabe ao juiz do trabalho:

I – abster-se de emitir ordem judicial de bloqueio promovida em face de Estado estrangeiro ou organismo internacional;

II – não encaminhar às instituições financeiras, por intermédio de ofício-papel, solicitação de informações e ordens judiciais de bloqueio, desbloqueio e transferência de valores quando for possível a prática do ato por meio do Sistema BACEN JUD;

III – velar diariamente para que, em caso de bloqueio efetivado, haja pronta emissão de ordem de transferência dos valores para uma conta em banco oficial ou emissão de ordem de desbloqueio;

IV – proceder à correta identificação dos executados quando da expedição das ordens de bloqueio de numerário em contas bancárias mediante o Sistema BACEN JUD, informando o registro do número de inscrição no CPF ou CNPJ, a fim de evitar a indevida constrição de valores de titularidade de pessoas físicas ou jurídicas homônimas.

Zelando pelo sigilo das informações, a Consolidação dos Provimentos da CGJT esclarece que o acesso dos magistrados ao Sistema Bacen Jud 2.0 é feito por meio de senhas pessoais e intransferíveis, após o cadastramento efetuado pelos *Masters* do respectivo TRT.

O art. 835 do CPC prevê expressamente, no seu inciso I, que a penhora observará, preferencialmente, a seguinte ordem: "I – dinheiro, em espécie ou em depósito ou aplicação em instituição financeira".

Viabilizando a eficácia do preceptivo em causa, o art. 854 do CPC dispõe que:

Art. 854. Para possibilitar a penhora de dinheiro em depósito ou em aplicação financeira, o juiz, a requerimento do exequente, sem dar ciência prévia do ato ao executado, determinará às instituições financeiras, por meio de sistema eletrônico gerido pela autoridade supervisora do sistema financeiro nacional, que torne indisponíveis ativos financeiros existentes em nome do executado, limitando-se a indisponibilidade ao valor indicado na execução.

§ 1º No prazo de 24 (vinte e quatro) horas a contar da resposta, de ofício, o juiz determinará o cancelamento de eventual indisponibilidade excessiva, o que deverá ser cumprido pela instituição financeira em igual prazo.

§ 2º Tornados indisponíveis os ativos financeiros do executado, este será intimado na pessoa de seu advogado ou, não o tendo, pessoalmente.

§ 3º Incumbe ao executado, no prazo de 5 (cinco) dias, comprovar que:

I – as quantias tornadas indisponíveis são impenhoráveis;

II – ainda remanesce indisponibilidade excessiva de ativos financeiros.

§ 4º Acolhida qualquer das arguições dos incisos I e II do § 3º, o juiz determinará o cancelamento de eventual indisponibilidade irregular ou excessiva, a ser cumprido pela instituição financeira em 24 (vinte e quatro) horas.

§ 5º Rejeitada ou não apresentada a manifestação do executado, converter-se-á a indisponibilidade em penhora, sem necessidade de lavratura de termo, devendo o juiz da execução determinar à instituição financeira depositária que, no prazo de 24 (vinte e quatro) horas, transfira o montante indisponível para conta vinculada ao juízo da execução.

§ 6º Realizado o pagamento da dívida por outro meio, o juiz determinará, imediatamente, por sistema eletrônico gerido pela autoridade supervisora do sistema financeiro nacional, a notificação da instituição financeira para que, em até 24 (vinte e quatro) horas, cancele a indisponibilidade.

§ 7º As transmissões das ordens de indisponibilidade, de seu cancelamento e de determinação de penhora previstas neste artigo far-se-ão por meio de sistema eletrônico gerido pela autoridade supervisora do sistema financeiro nacional.

§ 8º A instituição financeira será responsável pelos prejuízos causados ao executado em decorrência da indisponibilidade de ativos financeiros em valor superior ao indicado na execução ou pelo juiz, bem como na hipótese de não cancelamento da indisponibilidade no prazo de 24 (vinte e quatro) horas, quando assim determinar o juiz.

§ 9º Quando se tratar de execução contra partido político, o juiz, a requerimento do exequente, determinará às instituições financeiras, por meio de sistema eletrônico gerido por autoridade supervisora do sistema bancário, que tornem indisponíveis ativos financeiros somente em nome do órgão partidário que tenha contraído a dívida executada ou que tenha dado causa à violação de direito ou ao dano, ao qual cabe exclusivamente a responsabilidade pelos atos praticados, na forma da lei.

Tais normas, ao que nos parece, reafirmam a legalidade da penhora *on-line* que vem sendo largamente utilizada no processo do trabalho. Acrescentamos apenas que na Justiça Laboral a execução pode ser promovida de ofício pelo juiz ou a requerimento da parte interessada (CLT, art. 878), razão pela qual pensamos que a penhora de dinheiro, em espécie, ou em depósito ou aplicação financeira (ato processual integrante da fase ou do processo de execução), também pode ser realizada de ofício (se a parte estiver exercendo o *jus postulandi*) ou a requerimento do credor (exequente).

6.3.5. Penhora de imóvel

Dispõe o art. 842 do CPC que, quando a penhora recair sobre bem imóvel ou direito real sobre imóvel, será intimado também o cônjuge do executado, salvo se forem casados em regime de separação absoluta de bens.

Tratando-se de penhora de bem indivisível, o equivalente à quota-parte do coproprietário ou do cônjuge alheio à execução recairá sobre o produto da alienação do bem (CPC, art. 843), sendo, porém, reservada ao coproprietário ou ao cônjuge não executado a preferência na arrematação do bem em igualdade de condições. Ademais, não será levada a efeito expropriação por preço inferior ao da avaliação na qual o valor auferido seja incapaz de garantir, ao coproprietário ou ao cônjuge alheio à execução, o correspondente à sua quota-parte calculado sobre o valor da avaliação.

Prescreve o art. 844 do CPC que, para "presunção absoluta de conhecimento por terceiros, cabe ao exequente providenciar a averbação do arresto ou da penhora no registro competente, mediante apresentação de cópia do auto ou do termo, independentemente de mandado judicial".

Pensamos que no processo do trabalho, salvo na hipótese de ações oriundas de relação de trabalho distinta da relação de emprego, a averbação no ofício imobiliário da penhora de imóvel deve realizar-se por meio de ordem (mandado) judicial, constituindo emolumento processual a ser pago, pelo executado, ao final do processo (ou fase) de execução, por aplicação subsidiária da Lei n. 6.830/80 (art. 7º, IV, c/c art. 14, I) autorizada pelo art. 889 da CLT.

6.3.6. Depósito e depositário infiel

O objetivo do depósito reside na manutenção e na conservação dos bens penhorados, de modo que propicie a plena realização da finalidade do cumprimento da sentença ou do processo de execução. A penhora é um ato complexo que somente se aperfeiçoa com a apreensão e o depósito do bem penhorado. Sem o depósito, portanto, a penhora torna-se inócua. É o que deflui do art. 839 do CPC.

Na Justiça do Trabalho não é comum a figura do depositário judicial, razão pela qual, na maioria dos casos, o próprio executado, com a concordância do exequente, ou nos casos de difícil remoção (CPC, art. 840, § 2º), acaba assumindo o encargo de depositário dos bens penhorados.

Não obstante, dispõe o art. 840 do CPC que serão preferencialmente depositados:

> I – as quantias em dinheiro, os papéis de crédito e as pedras e os metais preciosos, no Banco do Brasil, na Caixa Econômica Federal ou em banco do qual o Estado ou o Distrito Federal possua mais da metade do capital social integralizado, ou, na falta desses estabelecimentos, em qualquer instituição de crédito designada pelo juiz;
>
> II – os móveis, os semoventes, os imóveis urbanos e os direitos aquisitivos sobre imóveis urbanos, em poder do depositário judicial;
>
> III – os imóveis rurais, os direitos aquisitivos sobre imóveis rurais, as máquinas, os utensílios e os instrumentos necessários ou úteis à atividade agrícola, mediante caução idônea, em poder do executado.
>
> § 1º No caso do inciso II do *caput*, se não houver depositário judicial, os bens ficarão em poder do exequente.
>
> § 2º Os bens poderão ser depositados em poder do executado nos casos de difícil remoção ou quando anuir o exequente.
>
> § 3º As joias, as pedras e os objetos preciosos deverão ser depositados com registro do valor estimado de resgate.

O depositário pode ser judicial ou particular. Em ambos os casos será sempre um auxiliar da justiça (CPC, art. 149), exercendo, pois, uma função de caráter público.

Embora não haja vedação legal, é recomendável que a nomeação do depositário não recaia em empregado do executado, mormente quando este for ocupante de cargo ou função hierarquicamente inferior na empresa, tendo em vista a sua condição de vulnerabilidade perante o empregador.

O art. 161 do CPC dispõe que o depositário ou o administrador responde pelos prejuízos que, por dolo ou culpa, causar à parte, perdendo a remuneração que lhe foi arbitrada, mas tem o direito a haver o que legitimamente despendeu no exercício do encargo.

Assim, incumbe ao depositário guardar e conservar os bens que lhe foram confiados pela justiça, sob pena de responder civilmente pelos prejuízos resultantes de dolo ou culpa. Além disso, o depositário também tem a obrigação de entregar os bens que lhe foram confiados a quem o juiz determinar. O descumprimento da ordem judicial ou inadimplemento do encargo de guardar e conservar o bem penhorado podem caracterizar a figura do depositário infiel.

O parágrafo único do art. 161 do CPC prescreve que o depositário infiel responde civilmente pelos prejuízos causados, sem prejuízo de sua responsabilidade penal e da imposição de sanção por ato atentatório à dignidade da justiça.

Durante muito tempo foi considerada válida a decretação da prisão do depositário infiel no próprio processo, independentemente de ação de depósito (CPC/73, art. 666, § 3º, sem correspondente no CPC/2015), sendo que essa era uma das raras hipóteses de prisão civil em nosso ordenamento jurídico (CF, art. 5º, LXVII).

Todavia, o plenário do STF editou a Súmula Vinculante n. 25: "É ilícita a prisão civil de depositário infiel, qualquer que seja a modalidade do depósito."

Tem-se discutido sobre a validade (ou não) da recusa do executado ao encargo de atuar como depositário. O TST firmou entendimento (SBDI-2, OJ n. 89) no sentido de que não é válida a nomeação compulsória do depositário, pois ninguém está obrigado a fazer ou a deixar de fazer alguma coisa senão em virtude de lei (CF, art. 5º, II).

7. Embargos à execução

Se adotarmos a tese de que, no processo do trabalho, não há um "processo" de execução de sentença, então é forçoso concluir que os embargos do executado (CLT, art. 884) deixam de ser uma ação, e passam a ser simples *incidente processual* no curso da fase de conhecimento.

Com efeito, rezam o art. 884 e seu § 1º da CLT:

> Art. 884. Garantida a execução ou penhorados os bens, terá o executado 5 (cinco) dias para apresentar embargos, cabendo igual prazo ao exequente para impugnação.
>
> § 1º A matéria de defesa será restrita às alegações de cumprimento da decisão ou do acordo, quitação ou prescrição da dívida.

Já o art. 525 do CPC dispõe, *in verbis*:

> Art. 525. Transcorrido o prazo previsto no art. 523 sem o pagamento voluntário, inicia-se o prazo de 15 (quinze) dias para que o executado, independentemente de penhora ou nova intimação, apresente, nos próprios autos, sua impugnação.

Ora, diante da norma expressa da CLT, que propicia maior celeridade e efetividade ao processo, parece-nos inaplicável no processo do trabalho o prazo de 15 dias previsto no *caput* do art. 525 do CPC para o oferecimento de embargos (ou impugnação) do devedor. Vale dizer, o prazo para o executado oferecer embargos à execução no processo do trabalho é de cinco dias, contados da data da intimação da penhora.

Os embargos (ou impugnação) do devedor não terá efeito suspensivo (CPC, art. 525, § 7º), mas o juiz poderá atribuir-lhe tal efeito, desde que relevantes seus fundamentos e o prosseguimento da execução implicar manifesta possibilidade de causar ao executado grave dano de difícil ou incerta reparação.

Nessa ordem, dispõe o § 6º do art. 525 do CPC que "a apresentação de impugnação não impede a prática dos atos executivos, inclusive os de expropriação", mas o juiz pode, "a requerimento do executado e desde que garantido o juízo com penhora, caução ou depósito suficientes, atribuir-lhe efeito suspensivo, se seus fundamentos forem relevantes e se o prosseguimento da execução for manifestamente suscetível de causar ao executado grave dano de difícil ou incerta reparação".

É importante notar que, nos termos do § 7º do art. 525 do CPC, a concessão de efeito suspensivo à impugnação do devedor não impedirá a efetivação dos atos de substituição, de reforço ou de redução da penhora e de avaliação dos bens.

Quando o efeito suspensivo atribuído à impugnação disser respeito apenas à parte do objeto da execução, esta prosseguirá quanto à parte restante.

Tratando-se de litisconsórcio passivo na execução ou cumprimento da sentença, a concessão de efeito suspensivo à impugnação deduzida por um dos executados não suspenderá a execução contra os que não impugnaram, quando o respectivo fundamento disser respeito exclusivamente ao impugnante.

As questões relativas a fato superveniente ao término do prazo para apresentação da impugnação, assim como aquelas relativas à validade e à adequação da penhora, da avaliação e dos atos executivos subsequentes, podem ser arguidas por simples petição, tendo o executado, em qualquer dos casos, o prazo de 15 (quinze) dias para formular esta arguição, contado da comprovada ciência do fato ou da intimação do ato.

Tais normas do CPC devem ser aplicadas no processo do trabalho, porquanto a CLT, embora preveja o instituto dos embargos do executado e a impugnação do exequente (art. 884), é absolutamente omissa (lacuna normativa) a respeito dos efeitos que eles provocam no processo.

Assim, não obstante possa o juiz atribuir efeito suspensivo à impugnação, o § 10 do art. 525 do CPC faculta ao exequente "requerer o prosseguimento da execução, oferecendo e prestando, nos próprios autos, caução suficiente e idônea, a ser arbitrada pelo juiz".

Nesse sentido é a interpretação dada pelo Enunciado n. 72 aprovado na 1ª Jornada de Direito Material e Processual do Trabalho (disponível em: <www.anamatra.org.br>), *in verbis*:

> EMBARGOS À EXECUÇÃO (IMPUGNAÇÃO). EFEITO SUSPENSIVO. Em razão da omissão da CLT, os embargos à execução (impugnação) não terão efeito suspensivo, salvo quando relevantes seus fundamentos e o prosseguimento da execução seja manifestamente suscetível de causar ao executado grave dano de difícil ou incerta reparação.

Na Jornada Nacional sobre Execução na Justiça do Trabalho (Cuiabá-MT, novembro de 2010), foi aprovado o Enunciado n. 54, *in verbis*:

> EMBARGOS À EXECUÇÃO. EFEITOS SUSPENSIVOS. APLICAÇÃO DO ART. 475-M E 739-A, § 1º, DO CÓDIGO DO PROCESSO CIVIL (CPC/73). O oferecimento de embargos à execução não importa a suspensão automática da execução trabalhista, aplicando-se, subsidiariamente, o disposto nos arts. 475-M e 739-A, § 1º, do CPC/73 9.[3]

No processo do trabalho, o prazo para o exequente manifestar-se sobre os embargos do devedor é de cinco dias, nos termos do art. 884, *caput*, da CLT, não havendo necessidade de migração da regra do processo civil.

Cumpre apontar que a suspensão da execução alcançará apenas os capítulos, matérias e valores impugnados. Como o art. 897, § 1º, da CLT, já contempla tal possibilidade, de modo a permitir a execução definitiva da parte incontroversa do título judicial, mesmo diante da interposição de agravo de petição, não há necessidade de migração (aplicação subsidiária ou supletiva) da regra do processo civil.

7.1. Matéria arguível na impugnação do devedor

A doutrina e a jurisprudência juslaboralistas sempre mitigaram o conteúdo restritivo do § 1º do art. 884 da CLT, o qual sofreu de envelhecimento (lacuna ontológica), razão pela qual não vemos qualquer impedimento da aplicação do art. 525, § 1º, do CPC ao processo laboral.

Dessa forma, o executado terá o prazo de cinco dias para apresentar embargos (impugnação) ao cumprimento (execução) da sentença trabalhista, podendo alegar, além das matérias (cumprimento da decisão ou do acordo, quitação ou prescrição da dívida) previstas no § 1º do art. 884 da CLT:

> I – falta ou nulidade da citação se, na fase de conhecimento, o processo correu à revelia;
>
> II – ilegitimidade de parte;
>
> III – inexequibilidade do título ou inexigibilidade da obrigação;
>
> IV – penhora incorreta ou avaliação errônea;
>
> V – excesso de execução ou cumulação indevida de execuções;
>
> VI – incompetência absoluta ou relativa do juízo da execução;

---

(3) Ver arts. 525, § 6º, e 919, § 1º, do CPC/2015.

VII – qualquer causa modificativa ou extintiva da obrigação, como pagamento, novação, compensação, transação ou prescrição, desde que supervenientes à sentença.

Quando o executado alegar que o exequente, em excesso de execução, pleiteia quantia superior à resultante da sentença, cumprir-lhe-á declarar de imediato o valor que entende correto, apresentando demonstrativo discriminado e atualizado de seu cálculo. Caso não aponte o valor correto ou não apresentado o demonstrativo, a impugnação será liminarmente rejeitada, se o excesso de execução for o seu único fundamento, ou, se houver outro, a impugnação será processada, mas o juiz não examinará a alegação de excesso de execução.

O § 12 do art. 525 do CPC considera também inexigível a obrigação reconhecida em título executivo judicial fundado em lei ou ato normativo considerado inconstitucional pelo Supremo Tribunal Federal, ou fundado em aplicação ou interpretação da lei ou do ato normativo tido pelo Supremo Tribunal Federal como incompatível com a Constituição Federal, em controle de constitucionalidade concentrado ou difuso.

Entretanto, os §§ 13, 14 e 15 do art. 525 do CPC dispõem, *in verbis*:

> Art. 525...
>
> § 13. No caso do § 12, os efeitos da decisão do Supremo Tribunal Federal poderão ser modulados no tempo, em atenção à segurança jurídica.
>
> § 14. A decisão do Supremo Tribunal Federal referida no § 12 deve ser anterior ao trânsito em julgado da decisão exequenda.
>
> § 15. Se a decisão referida no § 12 for proferida após o trânsito em julgado da decisão exequenda, caberá ação rescisória, cujo prazo será contado do trânsito em julgado da decisão proferida pelo Supremo Tribunal Federal.

7.2. Parcelamento da dívida trabalhista

O art. 916 do CPC contempla a possibilidade de o executado, no prazo dos seus embargos à execução de título extrajudicial, parcelar o débito que tem com o exequente em até seis parcelas mensais, nos seguintes termos:

> Art. 916. No prazo para embargos, reconhecendo o crédito do exequente e comprovando o depósito de trinta por cento do valor em execução, acrescido de custas e de honorários de advogado, o executado poderá requerer que lhe seja permitido pagar o restante em até 6 (seis) parcelas mensais, acrescidas de correção monetária e de juros de um por cento ao mês.
>
> § 1º O exequente será intimado para manifestar-se sobre o preenchimento dos pressupostos do *caput*, e o juiz decidirá o requerimento em 5 (cinco) dias.
>
> § 2º Enquanto não apreciado o requerimento, o executado terá de depositar as parcelas vincendas, facultado ao exequente seu levantamento.
>
> § 3º Deferida a proposta, o exequente levantará a quantia depositada, e serão suspensos os atos executivos.
>
> § 4º Indeferida a proposta, seguir-se-ão os atos executivos, mantido o depósito, que será convertido em penhora.

§ 5º O não pagamento de qualquer das prestações acarretará cumulativamente:

I – o vencimento das prestações subsequentes e o prosseguimento do processo, com o imediato reinício dos atos executivos;

II – a imposição ao executado de multa de dez por cento sobre o valor das prestações não pagas.

§ 6º A opção pelo parcelamento de que trata este artigo importa renúncia ao direito de opor embargos.

§ 7º O disposto neste artigo não se aplica ao cumprimento da sentença.

Pensamos que nas execuções de título judicial ou extrajudicial nas ações trabalhistas oriundas da relação de emprego (ou da relação de trabalho avulso ou doméstico), não há como aplicar subsidiariamente a regra do art. 916 do CPC. Afinal, no processo trabalhista, a execução há de ser efetivada com o máximo de benefício ao credor, e a norma em questão não tem por escopo proteger o credor, e sim o devedor.

Destarte, se o executado (devedor), em vez de garantir a execução, apresentar petição requerendo o benefício do art. 916 do CPC, haverá preclusão do seu direito de embargar a execução do título extrajudicial (ou de impugnar o cumprimento da sentença). Afinal, o devedor de boa-fé deve procurar o credor e apresentar-lhe proposta de pagamento da dívida. Se o credor não desejar o parcelamento do seu crédito, seria abusiva a decisão do magistrado impondo o parcelamento, máxime em se tratando de crédito de natureza alimentícia.

Não obstante, afigura-se-nos que tal norma do CPC, a despeito da IN/TST n. 27/2005 (art. 1º), pode ser aplicada nas ações/execuções que passaram para a competência da Justiça do Trabalho (CF, art. 114, com redação dada pela EC n. 45/2004).

É importante ressaltar que na Jornada Nacional sobre Execução na Justiça do Trabalho realizada em Cuiabá-MT (2010), promovida pela ANAMATRA, foi aprovado o Enunciado n. 39, que não faz qualquer distinção acerca do conteúdo material da obrigação de pagar contida no título judicial ou extrajudicial. Eis o teor desse verbete:

RECONHECIMENTO DO CRÉDITO DO EXEQUENTE POR PARTE DO EXECUTADO. PARCELAMENTO DO ART. 745-A DO CÓDIGO DE PROCESSO CIVIL (CPC/73). É compatível com o Processo do Trabalho o parcelamento previsto na norma do art. 745-A do Código de Processo Civil.

No mesmo sentido, o art. 3º, XXI, da IN/TST n. 39/2016 manda aplicar sem restrições o disposto no art. 916 do CPC/2015 ao processo do trabalho.

7.3. Impugnação do credor

A CLT é expressa ao dispor no § 3º do art. 884 que "somente nos embargos à penhora poderá o executado impugnar a sentença de liquidação, *cabendo ao exequente igual direito e no mesmo prazo*" (grifos nossos), sendo certo que o § 4º do mesmo dispositivo determina: "Julgar-se-ão na mesma sentença os embargos e as impugnações à liquidação apresentadas pelos credores trabalhista e previdenciário".

Lembra Júlio César Bebber (2003, p. 144) que a impugnação do exequente "poderá versar sobre qualquer questão de ordem pública, bem como sobre a incorreção dos cálculos".

Todavia, é preciso advertir que o § 2º do art. 879 da CLT estabelecia que: "Elaborada a conta e tornada líquida, o Juiz **poderá abrir às partes prazo sucessivo de 10 (dez) dias** para impugnação fundamentada com a indicação dos itens e valores objeto da discordância, sob pena de preclusão". (grifos nossos)

Esse § 2º do art. 879 da CLT foi alterado pela Lei n. 13.467/2017, passando a ter a seguinte redação: "Elaborada a conta e tornada líquida, o juízo **deverá abrir às partes prazo comum de oito dias** para impugnação fundamentada com a indicação dos itens e valores objeto da discordância, sob pena de preclusão". (grifos nossos)

Assim, tendo em vista que o texto obreiro determina expressamente a impugnação pelas parte – credor ou devedor – à conta de liquidação, parece-nos que prevalece a norma processual laboral na espécie. Não vemos nisso qualquer prejuízo para a celeridade processual.

7.4. Recorribilidade da decisão dos embargos do executado

No processo do trabalho, a decisão que resolve os embargos do executado ou a impugnação do exequente, independentemente de extinguir ou não a execução, desafia o recurso de agravo de petição, a teor do art. 897, *a*, da CLT, com a vantagem de que tal recurso "só será recebido quando o agravante delimitar, justificadamente, as matérias e os valores impugnados, permitida a execução imediata da parte remanescente até o final, nos próprios autos ou por carta de sentença".

Logo, não havendo lacuna normativa, axiológica ou ontológica no processo do trabalho, não há lugar para a aplicação, no processo laboral, do disposto no parágrafo único do art. 1.015 do CPC, que prevê o agravo de instrumento para atacar decisões interlocutórias proferidas na fase de liquidação de sentença ou de cumprimento de sentença e no processo de execução.

7.5. Execução das prestações sucessivas

Os arts. 890 a 892 da CLT dispõem sobre a execução para pagamento de prestações sucessivas por tempo determinado e por tempo indeterminado.

Nas prestações sucessivas por tempo determinado, a execução pelo não pagamento de uma prestação compreenderá as que lhe sucederem, enquanto nas prestações sucessivas por tempo indeterminado, a execução compreenderá inicialmente as prestações devidas até a data do ingresso na execução.

8. Exceção ou objeção de pré-executividade

A exceção de pré-executividade ou objeção de pré-executividade constitui uma possibilidade conferida ao devedor para que este, antes mesmo de ter seus bens constritos, ingresse no processo com o objetivo específico de demonstrar a inexigibilidade do título executivo.

Em outros termos, a exceção ou objeção de pré-executividade é um meio de defesa do devedor, destinado a atacar o título executivo, independentemente da garantia do juízo, que não se confunde com os embargos do devedor, pois estes, como já vimos, constituem verdadeira ação incidental de conhecimento no processo de execução.

É importante salientar que não há previsão legal para a exceção de pré-executividade no direito processual brasileiro. Trata-se, pois, de criação doutrinária e jurisprudencial sensível às situações excepcionais que justificam o ataque do devedor ao título executivo sem o gravame incidente sobre seus bens.

Há três correntes que se ocupam do cabimento da exceção ou objeção de pré-executividade no processo do trabalho. A primeira é restritiva e não admite o cabimento do instituto na seara laboral. O principal argumento reside na inexistência de omissão no art. 884, § 1º, da CLT acerca das matérias que podem ser objeto de defesa do devedor. Para essa corrente, somente os embargos do devedor, que exigem, antes, a garantia do juízo, podem ser opostos para liberar o devedor do processo de execução.

A segunda é eclética, porquanto admite a exceção de pré-executividade desde que a matéria versada diga respeito a questões exclusivamente processuais, como os pressupostos processuais e as condições da ação de execução.

Já a terceira corrente amplia o cabimento da exceção de pré-executividade para além das questões processuais, na medida em que admite que outras matérias possam ser suscitadas com esse meio de defesa do devedor, como nas hipóteses de invalidade do título executivo, a prescrição ou pagamento da dívida. O principal argumento dessa corrente repousa no fato de não considerar razoável impor ao devedor um gravame em seu patrimônio quando este já teria, por exemplo, quitado a dívida constante do título executivo. Além disso, há situações da prática forense em que se verifica, por exemplo, a prescrição superveniente ou intercorrente, mas o devedor não possui bens para garantia do juízo. Nesses casos, em não sendo admitido o alargamento do objeto da exceção de pré-executividade, ele ficaria privado de se defender da execução, porquanto a matéria não se traduziria em questão estritamente processual, e sim de mérito.

A nosso ver, a exceção de pré-executividade só deve ser admitida quando versar sobre questões de ordem pública, como pressupostos processuais e condições da ação, desde que tais questões sejam posteriores à coisa julgada material formada na fase cognitiva.

Como é sabido, questões de ordem pública ou que possam ser conhecidas de ofício transitam em julgado pela preclusão máxima (coisa julgada material), razão pela qual não pode ser admitida a exceção de pré-executividade se o excipiente alegar matéria ou questão que poderia ter sido deduzida no processo (ou fase) de conhecimento.

Nesse sentido, aliás, dispõe o § 3º do art. 485 do CPC que o "juiz conhecerá de ofício da matéria constante dos incisos IV, V, VI e IX, em qualquer tempo e grau de jurisdição, enquanto não ocorrer o trânsito em julgado".

À guisa de exemplo, não pode ser admitida exceção de pré-executividade se o excipiente alegar que a Justiça do Trabalho é incompetente para processar e julgar ação de cobrança de honorários advocatícios previstos em contrato de prestação de serviços quando tal questão já se encontrar coberta pela coisa julgada material formada no processo (fase) de conhecimento e, por tal razão, poderia ter sido levantada em recurso ou, até mesmo, em sede de ação rescisória (CPC, art. 966, II).

É preciso deixar bem claro que não se pode prodigalizar a exceção de pré-executividade, mormente no processo trabalhista, dada a sua função social de promover com a maior celeridade possível a entrega ao credor de prestações de natureza alimentícia.

Não se deve admitir, por exemplo, a exceção de pré-executividade que verse matérias ou questões controvertidas, que irão ensejar aprofundadas discussões ou que demandarão a produção de prova não documental.

Já chegamos a defender que uma das hipóteses de cabimento do instituto em apreço estaria prevista no § 5º do art. 884 da CLT (com redação dada pela MP n. 2.180), desde, é claro, que admitida a sua constitucionalidade. Melhor refletindo sobre o tema, resolvemos alterar o nosso entendimento para esclarecer que a matéria contida no referido dispositivo somente poderá ser objeto de embargos do devedor (com garantia da execução), e não de exceção de pré-executividade.

Os juízes do trabalho devem estar atentos para eventuais engendrações do devedor que possam implicar retardamento da prestação jurisdicional ou tumulto no bom andamento da execução. Nesses casos, poderá o juiz considerar temerária a exceção de pré-executividade e aplicar o disposto nos incisos IV e VI do art. 793-B da CLT e impor ao devedor, com base no art. 793-C da mesma Consolidação: "De ofício ou a requerimento, o juízo condenará o litigante de má-fé a pagar multa, que deverá ser superior a 1% (um por cento) e inferior a 10% (dez por cento) do valor corrigido da causa, a indenizar a parte contrária pelos prejuízos que esta sofreu e a arcar com os honorários advocatícios e com todas as despesas que efetuou".

À guisa de contribuição doutrinária, sugerimos que o juiz do trabalho somente admita a exceção de pré-executividade quando, num simples exame da petição apresentada pelo devedor, verificar que a matéria levantada for de ordem pública, cognoscível de ofício e não exija dilação probatória. É dizer, a matéria alegada deve estar documentalmente provada, a exemplo do que ocorre com o mandado de segurança, cuja admissibilidade exige a demonstração inequívoca do direito líquido e certo por meio de prova pré-constituída.

A exceção de pré-executividade deve ser apresentada após a citação (a nosso ver, intimação) do devedor para cumprir a obrigação constante do título judicial (CLT, art. 880), mas sempre antes da penhora, valendo lembrar que esse meio excepcional de defesa não suspende nem interrompe o prazo para o oferecimento dos bens à penhora pelo executado ou a indicação dos bens penhoráveis pelo exequente.

Em se tratando de execução de título extrajudicial, parece-nos inócua a exceção de pré-executividade, haja vista que o art. 914 do CPC dispõe que o "executado, independentemente de penhora, depósito ou caução, poderá opor-se à execução por meio de embargos". Ora, sem o gravame da constrição de seus bens, o executado poderá ajuizar embargos, faltando-lhe até mesmo interesse processual para a exceção de pré-executividade.

Admitida pelo juiz a exceção de pré-executividade, parece-nos que, não obstante o silêncio da lei, deverá ser intimado o exequente/excepto para, querendo, manifestar-se sobre o incidente processual. A ausência de tal intimação, quando admitida a exceção, implica violação ao princípio do contraditório e ampla defesa do exequente.

Da decisão que rejeita a exceção de pré-executividade, por ser tipicamente interlocutória, não caberá nenhum recurso, a teor do § 1º do art. 893 da CLT, sendo certo que as questões suscitadas nesse meio de defesa poderão ser novamente levantadas nos embargos do devedor, desde que garantido o juízo da execução.

Já a decisão que acolhe a exceção de pré-executividade, extinguindo, total ou parcialmente, a execução, é uma autêntica "decisão terminativa do feito", o que, a nosso ver, desafia a interposição do agravo de petição.

9. Expropriação dos bens do devedor

9.1. Avaliação

Vaticina o art. 886, § 2º, da CLT: "Julgada subsistente a penhora, o juiz, ou presidente, mandará proceder logo à avaliação dos bens penhorados."

Os oficiais de justiça, no processo do trabalho, exercem cumulativamente a função de avaliadores, a teor do art. 721, § 3º, da CLT, que revogou tacitamente o art. 887 e seus parágrafos.

Assim, ao proceder à penhora, o oficial de justiça promove, dentro do prazo de dez dias, a avaliação do bem constrito, o que contribui para a celeridade do processo (ou a fase) de execução.

Saliente-se que, diferentemente do avaliador particular, o oficial de justiça avaliador tem fé pública, o que implica maior credibilidade, imparcialidade e segurança da avaliação.

Caso haja impugnação à avaliação feita pelo oficial de justiça, o juiz, observado o contraditório, decidirá, de plano, acerca da necessidade de nomear outro avaliador, tal como autoriza o art. 13 da Lei n. 6.830/80, aplicada ao caso por força do art. 889 da CLT.

É admitida nova avaliação nas hipóteses *numerus clausus* do art. 873 do NCPC, a saber:

> I – qualquer das partes arguir, fundamentadamente, a ocorrência de erro na avaliação ou dolo do avaliador;
>
> II – se verificar, posteriormente à avaliação, que houve majoração ou diminuição no valor do bem;
>
> III – o juiz tiver fundada dúvida sobre o valor atribuído ao bem na primeira avaliação.
>
> Parágrafo único. Aplica-se o art. 480 à nova avaliação prevista no inciso III do *caput* deste artigo.

O juiz do trabalho, contudo, deve agir com ponderação ao aplicar a regra do CPC, tendo em vista a fé pública do meirinho (oficial de justiça) avaliador. Todavia, há quem permita nova avaliação na hipótese de nítida discrepância entre a avaliação do meirinho e outras avaliações técnicas constantes dos autos.

Havendo excesso ou insuficiência da penhora, o juiz poderá, a requerimento do interessado, reduzi-la, transferi-la ou ampliá-la (CPC, art. 874). Cumpridas essas providências, o juiz deverá observar a regra do art. 888 da CLT, iniciando-se os atos de expropriação dos bens penhorados.

9.2. Expropriação antecipada

O art. 852 do CPC autoriza o juiz a determinar a alienação antecipada dos bens penhorados, desde que estes estejam sujeitos à deterioração ou haja manifesta vantagem econômica com a antecipação da alienação.

Com efeito, dispõe o art. 852 do CPC:

> O juiz determinará a alienação antecipada dos bens penhorados quando:
>
> I – se tratar de veículos automotores, de pedras e metais preciosos e de outros bens móveis sujeitos à depreciação ou à deterioração;
>
> II – houver manifesta vantagem.

O procedimento da expropriação antecipada dos bens penhorados está previsto no art. 730 do CPC, *in verbis*:

> Art. 730. Nos casos expressos em lei, não havendo acordo entre os interessados sobre o modo como se deve realizar a alienação do bem, o juiz, de ofício ou a requerimento dos interessados ou do depositário, mandará aliená-lo em leilão, observando-se o disposto na Seção I deste Capítulo e, no que couber, o disposto nos arts. 879 a 903 do CPC.

Estas regras são, a nosso ver, aplicáveis ao processo do trabalho ante a existência de lacuna normativa desse ramo especializado e ausência de incompatibilidade com a sistemática processual trabalhista (CLT, art. 769; CPC, art. 15).

9.3. Praça e leilão

A praça e o leilão são espécies do gênero hasta pública. Mas não há diferença substancial entre esses institutos destinados à expropriação dos bens penhorados. Na verdade, a única distinção digna de nota é meramente formal, porquanto a praça é realizada no átrio do edifício do fórum e é destinada aos bens imóveis, enquanto o leilão ocorre no lugar onde estiverem os bens móveis, ou em outro lugar designado pelo juiz. O Novo CPC só trata do leilão, sendo omisso a respeito da praça.

Por força do art. 881 do CPC, não requerida a adjudicação e não realizada a alienação por iniciativa particular do bem penhorado, será expedido o edital de hasta pública (CPC, art. 886), que conterá:

> I – a descrição do bem penhorado, com suas características, e, tratando-se de imóvel, sua situação e suas divisas, com remissão à matrícula e aos registros;
>
> II – o valor pelo qual o bem foi avaliado, o preço mínimo pelo qual poderá ser alienado, as condições de pagamento e, se for o caso, a comissão do leiloeiro designado;
>
> III – o lugar onde estiverem os móveis, os veículos e os semoventes e, tratando-se de créditos ou direitos, a identificação dos autos do processo em que foram penhorados;
>
> IV – o sítio, na rede mundial de computadores, e o período em que se realizará o leilão, salvo se este se der de modo presencial, hipótese em que serão indicados o local, o dia e a hora de sua realização;
>
> V – a indicação de local, dia e hora de segundo leilão presencial, para a hipótese de não haver interessado no primeiro;
>
> VI – menção da existência de ônus, recurso ou processo pendente sobre os bens a serem leiloados.
>
> Parágrafo único. No caso de títulos da dívida pública e de títulos negociados em bolsa, constará do edital o valor da última cotação.

O leilão está submetido ao princípio da publicidade dos atos processuais, e, nos termos do art. 888 da CLT, há necessidade de edital, que será afixado na sede do juízo e publicado em jornal da localidade (se houver), com antecedência mínima de vinte dias.

Embora omissa a CLT quanto à necessidade de intimação do devedor quando da realização da hasta pública, cremos que, por força do art. 889 do CPC/2015 (§ 5º do art. 687 do CPC/73), deverão ser cientificados da alienação judicial, com pelo menos cinco dias de antecedência:

I – o executado, por meio de seu advogado ou, se não tiver procurador constituído nos autos, por carta registrada, mandado, edital ou outro meio idôneo;

II – o coproprietário de bem indivisível do qual tenha sido penhorada fração ideal;

III – o titular de usufruto, uso, habitação, enfiteuse, direito de superfície, concessão de uso especial para fins de moradia ou concessão de direito real de uso, quando a penhora recair sobre bem gravado com tais direitos reais;

IV – o proprietário do terreno submetido ao regime de direito de superfície, enfiteuse, concessão de uso especial para fins de moradia ou concessão de direito real de uso, quando a penhora recair sobre tais direitos reais;

V – o credor pignoratício, hipotecário, anticrético, fiduciário ou com penhora anteriormente averbada, quando a penhora recair sobre bens com tais gravames, caso não seja o credor, de qualquer modo, parte na execução;

VI – o promitente comprador, quando a penhora recair sobre bem em relação ao qual haja promessa de compra e venda registrada;

VII – o promitente vendedor, quando a penhora recair sobre direito aquisitivo derivado de promessa de compra e venda registrada;

VIII – a União, o Estado e o Município, no caso de alienação de bem tombado.

Se o executado for revel e não tiver advogado constituído, não constando dos autos seu endereço atual ou, ainda, não sendo ele encontrado no endereço constante do processo, a intimação considerar-se-á feita por meio do próprio edital de leilão (CPC, art. 889, parágrafo único).

9.4. Arrematação

De acordo com o art. 888 da CLT, depois de concluída a avaliação, seguir-se-á a arrematação, que será anunciada por edital afixado na sede do juízo ou tribunal e publicado no jornal local, se houver, com a antecedência de 20 dias.

A arrematação é o ato processual que propicia a transferência coercitiva dos bens penhorados do devedor a um terceiro, dito arrematante. É uma espécie de "venda" do patrimônio do devedor realizada pelo Estado, por intermédio de praça ou leilão, àquele que maior lanço (preço) oferecer.

A arrematação é um instituto processual de caráter dúplice: para o devedor, constitui verdadeira expropriação forçada em seu patrimônio; para o arrematante, um modo de aquisição da propriedade.

A arrematação far-se-á em dia, hora e lugar previamente anunciados. Os bens constantes do edital serão vendidos pelo maior lance.

O arrematante deverá garantir o lance com o sinal correspondente a 20% do seu valor. Se o arrematante, ou seu fiador, não pagar dentro de 24 horas o preço da arrematação, perderá, em benefício da execução, o sinal de que trata o § 2º do art. 888 da CLT, voltando os bens penhorados à hasta pública.

Não havendo licitante, e não requerendo o exequente a adjudicação dos bens penhorados, poderão estes ser vendidos por leiloeiro nomeado pelo juiz ou presidente.

Na data e hora especificadas no edital, o servidor (ou leiloeiro) encarregado anuncia o pregão, declinando os bens a serem expropriados e chamando os interessados a apresentar seus lances.

9.4.1. Preço vil

O § 1º do art. 888 da CLT dispõe que a arrematação deverá ser feita pelo maior lance. A interpretação literal dessa norma possibilitaria que os bens levados à hasta pública pudessem ser arrematados por preço vil, sendo, assim, inaplicável o art. 891 do CPC/2015 (art. 692 do CPC/73).

Há quem advogue, no entanto, em homenagem ao princípio da execução menos gravosa para o devedor, a aplicação supletiva da norma processual civil, com o que o chamado preço vil também não teria lugar no processo do trabalho.

A jurisprudência trabalhista majoritária era pela inaplicabilidade do preço vil na Justiça do Trabalho, como se deflui dos seguintes julgados:

EXECUÇÃO. PREÇO VIL. NÃO EXISTE PREÇO VIL NO PROCESSO DO TRABALHO, POIS O PARÁGRAFO 1º DO ARTIGO 888 DA CLT DISPÕE QUE A ARREMATAÇÃO É FEITA PELO MAIOR LANCE. Logo, não se aplicam a Lei n. 6.830 ou o CPC, principalmente o artigo 692, em razão de existir determinação específica na CLT (art. 889 da CLT). O valor obtido na hasta pública foi o maior lance. Assim, o bem deve ser vendido por esse valor e não pelo valor da avaliação (TRT 2ª R., AP 01485.1996.017.02.00-0, 8ª T., Rel. Des. Sérgio Pinto Martins, j. 6.3.2008, *DOE* 18.03.2008).

EXECUÇÃO – ARREMATAÇÃO DE BENS – VALOR INFERIOR AO DE AVALIAÇÃO – POSSIBILIDADE. A doutrina e jurisprudência majoritárias já vêm se posicionando no sentido de que o lanço ofertado nas arrematações realizadas não tem de alcançar, necessariamente, o valor da avaliação, afastando a configuração de preço vil quando alcançado, no mínimo, 20% daquele valor. No caso concreto, se o valor atribuído à adjudicação representa 60% do valor da avaliação dos bens constritos, não se pode considerar vil o lanço ofertado, em consonância com os princípios da efetividade da execução e da razoabilidade. Ademais, a regra contida no revogado art. 714 do CPC era incompatível com o processo do trabalho, regido, no aspecto, pelo art. 888, parágrafos 1º e 3º, da CLT (TRT 3ª R., AP 00669-2005-036-03-00-8, 5ª T., Rel. Juíza convocada Adriana Goulart de Sena, *DJMG* 29.1.2008, p. 27).

Mas há julgados em sentido contrário, especialmente depois do CPC de 2015:

ARREMATAÇÃO – PREÇO VIL – NULIDADE. Revelando os documentos colacionados aos autos que realizado pregão, o bem imóvel fora arrematado por preço bem inferior, quase um terço, ao da avaliação, por certo que o fora por preço vil, mormente em se considerando, tratar-se este de bem imóvel que não sofre a depreciação do móvel, não podendo ocorrer a retirada deste da propriedade do executado, por preço bem inferior ao da avaliação, mesmo que o valor alcance a satisfação do crédito da execução trabalhista (TRT 3ª R., AP 24/2007-081-03-00.1, 4ª T., Rel. Juiz conv. José Eduardo de R. C. Júnior, *DEJT* 3.8.2009).

ARREMATAÇÃO – LANÇO POR PREÇO VIL. Embora não haja consenso, tanto na doutrina, quanto na jurisprudência, sobre a fixação de valor para o 'preço vil', creio que a sua fixação deve levar em conta critérios como utilidade para a satisfação do crédito exequendo e onerosidade desproporcional para a executada. *In casu*, mostra-se ofensivo ao princípio da proporcionalidade e razoabilidade, alienar judicialmente um bem da executada, utilizado diretamente em sua atividade-fim, por um quinto de seu preço de avaliação (20%), para satisfazer menos de um terço da dívida em execução (TRT 3ª AP 00275-2007-052-03-00-0, Turma Recursal de Juiz de Fora, Rel. Juiz José Miguel de Campos, *DO* 11.2.2009).

AGRAVO DE PETIÇÃO. EXECUÇÃO. BEM IMÓVEL. PREÇO DA ARREMATAÇÃO MUITO INFERIOR AO DA AVALIAÇÃO. PREÇO VIL. A nova legislação processual civil, aplicada de forma subsidiária ao processo do trabalho, estabeleceu no seu artigo 891, § 1º, critérios claros e objetivos para a aferição do que deve ser considerado preço vil, quando o juízo não fixa preço mínimo, como é o caso. Ao trazer a inegável vantagem da segurança jurídica, referido artigo assim dispôs: art. 891. Não será aceito lance que ofereça preço vil. Parágrafo único. Considera-se vil o preço inferior ao mínimo estipulado pelo juiz e constante do edital, e, não tendo sido fixado preço mínimo, considera-se vil o preço inferior a cinquenta por cento do valor da avaliação. Portanto, provido o agravo de petição, eis que vil o lance ofertado (TRT 3ª AP 0010231-93.2016.5.03.0171, 5ª T, DEJT 22/09/2017).

AGRAVO DE INSTRUMENTO EM RECURSO DE REVISTA INTERPOSTO PELOS EXECUTADOS. EXECUÇÃO. ARREMATAÇÃO DE IMÓVEL. ERRO DE AVALIAÇÃO E PREÇO VIL. Os executados não se insurgiram contra o valor da avaliação do bem penhorado no momento oportuno, qual seja nos embargos à execução, operando-se, pois, a preclusão, no aspecto. Por outro lado, diante da omissão da lei em fixar critério objetivo para a aferição do que configura, de fato, preço vil, sua identificação deve levar em conta as peculiaridades próprias de cada situação, com cotejo, inclusive, da facilidade, ou da dificuldade, de venda do bem arrematado. No caso, o bem imóvel foi arrematado por valor correspondente a 50% do valor da avaliação, não se divisando, assim, o alegado preço vil, pois não configurada a hipótese de prejuízo vultoso e desproporcional, tampouco desrespeito ao direito de propriedade. Se não bastasse, necessário registrar que a tese recursal do preço vil é articulada exclusivamente como corolário do erro na avaliação do bem penhorado, insurgência preclusa, consoante supramencionado. Ilesos, pois, os artigos 5º, II e XXII, e 170, *caput* e II, da CF. Agravo de instrumento conhecido e não provido (TST-AIRR 1723-57.2013.5.09.0023, Rel. Min. Dora Maria da Costa, 8ª T. DEJT 28/09/2018).

9.4.2. Arrematação pelo próprio exequente

É facultado ao credor/exequente oferecer lanço. Nesse caso, não estará obrigado a exibir o preço. Caso o valor dos bens exceda o seu crédito, o credor deverá depositar a diferença em três dias, sob pena de desfazer-se a arrematação, cabendo-lhe arcar com as despesas para a realização de nova hasta pública. Se o credor desejar arrematar os bens, deverá adquiri-los pelo preço da avaliação.

No que concerne à possibilidade da arrematação pelo próprio exequente mediante oferecimento de lanço inferior ao constante do edital, parece-nos que a interpretação sistemática dos arts. 895, § 2º, do CPC e 888 da CLT não impedem que o credor/exequente possa arrematar os bens levados à praça, ainda que por valor inferior ao constante do edital.

Entendimento de que o credor somente poderia arrematar pelo preço constante do edital implicaria nítida discriminação em relação aos demais possíveis arrematantes, pois estes podem arrematar os bens por preço inferior ao da avaliação.

9.4.3. *Auto de arrematação*

A conclusão da arrematação é formalizada em um auto que será lavrado no prazo de 24 horas, contadas da realização da hasta pública. Dentro desse prazo, faculta-se ao devedor (executado) remir a sua dívida (CPC, art. 826) e ao credor, a adjudicação dos bens penhorados.

A arrematação torna-se perfeita, acabada e irretratável, ainda que os embargos venham a ser julgados procedentes, com a assinatura do auto pelo juiz, pelo arrematante e pelo servidor público ou leiloeiro (CPC, art. 903), sendo certo que, no processo do trabalho, o auto não é assinado sem a comprovação da complementação do preço da arrematação.

O art. 903 do CPC permite o desfazimento da arrematação em algumas hipóteses e, no caso de procedência dos embargos, o executado terá direito de exigir do exequente o valor por este recebido como produto da arrematação; caso inferior ao valor do bem, o executado terá direito à diferença.

À luz do princípio da simplicidade inerente ao processo do trabalho, parece-nos que o desfazimento da arrematação poderá ser realizado por meio de simples petição, não se exigindo um processo especial, tal como previsto no § 4º do art. 903 do NCPC.

9.4.4. *Irrecorribilidade da decisão homologatória da arrematação*

Depois da assinatura da carta de arrematação não caberá nenhum recurso ou medida nos mesmos autos da execução, sendo certo que, segundo o item I da Súmula n. 399 do TST, é "incabível ação rescisória para impugnar decisão homologatória de adjudicação ou arrematação".

9.5. Adjudicação

A adjudicação é o ato processual pelo qual o próprio credor tem a preferência para incorporar ao seu patrimônio o bem penhorado levado à hasta pública.

O inciso I do art. 24 da Lei n. 6.830/1980 dispõe que o credor tem direito à adjudicação antes de realizado o leilão, sendo certo que o § 1º do art. 888 da CLT concede preferência ao exequente para, querendo, no dia marcado para a praça, exercer o direito de adjudicação dos bens constritos, desde que o faça antes da assinatura do auto de arrematação.

O exequente poderá adjudicar o bem pelo valor do maior lance oferecido, mas, se não houver licitante, a adjudicação far-se-á pelo preço da avaliação do bem penhorado.

Se o valor do bem for superior ao crédito, o juiz somente deferirá a adjudicação se a diferença for depositada pelo credor, à ordem do Juízo, no prazo que lhe for assinalado (CLT, arts. 888, § 1º, e 889, c/c. o art. 24, II, *a*, e seu parágrafo único, da Lei n. 6.830/80).

Da decisão que homologa a adjudicação não cabe ação rescisória, segundo o item I da Súmula n. 399 do TST. Também não cabe o mandado de segurança, consoante a OJ n. 66 da SBDI-2 do TST, que dispõe:

> É incabível o mandado de segurança contra sentença homologatória de adjudicação, uma vez que existe meio próprio para impugnar o ato judicial, consistente nos embargos à adjudicação (CPC, art. 746).

Já alertávamos na edição anterior deste livro que esta última Orientação Jurisprudencial deveria sofrer alteração, uma vez que o art. 746 do CPC/73 não encontra disposição correspondente no Novo CPC de 2015.

O TST, então, alterou a referida OJ n. 66 da SBDI-2, que passou a ter a seguinte redação:

> I – Sob a égide do CPC de 1973 é incabível o mandado de segurança contra sentença homologatória de adjudicação, uma vez que existe meio próprio para impugnar o ato judicial, consistente nos embargos à adjudicação (CPC de 1973, art. 746).
>
> II – Na vigência do CPC de 2015 também não cabe mandado de segurança, pois o ato judicial pode ser impugnado por simples petição, na forma do artigo 877, *caput*, do CPC de 2015.

9.6. Remição

Remição é o ato processual que consiste no pagamento efetuado diretamente pelo devedor (ou executado) com vistas à liberação do bem penhorado. Trata-se de aplicação do princípio da execução menos onerosa ao devedor (CPC, art. 805), na medida em que permite que este, a qualquer tempo, possa remir a sua dívida, pagando a importância da condenação, atualizada monetariamente, mais juros, custas processuais e honorários de sucumbência (se houver), desde que o faça antes da assinatura do auto de arrematação ou da adjudicação.

O art. 13 da Lei n. 5.584/70 dispõe que a remição só será deferida se o executado oferecer preço igual ao valor da condenação, abrangendo, evidentemente, todas as verbas decorrentes da sucumbência.

Não há prazo específico para a remição, mas, por aplicação analógica do art. 651 do CPC, parece-nos que é factível admitir que ela possa ocorrer antes de adjudicados ou alienados os bens, desde que o executado pague ou consigne a importância atualizada da dívida, mais juros, custas e, se for o caso, honorários advocatícios.

Com a remição extingue-se a execução, na medida em que esta atinge o seu escopo, qual seja, a satisfação do crédito do exequente.

Pensamos que a remição prefere à adjudicação, e esta, a teor do § 1º do art. 888 da CLT, à arrematação.

9.7. Alienação por iniciativa particular

A alienação por iniciativa particular dos bens penhorados está prevista no art. 880 do CPC, segundo o qual:

> Art. 880. Não efetivada a adjudicação, o exequente poderá requerer a alienação por sua própria iniciativa ou por intermédio de corretor ou leiloeiro público credenciado perante o órgão judiciário.
>
> § 1º O juiz fixará o prazo em que a alienação deve ser efetivada, a forma de publicidade, o preço mínimo, as condições de pagamento, as garantias e, se for o caso, a comissão de corretagem.
>
> § 2º A alienação será formalizada por termo nos autos, com a assinatura do juiz, do exequente, do adquirente e, se estiver presente, do executado, expedindo-se:
>
> I – a carta de alienação e o mandado de imissão na posse, quando se tratar de bem imóvel;
>
> II – a ordem de entrega ao adquirente, quando se tratar de bem móvel.
>
> § 3º Os tribunais poderão editar disposições complementares sobre o procedimento da alienação prevista neste artigo, admitindo, quando for o caso, o concurso de meios eletrônicos, e dispor sobre o credenciamento dos corretores e leiloeiros públicos, os quais deverão estar em exercício profissional por não menos que 3 (três) anos.
>
> § 4º Nas localidades em que não houver corretor ou leiloeiro público credenciado nos termos do § 3º, a indicação será de livre escolha do exequente.

É importante salientar que, nos termos do art. 881 do CPC, a alienação far-se-á em leilão judicial se não efetivada a adjudicação ou a alienação por iniciativa particular.

Tendo em vista a lacuna normativa da CLT e a ausência de incompatibilidade com o processo do trabalho, cremos que as normas supracitadas podem ser aplicadas no processo do trabalho, inclusive nas ações oriundas da relação de trabalho diversa da relação empregatícia.

Assim, o juiz fixará o prazo em que a alienação deve ser efetivada, a forma de publicidade, o preço mínimo, as condições de pagamento e as garantias, bem como, se for o caso, a comissão de corretagem (CPC, art. 880, § 1º).

A alienação será formalizada por termo nos autos, assinado pelo juiz, pelo exequente, pelo adquirente e, se estiver presente, pelo executado, expedindo-se a carta de alienação e o mandado de imissão de posse, quando se tratar de imóvel, ou, se bem móvel, o mandado contendo a ordem de entrega ao adquirente.

O § 3º do art. 880 do NCPC permite aos Tribunais "expedir provimentos detalhando o procedimento da alienação prevista neste artigo, inclusive com o concurso de meios eletrônicos, e dispondo sobre o credenciamento dos corretores, os quais deverão estar em exercício profissional por não menos de 3 (três) anos".

9.8. Embargos (impugnação) à arrematação e à adjudicação

A CLT e a Lei n. 6.830/80 são omissas a respeito dos embargos à arrematação ou à adjudicação, o que, a nosso ver, atrairia a incidência subsidiária do art. 746 do CPC/73.

A corrente restritiva e minoritária advoga que o remédio próprio para atacar as decisões homologatórias da arrematação ou da adjudicação é o agravo de petição, tendo em vista a interpretação ampliativa do vocábulo "decisões" contido no art. 897, *a*, da CLT.

A corrente majoritária admite a oposição dos embargos à adjudicação contra a sentença homologatória respectiva. O Enunciado n. 41 da Jornada Nacional de Execução, realizada em novembro de 2010, admite embargos à arrematação no processo do trabalho.

A jurisprudência atual do TST acompanha a corrente majoritária, como se infere do item I da OJ n. 66 da SBDI-2, parte final, que manda aplicar o art. 746 do CPC/73.

Ocorre que o art. 746 do CPC/73 não possui correspondente no CPC de 2015, razão pela qual à referida OJ n. 66 foi incluído o item II, segundo o qual: "Na vigência do CPC de 2015 também não cabe mandado de segurança, pois o ato judicial pode ser impugnado por simples petição, na forma do artigo 877, *caput*, do CPC de 2015".

Da decisão que julgar os embargos (ou simples petição de impugnação) à arrematação ou à adjudicação caberá agravo de petição (CLT, art. 897, *a*), por ser ato judicial praticado na fase (ou no processo) de execução com natureza de decisão terminativa do procedimento dos embargos à arrematação ou à adjudicação, sendo, pois, incabível o mandado de segurança para atacar tal decisão.

10. Fraude à execução

Fraude à execução não se confunde com fraude contra credores. Aquele é instituto de natureza eminentemente processual, devendo o juiz reconhecê-lo de ofício e apurar a responsabilidade nos mesmos autos do processo em que for constatado esse ato atentatório à dignidade da justiça (CPC, art. 774, I, parágrafo único); este, é instituto de direito material (CC, art. 158) concernente a um defeito do ato jurídico que depende da existência do *consilium fraudis*, apurada em ação própria (pauliana ou revocatória).

Já vimos que a eticidade é um dos princípios da execução e a fraude à execução é uma das formas de violação a tal princípio.

A CLT é lacunosa a respeito da fraude à execução, razão pela qual impõe-se a aplicação subsidiária do CPC, porquanto inexistente qualquer incompatibilidade com as normas (valores, princípios e regras) do processo laboral.

Nesse passo, o juiz pode, nos termos do art. 772 do CPC, em qualquer momento do processo:

I – ordenar o comparecimento das partes;

II – advertir o executado de que seu procedimento constitui ato atentatório à dignidade da justiça;

III – determinar que sujeitos indicados pelo exequente forneçam informações em geral relacionadas ao objeto da execução, tais como documentos e dados que tenham em seu poder, assinando-lhes prazo razoável.

De acordo com o art. 774 do NCPC, considera-se atentatória à dignidade da justiça a conduta comissiva ou omissiva do executado que:

I – frauda a execução;

II – se opõe maliciosamente à execução, empregando ardis e meios artificiosos;

III – dificulta ou embaraça a realização da penhora;

IV – resiste injustificadamente às ordens judiciais;

V – intimado, não indica ao juiz quais são e onde estão os bens sujeitos à penhora e os respectivos valores, nem exibe prova de sua propriedade e, se for o caso, certidão negativa de ônus.

Nos casos previstos no parágrafo único do art. 774 do CPC, "o juiz fixará multa em montante não superior a vinte por cento do valor atualizado do débito em execução, a qual será revertida em proveito do exequente, exigível nos próprios autos do processo, sem prejuízo de outras sanções de natureza processual ou material".

Dispõe, ainda, o art. 773 do CPC que o juiz poderá, de ofício ou a requerimento, determinar as medidas necessárias ao cumprimento da ordem de entrega de documentos e dados. Todavia, quando, em decorrência do disposto neste artigo, o juízo receber dados sigilosos para os fins da execução, o juiz adotará as medidas necessárias para assegurar a confidencialidade.

Vale lembrar que o art. 790, V, do CPC prevê que estão sujeitos à execução os bens "alienados ou gravados com ônus real em fraude à execução".

A CLT (art. 9º) trata genericamente da fraude como ato destinado a impedir maliciosamente a aplicação dos preceitos nela contidos, mas não trata especificamente do instituto da fraude à execução, o que impõe a aplicação subsidiária do art. 792 do NCPC, *in verbis*:

Art. 792. A alienação ou a oneração de bem é considerada fraude à execução:

I – quando sobre o bem pender ação fundada em direito real ou com pretensão reipersecutória, desde que a pendência do processo tenha sido averbada no respectivo registro público, se houver;

II – quando tiver sido averbada, no registro do bem, a pendência do processo de execução, na forma do art. 828;

III – quando tiver sido averbado, no registro do bem, hipoteca judiciária ou outro ato de constrição judicial originário do processo onde foi arguida a fraude;

IV – quando, ao tempo da alienação ou da oneração, tramitava contra o devedor ação capaz de reduzi-lo à insolvência;

V – nos demais casos expressos em lei.

§ 1º A alienação em fraude à execução é ineficaz em relação ao exequente.

§ 2º No caso de aquisição de bem não sujeito a registro, o terceiro adquirente tem o ônus de provar que adotou as cautelas necessárias para a aquisição, mediante a exibição das certidões pertinentes, obtidas no domicílio do vendedor e no local onde se encontra o bem.

§ 3º Nos casos de desconsideração da personalidade jurídica, a fraude à execução verifica-se a partir da citação da parte cuja personalidade se pretende desconsiderar.

§ 4º Antes de declarar a fraude à execução, o juiz deverá intimar o terceiro adquirente, que, se quiser, poderá opor embargos de terceiro, no prazo de 15 (quinze) dias.

Em síntese, ato atentatório à dignidade da justiça constitui gênero que tem como uma das suas espécies a fraude à execução. Tanto num caso quanto noutro, prescreve o art. 774 do CPC que o devedor incidirá em multa fixada pelo juiz, em montante não superior a 20% (vinte por cento) do valor atualizado do débito em execução, sem prejuízo de outras sanções de natureza processual ou material, multa essa que reverterá em proveito do credor/exequente, exigível nos próprios autos do processo.

A Jornada sobre Execução na Justiça do Trabalho (Cuiabá-MT, novembro de 2010) aprovou três Enunciados (10, 11 e 37) sobre fraude à execução trabalhista, *in verbis*:

FRAUDE À EXECUÇÃO. DEMONSTRAÇÃO. PROCEDIMENTO. I – Na execução de créditos trabalhistas não é necessária a adoção de procedimento específico ou demonstração de fraude para desconsideração da personalidade jurídica da executada. II – Acolhida a desconsideração da personalidade jurídica, faz-se necessária a citação dos sócios que serão integrados ao polo passivo. III – A responsabilidade do sócio retirante alcança apenas as obrigações anteriores à sua saída (Enunciado n. 10).

FRAUDE À EXECUÇÃO. UTILIZAÇÃO DO CCS. 1. É instrumento eficaz, para identificar fraudes e tornar a execução mais efetiva, a utilização do Cadastro de Clientes no Sistema Financeiro Nacional (CCS), com o objetivo de busca de procurações outorgadas a administradores que não constam do contrato social das executadas (Enunciado n. 11).

ALIENAÇÃO FIDUCIÁRIA. FRAUDE À EXECUÇÃO. Os valores pagos a instituições financeiras em virtude de contratos de alienação fiduciária e assemelhados, quando já existente ação capaz de tornar o devedor insolvente, caracterizam fraude à execução. Diante da ineficácia dessa transferência de numerário, o respectivo valor é penhorável em benefício da execução (Enunciado n. 37).

Tais verbetes, a nosso ver, podem ser utilizados como importantes fontes doutrinárias para fundamentação das decisões dos juízes do trabalho para combater as fraudes na execução trabalhista.

11. Execução contra a massa falida e contra a empresa em recuperação

A Lei n. 11.101, de 9.2.2005, também chamada de Nova Lei de Falências, instituiu três institutos jurídicos aplicáveis às empresas que não conseguem honrar as suas dívidas: a recuperação extrajudicial, a recuperação judicial e a decretação da falência.

A **recuperação extrajudicial**, por implicar ajuste direto entre o devedor e os seus credores, não é aplicável aos créditos trabalhistas (art. 161, § 1º, da Lei n. 11.101/05). Todavia, ela se mostra importante para os créditos dos trabalhadores não empregados (autônomos) cujas ações foram transferidas para a Justiça do Trabalho em virtude da EC n. 45/2004 (CF, art. 114, I).

A **decretação da falência**, ou o deferimento do **processamento da recuperação judicial**, suspende o curso da prescrição e de todas as ações e execuções em face do devedor, inclusive aquelas dos credores particulares do sócio solidário (Lei n. 11.101, art. 6º).

Além disso, o § 1º do art. 6º da nova Lei de Falências determina que prosseguirá, no juízo no qual estiver se processando, a ação que demandar quantia ilíquida, sendo certo que o § 2º do mesmo artigo faculta ao interessado pleitear, perante o administrador judicial, habilitação, exclusão ou modificação de créditos derivados da relação de trabalho.

Já as ações de natureza trabalhista, inclusive as impugnações a que se refere o art. 8º da Lei sob exame, serão processadas perante a Justiça do Trabalho até a apuração do respectivo crédito, o qual será inscrito no quadro geral de credores pelo valor determinado em sentença. É dizer, a competência da execução trabalhista cessa no momento em que for apurado o *quantum debeatur*, isto é, a quantia líquida devida. Após a apuração do *quantum debeatur*, será expedida certidão em favor do credor e seu crédito trabalhista será habilitado perante o quadro geral de credores no juízo falimentar.

No tocante à recuperação judicial, o Enunciado n. 18 aprovado na Jornada sobre Execução na Justiça do Trabalho (Cuiabá-MT, novembro de 2010), dispõe, *in verbis*:

> RECUPERAÇÃO JUDICIAL. EXCLUSÃO DO CONCURSO UNIVERSAL. HIPÓTESE. Quando sobrevier recuperação judicial da empresa, após atos cautelares ou de execução que garantam o recebimento de valores por credores trabalhistas, vencido o prazo do § 4º do art. 6º da Lei n. 10.101/05, os bens ou valores arrestados ou penhorados ficam excluídos do concurso universal e serão expropriados pelo juiz do Trabalho.

De outro giro, registramos o entendimento consubstanciado nos arts. 80 e 83 da Consolidação dos Provimentos da Corregedoria-Geral da Justiça do Trabalho:

> Art. 80. Deferida a recuperação judicial, caberá ao juiz do trabalho, que entender pela cessação da competência para prosseguimento da execução trabalhista, determinar a expedição de Certidão de Habilitação de Crédito para ser submetida à apreciação do administrador judicial.
>
> Art. 83. O juiz do trabalho contrário à cessação da competência para prosseguimento da execução trabalhista contra a empresa recuperanda, deverá proferir decisão fundamentada,

da qual dará ciência aos juízes de direito das comarcas ou aos juízes das varas especializadas, que tenham deferido o pedido de recuperação judicial, para adoção de medida judicial pertinente.

Para o STF a execução contra empresa em recuperação judicial é da competência da Justiça Estadual. Nesse sentido:

CONFLITO NEGATIVO DE COMPETÊNCIA. EXECUÇÃO DE CRÉDITOS TRABALHISTAS EM PROCESSOS DE RECUPERAÇÃO JUDICIAL. COMPETÊNCIA DA JUSTIÇA ESTADUAL COMUM, COM EXCLUSÃO DA JUSTIÇA DO TRABALHO. INTERPRETAÇÃO DO DISPOSTO NA LEI N. 11.101/05, EM FACE DO ART. 114 DA CF. RECURSO EXTRAORDINÁRIO CONHECIDO E IMPROVIDO. I – A questão central debatida no presente recurso consiste em saber qual o juízo competente para processar e julgar a execução dos créditos trabalhistas no caso de empresa em fase de recuperação judicial. II – Na vigência do Decreto-lei n. 7.661/1945 consolidou-se o entendimento de que a competência para executar os créditos ora discutidos é da Justiça Estadual Comum, sendo essa também a regra adotada pela Lei n. 11.101/05. III – O inc. IX do art. 114 da Constituição Federal apenas outorgou ao legislador ordinário a faculdade de submeter à competência da Justiça Laboral outras controvérsias, além daquelas taxativamente estabelecidas nos incisos anteriores, desde que decorrentes da relação de trabalho. IV – O texto constitucional não o obrigou a fazê-lo, deixando ao seu alvedrio a avaliação das hipóteses em que se afigure conveniente o julgamento pela Justiça do Trabalho, à luz das peculiaridades das situações que pretende regrar. V – A opção do legislador infraconstitucional foi manter o regime anterior de execução dos créditos trabalhistas pelo juízo universal da falência, sem prejuízo da competência da Justiça Laboral quanto ao julgamento do processo de conhecimento. VI – Recurso extraordinário conhecido e improvido (STF-RE 583955/RJ, Rel. Min. Ricardo Lewandowski. Repercussão Geral. Acórdão divulgado no *DJE* de 27.08.2009 e publicado em 28.8.2009).

No que respeita à falência, lembramos do Enunciado n. 19 aprovado na Jornada sobre Execução na Justiça do Trabalho (Cuiabá-MT, novembro/2010):

DECRETAÇÃO DE FALÊNCIA. EXPROPRIAÇÃO DE BENS PELA JUSTIÇA DO TRABALHO. HIPÓTESE. As execuções iniciadas antes da decretação da falência do empregador terão prosseguimento no juízo trabalhista, se já houver data definitiva para a expropriação dos bens, hipótese em que o produto da alienação deve ser enviado ao juízo falimentar, a fim de permitir a habilitação do crédito trabalhista e sua inclusão no quadro geral de credores. Caso os bens já tenham sido alienados ao tempo da quebra, o credor trabalhista terá seu crédito satisfeito.

O juiz do trabalho poderá determinar a reserva da importância que estimar devida na recuperação judicial ou na falência, e, uma vez reconhecido líquido o direito, será o crédito incluído na classe própria.

Na recuperação judicial, a suspensão de que trata o *caput* do art. 6º da nova Lei de Falências em hipótese nenhuma excederá o prazo improrrogável de 180 (cento e oitenta) dias contado do deferimento do processamento da recuperação, restabelecendo-se, após o decurso do prazo, o direito dos credores de iniciar ou continuar suas ações e execuções, independentemente de pronunciamento judicial.

Aplica-se o disposto no § 2º do art. 6º da nova Lei de Falências à recuperação judicial durante o período de suspensão do processo, mas, após o fim da suspensão, as execuções trabalhistas poderão ser normalmente concluídas, ainda que o crédito já esteja inscrito no quadro geral de credores.

Além da verificação periódica perante os cartórios de distribuição, as ações que venham a ser propostas contra o devedor deverão ser comunicadas ao juízo da falência ou da recuperação judicial pelo juiz competente, quando do recebimento da petição inicial ou pelo devedor, imediatamente após a citação.

As execuções de natureza fiscal não são suspensas pelo deferimento da recuperação judicial, ressalvada a concessão de parcelamento nos termos do Código Tributário Nacional e da legislação ordinária específica.

A distribuição do pedido de falência ou de recuperação judicial previne a jurisdição para qualquer outro pedido de recuperação judicial ou de falência, relativo ao mesmo devedor.

De acordo com os incisos I e VI do art. 83 da nova Lei de Falências *são preferenciais apenas os créditos derivados da legislação do trabalho, limitados a 150 salários mínimos por credor*, e os decorrentes de acidentes de trabalho. Já os créditos trabalhistas que ultrapassarem tal valor serão considerados *meros créditos quirografários*, o mesmo ocorrendo em relação aos créditos trabalhistas cedidos a terceiros. O art. 449, § 1º, da CLT foi derrogado (revogação parcial) pelo art. 83, I e VI, da nova Lei de Falências, na medida em que são privilegiados apenas os créditos trabalhistas até 150 salários mínimos.

Os créditos trabalhistas de natureza estritamente salarial vencidos nos três meses anteriores à decretação da falência, até o limite de cinco salários mínimos por trabalhador, serão pagos tão logo haja disponibilidade em caixa (art. 151 da Lei de Falências).

Com a decretação da falência, pensamos que os processos que veiculam ações oriundas de relações de trabalho (salvo aquela em que o avulso é o trabalhador) distintas da relação de emprego deverão ser remetidos ao Juízo Universal da Falência, tendo em vista o que dispõe o art. 76 da Lei n. 11.101/2005, *in verbis*:

> Art. 76. O juízo da falência é indivisível e competente para conhecer todas as ações sobre bens, interesses e negócios do falido, ressalvadas as causas trabalhistas, fiscais e aquelas não reguladas nesta Lei em que o falido figurar como autor ou litisconsorte ativo.

No conceito de "causas trabalhistas", a nosso ver, incluem-se apenas as ações oriundas de relações empregatícias, e não as demais ações decorrentes das relações de trabalho que, por força da EC n. 45/2004, foram atraídas para a competência da Justiça do Trabalho.

As ações de execução das multas impostas pelos órgãos de fiscalização das relações de trabalho, por terem natureza de execução fiscal, bem como as ações de acidentes do trabalho ajuizadas por empregado em face do empregador, continuarão tramitando na Justiça do Trabalho, mesmo depois da decretação da falência. A razão é simples: os créditos cobrados nessas ações são privilegiados.

A interpretação ideal seria a de que as ações que veiculam créditos trabalhistas até 150 salários mínimos deveriam continuar tramitando na Justiça do Trabalho, mesmo depois da decretação da falência da empresa devedora. Esse, contudo, não é o entendimento da SBDI-1 do TST (E-RR-507.991/1998.0, rel. Min. João Batista Brito Pereira, *DJ* 24.6.2005).

A decretação da falência, a nosso ver, não impede que a ação trabalhista continue a tramitar na Justiça do Trabalho: (a) em face dos sócios da empresa falida, desde que o juiz adote a teoria de desconsideração da personalidade jurídica da empresa devedora (ou executada); (b) em face dos responsáveis subsidiários ou solidários. Nesse sentido, aliás, prevê o art. 84 da Consolidação dos Provimentos da Corregedoria-Geral da Justiça do Trabalho.

Tanto na falência quanto na recuperação judicial, o Enunciado n. 20, aprovado na Jornada sobre Execução na Justiça do Trabalho (Cuiabá-MT, novembro 2010), propõe:

> FALÊNCIA E RECUPERAÇÃO JUDICIAL. PROSSEGUIMENTO DA EXECUÇÃO TRABALHISTA CONTRA COOBRIGADOS, FIADORES, REGRESSIVAMENTE OBRIGADOS E SÓCIOS. POSSIBILIDADE. A falência e a recuperação judicial, sem prejuízo do direito de habilitação de crédito no juízo universal, não impedem o prosseguimento da execução contra os coobrigados, os fiadores e os obrigados de regresso, bem como os sócios, por força da desconsideração da personalidade jurídica.

Importa registrar, em conclusão desta epígrafe, que falência ou recuperação judicial não se confundem com liquidação extrajudicial. A semelhança é apenas quanto às dificuldades financeiras que as empresas em tais condições se encontram. Mas na liquidação extrajudicial e na recuperação judicial não há extinção do executado/devedor, pois tais empresas continuam exercendo a respectiva atividade econômica.

Em suma, no processo do trabalho, o ato declaratório da liquidação extrajudicial não obsta o direito de o trabalhador ajuizar reclamação trabalhista nem o prosseguimento da execução em que ela figure como ré ou executada empresa em liquidação extrajudicial. Nesse sentido é a OJ n. 143 da SBDI-1 do TST.

12. Execução contra a Fazenda Pública

Com base no Decreto-lei n. 200/1967, o termo "Fazenda Pública" abrange todas as pessoas jurídicas de direito público, isto é, a União, os Estados, os Municípios e o Distrito Federal, bem como as suas respectivas autarquias e fundações públicas, não alcançando os demais órgãos da administração pública indireta com personalidade jurídica de direito privado, como as empresas públicas (salvo a Empresa Brasileira de Correios e Telégrafos-ECT, ou simplesmente Correios, consoante OJ/SBDI-1 n. 247), as sociedades de economia mista, os entes de cooperação (SESI, SENAI, SESC etc.) e as concessionárias ou permissionárias de serviço público.

A execução contra a Fazenda Pública é norteada pelos seguintes princípios: a) impenhorabilidade e inalienabilidade dos bens públicos; b) universalidade orçamentária (CF, art. 165, §§ 2º e 5º).

Há um procedimento legal privilegiado apenas para a execução de título judicial por quantia certa contra as pessoas de direito público. Não há privilégio para a Fazenda Pública quando figura no polo passivo na execução de título extrajudicial e na execução (ou cumprimento) da sentença que reconheça obrigação de fazer, não fazer e entregar coisa.

Nas Constituições de 1967 e 1969, a execução forçada contra a União ou autarquias e empresas públicas federais não era da competência da Justiça do Trabalho, e sim da Justiça Federal Comum.

A Constituição brasileira, de 5.10.1988, na redação original do seu art. 114, *caput*, passou para a Justiça do Trabalho a competência para conciliar e julgar ações movidas por servidores públicos federais, estaduais e municipais. O STF, no entanto, restringiu a interpretação da referida norma, excluindo da competência da Justiça do Trabalho as ações movidas por servidores estatutários.

O novo inciso I do art. 114 da CF, criado pela EC n. 45/2004, prevê a competência da Justiça do Trabalho para as ações oriundas da relação de trabalho entre a Administração Pública e os servidores públicos, sejam eles celetistas ou estatutários. O STF (ADI n. 3.395), no entanto, afastou qualquer interpretação que confira à Justiça do Trabalho competência para julgar ações e, consequentemente, as execuções envolvendo servidores estatutários ou submetidos a regime especial diverso do "celetista".

Proferida a decisão homologatória dos cálculos, a Fazenda Pública não é intimada para pagar o valor liquidado, nem para nomear bens à penhora. Ela é citada para, querendo, oferecer embargos à execução, nos termos dos arts. 534 e 910 do CPC.

Vê-se, assim, que a sentença que reconheça obrigação de pagar em desfavor da Fazenda Pública integra o subsistema do cumprimento da sentença (CPC, art. 534) ou o subsistema do processo de execução autônomo de título extrajudicial (CPC, art. 910), sendo certo que ambos os subsistemas, no que couber, se comunicam entre si.

No primeiro caso, a Fazenda Pública, nos termos do art. 535 do CPC, será intimada na pessoa de seu representante judicial, por carga, remessa ou meio eletrônico, para, querendo, no prazo de 30 (trinta) dias e nos próprios autos, impugnar a execução, podendo arguir:

> I – falta ou nulidade da citação se, na fase de conhecimento, o processo correu à revelia;
>
> II – ilegitimidade de parte;
>
> III – inexequibilidade do título ou inexigibilidade da obrigação;

IV – excesso de execução ou cumulação indevida de execuções;

V – incompetência absoluta ou relativa do juízo da execução;

VI – qualquer causa modificativa ou extintiva da obrigação, como pagamento, novação, compensação, transação ou prescrição, desde que supervenientes ao trânsito em julgado da sentença.

A alegação de impedimento ou suspeição observará o disposto nos arts. 146 e 148 do CPC.

Quando se alegar que o exequente, em excesso de execução, pleiteia quantia superior à resultante do título, cumprirá à executada declarar de imediato o valor que entende correto, sob pena de não conhecimento da arguição.

Dispõe o § 3º do art. 535 do CPC que, se não for impugnada a execução ou se forem rejeitadas as arguições da executada:

I – expedir-se-á, por intermédio do presidente do tribunal competente, precatório em favor do exequente, observando-se o disposto na Constituição Federal;

II – por ordem do juiz, dirigida à autoridade na pessoa de quem o ente público foi citado para o processo, o pagamento de obrigação de pequeno valor será realizado no prazo de 2 (dois) meses contado da entrega da requisição, mediante depósito na agência de banco oficial mais próxima da residência do exequente.

Tratando-se de impugnação parcial, a parte não questionada pela executada será, desde logo, objeto de cumprimento.

Na hipótese de inexequibilidade do título ou inexigibilidade da obrigação, considera-se também inexigível a obrigação reconhecida em título executivo judicial fundado em lei ou ato normativo considerado inconstitucional pelo Supremo Tribunal Federal, ou fundado em aplicação ou interpretação da lei ou do ato normativo tido pelo Supremo Tribunal Federal como incompatível com a Constituição Federal, em controle de constitucionalidade concentrado ou difuso. Neste caso, os efeitos da decisão do Supremo Tribunal Federal poderão ser modulados no tempo, de modo a favorecer a segurança jurídica.

Além disso, a decisão do Supremo Tribunal Federal referida no § 5º do art. 535 do CPC deve ter sido proferida antes do trânsito em julgado da decisão exequenda. Caso seja proferida após o trânsito em julgado da decisão exequenda, caberá ação rescisória, cujo prazo será contado do trânsito em julgado da decisão proferida pelo Supremo Tribunal Federal.

No caso de processo de execução de título extrajudicial, a Fazenda Pública será citada para opor embargos em 30 (trinta) dias. Não opostos embargos ou transitada em julgado a decisão que os rejeitar, expedir-se-á precatório ou requisição de pequeno valor em favor do exequente, observando-se o disposto no art. 100 da Constituição Federal. Nos embargos, a Fazenda Pública poderá alegar qualquer matéria que lhe seria lícito deduzir como defesa no processo de conhecimento.

Existe cizânia acerca do prazo para oferecimento de embargos à execução pela Fazenda Pública. A nosso sentir, o prazo é de cinco dias, seja porque o Decreto-lei n. 779/1969 não prevê nenhum prazo especial para tal espécie de ação incidental, seja porque, nos termos do art. 769 da CLT, o direito processual comum somente será fonte subsidiária do direito processual do trabalho quando: (a) for omisso o texto consolidado; e (b) o preceito invocado não for incompatível com os princípios que informam o ramo especializado.

Nessa ordem, não havendo omissão do texto obreiro, forçoso é concluir pela inaplicabilidade, *in casu*, do prazo insculpido no art. 535 do CPC, devendo ser aplicado o art. 884 da CLT, segundo o qual o prazo para embargos à execução é de cinco dias.

Ademais, se a Fazenda Pública é citada para apresentar embargos à execução, é óbvio que estamos diante de uma autêntica ação incidental desconstitutiva (do título judicial), que inaugura um processo novo incidental à execução. Logo, prazo para o ajuizamento da ação de embargos à execução pela Fazenda Pública só pode ser o do art. 884 da CLT (cinco dias).

É certo que o art. 4º da Medida Provisória n. 2.180-35, de 24.8.2001, alterou a Lei n. 9.494, de 10/9/1997, acrescentando-lhe, dentre outros, o art. 1º-B, que dispõe, *in verbis*:

> Art. 1º-B. O prazo a que se refere o *caput* dos arts. 730 do Código de Processo Civil, e 884 da Consolidação das Leis do Trabalho, aprovada pelo Decreto-Lei n. 5.452, de 1º de maio de 1943, passa a ser de trinta dias. (NR)

Pensamos que tal norma é flagrantemente inconstitucional, pois estabelece um privilégio sem qualquer razoabilidade, ou seja, cria um odioso e injustificável *discrimen* em prol dos entes públicos em detrimento dos seus credores, o que afronta o princípio da igualdade consagrado no art. 5º, *caput*, da CF. Nesse sentido:

> AGRAVO DE INSTRUMENTO EM RECURSO DE REVISTA. EMBARGOS À EXECUÇÃO. ENTE PÚBLICO. PRAZO. MEDIDA PROVISÓRIA N. 2.180-35. INCONSTITUCIONALIDADE. Seguindo a diretriz traçada pela decisão proferida no incidente de uniformização de jurisprudência, suscitado no Processo n. TST-RR-70/1992-011-04-00.7, que declarou a inconstitucionalidade do art. 4º da Medida Provisória n. 2.180-35/2001, o lapso temporal para a oposição de embargos à execução pela Fazenda Pública continua sendo o prazo previsto no art. 884 da CLT. Assim, verifica-se que está correta a decisão regional, que concluiu pela intempestividade dos embargos à execução interpostos fora do prazo legal, vez que a executada considerou o prazo de 30 dias fixado naquela medida provisória. Agravo de instrumento a que se nega provimento (TST-AIRR 137840-78.1998.5.04.0004, 7ª T., Rel. Min. Pedro Paulo Manus, *DEJT* 25.6.2010).

O STF, no entanto, no julgamento da liminar na ADC n. 11, referendada pelo Plenário, considerou constitucional o prazo de trinta dias para o oferecimento dos embargos da Fazenda Pública.

Quanto à possibilidade de efeito suspensivo aos embargos à execução opostos pela Fazenda Pública, parece-nos que estamos diante de lacuna normativa da CLT, sendo certo que as Leis ns. 11.232/2005 e 11.382/2006, bem como o CPC de 2015, que consagram dois sistemas para efetivação dos títulos executivos (judicial e extrajudicial), foram absolutamente omissas a respeito de tal matéria.

Logo, parece-nos que os embargos à execução opostos pela Fazenda Pública devem ter o mesmo tratamento dos demais devedores, no particular, ou seja, não suspendem a execução trabalhista. Poderá o juiz, no entanto, atribuir-lhe tal efeito suspensivo quando forem relevantes os fundamentos invocados pelo ente público e o prosseguimento da execução puder causar grave dano à saúde, à segurança ou ordem pública.

Na hipótese de crédito de pequeno valor (CF, art. 100, § 3º), o juiz poderá requisitar o pagamento diretamente à autoridade citada para o processo de execução, isto é, sem necessidade de expedição de precatório, depois do trânsito em julgado da sentença dos embargos à execução ou na hipótese de não oferecimento de tais embargos pela Fazenda Pública.

Caso, porém, o ente público executado ajuíze os embargos, o juiz mandará notificar o exequente para, querendo, impugná-los, no prazo de cinco dias (CLT, art. 884, *caput*). Finda a instrução, ou inexistindo necessidade desta, o juiz proferirá sentença.

Se a sentença julgar – total ou parcialmente – improcedentes os embargos à execução da Fazenda Pública, não há falar-se em remessa necessária ("recurso ordinário *ex officio*", na linguagem do art. 1º, V, do DL n. 779/1969), já que esta condição de eficácia da sentença tem cabimento, apenas, no processo (ou fase) de conhecimento. Mas poderá o ente público interpor agravo de petição no prazo de 16 dias (art. 1º, III, do Decreto-lei n. 779/69).

Transitada em julgado a sentença dos embargos à execução desfavorável, no todo ou em parte, à Fazenda Pública, o procedimento da execução trabalhista cede lugar ao procedimento específico: (a) do Precatório ou (b) da RPV – Requisição de Pequeno Valor.

O **Precatório** tem por escopo:

- o respeito à autoridade da coisa julgada pelas pessoas jurídicas de direito público, cumprindo, assim, o princípio da independência entre os Poderes da República;
- conferir caráter impessoal (princípio da impessoalidade, art. 37, *caput*, da CF) às verbas públicas e aos créditos dos exequentes;
- disciplinar uma ordem cronológica rígida no respeitante aos pagamentos a serem efetuados, assegurando-se igualdade de tratamento aos credores da Fazenda Pública.

O procedimento do **Precatório** encontra-se atualmente regulado no art. 100 da CF, com redação dada pelas Emendas Constitucionais 62/2009 e 94/2016, *in verbis*:

> Art. 100. Os pagamentos devidos pelas Fazendas Públicas Federal, Estaduais, Distrital e Municipais, em virtude de sentença judiciária, far-se-ão exclusivamente na ordem cronológica de apresentação dos precatórios e à conta dos créditos respectivos, proibida a designação de casos ou de pessoas nas dotações orçamentárias e nos créditos adicionais abertos para este fim.
>
> § 1º Os débitos de natureza alimentícia compreendem aqueles decorrentes de salários, vencimentos, proventos, pensões e suas complementações, benefícios previdenciários e indenizações por morte ou por invalidez, fundadas em responsabilidade civil, em virtude de sentença judicial transitada em julgado, e serão pagos com preferência sobre todos os demais débitos, exceto sobre aqueles referidos no § 2º deste artigo.
>
> § 2º Os débitos de natureza alimentícia cujos titulares tenham 60 (sessenta) anos de idade ou mais na data de expedição do precatório, ou sejam portadores de doença grave, definidos na forma da lei, serão pagos com preferência sobre todos os demais débitos, até o valor equivalente ao triplo do fixado em lei para os fins do disposto no § 3º deste artigo, admitido o fracionamento para essa finalidade, sendo que o restante será pago na ordem cronológica de apresentação do precatório.
>
> § 3º O disposto no *caput* deste artigo relativamente à expedição de precatórios não se aplica aos pagamentos de obrigações definidas em leis como de pequeno valor que as Fazendas referidas devam fazer em virtude de sentença judicial transitada em julgado.
>
> § 4º Para os fins do disposto no § 3º, poderão ser fixados, por leis próprias, valores distintos às entidades de direito público, segundo as diferentes capacidades econômicas, sendo o mínimo igual ao valor do maior benefício do regime geral de previdência social.
>
> § 5º É obrigatória a inclusão, no orçamento das entidades de direito público, de verba necessária ao pagamento de seus débitos, oriundos de sentenças transitadas em julgado, constantes de precatórios judiciários apresentados até 1º de julho, fazendo-se o pagamento até o final do exercício seguinte, quando terão seus valores atualizados monetariamente.
>
> § 6º As dotações orçamentárias e os créditos abertos serão consignados diretamente ao Poder Judiciário, cabendo ao Presidente do Tribunal que proferir a decisão exequenda determinar o pagamento integral e autorizar, a requerimento do credor e exclusivamente para os casos de preterimento de seu direito de precedência ou de não alocação orçamentária do valor necessário à satisfação do seu débito, o sequestro da quantia respectiva.
>
> § 7º O Presidente do Tribunal competente que, por ato comissivo ou omissivo, retardar ou tentar frustrar a liquidação regular de precatórios incorrerá em crime de responsabilidade e responderá, também, perante o Conselho Nacional de Justiça.
>
> § 8º É vedada a expedição de precatórios complementares ou suplementares de valor pago, bem como o fracionamento, repartição ou quebra do valor da execução para fins de enquadramento de parcela do total ao que dispõe o § 3º deste artigo.
>
> § 9º No momento da expedição dos precatórios, independentemente de regulamentação, deles deverá ser abatido, a título de compensação, valor correspondente aos débitos líquidos e certos, inscritos ou não em dívida ativa e constituídos contra o credor original pela Fazenda Pública devedora, incluídas parcelas vincendas de parcelamentos, ressalvados aqueles cuja execução esteja suspensa em virtude de contestação administrativa ou judicial.

§ 10. Antes da expedição dos precatórios, o Tribunal solicitará à Fazenda Pública devedora, para resposta em até 30 (trinta) dias, sob pena de perda do direito de abatimento, informação sobre os débitos que preencham as condições estabelecidas no § 9º, para os fins nele previstos.

§ 11. É facultada ao credor, conforme estabelecido em lei da entidade federativa devedora, a entrega de créditos em precatórios para compra de imóveis públicos do respectivo ente federado.

§ 12. A partir da promulgação desta Emenda Constitucional, a atualização de valores de requisitórios, após sua expedição, até o efetivo pagamento, independentemente de sua natureza, será feita pelo índice oficial de remuneração básica da caderneta de poupança, e, para fins de compensação da mora, incidirão juros simples no mesmo percentual de juros incidentes sobre a caderneta de poupança, ficando excluída a incidência de juros compensatórios.

§ 13. O credor poderá ceder, total ou parcialmente, seus créditos em precatórios a terceiros, independentemente da concordância do devedor, não se aplicando ao cessionário o disposto nos §§ 2º e 3º.

§ 14. A cessão de precatórios somente produzirá efeitos após comunicação, por meio de petição protocolizada, ao tribunal de origem e à entidade devedora.

§ 15. Sem prejuízo do disposto neste artigo, lei complementar a esta Constituição Federal poderá estabelecer regime especial para pagamento de crédito de precatórios de Estados, Distrito Federal e Municípios, dispondo sobre vinculações à receita corrente líquida e forma e prazo de liquidação.

§ 16. A seu critério exclusivo e na forma de lei, a União poderá assumir débitos, oriundos de precatórios, de Estados, Distrito Federal e Municípios, refinanciando-os diretamente.

§ 17. A União, os Estados, o Distrito Federal e os Municípios aferirão mensalmente, em base anual, o comprometimento de suas respectivas receitas correntes líquidas com o pagamento de precatórios e obrigações de pequeno valor.

§ 18. Entende-se como receita corrente líquida, para os fins de que trata o § 17, o somatório das receitas tributárias, patrimoniais, industriais, agropecuárias, de contribuições e de serviços, de transferências correntes e outras receitas correntes, incluindo as oriundas do § 1º do art. 20 da Constituição Federal, verificado no período compreendido pelo segundo mês imediatamente anterior ao de referência e os 11 (onze) meses precedentes, excluídas as duplicidades, e deduzidas:

I – na União, as parcelas entregues aos Estados, ao Distrito Federal e aos Municípios por determinação constitucional;

II – nos Estados, as parcelas entregues aos Municípios por determinação constitucional;

III – na União, nos Estados, no Distrito Federal e nos Municípios, a contribuição dos servidores para custeio de seu sistema de previdência e assistência social e as receitas provenientes da compensação financeira referida no § 9º do art. 201 da Constituição Federal.

§ 19. Caso o montante total de débitos decorrentes de condenações judiciais em precatórios e obrigações de pequeno valor, em período de 12 (doze) meses, ultrapasse a média do comprometimento percentual da receita corrente líquida nos 5 (cinco) anos imediatamente anteriores, a parcela que exceder esse percentual poderá ser financiada, excetuada dos limites de endividamento de que tratam os incisos VI e VII do art. 52 da Constituição Federal e de quaisquer outros limites de endividamento previstos, não se aplicando a esse financiamento a vedação de vinculação de receita prevista no inciso IV do art. 167 da Constituição Federal.

§ 20. Caso haja precatório com valor superior a 15% (quinze por cento) do montante dos precatórios apresentados nos termos do § 5º deste artigo, 15% (quinze por cento) do valor deste precatório serão pagos até o final do exercício seguinte e o restante em parcelas iguais nos cinco exercícios subsequentes, acrescidas de juros de mora e correção monetária, ou mediante acordos diretos, perante Juízos Auxiliares de Conciliação de Precatórios, com redução máxima de 40% (quarenta por cento) do valor do crédito atualizado, desde que em relação ao crédito não penda recurso ou defesa judicial e que sejam observados os requisitos definidos na regulamentação editada pelo ente federado.

Em relação aos créditos de natureza alimentícia, o STF editou a Súmula n. 655, que, não obstante as ECs ns. 62 e 94, continua atual. É dizer, a exceção prevista nos §§ 1º e 2º do art. 100 da CF, "em favor dos créditos de natureza alimentícia, não dispensa a expedição de precatório, limitando-se a isentá-los da observância da ordem cronológica dos precatórios decorrentes de condenações de outra natureza".

Só não haverá precatório para a execução de execução de créditos de pequeno valor em face da Fazenda Pública, como veremos mais adiante.

Nos termos do art. 97 do ADCT (redação dada pela EC n. 62/2009):

Art. 97. Até que seja editada a lei complementar de que trata o § 15 do art. 100 da Constituição Federal, os Estados, o Distrito Federal e os Municípios que, na data de publicação desta Emenda Constitucional, estejam em mora na quitação de precatórios vencidos, relativos às suas administrações direta e indireta, inclusive os emitidos durante o período de vigência do regime especial instituído por este artigo, farão esses pagamentos de acordo com as normas a seguir estabelecidas, sendo inaplicável o disposto no art. 100 desta Constituição Federal, exceto em seus §§ 2º, 3º, 9º, 10, 11, 12, 13 e 14, e sem prejuízo dos acordos de juízos conciliatórios já formalizados na data de promulgação desta Emenda Constitucional.

§ 1º Os Estados, o Distrito Federal e os Municípios sujeitos ao regime especial de que trata este artigo optarão, por meio de ato do Poder Executivo:

I – pelo depósito em conta especial do valor referido pelo § 2º deste artigo; ou

II – pela adoção do regime especial pelo prazo de até 15 (quinze) anos, caso em que o percentual a ser depositado na conta especial a que se refere o § 2º deste artigo corresponderá, anualmente, ao saldo total dos precatórios devidos, acrescido do índice oficial de remuneração básica da caderneta de poupança e de juros simples no mesmo percentual de juros incidentes sobre a caderneta de poupança para fins de compensação da mora, excluída a incidência de juros compensatórios, diminuído das amortizações e dividido pelo número de anos restantes no regime especial de pagamento.

§ 2º Para saldar os precatórios, vencidos e a vencer, pelo regime especial, os Estados, o Distrito Federal e os Municípios devedores depositarão mensalmente, em conta especial criada para tal fim, 1/12 (um doze avos) do valor calculado percentualmente sobre as respectivas receitas correntes líquidas, apuradas no segundo mês anterior ao mês de pagamento, sendo que esse percentual, calculado no momento de opção pelo regime e mantido fixo até o final do prazo a que se refere o § 14 deste artigo, será:

I – para os Estados e para o Distrito Federal:

a) de, no mínimo, 1,5% (um inteiro e cinco décimos por cento), para os Estados das regiões Norte, Nordeste e Centro-Oeste, além do Distrito Federal, ou cujo estoque de precatórios pendentes das suas administrações direta e indireta corresponder a até 35% (trinta e cinco por cento) do total da receita corrente líquida;

b) de, no mínimo, 2% (dois por cento), para os Estados das regiões Sul e Sudeste, cujo estoque de precatórios pendentes das suas administrações direta e indireta corresponder a mais de 35% (trinta e cinco por cento) da receita corrente líquida.

II – para Municípios:

a) de, no mínimo, 1% (um por cento), para Municípios das regiões Norte, Nordeste e Centro-Oeste, ou cujo estoque de precatórios pendentes das suas administrações direta e indireta corresponder a até 35% (trinta e cinco por cento) da receita corrente líquida;

b) de, no mínimo, 1,5% (um inteiro e cinco décimos por cento), para Municípios das regiões Sul e Sudeste, cujo estoque de precatórios pendentes das suas administrações direta e indireta corresponder a mais de 35% (trinta e cinco por cento) da receita corrente líquida.

§ 3º Entende-se como receita corrente líquida, para os fins de que trata este artigo, o somatório das receitas tributárias, patrimoniais, industriais, agropecuárias, de contribuições e de serviços, transferências correntes e outras receitas correntes, incluindo as oriundas do § 1º do art. 20 da Constituição Federal, verificado no período compreendido pelo mês de referência e os 11 (onze) meses anteriores, excluídas as duplicidades, e deduzidas:

I – nos Estados, as parcelas entregues aos Municípios por determinação constitucional;

II – nos Estados, no Distrito Federal e nos Municípios, a contribuição dos servidores para custeio do seu sistema de previdência e assistência social e as receitas provenientes da compensação financeira referida no § 9º do art. 201 da Constituição Federal.

§ 4º As contas especiais de que tratam os §§ 1º e 2º serão administradas pelo Tribunal de Justiça local, para pagamento de precatórios expedidos pelos tribunais.

§ 5º Os recursos depositados nas contas especiais de que tratam os §§ 1º e 2º deste artigo não poderão retornar para Estados, Distrito Federal e Municípios devedores.

§ 6º Pelo menos 50% (cinquenta por cento) dos recursos de que tratam os §§ 1º e 2º deste artigo serão utilizados para pagamento de precatórios em ordem cronológica de apresentação, respeitadas as preferências definidas no § 1º, para os requisitórios do mesmo ano e no § 2º do art. 100, para requisitórios de todos os anos.

§ 7º Nos casos em que não se possa estabelecer a precedência cronológica entre 2 (dois) precatórios, pagar-se-á primeiramente o precatório de menor valor.

§ 8º A aplicação dos recursos restantes dependerá de opção a ser exercida por Estados, Distrito Federal e Municípios devedores, por ato do Poder Executivo, obedecendo à seguinte forma, que poderá ser aplicada isoladamente ou simultaneamente:

I – destinados ao pagamento dos precatórios por meio do leilão;

II – destinados a pagamento a vista de precatórios não quitados na forma do § 6º e do inciso I, em ordem única e crescente de valor por precatório;

III – destinados a pagamento por acordo direto com os credores, na forma estabelecida por lei própria da entidade devedora, que poderá prever criação e forma de funcionamento de câmara de conciliação.

§ 9º Os leilões de que trata o inciso I do § 8º deste artigo:

I – serão realizados por meio de sistema eletrônico administrado por entidade autorizada pela Comissão de Valores Mobiliários ou pelo Banco Central do Brasil;

II – admitirão a habilitação de precatórios, ou parcela de cada precatório indicada pelo seu detentor, em relação aos quais não esteja pendente, no âmbito do Poder Judiciário, recurso ou impugnação de qualquer natureza, permitida por iniciativa do Poder Executivo a compensação com débitos líquidos e certos, inscritos ou não em dívida ativa e constituídos contra devedor originário pela Fazenda Pública devedora até a data da expedição do precatório, ressalvados aqueles cuja exigibilidade esteja suspensa nos termos da legislação, ou que já tenham sido objeto de abatimento nos termos do § 9º do art. 100 da Constituição Federal;

III – ocorrerão por meio de oferta pública a todos os credores habilitados pelo respectivo ente federativo devedor;

IV – considerarão automaticamente habilitado o credor que satisfaça o que consta no inciso II;

V – serão realizados tantas vezes quanto necessário em função do valor disponível;

VI – a competição por parcela do valor total ocorrerá a critério do credor, com deságio sobre o valor desta;

VII – ocorrerão na modalidade deságio, associado ao maior volume ofertado cumulado ou não com o maior percentual de deságio, pelo maior percentual de deságio, podendo ser fixado valor máximo por credor, ou por outro critério a ser definido em edital;

VIII – o mecanismo de formação de preço constará nos editais publicados para cada leilão;

IX – a quitação parcial dos precatórios será homologada pelo respectivo Tribunal que o expediu.

§ 10. No caso de não liberação tempestiva dos recursos de que tratam o inciso II do § 1º e os §§ 2º e 6º deste artigo:

I – haverá o sequestro de quantia nas contas de Estados, Distrito Federal e Municípios devedores, por ordem do Presidente do Tribunal referido no § 4º, até o limite do valor não liberado;

II – constituir-se-á, alternativamente, por ordem do Presidente do Tribunal requerido, em favor dos credores de precatórios, contra Estados, Distrito Federal e Municípios devedores, direito líquido e certo, autoaplicável e independentemente de regulamentação, à compensação automática com débitos líquidos lançados por esta contra aqueles, e, havendo saldo em favor do credor, o valor terá automaticamente poder liberatório do pagamento de tributos de Estados, Distrito Federal e Municípios devedores, até onde se compensarem;

III – o chefe do Poder Executivo responderá na forma da legislação de responsabilidade fiscal e de improbidade administrativa;

IV – enquanto perdurar a omissão, a entidade devedora:

a) não poderá contrair empréstimo externo ou interno;

b) ficará impedida de receber transferências voluntárias.

V – a União reterá os repasses relativos ao Fundo de Participação dos Estados e do Distrito Federal e ao Fundo de Participação dos Municípios, e os depositará nas contas especiais referidas no § 1º, devendo sua utilização obedecer ao que prescreve o § 5º, ambos deste artigo.

§ 11. No caso de precatórios relativos a diversos credores, em litisconsórcio, admite-se o desmembramento do valor, realizado pelo Tribunal de origem do precatório, por credor, e, por este, a habilitação do valor total a que tem direito, não se aplicando, neste caso, a regra do § 3º do art. 100 da Constituição Federal.

§ 12. Se a lei a que se refere o § 4º do art. 100 não estiver publicada em até 180 (cento e oitenta) dias, contados da data de publicação desta Emenda Constitucional, será considerado, para os fins referidos, em relação a Estados, Distrito Federal e Municípios devedores, omissos na regulamentação, o valor de:

I – 40 (quarenta) salários mínimos para Estados e para o Distrito Federal;

II – 30 (trinta) salários mínimos para Municípios.

§ 13. Enquanto Estados, Distrito Federal e Municípios devedores estiverem realizando pagamentos de precatórios pelo regime especial, não poderão sofrer sequestro de valores, exceto no caso de não liberação tempestiva dos recursos de que tratam o inciso II do § 1º e o § 2º deste artigo.

§ 14. O regime especial de pagamento de precatório previsto no inciso I do § 1º vigorará enquanto o valor dos precatórios devidos for superior ao valor dos recursos vinculados, nos termos do § 2º, ambos deste artigo, ou pelo prazo fixo de até 15 (quinze) anos, no caso da opção prevista no inciso II do § 1º.

§ 15. Os precatórios parcelados na forma do art. 33 ou do art. 78 deste Ato das Disposições Constitucionais Transitórias e ainda pendentes de pagamento ingressarão no regime especial com o valor atualizado das parcelas não pagas relativas a cada precatório, bem como o saldo dos acordos judiciais e extrajudiciais.

§ 16. A partir da promulgação desta Emenda Constitucional, a atualização de valores de requisitórios, até o efetivo pagamento, independentemente de sua natureza, será feita pelo índice oficial de remuneração básica da caderneta de poupança, e, para fins de compensação da mora, incidirão juros simples no mesmo percentual de juros incidentes sobre a caderneta de poupança, ficando excluída a incidência de juros compensatórios.

§ 17. O valor que exceder o limite previsto no § 2º do art. 100 da Constituição Federal será pago, durante a vigência do regime especial, na forma prevista nos §§ 6º e 7º ou nos incisos I, II e III do § 8º deste artigo, devendo os valores despendidos para o atendimento do disposto no § 2º do art. 100 da Constituição Federal serem computados para efeito do § 6º deste artigo.

§ 18. Durante a vigência do regime especial a que se refere este artigo, gozarão também da preferência a que se refere o § 6º os titulares originais de precatórios que tenham completado 60 (sessenta) anos de idade até a data da promulgação desta Emenda Constitucional.

Dispõe o art. 3º da EC n. 62, de 9.12.2009 (*DOU* 10.12.2009) que a implantação do regime de pagamento criado pelo art. 97 do ADCT deverá ocorrer no prazo de até 90 dias, contados da data da publicação da referida Emenda Constitucional.

Outra cláusula transitória a respeito do precatório está prevista no art. 4º da EC n. 62/2009, *in verbis*:

Art. 4º A entidade federativa voltará a observar somente o disposto no art. 100 da Constituição Federal:

I – no caso de opção pelo sistema previsto no inciso I do § 1º do art. 97 do Ato das Disposições Constitucionais Transitórias, quando o valor dos precatórios devidos for inferior ao dos recursos destinados ao seu pagamento;

II – no caso de opção pelo sistema previsto no inciso II do § 1º do art. 97 do Ato das Disposições Constitucionais Transitórias, ao final do prazo.

A EC n. 62/2009 (arts. 5º e 6º) convalidou "todas as cessões de precatórios efetuadas antes da promulgação desta Emenda Constitucional, independentemente da concordância da entidade devedora", bem como "todas as compensações de precatórios com tributos vencidos até 31.10.2009 da entidade devedora, efetuadas na forma do disposto no § 2º do art. 78 do ADCT, realizadas antes de 10.12.2009", data da publicação da EC n. 62/2009.

Cumpre advertir que o sistema de pagamento de precatórios sofreu novas alterações pelas Emendas Constitucionais ns. 94/2016 e 99/2017, que deram novas redações aos arts. 101 a 104 da CF, *in verbis*:

> Art. 101. Os Estados, o Distrito Federal e os Municípios que, em 25 de março de 2015, se encontravam em mora no pagamento de seus precatórios quitarão, até 31 de dezembro de 2024, seus débitos vencidos e os que vencerão dentro desse período, atualizados pelo Índice Nacional de Preços ao Consumidor Amplo Especial (IPCA-E), ou por outro índice que venha a substituí-lo, depositando mensalmente em conta especial do Tribunal de Justiça local, sob única e exclusiva administração deste, 1/12 (um doze avos) do valor calculado percentualmente sobre suas receitas correntes líquidas apuradas no segundo mês anterior ao mês de pagamento, em percentual suficiente para a quitação de seus débitos e, ainda que variável, nunca inferior, em cada exercício, ao percentual praticado na data da entrada em vigor do regime especial a que se refere este artigo, em conformidade com plano de pagamento a ser anualmente apresentado ao Tribunal de Justiça local.
>
> § 1º Entende-se como receita corrente líquida, para os fins de que trata este artigo, o somatório das receitas tributárias, patrimoniais, industriais, agropecuárias, de contribuições e de serviços, de transferências correntes e outras receitas correntes, incluindo as oriundas do § 1º do art. 20 da Constituição Federal, verificado no período compreendido pelo segundo mês imediatamente anterior ao de referência e os 11 (onze) meses precedentes, excluídas as duplicidades, e deduzidas:
>
> I – nos Estados, as parcelas entregues aos Municípios por determinação constitucional;
>
> II – nos Estados, no Distrito Federal e nos Municípios, a contribuição dos servidores para custeio de seu sistema de previdência e assistência social e as receitas provenientes da compensação financeira referida no § 9º do art. 201 da Constituição Federal.
>
> § 2º O débito de precatórios será pago com recursos orçamentários próprios provenientes das fontes de receita corrente líquida referidas no § 1º deste artigo e, adicionalmente, poderão ser utilizados recursos dos seguintes instrumentos: (Redação dada pela EC n. 99/2017)
>
> I – até 75% (setenta e cinco por cento) dos depósitos judiciais e dos depósitos administrativos em dinheiro referentes a processos judiciais ou administrativos, tributários ou não tributários, nos quais sejam parte os Estados, o Distrito Federal ou os Municípios, e as respectivas autarquias, fundações e empresas estatais dependentes, mediante a instituição de fundo garantidor em montante equivalente a 1/3 (um terço) dos recursos levantados, constituído pela parcela restante dos depósitos judiciais e remunerado pela taxa referencial do Sistema Especial de Liquidação e de Custódia (Selic) para títulos federais, nunca inferior aos índices e critérios aplicados aos depósitos levantados;
>
> II – até 30% (trinta por cento) dos demais depósitos judiciais da localidade sob jurisdição do respectivo Tribunal de Justiça, mediante a instituição de fundo garantidor em montante equivalente aos recursos levantados, constituído pela parcela restante dos depósitos judiciais e remunerado pela taxa referencial do Sistema Especial de Liquidação e de Custódia (Selic) para títulos federais, nunca inferior aos índices e critérios aplicados aos depósitos levantados, destinando-se:
>
> a) no caso do Distrito Federal, 100% (cem por cento) desses recursos ao próprio Distrito Federal;

b) no caso dos Estados, 50% (cinquenta por cento) desses recursos ao próprio Estado e 50% (cinquenta por cento) aos respectivos Municípios, conforme a circunscrição judiciária onde estão depositados os recursos, e, se houver mais de um Município na mesma circunscrição judiciária, os recursos serão rateados entre os Municípios concorrentes, proporcionalmente às respectivas populações, utilizado como referência o último levantamento censitário ou a mais recente estimativa populacional da Fundação Instituto Brasileiro de Geografia e Estatística (IBGE);

III – empréstimos, excetuados para esse fim os limites de endividamento de que tratam os incisos VI e VII do *caput* do art. 52 da Constituição Federal e quaisquer outros limites de endividamento previstos em lei, não se aplicando a esses empréstimos a vedação de vinculação de receita prevista no inciso IV do *caput* do art. 167 da Constituição Federal;

IV – a totalidade dos depósitos em precatórios e requisições diretas de pagamento de obrigações de pequeno valor efetuados até 31 de dezembro de 2009 e ainda não levantados, com o cancelamento dos respectivos requisitórios e a baixa das obrigações, assegurada a revalidação dos requisitórios pelos juízos dos processos perante os Tribunais, a requerimento dos credores e após a oitiva da entidade devedora, mantidas a posição de ordem cronológica original e a remuneração de todo o período.

§ 3º Os recursos adicionais previstos nos incisos I, II e IV do § 2º deste artigo serão transferidos diretamente pela instituição financeira depositária para a conta especial referida no *caput* deste artigo, sob única e exclusiva administração do Tribunal de Justiça local, e essa transferência deverá ser realizada em até sessenta dias contados a partir da entrada em vigor deste parágrafo, sob pena de responsabilização pessoal do dirigente da instituição financeira por improbidade.

§ 4º No prazo de até seis meses contados da entrada em vigor do regime especial a que se refere este artigo, a União, diretamente, ou por intermédio das instituições financeiras oficiais sob seu controle, disponibilizará aos Estados, ao Distrito Federal e aos Municípios, bem como às respectivas autarquias, fundações e empresas estatais dependentes, linha de crédito especial para pagamento dos precatórios submetidos ao regime especial de pagamento de que trata este artigo, observadas as seguintes condições:

I – no financiamento dos saldos remanescentes de precatórios a pagar a que se refere este parágrafo serão adotados os índices e critérios de atualização que incidem sobre o pagamento de precatórios, nos termos do § 12 do art. 100 da Constituição Federal;

II – o financiamento dos saldos remanescentes de precatórios a pagar a que se refere este parágrafo será feito em parcelas mensais suficientes à satisfação da dívida assim constituída;

III – o valor de cada parcela a que se refere o inciso II deste parágrafo será calculado percentualmente sobre a receita corrente líquida, respectivamente, do Estado, do Distrito Federal e do Município, no segundo mês anterior ao pagamento, em percentual equivalente à média do comprometimento percentual mensal de 2012 até o final do período referido no *caput* deste artigo, considerados para esse fim somente os recursos próprios de cada ente da Federação aplicados no pagamento de precatórios;

IV – nos empréstimos a que se refere este parágrafo não se aplicam os limites de endividamento de que tratam os incisos VI e VII do *caput* do art. 52 da Constituição Federal e quaisquer outros limites de endividamento previstos em lei.

Art. 102. Enquanto viger o regime especial previsto nesta Emenda Constitucional, pelo menos 50% (cinquenta por cento) dos recursos que, nos termos do art. 101 deste Ato das Disposições Constitucionais Transitórias, forem destinados ao pagamento dos precatórios em mora serão utilizados no pagamento segundo a ordem cronológica de apresentação, respeitadas as preferências dos créditos alimentares, e, nessas, as relativas à idade, ao estado de saúde e à deficiência, nos termos do § 2º do art. 100 da Constituição Federal, sobre todos os demais créditos de todos os anos.

§ 1º A aplicação dos recursos remanescentes, por opção a ser exercida por Estados, Distrito Federal e Municípios, por ato do respectivo Poder Executivo, observada a ordem de preferência dos credores, poderá ser destinada ao pagamento mediante acordos diretos, perante Juízos Auxiliares de Conciliação de Precatórios, com redução máxima de 40% (quarenta por cento) do valor do crédito atualizado, desde que em relação ao crédito não penda recurso ou defesa judicial e que sejam observados os requisitos definidos na regulamentação editada pelo ente federado.

§ 2º Na vigência do regime especial previsto no art. 101 deste Ato das Disposições Constitucionais Transitórias, as preferências relativas à idade, ao estado de saúde e à deficiência serão atendidas até o valor equivalente ao quíntuplo fixado em lei para os fins do disposto no § 3º do art. 100 da Constituição Federal, admitido o fracionamento para essa finalidade, e o restante será pago em ordem cronológica de apresentação do precatório.

Art. 103. Enquanto os Estados, o Distrito Federal e os Municípios estiverem efetuando o pagamento da parcela mensal devida como previsto no *caput* do art. 101 deste Ato das Disposições Constitucionais Transitórias, nem eles, nem as respectivas autarquias, fundações e empresas estatais dependentes poderão sofrer sequestro de valores, exceto no caso de não liberação tempestiva dos recursos.

Parágrafo único. Na vigência do regime especial previsto no art. 101 deste Ato das Disposições Constitucionais Transitórias, ficam vedadas desapropriações pelos Estados, pelo Distrito Federal e pelos Municípios, cujos estoques de precatórios ainda pendentes de pagamento, incluídos os precatórios a pagar de suas entidades da administração indireta, sejam superiores a 70% (setenta por cento) das respectivas receitas correntes líquidas, excetuadas as desapropriações para fins de necessidade pública nas áreas de saúde, educação, segurança pública, transporte público, saneamento básico e habitação de interesse social.

Art. 104. Se os recursos referidos no art. 101 deste Ato das Disposições Constitucionais Transitórias para o pagamento de precatórios não forem tempestivamente liberados, no todo ou em parte:

I – o Presidente do Tribunal de Justiça local determinará o sequestro, até o limite do valor não liberado, das contas do ente federado inadimplente;

II – o chefe do Poder Executivo do ente federado inadimplente responderá, na forma da legislação de responsabilidade fiscal e de improbidade administrativa;

III – a União reterá os recursos referentes aos repasses ao Fundo de Participação dos Estados e do Distrito Federal e ao Fundo de Participação dos Municípios e os depositará na conta especial referida no art. 101 deste Ato das Disposições Constitucionais Transitórias, para utilização como nele previsto;

IV – os Estados reterão os repasses previstos no parágrafo único do art. 158 da Constituição Federal e os depositarão na conta especial referida no art. 101 deste Ato das Disposições Constitucionais Transitórias, para utilização como nele previsto.

Parágrafo único. Enquanto perdurar a omissão, o ente federado não poderá contrair empréstimo externo ou interno, exceto para os fins previstos no § 2º do art. 101 deste Ato das Disposições Constitucionais Transitórias, e ficará impedido de receber transferências voluntárias.

Art. 105. Enquanto viger o regime de pagamento de precatórios previsto no art. 101 deste Ato das Disposições Constitucionais Transitórias, é facultada aos credores de precatórios, próprios ou de terceiros, a compensação com débitos de natureza tributária ou de outra natureza que até 25 de março de 2015 tenham sido inscritos na dívida ativa dos Estados, do Distrito Federal ou dos Municípios, observados os requisitos definidos em lei própria do ente federado.

> § 1º Não se aplica às compensações referidas no *caput* deste artigo qualquer tipo de vinculação, como as transferências a outros entes e as destinadas à educação, à saúde e a outras finalidades.

> § 2º Os Estados, o Distrito Federal e os Municípios regulamentarão nas respectivas leis o disposto no *caput* deste artigo em até cento e vinte dias a partir de 1º de janeiro de 2018.

> § 3º Decorrido o prazo estabelecido no § 2º deste artigo sem a regulamentação nele prevista, ficam os credores de precatórios autorizados a exercer a faculdade a que se refere o *caput* deste artigo.

Outra modalidade de procedimento da execução contra a Fazenda Pública é a **Requisição de Pequeno Valor (RPV)**.

O § 3º do art. 100 da CF preceitua que o precatório "não se aplica aos pagamentos de obrigações definidas em leis como de pequeno valor que as Fazendas referidas devam fazer em virtude de sentença judicial transitada em julgado".

Logo, a execução contra a Fazenda Pública de dívidas consideradas legalmente de pequeno valor segue procedimento diverso do alusivo ao precatório.

O § 4º do art. 100 da CF, assegurando a plenitude do pacto federativo, permite que as "dívidas de pequeno valor", para os fins do disposto no § 3º, poderão ter valores fixados por leis próprias (federal, estadual, distrital ou municipal), segundo as diferentes capacidades econômicas do ente federativo, desde que se observe o valor mínimo igual ao valor do maior benefício do regime geral de previdência social.

É importante notar que o art. 86 do ADCT, incluído pela EC n. 37/2002, dispõe, *in verbis*:

> Art. 86. Serão pagos conforme disposto no art. 100 da Constituição Federal, não se lhes aplicando a regra de parcelamento estabelecida no *caput* do art. 78 deste Ato das Disposições Constitucionais Transitórias, os débitos da Fazenda Federal, Estadual, Distrital ou Municipal oriundos de sentenças transitadas em julgado, que preencham, cumulativamente, as seguintes condições:

> I – ter sido objeto de emissão de precatórios judiciários;

> II – ter sido definidos como de pequeno valor pela lei de que trata o § 3º do art. 100 da Constituição Federal ou pelo art. 87 deste Ato das Disposições Constitucionais Transitórias;

> III – estar, total ou parcialmente, pendentes de pagamento na data da publicação desta Emenda Constitucional.

> § 1º Os débitos a que se refere o *caput* deste artigo, ou os respectivos saldos, serão pagos na ordem cronológica de apresentação dos respectivos precatórios, com precedência sobre os de maior valor.

§ 2º Os débitos a que se refere o *caput* deste artigo, se ainda não tiverem sido objeto de pagamento parcial, nos termos do art. 78 deste Ato das Disposições Constitucionais Transitórias, poderão ser pagos em duas parcelas anuais, se assim dispuser a lei.

§ 3º Observada a ordem cronológica de sua apresentação, os débitos de natureza alimentícia previstos neste artigo terão precedência para pagamento sobre todos os demais.

Nessa ordem, o art. 87 do ADCT (também incluído pela EC n. 37/2002), para "efeito do que dispõem o § 3º do art. 100 da Constituição Federal e o art. 78 deste Ato das Disposições Constitucionais Transitórias", considera de **pequeno valor**,

até que se dê a publicação oficial das respectivas leis definidoras pelos entes da Federação, observado o disposto no § 4º do art. 100 da Constituição Federal, os débitos ou obrigações consignados em precatório judiciário, que tenham valor igual ou inferior a:

I – quarenta salários mínimos, perante a Fazenda dos Estados e do Distrito Federal;

II – trinta salários mínimos, perante a Fazenda dos Municípios.

O parágrafo único do art. 87 do ADCT prevê que se o valor da execução ultrapassar o estabelecido como "de pequeno valor" o pagamento far-se-á, sempre, por meio de precatório, sendo facultada à parte exequente a renúncia ao crédito do valor excedente, para que possa optar pelo pagamento do saldo sem o precatório, da forma prevista no § 3º do art. 100 da CF.

Sempre defendemos, antes mesmo da EC n. 62/2009, que o **sequestro** de rendas públicas para pagamento de precatório é possível não apenas pela preterição individual, ou seja, quando o administrador público viola a ordem de preferência para o pagamento de precatório, mas, também, na hipótese em que o ente público sequer inclui o valor do precatório no orçamento público. Esse, porém, não era o entendimento do STF (RCL 1987-DF, Rel. Min. Maurício Corrêa, *in Informativo STF* n. 323).

Ocorre que com o novo § 6º do art. 100 da CF (redação dada pela EC n. 62/2009) passou a ter a seguinte redação:

> As dotações orçamentárias e os créditos abertos serão consignados diretamente ao Poder Judiciário, cabendo ao Presidente do Tribunal que proferir a decisão exequenda determinar o pagamento integral e autorizar, a requerimento do credor e exclusivamente para os casos de preterimento de seu direito de precedência **ou de não alocação orçamentária do valor necessário à satisfação do seu débito**, o **sequestro da quantia respectiva.** (grifos nossos)

Assim, na esteira do que já defendíamos, o Constituinte derivado passou a admitir o sequestro judicial, a requerimento do credor, não apenas na hipótese de preterimento do seu direito de precedência, como também – e aqui a novidade – no caso de não inclusão e alocação orçamentária do valor necessário à satisfação do crédito do exequente.

A OJ n. 3 do TP do TST, que é anterior à EC n. 62/2009, só admite sequestro de verbas públicas na hipótese de preterição do direito de preferência do credor, *in verbis*:

> Precatório. Sequestro. Emenda Constitucional n. 30/2000. Preterição. ADIn 1662-8. Art. 100, § 2º, da CF/1988 (DJ 09.12.2003 – Parágrafo único do artigo 168 do Regimento Interno do TST). O sequestro de verbas públicas para satisfação de precatórios trabalhistas só é admitido na hipótese de preterição do direito de precedência do credor, a ela não se equiparando as situações de não inclusão da despesa no orçamento ou de não pagamento do precatório até o final do exercício, quando incluído no orçamento.

Na mesma linha, o Órgão Especial do TST editou a OJ n. 13 que é de 2010, mas é silente sobre a EC n. 62:

> PRECATÓRIO. QUEBRA DA ORDEM DE PRECEDÊNCIA. NÃO DEMONSTRAÇÃO DA POSIÇÃO DO EXEQUENTE NA ORDEM CRONOLÓGICA. SEQUESTRO INDEVIDO (DEJT Divulgado em 16, 17 e 20.09.2010). É indevido o sequestro de verbas públicas quando o exequente/requerente não se encontra em primeiro lugar na lista de ordem cronológica para pagamento de precatórios ou quando não demonstrada essa condição.

Importa salientar, ainda, que o STF, concedeu liminar na Ação Cautelar (AC n. 3002, relator ministro Ricardo Lewandowski), para suspender temporariamente a ordem de sequestro de renda pública do município de São Paulo (SP), que havia sido determinada pelo Órgão Especial do Tribunal de Justiça de São Paulo (TJ-SP) em favor de uma empresa para pagamento de precatório. Em sua decisão, o ministro relator ressaltou que a questão está sob análise do Plenário do STF no âmbito das ADIs ns. 4357, 4372, 4400 e 4425, todas de relatoria do ministro Ayres Britto, cujo julgamento foi interrompido por um pedido de vista formulado pelo ministro Luiz Fux. As ADIs questionam a validade e aplicação da EC n. 62, que alterou o artigo 100 da Constituição Federal e acrescentou o artigo 97 ao Ato das Disposições Constitucionais Transitórias (ADCT), instituindo regime especial de pagamento de precatórios pelos Estados, Distrito Federal e Municípios.

Em situação semelhante, em 6.3.2013, o Plenário do STF (RCL 2425), por maioria, anulou ordem de sequestro de verbas públicas emitida pelo TRT da 17ª Região contra o município de Vila Velha-ES, em função de atraso no pagamento de precatórios. O Relator da reclamação, ministro Dias Toffoli, votou em favor da procedência do pedido, confirmando a suspensão do sequestro já deferida liminarmente. É importante assinalar que a motivação adotada pelo relator foi esta: "Esta Corte firmou entendimento de que a Emenda Constitucional n. 30/2000 não introduziu nova modalidade de sequestro de verbas públicas para a satisfação de precatórios alimentares."

Não houve, ao que nos parece, nos dois casos acima citados, enfrentamento expresso do STF quanto ao disposto no novel § 6º do art. 100 da CF com a redação dada pela EC n. 62.

No tocante à RPV (CF, art. 100, § 3º c/c art. 87 do ADCT), os juízes trabalhistas vêm aplicando analogicamente o disposto no § 2º do art. 17 da Lei n. 10.259, de 12.7.2001, segundo o qual,

> tratando-se de obrigação de pagar quantia certa, após o trânsito em julgado da decisão, o pagamento será efetuado no prazo de sessenta dias, contados da entrega da requisição, por ordem do Juiz, à autoridade citada para a causa, na agência mais próxima da Caixa Econômica Federal ou do Banco do Brasil, independentemente de precatório.

Nessa senda, o Tribunal Pleno do TST, antes mesmo da EC n. 62, editou a OJ n. 01:

> Precatório. Crédito trabalhista. Pequeno valor. Emenda Constitucional n. 37/2002 (DJ 09.12.2003 – Parágrafo único do art. 168 do Regimento Interno do TST). Há dispensa da expedição de precatório, na forma do art. 100, § 3º, da CF/1988, quando a execução contra a Fazenda Pública não exceder os valores definidos, provisoriamente, pela Emenda Constitucional n. 37/2002, como obrigações de pequeno valor, inexistindo ilegalidade, sob esse prisma, na determinação de sequestro da quantia devida pelo ente público.

Cumpre advertir, todavia, que o fato da dispensa do precatório nas execuções trabalhistas referentes a créditos considerados de pequeno valor não elide a necessidade de observância do disposto nos arts. 534 e 535 do CPC, haja vista que os bens públicos continuam sendo impenhoráveis.

Dito de outro modo, apurado o *quantum debeatur*, deverá o ente público ser intimado para, querendo, no prazo de trinta dias e nos próprios autos, impugnar a execução. A partir de tal intimação, a nosso ver, inicia-se a contagem, tanto para oferecimento da impugnação da Fazenda Pública (art. 880 da CLT c/c art. 730 do CPC) quanto para o depósito do valor devido junto à Caixa Econômica Federal (Lei n. 10.259/2001, art. 17).

Caso o ente público apresente impugnação à execução, pensamos que o prazo previsto no art. 17 da Lei n. 10.259/2001 fica suspenso até que tal demanda seja julgada definitivamente. Transitando em julgado a decisão que julgar a impugnação à execução, aí, sim, recomeça-se a contagem do prazo para o depósito do valor devido junto à CEF.

Não custa lembrar que uma coisa é a dispensa do precatório nas execuções de créditos de pequeno valor; outra coisa bem diferente é a necessidade de se conferir ao ente público devedor o direito de impugnar a execução. Daí por que entendemos que a ordem de sequestro somente poderá ser expedida ao depois de transitada em julgado a decisão que julgar a impugnação à execução ou, se o ente público deixa escoar *in albis* o prazo para o oferecimento de tal impugnação.

É preciso salientar que o ente público não está obrigado a garantir a execução para oferecer impugnação à execução (CPC, arts. 534 e 535), pois os seus bens continuam sendo impenhoráveis.

Para encerrar este tópico, colecionamos outros importantes verbetes do Tribunal Pleno e do Órgão Especial do TST sobre execução por quantia certa contra a Fazenda Pública:

> OJ n. 2 – PRECATÓRIO. REVISÃO DE CÁLCULOS. LIMITES DA COMPETÊNCIA DO PRESIDENTE DO TRT (DJ 09.12.2003 – parágrafo único do art. 168 do Regimento Interno do TST). O pedido de revisão dos cálculos, em fase de precatório, previsto no art. 1º-E da Lei n. 9.494/1997, apenas poderá ser acolhido desde que: a) o requerente aponte e especifique claramente quais são as incorreções existentes nos cálculos, discriminando o montante que seria correto, pois do contrário a incorreção torna-se abstrata; b) o defeito nos cálculos esteja ligado à incorreção material ou à utilização de critério em descompasso com a lei ou com o título executivo judicial; e c) o critério legal aplicável ao débito não tenha sido objeto de debate nem na fase de conhecimento, nem na fase de execução.
>
> OJ n. 6 – PRECATÓRIO. EXECUÇÃO. LIMITAÇÃO DA CONDENAÇÃO IMPOSTA PELO TÍTULO JUDICIAL EXEQUENDO À DATA DO ADVENTO DA LEI N. 8.112, de 11.12.1990 (DJ 25.04.2007). Em sede de precatório, não configura ofensa à coisa julgada a limitação dos efeitos pecuniários da sentença condenatória ao período anterior ao advento da Lei n. 8.112, de 11.12.1990, em que o exequente submetia-se à legislação trabalhista, salvo disposição expressa em contrário na decisão exequenda.
>
> OJ n. 8 – PRECATÓRIO. MATÉRIA ADMINISTRATIVA. REMESSA NECESSÁRIA. NÃO CABIMENTO (DJ 25.04.2007). Em sede de precatório, por se tratar de decisão de natureza administrativa, não se aplica o disposto no art. 1º, V, do Decreto-Lei n. 779, de 21.08.1969, em que se determina a remessa necessária em caso de decisão judicial desfavorável a ente público.
>
> OJ n. 9 – PRECATÓRIO. PEQUENO VALOR. INDIVIDUALIZAÇÃO DO CRÉDITO APURADO. RECLAMAÇÃO TRABALHISTA PLÚRIMA. EXECUÇÃO DIRETA CONTRA A FAZENDA PÚBLICA. POSSIBILIDADE (DJ 25.04.2007). Tratando-se de reclamações trabalhistas plúrimas, a aferição do que vem a ser obrigação de pequeno valor, para efeito de dispensa de formação de precatório e aplicação do disposto no § 3º do art. 100 da CF/88, deve ser realizada considerando-se os créditos de cada reclamante.
>
> OJ n. 10 – PRECATÓRIO. PROCESSAMENTO E PAGAMENTO. NATUREZA ADMINISTRATIVA. MANDADO DE SEGURANÇA. CABIMENTO (DJ 25.04.2007). É cabível mandado de segurança contra atos praticados pela Presidência dos Tribunais Regionais em precatório em razão de sua natureza administrativa, não se aplicando o disposto no inciso II do art. 5º da Lei n. 1.533, de 31.12.1951.
>
> OJ-TP/OE-12 - PRECATÓRIO. PROCEDIMENTO DE NATUREZA ADMINISTRATIVA. INCOMPETÊNCIA FUNCIONAL DO PRESIDENTE DO TRT PARA DECLARAR A INEXIGIBILIDADE DO TÍTULO EXEQUENDO (DEJT Divulgado em 16, 17 e 20.09.2010). O Presidente do TRT, em sede de precatório, não tem competência funcional para declarar a inexigibilidade do título judicial exequendo, com fundamento no art. 884, § 5º, da CLT, ante a natureza meramente administrativa do procedimento.

Nos casos de doenças graves, o TST vem admitindo o sequestro de verba pública para pagamento de precatório (TST-RR 601-95.1986.5.17.0002, j. 12.12.2012, Rel. Min. Pedro Paulo Manus, 7ª T., *DEJT* 19.12.2012).

O § 2º do art. 100 da CF, com redação dada pela EC n. 94/2016, passou a dispor que os "débitos de natureza alimentícia cujos titulares, originários ou por sucessão hereditária, tenham 60 (sessenta) anos de idade, ou sejam portadores de doença grave, ou pessoas com deficiência, assim definidos na forma da lei, serão pagos com preferência sobre todos os demais débitos, até o valor equivalente ao triplo fixado em lei" para os fins do disposto no § 3º do art. 100 da CF, "admitido o fracionamento para essa finalidade, sendo que o restante será pago na ordem cronológica de apresentação do precatório".

A Instrução Normativa TST n. 32/2007 disciplina, no âmbito da Justiça do Trabalho, o procedimento do Precatório e da Requisição de Pequeno Valor, estabelecendo, em síntese, que os pagamentos devidos pelas Fazendas Públicas Federal, Estadual, Distrital ou Municipal, em virtude de sentença judicial transitada em julgado, serão realizados exclusivamente na ordem de apresentação dos precatórios e à conta dos créditos respectivos, na forma da lei, deixando expresso que não estão sujeitos à expedição de precatórios os pagamentos de obrigações definidas em lei como de pequeno valor.

13. Execução das contribuições previdenciárias

Com a promulgação da EC n. 20, de 15.12.1998, que acrescentou o § 3º ao art. 114 da CF (atualmente, art. 114, VIII, por força da EC n. 45/2004), a Justiça do Trabalho passou a ser competente também "para executar, de ofício, as contribuições sociais previstas no art. 195, I, *a*, e II (da CF), e seus acréscimos legais, decorrentes das sentenças que proferir".

Em 25.10.2000, foi editada a Lei n. 10.035, reafirmando a competência à Justiça do Trabalho para processar e julgar as questões relativas às contribuições previdenciárias que incidirem sobre as sentenças e acordos homologados.

A execução de débitos previdenciários, que deveriam ter sido recolhidos durante a vigência do contrato de trabalho e que não integram a sentença trabalhista, continua sob a alçada da Justiça Federal.

O Plenário do STF (RE 569056-PA, red. Min. Menezes Direito), à unanimidade, decidiu editar Súmula Vinculante n. 53, não obstante a vigência da Lei n. 11.457/2007, que dispõe: "Não cabe à Justiça do Trabalho estabelecer, de ofício, débito de contribuição social para com o Instituto Nacional do Seguro Social com base em decisão que apenas declare a existência de vínculo empregatício".

Ancorando-se na *ratio decidendi* da Súmula Vinculante n. 53 do STF, o TST fez diversas alterações na sua Súmula n. 368, cuja redação atual, dada pela Resolução TST n. 219/2017, é a seguinte:

> I – A Justiça do Trabalho é competente para determinar o recolhimento das contribuições fiscais. A competência da Justiça do Trabalho, quanto à execução das contribuições previdenciárias, limita-se às sentenças condenatórias em pecúnia que proferir e aos valores, objeto de acordo homologado, que integrem o salário de contribuição.

II – É do empregador a responsabilidade pelo recolhimento das contribuições previdenciárias e fiscais, resultantes de crédito do empregado oriundo de condenação judicial. A culpa do empregador pelo inadimplemento das verbas remuneratórias, contudo, não exime a responsabilidade do empregado pelos pagamentos do imposto de renda devido e da contribuição previdenciária que recaia sobre sua quota-parte.

III – Os descontos previdenciários relativos à contribuição do empregado, no caso de ações trabalhistas, devem ser calculados mês a mês, de conformidade com o art. 276, § 4º, do Decreto n. 3.048/1999 que regulamentou a Lei n. 8.212/1991, aplicando-se as alíquotas previstas no art. 198, observado o limite máximo do salário de contribuição.

IV – Considera-se fato gerador das contribuições previdenciárias decorrentes de créditos trabalhistas reconhecidos ou homologados em juízo, para os serviços prestados até 4.3.2009, inclusive, o efetivo pagamento das verbas, configurando-se a mora a partir do dia dois do mês seguinte ao da liquidação (art. 276, *caput*, do Decreto n. 3.048/1999). Eficácia não retroativa da alteração legislativa promovida pela Medida Provisória n. 449/2008, posteriormente convertida na Lei n. 11.941/2009, que deu nova redação ao art. 43 da Lei n. 8.212/91.

V – Para o labor realizado a partir de 5.3.2009, considera-se fato gerador das contribuições previdenciárias decorrentes de créditos trabalhistas reconhecidos ou homologados em juízo a data da efetiva prestação dos serviços. Sobre as contribuições previdenciárias não recolhidas a partir da prestação dos serviços incidem juros de mora e, uma vez apurados os créditos previdenciários, aplica-se multa a partir do exaurimento do prazo de citação para pagamento, se descumprida a obrigação, observado o limite legal de 20% (art. 61, § 2º, da Lei n. 9.430/96).

VI – O imposto de renda decorrente de crédito do empregado recebido acumuladamente deve ser calculado sobre o montante dos rendimentos pagos, mediante a utilização de tabela progressiva resultante da multiplicação da quantidade de meses a que se refiram os rendimentos pelos valores constantes da tabela progressiva mensal correspondente ao mês do recebimento ou crédito, nos termos do art. 12-A da Lei n. 7.713, de 22.12.1988, com a redação conferida pela Lei n. 13.149/2015, observado o procedimento previsto nas Instruções Normativas da Receita Federal do Brasil.

É importante destacar que a Lei n. 13.467/2017 deu nova redação ao parágrafo único do art. 876 da CLT, passando a dispor, na mesma linha do item I da Súmula n. 368 do TST, que:

> A Justiça do Trabalho executará, de ofício, as contribuições sociais previstas na alínea a do inciso I e no inciso II do *caput* do art. 195 da Constituição Federal, e seus acréscimos legais, relativas ao objeto da condenação constante das sentenças que proferir e dos acordos que homologar.

Registre-se, por outro lado, que a Lei n. 10.035/2000 deu nova redação ao parágrafo único do art. 831 da CLT, prescrevendo que, "no caso de conciliação, o termo que for lavrado valerá como decisão irrecorrível, salvo para a Previdência Social quanto às contribuições que lhe forem devidas".

Assim, a decisão homologatória de acordo equipara-se à coisa julgada material apenas para as partes que figuraram originalmente na lide, na medida em que somente poderão, em tese, impugná-la por meio de ação rescisória (TST, Súmula n. 259).

A decisão que homologa a conciliação entre os sujeitos originários da lide somente produzirá, em relação às contribuições previdenciárias, os efeitos da coisa julgada se a União, intimada para tomar ciência da decisão, deixar transcorrer *in albis* o prazo judicial que lhe for assinalado para manifestação (CLT, art. 832, §§ 4º, 5º, 6º e 7º).

O juiz tem o dever de "sempre indicar a natureza jurídica das parcelas constantes da condenação ou do acordo homologado, inclusive o limite de responsabilidade de cada parte pelo recolhimento da contribuição previdenciária, se for o caso" (CLT, art. 832, § 3º).

Apurado o valor das contribuições devidas à União, e não havendo o correspondente pagamento, poderá o juiz, de ofício ou a requerimento do interessado, promover a execução, consoante a regra estabelecida no art. 876 e seu parágrafo único da CLT, ainda que omissa a sentença, consoante dispõe a Súmula n. 401 do TST:

> AÇÃO RESCISÓRIA. DESCONTOS LEGAIS. FASE DE EXECUÇÃO. SENTENÇA EXEQUENDA OMISSA. INEXISTÊNCIA DE OFENSA À COISA JULGADA. Os descontos previdenciários e fiscais devem ser efetuados pelo juízo executório, ainda que a sentença exequenda tenha sido omissa sobre a questão, dado o caráter de ordem pública ostentado pela norma que os disciplina. A ofensa à coisa julgada somente poderá ser caracterizada na hipótese de o título exequendo, expressamente, afastar a dedução dos valores a título de imposto de renda e de contribuição previdenciária.

Os valores devidos à União deverão ser pagos por meio de guia de recolhimento própria, dela constando o número do processo e o nome das partes (CLT, art. 889-A). A Secretaria da Receita Federal tem a faculdade de conceder o parcelamento do valor devido à União e, nesse caso, o devedor deverá juntar aos autos cópia do termo de ajuste, ficando suspensa a execução da contribuição social até a efetiva quitação de todas as parcelas (CLT, art. 889-A, § 1º).

O § 2º do art. 889-A da CLT determina que as Varas do Trabalho deverão encaminhar mensalmente à Secretaria da Receita Federal do Brasil informações sobre os recolhimentos das contribuições previdenciárias, salvo se outro prazo for estabelecido em regulamento.

A Súmula n. 454 do TST prevê a competência da Justiça do Trabalho para processar a execução, de ofício, da contribuição referente ao Seguro de Acidente de Trabalho (SAT), que tem natureza de contribuição para a seguridade social (arts. 114, VIII, e 195, I, "a", da CF), pois se destina ao financiamento de benefícios relativos à incapacidade do empregado decorrente de infortúnio no trabalho (arts. 11 e 22 da Lei n. 8.212/1991)".

Quanto às contribuições destinadas a terceiros, como as devidas ao sistema "S" e salário-educação, o Enunciado n. 74, aprovado na 1ª Jornada de Direito Material e Processual do Trabalho, realizada em Brasília-DF, em 23.11.2007, propõe:

CONTRIBUIÇÕES DEVIDAS A TERCEIROS. INCOMPETÊNCIA DA JUSTIÇA DO TRABALHO. A competência da Justiça do Trabalho para a execução de contribuições à Seguridade Social (CF, art. 114, § 3º) nas ações declaratórias, condenatórias ou homologatórias de acordo cinge-se às contribuições previstas no art. 195, inciso I, alínea *a* e inciso II, da Constituição, e seus acréscimos moratórios. Não se insere, pois, em tal competência, a cobrança de "contribuições para terceiros", como as destinadas ao "sistema S" e "salário-educação", por não se constituírem em contribuições vertidas para o sistema de Seguridade Social.

O fundamento de tal Enunciado foi adotado pelo TST no RR 133900-81.2006.5.13.0002 (Rel. Min. Hugo Carlos Scheuermann, 1ª T., *DEJT* 9.11.2012) e no RR 4400-82.2006.5.08.0007 (Rel. Min. José Roberto Freire Pimenta, 2ª T., *DEJT* 28.9.2012).

14. Execução fiscal na Justiça do Trabalho

O art. 114, inciso VII, da CF prevê a competência da Justiça do Trabalho para processar e julgar as ações relativas às penalidades administrativas impostas aos empregadores pelos órgãos de fiscalização das relações de trabalho, dentre as quais se destaca a ação de execução fiscal das multas aplicadas pelos auditores fiscais do trabalho.

Assim, a ação (especial) de execução para cobrança das multas impostas pelos órgãos de fiscalização do trabalho deve observar prioritariamente o procedimento previsto na Lei n. 6.830/1980, restando à CLT e ao CPC, no que couber, o papel de fontes subsidiárias. Invertem-se, assim, as regras previstas nos arts. 769 e 889 da CLT.

Não estão no âmbito da competência da Justiça do Trabalho, e sim da Justiça Federal, "processar e julgar execução fiscal promovida por Conselho de fiscalização profissional" (Súmula n. 66 do STJ).

A legitimidade ativa para a ação de execução fiscal é da União, que será representada pela Procuradoria da Fazenda Nacional, tendo em vista que as multas são equiparadas a créditos tributários da União (CF, art. 133, § 3º; Lei n. 6.830/80, arts. 4º, § 4º, e 6º, § 3º). A intimação do representante da União deve ser feita pessoalmente.

São legitimados passivos para a ação de execução fiscal o empregador, seus sucessores a qualquer título e os responsáveis solidários ou subsidiários (LEF, art. 4º). A expressão "empregador", contida no inciso VII do art. 114 da CF, abrange, a nosso ver, os responsáveis solidários e/ou subsidiários pelos débitos trabalhistas (CLT, arts. 2º, § 2º, 455 e Súmula n. 331, IV, do TST). Quanto à responsabilidade do cônjuge, o STJ editou a Súmula n. 251, *segundo a qual a* "meação só responde pelo ato ilícito quando o credor, na execução fiscal, provar que o enriquecimento dele resultante aproveitou ao casal".

No que tange à responsabilidade dos sócios, o STJ tem entendido que não se trata de crédito tributário, sendo impossível a inclusão do coobrigado (sócio) no polo passivo da demanda (REsp 638580/MG; Recurso Especial 2004/0005084-8, DJ 1º.2.2005, p. 514). No mesmo sentido já decidiu o TRT da 3ª Região (AP 00762.2005.038.03.00-5, 8ª T., Rel. Juiz Cleube de Freitas Pereira, *DJMG* 11.3.2006).

Os requisitos da Petição Inicial estão previstos no art. 6º da LEF, bastando a indicação do juiz a quem é dirigida a petição, o pedido e o requerimento de citação. A certidão de dívida ativa é documento imprescindível à propositura da ação. A produção de provas pela Fazenda Pública independe de requerimento na inicial. O valor da causa será o da dívida constante da certidão, acrescida dos encargos legais.

É importante destacar que o Enunciado n. 58 aprovado na 1ª Jornada de Direito Material e Processual do Trabalho propõe que:

> Não é dado ao Juiz retirar a presunção de certeza e liquidez atribuída pela lei, nos termos do arts. 204 do CTN e 3º da Lei n. 6.830/80, à dívida ativa inscrita regularmente. Ajuizada a ação de execução fiscal – desde que presentes os requisitos da petição inicial previstos no art. 6º da Lei n. 6.830/80 –, a presunção de certeza e liquidez da Certidão de Dívida Ativa somente pode ser infirmada mediante produção de prova inequívoca, cujo ônus é do executado ou do terceiro, a quem aproveite.

O despacho do Juiz que deferir o processamento da petição inicial é um ato judicial complexo, pois implica, a um só tempo, ordem de citação, penhora, arresto e/ou registro da penhora ou do arresto, independentemente do pagamento de custas. Inteligência do art. 7º da LEF.

A ordem preferencial dos bens penhoráveis não segue a regra da CLT (art. 882) que, por sua vez, adota a regra do art. 835 do CPC. O art. 11 da LEF dispõe expressamente a respeito, inexistindo lacuna, no particular.

O prazo para a oposição dos embargos do executado é de 30 dias, a contar do depósito, da juntada da prova da fiança bancária ou da intimação da penhora.

Nos termos do art. 16, § 3º, da LEF, a matéria arguível nos embargos é mais restrita que a prevista na CLT e no CPC. Tem sido admitida a exceção de pré-executividade.

Os institutos da arrematação, adjudicação e alienação dos bens penhorados devem observar os arts. 21 a 24 da LEF, sendo certo que, nos termos da Súmula n. 121 do STJ: "Na execução fiscal o devedor deverá ser intimado, pessoalmente, do dia e hora da realização do leilão."

A cobrança judicial da dívida ativa não está sujeita a concurso de credores ou habilitação em falência, concordata, liquidação, inventário ou arrolamento.

O concurso de preferência somente se verifica entre pessoas jurídicas de direito público, observando-se a seguinte ordem: União e suas autarquias; Estado e Distrito Federal e suas autarquias, conjuntamente e *pro rata*; Municípios e suas autarquias, conjuntamente e *pro rata*.

Suspende-se o curso da execução quando (e enquanto) não forem localizados bens do devedor. A prescrição também fica suspensa (LEF, art. 40).

No que concerne a recursos em sede de execução fiscal, dispõe o art. 34 da LEF:

> Art. 34. Das sentenças de primeira instância proferidas em execuções de valor igual ou inferior a 50 (cinquenta) Obrigações do Tesouro Nacional – OTN, só se admitirão embargos infringentes e de declaração.
>
> § 1º Para os efeitos deste artigo, considerar-se-á o valor da dívida monetariamente atualizado e acrescido de multa e juros de mora e demais encargos legais, na data da distribuição.
>
> § 2º Os embargos infringentes, instruídos, ou não, com documentos novos, serão deduzidos, no prazo de 10 (dez) dias perante o mesmo juízo, em petição fundamentada.
>
> § 3º Ouvido o embargado, no prazo de 10 (dez) dias, serão os autos conclusos ao juiz, que, dentro de 20 (vinte) dias, os rejeitará ou reformará a sentença.

O sistema recursal a ser aplicado, ao que nos parece, é o da CLT, tendo em vista a inexistência, no processo do trabalho, do recurso de embargos infringentes no primeiro grau da jurisdição trabalhista. Logo, não há sentença irrecorrível em razão do valor nas ações de execução fiscal propostas perante a Justiça do Trabalho, sendo, aqui, inaplicável a regra do art. 2º, § 4º, da Lei n. 5.584/70, que é inerente ao processo de conhecimento.

Ademais, por força do art. 897, *a*, da CLT e da IN n. 27/2005, do TST, o recurso cabível da sentença proferida em embargos à execução na ação de execução fiscal é o agravo de petição, sendo, portanto, inaplicável a regra do art. 35 da LEF.

O recurso de embargos de declaração também é cabível (CLT, art. 897-A e CPC, art. 1.022 a 1.026).

Quanto ao recurso de revista, o § 10 do art. 896 da CLT, o admite "por violação a lei federal, por divergência jurisprudencial e por ofensa à Constituição Federal nas execuções fiscais e nas controvérsias da fase de execução que envolvam a Certidão Negativa de Débitos Trabalhistas (CNDT), criada pela Lei n. 12.440, de 7 de julho de 2011".

Se da decisão que ordenar o arquivamento dos autos tiver decorrido o prazo prescricional, o juiz, depois de ouvida a Fazenda Pública, poderá, de ofício, reconhecer a prescrição (quinquenal) intercorrente e decretá-la de imediato. É o que dispõe o § 4º do art. 40 da LEF, com redação dada pela Lei n. 11.051, de 29.12.2004 (*DOU* 30.12.2004). De acordo com a Súmula n. 314 do STJ, em "execução fiscal, não localizados bens penhoráveis, suspende-se o processo por um ano, findo o qual se inicia o prazo da prescrição quinquenal intercorrente".

O TST (AIRR 804840-25.2005.5.10.0007, 6ª T., Rel. Min. Mauricio Godinho Delgado, *DEJT* 17.6.2010) vinha admitindo a aplicação da prescrição intercorrente em se tratando de execução fiscal de multa administrativa aplicada pelos órgãos de fiscalização das relações de trabalho.

Com o advento da Lei n. 13.467/2017, que incluiu o art. 11-A na CLT, a prescrição intercorrente, que pode ser requerida ou declarada de ofício em qualquer grau de jurisdição, passou a ocorrer em qualquer espécie de processo na Justiça do Trabalho no prazo de dois anos, sendo que a "fluência do prazo prescricional intercorrente inicia-se quando o exequente deixa de cumprir determinação judicial no curso da execução".

15. Suspensão e extinção da execução

O processo do trabalho é omisso a respeito da suspensão da execução (ou cumprimento da sentença), o que autoriza a aplicação subsidiária do art. 921 do CPC, segundo o qual suspende-se a execução:

> I – nas hipóteses dos arts. 313 e 315 do CPC, no que couber;
>
> II – no todo ou em parte, quando recebidos com efeito suspensivo os embargos à execução;
>
> III – quando o executado não possuir bens penhoráveis;
>
> IV – se a alienação dos bens penhorados não se realizar por falta de licitantes e o exequente, em 15 (quinze) dias, não requerer a adjudicação nem indicar outros bens penhoráveis;
>
> V – quando concedido o parcelamento de que trata o art. 916.
>
> § 1º Na hipótese do inciso III, o juiz suspenderá a execução pelo prazo de 1 (um) ano, durante o qual se suspenderá a prescrição.
>
> § 2º Decorrido o prazo máximo de 1 (um) ano sem que seja localizado o executado ou que sejam encontrados bens penhoráveis, o juiz ordenará o arquivamento dos autos.
>
> § 3º Os autos serão desarquivados para prosseguimento da execução se a qualquer tempo forem encontrados bens penhoráveis.
>
> § 4º Decorrido o prazo de que trata o § 1º sem manifestação do exequente, começa a correr o prazo de prescrição intercorrente.
>
> § 5º O juiz, depois de ouvidas as partes, no prazo de 15 (quinze) dias, poderá, de ofício, reconhecer a prescrição de que trata o § 4º e extinguir o processo.

O art. 922 do CPC, que também prevê a suspensão da execução por convenção das partes, é de duvidosa aplicabilidade no processo do trabalho, mormente em se tratando de execução de crédito trabalhista de natureza alimentar, o que recomenda redobrada cautela do juiz para deferir o requerimento de suspensão apresentado pelo credor ou por ambos os litigantes. Se for formulado unicamente pelo devedor, o juiz deve indeferir de plano, já que a execução trabalhista também pode, quando a parte não estiver exercendo o *jus postulandi*, ser promovida *ex officio* (CLT, art. 878).

Dispõe o art. 923 do CPC que durante a suspensão não serão praticados atos processuais, podendo o juiz, entretanto, salvo no caso de arguição de impedimento ou de suspeição, ordenar providências urgentes.

Já a extinção da execução/cumprimento da sentença está prevista no art. 924 do CPC, segundo o qual a execução será extinta quando:

> I – a petição inicial for indeferida;
>
> II – a obrigação for satisfeita;
>
> III – o executado obtiver, por qualquer outro meio, a extinção total da dívida;
>
> IV – o exequente renunciar ao crédito;
>
> V – ocorrer a prescrição intercorrente.

Quanto aos incisos I e II do art. 924 do CPC, há plena compatibilidade com o processo do trabalho.

Todavia, parece-nos que os incisos III e IV do art. 924 do CPC são de duvidosa aplicabilidade no processo do trabalho, especialmente na execução de crédito trabalhista de natureza alimentar. Em tais situações, o juiz deve designar audiência e interrogar o exequente, a fim de se evitar eventual nulidade processual por vício de vontade do credor.

Em qualquer hipótese, preceitua o art. 925 do CPC que "a extinção só produz efeito quando declarada por sentença".

Na verdade, tratando-se de execução (ou cumprimento) da sentença, parece-nos que o ato que resolve essa fase processual tem natureza de decisão interlocutória, embora impugnável por agravo de petição (CLT, art. 897, *a*). Haverá autêntica sentença na extinção do processo de execução de título extrajudicial, igualmente agravável.

Num caso ou noutro, parece-nos que a decisão extintiva da execução deve ser fundamentada (CF, art. 93, IX).

De toda a sorte, se não houver bens penhoráveis do devedor ou mesmo por inércia do credor, a execução deve ser suspensa, e não extinta. Nesse sentido:

> EXTINÇÃO DA EXECUÇÃO. INÉRCIA DA RECLAMANTE. APLICAÇÃO DO ART. 40, § 3º, DA LEI N. 6.830/80. DECISÃO REFORMADA. Os autos devem permanecer aguardando a realização de penhora *sine die*, quando não ocorrem quaisquer das hipóteses do art. 794, do CPC. A inércia da exequente não configura renúncia ao crédito, devendo os autos permanecer aguardando a realização de penhora *sine die*, quando não localizados bens do devedor, consoante estabelece o art. 40, § 3º, da Lei n. 6.830/80, aplicável no processo do trabalho por força do disposto no art. 889, da CLT (TRT 9ª R., AP 00963.1997.678.09.00-7, Rel. Juiz Luiz Celso Napp, *DO* 29.09.2006).

Todavia, por força do art. 11-A da CLT, incluído pela Lei n. 13.467/2017, no caso de o juiz determinar que o autor indique bens à penhora poderá o juiz decretar a prescrição intercorrente "quando o exequente deixa de cumprir determinação judicial no curso da execução".

XVIII

INQUÉRITO PARA APURAÇÃO DE FALTA GRAVE

1. Conceito e denominação

O art. 492 da CLT dispõe que o empregado que contar mais de 10 (dez) anos de serviço na mesma empresa não poderá ser despedido senão por motivo de **falta grave** ou circunstância de força maior, devidamente comprovadas. Trata-se da estabilidade decenal, também chamada de estabilidade própria ou absoluta.

A definição de falta grave é extraída da interpretação do art. 493 da CLT, *in verbis*:

> Constitui falta grave a prática de qualquer dos fatos a que se refere o art. 482, quando por sua repetição ou natureza representem séria violação dos deveres e obrigações do empregado.

A comprovação da falta grave do empregado estável é feita por meio do inquérito judicial para apuração de falta grave em que se verifique a procedência da acusação (art. 494 da CLT).

A CF de 1988 (art. 7º, III), ao consagrar o Fundo de Garantia do Tempo de Serviço - FGTS como direito fundamental e regime único de todos os trabalhadores (empregados) urbanos e rurais, extinguiu o instituto da estabilidade decenal (CLT, art. 492) em nosso ordenamento jurídico.

Com isso, o inquérito judicial deixou, na prática, de ser utilizado para proteger a relação empregatícia na hipótese de estabilidade decenal, salvo com relação àqueles trabalhadores não optantes pelo FGTS e admitidos antes de 5.10.1988.

Não obstante, o inquérito continua sendo uma ação especial utilizada para alguns trabalhadores que, por se encontrarem em situações especiais, só poderão ser dispensados se praticarem falta grave.

A natureza jurídica do "inquérito judicial para apuração de falta grave" é de uma ação constitutiva (negativa), de natureza dúplice, por meio da qual o empregador pede ao Judiciário Trabalhista uma autorização para resolver o contrato de trabalho do empregado que só pode ser validamente dispensado se cometer falta grave.

O vocábulo "inquérito" justifica-se pelo fato de a Justiça do Trabalho, quando criada em 1939, ter sido um órgão de feição administrativa, portanto vinculado ao Poder Executivo. Daí a utilização de diversas expressões típicas do direito administrativo contidas na CLT.

2. Cabimento

Com a proscrição da estabilidade decenal prevista no art. 492 da CLT pela CF (art. 7º, III), é **cabível a ação de inquérito judicial** ajuizada pelo empregador em face de alguns empregados em situações previstas em lei ou em contrato individual, convenção ou acordo coletivo que exigem a **comprovação de falta grave** praticada por certos empregados como condição de validade da resolução de seus contratos de trabalho, tais como:

- os **dirigentes sindicais** (CF, art. 8º, VIII, e Súmula n. 197 do STF);
- os **representantes dos trabalhadores no Conselho Curador do FGTS** (Lei n. 8.036/1990, art. 3º, § 9º);
- os **dirigentes de Cooperativa de Empregados** (Lei n. 5.764/1971, art. 55);
- os **representantes dos trabalhadores no Conselho Nacional de Previdência Social** (Lei n. 8.213/1991, art. 3º, § 7º);
- os **representantes dos trabalhadores nas Comissões de Conciliação Prévia** (CLT, art. 625-B, § 1º).

Além desses trabalhadores, podemos dizer que em relação ao **servidor "celetista" concursado**, isto é, o servidor investido em emprego público da Administração Direta, Autárquica ou Fundacional por meio de concurso público, o TST (Súmula n. 390, I) entende que ele adquire a estabilidade após três anos de efetivo exercício, sendo, portanto, destinatário da estabilidade prevista no art. 41 da CF. A dispensa dessa espécie de servidor celetista concursado somente será válida se precedida do ajuizamento, pelo empregador público, da ação de inquérito judicial para apuração de falta grave por aplicação analógica do art. 853 combinado com os arts. 494 a 499 da CLT. Há, porém, entendimento de que é válido o ato de dispensa por falta grave se for precedido de processo administrativo em que seja assegurada ampla defesa ao servidor público celetista estável.

Quanto ao **servidor concursado investido em cargo público de provimento efetivo** (estatuário), por força da decisão proferida pelo STF, nos autos da ADI n. 3.395, não há que se falar em inquérito previsto na CLT, uma vez que a Justiça do Trabalho é incompetente para processar e julgar a demanda entre o servidor estatutário e o ente público.

Existem, ainda, os **servidores públicos celetistas não concursados** da Administração Direta, Autárquica ou Fundacional, mas que, com base no art. 19

do ADCT, foram considerados "estáveis" no serviço público. Logo, a nosso ver, somente podem ser dispensados mediante inquérito judicial para apuração de falta grave. Esse entendimento, contudo, não é pacífico na jurisprudência.

Quanto ao **servidor concursado de empresa pública ou sociedade de economia mista**, a OJ n. 247 da SBDI-1/TST prevê, no seu item I, que a "despedida de empregados de empresa pública e de sociedade de economia mista, mesmo admitidos por concurso público, independe de ato motivado para sua validade", ou seja, esses servidores, segundo o TST, podem ser dispensados sem qualquer motivação (e sem necessidade de inquérito ou processo administrativo).

Com a devida vênia, divergimos do entendimento consagrado na OJ n. 247, I, da SBDI-1, defendemos que o ato de dispensa sem motivação do servidor celetista concursado viola os princípios da impessoalidade, publicidade, moralidade e eficiência que devem nortear os atos da Administração Pública Direta e Indireta (CF, art. 37, *caput*). Vale dizer, o ato de dispensa do servidor concursado de empresa pública ou sociedade de economia mista deve ser motivado, mas o empregador não necessita ajuizar inquérito para apuração de falta grave, sendo suficiente demonstrar a motivação da dispensa em contestação, caso haja reclamação ajuizada pelo servidor.

O item II da OJ n. 247 da SBDI-1/TST faz uma ressalva quanto aos servidores dos Correios (empresa pública federal), caso em que a dispensa desse servidor concursado só será válida se houve motivação do ato pelo empregador.

É **incabível o inquérito judicial** previsto no art. 853 da CLT, sendo o empregador (requerente) carecedor da ação, quando figurar no polo passivo (requerido) desta demanda especial:

- empregado acidentado (Lei n. 8.213/1993, art. 118);
- empregada gestante (ADCT, art. 10, II, *b*);
- empregado membro eleito de CIPA ou "cipeiro" (ADCT, art. 10, II, *a*);
- qualquer outro empregado destinatário da garantia no emprego (CF, art. 7º, I; OIT, Convenção n. 158; Convenção ou Acordo Coletivo etc.);
- servidor público concursado de empresa pública ou sociedade de economia mista.

Nesses casos, não há exigência legal de apuração judicial da **falta grave** para dispensa desses empregados, não necessitando por isso o empregador de autorização judicial para resolver o contrato de trabalho, razão pela qual o deve extinguir o processo sem resolução de mérito (CPC, art. 485, VI), por ausência de interesse processual, em função da ausência de necessidade ou adequação da via eleita. Nesse sentido:

> INQUÉRITO JUDICIAL – INTERESSE PROCESSUAL – INEXISTÊNCIA. A requerida foi contratada em 01.08.2003, tendo o contrato de trabalho sido suspenso em 19.10.2005, não

adquirindo, portanto, estabilidade no emprego a amparar a interposição do inquérito judicial (art. 41, da CF/88). Sobre o tema, releva mencionar os ensinamentos de Carlos Henrique Bezerra Leite, na obra *Curso de Direito Processual do Trabalho*, Editora LTr, 3ª edição, pág. 245: 'No processo do trabalho seria carecedor da ação, por falta de interesse processual, [...], o empregador que ajuíza ação de inquérito para apuração de falta grave de empregado não portador de estabilidade. Ora, o empregado não estável pode ser despedido por justa causa sem necessidade de autorização judicial (sentença constitutiva negativa) para pôr termo à relação empregatícia. Disso resulta que não há interesse processual do autor para invocar a máquina judiciária a fim de obter algo que ele poderia conseguir diretamente, isto é, sem a necessidade da prestação jurisdicional do Estado'. Sentença que se reforma para extinguir o feito sem julgamento de mérito, nos termos do art. 267, VI, do CPC (TRT 9ª R. RO 95003-2005-091-09-00-9 (00040-2008), 4ª T., Rel. Des. Sérgio Murilo Rodrigues Lemos, *DJ* 15.01.2008).

INQUÉRITO PARA APURAÇÃO DE FALTA GRAVE. ESTABILIDADE ACIDENTÁRIA. Nos termos da lei, o empregador pode dispensar o empregado beneficiário da garantida de emprego por acidente de trabalho sem a figura do inquérito judicial, na hipótese de justa causa. Desta forma, acompanhando o voto vista, impõe-se o reconhecimento da ausência de interesse da indiciante para a presente demanda, extinguindo-se o processo de ofício, nos termos do disposto no art. 267, VI, do CPC. O presente voto, ou parte dele, é fruto de minuta aprovada pela Exma. Juíza Relatora originária e, em razão da Resolução Administrativa n. 06/2008-(1087), publicada no DJU de 14.03.2008, p. 955, referendada pelo atual Relator (TRT 10ª R., ROPS 00405-2007-821-10-00-4, 2ª T., Rel. Des. José Leone Cordeiro Leite, *DO* 18.7.2008).

INQUÉRITO JUDICIAL PARA APURAÇÃO DE FALTA GRAVE – INTERESSE DE AGIR – EMPREGADA GESTANTE. 1. Consoante o disposto no art. 853 da CLT, reputado violado pelo Agravante, para a instauração do inquérito para apuração de falta grave contra empregado garantido com estabilidade, o empregador apresentará reclamação por escrito à Vara do Trabalho ou Juízo de Direito, dentro de 30 dias, contados da data da suspensão do empregado. 2. No caso, o Regional manteve a sentença que extinguiu o feito sem a resolução de mérito, salientando que se afigura desnecessário o ajuizamento de inquérito judicial para a apuração de falta grave de empregada gestante, ou seja, portadora de garantia provisória de emprego. 3. O entendimento adotado pelo Regional não viola o art. 853 da CLT invocado no recurso de revista e reiterado no agravo de instrumento, o qual trata do procedimento a ser observado no inquérito a que se refere o art. 494 da CLT, que, por sua vez dispõe apenas sobre a estabilidade decenal. Mesmo se considerarmos que é necessário o ajuizamento de inquérito para a apuração de falta grave cometida por outros empregados estáveis, não há como estender essa exigência para a empregada gestante que apenas detém garantia provisória de emprego. Tampouco resta violado o art. 4º, I, do CPC, uma vez que o Colegiado de origem interpretou de forma razoável a norma contida nesse dispositivo, incidindo o óbice da Súmula n. 221, II, do TST. 4. No que tange à violação do art. 5º, XXXV, da CF, o apelo não merece prosperar, na medida em que a ofensa ao referido dispositivo é, em regra, reflexa, não atendendo, portanto, a exigência contida no art. 896, c, da CLT. Agravo de instrumento desprovido (TST-AIRR 1577/2005-001-15-40, 7ª T., Rel. Min. Ives Gandra Martins Filho, DJ 13.6.2008).

Em síntese, o empregador não necessita (ausência de interesse processual) de autorização judicial para dispensar o empregado acidentado, gestante ou "cipeiro". Ao revés, deve ficar na posição defensiva, aguardando eventual ação ajuizada pelo trabalhador e, em contestação, comprovar que a dispensa se deu por justa causa ou de forma não arbitrária, como se infere do art. 165, parágrafo único, da CLT, aplicável, por analogia, a todos os casos em que haja vedação de dispensa arbitrária ou sem justa causa.

Em se tratando de servidor celetista concursado de empresa pública ou sociedade de economia mista, é suficiente demonstrar em contestação que houve motivação para a dispensa.(1)

3. A questão do prazo para ajuizamento

Nos termos do art. 853 da CLT, para a apuração de falta grave contra empregado garantido com estabilidade, o empregador deverá propor o inquérito judicial perante a Vara do Trabalho, dentro de 30 dias, contados da data da suspensão do empregado.

Esse prazo de 30 dias para ajuizamento do inquérito para apuração de falta grave é decadencial, pois se trata de ação constitutiva de direito, por meio da qual o empregador objetiva extinguir a relação jurídica empregatícia. Esse entendimento está cristalizado na Súmula n. 62 do TST.

Se não houver suspensão do empregado, parece-nos que a interpretação *a contrario sensu* do art. 853 da CLT autoriza a ilação de que o empregador terá o prazo de até dois anos para ajuizar o inquérito (CF, art. 7º, XXIX, c/c o art. 11 da CLT), uma vez que o objetivo precípuo da ação é justamente extinguir o contrato de trabalho do empregado estável. Logo, caso não tenha havido suspensão do empregado estável, o prazo bienal para o aforamento do inquérito é decadencial e inicia-se no momento em que o empregador tomou ciência da falta grave imputada ao trabalhador.

Alguns argumentam, porém, que esse prazo de 30 dias, quando não houver suspensão do empregado, deveria ser contado da data em que o empregador tomou ciência da ocorrência da falta grave, sob o argumento de que o não ajuizamento da ação dentro desse prazo configuraria perdão tácito. Todavia, ainda assim defendemos que o empregador terá o prazo decadencial de dois anos, de modo que a discussão sobre eventual perdão tácito seria objeto do próprio mérito da demanda, e não de decadência (prejudicial de mérito).

4. Procedimento do inquérito

O procedimento do inquérito judicial para apuração de falta grave encontra-se regulado nos arts. 853 a 855, bem como nos arts. 494 a 499, todos da CLT.

---

(1) O STF vai examinar novamente a necessidade de motivação para dispensar servidores concursados de empresas públicas e sociedades de economia mista, tendo em vista que o ministro Luís Roberto Barroso (STF-RE 589.998) determinou a suspensão do andamento de todos os processos sobre o caso, em trâmite na Justiça do Trabalho.

Assim, o empregado acusado de falta grave poderá ser suspenso de suas funções, mas a sua despedida só se tornará efetiva após o inquérito em que se verifique a procedência da acusação. A suspensão perdurará até a decisão final do processo.

Nos termos do art. 853 da CLT, a ação de inquérito judicial é proposta por meio de uma petição inicial escrita, não sendo permitida a reclamação verbal, endereçada ao Juiz Titular da Vara do Trabalho, dentro de 30 dias, contados da data da suspensão do empregado (réu).

A inobservância desse prazo implica a extinção do processo com resolução do mérito (CPC, art. 487, II), devendo o juiz, provocado pelo requerido ou de ofício, pronunciar a decadência, como, aliás, prevê a Súmula n. 62 do TST.

Quanto às custas no inquérito judicial para apuração de falta grave, o § 1º do art. 789 da CLT, sem qualquer exceção, dispõe que as "custas serão pagas pelo vencido após o trânsito em julgado da decisão", e, no caso de recurso, "as custas serão pagas e comprovado o recolhimento dentro do prazo recursal".

O procedimento do inquérito judicial no que concerne à dinâmica da audiência, propostas conciliatórias, apresentação de resposta, instrução e razões finais é o mesmo do procedimento dos dissídios individuais, salvo quanto ao número de testemunhas. É o que se infere do art. 821 da CLT, segundo o qual: "Cada uma das partes não poderá indicar mais de 3 (três) testemunhas, salvo quando se tratar de inquérito, caso em que esse número poderá ser elevado a 6 (seis)."

5. A sentença e seus efeitos

Por ser uma ação de natureza dúplice, se o pedido constante do inquérito judicial for julgado improcedente, ou seja, não provada a falta grave praticada pelo empregado (requerido), fica o empregador (autor) obrigado a reintegrá-lo no emprego (e não a "readmiti-lo no serviço", como consta do art. 495 da CLT) e a pagar-lhe os salários e demais vantagens a que teria direito no período de afastamento.

Logo, em função da natureza dúplice dessa ação especial, o empregado não precisa reconvir ou ajuizar outra ação para ser reintegrado.

Mas, ao que nos parece, se o empregado (requerido) pretender objeto mais amplo do que a simples reintegração, como ressarcimento por danos morais, por exemplo, poderá apresentar reconvenção, devendo o juiz julgar, simultaneamente, isto é, na mesma sentença, o inquérito e a reconvenção.

No caso de sentença de improcedência do inquérito judicial, haverá, a rigor, interrupção do contrato de trabalho, pois o tempo de serviço do período de afastamento é integralmente computado, fazendo jus o obreiro aos salários do mesmo período e a todas as demais vantagens como se não tivesse sido afastado do emprego.

Se o juiz entender desaconselhável a reintegração, poderá, na sentença, invocar o disposto nos arts. 496 e 497 da CLT:

> Art. 496. Quando a reintegração do empregado estável for desaconselhável, dado o grau de incompatibilidade resultante do dissídio, especialmente quando for o empregador pessoa física, o tribunal do trabalho poderá converter aquela obrigação em indenização devida nos termos do artigo seguinte.
>
> Art. 497. Extinguindo-se a empresa, sem a ocorrência de motivo de força maior, ao empregado estável despedido é garantida a indenização por rescisão do contrato por prazo indeterminado, paga em dobro.

No caso de sentença de procedência do inquérito judicial, considera-se como data da dispensa do empregado o dia em que o empregador protocolizou a petição inicial desta ação especial.

Nas hipóteses de "estabilidades provisórias" que demandem a instauração do inquérito judicial, a reintegração também poderá ser convertida em indenização simples (e não em dobro), tanto na hipótese do art. 496 da CLT, quanto no caso de exaurimento do período estabilitário.

XIX

DISSÍDIO COLETIVO

1. Conceito e natureza jurídica

O Capítulo IV do Título X da CLT é destinado aos Dissídios Coletivos, sendo certo que o art. 856 da CLT dispõe que:

> A instância será instaurada mediante representação escrita ao Presidente do Tribunal. Poderá ser também instaurada por iniciativa do presidente, ou, ainda, a requerimento da Procuradoria da Justiça do Trabalho, sempre que ocorrer suspensão do trabalho.

Os vocábulos "instância", "instaurada" e "representação" deixam patente a origem administrativa da Justiça e do Processo do Trabalho. Talvez por isso alguns autores conceituam o dissídio coletivo como "processo" de solução de conflitos coletivos adotado como importante mecanismo de criação de normas e condições de trabalho por meio dos tribunais trabalhistas, que proferem sentenças normativas quando as partes não chegam à autocomposição (NASCIMENTO, 2012, p. 905).

Ocorre que os §§ 2º e 3º do art. 114 da CF dispõem, *in verbis*:

> Art. 114...
>
> § 2º Recusando-se qualquer das partes à negociação coletiva ou à arbitragem, é facultado às mesmas, de comum acordo, **ajuizar dissídio coletivo** de natureza econômica, podendo a Justiça do Trabalho decidir o conflito, respeitadas as disposições mínimas legais de proteção ao trabalho, bem como as convencionadas anteriormente.
>
> § 3º Em caso de greve em atividade essencial, com possibilidade de lesão do interesse público, o Ministério Público do Trabalho poderá **ajuizar dissídio coletivo**, competindo à Justiça do Trabalho decidir o conflito. (grifos nossos)

Afigura-se-nos, no entanto, que o texto consolidado há de ser interpretado conforme a Constituição e analisado cientificamente à luz da moderna teoria do direito processual, de modo que o dissídio coletivo deve ser compreendido não como processo em si, mas como ação, pois é esta que instaura aquele. Noutro falar, dissídio coletivo não é um processo, e sim uma ação. Tecnicamente, portanto, poderíamos denominá-la de "ação de dissídio coletivo".

Quanto à natureza jurídica do dissídio coletivo, pensamos que se trata de uma espécie de ação coletiva submetida a um procedimento especial previsto na Constituição Federal (art. 114, §§ 2º e 3º) e na CLT (arts. 856 a 871). É ação coletiva, porque a legitimidade ativa *ad causam* é conferida a ente coletivo e a decisão ("sentença normativa") produz efeitos *ultra partes*, como o dissídio de natureza econômica (interesse coletivo da categoria) ou *erga omnes*, como o dissídio de greve em atividade essencial (interesse difuso da coletividade).

Destarte, no ordenamento jurídico brasileiro não apenas os sindicatos das categorias econômicas e das categorias profissionais são legitimados para proporem o dissídio coletivo. Também têm legitimidade ativa o Ministério Público do Trabalho, nos casos de greve que atinja interesse público, ou a própria empresa, na hipótese de malogro de celebração de acordo coletivo ou de greve.

Conceituamos dissídio coletivo, portanto, como uma espécie de ação coletiva, de matriz constitucional, conferida a determinados entes coletivos (sindicatos, empresa ou MPT), para a defesa de interesses cujos titulares materiais não são pessoas individualmente consideradas, mas sim grupos ou categorias econômicas, profissionais ou diferenciadas ou a coletividade, visando à criação ou interpretação de normas que irão incidir no âmbito dessas mesmas categorias, ou à defesa do interesse público.

2. Classificação

A leitura dos §§ 2º e 3º do art. 114 da CF revela-nos a existência de duas espécies de dissídios coletivos com assento constitucional: o de natureza econômica e o de greve.

A CLT prevê, ainda, os dissídios coletivos de extensão (art. 868) e de revisão (art. 873).

O art. 241 do Regimento Interno do TST amplia a classificação dos dissídios coletivos, os quais podem ser:

> I – **de natureza econômica**, para a instituição de normas e condições de trabalho;
>
> II – **de natureza jurídica**, para interpretação de cláusulas de sentenças normativas, de instrumentos de negociação coletiva, acordos e convenções coletivas, de disposições legais particulares de categoria profissional ou econômica e de atos normativos;
>
> III – **originários**, quando inexistentes ou em vigor normas e condições especiais de trabalho, decretadas em sentença normativa;
>
> IV – **de revisão**, quando destinados a reavaliar normas e condições coletivas de trabalho preexistentes que se tornarem injustas ou ineficazes pela modificação das circunstâncias que as ditaram;
>
> V – **de declaração** sobre a paralisação do trabalho decorrente de **greve**.

A interpretação sistemática da CF, da CLT e da Lei de Greve, no entanto, autoriza-nos a dizer que os dissídios coletivos podem ser classificados em: **dissídios coletivos de natureza econômica, jurídica ou mista**.

Isso porque, em rigor, os dissídios coletivos originários e os de revisão são subespécies de dissídios coletivos de natureza econômica.

Os dissídios coletivos de greve são ecléticos (natureza jurídica e econômica), porquanto "declaram" a abusividade (ou não) da greve e "decidem" sobre a procedência ou improcedência das cláusulas constantes da pauta de reivindicação dos trabalhadores, que tratam de condições de trabalho.

O **dissídio coletivo de natureza econômica** é uma ação coletiva constitutiva, pois visa à prolação de "sentença normativa" (*rectius*, acórdão normativo) que criará novas normas ou condições de trabalho que irão vigorar no âmbito das relações empregatícias individuais (CF, art. 114, § 2º). Tal espécie de dissídio subdivide-se em originário e revisional. Os dissídios coletivos *originários* são cabíveis quando inexistentes normas coletivas anteriormente estabelecidas em convenção coletiva ou acordo coletivo. Já os *de revisão são ajuizados* quando destinados a reavaliar normas e condições coletivas de trabalho preexistentes que tenham se tornado manifestamente injustas ou ineficazes pela modificação das circunstâncias que as ditaram.

Os dissídios coletivos de natureza econômica também podem ser classificados como de extensão, quando visam a estender a toda a categoria as normas ou condições que tiveram como destinatários apenas parte dela (CLT, arts. 868 a 871).

Já o **dissídio coletivo de natureza jurídica** é, na verdade, uma *ação coletiva declaratória*, cujo objeto reside apenas na interpretação de cláusulas previstas em instrumentos normativos coletivos preexistentes que vigoram no âmbito de uma dada categoria. Tal dissídio, contudo, não é cabível quando se pretende interpretar norma legal de caráter geral para toda a classe trabalhadora (TST/SDC, OJ n. 7).

O **dissídio coletivo de greve** pode ter natureza meramente declaratória, se seu objeto residir apenas na declaração de abusividade ou não do movimento paredista. Se, todavia, o tribunal apreciar e julgar os pedidos versados nas cláusulas constantes da pauta de reivindicações, o dissídio coletivo de greve terá natureza mista, pois, a um só tempo, a sentença normativa correspondente declarará a abusividade (ou não) do movimento paredista e decidirá sobre a procedência ou improcedência das reivindicações da categoria profissional correspondente (CF, art. 114, § 3º; Lei n. 7.783/89, art. 8º).

É incompatível com a declaração de abusividade de movimento grevista o estabelecimento de quaisquer vantagens ou garantias a seus partícipes, que assumiram os riscos inerentes à utilização do instrumento de pressão máximo

(OJ n. 10 da SDC/TST). Além disso, mostra-se abusiva a greve levada a efeito sem que as partes hajam tentado, direta e pacificamente, solucionar o conflito que lhe constitui o objeto (OJ n. 11 da SDC/TST), assim como resta configurado o abuso de direito, quando a greve se realiza em setores que a lei define como sendo essenciais à comunidade, se não é assegurado o atendimento básico das necessidades inadiáveis dos usuários do serviço, na forma prevista na Lei n. 7.783/89 (OJ n. 38 da SDC/TST).

3. Competência

A competência para processar e julgar os dissídios coletivos é originalmente dos Tribunais (Superior ou Regionais) do Trabalho (CLT, arts. 856 e 860).

A competência territorial dos tribunais para processar e julgar o dissídio coletivo é fixada em razão da área geográfica do conflito coletivo. Será do TRT se o conflito coletivo abranger o espaço territorial da região sob sua jurisdição (CLT, art. 678, I, c/c art. 6º da Lei n. 7.701/1988), sendo funcionalmente competente o Tribunal Pleno ou, se houver previsão no respectivo regimento interno, a Seção Especializada de Dissídios Coletivos.

Se o conflito coletivo abranger o espaço territorial suprarregional ou nacional, a **competência territorial originária** para processar e julgar o dissídio coletivo será do TST (CLT, arts. 690 e 702, I, *b*, c/c art. 1º da Lei n. 7.701/1988).

No âmbito do TST, a Seção de Dissídios Coletivos (SDC) tem **competência funcional originária** (Lei n. 7.701/1988, art. 2º, I) para: (a) conciliar e julgar os dissídios coletivos que excedam a jurisdição dos Tribunais Regionais do Trabalho e estender ou rever suas próprias sentenças normativas, nos casos previstos em lei; (b) homologar as conciliações celebradas nos dissídios coletivos de que trata a alínea anterior; (c) julgar as ações rescisórias propostas contra suas sentenças normativas.

A SDC do TST (Lei n. 7.701/1988, art. 2º, II) também tem competência funcional derivada (ou recursal) para, **em última instância**, julgar: (a) os recursos ordinários interpostos contra as decisões proferidas pelos Tribunais Regionais do Trabalho em dissídios coletivos de natureza econômica ou jurídica; (b) os recursos ordinários interpostos contra as decisões proferidas pelos Tribunais Regionais do Trabalho em ações rescisórias e mandados de segurança pertinentes a dissídios coletivos; (c) os embargos infringentes interpostos contra decisão não unânime proferida em processo de dissídio coletivo de sua competência originária, salvo se a decisão atacada estiver em consonância com precedente jurisprudencial do Tribunal Superior do Trabalho ou da Súmula de sua jurisprudência predominante; (d) os embargos de declaração opostos aos seus acórdãos e os agravos regimentais pertinentes aos dissídios coletivos.

Os juízes das Varas do Trabalho, portanto, não têm competência funcional para processar e julgar qualquer modalidade de dissídio coletivo.

De acordo com o Precedente Normativo n. 29 do TST, "compete aos Tribunais do Trabalho decidir sobre o abuso do direito de greve".

Todavia, cumpre destacar que as Varas do Trabalho são funcional e originariamente competentes para processar e julgar "as ações que envolvam exercício do direito de greve" (CF, art. 114, II), como os interditos proibitórios que tenham pertinência com o exercício do direito de greve.

4. Procedimento

O dissídio coletivo tem seu **procedimento especial** regulado nos arts. 856 a 875 da CLT, admitindo, como não poderia deixar de ser, a aplicação subsidiária e supletiva do direito processual civil, a teor do art. 769 da CLT e do art. 15 do CPC, desde que omissa a legislação processual obreira e a migração normativa não seja incompatível com os princípios e com os procedimentos dessa espécie de demanda coletiva.

Todas essas disposições legais devem ser interpretadas no sentido de se conferir a máxima efetividade às normas Constitucionais, especialmente as previstas nos arts. 7°, *caput*, e XXVI, 8º e 114, §§ 1º, 2º e 3º da CF.

O ajuizamento do dissídio coletivo é efetivado por meio de petição inicial formulada por entidade sindical da categoria profissional (diretamente ou por intermédio de advogado), que é o mais comum, ou por sindicato da categoria econômica (ou empresa empregadora) dirigida ao presidente do Tribunal Regional do Trabalho ou do Tribunal Superior do Trabalho, conforme a abrangência territorial do conflito ou a representação das entidades sindicais que figuram nos polos da relação processual.

Os requisitos da petição inicial serão examinados no **item 4.1** *infra*.

Recebida a petição inicial, será designada audiência de conciliação presidida pelo Presidente do Tribunal (CLT, art. 860), que, *in casu*, detém a competência funcional. Alguns regimentos internos de tribunais atribuem tal competência ao Vice-Presidente. Mas a única delegação legalmente permitida para a prática do ato processual determinado pelo art. 860 da CLT é a prevista no art. 866 da CLT. O Presidente do Tribunal não fica adstrito às propostas das partes, podendo apresentar a solução que entender pertinente para a solução do conflito (CLT, art. 862).

Havendo acordo, o Presidente submete o dissídio ao Tribunal Pleno (ou Seção de Dissídios Coletivos) para ser homologado. A decisão que homologa tal acordo é também uma sentença normativa.

Firmado o acordo ou frustrada a conciliação, o processo será, mediante sorteio, distribuído a relator e revisor. Em seguida, o feito é submetido a julgamento pelo Tribunal Pleno (ou outro órgão especial previsto no regimento interno). No TST, a competência para os dissídios coletivos é da SDC.

O procedimento do dissídio coletivo é muito flexível, em virtude de ausência de normas formais, de modo que não há lugar para revelia ou confissão, uma vez que está em debate o interesse abstrato de uma categoria dada, profissional ou econômica.

Firmado o acordo ou frustrada a conciliação, o processo será, mediante sorteio, distribuído a relator e revisor. Em seguida, o feito é submetido a julgamento pelo Tribunal Pleno (ou outro órgão especial previsto no regimento interno). No TST, a competência para processar e julgar originalmente os dissídios coletivos de âmbito nacional é da SDC, sendo deste órgão a competência para julgar os recursos ordinários das sentenças normativas proferidas pelos TRTs.

O MPT, nos dissídios coletivos de greve, poderá emitir parecer escrito, antes da distribuição do feito, ou oral, na sessão de julgamento (Lei n. 7.701/1988, art. 11). Nos demais dissídios, o parecer ministerial é escrito e anterior à distribuição do feito.

Nos dissídios coletivos não há nulidade por julgamento *extra* ou *ultra petita,* pois nele não há pedido, mas proposta de criação de novas normas ou interpretação de normas antigas.

O TST exige fundamentação das cláusulas constantes da pauta de reivindicação, o que nos parece lógico e razoável, pois qualquer sentença, inclusive a normativa, deve ser fundamentada, sob pena de nulidade (CF, art. 93, IX).

Nos casos de dissídio coletivo de greve, o art. 8º da Lei n. 7.783/89 dispõe que a Justiça do Trabalho, por iniciativa de qualquer das partes ou do Ministério Público do Trabalho, decidirá sobre a procedência, total ou parcial, ou improcedência das reivindicações, cumprindo ao Tribunal publicar, de imediato, o competente acórdão.

Nos dissídios coletivos não há depósito recursal, mas as custas, por interpretação sistemática do § 4º e das regras constantes do *caput* e dos demais parágrafos, todos do art. 789 da CLT, serão de responsabilidade:

- do suscitado, na hipótese de sentença normativa total ou parcialmente procedente, sendo calculadas sobre o valor da causa ou, se este for indeterminado, sobre o valor que a decisão (acórdão normativo) ou Presidente do Tribunal fixar (CLT, art. 789, III, IV, §§ 1º e 2º);
- do suscitante, se a sentença normativa julgar totalmente improcedente as cláusulas ou extinguir o dissídio coletivo sem resolução do mérito, sendo o seu montante calculado com base no valor da causa ou, se este for indeterminado, sobre o valor que a decisão (acórdão normativo) ou Presidente do Tribunal fixar (CLT, art. 789, II, IV, §§ 1º e 2º);

- rateada entre suscitante e suscitado, ou seja, 1% (um por cento) para cada parte, na hipótese de acordo firmado nos autos do dissídio coletivo e homologado pelo Tribunal, calculada sobre o valor arbitrado na decisão (CLT, art. 789, §§ 3º e 4º);
- solidária das partes vencidas, na hipótese de litisconsórcio em que os litisconsortes sejam total ou parcialmente sucumbentes (CLT, art. 789, § 4º).

No caso de recurso ordinário, as custas serão pagas e comprovado o respectivo recolhimento pelo vencido (total ou parcialmente) dentro do prazo recursal (oito dias), sob pena de deserção. Não há obrigatoriedade de intimação da parte para o recolhimento das custas, pois cabe ao interessado obter os cálculos para o respectivo preparo (OJ n. 27 da SDC/TST).

Omissa a sentença normativa a respeito das custas, a parte interessada poderá interpor embargos de declaração (CLT, art. 897-A; CPC, art. 1.022, II). Mantendo-se a omissão, o Presidente do Tribunal, de ofício ou provocado pela parte interessada, fixará o valor das custas (CLT, art. 789, § 4º). Se não houver recurso, as custas serão pagas ao final, isto é, depois de transitada em julgado a "sentença" normativa.

De acordo com o art. 682, VI, da CLT, compete ao Presidente do Tribunal: "VI – executar suas próprias decisões e as proferidas pelo Tribunal." Logo, ao Presidente do Tribunal, e não ao relator, compete cobrar as custas impostas nas decisões proferidas em dissídio coletivo.

4.1. A petição inicial

O parágrafo único do art. 859 da CLT permitia o dissídio coletivo verbal. Tal dispositivo, porém, foi revogado expressamente pelo Decreto-Lei n. 7.321, de 14.2.1945. Logo, não é permitido o dissídio coletivo verbal, pois a petição inicial deverá ser sempre escrita, nos termos do art. 856 da CLT.

A interpretação sistemática, lógica e teleológica do art. 858 da CLT combinado com o art. 840, § 1º do mesmo diploma e do art. 319 do CPC autoriza-nos a dizer que a "representação" (*rectius*, a petição inicial) será apresentada em tantas vias quantos forem os reclamados (suscitados) e deverá conter:

- designação da autoridade a que for dirigida (presidente do TRT ou do TST);
- a qualificação das partes;
- a natureza da atividade econômica da empresa ou categoria econômica e, se for o caso, do estabelecimento ou do serviço;
- os motivos do dissídio e as bases de conciliação (Lei n. 10.192/2001, art. 12, *caput;* TST/SDC, OJ n. 32).

À luz do disposto no § 2º do art. 114 da CF, se o autor do dissídio coletivo de natureza econômica não colacionar documento comprobatório da concordância do réu com o ajuizamento da demanda, poderá o órgão judicial competente aplicar analogicamente o art. 870, § 1º, da CLT e determinar a intimação do réu para que, no prazo assinalado, manifeste sua concordância ou não com a "instauração" do dissídio. Decorrido o prazo sem manifestação do réu, haverá concordância tácita. Se o réu, no prazo assinalado, não concordar expressamente com o ajuizamento do dissídio coletivo de natureza econômica, o processo deverá ser extinto sem resolução do mérito. O TST vem extinguindo o processo sem resolução do mérito se o suscitado apresentar contestação não concordando com a instauração do dissídio coletivo de natureza econômica.

Há determinados documentos que são imprescindíveis ao ajuizamento do dissídio coletivo, e por isso devem acompanhar a petição inicial, pois por meio deles será possível verificar o preenchimento das condições da ação e dos pressupostos processuais, tais como: (a) o edital de convocação da assembleia geral da categoria; (b) a ata da assembleia geral autorizando a instauração do dissídio coletivo; (c) a lista de presença da assembleia geral; (d) a comprovação da frustração da negociação coletiva; (e) a norma coletiva anterior (se houver); (f) a comprovação da concordância – tácita ou expressa – entre as partes para o ajuizamento do dissídio coletivo de natureza econômica.

Se a petição for subscrita por advogado, o respectivo instrumento de mandato deverá acompanhar a petição inicial.

Como já ressaltado, o art. 12 da Lei n. 10.192/2001 exige, no ajuizamento do dissídio coletivo, que as partes devem apresentar, fundamentadamente, suas propostas finais, que serão objeto de conciliação ou deliberação do Tribunal, na sentença normativa.

Segundo o Precedente Normativo n. 37 do TST: "nos processos de dissídio coletivo só serão julgadas as cláusulas fundamentadas na representação, em caso de ação originária, ou no recurso". No mesmo sentido, a OJ n. 32 da SDC/TST considera pressuposto indispensável à constituição válida e regular da ação coletiva a apresentação em forma clausulada e fundamentada das reivindicações da categoria.

4.2. A legitimidade das partes

De acordo com o art. 856 da CLT, a "instância será instaurada mediante representação escrita ao presidente do Tribunal. Poderá ser também instaurada por iniciativa do presidente, ou, ainda, a requerimento da Procuradoria da Justiça do Trabalho, sempre que ocorrer suspensão do trabalho". O artigo seguinte prescreve que a "representação para instaurar a instância em dissídio coletivo constitui prerrogativa das associações sindicais, excluídas as hipóteses aludidas no art. 856, quando ocorrer suspensão do trabalho".

O art. 114, § 2º, da CF/88, com nova redação dada pela EC n. 45/2004, dispõe que, se as partes do conflito coletivo se recusarem à negociação coletiva ou à arbitragem, "é facultado às mesmas, de comum acordo, ajuizar dissídio coletivo de natureza econômica, podendo a Justiça do Trabalho decidir o conflito, respeitadas as disposições mínimas legais de proteção ao trabalho, bem como as convencionadas anteriormente".

A conjugação das normas acima transcritas permite-nos dizer que são partes legítimas *ad causam* nos dissídios coletivos, de um lado, obrigatoriamente, o sindicato da categoria profissional, que geralmente atua no polo ativo da demanda, e, do outro lado, o sindicato da categoria econômica ou empresa(s) empregadora(s) diretamente interessada(s).

Quando os sujeitos da lide coletiva são os sindicatos, estamos diante de um conflito intercategorial, na medida em que envolve duas categorias – econômica e profissional – distintas. Esse dissídio coletivo decorre de uma convenção coletiva frustrada.

De outro giro, quando os sujeitos da lide são o sindicato da categoria profissional e uma ou mais empresas isoladamente consideradas (não representadas pelo sindicato da categoria econômica), o dissídio coletivo é de âmbito mais restrito, pois ele ocorre no âmbito da empresa empregadora dos trabalhadores representados pelo sindicato da respectiva categoria profissional.

Vale frisar que, com o cancelamento da OJ n. 12 da SDC, não há mais o óbice da legitimação sindical obreira para ajuizar dissídio coletivo de greve por ele mesmo deflagrada.

O sindicato, como suscitante no dissídio coletivo, atua *em nome da categoria*, desde que autorizado por Assembleia Geral, e *na defesa de interesse da categoria* que representa. Vale dizer, ele atua em nome alheio (categoria) na defesa de interesse alheio (categoria). Não é o caso de substituição processual, pois nesta, além de não ser exigida a autorização assemblear, os integrantes da categoria, individualmente considerados, não têm legitimação *ad causam* para ajuizarem a ação coletiva (dissídio coletivo).

Por tal razão, no caso de dissídio coletivo em face de empresa, ou seja, aquele decorrente de malogro na celebração de acordo coletivo de trabalho, a SDC/TST editou a OJ n. 19, que condiciona a instauração da instância contra determinada empresa à prévia autorização dos trabalhadores da empresa suscitada diretamente envolvidos no conflito.

Quando não houver sindicato representativo da categoria econômica ou profissional, poderá o dissídio coletivo ser ajuizado pelas federações correspondentes e, na falta destas, pelas confederações respectivas, no âmbito de sua representação (CLT, art. 857, parágrafo único).

O art. 856 da CLT faculta, ainda, aos Presidentes dos Tribunais do Trabalho ou ao Ministério Público do Trabalho a iniciativa da "instauração da instância", isto é, a legitimação para o ajuizamento do dissídio coletivo.

Parece-nos, contudo, que essa norma, na parte referente à legitimação conferida ao Presidente do Tribunal do Trabalho, não foi recepcionada pelo art. 114, § 2º, da Constituição Federal, que somente faculta às partes, de comum acordo, a legitimação *ad causam* da ação coletiva em estudo.

Desse modo, o MPT também pode ajuizar dissídio coletivo de greve perante a Justiça do Trabalho, nos termos do art. 83, VIII, da LC n. 75/1993 e do art. 8º da Lei n. 7.783/1989.

Com o advento do novel § 3º do art. 114 da CF, foi reconhecida expressamente a legitimação do Ministério Público do Trabalho para ajuizar dissídio coletivo "em caso de greve em atividade essencial, com possibilidade de lesão do interesse público".

Pensamos, porém, que tal regra deve ser interpretada sistematicamente com o art. 127 da CF, de modo que não apenas nas greves em atividades essenciais, como também nas demais greves, o Ministério Público do Trabalho estará sempre legitimado para ajuizar dissídio coletivo em defesa dos interesses sociais (difusos ou públicos) ou individuais indisponíveis.

Ajuizado o dissídio de greve, o art. 8º da Lei n. 7.783/1989 dispõe que a Justiça do Trabalho, por iniciativa de qualquer das partes ou do Ministério Público do Trabalho, decidirá sobre a procedência, total ou parcial, ou improcedência das reivindicações, cumprindo ao Tribunal publicar, de imediato, o competente acórdão.

4.3. A questão do "comum acordo"

A expressão "comum acordo" contida no § 2º do art. 114 gera polêmica, porque uns sustentam tratar-se de pressuposto processual, enquanto outros sustentam que é uma condição da ação. Além disso, sabe-se que tramitam no STF algumas Ações Diretas de Inconstitucionalidade ajuizadas por entidades sindicais de trabalhadores, nas quais sustentam, em linhas gerais, que o § 2º do art. 114 da CF, com redação dada pela EC n. 45/2004, viola o inciso XXXV do art. 5º da CF, que consagra o princípio da inafastabilidade do acesso ao Poder Judiciário e assegura o direito de ação.

De acordo com o Enunciado n. 35 aprovado na 1ª Jornada de Direito Material e Processual do Trabalho, realizada em Brasília-DF, dadas as características das quais se reveste a negociação coletiva, não fere o princípio do acesso à Justiça o pré-requisito do comum acordo (§ 2º, do art. 114, da CRFB) previsto como necessário para a instauração da instância em dissídio coletivo, tendo em vista que a exigência visa a fomentar o desenvolvimento da atividade sindical, possibilitando que os entes sindicais ou a empresa decidam sobre a melhor forma de solução dos conflitos.

Nesse sentido, também defendemos que o inciso XXXV do art. 5º da CF não se mostra incompatível com o novel § 2º do art. 114 da CF, uma vez que a garantia do acesso ao Judiciário ocorre nas hipóteses de *lesão* ou *ameaça a direitos* individuais, coletivos ou difusos. O inciso XXXV do art. 5º da CF, na linha do art. 8º da Declaração Universal dos Direitos Humanos, assegura o amplo acesso à prestação jurisdicional na hipótese de lesão a direitos fundamentais, reconhecidos pela Constituição ou pela lei.

Todavia, o dissídio coletivo de natureza econômica não tem por objeto proteger *direito subjetivo preexistente*, lesado ou ameaçado de lesão. Ao revés, por meio dele o que se pretende é *criar direito novo*, de natureza abstrata, por meio do poder normativo especialmente atribuído à Justiça do Trabalho, destinado à categoria profissional representada pela entidade sindical suscitante. Daí a natureza constitutiva desse tipo especial de ação coletiva, pois cria novos direitos entre os representantes das categorias econômica e profissional.

Por tal razão, pensamos que a exigência do mútuo consentimento para o ajuizamento do dissídio coletivo de natureza econômica é uma condição da ação, pois a sua ausência implica ausência de interesse processual, na modalidade necessidade (CPC, art. 485, VI). O TST entende que se trata de pressuposto processual.

Para satisfação dessa condição da ação (ou desse pressuposto processual, segundo o TST) basta uma das partes comprovar que a outra concordou com a propositura da demanda coletiva, de forma tácita ou expressa. Entende-se por tácita a concordância, quando houver prova de que uma parte tenha convidado a outra para, em determinado prazo, manifestar-se, valendo o silêncio como consentimento. Além disso, pensamos que concordância tácita também pode ser extraída do comportamento do suscitado na audiência de conciliação ou ao contestar a ação de dissídio coletivo, no caso de silenciar-se sobre a inexistência de comum acordo para a propositura do dissídio coletivo.

É importante lembrar, porém, que nos dissídios coletivos de greve não há a exigência do comum acordo, ainda que o suscitante seja o empregador ou o sindicato da categoria profissional.

5. Sentença normativa

O Poder Normativo da Justiça do Trabalho encontra fundamento no § 2º do art. 114 da CF, com nova redação dada pela EC n. 45/2004. Tal poder é exercido por meio da sentença normativa. Melhor seria chamá-la de "acórdão normativo", já que é essa a nomenclatura das decisões proferidas pelos órgãos colegiados dos tribunais (CPC, art. 204).

A sentença normativa, que é recorrível, não se equipara à sentença arbitral (irrecorrível), razão pela qual não nos parece que a EC n. 45/2004 teria proscrito o Poder Normativo e criado uma arbitragem oficial para dissídios coletivos.

A exigência do "comum acordo" para a instauração dos dissídios coletivos de natureza econômica restringe, sem dúvida, a via de acesso ao exercício do poder normativo, mas não foi intenção do constituinte derivado a extinção desse poder legislativo anômalo conferido à Justiça do Trabalho.

As sentenças normativas, nos dissídios de natureza constitutiva (ou dissídios de interesses), podem criar cláusulas ou condições econômicas, sociais sindicais ou obrigacionais.

Cláusulas econômicas geralmente são relativas a salários, como fixação de piso salarial, reajustes, abonos pecuniários, jornada de trabalho, valor dos adicionais etc.

As **cláusulas sociais** são as que versam sobre vantagens sem conteúdo econômico, como abono de faltas, extensão da garantia no emprego da empregada gestante e do empregado acidentado etc.

As **cláusulas sindicais**, por sua vez, dizem respeito às relações entre os sindicatos ou entre estes e as empresas que figuram no dissídio coletivo, tratando de assuntos como contribuições assistenciais a serem descontadas em folha, garantia dos dirigentes sindicais, permitindo sua atuação nas empresas etc.

As **cláusulas obrigacionais** são instituídas para as hipóteses de descumprimento das normas coletivas constantes da sentença normativa, convenção ou acordo coletivo.

Nos termos do § 1º do art. 12 da Lei n. 10.192/2001, que se encontra em harmonia com o inciso IX do art. 93 da CF, a decisão que põe fim ao dissídio coletivo deve ser fundamentada, sob pena de nulidade.

Além disso, pensamos que a sentença normativa, que traduz um julgamento tipicamente por equidade, deverá promover, em seu conjunto, a justa composição do conflito de interesse das partes, sem descurar da proteção do interesse público (CLT, art. 8º). Sua publicação deverá ocorrer no prazo de 15 dias da decisão do Tribunal (art. 12, § 2º, da Lei n. 10.192/2001).

Exatamente pelo fato de no dissídio coletivo o tribunal exercer o poder normativo, proferindo julgamento sobretudo com (e por) equidade, não há falar em nulidade por julgamento *extra* ou *ultra petita*, pois nele não há pedido no sentido técnico e processual deste termo, e sim propostas de criação de novas normas ou interpretação de normas antigas que incidirão no âmbito de categorias profissionais ou econômicas.

Nos dissídios coletivos de greve, o art. 8º da Lei n. 7.783/89 dispõe que a Justiça do Trabalho, por iniciativa de qualquer das partes ou do Ministério

Público do Trabalho, decidirá sobre a procedência, total ou parcial, ou improcedência das reivindicações, cumprindo ao Tribunal publicar, de imediato, o competente acórdão. O § 3º do art. 114 da CF prevê que nos dissídios coletivos de "greve em atividade essencial, com possibilidade de lesão do interesse público, o Ministério Público do Trabalho poderá ajuizar dissídio coletivo, competindo à Justiça do Trabalho decidir o conflito".

Revendo posicionamento anterior, passamos a entender possível também o efeito *erga omnes* da sentença normativa nos dissídios coletivos de greve ajuizados pelo MPT em defesa do interesse público (CF, art. 114, § 3º), que são, *in casu*, os interesses difusos da coletividade, total ou parcialmente, atingida pelo movimento paredista. Invoca-se, neste caso, por analogia, o art. 103, I, do CDC.

Da sentença normativa cabe recurso ordinário ao TST, cuja competência funcional para conhecê-lo e julgá-lo é da SDC (*vide* item 3 *supra*). O prazo para o recurso ordinário é de oito dias, segundo dispõe o art. 895, *b*, da CLT. Em caso de acordo, nos autos do dissídio coletivo (decisão normativa), só caberá recurso ordinário por parte do Ministério Público do Trabalho (LC n. 75/93, art. 83, VI, e Lei n. 7.701/88, art. 7º, § 5º), que estará legitimado para interpor recurso ordinário tanto nos dissídios coletivos em que for parte (DC de greve) como naqueles em que atuou como *custos legis*.

5.1. Efeitos e vigência

As sentenças normativas que acolham pedidos produzem coisa julgada com eficácia *ultra partes*, com relação aos integrantes das categorias profissional e econômica que figuraram como partes na demanda coletiva, por aplicação analógica do art. 103, II, do CDC.

Entretanto, há entendimentos no sentido de que a sentença normativa produz apenas a coisa julgada formal, pois permite o seu cumprimento definitivo antes mesmo do seu trânsito em julgado, como também existe a possibilidade do dissídio coletivo de revisão (CLT, art. 873), que é calcado na chamada cláusula *rebus sic stantibus* e destinado a rever total ou parcialmente a sentença normativa original. Além disso, por ter vigência temporária, a sentença normativa não teria a característica da imutabilidade da *res judicata*. Esse é o entendimento consubstanciado na Súmula n. 397 do TST.

Para nós, todavia, a sentença normativa faz coisa julgada material (e, logicamente, formal), pois o art. 2º, I, *c*, da Lei n. 7.701/88 dispõe expressamente que compete, originariamente, à sessão especializada em dissídios coletivos "julgar as ações rescisórias propostas contra suas próprias sentenças normativas", cabendo-lhe, nos termos do inciso II, alínea *b*, do referido artigo, julgar, em última instância, "os recursos ordinários interpostos contra as decisões proferidas pelos Tribunais Regionais do Trabalho em ações rescisórias e mandados de segurança pertinentes a dissídios coletivos".

Destarte, se cabe ação rescisória contra sentença normativa, então ela está apta a produzir a coisa julgada material (CPC, arts. 487 e 966, *caput*). Outro argumento repousa sobre o parágrafo único, *in fine*, do art. 872 da CLT, que proíbe que na ação de cumprimento possam ser rediscutidas as matérias de fato e de direito já decididas na sentença normativa.

Em relação aos efeitos, ressaltamos que as sentenças normativas produzem coisa julgada com eficácia *ultra partes*, com relação aos integrantes das categorias profissional e econômica que figuraram como partes na demanda coletiva, por aplicação analógica do art. 103, II, do CDC.

Todavia, ocorrerá o efeito *erga omnes* da sentença normativa nos dissídios coletivos de greve ajuizados pelo MPT em defesa dos interesses difusos da coletividade, total ou parcialmente, atingida pelo movimento paredista (analogia com o art. 103, I, do CDC).

De acordo com a literalidade do parágrafo único do art. 867 da CLT, a sentença normativa vigorará:

- a partir da data de sua publicação, quando ajuizado o dissídio após o prazo do art. 616, § 3º, da CLT, ou quando não existir acordo, convenção ou sentença normativa em vigor, na data do ajuizamento;
- a partir do dia imediato ao termo final de vigência do acordo, convenção ou sentença normativa, quando ajuizado o dissídio no prazo do art. 616, § 3º, da CLT.

Interpretando tal regra consolidada, o TST editou a (alterada) Súmula n. 277, cuja redação original dispunha:

> SENTENÇA NORMATIVA, CONVENÇÃO OU ACORDO COLETIVOS. VIGÊNCIA. REPERCUSSÃO NOS CONTRATOS DE TRABALHO. I – As condições de trabalho alcançadas por força de sentença normativa, convenção ou acordo coletivos vigoram no prazo assinado, não integrando, de forma definitiva, os contratos individuais de trabalho. II – Ressalva-se da regra enunciada no item I o período compreendido entre 23.12.1992 e 28.07.1995, em que vigorou a Lei n. 8.542, revogada pela Medida Provisória n. 1.709, convertida na Lei n. 10.192, de 14.2.2001.

Ocorre que a Súmula n. 277 do TST foi alterada pela Res. TST n. 185/2012 e passou a ter a seguinte redação:

> CONVENÇÃO COLETIVA DE TRABALHO OU ACORDO COLETIVO DE TRABALHO. EFICÁCIA. ULTRATIVIDADE. As cláusulas normativas dos acordos coletivos ou convenções coletivas integram os contratos individuais de trabalho e somente poderão ser modificadas ou suprimidas mediante negociação coletiva de trabalho.

Ocorre que a Súmula n. 277 do TST está com sua aplicação suspensa nos termos da medida cautelar deferida nos autos do processo STF-ADPF n. 323/DF, Rel. Min. Gilmar Mendes.

De toda a sorte, a Súmula n. 277 do TST institui o princípio da ultratividade para as normas previstas em instrumentos de autocomposição (convenção ou acordo coletivo), mas deixa de mencionar a sentença normativa, razão pela qual não devemos esquecer o Precedente Normativo TST n. 120, *in verbis*:

> SENTENÇA NORMATIVA. DURAÇÃO. POSSIBILIDADE E LIMITES (positivo) – (Res. 176/2011, DEJT divulgado em 27, 30 e 31.05.2011). A sentença normativa vigora, desde seu termo inicial até que sentença normativa, convenção coletiva de trabalho ou acordo coletivo de trabalho superveniente produza sua revogação, expressa ou tácita, respeitado, porém, o prazo máximo legal de quatro anos de vigência.

Como se vê, a decisão proferida em sentença normativa terá vigência (ultratividade) por quatro anos, salvo se outra sentença normativa for proferida nesse interregno de tempo.

Interpretando sistematicamente o § 6º do art. 7º da Lei n. 7.701/98 com o art. 14 da Lei n. 10.192/2001, conclui-se que o recurso ordinário interposto da sentença normativa poderá ter efeito suspensivo, cabendo ao Presidente do Tribunal *ad quem* (TST), em despacho (*rectius*, em decisão fundamentada), estabelecer, discricionariamente, as consequências concretas do efeito suspensivo, como, por exemplo, indicar as cláusulas que podem produzir efeito imediato e as que deverão aguardar o trânsito em julgado da decisão a ser proferida pela SDC.

A Súmula n. 246 do TST encampa a tese da relativização do efeito suspensivo do Recurso Ordinário interposto de sentença normativa, uma vez que permite o ajuizamento da ação de cumprimento, independentemente do seu trânsito em julgado.

Sobre a concessão de efeito suspensivo, o TST editou a Resolução n. 120, de 2.10.2003 (*DJU* 9.10.2003), aprovando a Instrução Normativa n. 24, que prescreve:

> I – Ao Presidente do Tribunal Superior do Trabalho é facultada a designação de audiência de conciliação relativamente a pedido de concessão de efeito suspensivo a recurso ordinário interposto à decisão normativa da Justiça do Trabalho;
>
> II – Poderá o Presidente do Tribunal Superior do Trabalho, antes de designar audiência prévia de conciliação, conceder ao requerido o prazo de 5 (cinco) dias, para, querendo, manifestar-se sobre o pedido de efeito suspensivo;
>
> III – O Ministério Público do Trabalho, por intermédio da Procuradoria-Geral do Trabalho, será comunicado do dia, hora e local da realização da audiência, enquanto as partes serão notificadas;
>
> IV – Havendo transação nessa audiência, as condições respectivas constarão de ata, facultando-se ao Ministério Público do Trabalho emitir parecer oral, sendo, em seguida, sorteado Relator, que submeterá o acordo à apreciação da Seção Especializada em Dissídios Coletivos, na primeira sessão ordinária subsequente ou em sessão extraordinária designada para esse fim;
>
> V – O Presidente do Tribunal Superior do Trabalho poderá submeter o pedido de efeito suspensivo à apreciação da Seção Especializada em Dissídios Coletivos, desde que repute a matéria de alta relevância.

5.2. Extensão das decisões e revisão

A sentença normativa poderá ter seus efeitos estendidos, nos termos do art. 869 da CLT, a todos os empregados da mesma categoria profissional compreendida na jurisdição do Tribunal: (a) por solicitação de 1 (um) ou mais empregadores, ou de qualquer sindicato destes; (b) por solicitação de 1 (um) ou mais sindicatos de empregados; (c) *ex officio*, pelo Tribunal que houver proferido a decisão; d) por solicitação do MPT.

A validade da extensão dos efeitos da sentença normativa a todos os empregados da mesma categoria profissional, segundo o art. 870 da CLT, depende de concordância dos sindicatos que figurarem nos polos ativo e passivo da lide coletiva ou, se o dissídio coletivo decorrer de acordo coletivo frustrado, de pelo menos três quartos dos empregadores e três quartos dos empregados. Essa norma, a nosso ver, está em harmonia com a nova redação dada pela EC n. 45/2004 ao art. 114, § 2º, da CF.

Os interessados terão prazo não inferior a 30 nem superior a 60 dias, para que se manifestem sobre a extensão dos efeitos da sentença normativa. Decorrido o prazo para a manifestação dos interessados, e ouvido o MPT, será o processo submetido ao julgamento do Tribunal. Se a decisão do Tribunal concluir pela extensão dos efeitos da sentença normativa, deverá marcar a data em que ela entrará em vigor (art. 871 da CLT).

Contudo, parece-nos que **o dissídio coletivo de extensão**, por ter natureza econômica, **não poderá mais ser instaurado de ofício**, por provocação do MPT ou de uma das entidades sindicais, visto que há necessidade de mútuo consentimento, nos termos do art. 114, § 2º, da CF.

Havendo transação entre as partes, deve-se observar o que dispõe a OJ n. 2 da SDC/TST, segundo a qual é inviável aplicar condições constantes de acordo homologado nos autos de dissídio coletivo, extensivamente, às partes que não o subscreveram, exceto se observado o procedimento previsto no art. 868 e seguintes da CLT.

O **dissídio coletivo revisional** está disciplinado nos arts. 873 a 875 da CLT e tem lugar quando decorrido mais de um ano da vigência da sentença normativa. Trata-se de um dissídio derivado do dissídio coletivo de natureza econômica no qual a sentença normativa respectiva tenha fixado condições de trabalho posteriormente modificadas em função de circunstâncias alheias à vontade das partes.

O inciso IV do art. 241 do Regimento Interno do TST prevê o dissídio coletivo de revisão, cuja finalidade é reavaliar normas e condições coletivas de trabalho preexistentes que se tornarem injustas ou ineficazes pela modificação das circunstâncias que as ditaram.

Como se vê, o dissídio coletivo de revisão consagra uma espécie de aplicação da teoria da imprevisão (cláusula *rebus sic stantibus*) no âmbito do dissídio coletivo.

Não obstante a literalidade do art. 874 da CLT, entendemos que nem o Presidente do Tribunal nem o Ministério Público do Trabalho têm legitimação para a propositura do dissídio coletivo revisional, pois sendo este uma espécie de dissídio de natureza econômica, somente as partes interessadas, de comum acordo, poderão fazê-lo. Logo, ao que nos parece, a regra do art. 874 da CLT é incompatível com os §§ 2º e 3º do art. 114 da CF.

A competência para julgar o dissídio coletivo revisional é do mesmo tribunal prolator da decisão revisanda, sendo certo que a nova sentença normativa será proferida depois de ouvido o MPT, seja em parecer escrito, seja em parecer oral na sessão de julgamento.

Se essa sentença normativa for proferida por TRT caberá recurso ordinário para o TST, aplicando-se o mesmo procedimento alusivo ao dissídio coletivo de natureza econômica.

XX

AÇÃO DE CUMPRIMENTO

1. Noções gerais

De acordo com o art. 872 e seu parágrafo da CLT:

> Art. 872. Celebrado o acordo, ou transitada em julgado a decisão, seguir-se-á o seu cumprimento, sob as penas estabelecidas neste Título.
>
> Parágrafo único. Quando os empregadores deixarem de satisfazer o pagamento de salários, na conformidade da decisão proferida, poderão os empregados ou seus sindicatos, independentes de outorga de poderes de seus associados, juntando certidão de tal decisão, apresentar reclamação à Junta [*rectius*, Vara] ou Juízo competente, observado o processo previsto no Capítulo II deste Título, sendo vedado, porém, questionar sobre a matéria de fato e de direito já apreciada na decisão.

O art. 872 da CLT encontra-se inserto na Seção IV do Capítulo IV do Título X da CLT, reservada aos dissídios coletivos. Logo, o acordo de que cuida o *caput* do artigo supratranscrito é aquele feito pelas partes na presença do Presidente do Tribunal, que o submete à homologação pelo Tribunal nos autos do dissídio coletivo (CLT, art. 863).

Dessa forma, o acordo previsto no art. 872 da CLT é, na essência, uma "sentença normativa homologatória" do acordo levado a efeito pelas partes nos autos do dissídio coletivo, que produz os mesmos efeitos da sentença normativa que aprecia e julga as cláusulas constantes dessa espécie de ação coletiva.

Assim, tanto a sentença normativa que homologa o acordo celebrado entre as partes nos autos do dissídio coletivo quanto a sentença normativa que julga as cláusulas do dissídio coletivo não estão sujeitas à execução, no sentido de uma fase do processo de conhecimento destinada ao cumprimento da sentença ou de um processo autônomo de execução de título judicial.

Por isso se diz que o conteúdo da sentença normativa (ou da decisão que homologa acordo nos autos do dissídio coletivo), não é executado, e sim cumprido, tal como acontece com a eficácia das normas jurídicas de caráter geral e abstrato.

Esse cumprimento pode ser espontâneo, como se dá com a observância natural de uma lei; ou coercitivo, mediante a propositura da chamada ação de cumprimento.

2. Conceito

A sentença normativa proferida em dissídios coletivos de natureza econômica cria abstratamente novos direitos que podem ser espontaneamente cumpridos pelas partes, especialmente pelos empregadores. A sentença normativa cria, então, direito objetivo.

Em caso de inobservância desses direitos objetivos, exsurge a ação de cumprimento, que, nos termos do parágrafo único do art. 872 da CLT, pode ser ajuizada pelo trabalhador interessado, a título individual, ou pelo sindicato da respectiva categoria profissional, a título coletivo.

Noutros termos, a sentença normativa proferida nos dissídios de natureza econômica pode ser objeto de cumprimento por meio de:

- ação individual de cumprimento, simples ou plúrima (litisconsórcio ativo), proposta diretamente por um trabalhador ou pluralidade de trabalhadores interessados em defesa de seus interesses individuais heterogêneos;
- ação coletiva de cumprimento, proposta pelo sindicato da categoria profissional em nome próprio, na defesa dos interesses individuais homogêneos dos trabalhadores (substituição processual) integrantes da respectiva categoria profissional (CF, art. 8º, III).

Sabe-se, porém, que o art. 1º da Lei n. 8.984, de 7.2.1995, ampliou a competência da Justiça do Trabalho para

> [...] conciliar e julgar os dissídios que tenham origem no cumprimento de convenções coletivas de trabalho e acordos coletivos de trabalho, mesmo quando ocorram entre sindicatos ou entre sindicatos de trabalhadores e empregador.

Assim, podemos dizer que a ação de cumprimento é o meio processual adequado para defesa dos interesses ou direitos dos trabalhadores constantes de sentença normativa, convenção coletiva ou acordo coletivo de trabalho não cumpridos espontaneamente pelo(s) empregador(es).

Portanto, a ação de cumprimento pode ter por objeto tanto a defesa dos interesses individuais (simples ou plúrimos), quanto a defesa dos interesses individuais homogêneos dos trabalhadores integrantes da categoria profissional representada no dissídio coletivo pelo sindicato correspondente na qualidade de substituto processual.

3. Natureza jurídica

A ação de cumprimento é uma espécie de ação de conhecimento, de natureza condenatória, pois ela visa a obrigar o empregador ou empregadores a satisfazer os direitos criados objetivamente por sentença normativa, convenção coletiva ou acordo coletivo de trabalho.

É, pois, uma ação cognitiva destinada tanto à defesa de direitos individuais heterogêneos quanto à defesa de direitos ou interesses individuais homogêneos, cujo escopo repousa na condenação do(s) empregador(es) na(s) obrigação(ões) de dar, pagar, fazer, não fazer ou entregar coisa constante(s) de instrumento de heterocomposição (sentença normativa) ou de instrumentos de autocomposição (convenção coletiva ou acordo coletivo).

4. Legitimidade e interesse

Tanto os empregados quanto o sindicato da categoria profissional correspondente têm legitimidade *ad causam* para propor ação de cumprimento.

O sindicato autor da ação atua como substituto processual (legitimação extraordinária), pois age judicialmente em nome próprio (sujeito do processo), mas defende direitos alheios, que são os individuais homogêneos dos trabalhadores (titulares do direito material deduzido em juízo).

A ação de cumprimento ajuizada por sindicato é uma autêntica ação coletiva para defesa de direitos ou interesses individuais homogêneos, nos moldes do art. 92 do CDC.

Se o empregado (ou empregados em litisconsórcio) for o autor da ação, a ação de cumprimento assume características de uma autêntica ação (reclamação) trabalhista individual, pois há pertinência subjetiva entre o titular do direito material e o titular da ação (titular do direito processual).

A OJ n. 188 da SDI-1/TST, não obstante, contrariando a literalidade do parágrafo único do art. 872 da CLT, firmou entendimento no sentido de que: "Há falta de interesse processual para ação individual, singular ou plúrima, quando o direito vindicado já tiver sido reconhecido por meio de sentença normativa, cabendo, em tal caso, ação de cumprimento".

Ora, como já ressaltamos, a ação de cumprimento pode ser individual ou coletiva e, *data venia*, existe excesso de formalismo do TST no tocante ao *nomen iuris* atribuído a esta ação especial.

Superando entendimento anterior, o TST (Súmula n. 286) passou, por força da Lei n. 8.984, de 7.2.1995, a estender a legitimação extraordinária (ou substituição processual) do sindicato para a ação de cumprimento de convenção ou acordo coletivo de trabalho.

Tendo em vista o cancelamento da Súmula n. 359 do TST, as federações, e, por dedução lógica, as confederações também detêm legitimação para ajuizar a ação de cumprimento prevista no art. 872, parágrafo único, da CLT, atuando como substitutas processuais para defenderem interesses individuais homogêneos dos trabalhadores pertencentes à categoria profissional inorganizada em sindicato.

5. Competência

A competência em razão da matéria e da função para processar e julgar ação de cumprimento é originariamente dos Juízos das Varas do Trabalho do local da prestação do serviço (CLT, arts. 651 e 872, parágrafo único). Está-se, pois, diante de uma exceção à regra geral prevista no art. 877 da CLT, uma vez que o órgão competente para o cumprimento da sentença normativa não é aquele que proferiu a decisão (sentença normativa) a ser cumprida (TST ou TRT), e sim o Juízo da Vara do Trabalho do local da prestação do serviço do empregado, autor da ação, ou dos substituídos processualmente, quando o autor da ação for o sindicato.

O TST havia adotado o entendimento de que a Justiça do Trabalho seria incompetente para julgar ação de cumprimento na qual o sindicato, em nome próprio, pleiteasse o recolhimento de desconto assistencial previsto em convenção ou acordo coletivo. Era o que dispunha a Súmula n. 334 do TST que, por força da edição da Lei n. 8.984, de 7.2.1995, e do novel art. 114, III, da CF, restou cancelada.

Atualmente, já não pairam mais dúvidas acerca da competência da Justiça do Trabalho para processar e julgar ações entre sindicatos ou entre estes e os trabalhadores, bem como entre os empregadores e seus sindicatos, a teor do inciso III do art. 114 da CF com redação dada pela EC n. 45/2004.

6. Procedimento

Não há distinção digna de nota acerca do procedimento da ação de cumprimento, que é praticamente o mesmo do procedimento comum ordinário aplicável ao dissídio individual. A única exceção é que não será permitido às partes discutir questões de fato ou de direito que já foram apreciadas na sentença normativa (CLT, art. 872, parágrafo único, *in fine*).

O ajuizamento da ação de cumprimento da sentença normativa independe do seu trânsito em julgado, exceto se o Presidente do TST conceder efeito suspensivo ao recurso ordinário dela interposto, nos termos do art. 14 da Lei n. 10.192, de 14.2.2001, e da IN/TST n. 24/2003.

Há lacuna do texto obreiro sobre o procedimento da ação de cumprimento promovida pelo sindicato em defesa dos direitos ou interesses individuais homogêneos dos trabalhadores, razão pela qual defendemos a aplicação da parte processual do CDC (Título III – arts. 91 *et seq.*) destinada à tutela dos direitos individuais homogêneos.

Na ação de cumprimento de sentença normativa, a petição inicial deverá ser instruída com a cópia da sentença normativa (acórdão) ou certidão de julgamento do dissídio coletivo, contendo as cláusulas que foram deferidas pelo Tribunal. O juiz deverá determinar a juntada do referido documento, sob pena de indeferimento da petição inicial (art. 872 da CLT combinado com os arts. 485, IV, e 321 do CPC).

Já na ação de cumprimento de convenção ou acordo coletivo, a petição inicial deverá estar acompanhada desses instrumentos normativos, devendo o juiz determinar a intimação do autor para juntar tais documentos, sob pena de seu indeferimento (art. 787 da CLT combinado com os arts. 485, IV, e 321 do CPC).

7. Reforma da sentença normativa e ação de cumprimento

A ação de cumprimento pode ser ajuizada independentemente do trânsito em julgado da sentença normativa (TST, Súmula n. 246), o que implica a possibilidade de sua modificação superveniente pelo TST em grau de recurso ordinário. Se este for provido, a sentença normativa deixará de produzir efeitos, nos termos da OJ n. 277 da SBDI-1/TST, segundo a qual:

> A coisa julgada produzida na ação de cumprimento é atípica, pois dependente de condição resolutiva, ou seja, da não modificação da decisão normativa por eventual recurso. Assim, modificada a sentença normativa pelo TST, com a consequente extinção do processo, sem julgamento do mérito, deve-se extinguir a execução em andamento, uma vez que a norma sobre a qual se apoiava o título exequendo deixou de existir no mundo jurídico.

Importa destacar que a Súmula n. 397 do TST dispõe, *in verbis*:

> AÇÃO RESCISÓRIA. ART. 966, IV, DO CPC DE 2015. ART. 485, IV, DO CPC DE 1973. AÇÃO DE CUMPRIMENTO. OFENSA À COISA JULGADA EMANADA DE SENTENÇA NORMATIVA MODIFICADA EM GRAU DE RECURSO. INVIABILIDADE. CABIMENTO DE MANDADO DE SEGURANÇA (atualizada em decorrência do CPC de 2015 – Res. 208/2016, DEJT divulgado em 22, 25 e 26.04.2016). Não procede ação rescisória calcada em ofensa à coisa julgada perpetrada por decisão proferida em ação de cumprimento, em face de a sentença normativa, na qual se louvava, ter sido modificada em grau de recurso, porque em dissídio coletivo somente se consubstancia coisa julgada formal. Assim, os meios processuais aptos a atacarem a execução da cláusula reformada são a exceção de pré-executividade e o mandado de segurança, no caso de descumprimento do art. 514 do CPC de 2015 (art. 572 do CPC de 1973).

Destarte, se houver reforma da sentença normativa em grau de RO, é desnecessário, segundo a Súmula n. 397 do TST, o ajuizamento de ação rescisória contra a sentença proferida na ação de cumprimento, bastando apenas a impetração de mandado de segurança ou ajuizamento de exceção de pré-executividade.

8. Prescrição

O prazo prescricional para a ação de cumprimento de sentença normativa tem início na data do trânsito em julgado da decisão normativa (TST, Súmula n. 350), ainda que a ação tenha sido ajuizada antes do trânsito em julgado (TST, Súmula n. 246).

Como não há previsão legal acerca do prazo prescricional para o ajuizamento da ação de cumprimento de convenção ou acordo coletivo de trabalho, parece-nos que seu marco inicial coincide com o término do prazo de vigência desses instrumentos coletivos.

A Súmula n. 349 do STF, que é anterior à CF de 1988, dispõe, *in verbis*:

> A prescrição atinge somente as prestações de mais de dois anos, reclamadas com fundamento em decisão normativa da justiça do trabalho, ou em convenção coletiva de trabalho, quando não estiver em causa a própria validade de tais atos.

Entretanto, como a ação de cumprimento é de natureza cognitiva e condenatória, parece-nos que ela se submete à prescrição prevista no art. 7º, XXIX, da CF, ou seja, o prazo prescricional deve ser de dois anos da data da extinção do contrato de trabalho ou cinco anos da data de extinção do prazo de vigência da norma coletiva criadora do direito, incidindo, em ambos os casos, a prescrição total.

XXI

OUTRAS AÇÕES ADMISSÍVEIS NA JUSTIÇA DO TRABALHO

1. Ação de consignação em pagamento

Há lacuna do direito processual do trabalho acerca da ação de consignação em pagamento, o que exige, observados os parâmetros do art. 769 da CLT (e art. 15 do CPC), a aplicação subsidiária (e supletiva) do Novo CPC.

O CPC de 2015 possui dois procedimentos sobre a consignação em pagamento, um de natureza extrajudicial e outro de natureza judicial. Pensamos que somente este último se mostra compatível com o processo do trabalho.

Por outro lado, é importante advertir que o Código Civil também contém regras específicas sobre a ação ora focalizada. É o que dispõe o seu art. 336, segundo o qual, para a consignação ter força de pagamento, "será mister concorram em relação às pessoas, ao objeto, modo e tempo, todos os requisitos sem os quais não é válido o pagamento".

O art. 539, *caput*, do CPC (art. 890 do CPC/73), por sua vez, dispõe que nos casos previstos em lei poderá o devedor ou terceiro requerer, com efeito de pagamento, a consignação da quantia ou da coisa devida.

Os casos previstos em lei que mais interessam aos estudiosos do direito processual do trabalho estão previstos nos arts. 334 a 345 do Código Civil.

Assim, o art. 334 do CC considera pagamento e extingue a obrigação, o depósito judicial da coisa devida, nos casos e formas legais.

Já o art. 335 do CC arrola as hipóteses de cabimento da ação consignatória:

I – se o credor não puder, ou, sem justa causa, recusar receber o pagamento, ou dar quitação na devida forma;

II – se o credor não for, nem mandar receber a coisa no lugar, tempo e condição devidos;

III – se o credor for incapaz de receber, for desconhecido, declarado ausente, ou residir em lugar incerto ou de acesso perigoso ou difícil;

IV – se ocorrer dúvida sobre quem deva legitimamente receber o objeto do pagamento;

V – se pender litígio sobre o objeto do pagamento.

Cumpre assinalar que o art. 336 do CC exige que, para a consignação ter força de pagamento, "será mister concorram em relação às pessoas, ao objeto, modo e tempo, todos os requisitos sem os quais não é válido o pagamento".

Assim, com base na interpretação sistemática dos arts. 334, 345 do CC e do art. 539 do CPC, com a devida adaptação para os princípios e valores que norteiam o processo do trabalho, concluímos que a ação de consignação poderá ser ajuizada na Justiça Laboral:

- para efeito de pagamento e extinção da obrigação, quando se prestar ao depósito judicial da coisa devida, nos casos e formas legais;
- se o credor não puder, ou, sem justa causa, recusar receber o pagamento, ou dar quitação na devida forma;
- se o credor não for, nem mandar receber a coisa no lugar, tempo e condição devidos;
- se o credor for incapaz de receber, for desconhecido, declarado ausente, ou residir em lugar incerto ou de acesso perigoso ou difícil;
- se ocorrer dúvida sobre quem deva legitimamente receber o objeto do pagamento;
- se pender litígio sobre o objeto do pagamento.

A hipótese mais comum de ação de consignação em pagamento no processo do trabalho proposta pelo empregador ocorre quando há dispensa do empregado, com ou sem justa causa, e o empregador desconhece o paradeiro do empregado que abandona o emprego ou quando encontra resistência do empregado em receber e dar quitação do valor das verbas rescisórias colocadas à sua disposição pela empresa.

Também é utilizada essa ação especial no caso de morte ou ausência do empregado, se o empregador se vê no impasse de efetuar o pagamento dos créditos trabalhistas de seu ex-empregado que não tenha deixado herdeiros ou houver dúvidas sobre a pessoa que deva legitimamente receber o objeto do pagamento, como a cônjuge ou a companheira, ambas se apresentando como credoras.

Não é muito comum, mas em tese é factível, a consignatória ajuizada por empregado se este, por exemplo, tiver que devolver ferramentas de trabalho à empresa, de propriedade desta, encontrando nisso alguma dificuldade que o torne inadimplente em sua obrigação.

Com a ampliação da competência da Justiça do Trabalho, por força do novel art. 114 da CF, para processar e julgar ações oriundas da relação de trabalho, novas hipóteses de ação de consignação em pagamento poderão ser ajuizadas por tomadores do serviço em face dos trabalhadores autônomos e vice-versa, bem como por empresas em face de sindicatos quando houver dúvida sobre qual deles deve receber contribuições sindicais ou assistenciais etc.

O art. 540 do CPC, que estabelece regra de competência territorial, prescreve que a ação de consignação deve ser proposta no lugar do pagamento, cessando para o devedor, tanto que se efetue o depósito, os juros e os riscos, salvo se for julgada improcedente.

Nos domínios do processo do trabalho, a competência territorial é delimitada pelo art. 651 e seus parágrafos da CLT. Assim, a ação de consignação em pagamento proposta na Justiça do Trabalho deve obedecer à regra geral de competência territorial, que é, a princípio, o lugar da prestação do serviço, ainda que o empregado tenha sido contratado noutro local ou no estrangeiro.

Todavia, por força do novel art. 114 da CF, a competência da Justiça do Trabalho foi ampliada para processar e julgar as ações oriundas não apenas da relação de emprego, como também das ações oriundas da relação de trabalho. De tal arte, a regra de competência territorial prevista no CPC, isto é, o local de pagamento, deverá prevalecer quando a ação for oriunda de relação de trabalho diversa da de emprego, ainda que o trabalhador (não empregado) tenha prestado serviço em outra localidade.

São legitimados para a demanda consignatória tanto o devedor quanto o terceiro interessado no pagamento da dívida (CPC, art. 539). No processo laboral, inclusive, pode ser devedor tanto o empregador quanto o empregado, muito embora a prática revele que na maioria dos casos é o empregador o devedor. A legitimação passiva é do credor que, por via de consequência, poderá ser o empregador ou o empregado.

De acordo com o art. 542 do CPC, o autor, na petição inicial, simplesmente requererá:

> I – o depósito da quantia ou da coisa devida, a ser efetivado no prazo de 5 (cinco) dias contados do deferimento, ressalvada a hipótese do art. 539, § 3º, do NCPC;
>
> II – a citação do réu para levantar o depósito ou oferecer contestação.
>
> Parágrafo único. Não realizado o depósito no prazo do inciso I, o processo será extinto sem resolução do mérito.

Esse procedimento prejudica, a nosso ver, uma possível "audiência de conciliação" entre o empregado e o empregador. Todavia, pensamos que nada impede que o juiz, com arrimo no art. 765 da CLT, e, sobretudo, em homenagem ao princípio da conciliação, designe audiência para a tentativa de composição do conflito. Essa providência visa compatibilizar o procedimento civil com o trabalhista, tornando, assim, viável a utilização da consignatória na Justiça do Trabalho.

Tendo em vista os princípios da oralidade e da simplicidade, aliados ao *jus postulandi* (CLT, art. 791), pensamos que a petição inicial da ação de consignação em pagamento no processo do trabalho poderá ser verbal, muito embora seja de todo recomendável a forma escrita.

Tratando-se de petição inicial escrita, haverá cizânia acerca da observância dos §§ 1º e 3º do art. 840 da CLT para a ação de consignação em pagamento, especialmente no que concerne ao pedido "com indicação do valor correspondente", sob pena de extinção do processo sem resolução do mérito.[1]

O não comparecimento do réu-credor e do autor-devedor à audiência implica as consequências previstas no art. 844 da CLT, ou seja, confissão ficta e revelia para o consignado e arquivamento dos autos do processo para o consignante. Parece-nos cabível a reconvenção em ação de consignação em pagamento, desde que o réu-consignado formule pedido diverso, mas que guarde conexão com a ação principal, observadas as exigências do art. 343 do CPC.

No que tange à contestação, segundo dispõe o art. 896 do CPC/73 (NCPC, art. 544), o réu poderá alegar que:

> I – não houve recusa ou mora em receber a quantia ou a coisa devida;
>
> II – foi justa a recusa;
>
> III – o depósito não se efetuou no prazo ou no lugar do pagamento;
>
> IV – o depósito não é integral.
>
> Parágrafo único. No caso do inciso IV *supra*, a alegação somente será admissível se o réu indicar o montante que entende devido.

Entendemos que não se aplica ao processo do trabalho a disposição contida no parágrafo único do art. 544 do CPC, pois nem sempre é possível fixar com precisão o montante dos créditos a que o trabalhador faz jus, mormente quando há a necessidade de prova pericial, testemunhal etc.

Há quem sustente que, havendo recusa por parte do réu-credor, a ele cabe apresentar resposta oral na própria audiência de oblação, tendo em vista as disposições contidas no art. 847 da CLT, oportunidade na qual também deverá o autor-devedor consignar a quantia em Juízo (PINTO, 1996, p. 331).

Segundo pensamos, tal providência somente poderia ocorrer na hipótese de o juiz ter despachado a petição inicial, deferindo ao consignante o direito de efetuar o depósito, nos moldes do art. 542, I, do CPC, o que, convenhamos, criaria sérios embaraços à tramitação do feito na Justiça do Trabalho, e, o mais grave, poderia trazer para o consignatário, geralmente o trabalhador, sérios prejuízos ao seu direito de ampla defesa.

---

(1) Sobre petição inicial e pedidos líquidos, remetemos o leitor ao Capítulo X, itens 8 e 8.1.

Mediante a heterointegração (diálogo das fontes) dos procedimentos civil e trabalhista, isto é, se o consignatário-credor for notificado para a audiência de conciliação sem necessidade do prévio depósito, a conclusão mais razoável é a de que não se lhe pode impor a obrigação de responder aos termos do pedido inicial sem que a importância já tenha sido depositada.

Aliás, o § 2º do art. 545 do CPC, que consagra a natureza dúplice (declaratória e condenatória) da ação de consignação em pagamento, permite que a sentença, reconhecendo a insuficiência de depósito, possa determinar o montante devido. Neste caso, a própria sentença já valerá como título executivo, facultando-se ao credor promover a execução nos mesmos autos, isto é, independentemente de propositura de nova ação de cognição para ver reconhecido o crédito em outra sentença.

Da sentença proferida em ação de consignação em pagamento cabe recurso ordinário (CLT, art. 895, I).

2. Ação de exigir contas

A CLT é omissa a respeito da ação de exigir contas, o que autoriza a aplicação subsidiária dos arts. 550 a 553 do NCPC, no que couber.

O CPC/73 previa, nos arts. 914 a 919, a "ação de prestação de contas", que era uma ação de natureza dúplice, porque a posição do autor e a do réu se confundiam, na medida em que o réu, ao contestar, poderia pedir a proteção do seu interesse na mesma ação, independentemente de reconvenção.

O CPC de 2015 inovou e alterou a denominação do instituto para "ação de exigir contas", que deixou de ter natureza dúplice.

Assim, nos termos do art. 550 do NCPC:

> Art. 550. Aquele que afirmar ser titular do direito de exigir contas requererá a citação do réu para que as preste ou ofereça contestação no prazo de 15 (quinze) dias.
>
> § 1º Na petição inicial, o autor especificará, detalhadamente, as razões pelas quais exige as contas, instruindo-a com documentos comprobatórios dessa necessidade, se existirem.
>
> § 2º Prestadas as contas, o autor terá 15 (quinze) dias para se manifestar, prosseguindo-se o processo na forma do Capítulo X do Título I deste Livro.
>
> § 3º A impugnação das contas apresentadas pelo réu deverá ser fundamentada e específica, com referência expressa ao lançamento questionado.
>
> § 4º Se o réu não contestar o pedido, observar-se-á o disposto no art. 355.
>
> § 5º A decisão que julgar procedente o pedido condenará o réu a prestar as contas no prazo de 15 (quinze) dias, sob pena de não lhe ser lícito impugnar as que o autor apresentar.
>
> § 6º Se o réu apresentar as contas no prazo previsto no § 5º, seguir-se-á o procedimento do § 2º, caso contrário, o autor apresentá-las-á no prazo de 15 (quinze) dias, podendo o juiz determinar a realização de exame pericial, se necessário.

Nos termos do art. 551 do CPC, as contas do réu serão apresentadas na forma adequada, especificando-se as receitas, a aplicação das despesas e os investimentos, se houver.

Havendo impugnação específica e fundamentada pelo autor, o juiz estabelecerá prazo razoável para que o réu apresente os documentos justificativos dos lançamentos individualmente impugnados.

As contas do autor, para os fins do art. 550, § 5º, do CPC, serão apresentadas na forma adequada, já instruídas com os documentos justificativos, especificando-se as receitas, a aplicação das despesas e os investimentos, se houver, bem como o respectivo saldo.

A sentença apurará o saldo e constituirá título executivo judicial (CPC, art. 552).

Na seara laboral, é possível o ajuizamento da ação de exigir contas, desde que configurada a competência da Justiça Obreira, que é delimitada segundo a causa de pedir e o pedido, levando-se em conta a competência material e em razão da pessoa, a teor do art. 114 da CF.

Vale dizer, há de envolver lide entre trabalhador e tomador do serviço que tenha por objeto a prestação de contas oriunda da relação de trabalho, ressalvada a hipótese decorrente da relação de trabalho de natureza estatutária ou administrativa, segundo a decisão vinculante proferida pelo STF na ADI n. 3.395, proposta pela AJUFE.

Com relação às regras de competência, aplica-se aqui tudo o que se disse quanto à ação de consignação em pagamento, no item 4 *supra*.

Além disso, com o novel inciso III do art. 114 da CF, a Justiça do Trabalho passou a ser competente para processar e julgar "as ações sobre representação sindical, entre sindicatos, entre sindicatos e trabalhadores, e entre sindicatos e empregadores".

Tal norma, por certo, ao transferir para a Justiça Obreira as lides entre sindicatos e trabalhadores e entre sindicatos e empregadores, amplia sobremaneira as hipóteses de cabimento da ação de exigir contas nesse setor especializado do Poder Judiciário brasileiro.

Como exemplo de ação de exigir contas no âmbito da relação de emprego ou relação de trabalho (art. 114 da CF/1988) pode-se citar o caso do vendedor-empregado que labora externamente, retirando mercadorias para vendê-las fora da estrutura física da empresa.

Parece-nos que a Justiça do Trabalho é incompetente para apreciar e julgar ação de exigir contas em que figurem como autor e réu advogados objetivando controvérsia acerca de prestação de contas de serviços advocatícios e honorários advocatícios.

Tanto o empregador (tomador de serviços) quanto o empregado (trabalhador) poderão figurar ou no polo ativo ou no polo passivo da ação de exigir contas. Além disso, poderão os sindicatos e seus representados (trabalhadores ou empregadores) agir como autores ou réus.

Como já vimos, o art. 550 do CPC estabelece que essa ação poderá ser proposta por quem tiver o direito de exigir de outrem a obrigação de prestar as contas.

Nesse diapasão é que, no caso do empregador, pode este exigir a prestação de contas de seu vendedor externo em caso de recusa ou não concordância com as contas apresentadas. Por outro lado, o empregado tem obrigação de prestá-las, já que terá de dar satisfação a seu empregador sobre o quanto vendeu ou quanto recebeu relativamente ao pagamento das mercadorias etc.

O empregado poderá, por exemplo, exigir do sindicato a prestação de contas a respeito da destinação das contribuições sindicais descontadas em seu salário.

3. Mandado de segurança (individual e coletivo)

Com a promulgação da Constituição Federal de 1988, podemos dizer que o ordenamento jurídico brasileiro prevê duas espécies de mandados de segurança: o *individual* e o *coletivo*.

De acordo com o inciso LXIX do art. 5º da Constituição, conceder-se-á **mandado de segurança individual** para proteger direito líquido e certo, não amparado por *habeas corpus* ou *habeas data*, quando o responsável pela ilegalidade ou abuso de poder for autoridade pública ou agente de pessoa jurídica no exercício de atribuições do Poder Público.

O inciso LXX do art. 5º da CF, por sua vez, permite a impetração do **mandado de segurança coletivo** por: (a) partido político com representação no Congresso Nacional; (b) organização sindical, entidade de classe ou associação legalmente constituída e em funcionamento há pelo menos um ano, em defesa dos interesses de seus membros ou associados.

O disciplinamento infraconstitucional do mandado de segurança, tanto individual quanto coletivo, passou a ser regulado pela Lei n. 12.016/2009.

Como defendemos a classificação quinária das ações, podemos dizer que o mandado de segurança é típica ação mandamental, pois, por meio dela, o juiz manda, ordena, determina que se cumpra a decisão judicial restabelecendo direito individual ou metaindividual (coletivo ou individual homogêneo) lesado ou ameaçado de lesão por ato (ou omissão) de autoridade pública ou a ela legalmente equiparada.

Eis o nosso **conceito**: mandado de segurança é um remédio constitucional, exteriorizado por meio de uma ação mandamental, de natureza não penal, cuja titularidade é conferida a qualquer pessoa (física ou jurídica, de direito público ou privado) ou ente despersonalizado com capacidade processual, cujo escopo repousa na proteção de direitos individuais próprios ou direitos individuais homogêneos ou coletivos alheios, caracterizados como líquidos e certos, não amparados por *habeas corpus* ou *habeas data*, contra ato de autoridade pública ou de agente de pessoa jurídica de direito privado no exercício delegado de atribuições do Poder Público.

No que diz respeito à **competência** para apreciar o mandado de segurança, verifica-se que, com o advento do novel art. 114, inciso IV, da CF, os **Juízes das Varas do Trabalho** passaram a ser **originária e funcionalmente competentes** para processar e julgar mandado de segurança, mormente nas hipóteses em que: a) o servidor nomeado para emprego público (celetista) ajuíze tal demanda questionando a validade do ato praticado pela autoridade que, desrespeitando a ordem de classificação do concurso, nomeia outro servidor (celetista) em seu lugar; b) o empregador pretenda discutir a validade do ato (penalidade) praticado pela autoridade administrativa integrante dos órgãos de fiscalização das relações de trabalho (CF, art. 114, inciso VII).

Nos **Tribunais Regionais do Trabalho**, a **competência originária e funcional** para a ação mandamental é prevista nos Regimentos Internos, sendo geralmente atribuída ao Pleno (CLT, art. 678, I, *b*, 3). Como regra, cabe aos Tribunais Regionais do Trabalho julgar mandado de segurança de decisão judicial interlocutória (antecipação de tutela ou liminares) quando figurar como autoridade coatora: (a) Juiz, titular ou substituto, de Vara do Trabalho; (b) Juiz de Direito investido na jurisdição trabalhista; (c) o próprio Tribunal ou qualquer dos seus órgãos colegiados ou monocráticos.

Os TRTs têm, ainda, **competência hierárquica** para julgar os recursos ordinários interpostos das sentenças proferidas pelos Juízes das Varas do Trabalho em ações de mandado de segurança. Nesse caso, a competência funcional, segundo o regimento interno, é geralmente das Turmas do Tribunal.

No Tribunal Superior do Trabalho, a competência para julgar o *mandamus* está prevista na Lei n. 7.701, de 21.12.1988, e no seu Regimento Interno.

Importante notar que se o ato impugnado for decisão de órgão judicial do TRT (Relator, Turma, Seção ou Presidente), a competência originária para apreciar e julgar o mandado de segurança é do próprio TRT, cabendo recurso ordinário para o TST, que terá, nesse caso, competência derivada (OJ n. 4 do Tribunal Pleno do TST).

No que diz respeito aos atos praticados por magistrados da Justiça do Trabalho em matéria administrativa estranha à relação de trabalho ou de emprego (CF, art. 114), admite-se, excepcionalmente, o mandado de segurança. Há entendimentos contrários a esse, mas o STF, com base no art. 678, I, *b*, 3, *d*, 1, da CLT e no art. 21 da Lei Complementar n. 35/79 (LOMAN), pacificou o entendimento de que compete aos Tribunais do Trabalho o julgamento do mandado de segurança impetrado contra seus próprios atos administrativos (STF, Conflito de Jurisdição n. 6132, *DJ* 28.12.1978).

Pensamos que o art. 1º, § 2º, da Lei n. 12.016/2009 confere competência à Justiça do Trabalho para processar e julgar mandado de segurança contra ato praticado por autoridade no exercício de função pública em empresa pública, sociedade de economia mista ou concessionária de serviço público, desde que tal ato não se enquadre na categoria de ato de gestão comercial.

Logo, **compete à Justiça do Trabalho** (Vara do Trabalho) processar e julgar, por exemplo, mandado de segurança (individual ou coletivo) contra ato de um dirigente de uma empresa pública ou sociedade de economia mista responsável pela publicação de edital de concurso público para investidura em emprego público no qual se verifica regra violadora de direito individual ou coletivo (*lato sensu*) líquido e certo que poderia ser objeto de ação (individual ou coletiva) no âmbito da Justiça do Trabalho.

Resumindo, é competente a Justiça do Trabalho para processar e julgar o mandado de segurança, não só contra **ato judicial** praticado em processo trabalhista originário da relação jurídica de emprego ou de trabalho, como também contra ato administrativo que se enquadre na moldura do inciso IV do art. 114 da CF, bem como contra **ato administrativo** praticado por autoridade da própria Justiça do Trabalho, desde que, é claro, o ato impugnado seja ilegal ou arbitrário e, paralelamente, viole, em qualquer hipótese, direito individual (ou coletivo) líquido e certo.

Sobre os **requisitos para impetração**, constata-se que o mandado de segurança está submetido às condições genéricas de toda e qualquer ação: (a) a legitimação ativa e a passiva; (b) o interesse de agir.

No âmbito da Justiça do Trabalho, em que o mandado de segurança se presta, tradicionalmente, a atacar ato judicial, o **legitimado ativo** será geralmente a parte (empregado ou empregador) que figurar na relação jurídica processual da qual o *mandamus* é originário. Mas, segundo a jurisprudência do STF, o servidor estatutário da própria Justiça do Trabalho também poderá figurar como autor de mandado de segurança contra ato administrativo praticado por autoridade, inclusive magistrado, no exercício de função de natureza administrativa (LOMAN, art. 21, VI). O mesmo raciocínio deve ser adotado quando o impetrante for candidato a concurso público (para servidor ou juiz do trabalho substituto) realizado por órgãos da própria Justiça do Trabalho. Nesse caso, geralmente é o Presidente do Tribunal a autoridade apontada como coatora.

Quando o **direito ameaçado ou violado** couber a **várias pessoas**, qualquer delas poderá impetrar o mandado de segurança (Lei n. 12.016/2009, art. 1º, § 3º).

Também é **legitimado ativo o terceiro** que demonstrar interesse jurídico e que tenha sofrido lesão ou ameaça a direito líquido e certo. Além disso, prevê o art. 3º da Lei n. 12.016/2009 a legitimidade para impetrar a segurança ao titular de direito líquido e certo decorrente de direito, em condições idênticas, de terceiro que não tem interesse em defendê-lo, se o seu titular não o fizer, no prazo de 30 (trinta) dias, quando notificado judicialmente.

No que concerne à **legitimidade passiva**, a autoridade coatora poderá ser, quando se tratar de impetração contra ato judicial, o Juiz de Vara do Trabalho, o Tribunal ou um dos seus órgãos (Relator, Turma, Seção etc.).

Além disso, por força da EC n. 45/2004, poderão figurar como autoridade coatora órgãos da fiscalização do trabalho, como auditor fiscal, superintendente regional do trabalho ou ainda, Ministro do Trabalho, bem como os dirigentes de empresas públicas, sociedades de economia mista ou concessionárias de serviço público que praticarem atos que não se qualifiquem como atos de gestão comercial (Lei n. 12.016/2009, art. 1º, § 2º, interpretado *a contrario sensu*) e que se enquadrem na moldura da competência da Justiça do Trabalho (inciso IV do art. 114 da CF).

O **interesse de agir** encontra fundamento no trinômio necessidade-utilidade-adequação. Assim, é preciso que a via eleita pelo autor seja adequada à obtenção do provimento jurisdicional solicitado. Se o réu, por exemplo, em vez de interpor recurso ordinário contra a sentença, preferir impetrar, de logo, mandado de segurança contra a sentença, será ele carecedor da ação, porquanto não possui interesse processual, por ser a via eleita inadequada ao fim colimado (Súmula n. 414, I, do TST).

Na vigência do CPC/73 havia previsão da **possibilidade jurídica do pedido** como condição da ação, sendo certo que na ação mandamental ocorreria quando houvesse vedação expressa na lei para a sua impetração, tal como na hipótese prevista no art. 1º, § 2º, da Lei n. 12.016/2009, segundo o qual: "Não cabe mandado de segurança contra os atos de gestão comercial praticados pelos administradores de empresas públicas, de sociedade de economia mista e de concessionárias de serviço público."(2)

O CPC de 2015 não contempla mais a possibilidade jurídica do pedido como condição da ação, razão pela qual parece-nos que na hipótese legal supracitada haverá falta de interesse por ser o mandado de segurança via inadequada para impugnar atos de gestão comercial.

O art. 5º da Lei n. 12.016/2009 também **veda expressamente a impetração do mandado de segurança** quando se tratar de: ato do qual caiba recurso administrativo com efeito suspensivo, independentemente de caução; decisão judicial da

(2) O Novo CPC extinguiu a possibilidade jurídica do pedido como condição da ação.

qual caiba recurso com efeito suspensivo; decisão judicial transitada em julgado. Nesses casos, ao que nos parece, o magistrado deve indeferir, de plano, a petição inicial por impossibilidade jurídica da ação mandamental.

Além das condições gerais acima analisadas, a admissibilidade ou cabimento do mandado de segurança exige três outras **condições especiais**: o direito líquido e certo, a ilegalidade ou abuso de poder e o ato de autoridade pública.

Há cizânia acerca do conceito da expressão "**direito líquido e certo**".

Para Hely Lopes Meirelles, em lição clássica, direito líquido e certo é

> o que se apresenta manifesto na sua existência, delimitado em sua extensão e apto a ser exercitado no momento da impetração. Por outras palavras, o direito invocado, para ser amparável por mandado de segurança, há de vir expresso em norma legal e trazer em si todos os requisitos e condições de sua aplicação ao impetrante: se a sua existência for duvidosa; se a sua extensão ainda não estiver delimitada; se o seu exercício depende de situações e fatos ainda indeterminados, não rende ensejo à segurança, embora possa ser defendido por outros meios judiciais (1997, p. 12-13).

Atualmente, a doutrina e a jurisprudência reconhecem que o **conceito de direito líquido e certo** tem natureza processual, ou seja, direito provado de plano por meio de prova documental pré-constituída, acerca dos fatos apontados na petição inicial (ANDRADE, 2010, p. 376-377). Os fatos, portanto, narrados na petição inicial do mandado de segurança devem ser incontroversos, pois a "controvérsia sobre matéria de direito não impede concessão de mandado de segurança" (STF, Súmula n. 625).

Assim, **direito líquido e certo**, como condição especial da ação mandamental, é o que decorre de um **fato provado de plano**, mediante **prova exclusivamente documental**, no momento da impetração do *mandamus*.

Nessa ordem, caso haja ausência de documento indispensável (Súmula n. 415 do TST) ou controvérsia quanto à comprovação documental do fato alegado na inicial, o juiz deve indeferir, *ab initio*, a petição inicial do *mandamus*. Do contrário, se do exame dos documentos que instruem a inicial o magistrado verificar que eles guardam estrita pertinência com os fatos nela narrados, deverá admitir a segurança.

Ultrapassada esta fase preambular, segue-se a "fase de acertamento", concernente ao **mérito do mandado de segurança**. Aqui, sim, é que o magistrado verificará a possibilidade (ou não) de incidência da norma objetiva, invocada pelo impetrante, sobre os fatos articulados e provados por documentos que acompanham a petição inicial.

Outra condição específica do mandado de segurança refere-se ao fato de que o ato atacado deve ter sido praticado com **ilegalidade ou abuso de poder**.

A noção da expressão "abuso de poder" traz ínsita a de ilegalidade, pelo que perfeitamente dispensável a distinção entre ambas, para o fim de se aferir o cabimento do *writ*.

Nesse sentido, Sérgio Ferraz afirma que:

> como condição específica da ação, aplicam-se à ilegalidade ou abuso de poder as mesmas considerações que expendemos relativamente ao direito líquido e certo (na perspectiva estrita de se tratar de uma especial condição da ação), inclusive quanto a constituir a negação de sua existência *matéria de mérito*, não pronunciável mediante extinção do processo sem julgamento do mérito (1993, 24-25).

A última condição especial da ação de segurança é que o **ato seja praticado por autoridade pública**. É esta que figurará no *mandamus* como **autoridade coatora**.

Com efeito, o art. 5º, LXIX, da Constituição consagra a possibilidade de impetração do mandado de segurança nos casos em que a violação ou ameaça de violação a direito subjetivo líquido e certo provier de "autoridade pública ou agente de pessoa jurídica no exercício de atribuições do poder público".

O conceito de autoridade pública há de ser interpretado ampliativamente, no sentido de nele incluir não apenas os agentes da Administração Direta e Indireta (dirigentes das empresas públicas, sociedades de economia mista, autarquias e fundações públicas) como os agentes dos Poderes Executivo, Legislativo e Judiciário, desde que pratiquem ato na condição de autoridade pública.

O § 3º do art. 6º da Lei n. 12.016/2009 considera "autoridade coatora aquela que tenha praticado o ato impugnado ou da qual emane a ordem para a sua prática". E o art. 2º dessa lei considera federal a autoridade coatora se as consequências de ordem patrimonial do ato contra o qual se requer o mandado houverem de ser suportadas pela União ou entidade por ela controlada.

Todavia, **não deve ser considerada autoridade coatora**, *v. g.*, o dirigente de uma empresa pública que pratica determinado ato trabalhista (transferência ilegal, por exemplo) na condição de representante legal daquela, pois, neste caso, ele apenas pratica ato de gestão comercial, representando o empregador, que é pessoa jurídica de direito privado (CF, art. 173, § 1º).

O impetrante pode **desistir do mandado de segurança** a qualquer tempo, sem necessidade de o juiz abrir vista dos autos à autoridade impetrada, ao Ministério Público ou ao litisconsorte, mesmo depois de a segurança ser concedida.

Examinaremos adiante as **especificidades do mandado de segurança na Justiça do Trabalho**.

Comecemos pelo disposto no art. 5º, II, da Lei n. 12.016/2009, que veda expressamente o cabimento do mandado de segurança "de decisão judicial da qual caiba recurso com efeito suspensivo".

Ocorre que os recursos trabalhistas têm efeito devolutivo (CLT, art. 899) e não suspensivo. A única exceção de efeito suspensivo é a prevista no art. 14 da Lei n. 10.192/2001, que faculta ao Presidente do TST conceder efeito suspensivo em recurso ordinário de sentença normativa. Além disso, as decisões interlocutórias na Justiça do Trabalho são irrecorríveis de imediato (CLT, art. 893, § 1º).

Destacamos que a Súmula n. 267 do STF não admite o mandado de segurança contra ato judicial passível de recurso ou correição. É verdade que essa súmula é anterior à vigência da nova Lei do MS, mas, ainda assim, parece-nos que ela continua tendo aplicabilidade nos sítios do processo do trabalho. Isso porque o Pretório Excelso vem deixando assentado o não cabimento do mandado de segurança contra as decisões interlocutórias proferidas nos Juizados Especiais Cíveis, por serem irrecorríveis. Nesse sentido:

> Não cabe mandado de segurança das decisões interlocutórias exaradas em processos submetidos ao rito da Lei n. 9.099/1995. A Lei n. 9.099/1995 está voltada à promoção de celeridade no processamento e julgamento de causas cíveis de complexidade menor. Daí ter consagrado a regra da irrecorribilidade das decisões interlocutórias, inarredável. Não cabe, nos casos por ela abrangidos, aplicação subsidiária do CPC, sob a forma do agravo de instrumento, ou o uso do instituto do mandado de segurança. Não há afronta ao princípio constitucional da ampla defesa (art. 5º, LV, da CB), uma vez que decisões interlocutórias podem ser impugnadas quando da interposição de recurso inominado (STF-RE 576.847, Rel. Min. Eros Grau, j. 20.5.2009, Plenário, *DJE* de 7.8.2009, com repercussão geral).(3)

Analogicamente, as decisões interlocutórias na Justiça do Trabalho também são irrecorríveis (CLT, art. 893, § 1º), sendo certo que o princípio da celeridade que inspira o processo do trabalho é o mesmo que informa o processo nos Juizados Especiais Cíveis, de modo que, ao que nos parece, não deve ser admitido o mandado de segurança das decisões interlocutórias proferidas por Juiz de Vara do Trabalho, ressalvando-se, porém, aquelas situações excepcionais nas quais se verifique de plano que a decisão atacada é teratológica ou puder acarretar para o impetrante lesão irreparável. Nesse sentido:

> É certo que esta Corte, abrandando a rigidez da Súmula n. 267, tem admitido mandado de segurança quando, do ato impugnado, puder resultar dano irreparável, desde logo cabalmente demonstrado (STF-MS 22.623-AgR, Rel. Min. Sydney Sanches, j. 9.12.1996, Plenário, *DJ* 7.3.1997).(4)

A nosso ver, portanto, continua atual o entendimento contido na OJ n. 92 da SBDI-2, *in verbis*:

> MANDADO DE SEGURANÇA. EXISTÊNCIA DE RECURSO PRÓPRIO (inserida em 27.05.2002). Não cabe mandado de segurança contra decisão judicial passível de reforma mediante recurso próprio, ainda que com efeito diferido.

---

(3) No mesmo sentido: STF-AI 794.005-AgR, Rel. Min. Ricardo Lewandowski, j. 19.10.2010, 1ª T., *DJE* de 12.11.2010.

(4) No mesmo sentido: STF-RMS 25.293, Rel. Min. Ayres Britto, j. 7.3.2006, Primeira Turma, *DJ* de 5.5.2006.

A menção ao efeito diferido no referido verbete é exatamente àquele previsto no § 1º do art. 893 da CLT, porquanto a decisão interlocutória será apreciada no julgamento do recurso cabível contra a sentença.

Além disso, o item II, parte final, da Súmula n. 414 do TST deixa claro que a "ação cautelar é o meio próprio para se obter efeito suspensivo a recurso".

O **prazo para impetração** do mandado de segurança individual ou coletivo, nos termos do art. 23 da Lei n. 12.016/2009, é de 120 (cento e vinte dias), contados da ciência, pelo interessado, do ato impugnado. Trata-se de prazo decadencial e segundo a Súmula n. 632 do STF: "É constitucional lei que fixa o prazo de decadência para a impetração de mandado de segurança."

No que tange à **petição inicial** do mandado de segurança, dispõe o art. 6º da Lei n. 12.016/2009 que ela deverá preencher os requisitos estabelecidos pela lei processual (CPC, art. 319) e será apresentada em 2 (duas) vias acompanhada dos documentos que instruírem a primeira, reproduzidos na segunda, e indicará, além da autoridade coatora, a pessoa jurídica que esta integra, à qual se ache vinculada ou da qual exerça atribuições.

A petição inicial do mandado de segurança deve ser **obrigatoriamente subscrita por advogado**, não se admitindo o *jus postulandi* das próprias partes (TST, Súmula n. 425).

Se o documento necessário à produção da prova pré-constituída estiver em repartição ou estabelecimento público ou em poder de autoridade que se recuse a fornecê-lo por certidão ou de terceiro, o juiz ordenará, preliminarmente, por ofício, a exibição desse documento em original ou em cópia autêntica e marcará, para o cumprimento da ordem, o prazo de 10 (dez) dias. Nesse caso, o serventuário do Judiciário competente extrairá cópias do documento para juntá-las à segunda via da petição. Se a autoridade que tiver recusado fornecer o documento for a própria coatora, a ordem judicial de exibição será feita no próprio instrumento da notificação.

Nos casos de urgência, o art. 4º da Lei n. 12.016/2009 permite, desde que observados os requisitos legais, impetrar mandado de segurança por telegrama, radiograma, fax ou outro meio eletrônico de autenticidade comprovada, podendo o juiz, em tal caso, notificar a autoridade por telegrama, radiograma ou outro meio que assegure a autenticidade do documento e a imediata ciência pela autoridade. Em tal hipótese, dispõe o § 2º do art. 4º da Lei em questão que o "texto original da petição deverá ser apresentado nos 5 (cinco) dias úteis seguintes". Todavia, em se tratando de documento eletrônico, serão observadas as regras da Infraestrutura de Chaves Públicas Brasileira (ICP-Brasil).

O mandado de segurança poderá ser renovado dentro do prazo decadencial, se a decisão denegatória não lhe houver apreciado o mérito (Lei n. 12.016/2009, art. 6º, § 6º).

De acordo com o art. 10 da Lei n. 12.016/2009, a **petição inicial será desde logo indeferida**, por decisão motivada, quando: (a) não for o caso de mandado de segurança; (b) faltar-lhe algum dos requisitos legais; (c) decorrido o prazo legal para a impetração.

Do indeferimento da inicial pelo juízo de primeira instância caberá **recurso ordinário** (CLT, art. 895, I). Se o mandado de segurança for da competência originária dos tribunais, do ato de indeferimento da inicial pelo relator caberá **agravo** (interno ou regimental) para o órgão funcionalmente competente do tribunal (§ 1º art. 10 da Lei n. 12.016/2009).

Dispõe o art. 7º da Lei n. 12.016/2009 que, ao despachar a inicial, o juiz ordenará:

> I – que se notifique o coator do conteúdo da petição inicial, enviando-lhe a segunda via apresentada com as cópias dos documentos, a fim de que, no prazo de 10 (dez) dias, preste as informações;
>
> II – que se dê ciência do feito ao órgão de representação judicial da pessoa jurídica interessada, enviando-lhe cópia da inicial sem documentos, para que, querendo, ingresse no feito;
>
> III – que se suspenda o ato que deu motivo ao pedido, quando houver fundamento relevante e do ato impugnado puder resultar a ineficácia da medida, caso seja finalmente deferida, sendo facultado exigir do impetrante caução, fiança ou depósito, com o objetivo de assegurar o ressarcimento à pessoa jurídica.

Depois de proferido o despacho que aprecia a petição inicial, é vedado o ingresso de litisconsorte ativo (§ 2º do art. 10 da Lei n. 12.016/2009).

Os efeitos da medida liminar, salvo se revogada ou cassada, persistirão até a prolação da sentença (ou acórdão). Se for deferida a medida liminar o processo terá prioridade para julgamento (Lei n. 12.016/2009, art. 7º, §§ 3º e 4º).

É vedada a concessão de liminar (ou antecipação de tutela) que tenha por objeto a compensação de créditos tributários, a entrega de mercadorias e bens provenientes do exterior, a reclassificação ou equiparação de servidores públicos e a concessão de aumento ou a extensão de vantagens ou pagamento de qualquer natureza (§§ 2º e 3º do art. 7º da Lei n. 12.016/2009).

Importante regra para a condução ética do processo está prevista no art. 8º da Lei em apreço, segundo a qual será "decretada a perempção ou caducidade da medida liminar *ex officio* ou a requerimento do Ministério Público quando, concedida a medida, o impetrante criar obstáculo ao normal andamento do processo ou deixar de promover, por mais de 3 (três) dias úteis, os atos e as diligências que lhe cumprirem".

Decorrido o prazo de 10 (dez) dias previsto para a **autoridade coatora prestar as informações**, o juiz ouvirá o Ministério Público, que opinará, dentro do prazo improrrogável de 10 (dez) dias. Com ou sem o parecer do Ministério Público, os autos serão conclusos ao juiz, para a decisão, a qual deverá ser necessariamente proferida em 30 (trinta) dias. Na verdade, tanto o prazo para informações quanto o prazo para parecer ministerial são considerados impróprios, ou seja, não geram qualquer nulidade processual.

A **sentença**, que pode ser terminativa ou definitiva, deve observar todos os requisitos previstos na legislação processual civil e trabalhista. Dela, cabe **recurso ordinário para o TRT** (CLT, art. 895, I). Em se tratando de acórdão de TRT, caberá **recurso ordinário para o TST** (CLT, art. 895, II).

Adaptando o disposto no art. 14, § 2º, da LMS ao processo do trabalho, podemos afirmar que a **sentença que conceder a segurança**, total ou parcialmente, "está sujeita obrigatoriamente ao duplo grau de jurisdição".

Quando se tratar de **mandado de segurança de competência originária** de TRT, dispõe o item III da Súmula n. 303 do TST:

> Em mandado de segurança, somente cabe remessa *ex officio* se, na relação processual, figurar pessoa jurídica de direito público como parte prejudicada pela concessão da ordem. Tal situação não ocorre na hipótese de figurar no feito como impetrante e terceiro interessado pessoa de direito privado, ressalvada a hipótese de matéria administrativa.

Concedida a segurança, o juiz transmitirá em ofício, por intermédio do oficial do juízo, ou pelo correio, mediante correspondência com aviso de recebimento, o inteiro teor da sentença à autoridade coatora e à pessoa jurídica interessada, sendo certo que, em caso de urgência, poderá o juiz determinar a transmissão da ordem de concessão da segurança por telegrama, radiograma ou outro meio que assegure a autenticidade do documento.

Nos termos do § 3º do art. 14 da Lei n. 12.016/2009, a "sentença que conceder o mandado de segurança pode ser executada provisoriamente, salvo nos casos em que for vedada a concessão da medida liminar".

O § 4º do mesmo art. 14 dispõe que o pagamento de vencimentos e vantagens pecuniárias assegurados em sentença concessiva de mandado de segurança a servidor público da administração direta ou autárquica federal, estadual e municipal somente será efetuado relativamente às prestações que se vencerem a contar da data do ajuizamento da inicial. Noutro falar, as prestações vencidas anteriormente ao ajuizamento do mandado de segurança devem ser cobradas em ação de natureza ordinária (STF, Súmula n. 269).

Preceitua o art. 17 da Lei n. 12.016/2009 que "nas decisões proferidas em mandado de segurança e nos respectivos recursos, quando não publicado, no prazo de 30 (trinta) dias, contado da data do julgamento, o acórdão será substituído pelas respectivas notas taquigráficas, independentemente de revisão". É notório que em alguns tribunais trabalhistas não há setor de taquigrafia, pois as sessões são gravadas por sistemas de áudio, o que pode tornar sem efetividade a regra em exame.

A sentença (ou acórdão) que denegar mandado de segurança, sem decidir o mérito, não constitui obstáculo para que o requerente, por ação própria, pleiteie os seus direitos e os respectivos efeitos patrimoniais (Lei n. 12.016/2009, art. 19). Assim, a decisão denegatória de mandado de segurança produz apenas **coisa julgada formal**.

Os processos de **mandado de segurança e os respectivos recursos terão prioridade** sobre todos os atos judiciais, salvo *habeas corpus*. Na instância superior, deverão ser levados a julgamento na primeira sessão que se seguir à data em que forem conclusos ao relator. Em qualquer hipótese, o prazo para a conclusão dos autos não poderá exceder de 5 (cinco) dias.

O art. 7º, § 1º, da Lei n. 12.016/2009 prevê o recurso de **agravo de instrumento** da decisão do juiz de primeiro grau que conceder ou negar a liminar. No processo do trabalho (CLT, art. 893, § 1º), tal decisão, dada a sua natureza interlocutória, não desafia recurso de imediato, mas, em tese, não obstante o entendimento sedimentado na OJ n. 140 da SBDI-2 do TST, pensamos ser cabível, se a decisão concessiva ou indeferitória da liminar for teratológica ou puder causar prejuízo irreparável ao impetrante, outro mandado de segurança.

Prevê, ainda, o § 1º do art. 10 da Lei n. 12.016/2009, que do **indeferimento da petição inicial** pelo juiz de primeiro grau caberá apelação (no processo do trabalho, recurso ordinário), valendo lembrar que, quando a competência para o julgamento do mandado de segurança couber originariamente a um dos tribunais, do ato do relator que indeferir, de plano, a petição inicial, caberá agravo (interno ou regimental) para o órgão competente do tribunal que integre.

O art. 14 da Lei n. 12.016/2009 dispõe que da sentença, denegando ou concedendo o mandado, cabe apelação (recurso ordinário, no processo do trabalho).

Nos termos do § 1º do art. 14 da Lei n. 12.016/2009, "concedida a segurança, a sentença estará sujeita obrigatoriamente ao duplo grau de jurisdição". Parece-nos que, *in casu*, não se aplicam as exceções previstas no art. 496 do NCPC (art. 475 do CPC/73), sendo certo que, de acordo com o item IV da Súmula n. 303 do TST:

> Em mandado de segurança, somente cabe remessa *ex officio* se, na relação processual, figurar pessoa jurídica de direito público como parte prejudicada pela concessão da ordem. Tal situação não ocorre na hipótese de figurar no feito como impetrante e terceiro interessado pessoa de direito privado, ressalvada a hipótese de matéria administrativa.

Regra inovadora em relação à legislação revogada referente ao mandado de segurança é a prevista no § 2º do art. 14 da Lei n. 12.016/2009, segundo a qual se estende "à autoridade coatora o direito de recorrer". Esta regra, ao que nos parece, deixa transparecer que a autoridade coatora figura como litisconsorte da pessoa jurídica de direito público que representa. Além disso, a legitimação para recorrer, *in casu*, deve ser analisada sob o enfoque da natureza do ato de autoridade impugnado no mandado de segurança. É dizer, se o ato for de natureza administrativa, parece-nos que a autoridade coatora, por figurar como litisconsorte da pessoa jurídica de direito público, terá legitimidade recursal. Todavia, em se tratando de ato jurisdicional, parece-nos que o magistrado não possui legitimidade para recorrer da decisão por ele mesmo proferida, por dois motivos: se for concedida a segurança, haverá a remessa necessária obrigatória; se denegada a segurança, o magistrado não pode ser considerado litisconsorte da pessoa jurídica de direito público, pois ele é sujeito imparcial do processo.

O art. 16 da Lei n. 12.016/2009 dispõe que, nos casos de competência originária dos tribunais, caberá ao relator a instrução do processo, sendo assegurada a defesa oral na sessão do julgamento. Da decisão do relator que conceder ou denegar a medida liminar caberá agravo (interno ou regimental) ao órgão competente do tribunal que integre.

O art. 18 da Lei em questão dispõe que das decisões em mandado de segurança proferidas em única instância pelos tribunais cabem: (a) recurso especial e extraordinário, nos casos legalmente previstos; (b) recurso ordinário, quando a ordem for denegada.

No processo do trabalho não cabe o recurso especial para o STJ, sendo certo que as decisões de única instância proferidas em mandado de segurança que desafiam recurso extraordinário (CF, art. 102, III) ou ordinário (CF, art. 102, II) para o STF somente podem ocorrer nos processos de competência originária do TST.

O art. 15 da Lei n. 12.016/2009 prevê a possibilidade de o Presidente do Tribunal ao qual couber o conhecimento do respectivo recurso **suspender**, monocraticamente e em decisão fundamentada, a **execução da liminar, tutela antecipada ou da sentença** "a requerimento de pessoa jurídica de direito público interessada ou do Ministério Público e para evitar grave lesão à ordem, à saúde, à segurança e à economia públicas". Trata-se de uma medida excepcional, também conhecida como "suspensão de segurança", que se caracteriza como incidente processual instaurado por petição avulsa apresentada pelo representante judicial da pessoa jurídica de direito público que sofre os efeitos da decisão atacada ou pelo Ministério Público na hipótese em que se verificar, de fato, que a execução da liminar ou da sentença coloque em risco grave e iminente a ordem, a saúde, a segurança e a economia públicas, ou seja, quando se verificar que o cumprimento da decisão judicial concessiva de liminar ou da própria segurança possa implicar grave lesão a direitos ou interesses difusos.

No tocante à legitimidade no mandado de segurança coletivo, o STF editou a Súmula n. 630, segundo a qual a "entidade de classe tem legitimação para o mandado de segurança ainda quando a pretensão veiculada interesse apenas a uma parte da respectiva categoria".

De acordo com a Súmula n. 512 do STF: "Não cabe condenação em honorários de advogado na ação de mandado de segurança."

Não cabe mandado de segurança nos casos previstos nos incisos IX e X do art. 659 da CLT, que conferem ao juiz o poder discricionário (e não arbitrário) de:

- conceder medida liminar, até decisão final do processo, em reclamações trabalhistas que visem a tornar sem efeito transferência disciplinada pelos parágrafos do artigo 469 desta Consolidação.
- conceder medida liminar, até decisão final do processo, em reclamações trabalhistas que visem reintegrar no emprego dirigente sindical afastado, suspenso ou dispensado pelo empregador.

Como é aplicável o instituto da tutela provisória[5] nos domínios do processo do trabalho (CLT, art. 769; CPC, art. 15), o mandado de segurança tem sido bastante utilizado contra a decisão que concede tutela antecipada previamente ou no "corpo" da sentença.

É importante lembrar que nas tutelas específicas de reintegração ao emprego em que o juiz ordena o pagamento dos salários vincendos – que têm natureza alimentícia –, o risco da irreversibilidade do provimento final (CPC, art. 300, § 3º) deve ser mitigado à luz do princípio da razoabilidade (ou proporcionalidade), cabendo ao magistrado levar em conta o menor sacrifício possível ao direito fundamental a ser tutelado no caso concreto. Assim, na reintegração, por exemplo, não há falar em risco de irreversibilidade do dano pelo pagamento dos salários, pois o empregador contará, durante a tramitação do processo, com a prestação dos serviços do trabalhador.

De tal arte, em princípio, não caberá mandado de segurança da decisão que, **antes da sentença**, concede tutela antecipada para determinar a reintegração de:

- "cipeiro" (ADCT, art. 10, II, *a*);
- gestante (*idem*, *b*);
- representante dos trabalhadores no Conselho Curador do FGTS (Lei n. 8.036/90, art. 3º, § 9º);
- representante dos trabalhadores no Conselho Nacional de Previdência Social (Lei n. 8.213/91, art. 3º, § 7º);

Também não caberá mandado de segurança da decisão que ordena a readmissão de empregado anistiado (Lei n. 8.878/94).

Em todos esses casos, não há o perigo da irreversibilidade acima referido, já que em relação aos salários pagos pelo empregador haverá, enquanto perdurar a demanda, a contraprestação do serviço pelo trabalhador.

O TST, entretanto, admite MS contra decisão que defere tutela provisória antes da sentença, como se depreende da Súmula n. 414:

MANDADO DE SEGURANÇA. TUTELA PROVISÓRIA CONCEDIDA ANTES OU NA SENTENÇA.

---

(5) Sobre tutela provisória, remetemos o leitor ao Capítulo X, item 9.

I – A tutela provisória concedida na sentença não comporta impugnação pela via do mandado de segurança, por ser impugnável mediante recurso ordinário. É admissível a obtenção de efeito suspensivo ao recurso ordinário mediante requerimento dirigido ao tribunal, ao relator ou ao presidente ou ao vice-presidente do tribunal recorrido, por aplicação subsidiária ao processo do trabalho do artigo 1.029, § 5º, do CPC de 2015.

II – No caso de a tutela provisória haver sido concedida ou indeferida antes da sentença, cabe mandado de segurança, em face da inexistência de recurso próprio.

III – A superveniência da sentença, nos autos originários, faz perder o objeto do mandado de segurança que impugnava a concessão ou o indeferimento da tutela provisória.

A Súmula n. 414 incorporou diversas OJs da SBDI-2, facilitando a sistematização das hipóteses de cabimento ou não do mandado de segurança que tenha por objeto impugnar decisões interlocutórias concessivas ou indeferitórias de tutela provisória, antes ou na própria sentença, além de explicitar a carência superveniente do mandado de segurança quando houver sentença no processo originário posteriormente à impetração do mandado de segurança, dispondo sobre a liminar ou a antecipação de tutela.

Não obstante a Súmula n. 414 do TST entenda cabível o MS contra decisão que concede tutela provisória antes da sentença, a OJ n. 142 da SBDI-2 daquela Corte – a nosso ver corretamente – dispõe:

MANDADO DE SEGURANÇA. REINTEGRAÇÃO LIMINARMENTE CONCEDIDA (DJ 04.05.2004). Inexiste direito líquido e certo a ser oposto contra ato de Juiz que, antecipando a tutela jurisdicional, determina a reintegração do empregado até a decisão final do processo, quando demonstrada a razoabilidade do direito subjetivo material, como nos casos de anistiado pela Lei n. 8.878/94, aposentado, integrante de comissão de fábrica, dirigente sindical, portador de doença profissional, portador de vírus HIV ou detentor de estabilidade provisória prevista em norma coletiva.

É importante destacar que tanto a SBDI-1 quanto a SBDI-2 vêm se posicionando no mesmo sentido da inexistência de direito líquido e certo amparável pelo mandado de segurança contra decisão que antecede os efeitos da tutela provisória para reintegrar o empregado:

RECURSO ORDINÁRIO. AGRAVO REGIMENTAL. MANDADO DE SEGURANÇA. REINTEGRAÇÃO CONCEDIDA EM TUTELA ANTECIPADA. INEXISTÊNCIA DE DIREITO LÍQUIDO E CERTO A SER OPOSTO PELO IMPETRANTE. Foi considerada nula a dispensa, e determinada, ainda que de forma precária, a reintegração do empregado, mediante a antecipação de tutela deferida na reclamação trabalhista, em razão da verossimilhança das alegações do reclamante, observadas pela autoridade coatora. Aplicação da Orientação Jurisprudencial n. 142 da SBDI-2 do Tribunal Superior do Trabalho, segundo a qual não fere direito líquido e certo o ato do Juiz que concede a tutela antecipada até decisão final do processo, quando demonstrada a razoabilidade do direito subjetivo material. Recurso ordinário a que se nega provimento (TST-RO 2225-95.2011.5.14.0000, Rel. Min. Pedro Paulo Manus, j. 30.10.2012, SBDI-2, *DEJT* 9.11.2012).

A **decisão que não concede tutela provisória**, bem como a **decisão que se nega a homologar acordo entabulado entre as partes**, não ferem direito líquido e certo amparável por mandado de segurança, pois em ambos os casos estaremos diante do poder discricionário do juiz. É o que se inferia da Súmula n. 418 do TST:

> MANDADO DE SEGURANÇA VISANDO À CONCESSÃO DE LIMINAR OU HOMOLOGAÇÃO DE ACORDO. A concessão de liminar ou a homologação de acordo constituem faculdade do juiz, inexistindo direito líquido e certo tutelável pela via do mandado de segurança.

O objetivo da referida súmula estava revelado na seguinte ementa:

> RECURSO ORDINÁRIO EM MANDADO DE SEGURANÇA. REINTEGRAÇÃO. ATO COATOR PELO QUAL SE INDEFERE PEDIDO DE ANTECIPAÇÃO DOS EFEITOS DA TUTELA. AUSÊNCIA DE VIOLAÇÃO DE DIREITO LÍQUIDO E CERTO. SÚMULA N. 418 DO TST. INCIDÊNCIA. 1. Mandado de segurança impetrado contra decisão que indefere o pedido de antecipação dos efeitos da tutela. 2. De acordo com a jurisprudência pacífica desta Corte, não fere direito líquido e certo do Impetrante a recusa do magistrado em conceder a antecipação dos efeitos da tutela. O procedimento se situa no âmbito do livre convencimento do Juiz. Inteligência da Súmula n. 418 do TST. 3. Na hipótese dos autos, a autoridade apontada como coatora indeferiu o pedido de tutela antecipada formulado pelo Reclamante, por não verificar a presença dos requisitos do art. 273 do CPC, segundo seu convencimento formado diante das provas daqueles autos. Precedentes. Recurso ordinário não provido (TST-RO 3416-57.2011.5.04.0000, Rel. Min. Emmanoel Pereira, SBDI-2, *DEJT* 19.10.2012).

Entretanto, a Súmula n. 418 do TST foi alterada pela Resolução n. 217/2017, passando a ter a seguinte redação: "A homologação de acordo constitui faculdade do juiz, inexistindo direito líquido e certo tutelável pela via do mandado de segurança".

Vê-se, pois, que não há mais obstáculo jurisprudencial ao cabimento do mandado de segurança contra a decisão judicial que indefere, antes da sentença, tutela provisória. Pelo contrário, o item II da Súmula n. 414 passou a prever expressamente que: "**No caso de a tutela provisória haver sido** concedida ou **indeferida antes da sentença**, cabe mandado de segurança, em face da inexistência de recurso próprio". Destarte, tanto a decisão que concede quanto a que indefere tutela provisória desafiam o mandado de segurança nos sítios do processo do trabalho.

De toda a sorte, pensamos que a decisão não concessiva de liminar ou que se abstenha de homologar acordo devem ser sempre fundamentadas. Vale dizer, se a causa de pedir no mandado de segurança for a inexistência de fundamentação da decisão impugnada, cremos que neste caso haverá direito líquido e certo a ser protegido por esse remédio constitucional, mas, ainda assim, o tribunal deve limitar-se a anular a decisão e determinar que outra seja proferida, desta vez fundamentada. Afinal, o mandado de segurança não deve ser utilizado como sucedâneo de recurso. Todavia, em situações teratológicas que possam implicar manifesto perigo de dano ao impetrante, poderá o tribunal mitigar o rigor da Súmula n. 418 do TST, e conceder a segurança. Imaginemos a hipótese do empregado portador de HIV em estágio avançado da doença que ajuíza reclamação trabalhista com pedido de tutela provisória, sendo esta indeferida pelo juiz da Vara do Trabalho. Caso o reclamante impetre mandado de segurança, instruído com prova documental pré-constituída da sua situação dramática, porque encontra-se no momento de sua vida em que mais necessita do emprego, penso que o Tribunal poderá, invocando os princípios da dignidade da pessoa humana, do valor social do trabalho e da função social da empresa, cassar a decisão, conceder a segurança e ordenar a reintegração imediata do impetrante. Este, aliás, é o sentido do item II da Súmula n. 414 do TST.

Quanto à **penhora de dinheiro**, diz o art. 882 da CLT que o "executado que não pagar a importância reclamada poderá garantir a execução mediante depósito da quantia correspondente, atualizada e acrescida das despesas processuais, apresentação de seguro-garantia judicial ou nomeação de bens à penhora, observada a ordem preferencial estabelecida no art. 835 do CPC". Na prática, o executado nomeia bens à penhora sem observar a gradação legal, sob o argumento de que tem direito líquido e certo a que a execução deva ser processada de modo gravoso para o devedor. Nesse caso, afigura-se-nos incabível o MS, pois a CLT (art. 882) não é omissa a respeito da conduta do devedor na execução que não observa a ordem preferencial estabelecida no art. 835 do CPC.

Sobre o tema, o TST editou a Súmula n. 417, cuja redação original previa:

> MANDADO DE SEGURANÇA. PENHORA EM DINHEIRO. I – Não fere direito líquido e certo do impetrante o ato judicial que determina penhora em dinheiro do executado, em execução definitiva, para garantir crédito exequendo, uma vez que obedece à gradação prevista no art. 655 do CPC. II – Havendo discordância do credor, em execução definitiva, não tem o executado direito líquido e certo a que os valores penhorados em dinheiro fiquem depositados no próprio banco, ainda que atenda aos requisitos do art. 666, I, do CPC. III – Em se tratando de execução provisória, fere direito líquido e certo do impetrante a determinação de penhora em dinheiro, quando nomeados outros bens à penhora, pois o executado tem direito a que a execução se processe da forma que lhe seja menos gravosa, nos termos do art. 620 do CPC.

Para o TST, portanto, só caberia mandado de segurança para tornar insubsistente penhora em dinheiro se a execução for provisória.

Aquela Corte, no entanto, não enfrenta as seguintes perguntas: a execução provisória (ou o cumprimento provisório da sentença) segue as mesmas regras da definitiva? A penhora não implica expropriação, e sim mera constrição do bem (dinheiro)?

Se as repostas às duas perguntas forem sim, então não há falar em direito líquido e certo no mandado de segurança que impugna decisão que ordena a penhora em sede de execução provisória, máxime se adotarmos a interpretação do art. 805 do CPC conforme os princípios constitucionais da razoabilidade e da duração razoável do processo.

Além disso, dispõe o parágrafo único do art. 805 do CPC: "Ao executado que alegar ser a medida executiva mais gravosa incumbe indicar outros meios mais eficazes e menos onerosos, sob pena de manutenção dos atos executivos já determinados".

Ademais, nos termos do art. 139, IV, do CPC, o juiz deve dirigir o processo, incumbindo-lhe "determinar todas as medidas indutivas, coercitivas, mandamentais ou sub-rogatórias necessárias para assegurar o cumprimento de ordem judicial, inclusive nas ações que tenham por objeto prestação pecuniária" (grifos nossos).

Por fim, o art. 899 da CLT contém lacuna ontológica se comparado aos arts. 520 e 521 do CPC, os quais permitem ao juiz liberar valores penhorados para pagamento de créditos de natureza alimentícia.

Certamente, todos os fundamentos supracitados levaram o TST a rever a Súmula, que passou a ter a seguinte redação:

> Súmula n. 417 – MANDADO DE SEGURANÇA. PENHORA EM DINHEIRO (alterado o item I, atualizado o item II e cancelado o item III, modulando-se os efeitos da presente redação de forma a atingir unicamente as penhoras em dinheiro em execução provisória efetivadas a partir de 18.03.2016, data de vigência do CPC de 2015; Res. 212/2016, DEJT divulgado em 20, 21 e 22.09.2016).
>
> I – Não fere direito líquido e certo do impetrante o ato judicial que determina penhora em dinheiro do executado para garantir crédito exequendo, pois é prioritária e obedece à gradação prevista no art. 835 do CPC de 2015 (art. 655 do CPC de 1973).
>
> II – Havendo discordância do credor, em execução definitiva, não tem o executado direito líquido e certo a que os valores penhorados em dinheiro fiquem depositados no próprio banco, ainda que atenda aos requisitos do art. 840, I, do CPC de 2015 (art. 666, I, do CPC de 1973).

Vê-se, portanto, que não é mais cabível o mandado de segurança contra penhora em dinheiro realizada em execução definitiva ou execução provisória (ou cumprimento provisório da sentença) a partir da data de vigência do CPC de 2015. Se a penhora foi realizada antes desta data, aí caberá o mandado de segurança em sede de execução provisória.

Outra hipótese muito utilizada é o mandado de segurança contra **decisão que determina a penhora** *on-line*, que nada mais é do que penhora de dinheiro por meio de sistema eletrônico de comunicação de dados constante de contas bancárias do executado. Assim, nos termos do item I da Súmula n. 417 do TST, o chamado bloqueio de dinheiro *on-line* autorizado pelo Convênio Bacen Jud, em execução definitiva, não implica violação a direito líquido e certo do executado a ser protegido por mandado de segurança, mormente com a nova redação do art. 655-A do CPC. Se a execução for provisória, o item II da referida súmula considera ilegal a penhora *on-line*.

Quanto à penhora **sobre valores existentes em conta destinada ao pagamento de salário (pensão ou aposentadoria) do sócio da empresa executada**, a SBDI-2 editou a OJ n. 153:

Ofende direito líquido e certo decisão que determina o bloqueio de numerário existente em conta salário, para satisfação de crédito trabalhista, ainda que seja limitado a determinado percentual dos valores recebidos ou a valor revertido para fundo de aplicação ou poupança, visto que o art. 649, IV, do CPC contém norma imperativa que não admite interpretação ampliativa, sendo a exceção prevista no art. 649, § 2º, do CPC espécie e não gênero de crédito de natureza alimentícia, não englobando o crédito trabalhista.

Divergimos, *data venia*, de tal entendimento, uma vez que a natureza alimentícia do crédito trabalhista encontra fundamento na Constituição Federal (art. 100, § 1º), e não no CPC. Na verdade, o inciso IV e o § 2º do art. 649 do CPC/73 (CPC, art. 833, IV, § 2º) devem ser interpretados conforme a Constituição para, ao depois, verificar-se a situação concreta dos autos. Assim, reconhecida a existência de colisão de direitos fundamentais, de um lado, o do exequente, credor de direito material de natureza alimentícia, e, de outro lado, o do devedor, também credor de conta-salário de natureza alimentícia, há de invocar-se, na espécie, o princípio da razoabilidade ou proporcionalidade (CPC, arts. 8º e 489, § 2º), o que permite ao juiz determinar a incidência da penhora sobre determinado percentual da conta-salário. Afinal, se há duas dignidades humanas e dois valores sociais do trabalho que devem ser protegidos no caso concreto submetido à cognição jurisdicional, cabe ao magistrado adotar a medida que implique menor sacrifício para ambas as partes. Trata-se, ademais, da aplicação do princípio de justiça em tema de direitos fundamentais.

Cremos que tais argumentos foram acolhidos pelo TST, uma vez que a sua atual jurisprudência aponta no sentido de que a OJ n. 153 da SBDI-2 somente se aplica aos bloqueios em conta salário realizados antes da vigência do CPC de 2015 (18.03.2016). Nesse sentido:

RECURSO ORDINÁRIO EM MANDADO DE SEGURANÇA. BLOQUEIO INCIDENTE SOBRE VALORES CREDITADOS EM CONTA SALÁRIO DE TITULARIDADE DO IMPETRANTE. DETERMINAÇÃO EXARADA NA VIGÊNCIA DO CPC DE 2015. ARTIGO 833, IV E § 2º, DO CPC DE 2015. OJ N. 153 DA SBDI-2 DO TST. LEGALIDADE. 1. A Corte Regional concedeu a ordem postulada no mandado de segurança, impetrado contra ato judicial exarado sob a égide do CPC de 2015, em que determinado o bloqueio de valores creditados em conta salário de titularidade do Impetrante. 2. Com o advento do CPC de 2015, o debate sobre a impenhorabilidade dos salários, subsídios e proventos de aposentadoria ganhou novos contornos, pois, nos termos do § 2º do artigo 833 do CPC de 2015, tal impenhorabilidade não se aplica "à hipótese de penhora para pagamento de prestação alimentícia, independentemente de sua origem, bem como às importâncias excedentes a 50 (cinquenta) salários-mínimos mensais". Em conformidade com a inovação legislativa, a par de viável a apreensão judicial mensal dos valores remuneratórios do executado que excederem 50 (cinquenta) salários mínimos mensais, tratando-se de execução de prestação alimentícia, qualquer que seja sua origem, também será cabível a penhora, limitado, porém, o desconto em folha de pagamento a 50% (cinquenta por cento) dos ganhos líquidos do devedor, por força da regra inserta no § 3º do artigo 529 do NCPC, compatibilizando-se os interesses legítimos de efetividade da jurisdição no interesse do credor e de não aviltamento ou da menor gravosidade ao devedor. A norma inscrita no referido § 2º do artigo 833 do CPC de 2015, ao excepcionar da regra da impenhorabilidade as prestações alimentícias, qualquer que seja sua origem, autoriza a penhora de percentual de salários e proventos de aposentadoria com o escopo de satisfazer créditos trabalhistas, dotados de evidente natureza alimentar. De se notar que foi essa a compreensão do Tribunal Pleno desta Corte ao alterar, em setembro de 2017, a redação da OJ n. 153 da SBDI-2, visando a adequar a diretriz ao CPC de 2015, mas sem interferir nos fatos ainda regulados pela legislação revogada. À luz dessas considerações, é de se concluir que a impenhorabilidade prevista no inciso IV do artigo 833 do CPC de 2015 não pode ser oposta na execução para satisfação do crédito trabalhista típico, devendo ser observado apenas que o desconto em folha de pagamento estará limitado a 50% (cinquenta por cento) dos ganhos líquidos do devedor, na forma do § 3º do artigo 529 do mesmo diploma legal. 3. No caso, na decisão censurada foi determinado o bloqueio de valores creditados em conta salário de titularidade do Impetrante sem qualquer limitação, razão pela qual se torna necessária a concessão parcial da segurança para limitar a constrição judicial, conforme requerido pela própria Litisconsorte passiva, ao valor correspondente a 30% dos seus proventos de aposentadoria. Recurso ordinário conhecido e parcialmente provido (TST-RO 812-59.2017.5.06.0000, Rel. Min. Douglas Alencar Rodrigues, j. 09/10/2018, SBDI-2, DEJT 11.10.2018).

Quanto à **execução definitiva da parte incontroversa** da execução fustigada por agravo de petição, o TST editou a Súmula n. 416:

> MANDADO DE SEGURANÇA. EXECUÇÃO. LEI N. 8.432/92. ART. 897, § 1º, DA CLT. CABIMENTO. Devendo o agravo de petição delimitar justificadamente a matéria e os valores objeto de discordância, não fere direito líquido e certo o prosseguimento da execução quanto aos tópicos e valores não especificados no agravo.

Nos termos do citado verbete não é cabível mandado de segurança que tiver por objeto atacar ato do juízo de primeiro grau que determina o prosseguimento da execução com base no art. 897, § 1º, da CLT, referentemente à parte incontroversa da obrigação de pagar constante do título executivo.

Não cabe mandado de segurança que tenha por objeto a **suspensão da execução movida em face da empresa em liquidação extrajudicial**, ainda que se trate de sociedade cooperativa. Nesse sentido, a OJ n. 53 da SBDI-2/TST:

> MANDADO DE SEGURANÇA. COOPERATIVA EM LIQUIDAÇÃO EXTRAJUDICIAL. LEI N. 5.764/1971, ART. 76. INAPLICÁVEL. NÃO SUSPENDE A EXECUÇÃO. A liquidação extrajudicial de sociedade cooperativa não suspende a execução dos créditos trabalhistas existentes contra ela.

Não cabe mandado de segurança se existir ação de **embargos de terceiro** anteriormente ajuizada pelo impetrante. Afinal, se existir no ordenamento ação (ou recurso ou outro meio de impugnação) capaz de invalidar ou tornar insubsistente o ato judicial atacado, o mandado de segurança se mostra incabível, na espécie. Nesse sentido, a OJ n. 54 da SBDI-2 do TST:

> MANDADO DE SEGURANÇA. EMBARGOS DE TERCEIRO. CUMULAÇÃO. PENHORA. INCABÍVEL (atualizada em decorrência do CPC de 2015; Res. 208/2016, DEJT divulgado em 22, 25 e 26.04.2016). Ajuizados embargos de terceiro (art. 674 do CPC de 2015 – art. 1.046 do CPC de 1973) para pleitear a desconstituição da penhora, é incabível mandado de segurança com a mesma finalidade.

Tema altamente controvertido é o da (im)possibilidade do **prosseguimento da execução na pendência de recurso extraordinário**, não obstante a literalidade do art. 893, § 2º, da CLT, segundo o qual a "interposição de recurso extraordinário não prejudicará a execução do julgado".

Para nós, essa norma consolidada autoriza a interpretação de que é definitiva a execução trabalhista quando pendente recurso extraordinário. A SBDI-2 do TST, no entanto, adotou a OJ n. 56:

> MANDADO DE SEGURANÇA. EXECUÇÃO. PENDÊNCIA DE RECURSO EXTRAORDINÁRIO. Não há direito líquido e certo à execução definitiva na pendência de Recurso Extraordinário, ou de Agravo de Instrumento visando a destrancá-lo.

Se a **carta de fiança bancária**, em função da sua liquidez, certeza e segurança, tem o mesmo valor jurídico do dinheiro, então fere direito líquido e certo do impetrante a decisão que rejeita a nomeação, pelo executado, de carta de fiança bancária à penhora em lugar de dinheiro. Logo, cabível o mandado de segurança para atacar tal ato judicial. Nesse sentido, a SBDI-2 do TST editou a OJ n. 59, *in verbis:*

> MANDADO DE SEGURANÇA. PENHORA. CARTA DE FIANÇA BANCÁRIA. SEGURO GARANTIA JUDICIAL (nova redação em decorrência do CPC 2015; Res. 209/2016 – DEJT divulgado em 01, 02 e 03.06.2016). A carta de fiança bancária e o seguro garantia judicial, desde que em valor não inferior ao do débito em execução, acrescido de trinta por cento, equivalem a dinheiro para efeito da gradação dos bens penhoráveis, estabelecida no art. 835 do CPC de 2015 (art. 655 do CPC de 1973).

Importante ressaltar que o art. 882 da CLT, com redação dada pela Lei n. 13.467/2017, passou a prever que o executado que não pagar a importância reclamada poderá garantir a execução por meio de apresentação de seguro-garantia judicial".

Outra situação polêmica reside no cabimento do mandado de segurança para atacar **sentença homologatória da adjudicação**. Para uns, não cabe, porque se trata de decisão passível de ataque por agravo de petição (CLT, art. 897, *a*). Para outros, tal decisão é irrecorrível, mas pode ser impugnada por ação autônoma incidental à execução: os embargos à adjudicação. Há, ainda, os que sustentam caber mandado de segurança, por ser tal decisão irrecorrível (CLT, art. 893, § 1º). Sobre o tema, o TST editou a OJ n. 66 da SBDI-2:

> MANDADO DE SEGURANÇA. SENTENÇA HOMOLOGATÓRIA DE ADJUDICAÇÃO. INCABÍVEL.
>
> I – Sob a égide do CPC de 1973 é incabível o mandado de segurança contra sentença homologatória de adjudicação, uma vez que existe meio próprio para impugnar o ato judicial, consistente nos embargos à adjudicação (CPC de 1973, art. 746).
>
> II – Na vigência do CPC de 2015 também não cabe mandado de segurança, pois o ato judicial pode ser impugnado por simples petição, na forma do artigo 877, *caput*, do CPC de 2015.

A nosso ver, a posição do TST está correta, porquanto não deve ser admitido o mandado de segurança contra ato judicial que pode ser impugnado por recurso, ação ou por simples petição, sendo permitida, nesse último caso, a interpretação extensiva do inciso II do art. 5º da Lei n. 12.016/2009.

Contra **decisão que arbitra, de ofício, novo valor à causa**, implicando majoração das custas processuais, não cabe mandado de segurança, pois a parte pode, da decisão final, interpor recurso ordinário e postular, preliminarmente, a nulidade dessa parte da sentença. Caso o juízo de piso denegue o seguimento ao recurso ordinário, a parte pode interpor agravo de instrumento, cujo objeto repousará justamente na ilegalidade da deserção decretada. Como cabe recurso (ordinário e agravo de instrumento, conforme o caso) da decisão que, de ofício, arbitra novo valor à causa, não deve ser admitido o mandado de segurança. Inteligência do inciso II do art. 5º da Lei n. 12.016/2009, que não atrita com o entendimento sedimentado na OJ n. 88 da SBDI-2 do TST:

> Incabível a impetração de mandado de segurança contra ato judicial que, de ofício, arbitrou novo valor à causa, acarretando a majoração das custas processuais, uma vez que cabia à parte, após recolher as custas, calculadas com base no valor dado à causa na inicial, interpor recurso ordinário e, posteriormente, agravo de instrumento no caso de recurso ser considerado deserto.

Quando a **penhora recai sobre parte da renda de estabelecimento comercial**, o TST vem admitindo mandado de segurança que tenha por objeto reduzir o percentual fixado pela decisão impugnada, quando comprovado pelo impetrante o comprometimento do desenvolvimento regular das atividades econômicas da empresa. Nesse sentido, a OJ n. 93 da SBDI-2 do TST:

> MANDADO DE SEGURANÇA. POSSIBILIDADE DA PENHORA SOBRE PARTE DA RENDA DE ESTABELECIMENTO COMERCIAL. POSSIBILIDADE. Nos termos do art. 866 do CPC de 2015, é admissível a penhora sobre a renda mensal ou faturamento de empresa, limitada a percentual, que não comprometa o desenvolvimento regular de suas atividades, desde que não haja outros bens penhoráveis ou, havendo outros bens, eles sejam de difícil alienação ou insuficientes para satisfazer o crédito executado.

Quanto ao **depósito prévio de honorários periciais**, o a OJ n. 98 da SBDI-2 do TST dispõe:

> É ilegal a exigência de depósito prévio para custeio dos honorários periciais, dada a incompatibilidade com o processo do trabalho, sendo cabível o mandado de segurança visando à realização da perícia, independentemente do depósito.

O § 3º do art. 790-B da CLT, incluído pela Lei n. 13.467/2017, prevê expressamente que: "O juízo não poderá exigir adiantamento de valores para realização de perícias".

Defendemos uma interpretação do § 3º do art. 790-B da CLT à luz da teoria dos princípios e dos direitos fundamentais, no sentido de não considerar ilegal ou abusivo o ato judicial que exige do empregador (ou tomador do serviço) a antecipação dos honorários periciais para realização da prova técnica. Afinal, não é factível adotar decisão divorciada dos princípios da dignidade da pessoa humana, do valor social do trabalho e do valor social da livre-iniciativa, tratando igualmente os desiguais, principalmente na temática do acesso à Justiça. Nesse sentido:

> MANDADO DE SEGURANÇA. EXIGÊNCIA DE DEPÓSITO PRÉVIO DE HONORÁRIOS PERICIAIS. EMPREGADOR. INTERPRETAÇÃO DO ART. 790-B DA CLT E DA OJ N. 198

DA SDI-II DO TST. O texto positivado no art. 790-B da CLT e na Orientação Jurisprudencial n. 98 da SDI-2, TST, deve ser interpretado à luz dos princípios, constitucionais e trabalhistas, do tratamento isonômico substancial (necessária correção das desigualdades sociais), do valor social do trabalho, do acesso a um processo justo, razoável e efetivo e da função social da propriedade (art. 5º, *caput*, art. 1º, IV, XXXV, LXXVIII, e art. 170, III, CF), bem como do princípio da proteção, a possibilitar a exigência de depósito prévio a título de honorários periciais, a ser efetuado pelo empregador, porquanto hiperssuficiente da relação empregatícia. Assim, correto afirmar que a isenção conferida ao trabalhador tem por conteúdo finalístico garantir a paridade de armas entre os litigantes, concretizando o direito fundamental de acesso a um processo justo (TRT 17ª R., 0035600-06.2011.5.17.0000, Rel. Desembargador Carlos Henrique Bezerra Leite, *DEJT* 13.06.2012).

Por outro lado, a ampliação da competência da Justiça do Trabalho (EC n. 45/2004) para outras ações oriundas da relação de trabalho distinta da relação de emprego, como as ações acidentárias, exigirá, pelo menos, alteração parcial da referida orientação jurisprudencial, na medida em que não se mostra compatível com a finalidade social do processo do trabalho a exigência de honorários periciais prévios nas lides em que o requerente da prova pericial for empregado ou trabalhador. Aliás, nesses casos o juiz pode, inclusive, inverter o ônus da prova sem que isso implique violação a direito líquido e certo do empregador ou tomador do serviço. Nesse sentido:

ANTECIPAÇÃO DOS HONORÁRIOS PERICIAIS. RESPONSABILIDADE A CARGO DO EMPREGADOR. ACIDENTE DO TRABALHO. INVERSÃO DO ÔNUS DA PROVA. ACESSO À JUSTIÇA. Reinterpretando o entendimento consagrado na Orientação Jurisprudencial n. 98 da SDI-2 do TST à luz dos direitos e garantias fundamentais, considera-se que a exigência de antecipação dos honorários periciais para realização de prova técnica para aferição de acidente do trabalho (ou equiparado) e suas consequências a cargo do empregador não implica violação a direito líquido e certo, pois, nestes casos, resta evidenciada a adoção da técnica da inversão do ônus da prova (art. 6º, VIII, CDC), de modo a propiciar o efetivo acesso do trabalhador (reclamante) à Justiça do Trabalho. Ora, não é crível, no atual estágio do Estado Democrático de Direito, fundado nos princípios da dignidade da pessoa humana, do valor social do trabalho e no valor social da livre-iniciativa, tratar igualmente os desiguais, principalmente na temática do acesso à Justiça (TRT 17ª R., 0026900-07.2012.5.17.0000, Rel. Desembargador Carlos Henrique Bezerra Leite, *DEJT* 13.09.2012).

Não cabe mandado de segurança contra **decisão judicial quando já esgotadas as vias recursais existentes** na mesma relação processual. Nesse sentido, a OJ n. 99 da SBDI-2 do TST:

MANDADO DE SEGURANÇA. ESGOTAMENTO DE TODAS AS VIAS PROCESSUAIS DISPONÍVEIS. TRÂNSITO EM JULGADO FORMAL. DESCABIMENTO. Esgotadas as vias recursais existentes, não cabe mandado de segurança.

Esse verbete está em sintonia com o entendimento sedimentado de que não cabe mandado de segurança contra coisa julgada, ainda que meramente formal. De modo que, exauridas as possibilidades de impugnação da decisão judicial, seja por recurso ou por ação autônoma, como a rescisória ou anulatória, não caberá mandado de segurança.

No que concerne à **suspensão do empregado estável para ajuizamento de inquérito**, o art. 494 da CLT dispõe que o empregado acusado de falta grave poderá ser suspenso de suas funções, mas a sua despedida só se tornará efetiva após o inquérito em que se verifique a procedência da acusação. Com base nisso, a SBDI-2 do TST editou a OJ n. 137, segundo a qual "constitui direito líquido e certo do empregador a suspensão do empregado, ainda que detentor de estabilidade sindical, até a decisão final do inquérito em que se apure a falta grave a ele imputada, na forma do art. 494, *caput* e parágrafo único, da CLT".

Esclarecemos que a OJ n. 137 não atrita com a OJ n. 142, ambas da SBDI-2 do TST, pois esta trata de antecipação de tutela (tutela provisória) requerida pelo empregado portador de estabilidade ou garantia no emprego; aquela, do ato do empregador que, antes de ajuizar o inquérito para apuração de falta grave, suspende o empregado.

Destarte, se o empregado detentor de estabilidade, ao receber informação de que o seu contrato de trabalho estará suspenso, ajuizar ação trabalhista, com pedido de antecipação de tutela (tutela provisória), poderá ser reintegrado liminarmente ao emprego, sem que se possa falar em direito líquido e certo do empregador em cassar a tutela antecipatória concedida. Todavia, se o empregador suspender o empregado e ajuizar o inquérito antes da propositura da ação trabalhista com pedido de reintegração em liminar ou antecipação de tutela, não haverá direito líquido e certo para empregado ser reintegrado, pois o empregador é que tem o direito líquido e certo de manter afastado empregado até o final do processo, isto é, até a coisa julgada que se formará na ação de inquérito.

Quanto à cobrança de **honorários advocatícios** previstos em contrato particular de prestação de serviços de advocacia, a OJ n. 138 da SBDI-2 do TST assim previa:

> MANDADO DE SEGURANÇA. INCOMPETÊNCIA DA JUSTIÇA DO TRABALHO. COBRANÇA DE HONORÁRIOS ADVOCATÍCIOS. Contrato de natureza civil. A Justiça do Trabalho é incompetente para apreciar ação de cobrança de honorários advocatícios, pleiteada na forma do art. 24, §§ 1º e 2º, da Lei n. 8.906/1994, em face da natureza civil do contrato de honorários.

Segundo esse verbete, a Justiça do Trabalho seria incompetente para ação de cobrança de honorários advocatícios previstos em contrato de prestação de serviços celebrado entre o cliente e o advogado, razão pela qual não caberia mandado de segurança impetrado pelo advogado contra a decisão que, em sede de execução trabalhista, declara a incompetência da Justiça do Trabalho para processar e julgar a referida ação de cobrança.

Não obstante, com a ampliação da competência da Justiça do Trabalho para processar e julgar ações oriundas da relação de trabalho (CF, art. 114, I), a ação de cobrança de honorários do advogado previstos no contrato particular de prestação de serviços advocatícios passou a ser da competência da Justiça do Trabalho, o que levou o TST a cancelar a referida OJ n. 138.

Nos termos do art. 25 da Lei n. 12.016/2009 e da Súmula n. 512 do STF, não cabe, no processo de mandado de segurança, a **condenação ao pagamento dos honorários advocatícios**, sem prejuízo da aplicação de sanções no caso de litigância de má-fé.

No que respeita à possibilidade de **mandado de segurança preventivo**, a OJ n. 144 da SBDI-2 do TST deixa implícito o seu não cabimento, já que, explicitamente, afirma que o "mandado de segurança não se presta à obtenção de uma sentença genérica, aplicável a eventos futuros, cuja ocorrência é incerta".

Hipótese complexa é a do mandado de segurança que visa **tornar inexigível sentença em ação de cumprimento reformada por acórdão em recurso ordinário de sentença normativa**. Conforme a Súmula n. 397 do TST:

> Não procede ação rescisória calcada em ofensa à coisa julgada perpetrada por decisão proferida em ação de cumprimento, em face de a sentença normativa, na qual se louvava, ter sido modificada em grau de recurso, porque em dissídio coletivo somente se consubstancia coisa julgada formal. Assim, os meios processuais aptos a atacarem a execução da cláusula reformada são a exceção de pré-executividade e o mandado de segurança, no caso de descumprimento do art. 514 do CPC de 2015 (art. 572 do CPC de 1973).

A Súmula n. 397 do TST deixa claro que a ação de cumprimento da sentença normativa pode ser ajuizada independentemente do trânsito em julgado da sentença normativa (TST, Súmula n. 246). Todavia, a sentença proferida na ação de cumprimento, ainda que transitada em julgado, pode se tornar autêntico título inexigível, desde que o recurso interposto da sentença normativa tenha implicado modificação da cláusula deferida. Não nos parece correta a tese de que a sentença normativa só faz coisa julgada formal, pois se o art. 2º, I, *c*, da Lei n. 7.701, de 21.12.1988, prevê a competência da SDC-TST para "julgar as ações rescisórias propostas contra suas sentenças normativas", então é porque a sentença normativa pode produzir coisa julgada material, na medida em que somente esta desafia a ação rescisória.

Situação que pode empolgar mandado de segurança na Justiça do Trabalho é referente a **concurso público para investidura em emprego público.** Com efeito, nos casos de concursos públicos para investidura em emprego público, podem surgir atos ilegais ou abusivos praticados por autoridades responsáveis pelo certame. Assim, considerando que o regime de trabalho do pessoal a ser contratado é o celetista, parece-nos que a competência para processar e julgar o mandado de segurança será da Justiça do Trabalho, sendo certo, ainda, que os candidatos ao concurso têm legitimidade para impetrar mandado de segurança, por exemplo, contra exigência de condição não prevista em lei ou no edital; ato que viola a ordem de classificação dos candidatos aprovados para nomeação; discriminação por motivo de sexo, idade, estado civil etc.

Nos sítios do processo do trabalho, a leitura isolada do texto constitucional poderia levar o intérprete a deduzir que o **Mandado de Segurança Coletivo (MSC)** (CF, art. 5º, LXX, alínea *b*) poderia ser impetrado apenas por

organização sindical em defesa dos interesses de seus membros ou associados. Mas a Lei Complementar n. 75/1993 reconhece expressamente (arts. 83, I, 84, *caput*, 6º, VI) a legitimação do MP da União, que abrange o MPT, para impetrar mandado de segurança.

A Lei n. 1.533/1951 era silente quanto ao mandado de segurança coletivo, razão pela qual defendíamos a aplicação das normas do CDC (Lei n. 8.078/1990) e da LACP (Lei n. 7.347/1985). Ocorre que a Lei n. 12.016/2009 disciplina expressamente o cabimento do mandado de segurança coletivo. Não obstante, pensamos que o microssistema do processo coletivo, composto pelas normas da LACP e do Título III do CDC, pode ser aplicado subsidiariamente à nova Lei do MS, no que couber.

Na Justiça do Trabalho é relevante o MSC impetrado não apenas pelo MPT, como também por organização sindical, entidade de classe (OAB, por exemplo) ou associação legalmente constituída e em funcionamento há pelo menos um ano, pois somente tais instituições podem atuar na Justiça do Trabalho em defesa de direitos líquidos e certos da totalidade (ou parte) dos seus membros ou associados, desde que a lide diga respeito à matéria de competência da Justiça do Trabalho (CF, art. 114).

Para o STF ao sindicato não se aplica a exigência de um ano de funcionamento para ter legitimidade para impetrar mandado de segurança coletivo. Nesse sentido:

> Mandado de Segurança Coletivo e Sindicato. Tratando-se de mandado de segurança coletivo impetrando por sindicato, é indevida a exigência de um ano de constituição e funcionamento, porquanto essa restrição destina-se apenas às associações, nos termos do art. 5º, XXI, *b*, *in fine*, CF [...] (STF, RE 198.919-DF).

A legitimidade do sindicato para impetrar MSC decorre apenas do seu registro em cartório, independentemente de registro no Ministério do Trabalho (STF-RE 370.834, Rel. Min. Marco Aurélio, j. 30.8.2011, 1ª T., *DJE* de 26.9.2011).

Ademais, a entidade de classe tem legitimação para o mandado de segurança ainda quando a pretensão veiculada interesse apenas a uma parte da respectiva categoria (STF, Súmula n. 630).

Os **direitos metaindividuais** que podem ser tutelados pelo MSC (parágrafo único do art. 21 da LMS) podem ser:

> I – **coletivos**, assim entendidos, para efeito desta Lei, os transindividuais, de natureza indivisível, de que seja titular grupo ou categoria de pessoas ligadas entre si ou com a parte contrária por uma relação jurídica básica;
>
> II – **individuais homogêneos**, assim entendidos, para efeito desta Lei, os decorrentes de origem comum e da atividade ou situação específica da totalidade ou de parte dos associados ou membros do impetrante.

Logo, é inadequada a ação de segurança coletiva para proteger direitos individuais heterogêneos e direitos difusos.

Nos termos do art. 22 da Lei n. 12.016/2009, no mandado de segurança coletivo, a sentença fará coisa julgada *ultra partes*, isto é, os seus efeitos subjetivos ficam limitados aos membros do grupo ou categoria, substituídos pelo impetrante. Trata-se, na verdade, da adaptação da regra contida no art. 103, II e III, do CDC.

Além disso, o § 1º do art. 22 da nova LMS dispõe literalmente que:

> O mandado de segurança coletivo não induz litispendência para as ações individuais, mas os efeitos da coisa julgada não beneficiarão o impetrante a título individual se não requerer a desistência de seu mandado de segurança no prazo de 30 (trinta) dias a contar da ciência comprovada da impetração da segurança coletiva.

Quanto ao cabimento do MSC na Justiça do Trabalho, lembramos a hipótese da ação civil pública, ajuizada pelo MPT ou por sindicato em defesa dos interesses coletivos ou individuais homogêneos dos trabalhadores que estão na iminência de sofrerem acidente do trabalho em empresa de altíssimo grau de risco à saúde e segurança no trabalho, com pedido de liminar indeferido, sem fundamentação, pelo juiz da Vara do Trabalho. Nesse caso, considerando-se o princípio da irrecorribilidade imediata das decisões interlocutórias, pensamos ser permitido ao sindicato ou ao MPT impetrar mandado de segurança coletivo contra tal decisão, pois o interesse defendido não é do autor da ação civil públicas, e sim dos substituídos processualmente nessa ação.

A grande distinção entre o mandado de segurança coletivo e a ação civil pública é que esta protege, em face de qualquer pessoa ou entidade, todas as modalidades de interesses ou direitos metaindividuais (difusos, coletivos ou individuais homogêneos); aquele se destina apenas à proteção de direito individual ou coletivo *stricto sensu*, líquido e certo contra ato ilegal ou abusivo de autoridade.

Com a promulgação e publicação da EC n. 45/2004, que acrescentou os incisos I, IV e VII ao art. 114 da CF, ampliaram-se as possibilidades de impetração do mandado de segurança – individual ou coletivo – no âmbito da Justiça do Trabalho, desde que o ato administrativo questionado envolva matéria sujeita à sua jurisdição.

Para encerrar este tópico, convém lembrar que no mandado de segurança coletivo, de acordo com o § 2º do art. 22 da Lei n. 12.016/2009, "a liminar só poderá ser concedida após a audiência do representante judicial da pessoa jurídica de direito público, que deverá se pronunciar no prazo de 72 (setenta e duas) horas". É claro que tal norma pode ser interpretada conforme a Constituição, possibilitando ao magistrado, num caso concreto, deferir a liminar *inaudita altera parte* caso esteja em jogo um direito fundamental que reclame imediata tutela de urgência e, somente depois de deferida a liminar, ouvir o representante judicial do Poder Público. Assim, se o MSC visa à proteção de direitos fundamentais que coloquem em risco iminente a vida, saúde ou segurança dos substituídos processualmente, pode o juiz interpretar a norma proibitiva conforme à Constituição e deferir a liminar sem audiência da parte contrária. Afinal, o art. 5º, XXXV, assegura a todos o direito de acesso à justiça tanto na hipótese de lesão quanto na de "ameaça" a direito individual ou coletivo.

Por se tratar de um remédio constitucional, o procedimento do mandado de segurança coletivo deve observar, no que couber, as regras alusivas ao mandado de segurança individual.

4. Ação monitória

Do latim *monere*, monitória significa advertir, lembrar, dirigir. Do alemão, o verbo *mahnen*, com o mesmo sentido, significando advertir, admoestar, lembrar, exortar. De tal arte, a monitória seria, grosso modo, uma advertência dirigida ao devedor para que este pague ou entregue alguma coisa ao credor, sob as penas da lei.

De acordo com o disposto no art. 700 do CPC:

> Art. 700. A ação monitória pode ser proposta por aquele que afirmar, com base em prova escrita sem eficácia de título executivo, ter direito de exigir do devedor capaz:
>
> I – o pagamento de quantia em dinheiro;
>
> II – a entrega de coisa fungível ou infungível ou de bem móvel ou imóvel;
>
> III – o adimplemento de obrigação de fazer ou de não fazer.

A prova escrita pode consistir em prova oral documentada, produzida antecipadamente nos termos do art. 381 do NCPC.

Diz o § 2º do art. 700 do CPC que, na petição inicial, incumbe ao autor explicitar, conforme o caso:

> I – a importância devida, instruindo-a com memória de cálculo;
>
> II – o valor atual da coisa reclamada;
>
> III – o conteúdo patrimonial em discussão ou o proveito econômico perseguido.

O valor da causa deverá corresponder à importância prevista nos incisos I a III *supra* (CPC, art. 700, § 3º).

Nos termos do § 4º do art. 700 do CPC, além das hipóteses do art. 330 do mesmo Código, a petição inicial será indeferida quando não atendido o disposto no § 2º do art. 700 do CPC.

Havendo dúvida quanto à idoneidade de prova documental apresentada pelo autor, o juiz intimá-lo-á para, querendo, emendar a petição inicial, adaptando-a ao procedimento comum.

Na ação monitória, a citação pode ser feita por qualquer dos meios permitidos para o procedimento comum.

Quanto à natureza jurídica, parece-nos que a monitória é uma ação, porquanto é a própria lei que assim a denomina expressamente no art. 700 do CPC. Tanto isso é verdade que a monitória se inicia mediante petição inicial devidamente instruída com a prova documental do crédito vindicado pelo autor.

A monitória é, portanto, uma ação submetida ao procedimento especial de jurisdição contenciosa, integrante do Processo de Conhecimento (CPC, Parte Especial, Livro I, Título III, Capítulo XI).

Mas que espécie de ação é a monitória? Há, pelo menos, três correntes doutrinárias distintas. Para uns, a monitória é uma ação executiva. Outros advogam ser ela uma ação de conhecimento. Há, ainda, os que adotam posição eclética, ou seja, consideram a monitória uma ação com "alma de execução e corpo de cognição".

Estamos com a segunda corrente, isto é, parece-nos que a ação monitória integra o elenco das ações de cognição, de caráter condenatório.

Não é pacífico o entendimento doutrinário a respeito do cabimento da ação monitória nos domínios do processo do trabalho. Tudo vai depender, é certo, da posição adotada no tocante à natureza jurídica da ação monitória.

Assim, para os que sustentam ser a monitória uma ação de execução ou executiva, não há como compatibilizar a regra do art. 876 da CLT, que somente permite a execução de título judicial (sentença ou acordo homologado judicialmente) ou dos títulos extrajudiciais que menciona (termos de ajuste de conduta firmados perante o Ministério Público do Trabalho e os termos de conciliação firmados perante as Comissões de Conciliação Prévia), com o procedimento de expedição *in limine* do mandado de pagamento ou de entrega de coisa fungível incerta ou de coisa móvel certa.

Tendo em vista que cerramos fileira com a corrente que defende a natureza de ação cognitiva condenatória da ação monitória, pensamos que não há qualquer obstáculo legal quanto à sua admissibilidade no âmbito da Justiça do Trabalho.

A questão do cabimento ou não da ação monitória no processo do trabalho há de ser enfrentada à luz do referido princípio constitucional do acesso à justiça e, também, da norma que fixa a competência da Justiça do Trabalho estampada no novel art. 114 da CF.

Ora, se o dissídio inserto na demanda monitória decorre da relação de emprego ou da relação de trabalho, salta aos olhos que é da Justiça do Trabalho a competência para dirimir o litígio entre empregado e empregador ou entre o trabalhador e o tomador do seu serviço.

Reconhecida a competência da Justiça do Trabalho, resta saber se o NCPC poderá ser utilizado como fonte normativa subsidiária.

Para tanto, a lei exige apenas dois requisitos (CLT, art. 769; CPC, art. 15): lacuna do texto obreiro a respeito da ação monitória, o que parece irrecusável, e a ausência de incompatibilidade da aplicação do instituto da ação monitória com o sistema processual trabalhista e com os princípios que o informam.

De acordo com o art. 701 do CPC, se for evidente o direito do autor, o juiz deferirá a expedição de mandado de pagamento, de entrega de coisa ou para execução de obrigação de fazer ou de não fazer, concedendo ao réu prazo de 15 (quinze) dias para o cumprimento e o pagamento de honorários advocatícios de cinco por cento do valor atribuído à causa.

O réu será isento do pagamento de custas processuais se cumprir o mandado no prazo.

Constituir-se-á de pleno direito o título executivo judicial, independentemente de qualquer formalidade, se não realizado o pagamento e não apresentados os embargos previstos no art. 702 do CPC.

Sendo a ré Fazenda Pública, não apresentados os embargos previstos no art. 702 do CPC, aplicar-se-á o disposto no art. 496 do mesmo Código, observando-se, a seguir, no que couber, o Título II do Livro I da Parte Especial do CPC.

Além disso, aplica-se à ação monitória, no que couber, o art. 916 do NCPC.

Dispõe o art. 702 do CPC que o réu poderá, independentemente de prévia segurança do juízo, opor, nos próprios autos, no prazo legal, embargos à ação monitória, os quais pode se fundar em matéria passível de alegação como defesa no procedimento comum.

Quando o réu alegar que o autor pleiteia quantia superior à devida, cumprir-lhe-á declarar de imediato o valor que entende correto, apresentando demonstrativo discriminado e atualizado da dívida. Não apontado o valor correto ou não apresentado o demonstrativo, os embargos serão liminarmente rejeitados, se esse for o seu único fundamento, e, se houver outro fundamento, os embargos serão processados, mas o juiz deixará de examinar a alegação de excesso.

É importante registrar que, nos termos do § 4º do art. 702 do CPC, a oposição dos embargos suspende a eficácia da decisão referida no *caput* do art. 701 do mesmo Código até o julgamento em primeiro grau.

É de quinze dias o prazo para o autor responder aos embargos contados da sua intimação.

Na ação monitória admite-se a reconvenção, sendo vedado o oferecimento de reconvenção à reconvenção.

A critério do juiz, os embargos serão autuados em apartado, se parciais, constituindo-se de pleno direito o título executivo judicial em relação à parcela incontroversa.

Rejeitados os embargos, constituir-se-á de pleno direito o título executivo judicial, prosseguindo-se o processo em observância ao disposto no Título II do Livro I da Parte Especial do NCPC, no que for cabível.

Cabe apelação (recurso ordinário), no prazo de oito dias, contra a sentença que acolhe ou rejeita os embargos.

O juiz condenará o autor de ação monitória proposta indevidamente e de má-fé ao pagamento, em favor do réu, de multa de até dez por cento sobre o valor da causa.

O juiz condenará o réu que de má-fé opuser embargos à ação monitória ao pagamento de multa de até dez por cento sobre o valor atribuído à causa, em favor do autor.

5. Ação anulatória

5.1. Ação anulatória de sentença

A ação anulatória estava prevista expressamente no art. 486 do CPC/73 e, atualmente, está regulada pelo art. 966, § 4º, do CPC de 2015, segundo o qual:

> Os atos de disposição de direitos, praticados pelas partes ou por outros participantes do processo e homologados pelo juízo, bem como os atos homologatórios praticados no curso da execução, estão sujeitos à anulação, nos termos da lei.

Vê-se, assim, que a ação anulatória pode ser manejada em duas hipóteses, ou seja, ela pode ter por objeto a desconstituição:

- de atos judiciais que não dependem de sentença; ou
- da sentença meramente homologatória.

Na verdade, não são os atos judiciais passíveis de anulação, e sim os atos das partes (*vide* art. 966, § 4º, do CPC). Daí o correto conceito ofertado por Júlio Ricardo de Paula Amaral, para quem:

> a ação anulatória é o meio processual adequado para a obtenção da declaração de nulidade de ato jurídico praticado pelas partes no âmbito de um processo, com fundamento na legislação de quaisquer dos ramos de direito material, independentemente de haver ou não uma sentença homologatória quanto ao referido ato. A ação anulatória, em face da sua finalidade, tem nítido caráter constitutivo-negativo (2007, p. 1.431-1.441).

Assim, ante a lacuna da legislação processual trabalhista, surgem controvérsias a respeito da aplicação subsidiária do art. 966, § 4º, do CPC, máxime porque o art. 836 da CLT dispõe, literalmente, que:

> É vedado aos órgãos da Justiça do Trabalho conhecer de questões já decididas, excetuados os casos expressamente previstos neste Título e a ação rescisória, que será admitida na forma do disposto no Capítulo IV do Título IX da Lei n. 5.869, de 11 de janeiro de 1973 – Código de Processo Civil, sujeita ao depósito prévio de 20% (vinte por cento) do valor da causa, salvo prova de miserabilidade jurídica do autor.

O TST, a nosso sentir, admite implicitamente a ação anulatória de que cuida o CPC na Justiça do Trabalho, pois a SBDI-2 editou a OJ n. 129:

> AÇÃO ANULATÓRIA. COMPETÊNCIA ORIGINÁRIA (*DJ* 04.05.2004). Em se tratando de ação anulatória, a competência originária se dá no mesmo juízo em que praticado o ato supostamente eivado de vício.

Não obstante, a Súmula n. 259 do TST dispõe que: "Só por ação rescisória é impugnável o termo de conciliação previsto no parágrafo único do art. 831 da CLT."

Ora, o termo de conciliação referido no parágrafo único do art. 831 da CLT é, na verdade, uma **sentença que homologa transação** entre as partes nos autos de dissídio (ação) individual.

Há, porém, outros atos judiciais que podem ser impugnados por ação anulatória, como, por exemplo, a sentença que homologa a desistência da ação, quando o autor alega (e pretende provar) vício na sua manifestação de vontade ao praticar tal ato processual.

A sentença que extingue a execução (NCPC, art. 925), que não é, propriamente uma "sentença de mérito" a empolgar ação rescisória (NCPC, art. 966), também pode ser atacada por ação anulatória se o exequente alegar (e pretender provar) vício na sua manifestação de vontade. Todavia, a OJ n. 107 da SBDI-2 do TST não admite ação anulatória, e sim a rescisória:

> AÇÃO RESCISÓRIA. DECISÃO RESCINDENDA DE MÉRITO. SENTENÇA DECLARATÓRIA DE EXTINÇÃO DE EXECUÇÃO. SATISFAÇÃO DA OBRIGAÇÃO (atualizada em decorrência do CPC de 2015; Res. 208/2016, DEJT divulgado em 22, 25 e 26.04.2016). Embora não haja atividade cognitiva, a decisão que declara extinta a execução, nos termos do art. 924, incisos I a IV c/c art. 925 do CPC de 2015 (art. 794 c/c art. 795 do CPC de 1973), extingue a relação processual e a obrigacional, sendo passível de corte rescisório.

De acordo com o art. 179 do CC, quando a lei dispuser que determinado ato é anulável, mas for omissa a respeito do prazo para quem pretender anulá-lo, será de 2 (dois) anos o prazo para o ajuizamento da ação anulatória.

Há jurisprudência admitindo a ação anulatória da decisão que homologa a arrematação no bojo dos próprios autos da execução e não houver uma decisão de mérito a ser rescindida, especialmente quando a parte interessada não for intimada da penhora ou do ato que homologou a arrematação, impossibilitando, assim, a interposição de embargos (TRT 9ª R., Proc. n. 96002-2002-093-09-00-1, 4ª T., Rel. Des. Luiz Celso Napp, *DJPR* 3.12.2004).

5.2. Ação anulatória de cláusulas convencionais

A ação anulatória de cláusulas convencionais está prevista expressamente no art. 83, IV, da LC n. 75, de 20.5.1993, segundo a qual o MPT tem legitimidade para, no âmbito da Justiça do Trabalho, "propor as ações cabíveis para declaração de nulidade de cláusula de contrato, acordo coletivo ou convenção coletiva que viole as liberdades individuais ou coletivas ou os direitos individuais indisponíveis dos trabalhadores."

A nosso ver, a ação anulatória de cláusula em exame pode ter natureza: **individual**, quando tiver por objeto a declaração de nulidade de cláusula de contrato de trabalho; **coletiva**, quando tiver por objeto a declaração de nulidade de cláusula de convenção ou acordo coletivo.

É certo que toda ação possui um conteúdo declaratório, mas a ação ora focalizada não se presta apenas a declarar a nulidade da cláusula. Ela assume característica preponderante de ação constitutiva negativa (ou desconstitutiva), na medida em que o seu escopo é fazer com que a cláusula inquinada de ilegal seja expungida de contrato individual, do acordo coletivo ou da convenção coletiva de trabalho, deixando de produzir efeitos em relação às partes contratantes ou a terceiros por ela atingidos.

Em suma, estamos diante de uma ação (individual ou coletiva) de conhecimento de natureza constitutiva negativa, que tem por objeto precípuo tornar sem efeito cláusula prevista em negócios jurídicos violadores de liberdades individuais ou coletivas ou dos direitos individuais indisponíveis dos trabalhadores. Exatamente por isso que o TST não vem deferindo pedido condenatório em ação anulatória de cláusula convencional (TST-RO 167700-69.2009.5.07.0000, Rel. Min. Fernando Eizo Ono, SDC, *DEJT* 24.8.2012).

No rol das liberdades individuais mais importantes que podem empolgar a ação anulatória sob exame, destaca-se a liberdade do direito à vida, à igualdade, à segurança, ao pensamento, à religião, à intimidade, à vida privada, à honra etc.

No elenco das liberdades coletivas, temos a liberdade de reunião para fins pacíficos, de livre associação civil e a liberdade de filiação ou desfiliação a sindicato (CF, art. 8º, V).

Os direitos indisponíveis dos trabalhadores constituem um vasto campo para a utilização da ação anulatória de cláusula de contrato, convenção ou acordo coletivo, sejam os previstos no catálogo dos direitos fundamentais sociais trabalhistas, sejam os consagrados nos parâmetros do art. 444, *caput*, da CLT.

Eis dois exemplos ensejadores de ação anulatória promovida pelo MPT:

- Cláusula prevista em contrato individual de trabalho obrigando empregado adolescente (com idade entre 16 e 18 anos incompletos) ao cumprimento de jornada noturna, insalubre ou perigosa.
- Cláusula de convenção ou acordo coletivo prevendo contribuições assistenciais de trabalhadores não filiados ao sindicato signatário (TST, Precedente Normativo n. 119 e OJ n. 17 da SDC; Súmula Vinculante n. 40 do STF).

Por força da OJ n. 17 da SDC, o TST vem rejeitando tutela inibitória no bojo de ação anulatória. Mas, aquela Corte vem aceitando pedido de tutela inibitória em sede de ação civil pública para que as partes convenentes se abstenham de inserir cláusulas declaradas nulas em instrumentos coletivos futuros (TST-RR 361-43.2010.5.09.0017, Rel. Min. Maria de Assis Calsing, 4ª T., *DEJT* 11.5.2012).

Para a fixação da competência para o julgamento da ação anulatória, duas regras devem ser observadas:

- **cláusula de acordo coletivo ou convenção coletiva** – a competência funcional originária será do TRT, se a abrangência do instrumento coletivo circunscrever-se à base territorial da sua jurisdição. Se ultrapassar tal base, a competência funcional originária será do TST, que, por sua vez, também exerce competência derivada para julgar recurso ordinário em ação anulatória julgada pelo TRT (RITST, arts. 224 e 225, I);
- **cláusula de contrato individual de trabalho** – a competência será da Vara do Trabalho do local da prestação de serviço do(s) empregado(s) lesado(s), consoante as regras de competência estabelecidas no art. 651 da CLT.

6. Ação civil pública

Na redação original da Lei n. 7.347, de 2005, o objeto da ação civil pública residia apenas na reparação de danos causados ao meio ambiente, ao consumidor, a bens e direitos de valor artístico, estético, histórico, turístico e paisagístico.

A Constituição Federal, em 5 de outubro de 1988, recepcionou a referida lei e ampliou o seu objeto, de modo que a ação civil pública foi guindada à categoria de garantia fundamental não apenas para a reparação de danos causados ao meio ambiente, ao consumidor e aos bens referidos no parágrafo anterior, mas também para "a proteção do patrimônio público e social" e "de outros interesses difusos e coletivos" (CF, art. 129, III).

Com o advento da Lei n. 8.078, de 11.9.1990 (CDC), cujo art. 110 acrescentou o inciso IV ao art. 1º da Lei n. 7.347/85, restabeleceu-se um dos objetivos previstos originariamente no anteprojeto da LACP: a proteção de "qualquer outro interesse difuso ou coletivo".

Em 1994, entrou em vigor a Lei n. 8.884, que deu nova redação ao art. 1º, *caput*, da Lei n. 7.347, que ampliou ainda mais o objeto da ação civil pública, reconhecendo que ela também pode ser manejada para responsabilizar o réu "por danos morais coletivos".

O art. 83, III, da LC n. 75/1993, também chamada de Lei Orgânica do Ministério Público da União (LOMPU), dispõe, *in verbis*:

> Art. 83. Compete ao Ministério Público do Trabalho o exercício das seguintes atribuições junto aos órgãos da Justiça do Trabalho: [...] III – promover a ação civil pública no âmbito da Justiça do Trabalho, para a defesa de interesses coletivos, quando desrespeitados os direitos sociais constitucionalmente garantidos.

Para nós, a ação civil pública é o **meio constitucionalmente assegurado ao Ministério Público, ao Estado ou a outros entes coletivos autorizados por lei, para promover a defesa judicial dos interesses ou direitos metaindividuais.**[6]

Não obstante, de acordo com a literalidade do art. 83, III, da LOMPU, a Justiça do Trabalho é competente para processar e julgar ação civil pública, "para a defesa de interesses coletivos, quando desrespeitados os direitos sociais constitucionalmente garantidos". Essa norma, a nosso ver, comporta interpretação sistemática, ampliativa e conforme a Constituição. Destarte, o art. 83, III, da LOMPU há de ser interpretado em sintonia com o art. 129, III, da CF, que prevê a ACP não apenas para a defesa do patrimônio público e social e do meio ambiente, mas, também, para a proteção "de outros interesses difusos e coletivos". É lícita, ainda, a interpretação extensiva e sistemática dos arts. 129, III e IX, e 127 da CF, no sentido de alargar o espectro da ação civil pública para a defesa dos interesses sociais, individuais indisponíveis e homogêneos.

De outro giro, a norma de encerramento contida no art. 84, *caput*, da LOMPU complementa o rol de atribuições do MPT, nos seguintes termos: "Incumbe ao Ministério Público do Trabalho, no âmbito de suas atribuições, exercer as funções institucionais previstas nos Capítulos I, II, III e IV do Título I", onde vamos encontrar o art. 6º, VII, da LOMPU, *in verbis*:

> Art. 6º Compete ao Ministério Público da União:
>
> [...] VII – promover o inquérito civil e a ação civil pública para:
>
> a) a proteção dos direitos constitucionais;
>
> b) a proteção do patrimônio público e social, do meio ambiente, dos bens e direitos de valor artístico, estético, histórico, turístico e paisagístico;
>
> c) a proteção dos interesses individuais indisponíveis, difusos e coletivos, relativos às comunidades indígenas, à família, à criança, ao adolescente, ao idoso, às minorias étnicas e ao consumidor;
>
> d) outros interesses individuais indisponíveis, homogêneos, sociais, difusos e coletivos.

---

(6) LEITE, Carlos Henrique Bezerra. *Direito processual coletivo do trabalho na perspectiva dos direitos humanos*. São Paulo: LTr, 2015, *passim*.

A leitura apressada da LACP poderia nos levar à conclusão de que o fim único da ação civil pública é responsabilizar qualquer pessoa física ou jurídica, de direito público ou privado, por danos morais ou patrimoniais causados ao meio ambiente, ao consumidor, a bens e direitos de valor estético, artístico, histórico, paisagístico ou a qualquer outro interesse difuso ou coletivo (Lei n. 7.347/85, art. 1º), podendo, para tanto, "ter por objeto a condenação em dinheiro ou o cumprimento de obrigação de fazer ou não fazer" (art. 3º). É dizer, a ACP teria natureza apenas condenatória.

Entretanto, não podemos esquecer que a ação civil pública foi guindada à categoria de garantia fundamental dos direitos ou interesses metaindividuais. E esse seu novo perfil leva em conta não apenas a "reparação", mas acima de tudo a "proteção" daqueles importantes interesses (CF, art. 129, III).

Além disso, o art. 21 da Lei n. 7.347/85, com redação dada pelo art. 117 do CDC, manda aplicar "à defesa dos direitos e interesses difusos, coletivos e individuais, no que for cabível, os dispositivos do Título III da Lei que instituiu o Código de Defesa do Consumidor".

Entre as normas que integram o Título III do CDC, está a prevista no seu art. 83, que diz: "Para a defesa dos direitos e interesses protegidos por este Código são admissíveis todas as espécies de ações capazes de propiciar sua adequada e efetiva tutela."

A única exigência para a adequada utilização da ACP no processo do trabalho é que a matéria nela tratada esteja na moldura do art. 114 da CF, que trata da competência da Justiça do Trabalho.

A competência material e pessoal da ação civil pública na Justiça do Trabalho decorre da conjugação dos arts. 129, III, e 114, I e IX, da CF e do art. 83, III, da LOMPU.

O art. 2º da LACP dispõe que a ACP deverá ser proposta "no foro do local onde ocorrer o dano, cujo juízo terá competência funcional para processar e julgar a causa". Vale dizer, o juiz do local do dano é, a um só tempo, funcional e territorialmente competente para processar e julgar a ACP. Logo, trata-se de norma de ordem pública, não sendo possível o foro de eleição em sede de ação civil pública.

No âmbito do processo laboral a ação civil pública deve ser proposta perante as Varas do Trabalho do local onde ocorreu ou deva ocorrer a lesão aos interesses metaindividuais defendidos na demanda coletiva.

A OJ n. 130 da SBDI-2 criou alguns critérios para o conceito de "local do dano", nos seguintes termos:

> AÇÃO CIVIL PÚBLICA. COMPETÊNCIA. LOCAL DO DANO. LEI N. 7.347/1985, ART. 2º. CÓDIGO DE DEFESA DO CONSUMIDOR, ART. 93.
>
> I – A competência para a Ação Civil Pública fixa-se pela extensão do dano.

II – Em caso de dano de abrangência regional, que atinja cidades sujeitas à jurisdição de mais de uma Vara do Trabalho, a competência será de qualquer das varas das localidades atingidas, ainda que vinculadas a Tribunais Regionais do Trabalho distintos.

III – Em caso de dano de abrangência suprarregional ou nacional, há competência concorrente para a Ação Civil Pública das varas do trabalho das sedes dos Tribunais Regionais do Trabalho.

IV – Estará prevento o juízo a que a primeira ação houver sido distribuída.

Portanto, a competência originária, territorial e funcional para a ação civil pública será sempre dos Juízos das Varas do Trabalho, observados os critérios estabelecidos na OJ n. 130 da SBDI-2, não colhendo, *data venia*, a interpretação de que a ACP trabalhista teria feição de DC e, por isso, deveria ser julgada originariamente pelos TRTs ou TST.

A **legitimidade ativa** *ad causam* do MP para a ACP "não impede a de terceiros, nas mesmas hipóteses, segundo o disposto na CF e na lei". É o que dispõe a CF (art. 129, III, § 1º) que, juntamente com a LACP (art. 5º), o CDC (art. 82) e a LOMPU (arts. 6º, VII, 83, III) formam um microssistema de acesso coletivo à Justiça do Trabalho, tendo como legitimados ativos:

- o Ministério Público (da União e dos Estados – art. 128 da CF, art. 5º, I, da Lei n. 7.347/85 e art. 82, I, da Lei n. 8.078/90);
- a União, os Estados, o Distrito Federal e os Municípios (art. 5º, III, da Lei n. 7.347/85 e art. 82, II, da Lei n. 8.078/90);
- as entidades e órgãos da Administração Pública, direta ou indireta, ainda que sem personalidade jurídica, especificamente destinadas à defesa dos interesses metaindividuais (art. 5º, V, da Lei n. 7.347/85 e art. 82, III, da Lei n. 8.078/90);
- as associações legalmente constituídas há pelo menos um ano e que incluam entre seus fins institucionais a defesa dos interesses metaindividuais, podendo, no entanto, o requisito da pré-constituição ser dispensado pelo juiz, quando haja manifesto interesse social evidenciado pela dimensão ou característica do dano, ou pela relevância do bem jurídico a ser protegido (art. 5º, V, da Lei n. 7.347/85);
- a Defensoria Pública (da União e dos Estados – art. 5º, II, da Lei n. 7.347/85, com redação dada pela Lei n. 11.448/2007).

A OAB, por seu Conselho Federal, também detém legitimidade ativa *ad causam* para promover ACP, nos termos do art. 54, XIV, da Lei n. 8.906/1994.

Dentre os legitimados para a ACP, o MP, em geral, e o MPT, em particular, é o único que detém legitimidade ativa para defender todos os direitos ou interesses metaindividuais (difusos, coletivos e individuais homogêneos).

Há, porém, controvérsias a respeito da sua atuação em defesa dos direitos individuais homogêneos. Para alguns, somente os indisponíveis; para outros, os indisponíveis com repercussão social. Existem, ainda, os que sustentam a legitimação ministerial para quaisquer direitos individuais homogêneos.

Como sustentamos que os direitos individuais homogêneos dos trabalhadores são, por força dos arts. 6º, 7º, 127 e 129, III e IX), direitos sociais, então o MPT estará sempre legitimado para defendê-los.

Se a ACP for ajuizada para tutelar interesses ou direitos metaindividuais trabalhistas, o MPT (ou qualquer outro legitimado) poderá agir na qualidade de:

- **legitimado autônomo para a condução do processo** – em defesa dos direitos ou interesses difusos e coletivos;
- **substituto processual** – em defesa dos direitos ou interesses individuais homogêneos.

Os sindicatos, como espécies do gênero associação civil, também são legitimados ativos para promoverem a ACP no âmbito da Justiça do Trabalho (CF, art. 129, § 1º). Há, porém, cizânia doutrinária a respeito de sua legitimidade para tutelar os direitos ou interesses difusos, na medida em que, "segundo o disposto na Constituição (art. 8º, III) e na lei (CLT, art. 513, *a*)", o sindicato brasileiro, em função do antidemocrático princípio da unicidade sindical, possui legitimidade apenas para defender direitos ou interesses coletivos e individuais da categoria (ou individuais homogêneos).

Quanto à **legitimidade passiva**, qualquer pessoa, física ou jurídica, de direito público ou privado, poderá ser ré ou corré, assistente simples ou litisconsorcial do demandado na ACP.

O art. 16 da LACP (com redação dada pela Lei n. 9.494, de 10.9.1997) dispõe que:

> a sentença civil fará coisa julgada *erga omnes*, nos limites da competência territorial do prolator, exceto se o pedido for julgado improcedente por insuficiência de provas, hipótese em que qualquer legitimado poderá intentar outra ação com idêntico fundamento, valendo-se de nova prova.

Sem embargo da confusão que o legislador fez entre competência e limites subjetivos da coisa julgada, o certo é que tal art. 16 da LACP já havia sido revogado tacitamente pelo art. 103 do CDC, de 1990, que, tratando de maneira inteiramente nova sobre a matéria (instituto da coisa julgada nas ações coletivas), disciplinou que a sentença produz coisa julgada:

> I – *erga omnes*, exceto se o pedido for julgado improcedente por insuficiência de provas, hipótese em que qualquer legitimado poderá intentar outra ação, com idêntico fundamento, valendo-se de nova prova, na hipótese do inciso I do parágrafo único do art. 81;

II – *ultra partes*, mas limitadamente ao grupo, categoria ou classe, salvo improcedência por insuficiência de provas, nos termos do inciso anterior, quando se tratar da hipótese prevista no inciso II do parágrafo único do art. 81;

III – *erga omnes*, apenas no caso de procedência do pedido, para beneficiar todas as vítimas e seus sucessores, na hipótese do inciso III do parágrafo único do art. 81.

Com efeito, dispõe o art. 2º, § 1º, da Lei de Introdução às Normas do Direito Brasileiro (LINDB) que: "A **lei posterior revoga a anterior** quando expressamente o declare, quando seja com ela incompatível ou **quando regule inteiramente a matéria de que tratava a lei anterior**". (grifos nossos)

Identificava-se, pois, em 1990, uma antinomia entre lei nova (CDC, art. 103) e lei velha (LACP, art. 16, em sua redação original). Se ambas tratavam da mesma matéria e tinham, como têm a mesma hierarquia, parece-nos que a lei nova (CDC, art. 103) já havia revogado tacitamente a lei velha (LACP, art. 16).

Vê-se, pois, que foi absolutamente inócua a nova redação dada em 1997 ao art. 16 da LACP, pois, nos termos do § 3º, da LINDB: "Salvo disposição em contrário, a lei revogada não se restaura por ter a lei revogadora perdido a vigência." É dizer, a alteração feita no art. 16 da LACP em 1997 não produziu o efeito desejado pelo legislador, pois tal dispositivo já estava "morto" quando entrou em vigor o CDC, em 1990.

Nesse passo, o § 1º do art. 103 do CDC estabelece que os **efeitos da coisa julgada** nas ações civis públicas em defesa de **interesses difusos ou coletivos não prejudicarão interesses e direitos individuais** dos integrantes da coletividade, do grupo, categoria ou classe. Trata-se de disposição normativa que bem demonstra a distinção entre a coisa julgada nas ações individuais tradicionais e nas ações coletivas. É o que se convencionou chamar de coisa julgada *in utilibus*, ou seja, só produz efeitos se for para beneficiar os titulares materiais da prestação jurisdicional.

Se a ACP tiver por objeto a tutela de interesses individuais homogêneos, o § 2º do mesmo art. 103 preceitua que, em caso de improcedência do pedido, os interessados que não tiverem intervindo no processo como litisconsortes (*rectius*, assistentes)[7] poderão propor ação de indenização a título individual.

Os efeitos da coisa julgada de que cuida o art. 16, combinado com o art. 13 da LACP, não prejudicarão as ações de indenização por danos pessoalmente sofridos, propostas individualmente ou na forma prevista no CDC, mas, se procedente o pedido, beneficiarão as vítimas e seus sucessores, que poderão proceder à liquidação e à execução, nos termos dos arts. 96 a 99 do CDC.[8]

---

(7) A nosso ver, o caso é de assistência simples, pois a legitimação na ACP é exclusiva dos entes coletivos expressamente indicados em lei, como a LACP (art. 5º) e o CDC (art. 82). Litisconsórcio só há entre esses entes coletivos.

(8) Sobre o tema, recomendamos: Leite (2004).

Sempre defendemos que não há litispendência entre ação individual e ação civil pública para a tutela de direitos individuais homogêneos. Atualmente, é nesse sentido a jurisprudência do TST:

AÇÃO COLETIVA – DIREITOS DIFUSOS E COLETIVOS – NÃO CONFIGURAÇÃO DA LITISPENDÊNCIA – ARTS. 301, §§ 1º, 2º E 3º, DO CPC E 104 DO CDC. 1. O art. 301, §§ 1º, 2º e 3º, do CPC dispõe que deve ser reconhecida a litispendência entre ações que possuam identidade de pedido, causa de pedir e partes. Por outro lado, o art. 104 do CDC consigna que as ações coletivas, em que se discutem direitos difusos ou coletivos, não induzem litispendência para as ações individuais. 2. Na hipótese, o Regional concluiu pela não ocorrência de litispendência, por entender que não há identidade de partes quando se trata de ação coletiva proposta por sindicato e ação individual ajuizada por um empregado. 3. Nesse contexto, considerando que às ações coletivas ajuizadas pelos sindicatos e pelo Ministério Público do Trabalho tem aplicação o teor do supramencionado art. 104 do CDC, pelo permissivo do art. 769 da CLT, é de se concluir pelo não conhecimento do recurso de revista da Reclamada, em que se pretende o reconhecimento da litispendência, por violação à lei. Recurso de revista não conhecido (TST-RR 1618-88.2010.5.22.0002, Rel. Min. Ives Gandra Martins Filho, 7ª T., *DEJT* 10.2.2012).

RECURSO DE REVISTA. LITISPENDÊNCIA. AÇÃO COLETIVA AJUIZADA POR SINDICATO. AÇÃO INDIVIDUAL. Acerca da matéria, em recentíssima decisão, a SBDI-1 desta Corte Superior julgou pela inexistência de litispendência entre a ação individual ajuizada pelo empregado e a ação coletiva, com pedido idêntico, proposta pelo sindicato da categoria profissional ou pelo MPT, em face da mesma empresa (Processo: E-RR 4937000-10.2002.5.02.0900, j. 04.10.2012, Subseção I Especializada em Dissídios Individuais, Data de Publicação: DEJT 15.10.2012). Revendo posicionamento anterior, em face do entendimento jurisprudencial atual sobre o tema, o apelo deve ser provido para afastar a litispendência declarada pelo TRT. SINDICATO. SUBSTITUIÇÃO PROCESSUAL. DIREITOS INDIVIDUAIS HOMOGÊNEOS. LEGITIMIDADE ATIVA. ENFERMEIROS. PAGAMENTO DO ADICIONAL SOBRE AS HORAS NOTURNAS PRORROGADAS. Esta Corte Superior vem firmando entendimento no sentido de que o sindicato profissional detém legitimidade para ajuizar, como substituto processual, ação pleiteando a tutela de direitos e interesses individuais homogêneos, desde que provenientes de causa comum ou de política trabalhista do empregador, que atinjam uniformemente o universo dos trabalhadores substituídos. A hipótese dos autos trata de pretensão ao pagamento do adicional sobre as horas noturnas prorrogadas, o que evidencia que o direito postulado possui origem comum no contrato de trabalho dos substituídos. Precedentes. Recurso de revista de que se conhece e a que se dá provimento (TST-RR 140200-98.2008.5.04.0015, Rel. Min. Pedro Paulo Manus, 7ª T., *DEJT* 19.12.2012).

Sobre liquidação de sentença na ação civil pública[9] remetemos o leitor ao Capítulo XVI.

7. Ação civil coletiva

A ação civil coletiva está prevista no art. 91 do CDC, que dispõe: "Os legitimados de que trata o art. 82 poderão propor, em nome próprio e no interesse das

---

(9) Para estudo mais aprofundado sobre o tema, recomendamos a leitura do nosso: LEITE, 2015a.

vítimas ou seus sucessores, ação civil coletiva de responsabilidade pelos danos individualmente sofridos, de acordo com o disposto nos artigos seguintes."

O art. 6º, XII, da LOMPU (LC n. 75/1993), por sua vez, prescreve que compete ao MPU: "propor ação civil coletiva para defesa de interesses individuais homogêneos".

A ação civil coletiva – ACC nada mais é do que uma das espécies do gênero "ação coletiva", cujo objeto repousa exclusivamente na defesa de interesses ou direitos individuais homogêneos.

Não obstante, o inciso VI, alínea *d*, do mesmo art. 6º da LOMPU também confere ao MPU a legitimidade para promover a ação civil pública para a proteção de "*outros interesses individuais indisponíveis, homogêneos,* sociais, difusos e coletivos".

O art. 21 da LACP manda aplicar: "à defesa dos direitos e interesses difusos, coletivos e individuais, no que for cabível, os dispositivos do Título III da Lei n. 8.078, de 11 de setembro de 1990, que instituiu o Código de Defesa do Consumidor."

O art. 201, V, do ECA estabelece ser da competência do Ministério Público: "promover o inquérito civil e a ação civil pública para a proteção dos interesses individuais, difusos ou coletivos relativos à infância e à adolescência, inclusive os definidos no art. 220, § 3º, inciso II, da Constituição Federal."

Na Justiça comum, a ACP e a ACC têm sido utilizadas indistintamente para a defesa de qualquer interesse individual homogêneo, já que ambas são assemelhadas às *class actions* do sistema norte-americano, adaptado a um sistema de *civil law*, como o nosso.

Na seara laboral, surge o seguinte problema: para a tutela dos interesses ou direitos individuais homogêneos pode ser utilizada a ação civil pública (ACP), a ação civil coletiva (ACC) ou ambas?

Há quem sustente, como Ives Gandra da Silva Martins Filho (*Revista LTr*, n. 59, p. 1449-1451), que os interesses difusos e coletivos devem ser defendidos pela via da ação civil pública, ficando a ação civil coletiva jungida, exclusivamente, à proteção dos interesses individuais homogêneos.

Pedimos vênia para dissentir dessa corrente doutrinária, porquanto nem na CF, nem nas leis trabalhistas, norma alguma prevê o cabimento da ACC. Há, apenas, como já apontado nos tópicos precedentes, previsão expressa da ACP na Justiça do Trabalho, pela aplicação combinada dos arts. 83, III, 84, *caput*, e 6º, VII, *d*, da LOMPU.

Ocorre que a competência da Justiça do Trabalho é delimitada pelo art. 114 da CF. É dizer, estamos diante de tema do direito constitucional processual.

Com relação à ACP, a competência da Justiça do Trabalho emerge da aplicação conjunta da CF, art. 129, III; da LOMPU, arts. 83, III, 84 e 6º, VII, *d*; da LACP, arts. 1º, IV, e 21; do CDC, arts. 81, parágrafo único, I, II e III, 90 e 91.

Quanto à ACC, não existe na CF, nem em norma jurídica trabalhista específica, autorização para o seu cabimento na Justiça do Trabalho.

De outro lado, o art. 84, *caput*, da LOMPU incumbe ao Ministério Público do Trabalho, no âmbito de suas atribuições, exercer as funções institucionais previstas no seu art. 6º, sendo certo que entre as atribuições do MPT junto à Justiça do Trabalho (LOMPU, art. 83) não consta a ACC, e sim a ACP. O elastério é permitido, segundo acreditamos, apenas para as atribuições do Ministério Público do Trabalho, e não para a competência absoluta da Justiça do Trabalho, pois esta, como é sabido, por ser matéria de ordem pública, há de vir expressa na lei, o que não ocorre na espécie.

É certo que a regra de abertura do CDC (art. 83) que permite, para a defesa dos direitos e interesses metaindividuais, "todas as espécies de ações", há de ser harmonizada com competência do órgão judicial encarregado de apreciá-las e julgá-las.

Isso não significa, contudo, que os interesses ou direitos individuais homogêneos não possam ser tutelados no âmbito da Justiça do Trabalho. Apenas a espécie de demanda que se enquadra na moldura do art. 114 da CF não é a ACC, e sim a ACP.

Ademais, a ACP é um remédio constitucional destinado à tutela de todos os direitos fundamentais metaindividuais, enquanto a ACC é uma ação infraconstitucional.

No campo das relações trabalhistas, a ACP surge como poderoso instrumento judicial para coibir as macrolesões aos direitos fundamentais sociais difusos, coletivos e individuais homogêneos. E isso reforça a sua importância constitucional, que é servir de instrumento para a efetivação de tais direitos fundamentais no paradigma do Estado Democrático de Direito.

Parece-nos, pois, mais adequado alargar o objeto da ACP trabalhista, para nele incluir os direitos ou interesses individuais homogêneos, a estender a legitimação do *Parquet* Laboral para outro tipo especial de ação coletiva não prevista expressamente na CF, tampouco no capítulo a ele especialmente reservado na LOMPU.

Não obstante, à luz do princípio da instrumentalidade, aplicado com maior ênfase no direito processual do trabalho, é lícito ao juiz admitir a ACC, convertendo-a em ACP, pois tal providência saneadora não implica violação aos princípios constitucionais do devido processo legal, da ampla defesa e do contraditório. Afinal, o que importa para a efetiva tutela jurisdicional não é o *nomen iuris* atribuído à ação coletiva (art. 83 do CDC).

8. Ação rescisória no processo do trabalho

A ação rescisória não se confunde com o recurso, pois este é um meio de impugnação de decisão judicial na mesma relação jurídica, enquanto aquela é um meio de impugnação de decisão judicial em outra relação processual, isto é, "fora" do processo em que se deu a decisão impugnada.

No elenco legal dos recursos não figura a ação rescisória, que é regulada em capítulo próprio e específico.

A ação rescisória, contudo, não é uma ação comum. Ao revés, é uma ação especial destinada a atacar a coisa julgada. É, portanto, uma ação civil de conhecimento, de natureza constitutivo-negativa, porquanto visa à desconstituição da *res judicata*.

O art. 836 da CLT, com nova redação dada pela Lei n. 11.495/2007, dispõe, *in verbis*:

> É vedado aos órgãos da Justiça do Trabalho conhecer de questões já decididas, excetuados os casos expressamente previstos neste Título e a ação rescisória, que será admitida na forma do disposto no Capítulo IV do Título IX da Lei n. 5.869, de 11 de janeiro de 1973 – Código de Processo Civil, sujeita ao depósito prévio de 20% (vinte por cento) do valor da causa, salvo prova de miserabilidade jurídica do autor.

Destarte, todos os requisitos exigidos pelos arts. 485 e 493 do CPC/1973 (atualmente, arts. 966 a 975 do CPC/2015) para a ação rescisória também são aplicáveis ao processo do trabalho, salvo quanto:

- ao valor do depósito prévio (no CPC é 5% e na CLT 20%);
- à possibilidade de dispensa do depósito prévio ao autor que comprovar sua miserabilidade jurídica.

Se o autor for a massa falida, também haverá dispensa do depósito prévio (art. 6º da IN/TST n. 31/2007).

Nos termos dos §§ 9º, 10 e 11 do art. 899 da CLT, incluídos pela Lei n. 13.467/2017:

- o valor do depósito recursal será reduzido pela metade para entidades sem fins lucrativos, empregadores domésticos, microempreendedores individuais, microempresas e empresas de pequeno porte.
- são isentos do depósito recursal os beneficiários da justiça gratuita, as entidades filantrópicas e as empresas em recuperação judicial.
- o depósito recursal poderá ser substituído por fiança bancária ou seguro garantia judicial.

O procedimento da ação rescisória na Justiça do Trabalho também é regido pelos Regimentos Internos dos TRTs e do TST, bem como pela IN/TST n. 31/2007.

O art. 969 do CPC prevê que a propositura da ação rescisória não impede o cumprimento da decisão rescindenda, ressalvada a concessão de tutela provisória.

Esta norma do CPC é aplicável ao processo do trabalho, por força da autorização expressa do art. 836 da CLT que, a nosso ver, reconhece a relativização do dogma da autonomia absoluta do processo do trabalho em relação ao processo civil, em especial no que tange à ação rescisória.

Na verdade, antes mesmo da redação do art. 489 do CPC/73 (CPC/2015, art. 969), o TST já havia editado a Súmula n. 405, que dispõe:

> AÇÃO RESCISÓRIA. TUTELA PROVISÓRIA (nova redação em decorrência do CPC de 2015, Res. 208/2016, *DEJT* divulgado em 22, 25 e 26.04.2016). Em face do que dispõem a MP n. 1.984-22/2000 e o art. 969 do CPC de 2015, é cabível o pedido de tutela provisória formulado na petição inicial de ação rescisória ou na fase recursal, visando a suspender a execução da decisão rescindenda.

O art. 485, *caput*, do CPC/73 disciplinava que "a sentença de mérito, transitada em julgado, pode ser rescindida...".

O art. 966 do CPC/2015 dispõe que: "A decisão de mérito, transitada em julgado, pode ser rescindida...".

A expressão "decisão de mérito" há de ser entendida em sentido amplo, isto é, abarca tanto a sentença propriamente dita como o acórdão (decisão colegiada dos tribunais). De tal arte, tanto a sentença como o acórdão, desde que apreciem a *res in iudicium deducta* (lide), acolhendo ou rejeitando o pedido, podem ser submetidos ao corte rescisório. É dizer, decisão de mérito é aquela que tem aptidão para produzir a coisa julgada material.

Não são de mérito, e por isso não desafiam a rescisória, as sentenças que extinguem o processo por questões processuais (pressupostos) ou ausência de condições da ação, já que estas resolvem o processo sem apreciação do mérito (CPC, art. 485). Neste caso, o autor poderá propor nova (ou melhor, idêntica) demanda, salvo se a resolução do processo na ação primeira se fundou em perempção, litispendência ou coisa julgada (CPC, art. 486).

As decisões interlocutórias, por não apreciarem o mérito (pedido), não são passíveis de ataque por ação rescisória.

É relevante destacar que o § 2º do art. 966 do CPC/2015, inovando em relação ao CPC/73, prevê que, nas hipóteses previstas nos incisos do referido artigo, "será rescindível a decisão transitada em julgado que, embora não seja de mérito, impeça: I – nova propositura da demanda; ou II – admissibilidade do recurso correspondente".

Os despachos (ordinatórios ou de expediente), por óbvio, além de não serem impugnáveis por recurso, também não são suscetíveis de ataque por ação rescisória.

Também não empolgam a rescisória as "decisões" proferidas no procedimento de jurisdição voluntária. E isto porque, nestes casos, não há partes nem lide (mérito), mas tão somente interessados. É dizer, nos procedimentos de jurisdição voluntária não ocorre o fenômeno da *res judicata*, isto é, da coisa julgada material.

Além disso, a ação rescisória pode ter por objeto apenas um capítulo da decisão (CPC, art. 966, § 3º).

Diz o § 4º do art. 966 do CPC que os "atos de disposição de direitos, praticados pelas partes ou por outros participantes do processo e homologados pelo juízo, bem como os atos homologatórios praticados no curso da execução, estão sujeitos à anulação, nos termos da lei".

Importa assinalar, no entanto, que no processo do trabalho há uma peculiaridade: a decisão que promove a conciliação das partes em juízo tem força de decisão irrecorrível (CLT, art. 831, parágrafo único).

E é este o motivo que levou o TST a editar a Súmula n. 259, que diz: "Termo de Conciliação – Ação Rescisória. Só por ação rescisória é atacável o termo de conciliação previsto no parágrafo único do art. 831 da Consolidação das Leis do Trabalho".

Esse verbete está a merecer pequena alteração, tendo em vista que a Lei n. 10.035, de 25 de outubro de 2000, deu nova redação ao parágrafo único do art. 831 da CLT, estabelecendo que o termo de conciliação valerá como decisão irrecorrível, "salvo para a Previdência Social quanto às contribuições que lhe forem devidas".

Como já apontado acima, a rescisória só pode atacar decisão de mérito, mas o defeito procedimental (*error in procedendo*), contido na decisão de mérito, também pode dar ensejo à rescisória. Nesse sentido é a Súmula n. 412 do TST.

Acórdão que não conhece de recurso não é juridicamente de mérito. Logo, não desafia ação rescisória, a teor da Súmula n. 413 do TST. No entanto, de acordo com o item II da Súmula n. 192 do TST: "... Acórdão rescindendo do Tribunal Superior do Trabalho que não conhece de recurso de embargos ou de revista, analisando arguição de violação de dispositivo de lei material ou decidindo em consonância com súmula de direito material ou com iterativa, notória e atual jurisprudência de direito material da Seção de Dissídios Individuais (Súmula n. 333), examina o mérito da causa, cabendo ação rescisória da competência do Tribunal Superior do Trabalho".

A Súmula n. 514 do STF admite a rescisória contra a sentença transitada em julgado, "ainda que contra ela não se tenham esgotado todos os recursos". Isso significa que para alguém valer-se da ação rescisória não é necessário que tenha exaurido todos os recursos cabíveis no processo originário. Portanto, se na mesma sentença existirem partes (capítulos) já acobertadas pela coisa julgada material, o interessado poderá ajuizar ação rescisória contra essas partes, independentemente da existência de recurso em tramitação atacando as partes que ainda não transitaram em julgado.

Não é cabível ação rescisória para desconstituir sentença arbitral (Lei n. 9.307/1996, art. 33, §§ 1º a 3º), pois esta pode ser atacada por ação anulatória (NCPC, art. 966, § 4º).

Há divergência sobre o cabimento da ação rescisória contra decisão proferida em sede de dissídio coletivo (sentença normativa). Para uns, não cabe, pois a sentença normativa só produz a coisa julgada formal. Nesse sentido é a Súmula n. 397 do TST, segundo a qual é incabível ação rescisória contra sentença normativa, "porque em dissídio coletivo somente se consubstancia coisa julgada formal".

Outros, como nós, defendem o cabimento da ação rescisória contra sentença normativa, porquanto a Lei n. 7.701, de 21.12.1988, prevê, em seu art. 2º, I, alínea *c*, que compete originariamente à Seção Especializada em Dissídios Coletivos – SDC, ou seção normativa: "julgar as ações rescisórias propostas contra suas sentenças normativas".

Outro tema polêmico reside na indagação sobre o cabimento de ação rescisória para desconstituir a chamada sentença inexistente. Diferentemente do direito material em que os atos nulos ou inexistentes independem de declaração judicial, no campo do direito processual o ato nulo ou inexistente precisa ser declarado judicialmente como tal. Assim, no caso da sentença nula ou inexistente há necessidade de pronunciamento judicial para desconstituí-la.

A ação rescisória, com prazo decadencial de dois anos, é o meio próprio para desconstituir a sentença nula. Exemplo típico de sentença nula é a proferida por juiz absolutamente incompetente.

A ação declaratória é a ação própria para declarar a inexistência de sentença e não está sujeita a prazo nenhum para a sua propositura.

Exemplo típico de sentença inexistente é a proferida por juiz aposentado ou a sentença sem assinatura do juiz. Há quem advogue ser inexistente a sentença prolatada num processo em que não houve citação inicial do réu.

A competência originária para processar e julgar a ação rescisória é dos Tribunais. As Varas do Trabalho não têm competência para processar e julgar ação rescisória.

Tratando-se de sentença ou acórdão de mérito do TRT, é dele a competência para processar e julgar a ação rescisória.

Se o acórdão de mérito é do TST, cabe a este processar e julgar a ação rescisória. Se o acórdão do TST não apreciar o mérito, tal como ocorre quando não conhece do recurso oriundo de TRT (*vide* Súmula n. 192 do TST), a competência para julgar a rescisória é do TRT.

Do acórdão regional que julgar a rescisória, cabe recurso ordinário para o TST (CLT, art. 895, II; Lei n. 7.701/88, arts. 2º, II, *b*, e 3º, III, *a*).

Do acórdão de mérito proferido por órgão do TST, competente para a ação rescisória, será o próprio TST, por meio da Seção de Dissídios Individuais ou da Seção de Dissídios Coletivos (Lei n. 7.701/88, arts. 2º, I, *c*, e 3º, I, *a*).

A respeito de competência para julgar ação rescisória, o TST editou a Súmula n. 192, *in verbis*:

> I – Se não houver o conhecimento de recurso de revista ou de embargos, a competência para julgar ação que vise a rescindir a decisão de mérito é do Tribunal Regional do Trabalho, ressalvado o disposto no item II.
>
> II – Acórdão rescindendo do Tribunal Superior do Trabalho que não conhece de recurso de embargos ou de revista, analisando arguição de violação de dispositivo de lei material ou decidindo em consonância com súmula de direito material ou com iterativa, notória e atual jurisprudência de direito material da Seção de Dissídios Individuais (Súmula n. 333), examina o mérito da causa, cabendo ação rescisória da competência do Tribunal Superior do Trabalho.
>
> III – Sob a égide do art. 512 do CPC de 1973, é juridicamente impossível o pedido explícito de desconstituição de sentença quando substituída por acórdão do Tribunal Regional ou superveniente sentença homologatória de acordo que puser fim ao litígio.
>
> IV – Na vigência do CPC de 1973, é manifesta a impossibilidade jurídica do pedido de rescisão de julgado proferido em agravo de instrumento que, limitando-se a aferir o eventual desacerto do juízo negativo de admissibilidade do recurso de revista, não substitui o acórdão regional, na forma do art. 512 do CPC.
>
> V – A decisão proferida pela SBDI, em agravo regimental, calcada na Súmula n. 333, substitui acórdão de Turma do TST, porque emite juí-zo de mérito, comportando, em tese, o corte rescisório.

A SBDI-2 do TST editou a OJ n. 70, segundo a qual: "Sob a égide do CPC de 1973, o manifesto equívoco da parte em ajuizar ação rescisória no TST para desconstituir julgado proferido pelo TRT, ou vice-versa, implica a extinção do processo sem julgamento do mérito por inépcia da inicial". *A contrario sensu*, isto é, sob a égide do CPC de 2015, o relator, à luz do princípio da vedação da decisão surpresa, deverá abrir prazo ao autor para sanar o erro (CPC, art. 968, § 5º) e caso não sanado o erro no endereçamento correto da petição inicial o processo será extinto sem resolução do mérito por ausência de pressuposto processual de validade da relação processual (incompetência funcional).

A petição inicial da ação rescisória será indeferida quando:

I – **For inepta** (CPC, art. 968, § 3º), sendo importante destacar que a petição inicial da rescisória deve conter fundamento jurídico do pedido e, quando o autor invocar violação manifesta de norma jurídica (CPC, art. 966, V), deverá conter fundamentação legal do pedido, ou seja, indicar expressamente qual a norma que foi manifestamente violada. Nesse caso, não se aplica o princípio *iura novit curia*. Nesse sentido, o TST editou a Súmula n. 408, já adaptada ao art. 966, V, do NCPC.

Como a possibilidade jurídica do pedido deixou de existir no CPC, o TST deverá cancelar ou alterar a redação dos seus verbetes que não admitem a rescisória por impossibilidade jurídica do pedido.

II – A **parte for manifestamente ilegítima** (CPC, art. 967, I e II). O substituto processual também pode ser parte legítima (ativa e passiva) para a ação rescisória (TST, Súmula n. 406, item II). O MPT pode ser autor (TST, Súmula n. 407), mas não pode ser réu, por ser instituição sem personalidade jurídica; neste caso, a União Federal figurará como ré.

III – O **autor carecer de interesse processual** (necessidade, utilidade e adequação). É o que ocorre quando a rescisória tiver por objeto desconstituir sentença terminativa ou decisão interlocutória (CPC, art. 966, *caput*), por manifesta inadequação da via eleita.

IV – O **Relator verificar, desde logo, a decadência**. É de dois anos o prazo decadencial para o ajuizamento da ação rescisória. Sobre decadência em ação rescisória, remetemos o leitor à Súmula n. 100 do TST.

V – O **autor não comprovar o trânsito em julgado da decisão rescindenda** (TST, Súmula n. 299; SBDI-2 OJ n. 76).

VII – O **autor não realizar o depósito prévio** (CLT, art. 836 e IN/TST n. 31/2007), salvo se deferida a assistência judiciária gratuita ou os benefícios da gratuidade ou se a autora for massa falida. Tal depósito é um novo requisito específico para a admissibilidade da ação rescisória, cujo procedimento está regulamentado pela IN n. 31 do TST que, por sua vez, manda observar o disposto na IN n. 21 daquele Tribunal, que contém peculiaridades relativas ao preenchimento da guia de recolhimento.

O art. 836 da CLT deve ser interpretado sistematicamente com os §§ 9º, 10 e 11 do art. 899 da própria CLT, os arts. 968, II, § 3º, e 974 do CPC e IN/TST n. 31/2007, de modo que a petição inicial da ação rescisória será indeferida se o autor não realizar o depósito prévio correspondente a 20% sobre o valor da causa, não se aplicando tal regra quando o autor for: beneficiário da justiça gratuita, pessoa jurídica de direito público, Ministério Público do Trabalho, massa falida, empresa em recuperação judicial e entidades filantrópicas. O valor do depósito para propositura da ação rescisória será reduzido pela metade para entidades sem fins lucrativos, empregadores domésticos, microempreendedores individuais, microempresas e empresas de pequeno porte.

A exemplo do que ocorre com os recursos trabalhistas (Lei n. 5.584/1970, art. 7º), o depósito prévio e a comprovação do seu efetivo recolhimento devem acompanhar a petição inicial da ação rescisória, sob pena de seu imediato indeferimento, não se aplicando em tal hipótese a regra do art. 321 do CPC.

g) A **petição inicial não for subscrita por advogado** (TST, Súmula n. 425). Neste caso, o Relator deve observar o disposto no art. 76 do CPC.

Afora as hipóteses acima, pensamos que o Relator não tem competência para indeferir, de plano, a inicial da ação rescisória. Sabe-se, porém, que alguns relatores indeferem, *in limine*, a petição inicial da rescisória fora das hipóteses supracitadas. Contra tal decisão cabe agravo interno (ou regimental), observadas as regras procedimentais previstas nos Regimentos Internos dos Tribunais.

Além dos **requisitos genéricos** do art. 319 do CPC , a ação rescisória exige alguns **requisitos específicos da petição inicial**. É o que dispõe o art. 968, I, do NCPC, **aplicado diretamente** no processo do trabalho por força do art. 836 da CLT, segundo o qual na petição inicial deve o autor: "cumular ao pedido de rescisão, se for o caso, o de novo julgamento da causa".

Além disso, deverá o autor, ainda:

- efetuar o depósito prévio;
- demonstrar na petição inicial que existe uma decisão de mérito (sentença ou acórdão de mérito) transitada em julgado;
- apontar alguns dos dispositivos do art. 966 do CPC em que se fundar a ação.

Vê-se, portanto, que há diversas exigências de ordem técnica para a elaboração da petição inicial, o que levou o TST a editar a Súmula n. 425, afastando o *jus postulandi* das próprias partes em sede de ação rescisória.

O **valor da causa** deve observar o disposto nos arts. 2º, 3º e 4º da IN/TST n. 31/2007, *in verbis*:

> Art. 2º O valor da causa da ação rescisória que visa desconstituir decisão da fase de conhecimento corresponderá:
>
> I – no caso de improcedência, ao valor dado à causa do processo originário ou aquele que for fixado pelo Juiz;
>
> II – no caso de procedência, total ou parcial, ao respectivo valor arbitrado à condenação.
>
> Art. 3º O valor da causa da ação rescisória que visa desconstituir decisão da fase de execução corresponderá ao valor apurado em liquidação de sentença.
>
> Art. 4º O valor da causa da ação rescisória, quer objetive desconstituir decisão da fase de conhecimento ou decisão da fase de execução, será reajustado pela variação cumulada do INPC do IBGE até a data do seu ajuizamento.
>
> Art. 5º O valor depositado será revertido em favor do réu, a título de multa, caso o pedido deduzido na ação rescisória seja julgado, por unanimidade de votos, improcedente ou inadmissível.

O valor da causa atribuído pelo autor na petição inicial e não impugnado pelo réu não podia ser alterado, de ofício, pelo tribunal, nos termos da OJ n. 155 da SBDI-2. Essa orientação jurisprudencial foi cancelada em decorrência do CPC de 2015 (TST, Resolução n. 206/2016).

Quanto ao **depósito recursal**, dispõe o art. 974 do NCPC:

Art. 974. Julgando procedente o pedido, o tribunal rescindirá a decisão, proferirá, se for o caso, novo julgamento e determinará a restituição do depósito a que se refere o inciso II do art. 968.

Parágrafo único. Considerando, por unanimidade, inadmissível ou improcedente o pedido, o tribunal determinará a reversão, em favor do réu, da importância do depósito, sem prejuízo do disposto no § 2º do art. 82.

As **hipóteses de admissibilidade** da ação rescisória estão exaustivamente previstas no art. 966 do NCPC, *in verbis*:

Art. 966. A decisão de mérito, transitada em julgado, pode ser rescindida quando:

I – se verificar que foi proferida por força de prevaricação, concussão ou corrupção do juiz;

II – for proferida por juiz impedido ou por juízo absolutamente incompetente;

III – resultar de dolo ou coação da parte vencedora em detrimento da parte vencida ou, ainda, de simulação ou colusão entre as partes, a fim de fraudar a lei;

IV – ofender a coisa julgada;

V – violar manifestamente norma jurídica;

VI – for fundada em prova cuja falsidade tenha sido apurada em processo criminal ou venha a ser demonstrada na própria ação rescisória;

VII – obtiver o autor, posteriormente ao trânsito em julgado, prova nova cuja existência ignorava ou de que não pôde fazer uso, capaz, por si só, de lhe assegurar pronunciamento favorável;

VIII – for fundada em erro de fato verificável do exame dos autos.

§ 1º Há erro de fato quando a decisão rescindenda admitir fato inexistente ou quando considerar inexistente fato efetivamente ocorrido, sendo indispensável, em ambos os casos, que o fato não represente ponto controvertido sobre o qual o juiz deveria ter se pronunciado.

§ 2º Nas hipóteses previstas nos incisos do *caput*, será rescindível a decisão transitada em julgado que, embora não seja de mérito, impeça:

I – nova propositura da demanda; ou

II – admissibilidade do recurso correspondente.

§ 3º A ação rescisória pode ter por objeto apenas 1 (um) capítulo da decisão.

§ 4º Os atos de disposição de direitos, praticados pelas partes ou por outros participantes do processo e homologados pelo juízo, bem como os atos homologatórios praticados no curso da execução, estão sujeitos à anulação, nos termos da lei.

§ 5º Cabe ação rescisória, com fundamento no inciso V do *caput* deste artigo, contra decisão baseada em enunciado de súmula ou acórdão proferido em julgamento de casos repetitivos que não tenha considerado a existência de distinção entre a questão discutida no processo e o padrão decisório que lhe deu fundamento. (Incluído pela Lei n. 13.256, de 2016)

§ 6º Quando a ação rescisória fundar-se na hipótese do § 5º deste artigo, caberá ao autor, sob pena de inépcia, demonstrar, fundamentadamente, tratar-se de situação particularizada por hipótese fática distinta ou de questão jurídica não examinada, a impor outra solução jurídica. (Incluído pela Lei n. 13.256, de 2016.)

Das hipóteses acima, no processo do trabalho a mais utilizada é a do inciso V do art. 966 do CPC. A expressão norma jurídica" deve ser interpretada em sentido amplo de norma da Constituição, lei complementar, lei ordinária, lei delegada, decreto-lei, medida provisória, resolução, decreto legislativo, decreto ou qualquer ato normativo do Poder Público. A OJ n. 25 da SBDI-2 dispõe:

> AÇÃO RESCISÓRIA. REGÊNCIA PELO CPC DE 1973. EXPRESSÃO "LEI" DO ART. 485, V, DO CPC. NÃO INCLUSÃO DO ACT, CCT, PORTARIA, REGULAMENTO, SÚMULA E ORIENTAÇÃO JURISPRUDENCIAL DE TRIBUNAL. Não procede pedido de rescisão fundado no art. 485, V, do CPC de 1973 quando se aponta contrariedade à norma de convenção coletiva de trabalho, acordo coletivo de trabalho, portaria do Poder Executivo, regulamento de empresa e súmula ou orientação jurisprudencial de tribunal.

Além disso, por força do § 5º (de duvidosa constitucionalidade, por equiparar decisão judicial à lei) do art. 966 do CPC, equipara-se à norma jurídica, para fins de cabimento de ação rescisória, a decisão judicial de mérito "baseada em enunciado de súmula ou acórdão proferido em julgamento de casos repetitivos que não tenha considerado a existência de distinção entre a questão discutida no processo e o padrão decisório que lhe deu fundamento".

O referido § 5º do art. 966 do NCPC foi incluído pela Lei n. 13.256/2016.

Segundo alguns, quando a sentença rescindenda interpreta razoavelmente a lei (norma jurídica), não cabe a ação rescisória. Mas se o fundamento da rescisória for violação à literalidade de dispositivo constitucional, cabível é a rescisória. É por isso que o item I da Súmula n. 83 do TST vaticina: "Não procede o pedido formulado na ação rescisória por violação literal de lei se a decisão rescindenda estiver baseada em texto legal infraconstitucional, de interpretação controvertida nos Tribunais."

Foi correta a alteração do novo item I da Súmula n. 83 do TST, porque se a norma apontada como violada literalmente é da própria Constituição Federal, não há lugar para interpretação razoável ou controvertida nos tribunais, pois somente o Pretório Excelso pode dar a derradeira palavra sobre a interpretação do texto constitucional (STF-RE n. 101.114-9, 1ª T. Rel. Min. Rafael Mayer, *DJU* 10.2.1984).

Importante salientar que o "marco divisor quanto a ser, ou não, controvertida, nos Tribunais, a interpretação dos dispositivos legais citados na ação rescisória é a data da inclusão, na Orientação Jurisprudencial do TST, da matéria discutida" (TST, Súmula n. 83, item II).

A violação manifesta de norma jurídica invocada em ação rescisória há de ser literal, frontal e direta, como ocorre, por exemplo, quando a sentença declara válido o contrato de trabalho de um servidor público que não se submeteu à prévia aprovação em concurso público de provas ou de provas e títulos. Nesse caso, cabe a rescisória com base no inciso V do art. 966 do CPC, desde que o autor alegue que a decisão rescindenda violou a literalidade do § 2º do art. 37, II, da Constituição Federal.

Não cabe ação rescisória fundada em violação manifesta de norma jurídica para se reexaminarem fatos e provas. Nesse sentido é a Súmula n. 410 do TST.

Dispõe a Súmula n. 408 do TST que:

> AÇÃO RESCISÓRIA. PETIÇÃO INICIAL. CAUSA DE PEDIR. AUSÊNCIA DE CAPITULAÇÃO OU CAPITULAÇÃO ERRÔNEA NO ART. 966 DO CPC DE 2015. ART. 485 DO CPC DE 1973. PRINCÍPIO *IURA NOVIT CURIA* (nova redação em decorrência do CPC de 2015; Res. 208/2016, DEJT divulgado em 22, 25 e 26.04.2016). Não padece de inépcia a petição inicial de ação rescisória apenas porque omite a subsunção do fundamento de rescindibilidade no art. 966 do CPC de 2015 (art. 485 do CPC de 1973) ou o capitula erroneamente em um de seus incisos. Contanto que não se afaste dos fatos e fundamentos invocados como causa de pedir, ao Tribunal é lícito emprestar-lhes a adequada qualificação jurídica (*iura novit curia*). No entanto, fundando-se a ação rescisória no art. 966, inciso V, do CPC de 2015 (art. 485, inciso V, do CPC de 1973), é indispensável expressa indicação, na petição inicial da ação rescisória, da norma jurídica manifestamente violada (dispositivo legal violado sob o CPC de 1973), por se tratar de causa de pedir da rescisória, não se aplicando, no caso, o princípio *iura novit curia*.

Acerca do **prequestionamento em ação rescisória**, dispõe a Súmula n. 298 do TST:

> AÇÃO RESCISÓRIA. VIOLAÇÃO A DISPOSIÇÃO DE LEI. PRONUNCIAMENTO EXPLÍCITO (Redação alterada pelo Tribunal Pleno na sessão realizada em 6.2.2012). I – A conclusão acerca da ocorrência de violação literal a disposição de lei pressupõe pronunciamento explícito, na sentença rescindenda, sobre a matéria veiculada. II – O pronunciamento explícito exigido em ação rescisória diz respeito à matéria e ao enfoque específico da tese debatida na ação, e não, necessariamente, ao dispositivo legal tido por violado. Basta que o conteúdo da norma reputada violada haja sido abordado na decisão rescindenda para que se considere preenchido o pressuposto. III – Para efeito de ação rescisória, considera-se pronunciada explicitamente a matéria tratada na sentença quando, examinando remessa de ofício, o Tribunal simplesmente a confirma. IV – A sentença meramente homologatória, que silencia sobre os motivos de convencimento do juiz, não se mostra rescindível, por ausência de pronunciamento explícito. V – Não é absoluta a exigência de pronunciamento explícito na ação rescisória, ainda que esta tenha por fundamento violação de dispositivo de lei. Assim, prescindível o pronunciamento explícito quando o vício nasce no próprio julgamento, como se dá com a sentença *extra, citra* e *ultra petita*.

Parece-nos equivocado tal entendimento sumular, pois se a rescisória não é recurso, não há base jurídica para a exigência do prequestionamento que, como se sabe, é fruto de política judiciária dos Tribunais Superiores com o intuito de afunilar, cada vez mais, o cabimento de recursos de natureza extraordinária, como o recurso de revista.

A **revelia na rescisória** não produz:

- **confissão ficta** como nos dissídios individuais (CLT, art. 844), porque não há audiência perante o relator;
- **presunção** *juris tantum* do art. 344 do CPC.

Dispõe, a propósito, a Súmula n. 398 do TST que na "ação rescisória, o que se ataca é a decisão, ato oficial do Estado, acobertado pelo manto da coisa julgada. Assim, e considerando que a coisa julgada envolve questão de ordem pública, a revelia não produz confissão na ação rescisória".

Conjugando-se as Súmulas ns. 219 e 425 do TST, parece-nos que em qualquer ação rescisória proposta na Justiça do Trabalho, seja proveniente de sentença em ação oriunda da relação de emprego ou da relação de trabalho (CF, art. 114), não há o *jus postulandi* das próprias partes, razão pela qual os **honorários advocatícios** são devidos pela mera sucumbência, isto é, independentemente das exigências da Lei n. 5.584/1970. Aliás, com o advento do novo art. 791-A da CLT, incluído pela Lei n. 13.467/2017, não há mais dúvida acerca do cabimento de honorários advocatícios de sucumbência em todas as causas em que o advogado atuar, ainda que em causa própria, na Justiça do Trabalho.

Por fim, tendo em vista a larga utilização da ação rescisória na Justiça do Trabalho, recomenda-se a leitura das Súmulas do STF e TST, bem como as Orientações Jurisprudenciais da SBDI-2 do TST que tratam desta ação especial.

9. Ações cautelares no processo do trabalho

Em decorrência das reformas do CPC no final do século passado, especialmente com a introdução do instituto da antecipação de tutela (arts. 273 e 461), houve certo esvaziamento das ações cautelares tanto no processo civil quanto no processo do trabalho, porquanto o § 7º do art. 273 do CPC dispõe: "Se o autor, a título de antecipação de tutela, requerer providência de natureza cautelar, poderá o juiz, quando presentes os respectivos pressupostos, deferir a medida cautelar em caráter incidental do processo ajuizado."

Aliás, o Novo CPC, diferentemente do CPC/73, não prevê um livro destinado ao processo cautelar. Logo, as ações cautelares foram extintas no processo civil, o que implica sua extinção também no processo do trabalho.

10. Embargos de terceiro

Há lacuna na legislação processual trabalhista a respeito dos embargos de terceiro, o que impõe a aplicação subsidiária e supletiva do CPC com algumas adaptações referentes ao *iter procedimentalis* do processo laboral (CLT, art. 769; CPC, art. 15).

Assim, por força do art. 674 do CPC, é legitimado ativo aquele que, não sendo parte no processo, sofrer constrição ou ameaça de constrição sobre bens que possua ou sobre os quais tenha direito incompatível com o ato constritivo, podendo requerer seu desfazimento ou sua inibição por meio de embargos de terceiro.

Além disso, de acordo com o § 1º do art. 674 do CPC, os embargos podem ser de terceiro proprietário, inclusive fiduciário, ou possuidor.

Considera-se terceiro, para fins de ajuizamento dos embargos (CPC, art. 674, § 2º):

> I – o cônjuge ou companheiro, quando defende a posse de bens próprios ou de sua meação, ressalvado o disposto no art. 843;
>
> II – o adquirente de bens cuja constrição decorreu de decisão que declara a ineficácia da alienação realizada em fraude à execução;
>
> III – quem sofre constrição judicial de seus bens por força de desconsideração da personalidade jurídica, de cujo incidente não fez parte;
>
> IV – o credor com garantia real para obstar expropriação judicial do objeto de direito real de garantia, caso não tenha sido intimado, nos termos legais dos atos expropriatórios respectivos.

Os embargos podem ser opostos a qualquer tempo no processo de conhecimento enquanto não transitada em julgado a sentença.

No cumprimento de sentença ou no processo de execução, os embargos de terceiro podem ser opostos até cinco dias depois da adjudicação, da alienação por iniciativa particular ou da arrematação, mas sempre antes da assinatura da respectiva carta (art. 675 do CPC). Mas se o juiz identificar a existência de terceiro titular de interesse em embargar o ato, mandará intimá-lo pessoalmente.

O principal objetivo dos embargos de terceiro repousa na proteção da posse ou da propriedade de quem, não sendo parte no processo, sofrer turbação ou esbulho na posse de seus bens em decorrência de atos de apreensão judicial, como a penhora, o depósito, o arresto, o sequestro, a alienação judicial ou por iniciativa particular, o arrolamento, o inventário ou a partilha.

Pelos embargos de terceiro, portanto, o embargante visa a manter ou a restituir a posse do bem que, indevidamente, encontra-se sob constrição judicial, a teor do art. 674 do CPC, cuja interpretação pode ser ampliada não apenas para proteger os bens do embargante contra a constrição indevida e materializada, mas também para a ameaça da constrição.

Os sócios das empresas executadas no processo do trabalho não são terceiros, pois podem ser responsabilizados (adoção da teoria da desconsideração da personalidade jurídica) quando a empresa executada não possuir bens para garantir a execução, razão pela qual dispõem dos embargos do devedor em caso de constrição judicial dos seus bens particulares.

Os embargos de terceiro devem ser distribuídos "por dependência" aos autos do processo (de cognição ou de execução) de onde se originou o ato judicial de constrição. Mas, ao contrário dos embargos de devedor, devem ser processados em autos apartados (CPC, art. 676).

Há cizânia doutrinária acerca do juízo competente para a ação de embargos de terceiro quando a execução é feita por carta precatória. Para uns é do juízo deprecante. Para outros, do juízo deprecado.

O TST editou a Súmula n. 419 pacificando o entendimento de que, na "execução por carta precatória, os embargos de terceiro serão oferecidos no juízo deprecado, salvo se indicado pelo juízo deprecante o bem constrito ou se já devolvida a carta (art. 676, parágrafo único, do CPC de 2015)".

Na petição inicial, o embargante fará a prova sumária de sua posse ou de seu domínio e da qualidade de terceiro, oferecendo documentos e rol de testemunhas (CPC, art. 677), sendo facultada a prova da posse em audiência preliminar designada pelo juiz.

O possuidor direto pode alegar, além da sua posse, o domínio alheio (CPC, art. 677, § 2º).

A citação será pessoal, se o embargado não tiver procurador constituído nos autos da ação principal. Parece-nos aqui inaplicável a regra do art. 840, §§ 1º e 2º, da CLT, porquanto os embargos de terceiro não se confundem com as reclamações ou dissídios individuais (*rectius*, ações trabalhistas individuais). Isso significa que a petição inicial deverá ser obrigatoriamente escrita, além de satisfazer os requisitos gerais e específicos supracitados.

Será legitimado passivo o sujeito a quem o ato de constrição aproveita, assim como o será seu adversário no processo principal quando for sua a indicação do bem para a constrição judicial.

A decisão que reconhecer suficientemente provado o domínio ou a posse determinará a suspensão das medidas constritivas sobre os bens litigiosos objeto dos embargos, bem como a manutenção ou a reintegração provisória da posse, se o embargante a houver requerido. O juiz, no entanto, poderá condicionar a ordem de manutenção ou de reintegração provisória de posse à prestação de caução pelo requerente, ressalvada a impossibilidade da parte economicamente hipossuficiente (CPC, art. 678).

O prazo para o embargado contestar os embargos de terceiro é de quinze dias, findo o qual será observado o procedimento comum (CPC, art. 679).

Dispõe o art. 680 do CPC que, contra os embargos do credor com garantia real, o embargado somente poderá alegar que: I – o devedor comum é insolvente; II – o título é nulo ou não obriga a terceiro; III – outra é a coisa dada em garantia.

Por fim, diz o art. 681 do CPC que, se for acolhido o pedido inicial, o ato de constrição judicial indevida será cancelado, com o reconhecimento do domínio, da manutenção da posse ou da reintegração definitiva do bem ou do direito ao embargante.

O art. 1.052 do CPC/73 dispunha que a oposição dos embargos de terceiro suspendia, total ou parcialmente, o curso do processo de execução, a depender da totalidade ou não dos bens que constituem objeto da ação. O CPC de 2015 não possui dispositivo correspondente ao referido artigo, mas nos parece que o embargante poderá manejar a tutela provisória de urgência.

Já houve muita celeuma a respeito do recurso cabível para impugnar a sentença proferida em embargos de terceiro. Para uns, seria o recurso ordinário. Para outros, o agravo de petição. Venceu a segunda corrente, embora, na prática, os tribunais tenham recebido, em homenagem ao princípio da fungibilidade, o recurso ordinário como agravo de petição.

REFERÊNCIAS BIBLIOGRÁFICAS

ABDALA, Vantuil. Pressupostos intrínsecos de conhecimento do recurso de revista. *Juris Síntese*, Porto Alegre, n. 24, 1 CD-ROM n. 33, jul./ago. 2000.

ABELHA, Marcelo. *Manual de execução civil*. Rio de Janeiro: Forense, 2006.

ALEXY, Robert. *Teoría de los derechos fundamentales*. Madrid: Centro de Estudios Políticos y Constitucionales, 2001.

ALMEIDA, Amador Paes de. *Curso prático de processo do trabalho*. São Paulo: Saraiva, 2002.

ALMEIDA, Dayse Coelho de. A essência da Justiça Trabalhista e o inciso I do art. 114 da Constituição Federal de 1988: uma abordagem principiológica. *Jus Navigandi*, Teresina. Disponível em: <http://jus2.uol.com.br/doutrinatexto.asp?id=7224>.

ALMEIDA, Ísis de. *Manual de direito processual do trabalho*. 5. ed. São Paulo LTr, 1991.

_______._______. 8. ed. São Paulo: LTr, 1997.

ALMEIDA, João Batista de. Ação civil pública e ação civil coletiva. *Ajuris*, edição especial, mar. 1998.

ALMEIDA, Lúcio Rodrigues de. *Recursos trabalhistas*. Rio de Janeiro: Aide, 1996.

ALVIM, Arruda. *Manual de direito processual civil*. 7. ed. São Paulo: RT, 2000. v. I.

ALVIM PINTO, Tereza Arruda. *Nulidades da sentença*. São Paulo: RT, 1987.

AMARAL, Júlio Ricardo de Paula. Ação rescisória ou ação anulatória. Meios de impugnação das decisões em execução. *Revista LTr*, São Paulo: LTr, v. 71, n. 12, p. 1431-1441, dez. 2007.

ANDRADE, Érico. *O mandado de segurança:* a busca da verdadeira especialidade. Rio de Janeiro: Lumen Juris, 2010.

ARAÚJO, Francisco Rossal de. Princípios probatórios do processo do trabalho. *Síntese Trabalhista*, Porto Alegre, n. 108, maio, 1998.

ARRUDA, Hélio Mário. *O rito sumaríssimo no processo judiciário do trabalho*. Curitiba: Decisório Trabalhista, 2000.

BANDEIRA DE MELLO, Celso Antônio. *Curso de direito administrativo*. São Paulo: Malheiros, 1995.

BAPTISTA DA SILVA, Ovídio A. *Do processo cautelar*. Rio de Janeiro: Forense, 1996.

BARBOSA MOREIRA, José Carlos. *A proteção jurisdicional dos interesses coletivos ou difusos*. São Paulo: Max Limonad, 1984.

_______. *O novo processo civil brasileiro*. 15. ed. Rio de Janeiro: Forense, 1993.

BARRETO, Marco Aurélio Aguiar. Penhora ou bloqueio *on-line* – questões de ordem prática – necessidade de aprimoramento. *Revista LTr* 68-09/1.095.

BARRETTO, Nilton Rangel; HILLESHEIM, Jaime. *Litigância de má-fé e lealdade processual.* Curitiba: Juruá, 2006.

BARROS, Alice Monteiro de (Coord.). *Compêndio de direito processual do trabalho*: obra em homenagem a Celso Agrícola Barbi. São Paulo: LTr, 1998.

______. ______. 2. ed. São Paulo: LTr, 2001.

BARROSO, Luís Roberto. *Interpretação e aplicação da Constituição*. 2. ed. São Paulo: Saraiva, 1998.

______. *O direito constitucional e a efetividade de suas normas*: limites e possibilidades da Constituição brasileira. 4. ed. Rio de Janeiro: Renovar, 2000.

______. Neoconstitucionalismo e constitucionalização do direito (o triunfo tardio do direito constitucional do Brasil). In: SOUZA NETO, Cláudio Pereira de; SARMENTO, Daniel (Coord.). *A constitucionalização do direito:* fundamentos teóricos e aplicações específicas. Rio de Janeiro: Lumen Juris, 2007.

BASSO, Guilherme Mastrichi. O sindicato e a substituição processual. *Revista do Ministério Público do Trabalho*, Brasília, n. 3, p. 61-68, mar. 1992.

BASTOS, Celso Ribeiro. *Curso de direito constitucional*. 18. ed. São Paulo: Saraiva, 1997.

BATALHA, Wilson de Souza Campos. *Sistema de direito processual*: civil, tributário, trabalhista. São Paulo: LTr, 1998.

BEBBER, Júlio César. *Princípios do processo do trabalho*. São Paulo: LTr, 1997.

______. *Processo do trabalho*: temas atuais. São Paulo: LTr, 2003.

BEDAQUE, José Roberto dos Santos. *Direito e processo*: influência do direito material sobre o processo. 3. ed. São Paulo: Malheiros, 2003.

BENJAMIN, Antonio Herman Vasconcellos e. A insurreição da aldeia global contra o processo civil clássico. Apontamentos sobre opressão e a libertação judiciais do meio ambiente e do consumidor. In: MILARÉ, Édis (Coord.). *Ação civil pública*: Lei n. 7.347/85 – Reminiscências e reflexões após dez anos de aplicação. São Paulo: RT, 1995.

BILHALVA, Vilson Antônio Rodrigues. Greve. *Revista da Academia Nacional de Direito do Trabalho*, São Paulo: LTr, ano VI, n. 6, p. 51, 1998.

BOBBIO, Norberto. *A era dos direitos*. Trad. Carlos Nelson Coutinho. Rio de Janeiro: Campos, 1992.

______. *Teoria do ordenamento jurídico*. 10. ed. Brasília: UnB, 1997.

______. *Dalla struttura alla funzione*: nuovi studi di teoria del diritto. Milano: Edizioni di Comunità, 1977.

BONAVIDES, Paulo. *Curso de direito constitucional*. 7. ed. São Paulo: Malheiros, 1997.

BOTELHO, Marcos César. As alterações das Lei ns. 11.276, 11.277 e 11.280. *Jus Navigandi*, Teresina, ano 10, n. 1098, 4 jul. 2006.

BOTTINI, Pierpaolo Cruz. Prefácio. In: CHAVES, Luciano Atayde. *A recente reforma no processo comum*: reflexos no direito judiciário do trabalho. São Paulo: LTr, 2006.

BRANCATO, Ricardo Teixeira. *Instituições de direito público e privado.* 8. ed. São Paulo: Saraiva, 1993.

BRANDÃO, Cláudio. *Reforma do sistema recursal trabalhista.* São Paulo: LTr, 2015.

BRESCOVICI, Paulo Roberto. Efeitos processuais originados pela Emenda Constitucional n. 45/2004 no âmbito da justiça do trabalho. In: PINHEIRO, Alexandre Augusto Campana (Coord.). *Competência da justiça do trabalho:* aspectos materiais e processuais de acordo com a EC n. 45/2004. São Paulo: LTr, 2005.

BRITO FILHO, José Cláudio Monteiro de. *O Ministério Público do Trabalho e a ação anulatória de cláusulas convencionais.* São Paulo: LTr, 1998.

BUENO, Cassio Scarpinella. *Curso sistematizado de direito processual civil:* teoria geral do direito processual civil. São Paulo: Saraiva, 2007. v. 1.

_______. _______. São Paulo: Saraiva, 2008. v. 5.

_______. *Manual de direito processual civil.* São Paulo: Saraiva, 2015.

BULOS, Uadi Lammêgo. *Curso de direito constitucional.* 4. ed. São Paulo: Saraiva, 2009.

BÜLOW, Oskar von. *Teoria das exceções e dos pressupostos processuais.* Trad. e notas Ricardo Rodrigues Gama. Campinas: LZN, 2003.

BUZAID, Alfredo. Juicio de amparo e mandado de segurança. *Revista da Faculdade de Direito da Universidade de São Paulo,* n. 56.

CALAMANDREI, Piero. *Direito processual civil.* Trad. Luiz Abezia e Sandra Drina Fernandez Barbiery. Campinas: Bookseller, 1999. 3 v.

CÂMARA, Alexandre Freitas. *Lições de direito processual civil.* 10. ed. Rio de Janeiro: Lumen Juris, 2004.

CAMPILONGO, Celso Fernandes. O judiciário e a democracia no Brasil. *Revista USP,* Dossiê do Judiciário, São Paulo: USP, n. 21, mar./abr. 1994.

CANARIS, Claus-Wilhelm. *Pensamento sistemático e conceito de sistema na ciência do direito.* 2. ed. Lisboa: Calouste Gulbenkian, 1996.

CANOTILHO, J. J. Gomes. *Manual de direito constitucional.* 4. ed. Coimbra: Coimbra, 1990.

CAPPELLETTI, Mauro. Formações sociais e interesses coletivos diante da justiça civil. *Revista de Processo,* São Paulo, n. 5, p. 128-159, jan./mar. 1977.

_______. O acesso dos consumidores à Justiça. *Revista de Processo,* São Paulo, n. 62, p. 204-210, 1991.

_______. Os métodos alternativos de solução de conflitos no quadro do movimento universal de acesso à justiça. *Revista Forense,* Rio de Janeiro, v. 326, p. 121-130, abr./jun. 1994.

_______; GARTH, Bryant. *Acesso à justiça.* Trad. Ellen Gracie Northfleet. Porto Alegre: Fabris, 1988.

CARELLI, Rodrigo de Lacerda. *Formas atípicas de trabalho.* São Paulo: LTr, 2004.

CARNEIRO, Paulo Cezar Pinheiro. *O Ministério Público no processo civil e penal:* o promotor natural, atribuição e conflito. Rio de Janeiro: Forense, 1989.

CARNELUTTI, Francesco. *Instituições do processo civil*. Trad. Adrián Sotero De Witt Batista. Campinas: Servanda, 1999.

CARREIRA ALVIM, José Eduardo. *Procedimento monitório*. 3. ed. Curitiba: Juruá, 2000.

CARRION, Valentin. *Comentários à Consolidação das Leis do Trabalho*. 4. ed., em CD-ROM. São Paulo: Saraiva, 1996.

_______. _______. 27. ed. São Paulo: RT, 2002.

CARVALHO FILHO, José dos Santos. *Ação civil pública:* comentários por artigo. Rio de Janeiro: Freitas Bastos, 1995.

CASTELO, Jorge Pinheiro. *O direito processual do trabalho na moderna teoria geral do processo*. 2. ed. São Paulo: LTr, 1996.

_______. *Tutela antecipada no processo do trabalho*. São Paulo: LTr, 1999. v. 2.

_______. *O direito material e processual do trabalho e a pós-modernidade:* a CLT, o CDC e as repercussões do novo Código Civil. São Paulo: LTr, 2003.

CATHARINO, José Martins. *Tratado elementar de direito sindical*. São Paulo: LTr, 1977.

CESARINO JÚNIOR, A. F. *Direito social*. São Paulo: LTr, 1980.

CHAVES, Luciano Athayde. *A recente reforma no processo*: reflexos no direito judiciário do trabalho. São Paulo: LTr, 2006.

_______ (Org.). *Curso de processo do trabalho*. São Paulo: LTr, 2009.

_______. *A recente reforma no processo*: reflexos no direito judiciário do trabalho. 2. ed. São Paulo: LTr, 2012a.

_______ (Org.). *Curso de processo do trabalho*. 2. ed. São Paulo: LTr, 2012b.

CHIOVENDA, Giuseppe. *Instituições de direito processual civil*. São Paulo: Bookseller, 1998, v. I, II e III.

CHOMSKY, Noam. *O lucro e as pessoas*: neoliberalismo e ordem social. Trad. Pedro Jorgensen Jr. Rio de Janeiro: Bertrand Brasil, 2002.

CINTRA, Antonio Carlos de Araújo *et al*. *Teoria geral do processo*. 9. ed. São Paulo: Malheiros, 1992.

COLNAGO, Lorena de Mello Rezende. *Competência da Justiça do Trabalho para o julgamento de lides de natureza jurídica penal trabalhista*. São Paulo: LTr, 2009.

CORDEIRO, Antônio Menezes. Introdução à edição em língua portuguesa. In: CANARIS, Claus-Wilhelm. *Pensamento sistemático e conceito de sistema na ciência do direito*. 2. ed. Lisboa: Fundação Calouste Gulbenkian, 1996.

CORRÊA, Orlando de Assis. *Ação monitória*. Rio de Janeiro: Aide, 1996.

CORREIA, Marcus Orione Gonçalves. *As ações coletivas e o direito do trabalho*. São Paulo: Saraiva, 1994.

COSTA, Carlos Coqueijo. *Direito processual do trabalho*. Rio de Janeiro: Forense, 1996.

COSTA, Fábio Natali; BARBOSA, Amanda. *Magistratura e formação humanística*. São Paulo: LTr, 2012.

COSTA, José Rubens. *Ação monitória*. São Paulo: Saraiva, 1995a.

_______. Ação monitória. *Boletim Informativo Saraiva*, set./out. 1995b.

COUTINHO, Aldacy Rachid; DALLEGRAVE NETO, José Affonso; GUNTHER, Luiz Eduardo. *Transformações do direito do trabalho*. Curitiba: Juruá, 2000.

COUTINHO, Grijalbo Fernandes; FAVA, Marcos Neves (Coord.). *Justiça do trabalho*: competência ampliada. São Paulo: LTr, 2005.

COUTURE, Eduardo J. *Interpretação das leis processuais*. Trad. Gilda Maciel Corrêa Meyer Russomano. Rio de Janeiro: Forense, 1997.

_______. *Fundamentos do direito processual civil*. Campinas: Red, 1999.

CRUZ E TUCCI, José Rogério. *Ação monitória*. 2. ed. São Paulo: RT, 1997.

_______ (Coord.). *Garantias constitucionais do processo civil*. São Paulo: RT, 1999.

DA CUNHA, Belinda Pereira. *Antecipação da tutela no Código de Defesa do Consumidor*. São Paulo: Saraiva, 1999.

DAIDONE, Décio Sebastião. *Direito processual do trabalho ponto a ponto*. São Paulo: LTr, 2001.

DAL COL, Helder Martinez. Ação monitória em face da Fazenda Pública. *Revista Virtual Jus Navegandi*. Disponível em: <http://www.jusnavegandi.com.br/doutrina/monitfaz.html>. Acesso em: 19 jul. 2001.

DALAZEN, João Oreste. Recurso de revista por divergência: súmula regional e a Lei n. 9.756/98. *Revista LTr*, São Paulo, v. 63, n. 1, 1999.

DALLARI, Adilson Abreu. Precatórios judiciais. *Genesis, Revista de Direito Administrativo Aplicado*, Curitiba, n. 6, p. 696-697, 6 set. 1995.

DALLEGRAVE NETO, José Affonso. *Contrato individual de trabalho*: uma visão estrutural. São Paulo: LTr, 1998.

_______; FREITAS, Ney José de (Coord.). *Execução trabalhista*: estudos em homenagem ao ministro João Oreste Dalazen. São Paulo: LTr, 2002.

DANTAS, Ivo. *Constituição & processo*. Curitiba: Juruá, 2003.

DELGADO, Mauricio Godinho. *Curso de direito do trabalho*. 9. ed. São Paulo: LTr, 2010.

DIAS, Francisco Barros. Processo de conhecimento e acesso à justiça (tutela antecipatória). *Revista dos Juízes do Rio Grande do Sul*, Porto Alegre: Ajuris, n. 66, p. 212, mar. 1996.

DICIONÁRIO BRASILEIRO DE LÍNGUA PORTUGUESA. Lisboa: Priberam Informática, 1999.

DICIONÁRIO PRÁTICO MICHAELIS. São Paulo: DTS *Software* Brasil, ed. em CD-ROM, maio 1998.

DIDIER JR., Fredie. *Curso de direito processual civil*: teoria geral do processo e processo de conhecimento. 9. ed. Salvador: JusPodivm, 2008.

DINAMARCO, Cândido Rangel. *A reforma do Código de Processo Civil*. 2. ed. São Paulo: Malheiros, 1995.

______. *A instrumentalidade do processo*. São Paulo: Malheiros, 1996.

______. *Execução civil*. 5. ed. São Paulo: Malheiros, 1997.

DINIZ, José Janguiê Bezerra. *Os recursos no direito processual trabalhista*. Brasília: Consulex, 1996.

______. *Ação rescisória dos julgados*. São Paulo: LTr, 1998.

______. *Ministério Público do Trabalho*. Brasília: Consulex, 2004.

DINIZ, Maria Helena. *Compêndio de introdução ao estudo do direito*. 14. ed. São Paulo: Saraiva, 2001.

DONIZETTI, Elpídio. *Curso didático de direito processual civil*. 7. ed. Rio de Janeiro: Lumen Juris, 2008.

DWORKIN, Ronald. *Taking rights seriously*. Cambridge: Harvard University Press, 1989.

EÇA, Vitor Salino de Moura; MAGALHÃES, Aline Carneiro (Coord.). *Atuação principiológica no processo do trabalho*: estudos em homenagem ao professor Carlos Henrique Bezerra Leite. Belo Horizonte: RTM, 2012.

ENCICLOPÉDIA JURÍDICA LEIB SOIBELM. CD-ROM, São Paulo: Elfez, maio 1998.

ENGISCH, Karl. *Introdução ao pensamento jurídico*. Trad. J. Baptista Machado. 6. ed. Lisboa: Fundação Calouste Gulbenkian, [s.d.].

FARIA, José Eduardo (Org.). *Direito e justiça*: a função social do Judiciário. São Paulo: Ática, 1997.

FAZZALARI, Elio. *Instituições de direito processual*. Trad. Elaine Nassif. Campinas: Bookseller, 2006.

FERRARI, Irany; MARTINS, Melchíades Rodrigues. *Dano moral*: múltiplos aspectos nas relações de trabalho. 3. ed. São Paulo: LTr, 2008.

______; NASCIMENTO, Amauri Mascaro; MARTINS FILHO, Ives Gandra da Silva. *História do trabalho, do direito do trabalho e da justiça do trabalho*: em homenagem a Armando Casimiro Costa. São Paulo: LTr, 1998.

FERRAZ, Sérgio. *Mandado de segurança (individual e coletivo)*: aspectos polêmicos. 2. ed. São Paulo: Malheiros, 1993.

______. Provimentos antecipatórios na ação civil pública. In: MILARÉ, Édis (Coord.). *Ação civil pública*. Lei n. 7.347/85: reminiscências e reflexões após 10 anos de aplicação. São Paulo: RT, 1995.

FERREIRA SOBRINHO, Aderson. O habeas corpus *na justiça do trabalho*. São Paulo: LTr, 2003.

FIGUEIRA JR., Joel Dias. *Comentários ao Código de Processo Civil*. São Paulo: RT, 2000. v. 4.

FIGUEIREDO, Lúcia Valle. *Mandado de segurança*. 2. ed. São Paulo: Malheiros, 1997.

FIORILLO, Celso Antonio Pacheco. *Curso de direito ambiental brasileiro*. São Paulo: Saraiva, 2000.

FLACH, Daisson. Processo e realização constitucional: a construção do "devido processo". In: AMARAL, Guilherme Rizzo; CARPENA, Márcio Louzada (Coord.). *Visões críticas do processo civil brasileiro*: uma homenagem ao prof. Dr. José Maria Rosa Tesheiner. Porto Alegre: Livraria do Advogado, 2005.

FONSECA, Vicente José Malheiros da. Novas leis e velhas questões processuais trabalhistas. *Revista Juris Plenum Trabalhista e Previdenciária*. [CD-ROM]. Caxias do Sul: Plenum, out. 2009.

FREDERICO MARQUES, José. *Manual de direito processual civil*. Campinas: Bookseller, 1997.

FRIEDE, Reis. *Tutela antecipada, tutela específica e tutela cautelar*. Belo Horizonte: Del Rey, 1996.

FUX, Luiz (Coord.). *O novo processo civil brasileiro*: direito em expectativa (reflexões acerca do projeto do novo Código de Processo Civil). Rio de Janeiro: Forense, 2011.

GARCIA, Gustavo Filipe Barbosa. A Lei n. 10.444/02 e o processo do trabalho. *Síntese Trabalhista*, Porto Alegre, n. 158, ago. 2002.

GIDI, Antonio. *Coisa julgada e litispendência em ações coletivas*. São Paulo: Saraiva, 1995.

GIGLIO, Wagner D. Solução dos conflitos coletivos: conciliação, mediação, arbitragem, resolução oficial e outros meios. *Revista LTr*, v. 64, n. 3, p. 307 *et seq.*, mar. 2000a.

_______. *Direito processual do trabalho*. 11. ed. São Paulo: Saraiva, 2000b.

_______. _______. 12. ed. São Paulo: Saraiva, 2002.

_______. _______. 13. ed. São Paulo: Saraiva, 2003.

_______. _______. 15. ed. São Paulo: Saraiva, 2005.

_______. _______. 16. ed. São Paulo: Saraiva, 2007.

GIGLIO, Wagner (Coord.). *Processo do trabalho na América Latina:* estudos em homenagem a Alcione Niederauer Corrêa. São Paulo: LTr, 1992.

_______. *Direito processual do trabalho*. 11. ed. São Paulo: Saraiva, 2000.

GONÇALVES, Emílio. *Manual de prática processual trabalhista*. 6. ed. São Paulo: LTr, 2001.

GONÇALES, Odonel Urbano; MANUS, Pedro Paulo Teixeira. *Recursos no processo do trabalho*. São Paulo: LTr, 1996.

GONÇALVES, Willian Couto. *Uma introdução à filosofia do direito processual*. Rio de Janeiro: Lumen Juris, 2005.

GRECO, Leonardo. O conceito de prova. In: MARINONI, Luiz Guilherme (Org.). *Estudos de direito processual civil:* homenagem ao professor Egas Dirceu Moniz de Aragão. São Paulo: RT, 2006.

_______. *Instituições de processo civil*: introdução ao direito processual civil. 3. ed. Rio de Janeiro: Forense, 2011. v. 1.

GRECO FILHO, Vicente. *Comentários ao procedimento sumário, ao agravo e à ação monitória*. São Paulo: Saraiva, 1996.

_______. *Direito processual civil brasileiro*. São Paulo: Saraiva, 2000. v. 3.

GRINOVER, Ada Pellegrini. Ação monitória. *Consulex*, Rio de Janeiro, n. 6, 1997.

GUNTHER, Luiz Eduardo. Aspectos principiológicos da execução incidentes no processo do trabalho. In: SANTOS, José Aparecido dos (Coord.). *Execução trabalhista:* homenagem aos 30 anos AMATRA IX. São Paulo: LTr, 2008.

HEINEN, Juliano. As novíssimas reformas do Código de Processo Civil: um novo olhar, um novo horizonte. *Jus Navigandi,* Teresina, ano 10, n. 978, 6 mar. 2006. Disponível em: <http://jus2.uol.com.br/doutrina/texto.asp?id=8048>. Acesso em: 20 maio 2006.

HERKENHOFF, João Baptista. *O direito processual e o resgate do humanismo.* Rio de Janeiro: Thex, 1997.

HERKENHOFF FILHO, Hélio Estellita. *Reformas no Código de Processo Civil e implicações no processo trabalhista.* Rio de Janeiro: Lumen Juris, 2006.

JORGE, Flávio Cheim; DIDIER JUNIOR, Fredie; RODRIGUES, Marcelo Abelha. *A nova reforma processual.* 2. ed. São Paulo: Saraiva, 2003.

KELSEN, Hans. *Teoria pura do direito.* Trad. João Baptista Machado. 6. ed. São Paulo: Martins Fontes, 1998.

KLIPPEL, Rodrigo; BASTOS, Antonio Adonias. *Manual de processo civil.* Rio de Janeiro: Lumen Juris, 2011.

LACERDA, Maria Francisca dos Santos. *Ativismo-cooperativo na produção de provas:* garantia de igualdade das partes no processo. São Paulo: LTr, 2012.

LAGES, Isabel Reis; LEITE, Carlos Henrique Bezerra. Formação humanística e efetivação do acesso coletivo à justiça: a importância da inserção dos direitos humanos no concurso público de ingresso para o cargo de juiz do trabalho substituto. *Revista Eletrônica da Escola Judicial do Tribunal Regional do Trabalho da 17ª Região.* Vitória, ano 1, n. 1, set.2012. Disponível em: <http://www.trtes.jus.br/sic/sicdoc/ContentViewer.aspx?id=8&sq=391140896&fmt=1&prt>. Acesso em: 22 set. 2012.

LARENZ, Karl. *Metodologia da ciência do direito.* 3. ed. Lisboa: Fundação Calouste Gulbenkian, 1997.

LEAL, Ronaldo Lopes. O processo do trabalho e os interesses difusos. *Revista LTr,* São Paulo, v. 59, n. 1:28-31, jan. 1995.

______. Competência do Ministério Público do Trabalho: ações civis públicas, com ênfase na segurança bancária e na segurança e saúde no trabalho. *Revista do Tribunal Superior do Trabalho,* Brasília, n. 65, n. 1:55-68, out./dez. 1999.

______. A substituição processual do art. 8º, III, da Constituição Federal – aplicação ao processo do trabalho das normas de procedimento das Leis ns. 7.347/85 e 8.078/90 (Código de Defesa do Consumidor). *Revista do Tribunal Superior do Trabalho,* Brasília, v. 66, n. 1, p. 15-19, jan./mar. 2000.

LEITE, Carlos Henrique Bezerra. *Direito e processo do trabalho: temas controvertidos.* Belo Horizonte: RTM, 1997.

______. *Ação civil pública na perspectiva dos direitos humanos.* 2. ed. São Paulo: LTr, 2008.

_______. *Curso de direito do trabalho*. 7. ed. São Paulo: Saraiva, 2016a.

_______. *Curso de direito do trabalho*. 10. ed. São Paulo: Saraiva, 2018.

_______. *Curso de direito processual do trabalho*. 14. ed. São Paulo: Saraiva, 2016b.

_______. *Curso de direito processual do trabalho*. 16. ed. São Paulo: Saraiva, 2018.

_______. *Direito e processo na teoria geral do direito*. São Paulo: LTr, 2000.

_______. *Direito processual coletivo do trabalho na perspectiva dos direitos humanos*. São Paulo: LTr, 2015a.

_______. *Direitos humanos*. 3. ed. São Paulo: Atlas, 2014.

_______. Execução de termo de ajuste de conduta firmado perante o Ministério Público do Trabalho. *Gênesis – Revista de Direito do Trabalho*, Curitiba, n. 80, ago. 1999.

_______. *Liquidação na ação civil pública:* o processo e a efetividade dos direitos humanos – aspectos civis e trabalhistas. São Paulo: LTr, 2004.

_______. *Ministério Público do Trabalho*: doutrina, jurisprudência e prática. São Paulo: LTr, 1998.

_______. *Ministério Público do Trabalho*: doutrina, jurisprudência e prática. 3. ed. São Paulo: LTr, 2006.

_______. *Ministério Público do Trabalho*: doutrina, jurisprudência e prática. 5. ed. São Paulo: LTr, 2011.

_______. *Ministério Público do Trabalho*: doutrina, jurisprudência e prática. 7. ed. São Paulo: Saraiva, 2015b.

LENZA, Pedro. *Direito constitucional esquematizado*. 13. ed. São Paulo: Saraiva, 2009.

L'HEUREUX, Nicole. Acesso eficaz à justiça: juizado de pequenas causas e ações coletivas. *Revista de Direito do Consumidor*, São Paulo: RT, n. 5, p. 5-26, 1993.

LIEBMAN, Enrico Tullio. *Processo de execução*. 3. ed. Rio de Janeiro: Forense, 1984a.

_______. *Manual de direito processual civil*. Trad. Cândido Rangel Dinamarco. Rio de Janeiro: Forense, 1984b. v. 2.

_______. *Manual de direito processual civil*. Tocantins: Intelectus, 2003.

LEMOS, Alessandro Medeiros de. Os limites ao depósito recursal do agravo de instrumento, ocultados pela Lei n. 12.275/2010. *Jus Navigandi*, Teresina, ano 15, n. 2604, 18 ago. 2010. Disponível em: <http://jus.com.br/revista/texto/17212> Acesso em: 5 fev. 2012.

LIMA, Alcides de Mendonça. *Processo civil no processo trabalhista*. São Paulo: LTr, 1991.

LIMA, Francisco Meton Marques de. *Elementos de direito do trabalho e processo trabalhista*. São Paulo: LTr, 1997.

LOCATELLI, Aguinaldo. Aplicação da intervenção de terceiros nas causas submetidas à jurisdição trabalhista à luz da Emenda Constitucional n. 45/2004. In: PINHEIRO, Alexandre Augusto Campana (Coord.). *Competência da justiça do trabalho*: aspectos materiais e processuais de acordo com a EC n. 45/2004. São Paulo: LTr, 2005.

LORENTZ, Lutiana Nacur. *Métodos extrajudiciais de solução dos conflitos trabalhistas*. São Paulo: LTr, 2002.

LUCAS, Douglas Cesar. A crise funcional do Estado e o cenário da jurisdição desafiada. In: MORAIS, José Luis Bolzan de (Org.). *O Estado e suas crises*. Porto Alegre: Livraria do Advogado, 2005.

MACHADO, Antonio Cláudio da Costa. *Código de Processo Civil interpretado*. São Paulo: Manole, 2004.

MACHADO, Sidnei. *O direito à proteção ao meio ambiente de trabalho no Brasil*. São Paulo: LTr, 2001.

MAIA, Jorge Eduardo de Sousa. Os interesses difusos e a ação civil pública no âmbito das relações laborais. *Revista LTr*, São Paulo, n. 8, p. 1044-1047, ago. 1997.

MAIOR, Jorge Luiz Souto. Ação civil pública e execução de termo de ajuste de conduta: competência da justiça do trabalho. *Revista* LTr, São Paulo, n. 10, v. 62, p. 1332-1339, out. 1998.

______. Reflexos das alterações do Código de Processo Civil no processo de trabalho. *Revista LTr*, São Paulo: LTr, v. 70, n. 8, p. 920 *et seq.*, ago. 2006.

MALLET, Estêvão. *Do recurso de revista no processo do trabalho*. São Paulo: LTr, 1995.

______. *Apontamentos de direito processual do trabalho*. São Paulo: LTr, 1997.

______. *Antecipação de tutela no processo do trabalho*. São Paulo: LTr, 1998a.

______. *Temas de direito do trabalho*. São Paulo: LTr, 1998b.

______. *Procedimento monitório no processo do trabalho*. São Paulo: LTr, 2000.

MALTA, Christovão Piragibe Tostes. *Prática do processo trabalhista*. 21. ed. São Paulo: LTr, 1990.

______. ______. 31. ed. São Paulo: LTr, 2002.

MARANHÃO, Ney Stany Morais. Pronunciamento *ex officio* da prescrição e processo do trabalho. *Revista LTr*, v. 71, n. 4, p. 391-401, abr. 2007.

MARCATO, Antonio Carlos. *Procedimentos especiais*. 8. ed. São Paulo: Malheiros, 1999.

______. Breves considerações sobre jurisdição e competência. *Revista do Instituto de Pesquisas e Estudos*. Bauru: Instituto Toledo de Ensino, n. 20, p. 13, dez. 1997.

MARINONI, Luiz Guilherme. *A tutela antecipada na reforma do processo civil*. São Paulo: Malheiros, 1995.

______. *Novas linhas do processo civil*. 2. ed. São Paulo: Malheiros, 1996.

______. *Tutela antecipatória, julgamento antecipado e execução imediata da sentença*. 4. ed. São Paulo: RT, 2000.

______. A jurisdição no Estado contemporâneo. In: MARINONI, Luiz Guilherme (Coord.) *Estudos de direito processual civil*: homenagem ao professor Egas Dirceu Moniz de Aragão. São Paulo: RT, 2005a.

_______ (Coord.). *Estudos de direito processual civil:* homenagem ao professor Egas Dirceu Moniz de Aragão. São Paulo: RT, 2005b.

_______. *Curso de processo civil.* São Paulo: RT, 2006. v. 1.

_______. *Processo de conhecimento.* 7. ed. São Paulo: RT, 2008a.

_______. *Técnica processual e tutela dos direitos.* São Paulo: RT, 2008b.

_______; ARENHART, Sérgio Cruz. *Manual do processo de conhecimento.* São Paulo: RT, 2001.

_______; _______. *Curso de processo civil*: processo de conhecimento. São Paulo: RT, 2008a.

_______; _______. *Processo de conhecimento.* 7. ed. São Paulo: RT, 2008b.

_______; MITIDIERO, Daniel. *Código de Processo Civil comentado artigo por artigo.* São Paulo: RT, 2008.

_______; ARENHART, Sérgio Cruz; MITIDIERO, Daniel. *Novo Código de Processo Civil comentado.* São Paulo: RT, 2015.

MARQUES, Heloisa Pinto. A prova no processo do trabalho. *Ciência Jurídica,* Belo Horizonte, n. 14, mar./abr. 1999.

MARQUES, José Frederico. *Manual de direito processual civil.* São Paulo: Saraiva, 1974.

MARTINS, Sergio Pinto. *Direito processual do trabalho.* 17. ed. São Paulo: Atlas, 2000.

_______. _______. 18. ed. São Paulo: Atlas, 2001.

MARTINS FILHO, Ives Gandra da Silva. Pressupostos do cabimento do dissídio coletivo. *Síntese Trabalhista,* Porto Alegre, n. 70, abr. 1995.

_______. *Processo coletivo do trabalho.* 2. ed. São Paulo: LTr, 1998.

_______ *et al. História do trabalho, do direito do trabalho e da justiça do trabalho em homenagem a Armando Casimiro Costa.* São Paulo: LTr, 2011.

MAXIMILIANO, Carlos. *Hermenêutica e aplicação do direito.* 12. ed. Rio de Janeiro: Forense, 1992.

MAZZEI, Rodrigo Reis (Coord.). *Dos recursos*: temas obrigatórios e atuais. Vitória: Instituto Capixaba de Estudos – ICE, 2002, v. 2.

MAZZEI, Rodrigo. Liquidação de sentença. In: NEVES, Daniel Amorim Assumpção *et al. Reforma do CPC*: Leis ns. 11.187/2005, 11.232/2005, 11.276/2006, 11.277/2006 e 11.280/2006. São Paulo: RT, 2006.

MAZZILLI, Hugo Nigro. *O Ministério Público na Constituição de 1988.* São Paulo: Saraiva, 1989.

_______. *Regime jurídico do Ministério Público.* 2. ed. São Paulo: Saraiva, 1995.

_______. *O inquérito civil.* São Paulo: Saraiva, 1999.

_______. *A defesa dos interesses difusos em juízo.* 12. ed. São Paulo: RT, 2000.

MEIRELES, Edilton. *Ação de execução monitória.* 2. ed. São Paulo: LTr, 1998.

______. Inversão do ônus da prova no processo trabalhista. *Revista Juris Plenum* [CD-ROM], Caxias do Sul-RS: Plenum, v. 2, 2005.

______; BORGES, Leonardo Dias. A nova execução cível e seus impactos no processo do trabalho. *Revista IOB Trabalhista e Previdenciária*, Porto Alegre, n. 203, maio 2006.

MEIRELLES, Hely Lopes. *Mandado de segurança, ação popular, ação civil pública, mandado de injunção*, habeas data. 18. ed. São Paulo: Malheiros, 1997.

MELO, Raimundo Simão de. *Ação civil pública na justiça do trabalho.* São Paulo: LTr, 2002.

MENESES, Geraldo Magela e Silva. Competência da justiça do trabalho ampliada em face da emenda constitucional n. 20/98. *Jornal Síntese*, Porto Alegre, n. 24, p. 7, fev. 1999.

MENEZES, Cláudio Armando Couce de. Sentença. *Síntese Trabalhista*, Porto Alegre, n. 90, dez. 1996.

______. *Direito processual do trabalho.* São Paulo: LTr, 1997.

______. Intervenção de terceiros no processo civil e no processo do trabalho. *Revista Ciência Jurídica do Trabalho*, Belo Horizonte, n. 2, p. 9 *et seq*, fev. 1998.

______; BORGES, Leonardo Dias. *Tutela antecipada e ação monitória na Justiça do Trabalho.* São Paulo: LTr, 1998.

MELHADO, Reginaldo. *Metamorfose do capital e do trabalho.* São Paulo: LTr, 2006.

MILARÉ, Édis (Coord.). *Ação civil pública. Lei n. 7.347/85*: reminiscências e reflexões após 10 anos de aplicação. São Paulo: RT, 1995.

MIRANDA, Jorge. *Manual de direito constitucional.* 4. ed. Coimbra: Coimbra, 1990.

MONTENEGRO NETO, Francisco. A nova execução e a influência do processo do trabalho no processo civil. *Jus Navigandi*, Teresina, ano 10, n. 928, 17 jan. 2006. Disponível em: <http://jus2.uol.com.br/doutrina/texto.asp?id=7835>. Acesso em: 20 maio 2006.

MORAES, Alexandre de. *Direito constitucional.* 8. ed. São Paulo: Atlas, 2000.

______. *Constituição do Brasil interpretada e legislação infraconstitucional.* São Paulo: Atlas, 2002.

MORAES, José Diniz de. *Confissão e revelia de ente público.* São Paulo: LTr, 1999.

MORAIS, José Luis Bolzan de. *Do direito social aos interesses transindividuais*: o Estado e o direito na ordem contemporânea. Porto Alegre: Livraria do Advogado, 1996.

MOURA, Marcelo. Oposição à execução fora dos embargos e sem garantia do juízo. In: DALLEGRAVE NETO, José Affonso (Coord.). *Execução trabalhista*: estudos em homenagem ao ministro João Oreste Dalazen. São Paulo: LTr, 2002.

______. *Consolidação das Leis do Trabalho para concursos.* Salvador: JusPodivm, 2011.

NAHAS, Thereza Christina; FREDIANI, Yone. *Processo de conhecimento e de execução.* São Paulo: LTr, 2004.

NALINI, José Renato. *O juiz e o acesso à justiça.* 2. ed. São Paulo: RT, 2000.

NASCIMENTO, Amauri Mascaro. *Curso de direito processual do trabalho.* 15. ed. São Paulo: Saraiva, 1994.

______. ______. 16. ed. São Paulo: Saraiva, 1996.

______. ______. 21. ed. São Paulo: Saraiva, 2002.

______. *Curso de direito do trabalho*. 18. ed. São Paulo: Saraiva, 2003.

______. *Iniciação ao direito do trabalho*. 31. ed. São Paulo: LTr, 2005.

______. *Curso de direito processual do trabalho*. 24. ed. São Paulo: Saraiva, 2009.

______. ______. 27. ed. São Paulo: Saraiva, 2012.

NASSIF, Elaine Noronha. *Conciliação judicial e indisponibilidade de direitos*: paradoxos da "justiça menor" no processo civil e trabalhista. São Paulo: LTr, 2005.

NERY JUNIOR, Nelson. *Atualidades sobre o processo civil*. 2. ed. São Paulo: RT, 1996.

______. *Princípios fundamentais*: teoria geral dos recursos. 4. ed. São Paulo: RT, 1997.

______. *Princípios do processo civil na Constituição Federal*. 6. ed. São Paulo: RT, 2000.

______; NERY, Rosa Maria Andrade. *Código de Processo Civil comentado e legislação processual civil extravagante em vigor*. 4. ed. São Paulo: RT, 1999.

______; ______. ______. 6. ed. São Paulo: RT, 2002.

______; ______. ______. 10. ed. São Paulo: RT, 2008.

______; ______. *Comentários ao Código de Processo Civil*: novo CPC – Lei n. 13.105/2015. São Paulo: RT, 2015.

NEVES, Daniel Amorim Assumpção; FREIRE, Rodrigo da Cunha. *CPC para concursos*. Salvador: JusPodivm, 2010.

______; RAMOS, Glauco Gumerato; FREIRE, Rodrigo da Cunha Lima; MAZZEI, Rodrigo. *Reforma do CPC*: Leis ns. 11.187/2005, 11.232/2005, 11.276/2006, 11.277/2006 e 11.280/2006. São Paulo: RT, 2006.

NOMEZZO, Marta Casadei. *Mandado de segurança coletivo*: aspectos polêmicos. São Paulo: LTr, 2000.

NORRIS, Roberto. Embargos à execução relacionados às condições da ação executiva trabalhista contra devedor solvente. In: DALLEGRAVE NETO, José Affonso; FREITAS, Ney José de (Coord.). *Execução trabalhista:* estudos em homenagem ao ministro João Oreste Dalazen. São Paulo: LTr, 2002.

OLIVEIRA, Francisco Antonio de. *Medidas cautelares, procedimentos especiais, mandado de segurança, ação rescisória e ação anulatória no processo do trabalho*. 3. ed. São Paulo: RT, 1994.

______. *Ação rescisória enfoques trabalhistas*. São Paulo: RT, 1995.

______. *Consolidação das Leis do Trabalho comentada*. São Paulo: RT, 1996.

______. *O processo na justiça do trabalho*. São Paulo: RT, 1999.

OLIVEIRA, Sebastião Geraldo de. *Indenizações por acidente do trabalho ou doença ocupacional*. São Paulo: LTr, 2009.

PAMPLONA FILHO, Rodolfo. Interpretando o art. 114 da Constituição Federal de 1988. *Revista Ciência Jurídica do Trabalho*, Belo Horizonte, n. 4, p. 9 *et. seq.*, abr. 1998.

PASOLD, César Luiz. *Função social do estado contemporâneo*. 2. ed. Florianópolis: Estudantil, 1988.

PAULA, Alexandre de. *Código de Processo Civil anotado*. 7. ed. São Paulo: RT, 1998.

PAULA, Carlos Alberto Reis de. *A especificidade do ônus da prova no processo do trabalho*. 2. ed. São Paulo: LTr, 2010.

PEREIRA, José de Lima Ramos. *Recursos no processo trabalhista*. Natal: Casa Grande, 1992.

PINHEIRO, Alexandre Augusto Campana. *Competência da Justiça do Trabalho:* aspectos materiais e processuais de acordo com a EC n. 45/2004. São Paulo: LTr, 2005.

PINTO, Almir Pazzianotto. A questão dos precatórios. *Boletim Informativo do TRT da 17ª Região*, n. 52 (republicado do *Jornal da Tarde*, 19.2.1997).

PINTO, José Augusto Rodrigues. *A modernização do CPC e o processo do trabalho*. São Paulo: LTr, 1996.

______. *Direito sindical e coletivo do trabalho*. São Paulo: LTr, 1998.

______. *Processo trabalhista de conhecimento*. 5. ed. São Paulo: LTr, 2000.

______. ______. 6. ed. São Paulo: LTr, 2001.

______. *Execução trabalhista*. 9. ed. São Paulo: LTr, 2002.

______. ______. 10. ed. São Paulo: LTr, 2004.

______. *Processo trabalhista de conhecimento*. 7. ed. São Paulo: LTr, 2005.

______. Reconhecimento *ex officio* da prescrição e processo do trabalho. *Revista LTr*, São Paulo: LTr, v. 70, n. 4, p. 391 *et seq.*, abr. 2006.

PONTES DE MIRANDA. *Comentários ao Código de Processo Civil*. Rio de Janeiro: Forense, 1976. t. XII.

PORTO, Sérgio Gilberto. Classificação das ações, sentenças e coisa julgada. *Revista Jurissíntese*, Porto Alegre, n. 203, set. 1994.

ROCHA, Ibraim. Recurso contra decisão de primeira instância que acolhe exceção de incompetência em razão do lugar na justiça do trabalho. *Doutrina Jurídica Brasileira*, Caxias do Sul: Plenum, 2003, CD-ROM.

ROCHA, Osiris. *Teoria e prática dos recursos trabalhistas*. São Paulo: LTr, 1995.

RODRIGUES, Marcelo Abelha. *Elementos de direito processual civil*. São Paulo: RT, 2000. v. 2.

______. *Elementos de direito processual civil*. 3. ed. São Paulo: RT, 2003. v. 1.

ROMITA, Arion Sayão. *Competência da justiça do trabalho*. Curitiba: Genesis, 2005.

RUSSOMANO, Mozart Victor. *Comentário à Consolidação das Leis do Trabalho*. Rio de Janeiro: Forense, 1998.

SAAD, Eduardo Gabriel. *Direito processual do trabalho*. 3. ed. São Paulo: LTr, 2002.

SAKO, Emília Simeão Albino. *A prova no processo do trabalho*. 2. ed. São Paulo: LTr, 2008.

SALVADOR, Antonio Raphael Silva. *Da ação monitória e da tutela jurisdicional antecipada.* São Paulo: Malheiros, 1996.

SANTOS, Enoque Ribeiro dos. Dissídio coletivo e Emenda Constitucional n. 45/2004. Considerações sobre as teses jurídicas da exigência do "comum acordo". *Síntese Trabalhista*, Porto Alegre: Síntese, n. 199, jan. 2006.

SANTOS, José Aparecido dos. Teoria geral das provas e provas em espécie. In: CHAVES, Luciano Athayde (Org.). *Curso de processo do trabalho.* São Paulo: LTr, 2009.

SANTOS, Moacyr Amaral. *Primeiras linhas de direito processual civil.* São Paulo: Saraiva, 1981. v. 1.

SANTOS, Ricardo Goretti. *Manual de mediação de conflitos.* Rio de Janeiro: Lumen Juris, 2012.

SARAIVA, Renato. *Curso de direito processual do trabalho.* São Paulo: Método, 2005.

_______. _______. 5. ed. São Paulo: Método, 2008.

SARLET, Ingo Wolfgang. *A eficácia dos direitos fundamentais.* 6. ed. Porto Alegre: Livraria do Advogado, 2006.

SARMENTO, Daniel. *Direitos fundamentais e relações privadas.* 2. ed. Rio de Janeiro: Lumen Juris, 2006.

SCHIAVI, Mauro. *Manual de direito processual do trabalho.* 3. ed. São Paulo: LTr, 2010.

_______. _______. 5. ed. 2012.

_______. *Execução no processo do trabalho.* 5. ed. São Paulo: LTr, 2013.

SILVA, Antônio Álvares da. *Recursos trabalhistas à luz das modificações do Código de Processo Civil.* São Paulo: LTr, 1999.

_______. *Processo do trabalho*: comentários à Lei n. 13.105/2014. Belo Horizonte: RTM, 2015.

SILVA, De Plácido e. *Vocabulário jurídico.* Rio de Janeiro: Forense, 1996. v. 1.

SILVA, José Afonso da. *Curso de direito constitucional positivo.* São Paulo: Malheiros, 1991.

_______. _______. 24. ed. 2005.

_______. *Aplicabilidade das normas constitucionais.* São Paulo: RT, 1996.

SILVA, Luiz de Pinho Pedreira da. A justiça do trabalho em outros países. *Síntese Trabalhista*, Porto Alegre: Síntese, n. 127, jan. 2000.

SILVA JUNIOR, Walter Nunes da. Informatização do processo, p. 416. In: CHAVES, Luciano Athayde (Org.). *Direito processual do trabalho:* reforma e efetividade. São Paulo: LTr, 2007.

SILVA NETO, Manoel Jorge e (Coord.). *Constituição e trabalho.* São Paulo: LTr, 1988.

SIMON, Sandra Lia. A legitimidade do Ministério Público do Trabalho para a propositura de ação civil pública. *Síntese Trabalhista*, Porto Alegre, n. 86, p. 139-146, 1996.

SIQUEIRA, Cleanto Guimarães (Coord.) *Do processo cautelar.* Vitória: Instituto Capixaba de Estudos, 2000.

SOARES, Tainy de Araújo. Processo judicial eletrônico e sua implantação no Poder Judiciário brasileiro. *Jus Navigandi*, Teresina, ano 17, n. 3307, 21 jul. 2012. Disponível em: <http://jus.com.br/revista/texto/22247>. Acesso em: 13 dez. 2012.

SOUZA, Marcelo Papaléo de. *A nova lei de recuperação e falência e as suas consequências no direito e no processo do trabalho*. São Paulo: LTr, 2006.

SÜSSEKIND, Arnaldo Lopes *et al*. *Instituições de direito do trabalho*. São Paulo: LTr, 1999.

_______; MARANHÃO, Délio; VIANNA, Segadas; TEIXEIRA, Lima. *Instituições de direito do trabalho*. 21. ed. São Paulo: LTr, 2003.

TEIXEIRA, Sálvio de Figueiredo (Coord.). *A reforma do Código de Processo Civil*. São Paulo: Saraiva, 1996.

TEIXEIRA, Sergio Torres. Evolução do modelo processual brasileiro: o novo perfil da sentença mandamental diante das últimas etapas da reforma processual. In: DUARTE, Bento Herculano; DUARTE, Ronnie Preus (Coord.) *Processo civil*: aspectos relevantes – estudos em homenagem ao prof. Ovídio A. Baptista da Silva. São Paulo: Método, 2005.

TEIXEIRA FILHO, Manoel Antonio. *A prova no processo do trabalho*. 3. ed. São Paulo: LTr, 1991a.

_______. *Sistema dos recursos trabalhistas*. 5. ed. São Paulo: LTr, 1991b.

_______. *Mandado de segurança na justiça do trabalho:* individual e coletivo. São Paulo: LTr, 1992.

_______. *A sentença no processo do trabalho*. São Paulo: LTr, 1994.

_______. *A sentença trabalhista*. São Paulo: LTr, 1996.

_______. *As ações cautelares no processo do trabalho*. 4. ed. São Paulo: LTr, 1997a.

_______. *Curso de processo de trabalho*: perguntas e respostas sobre assuntos polêmicos em opúsculos específicos, n. 7: nulidades. São Paulo: LTr, 1997b.

_______. *Curso de processo do trabalho*: recursos – parte geral. São Paulo: LTr, 1997c.

_______. *Ação rescisória no processo do trabalho*. 5. ed. São Paulo: LTr, 1998a.

_______. *Execução no processo do trabalho*. 6. ed. São Paulo: LTr, 1998b.

_______. Recurso de revista e agravo de instrumento: alterações introduzidas pela Lei n. 9.756/98. *Revista LTr*, São Paulo, v. 63, n. 1, jan. 1999.

_______. *O procedimento sumaríssimo no processo do trabalho*. São Paulo: LTr, 2000.

_______. *Execução no processo do trabalho*. 7. ed. São Paulo: LTr, 2001.

_______. *A prova no processo do trabalho*. 8. ed. São Paulo: LTr, 2003a.

_______. *Sistema dos recursos trabalhistas*. 10. ed. São Paulo: LTr, 2003b.

_______. *Execução no processo do trabalho*. 8. ed. São Paulo: LTr, 2004.

_______. *Breves comentários à reforma do poder judiciário*. São Paulo: LTr, 2005.

_______. As novas leis alterantes do processo civil e repercussão no processo do trabalho. *Revista LTr*, São Paulo, v. 70, n. 3, mar. 2006.

______. *Curso de direito processual do trabalho*. 3 v. São Paulo: LTr, 2009.

______. *Manual da audiência na justiça do trabalho*. São Paulo: LTr, 2010.

______. O cumprimento da sentença no processo do trabalho. In: SANTOS, José Aparecido dos (Coord.). *Execução trabalhista*. São Paulo: LTr, 2010.

TEPEDINO, Gustavo. *Temas de direito civil*. Rio de Janeiro: Renovar, 1999.

THEODORO JÚNIOR, Humberto. A coisa julgada e a rescindibilidade da sentença. *Revista Juris Síntese*, Porto Alegre, n. 219, jan. 1996.

______. *Curso de direito processual civil*. Rio de Janeiro: Forense, 1998. 2 v.

______. *Direito do consumidor a busca de um ponto de equilíbrio entre as garantias do Código de Defesa do Consumidor e os princípios gerais do direito civil e do direito processual civil*. Rio de Janeiro: Forense, 2000.

______. Os princípios do direito processual civil e o processo do trabalho. In: BARROS, Alice Monteiro de (Coord.). *Compêndio de direito processual do trabalho*: obra em homenagem a Celso Agrícola Barbi. 2. ed. São Paulo: LTr, 2001.

______. *Curso de direito processual civil*. 48. ed. Rio de Janeiro: Forense, 2008.

VALÉRIO, J. N. Vargas. Decretação da prescrição de ofício: óbices jurídicos, políticos, sociais, lógicos, culturais e éticos. *Revista LTr*, São Paulo: LTr, v. 70, n. 9, p. 1071 *et seq.*, set. 2006.

VERONESE, Josiane Rose Petry. *Interesses difusos e direitos da criança e do adolescente*. Belo Horizonte: Del Rey, 1997.

VIGLIAR, José Marcelo Menezes. *Ação civil pública*. 2. ed. São Paulo: Atlas, 1998.

VILANOVA, Lourival. *As estruturas lógicas e o sistema do direito positivo*. São Paulo: Max Limonad, 1997.

WAMBIER, Luiz Rodrigues; WAMBIER, Teresa Arruda Alvim; MEDINA, José Miguel Garcia. *Breves comentários à nova sistemática processual civil*. São Paulo: RT, 2006.

WATANABE, Kazuo. *Da cognição no processo civil*. São Paulo: RT, 1987.

______. Apontamentos sobre tutela jurisdicional dos interesses difusos (necessidade de processo dotado de efetividade e aperfeiçoamento permanente dos juízes e apoio dos órgãos superiores da justiça em termos de infraestrutura material e pessoal). In: MILARÉ, Édis (Coord.). *Ação civil pública*: Lei n. 7.347/85 – reminiscências e reflexões após dez anos de aplicação. São Paulo: RT, 1995.

______ *et al*. *Código Brasileiro de Defesa do Consumidor comentado pelos autores do anteprojeto*. Rio de Janeiro: Forense, 1998.

ZANELLO, Ricardo. *Ação monitória no processo do trabalho*. Curitiba: Juruá, 1997.

ZANETI JÚNIOR, Hermes. *Processo constitucional*: o modelo constitucional do processo civil brasileiro. Rio de Janeiro: Lumen Juris, 2007.

ZAVASCKI, Teori Albino. *Antecipação da tutela*. 2. ed. São Paulo: Saraiva, 1999.